KB151691

이콘과 도끼

해석 위주의 러시아 문화사

3

▲ 사람들에게 나타나는 그리스도
알렉산드르 이바노프, 1833~1857년. (모스크바, 트레티야코프 국립미술관)

▲ 앉아있는 악마
미하일 브루벨, 1890년. (모스크바, 트레티야코프 국립미술관)

▲ 갈퀴를 든 여인
　카지미르 말레비치, 1930~1931. (모스크바, 트레티야코프 국립미술관)

서양편 · 750

이콘과 도끼

해석 위주의 러시아 문화사

3

제임스 빌링턴(James Billington) 지음

류한수 옮김

한국문화사

한국연구재단 학술명저번역총서 서양편 · 750

이콘과 도끼: 해석 위주의 러시아 문화사 제3권

발 행 일   2015년 2월 23일 초판 인쇄
          2015년 2월 28일 초판 발행

원   제   The Icon and the Axe:
          An Interpretive History of Russian Culture
지 은 이   제임스 빌링턴(James Hadley Billington)
옮 긴 이   류 한 수
책임편집   이 지 은
펴 낸 이   김 진 수
펴 낸 곳   **한국문화사**
등   록   1991년 11월 9일 제2-1276호
주   소   서울특별시 성동구 광나루로 130 서울숲IT캐슬 1310호
전   화   (02)464-7708 / 3409-4488
전   송   (02)499-0846
이 메 일   hkm7708@hanmail.net
홈페이지   http://www.hankookmunhwasa.co.kr
블 로 그   http://blog.naver.com/hkm2012

책값은 뒤표지에 있습니다.

ISBN 978-89-6817-211-3 94920
     978-89-6817-208-3 (세트)

이 도서의 국립중앙도서관 출판시도서목록(CIP)은
서지정보유통지원시스템 홈페이지(http://seoji.nl.go.kr)와
국가자료공동목록시스템(http://www.nl.go.kr/kolisnet)에서
이용하실 수 있습니다.(CIP제어번호: CIP2015006670)

'한국연구재단 학술명저번역총서'는 우리 시대 기초학문의 부흥을 위해
한국연구재단과 한국문화사가 공동으로 펼치는 서양고전 번역간행사업입니다.

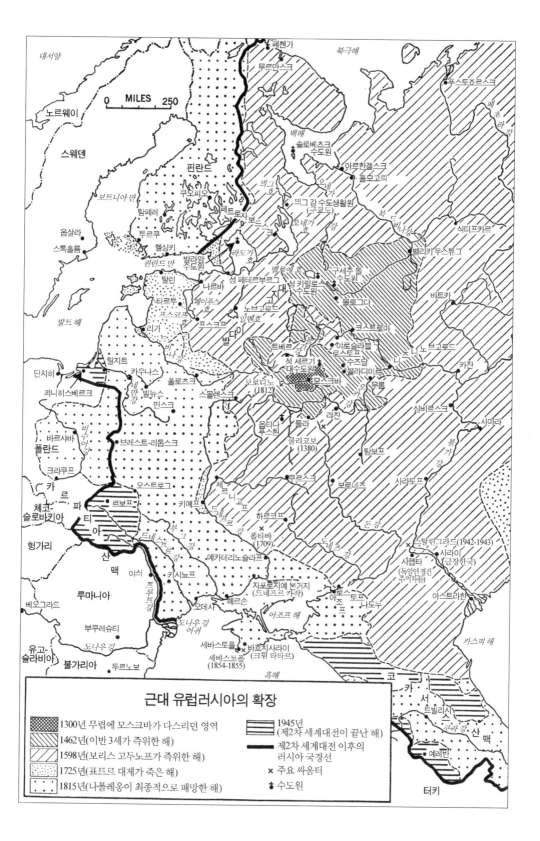

근대 유럽러시아의 확장

1300년 무렵에 모스크바가 다스리던 영역
1462년(이반 3세가 즉위한 해)
1598년(보리스 고두노프가 즉위한 해)
1725년(표트르 대제가 죽은 해)
1815년(나폴레옹이 최종적으로 패망한 해)
1945년 (제2차 세계대전이 끝난 해)
제2차 세계대전 이후의 러시아 국경선
× 주요 싸움터
♣ 수도원

1. 외국어 고유명사는 발음을 우리말로 적은 다음 로마자 표기나 키릴 문자 표기를 괄호 안에 넣었다. 영어본에서 로마 알파벳으로 음역되어 있는 러시아어를 키릴 문자로 표기했다.

2. 러시아어 낱말을 한글로 표기할 때에 연음부호(ь)의 음가를 무시했고 구개음화나 강세의 유무에 따른 자음과 모음의 음가 변화도 무시했다. 국립국어원의 러시아어 표기법에 대체로 따랐지만, 몇몇 경우에는 따르지 않았다.

3. 지금은 독립국이 된 백러시아, 우크라이나, 발트 해 연안 국가들의 고유명사는 그 나라 언어의 발음이 아닌 러시아어 발음으로 표기했다. 예를 들어, 우크라이나의 수도는 우크라이나어로는 '키우'라고 소리 나지만 러시아어 발음인 '키예프'로 표기되었다.

4. 본문과 후주의 내용을 이해하는 데 필요할 경우에는 독자의 이해를 돕고자 각주로 설명을 달았다.

5. 영어 원문에서 지은이의 착오로 말미암은 오류가 발견되었을 경우에는 짧은 역자주를 달아 잘못을 바로잡았으며, 본문의 고유명사 표기나 연도, 또는 후주의 서지사항에서 눈에 띈 지은이의 자잘한 실수는 역자주를 달지 않고 바로 고쳐놓았다.

6. 영어 원서에는 없지만, 본문과 후주에 나오는 인물의 약력을 정리해 부록으로 달았다.

7. 러시아어 텍스트를 영어로 옮긴 부분을 다시 우리말로 옮기면 중역(重譯)이 된다. 이런 상황에서 비롯될지 모를 의도하지 않은 오역을 피하고자, 지은이가 러시아어로 된 사료나 자료를 인용한 부분은 영어판이 아니라 러시아어판을 기본으로 삼아 우리말로 번역했다.

8. "세속적(世俗的)"이라는 표현은 "저속한"이나 "속물적"이라는 뜻이 아니라 "그리스도교 교회와 관련이 없는", "교회와 별개의"라는 뜻이다.

┃머리말┃

　이 책은 근대 러시아의 사상과 문화에 관한 해석 위주의 역사서이다. 이 책은 한 사람의 연구와 숙고와 특수한 관심의 산물이다. 러시아의 유산의 백과사전식 목록을, 또는 그 유산을 이해하는 어떤 간단한 비결을 내놓겠다는 망상은 없다. 그러겠다고 주장하고 싶은 마음도 없다. 이 책은 이미 이루어져 있는 합의를 잘 정리하기보다는 새로운 정보와 해석을 내놓고자 하는, 즉 이 엄청난 주제를 "망라"하기보다는 터놓고 이야기해 보려는 선별적 서술이다.

　고찰 대상이 되는 시대는 러시아가 강력하고 독특하고 창조적인 문명으로 떠올랐던 시기인 최근 600년이다. 러시아 문화의 위업과 더불어 고뇌와 포부가, 과두 지배체제와 더불어 현실에 안주하지 않는 반대파가, 시인과 정치가와 더불어 사제와 예언자가 이야기될 것이다. 개개의 문화 매체나 유명 인물의 모습을 완전하게 그려내려는, 또는 한 특정 주제에 바쳐진 일정 분량의 닡밀을 고유한 문화 특성의 필수 색인으로 만들려는 시도는 하지 않을 것이다. 이 저작은 각각의 러시아 문화발전기의 독특한 핵심적 관심사를 가장 잘 예증한다고 보이는 자료를 활용할 것이다.

　러시아인에게 영속적 의미를 지니는 ── 이콘(икона)과 도끼라는 ── 두 물품을 제목으로 골랐다. 이 두 물건은 숲이 많은 러시아 북부에서 전통적으로 농가 오두막의 벽에 함께 걸려 있었다. 이콘과 도끼가 러시아 문화에 지니는 의미는 이 책의 첫 부분에서 설명될 텐데, 이 두 물건은 러시아 문화의 이상적 측면과 현세적 측면 양자를 시사하는 구실을 한다. 그러나 모든 인류 문화에 나타나는 신성과 마성 사이의 영원한 분열은 러시아의 경우에는 거룩한 그림과 거룩하지 못한 무기 사이의 그 어떤 단순한 대비로도 제공되지 않는다. 협잡꾼과 선동정치가가 이콘을, 성자와 예술가가 도끼를 사용했기 때문이다. 따라서 처음에 이 두 시원적인 물품에 맞춰지는 초점에는 우리가 러시아 문화의 고찰을 끝마칠 때 가지게 될 아이러니한 전망을 일러주는 실마리가 들어있다. 이 책의 제목은 이 책이 주로 서방의 사상과 제도와 예술양식의 관점에서 러시아의 현실을 살펴보기보다는 러시아의 상상력에 독특한 역할을 했던 상징물을 찾아내어 그 기원을 더듬어 찾아가는 시도를 할 저작임을 시사하는 구실도 한다.

이 저작에서는 러시아인이 두호브나야 쿨투라(духовная культура)라고 일컫는 관념과 이상의 세계가 강조된다. 이 세계는 파악하기 어려우며, 두호브나야 쿨투라는 영어의 등가어인 "영적 문화"(spiritual culture)보다 종교를 머릿속에 떠오르게 만드는 힘이 훨씬 더 약한 용어이다. 이 저작의 취지는 이념을 경제적인 힘과 사회적인 힘에 체계적으로 연계하거나 역사에서 물질적인 힘과 이념적인 힘이 지니는 상대적 중요성이라는 더 심오한 문제를 예단하는 것이 아니다. 이 저작은 소비에트 사회주의 공화국 연방(CCCP)[1]의 마르크스주의적 유물론자들까지도 자기 나라의 발

---

[1] Союз Советских Социалистических Республик. 1917년 10월혁명의 결과로 러시아 제국의 영토에 1922년에 수립되어 1991년까지 유지된 세계 최초의 사회주

전에서 매우 중요했다고 인정하는 정신적인 힘과 이념적인 힘의 역사적 정체를 더 충실하게 알아내고자 할 따름이다.

이 저작은 사람들이 자주 찾아가지만 지도에는 잘 나오지 않는 사상과 문화의 지형을 위한 개설적 역사 안내서를 제공함으로써 번번이 정치사와 경제사에 집중되는 현상을 얼마간 상쇄하려고 시도한다. 여기서 "문화"라는 용어는 "독특한 성취물과 신앙과 전통의 복합체"[1]라는 넓은 의미로 쓰이지, "문화"가 더 높은 문명 단계 앞에 있는 사회 발달의 초기 단계로, 또는 박물관에서 함양되는 고상한 취미라는 소양으로, 또는 구체적 맥락에서 완전히 따로 떼어놓을 수 있는 독특한 형태의 성취[2]로 가끔 이해되는 더 특화된 의미 그 어떤 것으로도 쓰이지 않는다. "민족이나 국가의 활동에서 사회적·지성적·예술적인 측면이나 힘에 집중하"는 문화사[3]라는 일반 범주 안에서 이 저작은 — 사회사는 부수적으로만 다루고 사회학적 분석은 전혀 다루지 않으면서 — 지성적이고 예술적인 측면이나 힘을 강조한다.

이 연구의 기본 얼개는 경제사나 정치사에서만큼이나 문화사에서도 중요한 연대순 배열이다. 잠깐 뒤로 가서 앞 시대를 되돌아보기도 하고 앞으로 가서 뒷시대를 미리 들여다보기도 할 것이다. 배경이 될 제1장에서는 특히 그렇다. 그러나 주요 관심사는 그다음 장들에서 연속적인 러시아 문화발전기의 연대기적 서술을 내놓는 것이다.

제2장은 16세기와 17세기 초엽의 시원적인 모스크바국(Москва國, Московское Государство)[2]과 서방의 초기 대립을 묘사한다. 그다음에 한 세기씩

의 국가. 대개 15개 사회주의 공화국의 연방이라는 형태를 유지했으며, 줄여서 소비에트 연방, 또는 소련(蘇聯)이라고도 불렸다.
2 17세기까지의 러시아 단일 국가를 일컫던 용어. 16~17세기에 주로 외국인이 쓴 표현이었지만, 19세기부터는 역사학계에서도 쓰이기 시작했다.

담당하는 두 개의 긴 장이 나온다. 제3장은 급성장하던 17세기와 18세기 초엽의 러시아 제국에서 새로운 문화 형식이 오랫동안 추구되는 양상을 다루고, 제4장은 18세기 중엽부터 19세기 중엽까지 꽃을 피운 거북할지 언정 화려한 귀족 문화를 다룬다. 제5장과 제6장은 산업화와 근대화라는 문제가 러시아 문화 발전의 더 앞선 유형과 문제 위에 얹혀진 마지막 100년에 할애된다. 제5장은 알렉산드르 2세(Александр II)의 개혁기 동안 시작된 매우 창의적이고 실험적인 시기를 다룬다. 마지막 장은 20세기 러시아 문화를 과거의 러시아 문화에 연계해서 살펴본다.

대다수 러시아 문화에는 일치하는 구석이 있었다. 그것은 개개 러시아인과 각각의 예술양식이 어느 모로는 공동의 창조적 추구나 철학 논쟁이나 사회 갈등의 부차적 참여자라는 느낌이었다. 물론 드미트리 멘델레예프(Дмитрий Менделеев)의 화학, 니콜라이 로바쳅스키(Николай Лобачевский)의 수학, 알렉산드르 푸시킨(Александр Пушкин)의 시, 레프 톨스토이(Лев Толстой)의 소설, 바실리 칸딘스키(Василий Кандинский)의 회화, 이고르 스트라빈스키(Игорь Стравинский)의 음악은 모두 다 그들의 러시아적 배경에, 또는 특정한 과학 체나 예술 매체의 기준 이외의 다른 기준에 비교적 적게 대조하고서도 감상할 수 있다. 그러나 대부분의 러시아 문화는 — 사실은 참으로 유럽적인 이 인물들이 만들어낸 대다수 문화는 — 러시아의 맥락에 놓일 때 부가된 의미를 획득한다. 러시아의 경우에는 다른 많은 민족 문화의 경우보다 각각의 창조적 활동의 민족적 맥락의 일정한 이해가 더 필수적이다.

함께 연루되어 있고 서로 의존하고 있다는 이런 느낌의 결과로, 서방에서는 흔히 개인들 **사이에서** 이루어지는 유의 논쟁이 러시아에서는 자주 개인 **안에서** 훨씬 더 격렬하게 벌어졌다. 많은 러시아인에게 "생각하기와 느끼기, 이해하기와 괴로워하기는 같은 것"[4]이며, 그들의 창조성은 "원초성이 대단히 강하고 형식이 상대적으로 약하다는 것"[5]을 자주 입증해준다. 성 바실리 대성당(Собор Василия Блаженного)[3]의 색다른 외형, 모데스트 무소릅스키(Модест Мусоргский)의 오페라 한 곡의 파격적 화음, 표도르 도스토옙스키(Федор Достоевский)의 소설 한 편의 진한 구어체는 고전주의 정신에 거슬렸다. 그러나 그것들은 대다수 사람에게 크나큰 감동을 주며, 그럼으로써 형식의 결핍이라고 하는 것이 한 문화를 분석하기 위해 쓰이는 전통적 범주에 들어맞지 않는 데 지나지 않을지 모른다는 점을 우리 머릿속에 떠올려준다.

러시아 문화의 역사를 바라볼 때, 문화 이면의 형식보다는 힘들을 생각하는 것이 유익할지 모른다. 특히 — 자연환경, 그리스도교의 유산, 러시아와 서방의 접촉이라는 — 세 힘은 이후 이 책의 지면에 당당하게 부단히 나타난다. 이 세 힘에게는 인간의 노력을 재료 삼아 위기와 창조성이라는 그 나름의 이상한 거미줄을 짜는 능력이 있는 듯하다. 비록 그 세 힘이 — 『의사 지바고』(Доктор Живаго)에서 나타났다 금세 사라지는 몇몇 순간에서처럼 — 가끔 모두 다 조화를 이루고 있다고 보일지는 몰라도, 대개 그 힘들은 어긋나서 따로따로 작용하고 있다.

첫째 힘은 자연 그 자체의 힘이다. 러시아의 사상가는 정식 철학자가 아니라 시인이라는 말이 있었다. "시"와 "자연 원소"를 가리키는 두 러시아어 낱말(스티히(стихи), 스티히야(стихия))이 겉보기에는 우연히도 비슷하다는 것 뒤에는 러시아 문화와 자연계 사이의 긴밀한 여러 연계가 있다. 어떤 이들은 러시아 땅에서 스키탈레츠(скиталец), 즉 "떠돌이"가 되고 싶은 어수선한 충동이 땅과의 "대지적"(大地的) 일체감과 번갈아 나타난다

---

[3] 이반 4세가 카잔한국을 무찌른 뒤 이를 기념하고자 1555년부터 모스크바의 붉은 광장에 짓기 시작해서 1561년에 완성한 성당. 바보성자인 바실리 복자의 이름을 따 붙인 성 바실리 대성당의 정식 명칭은 Собор Покрова пресвятой Богородицы, что на Рву이며, 줄여서 포크롭스키 대성당이라고도 한다.

고 이야기한다.[6] 다른 이들은 "나는 여기가 따듯하다"는 이유로 낳지 말아 달라고 부탁하는 태아가 나오는 시에 있는 러시아 특유의 혜안을 이야기한다.[7] 신화에 나오는 "촉촉한 어머니 대지"의 땅 밑 세상은 키예프의 동굴에 있는 최초의 수도원[4]에서 시작해서 방부처리된 블라디미르 일리치 레닌(Владимир Ильич Ленин)을 모셔놓은 오늘날의 성소(聖所)[5]와 겉치레한 카타콤(catacomb)인 모스크바(Москва) 지하철에 이르는 많은 형태로 사람들을 꾀어왔다. 땅뿐만 아니라 — 중세 우주론의 나른 "자연 원소"인 — 불과 물과 하늘[6]도 러시아의 상상력을 위한 중요한 상징이었다. 심지어는 오늘날에도 러시아어에는 유럽의 더 세련된 언어에서는 걸러져 사라진 토속적 함의가 많이 남아있다.

근대 러시아 문화의 배후에 있는 초인격적인 둘째 힘은 동방 그리스도교라는 힘이다. 토착종교의 잔존 요소가 아무리 매력적이어도, 상고시대 스키타이인[7]의 예술이 아무리 대단해도, 최초의 러시아 고유문화를 만들어내고 예술 표현의 기본 형식과 신앙 구조를 근대 러시아에 제공한 것은 정교(Православие)였다. 또한, 정교회는 특별한 존엄성과 운명이 한 정교 사회에 있으며 그 정교 사회 안에서 일어나는 논쟁에는 정답이 딱 하나 있다는 기본적으로 비잔티움(Byzantium)적인 사고에 러시아를 물들이는 데 핵심 역할을 했다. 따라서 이 이야기에서 종교는 — 문화의 격리된 한 양상이 아니라 문화 안에서 모든 깃에 스며들어 가는 하나의 힘으로서 — 중심

---

4 키예보-페체르스카야 라브라.
5 모스크바의 붉은 광장에 있는 레닌 능묘(Мавзолей Ленина).
6 또는 공기.
7 유라시아 내륙 스텝 지대에 살았던 고대의 인도-유럽어계 기마 유목민. 스키타이는 고대 그리스인이 흑해 북쪽 기슭 일대에 사는 여러 유목부족 전체에 붙인 이름이다.

역할을 할 것이다.

자연과 신앙과 나란히 셋째 힘인 서방의 충격이 있다. 이 연대기의 전체 기간에 서유럽과의 상호작용은 러시아 역사에서 한 주요 요인이었다. 러시아인은 이 관계를 정의하려는 시도를 거듭하면서 공식 하나를 늘 찾았다. 그 공식으로 러시아인은 서방에서 문물을 빌릴 수 있으면서 서방과 구별되는 상태에 남을 수 있게 되었다. 1840년대에 친슬라브주의 자(Славянофил)와 "서구주의자"(Западник) 사이에 벌어진 유명한 논쟁은 기나긴 싸움의 한 일화일 뿐이다. 다른 경우와 마찬가지로 이 경우에도 19세기의 자의식적이고 지성화된 그 논쟁은 러시아 문화의 방향을 결정하려고 시도했던 다른 서방화 세력, 즉 이탈리아에서 온 라틴화론자, 독일에서 온 경건주의자[8], 프랑스에서 온 "볼테르주의자", 영국에서 온 철도 건설자를 고려함으로써 역사적 전망 속에 놓일 것이다. 서방이라는 효모를 러시아 안에 집어넣었던 러시아의 중심지에 각별한 주의를 기울일 것이다. 그 중심지란 실제의, 그리고 기억 속의 노브고로드(Новгород)와 당당한 메트로폴리스 성 페테르부르그－레닌그라드(Санкт Петербург－Ленинград)[9]이다.

이 저작에서 특별히 강조되는 역점 가운데에는 소련 이념가들의 공식 해석이나 서방의 지적인 역사가 대다수의 비공식적 합의에 현재 반영된 일반적 이미지와 맞지 않는 것이 많다. 내 해석에는 일반적이지 않아서

---

[8] 17세기 후반에 루터교도 사이에서 일어난 신앙 개혁 운동가들. 이성에 치우치고 형식화한 신앙에 반발해서 회개를 통한 거듭남을 중시하고 종교적 주관주의를 강조했다.

[9] 성 페테르부르그의 이름은 여러 차례 바뀌었다. 러시아 제국 북쪽 수도였던 성 페테르부르그는 1914년에 제1차 세계대전이 일어난 뒤 독일어처럼 들린다는 이유로 페트로그라드로 개칭되었다. 1924년에는 죽은 레닌을 기려 레닌그라드로 바뀌었다가 소련이 해체된 1991년에 원래 이름으로 되돌아갔다.

논란이 일 수 있는 특이한 사항이 들어있다는 점을 전문가는 알아차릴 (그리고 그런 점이 비전문가에게는 경고되어야 할) 것이다. 그런 사항으로는 "모든 시대는 영원으로부터 등거리에 있다"[10]는, 그리고 때로는 직전의 상황보다 형성기의 영향력이 그 뒤의 사태전개에 관해 더 많은 것을 우리에게 말해준다는 믿음에서 (비록 상고시대는 아닐지라도) 고대를 전반적으로 강조한다는 점, 알렉세이 미하일로비치(Алексей Михайлович) 통치기 교회분열의, 그리고 알렉산드르 1세(Александр I) 통치기의 반(反)계몽의 시작처럼 결정적인데 자주 무시된 몇몇 전환점을 세세하게 파고든다는 점, 종교적인 사상과 시류와 더불어 세속적인 사상과 시류에도 끊임없이 관심을 보인다는 점, 더 낯익은 1825년 이후 시대의 안에서 상대적 역점을 러시아 발전의 더 확연하게 서방적인 양상, 즉 "근대화" 양상보다는 러시아 특유의 양상에 둔다는 점 등이 있다. 이 주제들에 관해 쓰인 더 오래된 자료의 부피와 소비에트 연방의 안과 밖에서 러시아 문화에 깊이 빠져든 많은 이 사이에서 지속되는 그 주제들에 관한 관심의 깊이에 힘을 얻어 나는 이 연구의 특별한 강조점에는 러시아에 관한 객관적 사실이 어느 정도 반영되어 있으며 단지 역사가 한 개인의 주관적 호기심만 반영되어 있지는 않다고 믿게 되었다.

본문은 대체로 1차 사료와 상세한 러시아어 연구단행본을 — 특히 볼셰비키 혁명이 일어나기 전에 인문학이 활짝 꽃을 피운 마지막 기간 간행된 자료를 — 새롭게 읽기에 바탕을 두고 있다. 서방과 최근 소련의 학술서도 꽤 많이 이용되었다. 그러나 다른 역사 개설서들은 비교적 별로 이용되지 않았고, 분량은 상당하지만 중언부언하고 전거가 의심스러운 일단의 대중적인 러시

---

[10] 독일의 역사학자 레오폴트 폰 랑케(Leopold von Ranke)가 어떤 시대도 다른 시대보다 특별히 탁월하거나 우월하지 않다는 뜻으로 한 말.

아 관련 서방 문헌은 거의 전혀 이용되지 않았다.

본문은 폭넓은 일반 독자를 대상으로 쓰였으며, 바람이기는 하지만 러시아사 사전지식이 없는 이들에게도 아주 쉽게 이해될 것이다. 이 책 끝에 있는 후주의 용도는 중요한 인용의 원어 원전과 주요 유럽어로 된 입수 가능한 — 특히 논쟁거리가 되거나 낯설거나 다른 데에서 제대로 다루어지지 않은 주제에 관한 — 자료의 간략한 서적해제 안내를 더 전문적인 연구자에게 제공하는 것이다. 나의 해석과 강조점이 완벽하다는 착각을 불러일으키거나 권위의 아우라를 부여하려는 의도로 기다란 자료 목록을 붙여놓지는 않았다. 이용되거나 언급되지 않은 훌륭한 저작이 많으며, 논의되지 않은 중요한 주제가 많다.

나는 이 저작을 체계적 분석이나 철저한 규명으로서가 아니라 안정적이지 않지만 창의적인 한 민족을 내적으로 이해하려는 끊임없는 공동 탐구에서 일어난 일화로서 학자와 일반 독자에게 내놓고자 한다. 목적은 임상시험처럼 들리는 "감정이입"이라기보다는 독일인이 아인퓔룽 (Einfühlung)이라고 부르는 것, 즉 "안에서 느끼기", 그리고 러시아인 스스로는 잉크가 빨종이에, 또는 열이 쇠에 스며든다는 의미로 — 침투나 침윤을 뜻하는 — 프로니크노베니예(проникновение)라고 부르는 것이다. 연루되어 있다는 이런 감정만이 외부의 관찰자가 일관성 없는 인상을 넘어서서 불가피한 일반화에서 헤어나 업신여기기와 치켜세우기, 공포와 이상화, 칭기즈 한과 프레스터 요한(Prester John)[11] 사이를 이리저리 어지럽게 왔다 갔다 하지 않도록 막아줄 수 있다.

---

[11] 이슬람교도가 지배하는 곳 너머의 동쪽 어딘가에 있는 거대한 나라를 다스리는 전설상의 그리스도교인 군주. 중세 유럽인은 이 군주와 동맹을 맺어 이슬람 세력을 물리치겠다는 희망을 품었다.

이런 더 깊은 이해의 추구는 내면을 성찰하는 러시아인 스스로의 논의를 오랫동안 불러일으켜 왔다. 아마도 20세기 러시아의 가장 위대한 시인일 알렉산드르 블록(Александр Блок)은 러시아를 스핑크스(sphinx)에 비긴 적이 있다. 그리고 소비에트 러시아의 경험은 러시아 역사의 더 앞 시기의 미해결 논쟁에 새로운 논란을 보탰다. 이런 이해의 추구는 바깥 세계에서도 이루어진다. 바깥 세계는 근대 러시아 문화의 두 주요 사건으로 영향을 크게 받았는데, 그 두 사건이란 19세기에 일어난 문학의 폭발과 20세기에 일어난 정치 격변이다. 역사가는 과거를 연구하면 어떻게든 사람들이 현재를 깊이 이해할지 — 심지어 어쩌면 미래의 가능태에 관한 단서의 파편이라도 얻을지 — 모른다고 믿고 싶어 한다. 그러나 러시아 문화의 역사는 그 자체를 위해 말할 가치가 있는 이야기이다. 더 앞 시대의 이 문화가 오늘날 도시화된 공산주의 제국과 연관성이 별로 없다고 느끼는 이들마저도 여전히 러시아 문화에 도스토옙스키가 자기가 느끼기에 죽은 문화인 서방 문화에 다가선 다음과 같은 방식으로 다가설지 모른다.

나는 내가 가는 곳이 그저 묘지라는 걸 알아, 하지만 가장, 가장 소중한 묘지야! …… 거기에는 소중한 망자들이 누워 있으며, 그들 위에 놓인 비석 하나하나가 다 내가 …… 땅에 엎어져 이 비석에 입을 맞추고 그 위에서 울어버릴 만큼 지난 치열한 삶을, 그리고 그 삶의 위업, 그 삶의 진실, 그 삶의 투쟁, 그 삶의 지식에 관한 열렬한 믿음을 알려주고 있지.[12]

---

[12] Ф. Достоевский, *ПСС* т. 14(Л.: 1976), С. 210.

▌감사의 말 ▐

내게 연구할 수 있는 특권을 베푼 다음과 같은 도서관에 큰 신세를 졌다. 프린스턴(Princeton) 대학의 (슈마토프(Shoumatoff) 기증 자료실을 포함해서) 파이어스톤(Firsestone) 도서관, 하버드(Havard) 대학 와이드너 · 휴튼(Widener and Houghton) 도서관, 스톡홀름(Stockholm)과 빈(Wien)과 마르부르크(Marburg)의 국립 도서관, 라이덴(Leiden) 대학 도서관, 빈의 동유럽사 연구소(Institut für osteuropäische Geschichte) 도서관, 뉴욕 공립도서관(New York Public Library), 미국의회도서관(Library of Congress), 살틔코프-쉐드린(Салтыков-Щедрин) 도서관[1], 러시아문학 연구소(푸시킨스키 돔(Пушкинский Дом)), 레닌그라드의 러시아 박물관(Русский музей), 레닌 도서관[2], 트레티야코프 미술관(Третьяковская Галерея), 모스크바의 고문서 보존소(Архив древних актов)[3]. 헬싱키의 훌륭한 국립도서관에 소장된 풍부한 러시아 자료를 읽으며 귀중한 한 해를 보내게 해준 발렌코스키(Valenkoski) 박사와 할트소넨(Haltsonen)

---

[1] 정식 명칭은 살틔코프-쉐드린 기념 러시아 국립도서관(Российская национальная библиотека имени Салтыкова-Щедрина).

[2] 현재의 명칭은 러시아 국립도서관(Российская государственная библиотека).

[3] 현재의 정식 명칭은 러시아 국립고문서보존소(Российский государственный архив древних актов).

박사, 그리고 그 국립도서관에 특히 고마움을 느낀다. 이 저작을 후원해 준 존 사이먼 구겐하임 추모재단(John Simon Guggenheim Memorial Foundation), 핀란드의 풀브라이트 프로그램(Fulbright Program), 프린스턴 대학 인문학・대학연구기금위원회(Counil of the Humanities and University Research Funds)에 고마움을 깊이 느낀다. 이 기획에 직접 관련은 없지만, 실질적으로는 득이 된 지원을 해준 프린스턴 대학 국제학 연구소(Center of International Studies), 하버드 대학 러시아연구소(Russian Research Center), 연구여행보조금 대학간위원회(Inter-University Committtee on Travel Grants)도 고마울 따름이다. 찾아보기를 준비해준 그레고리 구로프(Gregory Guroff)와 이 원고의 가장 어려운 부분을 타자기로 쳐준 캐서린 구로프(Katharine Guroff)에게 감사한다.

나는 게오르기 플로롭스키(Georges Florovsky) 교수와 옥스퍼드 대학의 아이자이어 벌린(Isaiah Berlin) 교수에게 특별한 빚을 지고 있다. 두 분은 내가 옥스퍼드 대학과 하버드 대학에서 지내는 여러 해 동안, 그리고 그 뒤에도 착상과 비평과 의견을 아낌없이 내주셔서 내게 활력을 주셨으니, 여러모로 이 책의 영적인 아버지인 셈이다. 또한, 나는 1961년 3월에 교환교수로 레닌그라드 대학을, 그리고 다시 1965년 1월에 모스크바 대학을 방문한 기간에 마브로딘(Мавродин) 교수와 뱔리이(Бялый) 교수, 그리고 말리셰프(Малышев) 씨, 골드베르그(Гольдберг) 씨, 볼크(Волк) 씨와 토론을 하는 수혜자가 되었다. 1965년 1월의 경우에는 그 두 대학교에서 이 책의 내용을 주제로 강의하는 특혜를 얻었다. 모스크바에서는 클리바노프(Клибанов) 교수와 노비츠키(Новицкий) 교수, 그리고 사하로프(A. Сахаров) 씨와 토론을 하는 혜택을 누렸다. 소련에서 이분들과 다른 분들이 보여준 친절과 더불어 격려에 고마움을 느끼며, 이 영역에서 자주 달랐던 견해의 교환이 지속되고 심화되기를 바랄 따름이다. 포포바(Попова) 부인과 레베데프(Лебедев) 관장에게도 감사한다. 이 두 분 덕분에 각각 파벨 코린(Павел Д. Корин)과 트레티야코프 미술관의 귀중한 소장품을 세세하게 연구(하고 복제물을 취득)할 수 있었다. 프린스턴 대학 역사학과의 내 동료들인 조지프 스트레이어(Joseph Strayer)와 시릴 블랙(Cyril Black)과 제롬 블룸(Jerome Blum)에게 큰 빚을 지고 있다. 이들은 로버트 터커(Robert Tucker), 리처드 버기(Richard Burgi), 구스타브 알레프(Gustave Alef), 니나 베르베로바(Nina Berberova), 벌린 교수, 플로롭스키 교수와 더불어 책의 여러 절을 읽고 평을 해줄 만큼 친절했다. 읽고 평을 해준 찰스 모저(Charles Moser)에게 특히 빚을 지고 있다. 이분들 가운데 이 저작의 결점은 말할 나위도 없고 강조와 접근법과 관련해서 잘못을 저지른 이는 단 한 사람도 없다.

내가 제대로 고마움을 표해야 할 많은 이 가운데에서 하버드 대학과 프린스턴 대학에서 내가 가르쳤던 쾌활한 — 나로서는 인텔리겐트니이(интелл-игентный)[4]하다고까지 말해도 좋은 — 학생들, 그리고 내게 크나큰 영향을 주시고 고인이 되셨으며 지인들이 잊지 못할 큰 스승 세 분, 알버트 프렌드(Albert M. Friend)와 월터 홀(Walter P. Hall)과 해리스 하비슨(E. Harris Harbison)만은 언급하고자 한다. 마지막으로, 사랑하는 아내이자 벗인 마조리(Marjorie)에게 고마움을 표해야 한다. 감사와 애정을 담아 이 책을 마조리에게 바친다.

---

[4] '지적인', '지성적인', '교양 있는'이라는 뜻의 러시아어 낱말.

▌차례 ▐

1권 차례

2권 차례

V 새로운 해안으로

19세기 후반

19세기 후반기 동안 사회가 뒤흔들리고 산업이 발전하고 도시화가 진행되는 와중에서 새로운 형식의 예술과 삶을 찾기. 다른 해안을 찾아 항해하는 배의 상징. 니콜라이 1세 통치 말엽에 차츰차츰 사회사상으로 돌아서기; 프랑스의 윤리적 사회주의의 영향; 1840년대의 페트라솁스키 동아리; 서방에서 1848년 혁명이 실패한 뒤 알렉산드르 게르첸(1812~1870년)과 미하일 바쿠닌(1814~1876년)이 희망을 러시아로 옮기다. 시골에 변화를 전달하고 계시록의 상징이 된 철도.

비교적 자유로웠던 알렉산드르 2세 통치기(1855~1881년)에 이루어진 혁명적 급진주의의 얄궂은 성장. 알렉산드르 2세가 농노를 해방하고 배심원 재판제와 약간의 지방자치제를 도입한 바로 그 시기인 1860년대 초엽에 젊은 세대, 즉 "새로운 사람들" 사이에서 퍼져나간 우상타파적 유물론. 1870년대의 예언적 극단주의로의 전화; 생존경쟁이라는 다인주의 개념에 바탕을 두고 모스크바에서 대두한 반동적 범슬라브주의, 그리고 "인민"의 프루동식 이상화와 콩트의 인류교에 바탕을 두고 성 페테르부르그에서 대두한 혁명적 인민주의.

유물론적인 1860년대의 냉정한 사실주의와 공상적인 1870년대의 러시아 인민의 이상화를 둘 다 추구하는 알렉산드르 2세 시대의 특이한

1

예술 기풍. "이동전람파"의 그림, 프세볼로드 가르신(1855~1888년)의 단편소설; 러시아 국민음악파의 음악, 특히 모데스트 무소륵스키(1839~1881년)의 위대한 역사 오페라; "사실적인 것에서 가장 사실적인 것으로" 극적으로 파들어가고 러시아의 삶과 의식에 있는 분열을 극복하려는 이념적 시도를 하는 표도르 도스토옙스키(1821~1881년)의 심리소설.

알렉산드르 3세 통치기(1881~1894년) 동안 "일상사"의 시대에 대한 체호프식 절망. 제정 말기 러시아에서 효율적인 지도를 하는 데에서 알렉산드르 3세의 스승 콘스탄틴 포베도노스체프(1827~1907년)의 반동적 정교회와 레프 톨스토이(1828~1910년)의 비정통 아나키즘이 보여주는 무능력. 1890년대에 삶의 템포가 가속되는 가운데 예전 이념들의 편협성뿐만 아니라 주관주의와 의기소침의 전반적 분위기를 떨쳐버린 새로운 세 전망의 등장. 파벨 밀류코프(1859~1943년)와 입헌민주당이라는 조리 있는 대변자를 배출하면서 마침내 러시아에 뿌리를 내린 입헌자유주의. 게오르기 플레하노프(1856~1918년)의 저술, 경제발전 문제에 관한 지적 관심의 증대, 마르크스주의적인 사회민주당의 형성을 통해 시선을 끈 변증법적 유물론. 블라디미르 솔로비요프(1853~1900년)에게서 멋들어진 새 옹호론을 얻어 러시아 시가 부활하고 러시아 안에서 오랫동안 지체되었던 공식적 철학 연구가 발전하는 기반을 제공한 선험적 관념론.

니콜라이 1세가 죽고 크림 전쟁에서 지고 농민해방을 준비하면서 러시아가 심원한 변화를 향해 나아가고 있다는 인식이 1850년 말엽에 빠르게 자라났다. 크림 전쟁 동안 러시아 땅으로 부대를 실어 보낸 영국과 프랑스의 함선은 파리 조약[5] 뒤에 평화적으로 흘러들어온 새로운 기술

---

[5] 크림 전쟁의 교전국인 러시아와 프랑스, 영국, 튀르크가 전쟁을 끝내고자 1856년 3월 30일에 파리에서 맺은 조약.

과 사상만큼 러시아 문화를 뒤흔들지 못했다. "바다 너머에서 온 잔재주"와 또 한 차례 조심스레 접하는 또 하나의 사례에 그치지 않고 돌이킬 수 없는 도도한 근대화 과정이 알렉산드르 2세 통치기에 시작되었기 때문이다. 알렉산드르 2세는 농노를 해방하고 외국인의 투자를 새로 장려하고 산업화를 개시해서 러시아를 농경 위주의 정적인 과거와 영원히 떼어놓았다. 그러나 그도, 그리고 다른 누구도 근대화하는 러시아 제국이 어떤 형태의 사회와 문화를 취할지를 정확히 판단할 수 없었다.

19세기 중엽에 러시아 역사를 가르는 구분선은 러시아 역사에서 쇄국 시기를 서방화 시기와 가르는 일체의 다른 여러 구분선과 구별된다. 알렉산드르 2세 통치기에 본격적으로 개시된 혁신에는 나라 전체가 휘말려 들어갔지 선택된 지역과 집단만 휘말려 들어가지는 않았기 때문이다. 공업화와 도시화는 ─ 아무리 단속적이고 불균등하게 전개되었을지라도 ─ 안정성을 크게 뒤흔드는 방식으로 러시아 인민의 물리적 환경과 사회관계를 바꿔놓았기 때문이다. 러시아 역사의 이 마지막 세기까지 사상과 문화에서 모든 발전은 작은 소수파에 집중되었다. 농민 대중은 묵묵히 참았고 군사 원정과 농민 봉기와 분파교 운동에서만 소리를 냈다.

18세기 말엽과 19세기 초엽에 러시아 남부가 남김없이 최종적으로 정복되고 식민화되면서 농민 계층의 인구가 많이 늘어났다. 러시아의 상상력 속에서 스텝의 이미지가 더 북쪽다운 숲의 이미지를 대체하기 시작했다. 스텝에서 삶이 취하는 주요 형태는 두 가지였다. 그 두 가지 형태는 평범한 농민의 거칠고 땅에 얽매인 삶에 반영되어 있었다. 대들기는커녕 자연이 보내는 것은 무엇이든지 수동적으로 받아들이며 사는 식물성 삶이 있었다. 곤충, 설치동물, 몽골산 조랑말, 도시에서 온 곡물징발자 등 포식자의 삶도 있었다. 수동적이고 식물적인 생활양식이 여러모로 농민의 이상이었지만, 러시아 농민 가운데에는 농민의 민간전승에 많이 나타나는 여러 탈바꿈 가운데 하나를 거쳐 포식자로 바뀐 사람이 많았다. 지주나 국가 관리가 된 농부보다 더 잔혹한 것은 없었다. 그 농부는 식물계의 비밀, 즉 초목의 깊은 뿌리가 어디에서 간직되는지, 그리고 소리를 내지 못하는 그 식물들이 탐욕스러운 유목민의 끊임없는 공격을 어떻게 견뎌내고 살아남는지를 아는 유달리 굶주린 새 포식자였기 때문이다. 포식자의 대열에 가담하기를 은밀히 열망하는 농민이 많았다. 권력이 약해지거나 예언자가 나타났을 때, 겉으로는 행복해 보이는 많은 식물이 갑자기 사나운 동물로 변했다. 많은 농민이 자기를 "주먹"을 뜻하는 러시아어 낱말인 쿨락(кулак)으로 불리게 되는 부자 농민으로 바꾸어놓는 더 평화로운 형태의 탈바꿈을 겪었다.

오랫동안 소리를 내지 않았던 이 계급은 농노해방 이후의 한 세기 동안 도시로 머뭇거리며 천천히 흘러들어갔고, 근대 문화가 이 계급의 형태를 바꿨다. 그러나 들끓는 이 인간 드라마의 막후에서는 골치를 썩이는 문제 하나가 좀처럼 가시지 않고 어른거린다. 그 문제는 더 오래된 농민 민간전승의 용어로 다시 표현될 수 있다. 대중은 예전의 동물적 상태와 식물적 상태로부터 향상되었는가? 또는 이 더 낮은 형태의 삶은 있었거나 있었을지 모르는 더 높은 인간적 문화에 정말로 우위를 점하게 되었는가?

고결한 탐구 정신에 물들면서 더욱더 많은 러시아인이 러시아가 어떻게 스텝의 동물적 삶과 식물적 삶에서 더 고결한 유형의 현실로 올라설 수 있느냐는 문제로 눈길을 돌렸다. 어떤 신조를 지녔든 모든 러시아인은 고뇌에 찬 토론에서 자기의 은유적 상상력을 항해하는 배의 이미지로 바꾸는 경향을 보였다. 북방이 워낙 추운지라 온기와 불에 이끌렸던 것과 똑같이 러시아 땅이 워낙 드넓고 단조로운지라 바다와 그 위를 항해하는 자들에게 얼마간 이끌렸다.

러시아는 날아가듯 달리는 삼두마차라는 고골의 수수께끼 같은 이미 지와는 달리, 러시아는 배라는 대중적 이미지는 초기 그리스도교 상징체 계에 분명히 뿌리를 두었다. 19세기 중엽 러시아인의 압도적 다수가 러 시아 교회라는 "제2의 방주"에서 여전히 안정감을 느꼈다. 교회를 보면 그들에게는 다음과 같은 생각이 떠올랐다.

> 슬기로운 키잡이가 비바람 몰아치는 바다를 건너는 사람들을 안전한
> 항구로 이끄는 것과 똑같이 그리스도께서 이끄시는 교회는 사람을
> 죄의 바다에 빠져 죽지 않도록 구해서 하늘나라로 이끌어준다.[1]

교회를 위한 율법과 계율의 책은 "키잡이 책"⁶으로 알려졌다. 대다수 주 요 수도원은 섬에, 또는 아토스 산처럼 반도에 있었고, 그곳에 다가가는 가장 좋은 수단은 배였다. 대부분의 순례는 배를 모는 성직자가 신도를 이끌고 순례와 성소를 갈라놓는 수역(水域)을 건너면서 끝이 났다. 그 여 정은 때로는 위험했다. 「믿음」호와 「소망」호를 타고 폭풍우가 일고 얼음이 떠다니는 백해를 지나 솔로베츠크로 가는 항로는 사람들이 점점 더 많이 애용하는 항로였는데, 특히 위험했다. 크림 전쟁 여러 해 뒤에 이 배의 키잡이들은 하느님이 갈매기 떼를 영국 군함이 쏜 포탄의 궤도 에 보내는 기적을 일으켰기에 솔로베츠크 수도원이 포화에 해를 입지 않을 수 있었던 경위를 순례자들에게 즐겨 이야기했다.[2] 구교도는 북태 평양을 건너는 러시아 원정대에게서 새 희망을 끌어내어, 더럽혀지지 않고 살아남은 그리스도 교회가 태평양에서 적그리스도의 손길이 미치 지 않는 어떤 섬에 세워졌을지 모른다고 주장했다.[3] 하느님이 자기에게

---

⁶ 1650년에 간행된 『교회법령집』(Кормчая книга). 러시아어 낱말 кормчий에는 키잡이라는 뜻이 있다.

조종할 배 한 척을 내준 어릴 적 꿈에서 아바쿰의 첫 종교적 소명이 온 것[4]과 똑같이 채찍고행 분파교도는 자기들의 떠돌이 예언집단이 개종자들을 찾아 나선 "기잡이"가 모는 "배"라고 말했고, 그 개종자들이 입단식에서 입는 옷은 "흰 돛"으로 알려졌다.

배가 희망의 상징이라는 세속적 이미지는 교회가 구원의 방주라는 종교적 이미지와 뒤섞였고, 때로는 그 이미지를 대체했다. 러시아 북부에서는 배의 신화적 기원과 특성에 관한 전설이 생겨났다. 배를 물에 처음 띄울 때 자주 다음과 같은 주문이 노래처럼 읊어졌다.

> 물의 처녀여,
> 먹여주고 키워주는 강이여!
> …… 그대에게 주는 선물이 여기 있소이다.
> 흰 돛이 달린 배 한 척이.[5]

남쪽에서는, 볼가 강을 따라 떠가는 배하면 카작의 자유로운 삶이 연상되었다. 인기 있는 형식의 대중 버라이어티 쇼는 로드카(лодка), 즉 돛배로 알려졌다. 그 쇼의 노래와 전통 가운데 많은 것이 볼가 강에 관한 대중 민간전승 안으로 흡수되었고 순항연예선(巡航演藝船)의 인기 상연작이 되었다.[6]

심란한 귀족 계급에게는 러시아가 배라는 이미지는 위안을 주는 이미지가 아닌 지 오래되었다. 마그니츠키는 알렉산드르 1세의 러시아를 "바람이 불 때마다 움직이는 키 없는 배"에 비유했다.[7] 알렉산드르 1세의 예전 스승인 라 아르프는 "우리는 혁명의 배에 탄 승객입니다. 틀림없이 우리는 해안에 가닿든지, 아니면 가라앉든지 하겠지요"라고 음울하게 경고했다.[8] 라디쉐프는 자살하기 얼마 전에 구질서를 "모래톱에 얹힌 배"에 비유했고, 귀족의 상상력이 배의 이미지에서 멀어져 바다 자체의 이미지로 가도록 하는 데 일조했다. 그는 역사가 "거품 이는 파도로 …… 경계도 해안도 없는 바다로" 움직이고 있다고 선언했다.[9] 그 뒤에 루닌은 자기 생각을 "바다의 폭풍우"에 비유했다.[10] 투르게네프는 니콜라이 1세 치세에서 일어나는 낭만적 해외 도피를 동슬라브인이 초기에 "바다 너머에서 온 바랴그 사이에서 지도자"를 찾아 나선 것에 비유했다. 러시아 땅에서 멀어진 "나는 나를 깨끗하게 해주고 새롭게 해주기로 되어있는 '독일의 바다'에 머리부터 먼저 뛰어들었다."[11]

1848년 혁명으로 그 "독일의 바다"가 시인 튜체프에게는 "사납게 출렁이는 물결"이 되었고, 그의 섬뜩한 반(反)혁명적 저작에서 러시아는 혁명의 쇄도에 맞서 "피난처가 되는 굳건한 바위"를 유럽에 제공하는 "거대한 화강암"에 비유되었다.[12] 정치적 스펙트럼의 맞은편 끝에 선 게르첸은 뒤돌아서 이 바위를 쳐다보지 않고 1848년의 조류 너머에 있는 "저 해안"을 바라보았다. 1848년의 사건들에 관한 그의 유명한 사후 검토인 「저 해안에서」(С того берегу)는 자기 아들에게 "이 해안"에 머물지 말라고 간청하면서 이렇게 시작했다.

현재의 사람, 즉 저 우울한 폰티펙스 막시무스(Pontifex Maximus)[7]는 다리를 그저 놓기만 한다. 미래의 알려지지 않은 사람이 그 다리를 지나갈 것이다.[13]

게르첸은 자기 벗 프루동과 함께 지난날의 모두 고통이 "망가이 강을 가로질러 놓인 마법의 다리처럼 나타"날 새 세상이 발견될지 모른다고 기대했다.[14] 그러나 그는 미래로 가는 그 어떤 다리도 — 성 페테르부르그

---

[7] 제사와 종교법을 관장하는 고대 로마의 대신관(大神官). 문자 그대로는 '다리를 놓는 가장 높은 사람'이라는 뜻이다.

자체의 다리들처럼 — 오직 인간의 고통으로만 건설될 수 있다는 두려움을 떨치지 못했다.

오직 게르첸 세대 뒤에 오는 다음의 학생 세대, 즉 알렉산드르 2세 통치 초기의 "새로운 사람들" 사이에서만 러시아인은 자진해서 전통적인 정박지와 낯익은 이정표에서 스스로 벗어나려고 했다. 그 시대의 가장 위대한 음악가인 모데스트 무소륵스키는 이렇게 소리쳤다.

"새 해안으로!" 겁내지 말고 폭풍우와 여울과 암초를 지나 …… "새 해안으로"라고 말해야 합니다. 되돌아가기란 없습니다.[15]

인민주의 혁명가들은 "어머니 볼가를 따라 내려가며" 여행하면서, 스텐카 라진의 봉기 전통을 다음과 같은 찬가로 불러내기를 바랐다.

우리 배가 여울에 얹혔네.
우리의 하얀 차르는 취한 키잡이라네!
…… 배를 점점 더 빨리 몰자,
그래서 주인놈들을 물속에 내던지자.[16]

가장 순수하게도, 젊은 러시아가 나서는 탐사의 여정은 단테(Dante)가 나선 탐사의 여정이었다. 단테는 「연옥편」의 시작 부분에서 비슷한 은유를 다음과 같이 사용했다.

한결 더 좋은 물을 치달리고자
이제 저 참혹한 바다를 뒤에 남겨둔 채
내 재주의 작은 조각배가 돛을 올린다.[17]

러시아인은 단테가 「연옥편」의 시작 부분에서 했던 다음과 같은 예언적 경고를 잊은 채 나섰다.

> 조각배에 있는 그대들이여, 노래를 부르며
> 또 돌아서서 그대들의 해안을 쳐다보시라
> 나를 잃으면 길을 잃을지 모르니
> 바다 한가운데로 깊숙이 들어서지 마시라
> 내가 스쳐 지나가는 물을 일찍이 아무도 건넌 적이 없도다.[18]

가장 단순하게도, 깊은 물 속으로 뛰어드는 이미지는 러시아가 19세기 초엽에 드디어 바다를 철저하게 의식하는 제국이 되었다는 사실의 반영일 뿐이었다. 태평양과 흑해는 해양 무역과 해양 여행을 위한 새 출구를 여럿 제공했다. 1830년대에 성 페테르부르그에서 증기선 정기운행 서비스가 개통되었다. 1850년대에 했던 일본 항해여행에 관한 이반 곤차로프(Иван Гончаров)의 유명한 여행기 『프리깃함 「팔라다」 호』(Фрегат Паллада)는 러시아 독자들에게 해양 모험이라는 새 장르를 열어주었다.[19]

점점 더 뿌리를 잃어가고 자기들이 어디로 가고 있는지 확실히 알지 못하고 자기들이 진짜로 누구인지 몹시도 알고 싶어 하는 제정 말기 지식인들은 바다에서 여러 차원의 의미를 찾아내게 되었다. 바다는 존 키츠(John Keats)가 "사제처럼 사람 사는 세상 바닷가를 깨끗이 씻겨주는 출렁이는 물"[8]이라고 했듯이 어떤 이에게는 순수와 재생의 상징이었고, 바이런이 생각은 "무한"하고 영혼은 "자유"로운 "검푸른 바다의 찬란한 물"[9]이라고 했듯이 다른 이에게는 낭만적 해방의 상징이었다.[20]

---

[8] 존 키츠의 시 「밝은 별이여! 내가 그대처럼 한결같다면」(Bright Star! Would I Were Steadfast as Thou Art)에 나오는 구절.

19세기 말엽 러시아에서 점점 더 중요해지는 바다의 상징적 의미는 "말 없는 낯선 이", 즉 누군지 알 길 없는 농민 대중인 나로드의 의미였다. 상대적 특권층인 지식인은 두려워하며 농민을 널리 읽힌 알렉세이 피셈스키(Алексей Писемский)의 1863년 작 소설의 제목인 "마구 출렁이는 바다"로 간주했으며, 자기 자신을 게르첸이 겨울궁전을 묘사했던 식으로 다름과 같이 간주했다.

> 해양의 주민과는 아무런 실제 관련 없이, 그들을 집어삼킬 따름인 대양의 수면에 떠 있는 배 한 척.[21]

인민주의 운동은 어떤 다른 관계를 맺고자 자기를 버리고 뉘우치려는 노력을 대표했다. 그 운동의 귀족 출신 지도자들은 "거룩한 라파엘로"[10]를 거부하고 "현실의 삶이라는 바다에 자기 몸을 담그"고[22] "저 거친 회색의 인민대중 안에 빠져들어 돌이킬 길 없이 녹아들"고[23] 싶다고 아우성을 쳤다. 젊은 활동가들은 근대적인 민완 혁명가보다는 사색하는 낭만적 영웅의 태도로 결실을 보지 못할 인민주의 대의를 위해 거의 애절한 심정으로 감옥에 가거나 죽음을 맞이했다.

알아채지 못하는 사이에 바다의 이미지는 자멸의 이미지가 되었다. 그 이미지는 "독일의 바다"를 향한 자살 충동, 바그너의 「트리스탄과 이졸데」(Tristan und Isolde)에 나오는 죽음을 넘어선 화음, 노발리스의 『밤에 부치는 찬가』에서 "기억이 그림자의 한류 속에 녹는", 손짓하며 부르는 심해였다.[24] 자멸에 대한 이 낭만적 동경은 의지를 절멸해서, 대양의 물

---

9 바이런의 서사시 「해적」(Corsair: A Story)의 앞부분에 나오는 구절.
10 라파엘로는 세례명이며, 라파엘로의 성은 산치오 다 우르비노(Sanzio da Urbino)였다. 따라서 그의 이름을 풀이하면 우르비노의 거룩한 라파엘로가 된다.

방울 하나처럼 침잠해서 열반의 평화를 찾는다는 더 오래된 동양적 이상과 연결되어 있었다. 쓸데없이 애쓰지 말고 자살하는 것이 현명하다는 가르침의 가장 심오한 사도인 아르투르 쇼펜하우어(Arthur Schopenhauer)는 자기를 찬양하는 많은 러시아인 중 한 사람인 톨스토이가 그랬듯 동양에서 영감을 얻었다. 알렉산드르 1세 시대의 다른 러시아 소설가들도 쇼펜하우어의 음울한 가르침을 문학에 많이 반영한다. 도스토옙스키의『죄와 벌』(Преступление и наказание)에는 죽고 싶어 하는 스비드리가일로프(Свидригайлов)[11]라는 인물이 나오고『악령』에는 키릴로프(Кириллов)[12]의 영웅적이고 이념적인 자살이 나온다. 니콜라이 레스코프(Николай Лесков)의 흡입력 있는 1865년 작 단편소설『므첸스크 군(郡)의 맥베스 부인』(Леди Макбет Мценского уезда)의 종결부에서는 두 사람이 물에 빠져 자살한다. 투르게네프의 작품에는 자살이 많이 나온다.[25]『그 전날 밤』(Накануне)에서 남주인공이 죽기 바로 앞서 혁명적인 여주인공 옐레나(Елена)가 꾼 암울한 예언적인 꿈과 같은 구절에서는 쇼펜하우어의 영향이 바다의 이미지와 얽혀있다. 바그너의「트리스탄과 이졸데」와 이 작품의 이상하고 상징적인 "사랑의 죽음"(Liebestod)[13]과 같은 해에 완성된 이 소설은 옐레나가 "알지 못하는 어떤 이들과 함께 배를 타고" 자기가 호수를 가로질러 떠다니고 있다는 상상으로 시작하며, 다음과 같은 서술로 이어진다.

---

[11] 소설『죄와 벌』에 나오는 등장인물. 라스콜니코프의 여동생 두냐(Дуня)를 연모해서 차지하려다가 뜻대로 안 되자 권총으로 자살한다.

[12] 소설『악령』에 나오는 등장인물. 자살을 통해 죽음의 공포를 이겨내고 스스로 신의 위치에 선다는 "인신 사상"의 소유자이며, 자기의 사상을 지키려고 자살한다.

[13] 바그너의 오페라「트리스탄과 이졸데」의 마지막 아리아. 이 표현은 두 연인이 죽으면서, 또는 죽은 뒤에 그 두 사람의 사랑이 절정에 이르는 것을 일컫는 문학 용어로도 쓰인다.

그 사람들은 입을 다물고 가만히 앉아 있다. 아무도 노를 젓지 않는데, 배가 저절로 움직인다. 옐레나는 무섭지 않고 따분하다. 옐레나는 알고 싶다. 이 사람들은 누구지, 왜 내가 이 사람들하고 같이 있지?

이런 따분함과 헷갈림에서 혁명적 격변이 일어난다.

옐레나가 둘러보는데, 호수가 더 넓어지고 호반이 사라진다. 이미 호수가 아니고 일렁이는 바다다. 모르는 길동무들이 갑자기 뛰어올라 소리를 지르고 손을 흔든다. …… 옐레나는 그들의 얼굴을 알아본다. 그들 사이에 옐레나의 아버지가 있다. 흰 회오리바람 같은 것이 불어와 물결이 인다.

이렇듯 귀족 계급 자체가 부서지고 있었다. 이후의 행로를 정해보려는 시도에서 투르게네프는 바다를 "끝없는 눈밭"으로 바꾸고 옐레나를 배에서 썰매로 옮겨놓고 "옐레나가 어릴 적에 알았던 가엾은 동무인 거지 계집애 카탸(Катя)"라는 새 길동무를 옐레나에게 붙인다. 물론 카탸는 새로운 인민주의 성자의 원형, 즉 "창피와 모욕을 당했"는데도 타고난 고상함을 유지하고 귀족인 옐레나에게 기성 사회에서 도망쳐 "하느님의 뜻에 따라 산다"는 이상을 알려주는 인물이다.

옐레나가 "카탸, 너하고 내가 대체 어디로 가고 있지?"라고 묻지만, 고골의 삼두마차와 푸시킨의 청동기사처럼 카탸는 대답을 하지 않는다. 그 대신에 메시아적 구원의 전통적 상징들이 꿈의 마지막 장면에서 옐레나의 눈앞에 펼쳐진다.

옐레나가 길을 따라 둘러보니 흩날리는 눈 사이로 저 멀리 어렴풋이 도시가 보인다. 은빛 쿠폴라가 달린 하얀 탑이 높이 솟아있다. ……

옐레나는 생각했다. 카탸, 카탸, 저게 모스크바일까? 아니겠지. 저건 솔로베츠크 수도원이야. 저곳엔 벌집 속처럼 좁다란 작은 방이 아주 많이 있어. 거기에 드미트리가 갇혀 있지. 내가 그이를 풀어줘야 해.

그러나 해방은 죽어야만 이루어진다. 바로 이 순간 "입을 쩍 벌린 허연 구렁텅이가 옐레나 앞에 갑자기 나타난다." 그 안으로 썰매가 뛰어들었고, "옐레나"라는 카탸의 아득한 마지막 고함은 사실은 인사로프(Инсаров)가 "옐레나, 나는 죽는다오"라고 말하는 목소리였다. 옐레나의 불가리아인 연인인 인사로프는 새로운 러시아의 "진짜 차르"이며, 그 새로운 러시아의 자칭 혁명적 구원자였다.[26]

후기 낭만주의의 형이상학에서 죽음은 일종의 해방을 제공하고 바다는 정화(淨化)보다는 소멸을 위한 장소로 더 많이 나타난다. 이런 생각은 심지어 그리스도교인의 생각에서도 시사된다. (러시아인 사이에서 가장 인기 있는 중세 서방 저술가들 가운데 한 사람인) 에스파냐의 순교자이자 신비주의자인 라몬 유이는 "나는 사랑의 바다에서 죽고 싶다"고 선언했으며,[27] 단테의 「천국편」에서는 하느님의 평화가 "모든 것이 흘러들어가는 저 바다"에 비유되었다.[28]

체호프의 『등불』(Огни)에서 반쯤 완성된 바닷가 철도의 야간등은 "뒤죽박죽으로 어질러지고 어둠 속에서 어디론가 목표를 향해 일직선으로 쭉 뻗어가"는 "사람의 생각"에 비유된다. 야간등에 이끌려 화자(話者)는 낭떠러지에서 "당당하고 가없고 무뚝뚝한" 바다를 내려다본다.

멀리 저 아래 짙은 어둠 뒤에서 바다가 화가 나서 나지막하게 으르렁거렸다. …… 이미 나한테는 이 온 세상이 내 …… 머릿속에서 떠도는 생각으로만, 그리고 저 밑 어디에선가 단조롭게 웅웅거리는 보이지 않는 힘으로만 되어있다고 보였다. 그리고는 내가 깜빡 졸 때 바다가 아니라 내 생각이 웅웅거리고 있다고, 그리고 온 누리가 오로지 나로만 되어있다고 여겨지기 시작했다. 나는 이렇게 온 누리를 내 안에 한데 모은 뒤 내가 그토록 좋아하는 느낌에 나 자신을 맡겼다. 그것은 형체가 없는 어두컴컴한 온 우주에 당신 혼자만 존재한다고 여겨질 때 느껴지는 무시무시한 고독감이다. 러시아의 들판과 숲과 눈처럼 광활하고 무한하고 혹독한 생각과 감각을 지닌 러시아 사람들에게만 느껴지는 악마적 교만감인 것이다.[29]

형이상학자라기보다는 예술가인 체호프는 자기 생각의 논리적 결론보다는 결국은 그 생각하는 사람의 "얼굴 표정"으로 눈길을 돌린다. 『등불』의 주인공은 자살보다는 사색을 한다. 체호프 자신이 자기의 첫 번째 대작 희곡 「갈매기」(Чайка)의 끝 부분에 나오는 멜로드라마적 자살로부터 「바냐 외삼촌」(Дядя Ваня)의 자살 미수를 거쳐 자살 기도가 ─ 또는 제정 말기 러시아의 좀처럼 가시지 않는 슬픔에서 헤어나는 어떤 다른 형태의 탈출이 ─ 없는 자기의 마지막 희곡 「벚나무 동산」의 애처로운 아름다움으로 옮아간 것과 똑같이 말이다. 그렇지만 체호프는 자기가 맨 처음으로 "햄릿의 문제"라고 일컬은 것에 매료됨으로써 자살이라는 생각을 자기의 청중 앞에서 버리지 않게 되었다.

물에 뛰어들기는 얼마간 「햄릿」에 나오는 오필리아나 실제 바이런의 낭만적 모방이었다.[14] 그러나 물에 빠뜨리기는 옛 러시아에서 중요했던 의례적 처형 형태이기도 했다. 질투가 심한 물의 정령의 비위를 맞춰줘야만 한다는 그리스도교 수용 이전의 신앙이 사라지지 않고 남아 있었

---

[14] 「햄릿」에서 햄릿의 연인 오필리아는 아버지가 햄릿 손에 죽자 미쳐서 물에 빠져 죽는다. 바이런은 레안드로스가 연인 헤로를 만나려고 다르다넬스(Dardanelles) 해협을 헤엄쳐 건너려 했다는 그리스 전설을 흉내 내 1810년 5월 3일에 실제로 다르다넬스 해협을 헤엄쳐 건넜다.

다. 어쩌면 사라진 마돈나는 사실상 루살카였다. 루살카는 러시아 낭만주의의 현란한 이교 신화에서 마법에 걸린 라인 강 처녀의 일종이 된 익사한 여인의 변형된 모습들 가운데 하나였다. 어쩌면 호수 바다 어딘가에도 뭍에 있는 것보다 더 순결한 — 어쩌면 몽골인이 맨 처음으로 침입할 때 더럽혀지지 않은 채로 볼가 강 건너편에 있는 호수의 바닥으로 가라앉았다고 하는 "빛나는 도시 키테즈(Китеж)"[15]일 — 존재가 있었을 것이다.

제정 말엽에 바다와 점점 더 많이 연계되던 마지막 상징은 임박한 대참사의 상징이었다. 홍수가 지난날 있었다는, 또는 머지않아 일어나리라는 믿음은 사람의 시적 상상력이 하느님의 심판과 징벌의 공포를 표현할 때 쓰였던 가장 오래되고 가장 보편적인 방식들 가운데 하나이다.[30] 머지않아 대홍수가 일어나며 하느님의 사람들은 오직 그곳에서만 하느님의 구원을 받을 수 있다는 산으로 도망쳐야 한다는 우랄 산맥의 구교도 사이에 퍼져있는 믿음에는 전 인류를 집어삼키려고 드는 "게걸스러운 바다"라는 동방 신화의 흔적이 있을지 모른다.[31]

바다를 찾아낸 시기와 크나큰 정신적 충격을 받아가며 바깥세상을 찾아낸 시기가 일치하는 한 내륙민족 사이에 아마도 바다에 대한 두려움이 나타나리라고 예상될 터였다. 서방을 지향하는 수도인 성 페테르부르그가 바다를 간척한 — 그리고 주기적으로 바다의 위협을 받는 — 땅에 건설되었다는 사실로 말미암아 성경에 나오는 홍수의 이미지가 특히 생생해졌다. 표트르 대제가 죽은 바로 그 해인 1725년에 그 도시에 처음으로 아주 큰물이 지자 표트르 대제의 개혁에 저항했던 자들이 신이 나서 "두 번째 대홍수"가 일어나 세상이 끝날 날이 다가왔다고 말했다. 이 참화가 진노

---

[15] 블라디미르 대공이 12세기에 스베틀로야르(Светлояр) 호수의 물가에 세웠다는 전설의 도시. 전설에 따르면, 소문을 들은 몽골의 바투 한이 1237년에 군대를 몰고 들이닥쳤지만, 도시가 통째로 호수로 가라앉아서 정복을 모면했다.

에 찬 하느님의 심판이라는 믿음은 뒤이어 성 페테르부르그 시를 덮친 가장 큰 두 홍수가 거의 정확히 100년과 200년 뒤에, 즉 혁신을 수행한 다른 두 최고 통치자인 알렉산드르 1세와 레닌이 숨진 바로 그때 일어났다는 묘한 사실로 조장되었다. 두 경우 다 죽음과 홍수는 희망에 찬 기대의 시대가 끝날 때 일어났고 더 무미건조하고 억압적인 세력인 니콜라이 1세와 스탈린을 권좌에 올려놓았다. 이렇듯 러시아의 풍부한 역사적 상상력은 이 이상한 우연의 일치 뒤에 불길한 징조가 숨어있음을 알아챘다.

특히 푸시킨의 「청동의 기사」 이후에 성 페테르부르그를 집어삼키는 홍수의 이미지가 제정 말기 문학에서 빈번하게 되풀이된다. 불이 모스크바라는 나무의 세계에서 영속적인 공포이자 심판의 상징이었던 반면에 네바 강에 들어선 도시에는 그 같은 상징을 바다가 제공했다.

러시아가 19세기 말엽에 시각으로나 상상으로나 바다에 접하도록 해주는 데 아마도 가장 큰 몫을 한 사람은 재능이 뛰어나고 작품을 많이 남긴 화가인 이반 아이바좁스키(Иван Айвазовский)였다. 1817년에 크림의 바닷가에서 태어난 아이바좁스키는 여든세 해 한평생 내내 바다와 배에 매료되었다. 그는 성 페테르부르그 예술원의 인기 화가로서 니콜라이 1세 시대 동안 두루두루 여행을 다녔고 이 시대의 가장 재능이 뛰어난 창작자인 글린카와 브륨로프, 이바노프와 고골의 동무가 되었다. 그는 1840년대 초엽에 로마에서 이바노프와 고골을 방문하는 동안 자기의 초기 작품들 가운데 하나를 바티칸에 팔았다. 어울리게도 「태초의 혼돈」(Хаос)이라는 낭만적 주제에 관한 작품이었다. 그는 이상화된 이탈리아 바닷가의 광경을 많이 그려서 이바노프의 초기 기조들 가운데 하나를 본받았고, 해양화를 이탈리아에 소개하고 조지프 터너(Joseph Turner)의 작품에 영향을 준 사람으로 인정받았다.

5,000점이 넘는 아이바좁스키의 그림은 거의 모두 다 바다의 광경이

었고, 특히 그가 러시아에 돌아온 뒤에는 작품 대다수가 맹렬한 폭풍우나 전투를 보여주었다. 브률로프와 이바노프의 전통을 좇아 아이바좁스키는 자기의 주요 작품을 엄청나게 큰 규모로 그렸다. 그 가운데에는 너비가 15미터를 훌쩍 넘는 작품도 많았다. 그의 화폭에 나오는 바다의 규모가 워낙 엄청난 탓에 그 그림에서 바다에 내던져진 인물과 화랑에서 그 바다를 보고 있는 사람에게 모두 다 인간이 보잘것없다는 느낌을 준다. 가장 영향력이 컸던 그의 그림은 가장 크고 가장 극적인 「폭풍우」(Шторм)와 「아홉 번째 파도」(Девятый вал)[16]였다. 「폭풍우」는 빛과 어둠이 대조를 이루는 거대한 파노라마의 한복판에서 가라앉는 선박 한 척과 요동치는 구명정 한 척을 보여주며, 「아홉 번째 파도」는 「요한계시록」에서 예언된 최종적 홍수의 마지막 물결에 일종의 휘광을 부여한다.

아이바좁스키는 계속 성공을 거두고 인기를 끌었는데도 평생토록 낭만적 방랑벽에서 헤어나지 못했다. 그는 죽기 몇 달 전에도 새로운 영감을 찾아 또 한 차례의 바다 여행을 계획하고 있었지만, 「튀르크 군함의 난파」(Гибель турецкого фрегата)라는 마지막 그림을 제작하다가 1900년에 죽었다. 레르몬토프의 시대에 시인이 자주 회화에서 자기 느낌을 표현하려고 한 것과 똑같이, 러시아 낭만주의라는 나무의 이 마지막 잎새는 때로는 시로 변해서 자기 느낌을 이렇게 표현했다.

내 아래서 대양이 일렁인다.
먼 바닷가, 햇빛에 반짝이는 뭍의 마법 같은 지대가
내게 보인다.
나는 들떠서 간절하게 그리로 허우적대며 간다.[32]

---

[16] Девятый вал에는 가장 거세고 위험한 파도라는 뜻도 있다.

말년에 아이바좁스키는, 그토록 많은 낭만주의자와 마찬가지로, 열렬한 민족주의자가 되었다. 그는 러시아 해군의 영광스러운 연승을 꿈꾸었고 — 브률로프가 한때 러시아의 승전을 벽화로 그릴 구상을 했던 것과 똑같이 — 그 승리를 화폭에 기록하고 싶어 했다. 러시아의 승리는, 물론, 새로운 세기에 다른 방면에서 이루어질 터였다. 소비에트 러시아의 전략가들이 아이바좁스키가 죽은 지 반세기 안에 러시아 해군을 조금 시원찮은 수상 함대에서 음침한 잠수함 함대로 바꿔놓을 터였다. 그러나 새로운 정권의 민간전승에서 수상함 두 척, 즉 1905년 혁명 동안 차르 당국에 맞서 짧은 항명 사태를 일으킨 전함 「포툠킨」 호[17]와 1917년의 볼셰비키 봉기에 형식적인 지원 포격을 해준 순양함 「아브로라」(Аврора) 호[18]가 새로운 질서의 혁명적 희망의 상징으로 살아남았다. 이렇듯 배 두 척이 새로운 소비에트 이념에서 구원의 상징이 되었다.[33] 그러나 소비에트 시기의 창조적 문화의 상징을 제공한 이는 박해받은 시인 오시프 만델시탐(Осип Мандельштам)이었다. 그는 자기의 운문을 물에 빠져 죽어가는 사람이 먼 곳에 있는 어떤 모르는 이에게 닿아서 읽히리라는 희망을 품고 병에 넣어 난바다에서 던진 메시지에 비유했다.[34] 저 바다에 나서서 소비에트 러시아의 새로운 수평선을 훑어보기에 앞서 러시아의 창조성이 제정 말기의 거친 바다를 가로질러 따라갈 항로를 정해야 한다.

---

[17] 러시아-일본 전쟁에서 러시아가 패하는 와중에 흑해함대 소속 전함 「포툠킨」 호 병사들이 썩은 고기로 끓인 음식이 배급된 데 격분해 1905년 6월 27일에 장교들을 죽이고 배를 접수했다. 봉기한 해군 병사들은 「포툠킨」 호를 몰고 7월 7일에 루마니아로 도주했다.

[18] 1917년 10월 25일에 네바 강을 거슬러온 「아브로라」 호의 병사들이 오후 9시 45분에 임시정부가 있는 겨울궁전에 공포탄을 쏘았고, 이 포성을 신호로 볼셰비키 노동자 민병대가 겨울궁전을 공격해서 10월혁명을 마무리했다. 현재 「아브로라」 호는 네바 강에 영구 정박해서 박물관으로 쓰이고 있다.

01 사회사상으로 돌아서기

1840년대부터 1880년대 초엽까지 러시아 문화의 특징은 러시아인이 "사회사상"(общественная мысль)이라고 부르는 것에 유별나게 빠져든 것이었다. 이 사고 범주에 정확히 해당하는 것이 서방 문화에는 없다. 사회사상은 전통적인 도덕 철학이나 근대 사회학의 언어로 제대로 논의되기에는 너무 분방하고 문학적이다. 사회사상의 관심사는 근본적으로는 정치적이지 않으며, 심리나 종교의 관점에서 가장 잘 이해될지 모른다.

어쨌든 러시아의 사회사상은 제정 말엽의 현상이다. 그것은 여러모로 1830년 혁명과 1848년 혁명 사이에 프랑스에서 일어난 개혁 사상의 강렬한 발효에 대한 인위적으로 지연되고 러시아답게 격정적인 러시아의 반응이다. 사회사상은 귀족의 러시아와 프롤레타리아의 러시아 사이를 잇는 일종의 지적 교량을 마련했다. 그것은 귀족 계급의 비현실성과 유토피아주의를 반영하지만, 철학 문제에서 사회 문제로, 벨린스키의 말로 표현하면 "푸른 하늘에서 …… 부엌의 현실로"[1] 옮아갈 때가 왔다는 새로운 인식을 보여준다. 이 전통은 도덕적으로 순수해서 이후의 거의 모든 급진 개혁가는 그 포부의 상속인을 자처해야 한다는 강박을 느꼈다. 소비에트 이념가들은 레닌에서 완결되었다는 선지자 계보에 게르첸과 벨린스키, 체르늬솁스키와 도브롤류보프, 피사레프, (유보조항을 조금 달아서) 라브로프와 게오르기 플레하노프(Георгий Плеханов)를 넣는 일종의 소비에트 시민용 성자전 안내서를 만들었다.

그러나 19세기 중엽과 말엽의 사회사상은 볼셰비즘의 단순한 선행 형태나 단순한 차르 체제 비판보다 훨씬 더 한 것이었다. 그것은 지성과 감성의 자유로운 활동, 즉 오랫동안 귀족 계급의 골치를 썩인 더 심원한 문제들 가운데 여러 문제를 사회라는 더 넓은 원형 투기장에 투사하기를 반영하는 비타협적 진정성과 연관되어 있었다. 더 나은 세상을 바라는 염원은 러시아의 사회사상에서 매우 뚜렷했는데, 이 염원은 스탈린 시대에 다시 한 번 더 체제전복성을 띠었다. 진실을 찾는다는 심오한 의미의 "사회사상"은 소비에트 연방의 공공 문화에서 더는 용납되지 않았다. 그리고 심지어는 게르첸과 체르늬솁스키처럼 시성된 선지자의 사상마저 수정되거나 재해석되었다.

일반적 의미에서 러시아 특유의 사회사상 전통은 예카테리나 대제 시대에 경제와 정치를 토론하면서, 라디쉐프가 고뇌하며 농노제를 비판하면서, 벤담과 로버트 오언(Robert Owen)과 생시몽이 알렉산드르 1세의 신성동맹 프로그램에 사회 개혁을 넣으려고 다양한 제안을 하면서, 페스텔이 1820년대에 농지 재분배를 제안하면서, 1830년대에 러시아가 생시몽에 흥미를 보이면서 시작되었다.[2] 그러나 이것들은 모두 다 종교 문제와 미학 문제에 여전히 지배되는 귀족 계급의 부차적 관심사이거나 일과성 관심사였다. 사실, 이 시기 동안 러시아 땅에서 유일하게 이루어진 사회주의 유형의 중요한 실험은 소비에트 연방에서도 아직 달성되지 않은 형태의 평등주의적 공동생활을 실천하는 러시아 남부의 후터파 같은 비(非)귀족 외국 종파 공동체였다.

그러나 토착 분파교도의 공동체주의 지향성은 "공유파"(Секта общих)[1]라고 불리는 새로운 집단이 나타나면서 1830년대에 입증되었다. 이 종파는 예언 활동보다는 공산주의 형태의 조직에 역점을 두고서 사도 열두 명의 집단을 이룬다는 옛 채찍고행파의 생각을 받아들였다. 이 종파는 성 바울을 문자 그대로 해석해서 각 구성원은 실제로, 그리고 말 그대로 공동 신체의 일부일 뿐이라고 주장했다. 각 공동체에서 남자 아홉 명과 여자 세 명이 모든 것을 함께 나누어 가졌고, 그 신체의 어떤 부분도 감염되지 않게 하려고 공개 고백을 했으며, 각 공동체 구성원에게 어떤 신체 기관에 해당하는 기능 하나가 주어졌다. 추상적 사고는 "머리를 쓰는 이"(мысленник)의 독점 영역, 육체노동은 "손을 쓰는 이"(ручник)의 독점 영역, 등등이었다. 이런 식으로 누구도 자기 혼자서는 완전하지 못했다. 저마다 다 공동체에 의존했다. 1840년대의 "시온의 전령" 종파는 다가올 천년왕국은 분리할 수 없는 열두 개 부분으로 나뉘어야 하며 그 각 왕국의 각 구성원은 완전히 평등하게 살아야 한다고 역설함으로써 새로운 이상적 사회 개념에 똑같이 심취했음을 드러내 준다. 이런 형태의 사회 조직화에는 인간을 신과 같은 존재로 만들고 그의 신체 기관을 필요한 곳에 재배열하고 팽창하는 신체의 필요를 채우기 위해 토지를 물리적으로 확장하는 일이 따를 터였다.

같은 이 시기에 귀족 지식인들 사이에서 사회 분석과 사회주의에 관한 최초의 진지한 관심이 나타난다. 그들은 평화로운 정치 변화의 가능성에 점점 더 큰 환멸을 느꼈기 때문에 사회사상으로 돌아섰다. 니콜라이 1세 시대 말엽의 러시아 사상가들은, 현실 세계를 위한 개혁 프로그램을 개발하려고 노력하면서, 차츰차츰 데카브리스트가 싸움터를 잘못

---

[1] "젖 먹는 사람들"의 일파. 1830년대에 사마라 지방에서 미하일 포포프(Михаил Попов)의 가르침에 따라 재산을 공유하는 공동체를 만들고 살았다. 금욕 생활을 하고 전체주의적 조직 원리를 고수했다.

골랐다는 결론을 내렸다. 정치 프로그램, 헌법, 기획 등등은 영국과 프랑스의 부르주아지가 제 나라 인민을 기만하고 노예화하려고 꾸며낸 고상한 형태의 속임수일 뿐이었다. 그 10년의 가장 매력적인 인물은 모두 다 정치개혁을 고려할 만한 주제로 받아들이지 않는 경향을 보였다. 게르첸과 벨린스키와 바쿠닌은 모두 다 정치변혁보다는 사회변혁의 관점에서 사고했다. 그들 모두에게는 통치자 차르를 사회 개혁을 이루는 데 쓰일 수도 있을 도구로 이상화하는 짧은 시기가 있었지만, 그들 가운데 누구도 서유럽의 자유민주주의 체제에서 발견될 형태의 정치 조직을 절대로 이상화하지 않았다. 사회변혁의 미래상이 러시아 밖에 있는 슬라브인의 해방으로 시작하든, 러시아 안에 있는 농노의 해방으로 시작하든, 궁극적 목표는 여전히 1840년대에 한 세르비아인이 편력하는 한 러시아인 급진주의자에게 설명해준 그 목표, 즉 사람들이 소박하게 살면서 "일절 정치 없이"(без всякой политики) 자연스럽게 서로 소통할 수 있는 새로운 형태의 인간 사회를 만들어내는 것이었다.[3]

물론, 정치개혁과 대의제 통치라는 데카브리스트의 낡은 이상을 대표해서 목청을 돋우는 몇몇 목소리가 있기는 했다. 니콜라이 투르게네프가 1847년에 자기 책 『러시아와 러시아인』(La Russie et les Russes)에서 입헌군주정에 찬성하는 고전적인 계몽적 주장을 유창하게 재천명했다. 그러나 이것은 파리에서 글을 쓰는 한 늙은이의 목소리였다. 그의 어조는 이미 제정 말기의 수많은 회고가의 어조, 즉 기록을 바로잡으려는 학자의 열망과 결합한 반쯤 숙명론적이고 구슬픈 회한이다. 니콜라이 투르게네프의 그 저작은 이 장르의 걸작이며, 알렉산드르 1세 치세의 경건주의와 프리메이슨의 교화 효과를 칭찬하고 궁정에서 올바른 이성을 짓누르는 "군복 차림의 아도니스"들을 비판하고 "전제정만큼이나 러시아를 짓누른다고 보이는 숙명론"을 고발했다.[4]

니콜라이 투르게네프의 그 책에 있는 흥미로운 새 특징 하나는 그가 러시아 제국의 더 선진적인 영토인 폴란드와 핀란드에 보내는 찬양이다. 예속된 폴란드를 동정하는 것이 러시아의 새로운 급진 사회사상가의 표식이 될 터였고, 핀란드에 관한 관심은 어느 모로는 훨씬 더 중요해질 터였다. 다른 무엇보다도 핀란드는 프로테스탄트 국가였고, 프로테스탄티즘이 가톨릭 신앙보다 자유로운 사회 발전에 더 좋은 풍토를 제공한다고 주장하는 사람은 니콜라이 투르게네프 혼자만은 아니었다. 주로 사회 문제를 논의하는 성 페테르부르그의 주요 신간 저널들 가운데 하나의 제목이 『핀란드 통보』(Финский вестник)[2]였으며, 헬싱키와 성 페테르부르그 사이를 오가는 정기 증기선을 통해 접촉이 늘었을 뿐만 아니라 성 페테르부르그 지역에 있는 핀란드인 거류지의 인구가 꾸준히 늘어났다.

핀란드 의회에 통상적인 3개 신분[3]뿐만 아니라 — 스웨덴의 릭스다크를 본떠 — 제4신분인 농민의 대표가 포함되어 있다는 사실은 러시아인에게 특히 흥미로웠다. 귀족이 농민을 발견한 것이야말로 1840년대에 사회 개혁으로 돌아서기의 주요 원인이었기 때문이다. 니콜라이 1세 치세에 농민 소요가 차츰차츰 늘고 농민 문제를 분석해서 조언하기 위해 임명된 다양한 위원회가 부수 활동을 하면서 농민에 관한 관심이 일었다. 한편, 농민은 소외된 지식인에게 일종의 낭만적 매혹의 최종 대상으로 나타난다. 부질없이 외국을 돌아다니고 외국인 현자의 제자로 공부했던 러시아의 파우스트가 이제 어린 시절을 보낸 시골로 돌아오라고 자기를 부르는

---

[2] 1845년에 발레리안 마이코프와 표도르 데르샤우(Федор Дершау, 1821~1862년 이후)를 공동 편집인으로 두고 창간된 러시아어 저널. 스칸디나비아 지역의 정보를 소개했으며, 1847년에 『북방 평론』(Северное обозрение)이라는 신문으로 전환했다.

[3] 근대 이전 유럽의 의회는 대개 3개 신분의 대표, 즉 제1신분(성직자)과 제2신분(귀족)과 제3신분(평민)의 대표로 이루어진 신분제 의회였다.

농민 대중의 행복한 속삭임을 들었다.

허위의 목가적 주제는 비록 러시아 문화에서 훨씬 더 전에 시도되기는 했어도 1840년대에 처음으로 우세해지는 경향을 보였다. 그 새로운 경향의 전조는 벨린스키가 알렉세이 콜초프의 시와 민요에 퍼부은 사후 비평 예찬이었다. 벨린스키는 투박한 콜초프의 꾸밈없고 기교를 부리지 않은 예술에서 그의 말년의 특징인 "평범함을 그리워하는 마음"을 충족해주는 듯한 "새로운 소박함"을 찾아냈다.[5] "사회성이 아니면 죽음을"은 1848년에 죽기 바로 앞서 벨린스키가 귀족 지식인들에게 보내는 작별 구호였다. 귀족 지식인들은 이 "사회성"(또는 "사회적 삶", социальность)을 러시아 농촌에 있는 실제의, 또는 상상의 고상한 야만인 무리에서 찾을 터였다. 1846년에 드미트리 그리고로비치(Дмитрий Григорович)의 『마을』(Деревня)이 나오고 이듬해에는 이반 투르게네프의 『한 사냥꾼의 수기』(Записки охотника)가 나오면서 농민이 러시아 문학의 새로운 주인공 유형으로 등장했다. 부분적으로, 이 새로운 관심은 베르톨트 아우어바흐(Berthold Auerbach)의 『슈바르츠발트 지방의 마을 이야기』(Schwarzwälder Dorfgeschichten)와 조르주 상드의 『버려진 아이 프랑수아』(François le Champi)가 갑작스레 얻은 인기에서 감지할 수 있는 서방의 유행이 러시아에 반영된 또 하나의 사례일 뿐이었다. 그러나 동유럽에서는 야만적인 농노제가 사라지지 않고 남아있는 탓에 농민에 관한 관심이 유달리 강했다. 이 점은 폴란드인 유제프 크라셰프스키(Józef Kraszewski)와 우크라이나인 셉첸코 같은 1840년대 작가들로 예증된다.[6]

러시아 귀족들이 자기 영지가 아니라 책에서 — 다른 무엇보다도 1843년에 러시아 곳곳을 오랫동안 돌아다녔던 독일인인 학스트하우젠 남작이 러시아인의 삶에 관해 펴낸 세 권짜리 연구서에서 — 농민을 발견했다는 것은 그들이 제 나라 인민에게서 얼마나 동떨어져 있었는지를 보여주는 척도이다. 학스트하우젠의 연구서를 바탕에 두고 러시아 귀족들은 느닷없이 더 좋은 사회의 핵을 농민 공동체(옵쉬나)에서 찾는 척했다. 비록 이전에도 농민 공동체를 ─ 친슬라브주의자는 유기적 종교공동체로, 그리고 폴란드의 극단주의자는 혁명을 위한 힘으로 ─ 이상화한 적이 있었을지라도, 학스트하우젠의 찬사는 토지 재배정을 조정하고 마을 차원의 재판을 집행하는 농민 공동체의 사회적 기능에 관한 세밀한 연구에 바탕을 두었다. 그는 "생시몽주의자들 식의 자유로운 생산자 연합"의 본보기를 농민 공동체에서 보았다. 설령 정치혁명은 가능하지 않을지라도 농민 공동체를 본떠 사회를 혁신할 수 있을지 모른다는 생각이 러시아인 사이에서 생겨났다.[7]

사회관계의 변환이 곧 일어나리라는 믿음을 니콜라이 1세 시대 말엽의 유력한 사회분석가 두 사람, 즉 발레리안 마이코프와 블라디미르 밀류틴(Владимир А. Милютин)이 적극적으로 퍼뜨렸다. 두 사람 다 명문가 출신 귀족(이었으며 이름난 3형제 가운데 한 명)이었다. 두 사람 다 법을 강의했으며 형이상학적이지 않은 새로운 사회과학을 확립하자는 오귀스트 콩트의 주장을 대중화했다. 두 사람 다 당대에 커다란 영향력을 누렸으며 비명에 요절했다.

마이코프는 유명한 화가의 아들이자 황립극장 관장의 손자였으며, 18세기의 가장 유명한 프리메이슨 시인의 종증손자였다.[4] 그가 1847년에 수수께끼처럼 물에 빠져 죽지 않았더라면, 이 비범한 신동은 수재인 형 시인 아폴론 마이코프(Аполлон Н. Майков)를 비롯한 모든 마이코프 가문 사람들 가운데에서도 가장 유명해졌음 직하다. 그는 열아홉 살에 칸디다

---

[4] 발레리안 마이코프의 부친은 화가 니콜라이 마이코프(Николай Майков, 1794~1873년), 조부는 시인 아폴론 마이코프(Аполлон А. Майков, 1761~1839년), 종증조부는 문인 바실리 마이코프(Василий Майков, 1728~1778년)였다.

트(кандидат) 학위[5]를 받았고, 사회 연구를 위해 저널 『핀란드 통보』를 창간했고, 『러시아어에 편입된 외국어 휴대용 사전』(Карманный Словарь иностранных слов вошедших в состав русского языка) 제1권의 주저자였으며, 화학부터 농업까지 모든 주제에 관한 두꺼운 논문집 두 권을 (그리고 간행되지 않은 채로 남은 논문 여러 편을) 썼다. 그는 스물네 번째 생일이 지난 뒤 얼마 안 되어 죽기까지 많은 이에게서 러시아의 주요 문예 비평가로 환호를 받았다.

마이코프의 가장 중요한 논문은 완성되지 못한 장문의 「러시아의 사회과학」(Общественные науки в России)이었는데, 1845년에 쓴 이 논문에서 그는 러시아적 삶이 되살아날 밑바탕을 마련해줄 새로운 "사회철학"을 주창했다. 이 "사회철학"은 오귀스트 콩트의 역사사상과 블랑과 프루동의 도덕주의적 사회주의의 결합일 터였다. 이러한 철학만이 ("오늘날의 힌두교"인) 독일 문화의 "실체 없는" 형이상학적 공론과 경제적 생산에 대한 영국의 "일면적"이고 "비정한" 몰입을 피할 "유기적" 문화를 위한 기반을 놓을 수 있다. 그는 사회 발전의 특질과 분리될 수 있는 어떤 것으로서의 부(富)에 대한 애덤 스미스와 영국의 자유주의적 경제학자들의 몰입이 "이론에서는 오류이며 현실에서는 파멸"임을 깨닫는다.[8]

밀류틴은 마이코프가 1847년에 (그가 이제 막 벨린스키의 후임으로 수석 문예비평가가 된) 『조국 수기』(Отечественные записки)[6]의 창간호와 제2호, 제3호, 제4호에 연재된 자기의 기다란 연구인 「영국과 프랑스의

프롤레타리아트와 빈곤」(Пролетариат и пауперизм в Англии и Франции)에서 멈춘 그 부분에서 출발했다. 밀류틴은 프랑스 사회사상의 활력을 부르주아 사회의 퇴락과 대비한다. 그가 쓴 논문과 모스크바 대학에서 한 강의에는 프랑스와 영국의 경제처럼 성장하는 경제의 특징인 "이해관계의 갈등"을 "미래의 과학 발전"을 통해 해소할 수 있다는 콩트식 낙관론이 반영되어 있다. 밀류틴은 많은 데카브리스트의 벗이었으며 궁정에서 농노제 개혁을 주장하는 주요 인물이었다. 그의 두 형[7]은 알렉산드르 2세 치세에 궁정의 주요 인물이 된다. 그러나 밀류틴은 니콜라이 1세 시대 말엽 러시아의 암울함에 못 이겨 1855년에 총으로 자살했다.

사회 문제에 관한 새로운 관심을 사회주의 활동으로 전환하는 것이 니콜라이 1세 시대의 핵심 동아리들 가운데 맨 마지막인 페트라솁스키 동아리의 작업이었다. 미하일 페트라솁스키(Михаил Петрашевский)는 프랑스의 백과전서파를 의식적으로 모방해서 러시아 인민의 지적 계발을 주도할 집단을 모으려고 애썼다. 페트라솁스키와 마이코프는『백과전서』 구실을 하고 독일 관념론과 싸우기 위한 일종의 이념 안내서 구실도 할 『러시아어에 편입된 외국어 휴대용 사전』을 만들었다. 대개 소귀족 출신인 젊은 작가와 공무원이 모여서 프랑스의 여러 사회사상가가 논의한 유형의 사회 혁신을 논의했다. 한 모임은 라므네의『한 신자의 발언』(Paroles d'un croyant)[8]을 교회 슬라브어 번역본으로 읽었고, 페트라솁스키 동아리 회원 동지들은 푸리에의 생일을 기리고자 만찬 일정을 1849년 4월 7일로 잡았다.[9]

---

[7] 드미트리 밀류틴(Дмитрий Милютин, 1816~1912년)과 니콜라이 밀류틴(Николай Милютин, 1818~1872년).
[8] 라므네가 1834년에 쓴 이 책에는 교황과 군주를 비판하고 기존 질서를 공격하는 내용이 담겨있었다.

비록 페트라솁스키 동아리가 논의한 갖가지 프로그램이 무위로 끝났을지라도, 행동 강령을 찾아내겠다는 결의는 변화의 뚜렷한 신호였다. 실제로, 페트라솁스키 동아리 회원들은 데카브리스트 시대 이후로는 맨 처음 나타난 지방 가맹 동아리 조직망을 구축했고, 그 조직망은 에스토니아의 레발(Reval)[9]부터 볼가 강 중류의 카잔까지 드문드문 퍼져있었다. 혁명이 일어난 서유럽 세계에서 최근에 돌아온 니콜라이 스페시뇨프(Николай Спешнев)는 자신을 사회주의자보다는 공산주의자라고 불렀고 9~11명으로 "중앙위원회"를 만들고 그 위원들 가운데 두 사람이 각 가맹 동아리와 연결되어야 한다고 촉구했다. 동부에서 온 군장교 라파일 체르노스비토프(Рафаил Черносвитов)는 시베리아 동부가 러시아에서 분리되어 메시코와 캘리포니아(California)와 알래스카(Alaska)를 아우를 거대한 태평양 제국에 혁명을 통해 합쳐져야 한다고 제안했다.[10] 다른 이들은 농민 공동체를 새로운 사회주의 사회의 핵으로 바꿀 의도로 평화 선동을 하기를 선호했다.

19세기 말엽의 가장 상상력 넘치는 인물들 가운데 몇 사람은 활력을 불어넣는 이런 분위기 속에서 지적 훈련을 받았다. 이런 사람으로는 생물학자이자 전투적 범슬라브주의 이념가 니콜라이 다닐렙스키(Николай Данилевский)와 풍자작가 미하일 살티코프-쉐드린(Михаил Салтыков-Щедрин)이 있다. 미래의 중요성 면에서는 표도르 도스토옙스키가 단연 돋보이는데, 그는 구교도 사이에서 프로파간다를 하고 마을 공동체와 아르텔(артель)[10] 형태의 조직에 바탕을 둔 사회주의를 건설한다는 생각에 흥미를 느끼는 젊은 작가였다.[11] 그는 관(官)의 러시아와 타협했다며 고골을

---

9   탈린의 독일어 및 스웨덴어 명칭. 러시아어로는 레벨(Ревель).
10 다양한 기능을 가진 러시아의 협동조합을 일컫는 일반적인 용어.

꾸짖는 벨린스키의 유명한 서한[11]을 페트라솁스키 동아리 회원들에게 읽어준 사람이었다. 그리스도의 사례를 공식 그리스도교의 사례와 대비하는 벨린스키의 행위는 도스토옙스키의 『카라마조프 씨네 형제들』에서만이 아니라 러시아 급진주의의 고뇌 어린 사고에서도 반향을 얻게 된다. 물론, 그리스도가 그 시대의 혁명적 사회개혁가라는 생각은 초기 사회주의 사상의 상식이었다. 프랑스에서는 특히 그랬다. 그러나 러시아 지식인들은 이 논제를 이견 종파라는 러시아 전통에서도 얻었다. 그들은 이견 종파와 함께 박해받고 감옥에 갇히면서 그것을 점점 더 알아가고 있었다. 이렇듯 마이코프가 주장했던 새로운 "사회철학"에는 처음부터 일종의 그리스도교 사회주의가 되는, 즉 — 어찌 보면 니콜라이 1세 시대 러시아의 그리스도 없는 하느님에 반발해서 — 하느님 없는 그리스도에 전념하는 경향이 있었다.

페트라솁스키 동아리 회원들은 비록 (같은 시대 우크라이나의 동아리인 성 키릴로스·메토디오스 형제단과는 달리) 드러내놓고 그리스도교적이지는 않을지라도 "자선을 기본 교리로 삼고 **자유 확립과 사적소유 철폐**를 목표로 삼"아 "초창기의 순수한 그리스도의 가르침"을 다시 발견하고 있다고 주장했다.[12] 그들은 생시몽과 콩트를 따라 "새로운 그리스도교", 즉 역사로부터 평화적으로 진화하고 있던 사회적 조화의 "정상적"이고 "자연스러운" 새 사회를 이야기했다.

러시아의 사회사상가들 사이에서 "새로운 그리스도교"라는 생각에 가장 중요한 것은 부르주아 서방에서 발전하고 있던 유형의 사회·정치

---

[11] 고골의 『벗과 주고받은 편지에서 추린 글』에 실망한 벨린스키가 1847년에 쓴 「니콜라이 고골에게 보내는 서한」(Письмо к Н. В. Гоголю). 러시아 지성사의 이정표가 된 이 글에서 벨린스키는 고골이 현실을 정확히 묘사하고 비판해야 하는 예술가의 의무를 저버리고 현실을 옹호했다고 질책했다.

생활을 회피할 필요성이었다. 따라서 페트라솁스키 동아리 회원들은 (데카브리스트와는 완전히 다르게도) 사적소유 제도와 헌법의 가치를 둘 다 회의했다.

> 헌법 옹호자들은 인간의 특성이 소유가 아니라 개성에 있다는 점, 부자가 빈자에게 행사하는 정치권력을 인정함으로써 자기들이 가장 지독한 전제정을 옹호하고 있다는 점을 잊는다.[13]

초기의 사회사상가들은 사회주의를 "역사도 종교도 철학도 흡수"한 "사상 중의 사상"으로 여긴다는 점에서 벨린스키를 따랐다.[14] 마이코프는 "사회주의"를 자기의 "사회철학"과 동의어로 사용했고 이윤을 모든 노동자와 공유하는 것을 명확히 옹호했다. 『러시아어에 편입된 외국어 휴대용 사전』은 신중을 기하며 동의어 "오언주의"(Owenism, Оуэнизм)를 사용한다. 푸리에를 "나의 유일한 하느님"으로 표현하면서 페트라솁스키는 조금은 가엾게 여기는 마음에서 일곱 농민 가구를 위해 노브고로드 근처에 있는 자기 영지에 공동주택 한 채를 지으려고 시도했다. 그 농민들은 그의 모범 팔랑스테르(phalanstère)[12]를 홀랑 불태웠지만, 욕구를 조정하고 사람이 자연, 자기 자신, 자기 동료와 빚는 모든 갈등을 해소하기 위한 세밀한 푸리에주의 청사진은 러시아 사회사상의 형성에 영향을 크게 미쳤다. 푸리에의 계획은 자유로운 "욕구의 놀이"라는 이상으로 삼아 다가오는 황금시대의 모든 이미지 가운데 감성적으로 가장 큰 호소력을 지녔다. 더욱이 팔랑스테르는 농사짓는 곳과 손으로 물건 만드는 곳 주

---

[12] 샤를 푸리에가 구상한 이상 사회의 기본 단위인 팔랑주(phalange)의 구성원이 사는 공동 주택.

위에 세워질 터였고, 따라서 러시아의 조건에 특히 알맞아 보였다. 푸리에 심취 현상이 아무리 일시적이었더라도 일종의 그리스도교화된 사회주의에 대한 믿음은 러시아 사회사상의 상수(常數)로 남았다. 1840년대에 더 과격하고 음모적인 방법을 옹호한 스페시뇨프 같은 이들은 조심스럽게 자신을 "공산주의자"라고 불렀고, 게르첸은 윤리적이고 귀족적인 사회주의를 권위주의적이고 형이상학적인 공산주의, 즉 "보복의 사회주의"와 애써 구별했다.[15]

"사회주의"와 더불어, 1840년대의 사회사상가에게는 "민주주의"를 믿는 경향이 있었다. 『러시아어에 편입된 외국어 휴대용 사전』은 민주주의를 "각 시민이 전체 국정의 심의와 결정에 참여하는" 통치 형태로 정의했다. 민주주의는 "국민의 도덕적 역량이 발전하고 진정하고 이성적인 자유가 형성된 정도에 따라" 다른 형태를 띠고 모든 곳에서 우세를 차지할 운명이었다.[16] 러시아를 위한 정치 목표는 명확하게 설명되지 않지만, 『러시아어에 편입된 외국어 휴대용 사전』에는 "반대파"와 "국회"도 수록어로 들어있다. 그리고 정치적 반대 세력의 자유로운 활동을 허용하는 모종의 대의기구가 분명하게 가정되었다.

그러나 러시아 사회사상에서 "민주주의"는 처음부터 서방에서 이해된 유의 입헌주의나 자유주의와 나란히 놓여 비교되었다. 실제로 민주주의자와 자유주의자가 자주 대비되었고, 민주주의자는 평등주의적인 사회주의자로, 자유주의자는 중산계급을 위한 순전히 형식적인 자유에 관심을 가진 영국인 사업가로 묘사되었다. 1850년대의 한 논문은 자유주의적인 잉글랜드보다는 시베리아가 참된 민주주의자에게 더 알맞은 땅이라고 역설했다. 1860년대 초엽에 페트라솁스키의 사전을 본떠 편찬된 한 외래어 사전에서는 자유주의자가 이렇게 정의된다.

자유를 사랑하는 사람, 보통은 보야린. 예를 들어 신사, 지주 — 아무
일도 하지 않고 창밖을 바라본 다음 산책을 하고 극장에 가고 무도회
에 갈 자유를 좋아하는 보야린 — 이렇게 일컬어지는 자유주의적인
사람.[17]

민주주의는 미국이나 스위스나 고대 그리스처럼 머나먼 곳에서나 발견
될 그 무엇이었다. 민주주의는 사람이 자기 동료에게 행사하는 권위의
약화와 연관되었지, 자유주의적인 "부(富)의 귀족정"이나 "소유의 왕국"
의 "새로운 전제정"과는 연관되지 않았다.

1840년대에 사회 문제에 관해 새로 인 관심은 독서대중 규모의 극적
증대와 동시에 일어났다. 1851년에 러시아에서 간행된 130개 정기간행
물 가운데 106개가 1836년 이후에 창간되었다. 대학생 수가 1840년대
초엽부터 1848년까지 50퍼센트 넘게 늘었고, 중등학교 학생 수는 훨씬
더 빠르게 늘고 있었다. 니콜라이 1세 통치의 처음 열다섯 해 동안 겨우
300만 건 늘어났던 연간 우편 우송량이 1840년부터 1845년까지 1,500만
건 늘었다. 다음 세 해에는 200만 권이 넘는 외국 출판물이 러시아에
수입되었다.[18]

한편, 지성 활동의 무게중심이 1840년대에 소리 없이 모스크바에서
성 페테르부르그로 도로 옮아갔다. 성 페테르부르그는 노비코프와 시바
르츠가 모스크바로 건너갈 때까지, 그리고 환상이 깨진 예카테리나 대제
치세 말년까지 예카테리나 대제 치하 러시아의 문화생활을 지배했다.
베드로의 도시[13]는 모스크바가 불타고 재건되면서 모스크바가 민족주의
적 부흥의 초점이 될 때까지 낙관적인 알렉산드르 1세 통치 초기에도

---

[13] 성 페테르부르그를 일컫는 표현. 성 페테르부르그는 표트르 대제의 수호성자인
베드로를 기려 베드로의 도시라는 뜻으로 지어진 이름이다.

우세했다. 그러나 서구주의자가 (또는 그 "돋보이는 10년" 동안 서구주의자를 더 자주 일컫던 호칭인 "유럽인"과 "세계주의자"가) 차츰차츰 거둔 승리는 상당한 정도로 성 페테르부르그가 모스크바, 즉 차아다예프가 말한 "망자의 도시"에 거둔 승리일 터였다. 벨린스키는 여봐란듯이 "성 페테르부르그로, 성 페테르부르그로, 그곳에 내 구원이 있다"고 선언하면서 1839년에 모스크바에서 성 페테르부르그로 건너갔다.[19] 성 페테르부르그는 러시아 도시들 가운데 가장 크고 상업이 가장 활발했다. 벨린스키가 투고하는 성 페테르부르그의 저널인『조국 수기』와『당대인』(Современник)[14]은 1847년까지 (각각 4,000명과 3,000명이라는) 전례 없이 많은 정기구독자를 얻었고,[20] 각각 1870년대의 인민주의와 1860년대의 급진적 우상타파를 위한 주요 매체가 될 터였다. 1851년까지는 러시아 사영 저널의 절반 이상이 성 페테르부르그에 있었고, 나머지 대다수는 모스크바가 아니라 서방지향적인 리가와 타르투에서 간행되었다. 포고딘의『모스크바인』(Москвитянин)[15]은 일류 "두꺼운 저널"(다시 말해, 포괄적인 도서목록란과 비평란으로 보강된 이념적 강령을 가진 저널) 하나를 모스크바에서 창간하려는 낭만적 민족주의자들의 마지막 노력이었다.『모스크바인』은 관(官)의 지원을 받았는데도 (또는 어쩌면 관의 지원을 받았기 때문에) 성 페테르부르그의 신간 사회비판지들의 성공과 같은 것을 전혀 누리지 못했다.『모스크바인』이 1856년에 무너지자 이 저널의 직원 대다수가 성 페테르부르그로 옮겨갔고, 미하일 카트코프 (Михаил Катков)의『러시아 통보』(Русский вестник)[16]에서 이반 악사코프(Иван

---

[14] 1836년에 푸시킨이 성 페테르부르그에서 창간해서 1866년까지 간행된 문예지. 진보적 논조를 유지했고 1850년대 중엽부터는 급진 민주주의 성향을 띠었다.
[15] 포고딘이 1841년부터 1856년까지 모스크바에서 펴낸 학술문예지. 정부 입장과 대상인 계급의 이해관계를 대변했다.

Аксаков)의『날』(День)에 이르는 가장 중요한 반(反)서방화 신간 저널들도
성 페테르부르그에서 간행될 터였다.

프랑스의 선진 사회이론의 바탕 위에 새로운 사회 질서가 서방에서
생겨날지 모른다는 낙관에 찬 희망은 1848~1849년의 혁명 봉기가 서유
럽과 중유럽에서 실패하면서 일대 타격을 입었다. 러시아는 이 혁명의
물결에 올라타지 않았고, 따라서 그 혁명이 실패했다고 해서 풀이 죽지
않았다. 실제로, 러시아인은 이 사태를 목격한 게르첸과 그 사태에 동참
한 바쿠닌의 열렬한 글에 영향을 받아서 다가오는 사회변혁을 선도하는
횃불이 패배한 서방 노동자에게서 잠들어있는 동방 농민에게로 넘겨졌
을 따름이라는 결론을 내렸다.

니콜라이 1세가 격분하며 1848~1849년의 혁명 사태에 대응하자 러시
아의 사회사상가들이 서방의 꺾여버린 사회개혁 희망에 느끼게 된 일체
감이 더 확연해졌다. 페트라솁스키 동아리 회원 52명이 체포되고 (이들
가운데 23명이 유죄 선고를 받고 유형에 처해지고) 헝가리에서 일어난
코슈트(Kossuth) 봉기[17]의 진압을 돕고자 러시아 군대가 파견된 뒤에 —
두 사건 모두 다 1849년 4월 하순에 일어났다 — 그 "돋보이는 10년"의 지적 발효
를 억누르려는 시도가 우악스럽게 이루어졌다. 한 대학교에 한 번에 300
명이 넘는 학생이 입학하지 못할 터였다. 철학이 교과과정에서 배제되었
고, 벨린스키의 이름을 공공연하게 언급하는 것이 일절 금지되었다. "나
의 사랑을 모두 담아서"라고 서명된 편지가 하느님과 차르에 대한 애모

---

[16] 19세기 후반에 가장 유력했던 문예지. 1856년에 창간되어 처음에는 모스크바에서,
      1887년부터는 성 페테르부르그에서 나왔다. 1906년에 재정난으로 폐간되었다.
[17] 러요시 코슈트(Lajos Kossuth, 1802~1894년)가 헝가리인의 독립 국가를 세우려고
      오스트리아 제국에 맞서 1848년에 일으킨 무장봉기. 이듬해에 러시아군의 개입으
      로 실패했고 코슈트는 망명길에 올랐다.

를 은연중에 부정한다는 이유로 검열되었다. 루빈시테인이 서방에서 돌아왔을 때 악보가 비밀 혁명 암호일지 모른다고 두려워한 국경 관리가 깜짝 놀라는 루빈시테인에게서 악곡을 압수했다.

중유럽의 수많은 혁명적 지식인을 밖으로 내보내고 있는 아메리카행 대규모 이민이라는 "배기판"이 아직 없었으므로 러시아 지식인은 러시아가 ── 또는 어쩌면 슬라브 세계 전체가 ── 사실은 형성 도중인 아메리카의 일종이라는 호소력 있는 막연한 생각으로 자신을 달랬다. 따라서 슬라브인 사이에 있는 농민 공동체 형태의 조직에 대한 찬양이 느슨한 민주적 연방주의라는 정치 이상과 결합되었다. 1848년에 프라하에서 슬라브인 대회가 열린 뒤 바쿠닌이 중앙 권력의 "채찍 같은 게르만식" 통치에 반대하는 슬라브 제민족의 혁명적 연방이라는 이상을 내놓았다. 게르첸의 한 친구[18]는 "사회주의자" 윌리엄 펜(William Penn)을 치켜세우는 시극(詩劇) 한 편을 썼고 아메리카를 다시 태어난 러시아의 "자연스러운 동맹자"라고 불렀다.[21] 게르첸은 태평양이 러시아와 아메리카가 공동으로 건설할 "미래의 지중해"가 되리라고 믿었다.[22] 러시아의 급진주의자들은 러시아의 동방 진출과 아주 많은 점에서 비슷하게 서쪽으로 진출하는 그 머나먼 대륙 문명에서 이루어지는 다는 이해되지 않는 사태 전개를 낭만적으로 매료되어 지켜보았다. 러시아의 급진 사회사상에서 상식이 될 기존의 모든 정치 권위에 대한 반(半)아나키즘적 비판이 확장되어 아메리카에 적용되는 일은 좀처럼 일어나지 않았다.

살틔코프-쉐드린은 훗날 돌이켜보면서 페트라솁스키 동아리 회원들은 "글자도 배우지 않고서 글을 읽고 제대로 서는 법도 배우지 않고서 걷고" 싶어 한 집단이라고 말했다.[23] 그러나 그 집단이 러시아 안에서

---

[18] 이반 투르차니노프.

하는 분투와 게르첸과 바쿠닌이 러시아 밖에서 하는 예언적 성찰에는 18세기 중엽 러시아의 사고가 철학사상에서 사회사상으로, 투르게네프가 1850년대 말엽에 쓴 유명한 논문에 나오는 용어를 사용하자면 햄릿에서 돈키호테로 돌아섰음이 반영되어 있다. 사색가 햄릿이 기사 돈키호테가 되려면 — 자기의 성채를 떠나 벌판으로 나서려면 — 섬길 이상이 있어야 했다. 이 이상은 농노제도, 관료제도, 사유 재산도, 억압적 중앙 권력도 더는 없는 대신에 사람들이 새로운 윤리적 그리스도교를 받아들이고 농민 공동체를 본뜬 사회주의를 건설하고 머나먼 아메리카의 연방 체제와 엇비슷하게 느슨한 연방 체제 아래서 살아가는 황금시대가 머지않다는 미래상이었다. 이런 논제들은 알렉산드르 2세 통치기에, 그리고 특히 인민주의 운동 안에서 더 확연하고 충실하게 발전할 터였지만, 그 모든 논제는 니콜라이 1세 시대 말엽에 일어난 사회사상으로 돌아서기 초기에 이미 나타나 있다.

크림 전쟁은 그 어떤 다른 단일사건보다도 러시아가 더 진지하고 폭넓게 사회 쟁점을 토론하도록 만들었다. 실제로, 근대 러시아 역사의 모든 주요 주제 가운데에서 대전쟁이 러시아의 사상과 문화에 일으킨 동요 효과보다 더 두드러진 것은 별로 없다. 교회분열이 제1차 북방전쟁의 부산물이고 표트르 대제의 개혁이 제2차 북방전쟁의 부산물이었던 것과 똑같이, 그리고 알렉산드르 1세 통치 말기의 동요와 데카브리스트 봉기가 나폴레옹의 침공에서 생겨났던 것과 똑같이, 19세기 말엽과 20세기의 대전쟁은 러시아 문화 발전에 심원한 동요 효과를 불러일으켰다. 1870년대의 러시아-튀르크 전쟁 뒤에는 러시아 안의 혁명적 인민주의 운동이, 1904~1905년의 러시아-일본 전쟁 뒤에는 1905년 혁명이, 제1차 세계대전 뒤에는 1917년 혁명이 일어났다. 전쟁이 일어나면 시대에 뒤떨어진 사회 · 경제 체제는 어김없이 새로운 긴장을 받았고, 동시에 러시아 사상가는 외부 세계의 방식과 사상에 접하게 되었다.

크림 전쟁은 러시아 역사에 분수령으로 등장한다. 러시아 땅에서 당한 참패는 니콜라이 1세 시대 러시아의 교만한 자기만족을 산산조각내고 민족적 통한이라는 유산과 함께 혁신하고 개혁하려는 유인 동기를 남겼다. 러시아의 전통적인 동맹국인 오스트리아와 프로이센이 러시아를 도와주러 오지 못했으므로 대륙의 이 두 군주국은 망신을 당했고 러시아는 승리한 자유주의 서방국가인 프랑스와 영국에게 기대어 기술과 사상을 구해야 했다. 러시아는 머뭇거리면서, 그러나 돌이킬 길 없이 산업화와 사회구조 재규정으로 가는 길에 들어섰다. 크림에서 당한 패배가 러시아에 무엇을 뜻하는지를 니콜라이 1세의 통치를 찬양하는 이들보다 더 잘 깨달은 이는 없었다. 심지어 크림 전쟁에서 돌이킬 길 없이 패하기 전에도 튜체프는 그 전쟁에서 "새 세상이 태어나는 진통"을 보았다.[24] 포고딘은 그 새로운 민족주의의 특징이 될 종말론과 피학 성향의 이상한 혼합과 더불어 불의 상징을 불러냈다.

> 영국인이 지옥에서 붙인 불로 활활 태워라, 우리가 유럽과 맺은 정치 관계를 모조리 …… 태워라! 모든 것이 불에 타도록 놔둬라! 진 자가 이긴다(Qui perd gagne)![25]

크림 전쟁 이후 러시아에서 일어난 변화의 모든 구체적 징후 가운데 철도 건설보다 더 뚜렷하게 눈에 띄는 것은 없었다. 1860년대와 1870년대에 러시아의 북서쪽 구석에서 러시아의 깊숙한 내지로 철길이 들어가는 전진 운동만큼 새 세상이 만들어지고 있다는 소식을 지방에 그토록 직접적이고도 극적으로 퍼뜨린 것은 없다. 구불구불하고 낡은 러시아의 흙길은 (1941년에도 여전히 그럴 터였지만) 1812년에 중무장을 하고 서방에서 오는 침략자에 맞서는 방어 형태[19]였고 낭만적 상상력에는 그림 같은 매력의 원천이었다. 라디쉐프는 개혁하려는 열의를 지녔으면서도 성 페테르부르그에서 모스크바로 가는 그 유명한 여행에서 자기가 이용한 낡은 길에 매료되었다. 고골은 낡은 길을 옛 러시아의 아름다움과 신비로움의 상징으로 삼았다.

새 철도는 정신적 파괴와 물질적 진보의 상호연관된 과정을 겪는 근대 러시아의 상징이 될 터였다. 처음에는 러시아 민족주의자 몇 사람이 철도를 러시아 문화 안으로 순조롭게 편입하기를 꿈꾸었다. 사제의 아들이며 고골과 이바노프와 호먀코프의 절친한 벗인 표도르 치조프(Федор Чижов)는 성 페테르부르그에서 물리학과 수학을 강의했고 1837년에, 즉 스물여섯 살에 증기 기계장치의 역사와 사용법을 설명하는 문집 한 권을 썼다. 그는 "나에게 철도는 우리 시대의 좌우명"이라고 썼으며, 러시아를 철도 시대로 이끌겠다는 그의 결의는 니콜라이 1세 치세 말기에 합스부르크 제국[20]의 슬라브 민족 사이에서 불평불만을 조장했다는 혐의로 장기 구금되었어도 꺾이지 않았다. 알렉산드르 2세 통치기에 철도 건설이 본격적으로 시작되었을 때, 치조프는 외국인이 러시아 철도 개발을 좌지우지하지 못하도록 막겠다는 열망에 사로잡히게 되었다. 그는 이 새로운 형태의 힘을 길들여 영적인 목적에 이용하려고 애썼고 1860년에 회사를 세워 참회의 표시로 모스크바부터 성 세르기 대수도원까지 이르는 철도를 건설하는 일을 첫 사업으로 삼았다. 그러나 그는 영국-프랑스의 경쟁자들에게 곧 추월당했고 1877년에 환멸에 차 죽어서 고골 곁에

---

[19] 1812년에 프랑스군, 1941년에 독일군이 그랬듯이, 러시아를 침공한 군대는 드넓은 데다 포장도로가 변변찮은 러시아 영토의 특성 탓에 보급에 애를 먹었고, 방어하는 러시아군은 이런 사정을 활용해서 국토를 지켰다.

[20] 오스트리아 제국.

묻혔다.[26] 철도에 당황하고 분개하는 감정은 리가 신학교 교장이 새 철도 교량을 축성해달라는 부탁을 받고 1872년 12월에 한 연설에 이렇게 반영되어 있다.

> 이 새 길을 보니 마음속에 갖가지 생각이 떠오릅니다. 이것이 우리에게 무엇을 가져다줄까요? …… 이것이 거짓 인류애와 만민 형제애를 핑계로 …… 실질적인 참된 인류애, 참된 형제애를 파괴하는 …… 거짓 문명을 얼마간 촉진하지는 않을까요?[27]

전통주의자뿐만 아니라 서방화 개혁가도 새 철기시대를 선도하는 이 물건을 놓고 골똘히 생각에 잠겨 있었다. 비록 벨린스키가 철도를 찬양한다고 공언하고 철도가 건설되는 모습을 지켜보기를 좋아했을지라도, 그가 하는 저항의 출발점인 "현실"은 증기기관의, 즉 "연기와 불 혀"를 내뿜는 "무쇠 턱"을 가진 "강철" 괴물의 형상을 띠었다. 더 온건한 서구주의자인 표트르 뱌젬스키(Петр Вяземский) 공은 1847년에 자기의 「푸시킨 사후 10년의 우리 문학관」(Взгляд на литературу нашу в десятилетие после смерти Пушкина)에서 이렇게 썼다.

> 철도는 지난날의 교통수단을 일부는 이미 없애버렸고 때가 되면 최종적으로 없애버릴 것이다. 많은 세대의 고결한 시적 갈증을 덜어준 생명의 물줄기를 발굽으로 쳐서 끊어버린 불의 페가수스를 다른 힘이, 다른 증기가 이미 오래전에 내쫓았다.[28]

알렉산드르 2세 시대의 소설에서, 러시아 사실주의는 땅에 얽매인 페가수스처럼 거듭해서 철도 궤도를 건너고 있었다. 도스토옙스키의 그리스도 같은 인물 믜시킨(Мышкин) 공이 『백치』(Идиот)의 첫 부분에서 러시아로 돌아와서 아주 이상하게 자기와 운명이 얽히게 되는 음침하고 음흉한 인물을 처음 만나는 곳은 바로 열차 객석이다. 농민이 철도를 러시아 땅 위에 거대한 거미줄 치기에 비긴 것과 똑같이, 도스토옙스키의 『백치』도 「요한계시록」(8장 11절)에서 언급된 떨어진 별 쑥을 철도에서 본다. 투르게네프의 『연기』(Дым)는 러시아 사람들을 태우고 서방을 오가는 증기기관차에서 뿜어나오는 연기에서 그들의 헷갈리는 심리 상태의 이미지와 러시아의 미래를 감싸고 있는 불명료함을 본다. 음악에서 실용주의적 사실주의를 향한 움직임에서 초기의 지도자이자 주도자였던 밀리 발라키레프(Милий Балакирев)는 자기 나름의 뉘우치고 "인민 속으로 가기"의 형태로 1870년대에 성 페테르부르그의 한 철도역에서 짐꾼으로 일했다. 톨스토이는 한 외진 철도역에서 죽었고, 그의 위대한 소설 『안나 카레니나』(Анна Каренина)는 한 인간이 열차에 깔리면서 시작하고 끝난다. 시인 네크라소프는 1865년에 쓴 시 「철도」(Железная дорога)에서 "굶주림의 폭군"(Царь Голод)이라는 용어를 만들어냈다.

한편, 철도는 극적인 물적 변혁을 주로 꿈꾸는 이들에게 빛과 희망의 상징이 되었다. 1840년대의 "시온의 전령" 종파는 역(驛)이 물질적 이득의 거대한 분배 중심지 구실을 할 터인 광활한 유라시아 철도를 따라 새 문명이 건설되리라는 관점에서 천년왕국을 보았다. 이 종파의 창시자인 일린은 세계에서 가장 길 트였으며 지금도 여전히

가장 긴 시베리아 횡단 철도의 건설을 통해 자기의 미래상이 실현되기 시작하기 딱 한 해 전인 1890년에 솔로베츠크에서 죽었다. 레닌이 1917년 4월에 밀봉 열차를 타고 성 페테르부르그의 핀란드 역(Финляндский вокзал)[21]에 도착한 것은 볼셰비즘의 발전에서 **카리스마**의 핵심적 순간이

---

[21] 핀란드와 성 페테르부르그를 잇는 철도 노선의 러시아 쪽 종점. 2월혁명이 일어나

었다. 유명한 장갑열차를 타고 시골로 치고 들어가는 트로츠키의 열정적 사자후는 볼셰비키 혁명을 위한 무장 지원을 규합하는 데에서 중요하고도 극적인 역할을 했으며, 널찍하고 요란하게 꾸민 모스크바 지하철역은 스탈린 시대의 새로운 시민종교의 상징이 되었다.

러시아의 첫 철도는 1835년에 성 페테르부르크와 차르스코예 셀로를 이은 짧은 노선이었다. 16년 뒤에 주로 미국인 공학기사 조지 워싱턴 휘슬러(George Washington Whistler) 덕분에 모스크바가 성 페테르부르크에 철도로 연결되었다. (제임스 휘슬러(James Whistler)의 유명한 어머니의 남편인) 휘슬러는 공인된 유럽 기준보다 더 넓은 철도 궤간을 러시아의 표준으로 삼는 일을 도왔다. 서쪽으로 가는 노선과 동쪽으로 가는 노선을 위한 새 철도역 두 개를 성 페테르부르크에 짓는 공사가 알렉산드르 2세 치세 첫해인 1856년까지 진행 중이었다. 신임 차르 아래서 건설에 속도가 빠르게 붙었다. 이 프로그램의 상당 부분에 자금을 댄 프랑스의 생시몽주의자들은 아메리카와 러시아("요람에서 잠자고 있는 이 두 헤라클레스")를 횡단하는 철도의 병행 확장에 매료되었고, 러시아에서 이루어지는 철도 확장이 기술적으로는 덜 대단하지만 유럽을 아시아에 잇는다는 점에서 역사적으로는 훨씬 더 중요하다고 여겼다. 러시아 프로그램은 "우리 대륙에서는 맞먹는 예가 없는 대사업"이었고, 동유럽과 서유럽을 통합할 하나의 새로운 "경제 공동체"로 정치 분열을 대체해서 "반은 유럽이고 반은 아시아인 …… 러시아처럼" 되기로 예정되어 있었다.[29]

러시아에서 새 철도는 시간이 멈춰있고 변하지 않는 느긋한 세상인 러시아 농촌 안에 기계의 힘을 처음으로 대대적으로 밀어넣었고 제국

자 스위스에 있던 레닌이 독일 정부가 제공한 밀봉 열차를 타고 이동해서 1917년 4월 16일에 이 역에 도착했다.

전역에서 사회적 유동성을, 따라서 계급적 유동성을 크게 키웠다. "해방된" 농민이 처음 경험하는 열차 탑승은 고향의 환경에서 떠난다는 — 십중팔구는 평생을 보낼 군대나 도시 노동인구로 들어간다는 — 지울 수 없는 상처를 마음에 남기는 순간이었다. 열차 이동은 장거리였고 추웠으며, 정거장에 잠시 멈추어 있는 동안 그에게 변소 이용이 허락되지 않았고, 그래서 철로 위나 그 근처에서 볼일을 보다가 붙잡히기라도 하면 "무례한 행위"를 했다며 두들겨 맞았다.

그렇지만 철도는 유물론과 평등주의를 신봉하는 새로운 1860년대 학생들에게는 진보의 상징이 되었다. 그들은 대체로 첫 열차 탑승을 더 편하게 즐겼다. 이 세대의 가장 재능 있는 젊은 기술자 가운데 한 사람인 니콜라이 키발치치(Николай Кибальчич)는 철도 건설 프로그램에 참여할 수 있도록 지식을 갖추게 해줄 공학 과목을 공부하고자 열의를 품고 이렇게 선언하면서 성 페테르부르그에 왔다.

> 철도는 러시아에게 전부다. 이것은 지금 가장 긴요하고 가장 중요한 문제다. 러시아는 예를 들어 영국처럼 끊긴 데 없는 촘촘한 철도망을 개설할 것이며, 우리는 번영하고 융성할 것이다. 사업과 기업이 …… 우리나라에 여태껏 없던 진보를 …… 불러올 것이다. …… 공장이 셀 수도 없이 많이 생겨날 것이다. ……
> 러시아에서 문명이 빠르게 전진할 것이며, 우리는 사실 단번에는 안 되겠지만, 지금은 우리보다 앞서 있는 서유럽 선진국을 앞지를 것이다.[30]

그러나 몇 해 안에 이 진보와 철도 건설의 사도는 직업혁명가가 되어, 가진 재능을 러시아 관리들이 탄 열차와 — 1881년에는 — 차르 알렉산드르 2세의 몸뚱이를 날려버릴 폭발물을 만드는 일에 모조리 쏟아부었다.

기회를 잃었다는 이 느낌은 그가 교수형을 당하기 전에 감옥의 마지막 나날을 물질적 진보의 담지자로서 철도를 대체할 예정이라고 느낀 비행 기계를 설계하는 일에 바쳤다는 사실로 더 가슴 쓰린 일이 되었다. 이 재능 있는 젊은이가 왜 암살의 사도이자 전문가가 되었는지를 이해하려면 눈길을 돌려 알렉산드르 2세의 뒤숭숭한 통치와 새로운 혁명적 세대의 심리를 살펴보아야 한다.

개혁 전제군주의 딜레마는 알렉산드르 2세 치세에 사회사상이라는 바이러스가 더 넓은 범위의 인구에 퍼지기 시작하면서 심한 아이러니의 차원으로 올라갔다.

알렉산드르 2세의 통치는 알렉산드르 1세의 통치와 마찬가지로 거의 정확히 사반세기 동안 지속되었고 대략 개혁기와 반동기로 양분될 수 있다. 기대와 개혁의 시기는 비록 1856년부터 1866년까지일지라도 흔히 "그 60년대"로 지칭된다. 반동기는 1866년에 차르의 목숨을 노린 첫 시도가 일어난 뒤 왔고 암살 기도가 1881년에 성공할 때까지 지속되었다. 알렉산드르 1세와 달리 알렉산드르 2세는 농노를 해방하고 배심원 재판제를 시행하고 제한된 지방자치를 위해 젬스트보(земство)[22]를 만드는 광범위한 일련의 개혁책을 실제로 공표했다. 그러나 알렉산드르 2세의 인기는 훨씬 더 낮았다. 그 시대의 가장 중요한 문화적·지적 발전은 그와 그의 조신들과 관계없이, 그리고 그들에 반대해서 이루어졌다. 더욱이 관제 이념을 가장 열렬히 거부하는 시기가 가장 위대한 자유주의화의 시대인 그 "60년대"였다. 반면에 소외된 지식인들의 가장 낙관적인 긍정은 1870년대의 정부 반동의 시기 동안에 일어났다.

---

[22] 1864년에 창설된 지방자치 기구. 정부 관리의 감독 아래 지방의 교육, 보건, 경제를 관장했다. 나중에는 자유주의적 입헌 운동의 구심점 역할을 했다.

분명히, 생각하는 계급의 관심사가 그들 나름의 독자적 역동성을 개발하고 있었다. 이것을 이해하려면 자의식이 강한 그 "60년대의 새로운 사람들"의 심리를 고려해야 한다. 우상타파적인 이 학생 세대는 몇 해 안 되는 짧은 기간에 과거의 전통을 근대 유럽의 역사에서 가장 철저하고도 광범위하게 거부했다. 이 발효에서 러시아는 알렉산드르 2세 통치 후기에 불온한 새 이념을 여럿 만들어냈으며, 이 이념들 가운데 가장 중요하고 독창적인 이념이 인민주의 운동이었다. 이 운동이 이 시기의 문화적 성취와 포부에 너무나도 핵심적인지라 그 시기를 알렉산드르 2세 시대보다는 인민주의 시대라고 해야 더 맞다.

이 새 세대는 엄혹한 니콜라이 1세 통치 말기에 자라났고 알렉산드르 2세 치세에 크나큰 개혁 기대감이 널리 퍼져 있는 가운데 성 페테르부르그로 공부하러 왔다. 그들은 개혁 성향을 지닌 귀족들이 반세기 전에 파벨 1세가 죽은 뒤 알렉산드르 1세의 등장에 환호하면서 내비쳤던 낙관론을 품고서 새 정권에 기대를 걸었다. 그러나 그 새로운 개혁가들에게는 더 앞 시대의 개혁가들이 지녔던 귀족의 폭넓은 전망이 없었다. 그들 사이에는 "잡다한 계층 출신"(разночинцы), 즉 하급관리, 사제, 전문직업인, 각종 소수집단의 자제들이 포함되어 있었다. 그들 사이에는 억눌린 좌절감과 발전이 더딘 러시아 농촌 지방의 분파교 종교사상을 지니고 온 시골 사람이 많이 포함되어 있었다. 요컨대, 그 새로운 학생 세대는 개혁 사상뿐만 아니라 사회적 포부를 지닌 잡다한 한 집단이었고, 패전 때문에 — 단지 차르만이 아니라 — 구체제가 망신을 당했을 때 역사의 무대에 등장했다.

그 새로운 학생 세대에는 신학생이었던 이들이 유난히 많이 포함되어 있었다. 그들은 고향을 떠나와 쉽게 감화되는 동료 학생들 가운데 많은 이를 홀리고 유혹한 그 "저주받은 문제"에 대한 완전무결한 답을 얻으려는 열정을 가져왔다. 이들 가운데 가장 중요한 인물이 "두 성 니콜라이" 인 니콜라이 체르니솁스키와 니콜라이 도브롤류보프였다. 신학생이었 던 이 두 사람은 벨린스키가 편집인 직위에서 퇴임한 저널 『당대인』의 "종무원"으로 알려진 편집진을 좌우했다.

영향력 있는 이 두 비평가는 루트비히 포이어바흐(Ludwig Feuerbach)의 유물론과 영국 공리주의자의 합리주의를 출발점으로 삼아서 젊은 세대 가 과거의 모든 전통을, 그리고 귀족의 세기의 논쟁이 벌어졌던 관념론 적 틀 전체를 체계적으로 거부하도록 유도하는 일을 거들었다. 그들은 "합리적 이기주의"에 바탕을 둔 새로운 윤리 체계와 물질적 쾌락을 최대 화하는 공리주의적 셈법의 엄격한 적용을 옹호했다. 그들은 벨린스키의 우상타파 행위를 모방하는 한편으로, 러시아 문학의 "고골 시기" 예술 을 찬양하면서 고통받는 인류에 대한 문학의 배려를 예술이란 본디 사회 적 목적에 봉사하지 않는다고 여기는 더 냉정한 "푸시킨주의자"의 문학 위에 두었다. 그들은 남녀는 평등해야 하고 자연과학은 거룩하며 모든 이념적 입장의 배후에는 물질적 자기 이해관계가 있음을 인정해야 한다 고 타일렀다. 그들은 괴상한 모양의 옷을 골라 입고 자유연애를 실천하 고 공동체를 이루어 살며 일하려고 시도함으로써 자기들이 과거와 완전 히 갈라섰다는 느낌을 극적으로 표현했다. 그리고 이들의 모방자들은 훨씬 더 그랬다. 정교 성패(聖牌) 대신에 루소의 초상이 그려진 메달을 착용했고, 신학 강의에서 음절을 딱딱 끊어 "사람은 벌레"(человек - червяк) 라고 외쳤고, 나이 든 세대가 특히 우러러보는 셰익스피어와 라파엘로 와 푸시킨, 그리고 다른 예술가들에 관한 모욕적 언사를 했다.

투르게네프는 1862년에 체르니솁스키와 도브롤류보프를 "시와 미술, 그리고 모든 미적 즐거움을 지표면에서 쓸어내 버리고 그 자리에 거친 신학 원칙을 심고 싶어 하"는 "문학의 로베스피에르(Robespierre)"로 비난하면서 "아버지" 세대의 대표자로서 『당대인』을 떠난 직후에 펴낸 유명한 소설 『아버지와 아들』(Отцы и дети)에서 세대 간 전쟁을 극적으로 표현했다.[31] 그 소설의 주인공은 "아들들"의 지도자이며 기성의 모든 미학적, 도덕적, 또는 종교적 이상을 거부하고 개구리를 해부하는 데 자기 시간을 쓰는 젊은 의대생 바자로프(Базаров)이다. 그의 신조는 "2×2＝4이고 나머지는 다 쓸데없다"는 것이다. 투르게네프가 바자로프의 철학을 서술하려고 사용한 용어는 "니힐리즘"이었다. 이 낱말을 들으면 "60년대인"(шестидесятники)이 모든 전통과 관행을 거의 철저하게 부정하는 태도가 정확하게 연상된다. 체르늬솁스키의 동인들은 바자로프를 캐리커처로 여겼지만, 또 한 사람의 떠오르는 젊은 우상타파론자인 피사레프는 바자로프를 60년대의 "새로운 사람들"의 멋진 본보기로 환영했다. 도브롤류보프가 1861년에 죽고 체르늬솁스키가 이듬해에 체포되자 피사레프가 니힐리즘적 유물론의 수석 사도가 되었고 그가 — 도브롤류보프와 많은 다른 이처럼 — 요절한 1868년까지 여전히 그랬다.

이렇게 느닷없이 부정이 마구 분출되는 현상의 중요성을 과소평가해서는 안 된다. 그것은 비록 젊은 세대에 거의 전적으로 국한되었을지라도 19세기의 남은 기간에 거의 모든 영역의 문화 활동을 주도하게 될 이 유능한 인물들에게 확실히 영향을 주었다. "만약 바자로프 현상이 질병이라면, 그것은 우리 시대의 질병"이라는 피사레프의 말은 옳았다.[32] 달라지지 않은 사람이 없었다. 젊은 세대가 차르 체제의 공식 정교 문화뿐만 아니라 귀족 계급의 더 폭넓은 인본주의 문화와도 의도적으로 관계를 끊었기 때문이다. 그 우상타파 혁명의 첫 결과이자 아마도 가장 중요했을 결과는 새로운 니힐리스트와 1840년대의 초기 온건 서구주의자 사이의 결정적 균열을 열어젖힌 것이다. 체르늬솁스키는 게르첸이 콘스탄틴 카벨린(Константин Кавелин)과 보리스 치체린 같은 자유주의자와 친분이 있으며 "순진하게도" 알렉산드르 2세를 통한 "위로부터의 개혁"에 희망을 건다며 그와 관계를 끊는 일에 앞장섰다. 그는 1859년에 게르첸과 관계를 끊은 뒤 곧바로 이렇게 썼다. "기도 시간을 알리는 종이 아니라 경계 태세를 알리는 종으로서 당신의 『콜로콜』을 울리십시오!"[33] 1848년 혁명에서 배워야 할 교훈은 급진주의자는 혁명 운동의 주도권을 겁많은 자유주의자에게 넘겨주는 일을 피해야 한다는 것이었다. 알렉산드르 2세 개혁의 불완전하고 우유부단한 본성은 — 다른 무엇보다도 실질적인 농민 보유지가 사실상 더 줄어들지 모르는 순전히 형식적인 농민해방은 — 극단주의적인 세대에게는 자유주의적 개혁가들에게서 기대할 것이 무엇인지를 완벽하게 예증해준다고 보았다.

1860년대의 니힐리즘은 정치적 극단주의를 부추기는 데 그치지 않고 과학과 문학에서 분석적이고 사실주의적인 새 접근법을 사실상 새로운 정통의 차원으로 올려놓았다. 산문이 문학 표현의 주요 수단으로서 시를 대체했다. (페트라솁스키는 1849년에 자기의 불운한 동아리의 마지막 모임에서 이 변화를 인간 진보에 없어서는 안 되는 것으로 일컬은 바 있다.) 나날의 삶에서 나오는 장면과 문제를 세세하게 사실주의적으로 표현하려는 열정이 갑자기 나타났다. 예술가의 사회적 책임이 — 체르늬솁스키가 「예술과 현실의 미학적 관계」(Эстетические отношения искусства к действительности)를 쓴 1855년에서 피사레프가 「미학의 파괴」(Разрушение эстетики)를 쓴 1865년까지 — 10년 동안 귀에 못이 박히도록 강조되었으므로 일종의 "좌파의 검열"이 차르 체제의 검열과 나란히 시행되었다. 성 페테르부르그에서 새로운 문화의 주요 문학 매체로서 사실주의적인 단편소설과 이념적인 장편소설이 귀족의 세기의 시와 희곡을 시나브로, 그러나 실질적으로 대체했다. 기후와 지리와 섭식으로 문화를 설명하려고 시도하는 헨리 버클(Henry Buckle)의 『영국문명사』(History of Civilization in England)가 비상한 인기를 끌었다. 순전히 유물론적인 러시아 생리학파의 시작은 이반 세체노프 (Иван Сеченов)가 『두뇌의 반사 작용』(Рефлексы головного мозга)을 펴낸 1863 년으로 거슬러 올라갈 수 있다. 세체노프는 (파리에서 자기를 가르치는 동안 인간의 심장에 관한 상세한 서술적 연구서를 쓴) 클로드 베르나르 (Claude Bernard)를 본받아 순전히 생리학적인 두뇌 연구를 시도했다. 그는 생리학에서 전통적으로 수의적(隨意的)이라고 서술된 모든 운동이 사실 은 가장 엄격한 의미의 물리적 반사 작용이라고 주장해서 그 유명한 파 블로프 조건반사 이론의 바탕을 마련했다.[34]

그러나 1860년대의 어쩌면 가장 숙명적 결과는 인텔리겐치야가 자의 식을 지닌 별개의 사회집단으로서 등장해서 인민주의(народничество)라는 새로운 교의를 만들어낸 것이었다. 반쯤 숨겨진 더 높은 지성이 세상을 지배한다는 생각은, 우리가 살펴본 대로, 프리메이슨 다단계 조직의 상 식이었다. 시바르츠는 1780년대 초엽에 이 고상한 의미로 라틴어의 인텔 리겐티아(intelligentia)와 인텔렉투스(intellectus)의 다양한 형태를 러시아어에 실제로 들여왔다. 페트라솁스키 동아리 회원들의 『러시아어에 편입된 외국어 휴대용 사전』은 러시아어 어휘에 "지성적"(интеллектуальный)이라 는 낱말을 보태고는 이 낱말이 "정신적"(духовный)이라는 러시아어 낱말 의 포괄적 어의를 지닌다고 주장했다. 피사레프는 "인텔리겐치야가 역 사의 추동력이며, 역사의 경로는 인텔리겐치야의 이론적 발전 수준으로 미리 드러난다"고 역설해서 지성과 지식인이 지배하는 힘이라는 이 지 고한 개념에 확연하게 역사적인 색조를 부여했다.[35]

그러나 1860년대의 "인텔리겐치야" 용어의 용법에 관한 두드러진 새 특징은 그 용어가 단지 "지성"뿐만 아니라 특정한 인간 집단도 뜻했다는 것이다. 이 집단은 본질적으로 1860년대의 우상타파 행위에 참여했기 때문에 소외를 통한 일체감을 품는 이들이었다. 소설가 표트르 보보릐킨

(Петр Боборыкин)은 1850년대에 러시아 제국에서 가장 자유로운 대학교인 타르투 대학에서 니즈니 노브고로드로 돌아온 뒤 지방 생활의 시시한 관심사에서 소외된 자기의 느낌을 묘사하려고 ("г"가 "ㄱ"으로 소리 나고 강세가 마지막 음절에 있으며 이 인텔리겐치야의 일원이라는 뜻을 지닌) 인텔리겐트(интеллигент)라는 러시아어 용어를 썼다. 인텔리겐치야가 러시아의 보통사람들에게서 소외된 이유들 가운데 하나가 이 다작 작가의 이름의 어원이 되는 보보리카트(боборыкать, "끝도 없이 지껄이다")라는 동사에서 드러났다. 그러나 언제나 예언적인 게르첸이 1864년 7월에 『콜로콜』의 지면에서 인텔리겐치야의 소외와 최종 운명의 특징을 가장 잘 묘사해 놓았다. 젊은 세대에게 버림받은 지 오래인 게르첸은 그들의 특징을 이렇게 묘사한다.

> …… 비(非)인민 …… 인텔리겐치야 …… 민주적 슐랴흐타(шляхта)[23], 사령관, 교사 …… 그대들은 맡은 것이 없다. …… 그대들은 홀슈타인(Holstein)의 아락체예프 민주주의와 성 페테르부르그의 차르 민주주의가 무슨 뜻인지 생각한 적이 아직 없다. 그대들은 표트르 대제의 몽둥이 위의 붉은 모자가 무엇을 뜻하는지 곧 느낄 것이다. 그대들은 심연 속에서 파멸할 것이며 …… 그대들의 무덤 위에서 …… 사람들이 서로 얼굴을 쳐다볼 것이다. 친위대 위에는 세상의 모든 권세와 모든 전횡에 둘러싸인 황제가 있고 아래에는 물결이 일기 시작하고 거칠어지는 인민의 바다가 있다. 그대들은 그 바다에서 흔적도 없이 사라질 것이다.[36]

이렇듯 인텔리겐치야는 자기를 집어삼키기로 예정된 다가올 민주정의

---

23 폴란드의 귀족계급(szlachta).

지도자이다. 그들은 보통사람들에게서, 그리고 억압하는 덧없는 현세의 "제멋대로 구는" 모든 정치권력에서 소외되어 있다.

거의 같은 시기에 나온 1864년 5월 자 논설에서 — 1860년대 발효의 주요 참여자인 — 니콜라이 셸구노프(Николай Шелгунов)는 인텔리겐치야는 헌신하는 사람들이기 때문에 제멋대로 굴지 않는다면서 이렇게 강조한다.

> 18세기의 부르주아 인텔리겐치야에게는 이런 특성이 없었다. 보편성 속에서 키워진 19세기의 인텔리겐치야만이 수탈당한 모든 이의 행복과 만인 평등을 자기 노력의 목표로 삼았다.[37]

이 소외된 인텔리겐치야 안에서 다 함께 헌신한다는 느낌의 심도와 강도를 늘린 것은 진보가 필연적 역사법칙이라는 이들의 신념의 강화였다. 피사레프가 1865년에 쓴 논설 「오귀스트 콩트의 역사사상」(Исторические идеи Огюста Конта), 그리고 미하일롭스키의 「진보란 무엇인가?」(Что такое прогресс?)와 라브로프의 「역사서한」(Исторические письма)처럼 1860년 대 말엽에 나온 여러 연재 논설을 따라서 발생기의 인텔리겐치야는 오귀스트 콩트가 제시한 폭넓은 진보관에서 새로운 자극을 얻고 일체성을 찾아냈다고 말할 수 있다. 그들은 인류의 모든 활동이 신학에서 시작해서 형이상학을 거쳐 실증적 단계, 즉 과학의 단계로 움직인다는 콩트의 생각에 힘을 얻어 실증과학들 가운데 마지막이자 가장 전도유망한 과학인 사회과학이 모든 사회문제를 곧 해결하리라고 믿었다. 이렇듯, 자기의 새로운 "인류교"(Religion de l'Humanité)[24]를 채택해서 서방을 뛰어넘으라

---

[24] 콩트가 실증주의 단계의 사회에서 과거의 전통적 종교를 대신할 체계로 창시한 세속 종교. 인류 전체의 이익을 위해 행동해서 이타주의를 증진하는 것을 목표로 삼았다.

고 니콜라이 1세에게 했으나 무위로 끝난 콩트의 호소가 소외된 인텔리겐치야에게서 10년 뒤에 뒤늦은 호응을 얻었다. 그들은 특권보다는 재능을 보유한 새로운 귀족정에 대한 콩트의 호소에 흥분했고, 이 새로운 귀족정은 인류에, 그리고 "형이상학적"이고 혁명적이기보다는 "현실적"이고 "실증적"인 사회주의에 봉사하기로 맹세함으로써 사회의 필연적인 변혁을 앞당길 것이었다.

역사적 낙관론으로 새로 고취된 인텔리겐치야에게는 알렉산드르 2세 통치 말기에 기승을 부리는 억압 정책에 다 함께 품은 혐오감을 통해 동질감을 한층 더 키울 필요가 있었다. 그들은 감옥에 갇힌 체르늬셉스키가 옹호했던 비타협적 저항과 사회개선 투쟁의 전통을, 그리고 죽은 도브롤류보프와 피사레프의 비평 전통과 다시 간행 금지된 『당대인』의 정론 전통을 이어가야 한다고 느꼈다. 무척 얄궂게도, 배심원 재판제도 도입은 정의를 찾는 인텔리겐치야의 갈망을 조금도 누그러뜨리지 못했고, 오히려 인텔리겐치야가 열정적 연설로 자신을 변호할 충분한 기회를 얻어서 순교 속에서 생기는 일체감을 강화하는 데 도움이 되었다.

이렇듯, 1860년대의 말엽에, 우상타파 행위자는 인텔리겐트가 되었다. 급진주의자는 어릴 적에 과학에 품었던 애착을 낙관적 역사 이론으로 전환했고 신념 때문에 고난을 겪었던 체르늬셉스키같은 이들과의 강한 동질감을 키웠다. 그들은 자신을 인텔리겐트늬예(интеллигентные), 쿨투르늬예(культурные), 치빌리조반늬예(цивилизованные)의 헌신적 엘리트로 여겼다. 비록 그들이 이 용어가 지닌 통상적 서방식 의미에서 꼭 "지성인"이나 "교양인", 또는 심지어 "문명인"은 아니었을지라도 말이다. 그들은 자신을 "잉여" 인간보다는 실천하는 인간, 즉 과학 연구자와 역사의 수행자로 간주했다. 그들은 과학적 "진보 공식"이 무엇인지와 다가오는 인류의 "제3세기"가 무엇을 가져다주는지를 놓고 아무리 논쟁을 많이

했을지라도 모두 다 스스로를 피사레프와 셸구노프가 "생각하는 프롤레타리아트"라고 일컬은, 라브로프가 "비판적으로 생각하는 인물"이라고 일컬은, 다른 이들이 "교양있는 선구자"라고 일컬은 한 공동 집단의 일원으로 여겼다.

그 집단에 "러시아 인텔리겐치야"라는 명칭이 1868년 여름에 정식으로 붙었다고 말할 수 있다. 그때에 미하일롭스키가 새 "두꺼운 저널" 『당대 평론』(Современное обозрение)에 있는 자기의 비평란에 "러시아 인텔리겐치야에 관한 편지"(Письма о русской интеллигенции)라는 표제를 붙였기 때문이다. 이 비평란은 체르늬솁스키와 도브롤류보프의 전통을 영구히 지속할 용도로 만들어진 그 저널의 중심이었다. (저널 제목은 그 두 사람이 펴내던 저널 『당대인』의 제목과 비슷하게끔 의도적으로 선택되었다.) 이 저널이 오래가지는 못했을지라도, 미하일롭스키는 마이코프와 벨린스키가 1840년대에 펴내던 오래된 저널이었다가 복간된 『조국 수기』에 가담했다. 이제는 이 저널이 러시아 사회사상이 역사의 선민이며 새 세상의 건설자인 새 엘리트를 키우고 있다는 믿음을 퍼뜨리는 매체가 되었다. 『조국 수기』는 1867년부터 1870년까지 발행 부수를 2,000부에서 8,000부로 늘렸는데, 이것은 그때까지 그 어떤 급진 저널도 달성한 적이 없는 월 발행 부수였다. 미하일롭스키는, 『조국 수기』 수석 비평가로서, 자기의 글쓰기용 탁자 위에 벨린스키의 흉상을 놓아두었다. 『조국 수기』의 다른 비평가로는 체르늬솁스키의 동지였던 그리고리 옐리세예프(Григорий Елисеев)와 주일(主日)학교 운동 지도자였던 알렉산드르 스카비쳅스키(Александр Скабичевский)가 있었다. 순문학 부서의 담당자는 페트라솁스키 동아리 회원이었던 위대한 풍자작가 살틔코프-쉐드린과 『당대인』 편집인이었던 "시민 시인" 네크라소프였다. 『조국 수기』는 러시아 사회사상의 급진 전통의 상속자라는 자의식적인 자세를 취했기 때문만이 아니라 새로운 낙관적 역사 이론을 전파했기 때문에 "러시아 인텔리겐치야의 성경"이 되었다. 이와 별도로 체르늬솁스키의 또 다른 예전 동지였던 이는 역사를 낙관하는 신념이 발생기의 인텔리겐치야에게 중요하다는 점을 1868년 여름에 이렇게 지적했다.

> 상류와 하류의, 인텔리겐치야와 인민의 합류는 헛된 꿈이 아니다.
> 이 합류는 어쩔 수 없는 역사 법칙이며, 우리 진보의 경로이다. ……[38]

인텔리겐치야가 인민 속으로 가야 하는 것과 똑같이 지성은 인민 속으로 흘러들어가야 한다. 이것은 성 페테르부르그 대학이 학생 소요 때문에 폐쇄된 1861년 말엽에 게르첸이 『콜로콜』지면에서 젊은 세대에게 처음으로 제시했던 다음과 같은 명령이었다.

> 학문을 금지당한 젊은이들이여, 그대들은 대체 어디로 가서 보이지 않는가? …… 들어라! 드넓은 우리 조국의 방방곡곡에서, 돈 강과 우랄에서, 볼가 강과 드네프르 강에서 들리는 신음이 커지고 있으며 원성이 높아지고 있다. 이것은 바다의 물결이 처음에 내는 포효이다. …… 인민 속으로! 인민에게로!(В народ! К народу!) 여기에 그대들의 자리가 있다, 학문의 추방자들이여. ……[39]

게르첸의 간청은 예사롭지 않은 주일학교 운동에서 이미 호응을 꽤 많이 얻은 바 있다. 러시아에서 1859년과 1862년 사이에 번성한 주일학교 운동은 배움의 열매를 보통사람에게 가져다주려는 도시 지식인의 대규모 회개 노력 가운데 최초의 것으로 서술되어야 마땅할지 모른다. 키예프 대학 러시아사 교수 플라톤 파블로프(Платон Павлов)가 이 운동의 선구자가 되어 빈민에게 무료로 비상근 교습을 제공했다.[40] 그는 러시아 인민의 제도 주위에 영웅적 위엄의 아우라가 감돌게 하고 러시아 농촌의 풍요로움과 자발성을 재발견하려는 도시 지식인의 욕구를 자극할 수많은 지방 역사가들 가운데 한 사람일 뿐이었다. 1870년대의 가장 유력한 인민주의 언론인들 가운데 두 사람인 아파나시 샤포프(Афанасий Щапов)와 그리고리 옐리세예프는 카잔 신학교에서 러시아 교회분열 연구자로서 경력을 시작했다. 우크라이나의 노련한 급진 활동가이자 성 페테르부르그 대학 러시아사 교수인 니콜라이 코스토마로프(Николай Костомаров)는 농민 혁명의 전통에 새로운 매력을 부여했고, 아마도 모든 강사 가운데 1860년대의 새로운 급진주의자들 사이에서 최고 인기 강사였을 것이다. 이반 프리조프(Иван Прыжов)는 평범한 사람들의 참된 공동체 정서와 혁명 정신은 오직 그들의 선술집에서만 제대로 알 수 있다고 주장하면서『선술집의 역사』(История кабаков)[25]를 썼다. 게르첸은 구교도에 큰 관심을 기울였고 그들을 위한 특별 부록을 펴냈다. 심지어는 합리주의적이고 공리주의적인 성향을 지닌 체르늬솁스키도 자기의 문필 경력을 "그리스도 안에 있는 바보성자"를 칭찬하는 글로 시작했고 구교도 변호론으로 끝맺음했다. 러시아 농촌 생활의 특이점에 관한 — 특히 인민의 이견 종파의 독특한 전통에 관한 — 이 비상한 관심은 도시 지식인이 러시아에게는 완수해야 할 특별한 운명과 이 운명을 실현하기 위한 인민이라는 미개발 자원이 있다고 확신하도록 거들었다.

인민주의는 인텔리겐치야의 순수 창작물이었다. 1860년대 말엽에 인텔리겐치야는 차르와 그의 대신들이 무엇을 하든, 또는 무슨 말을 하든 역사는 자기편이라고, 그리고 사회의 직접적 재구성은 도덕상 필요하고

---

[25] 정식 표제는『러시아 인민의 역사와 연계한 러시아 선술집의 역사』(История каб аков в России в связи с историей русского народа).

논리상 과학의 진보로 필연이 되고 오로지 러시아 인민 사이에서만 가능하다고 확신하게 되었다. 러시아에서 1840년대 이후에 개발되어온 사회적 논제를 따라 인민주의자는 러시아 사회 발전의 특수한 경로는 농민 공동체에서 아직도 널리 행해지고 있는 이윤 공유와 공동 작업의 원칙을 확장하는 데 있다고 믿었다. 영국식으로 재산을 불리거나 독일식으로 권력을 키우려는 욕심을 품지 않고 몸 바쳐 인류를 섬기는 사람들만이 이 평화로운 사회변혁을 이룰 수 있었다. 유럽 정치가 영국-프랑스 자유주의의 무의미한 의회와 헌법이나 독일 군국주의의 무지막지한 중앙집권화 경향에 좌우되었기 때문에 인텔리겐치야는 정치라는 매개를 통해 개혁을 위해 활동하는 데에서 별다른 희망을 보지 못했다. 인텔리겐치야는 미국 유형에 따른 모종의 느슨하고 탈중앙집권화된 연방을 막연하게 바랐다. 실제로 우크라이나 인민주의자 집단은 자신을 "미국인"이라고 일컬었다. 그러나 인텔리겐치야의 기본 신념은 셸구노프가 1861년에 쓴 원래의 선언문 「젊은 세대에게」(К молодому поколению)에 있는 "우리는 심지어 미국에도 알려지지 않은 새 질서에 …… 이를 수 있을 뿐만 아니라 이르러야 한다"는 신념이었다.[41]

외래의 영감이 솟아나는 주요 원천은 프랑스의 사회주의 사상이었다. 형제애의 새 시대가 동트고 있다고 믿고 파리 인민 사이에서 실제 사회주의 실험을 실행하려고 시도했던 루이 블랑이 "순전히 이론적이기만 한" 푸리에와 오언을 대신해서 인민주의자가 가장 많이 우러러보는 사회주의 성자가 되었다. 그러나 인민주의자에게 새 질서의 주된 예언자는 1848년 혁명이 실패했을 때부터 1865년에 죽을 때까지 프랑스의 사회주의 사상을 지배한 피에르-조셉 프루동이라는 열정적인 인물이었다. 프루동은 강한 평등주의라는 요소와 정치권력에 대한 영웅적인 반(牛)아나키즘적 반대라는 요소를 도입했고, 이 때문에 러시아의 우상타파 혁명의 생존자들에게 특히 공감을 일으키는 인물이 되었다. 루소처럼 프루동은 귀족 엘리트와 중앙집권화된 권력에 대한 평민의 의분을 품고 파리로 간 프랑스의 시골뜨기였다. 그는 1848년 혁명 동안 제안된 헌법에 "그것이 나쁜 헌법이어서가 아니라 그것이 헌법이므로" 반대했고, 거리낌 없이 사유 재산을 "도둑질한 물건"이라고 불렀다. 그는 자기의 유명한 저널 『인민』(Le Peuple), 『인민의 대표』(Le Représentant du Peuple), 『인민의 목소리』(La Voix du Peuple)에서 "인민"이 유럽을 다시 젊게 만들 수 있는 막강한 힘이라는 일종의 신비주의적인 믿음을 키웠다.

이 모든 것이 알렉산드르 2세 시대의 소외된 지식인들에게 호소력을 지녔다. 그들도 많은 경우에 지방의 권위에 우상타파적 태도를 취하고 빈정대며 신랄하게 논쟁을 벌이고 "인민"과 연계를 맺거나 다시 맺으려는 고뇌 어린 욕구를 지닌 이단아였다. 더욱이 프루동은 자신을 일종의 그리스도교 사회주의자로 여기고는 비록 마무리하지는 못했을지라도 어른이 된 뒤로 평생 띄엄띄엄 사회개혁가로서의 그리스도를 연구했고 계시록의 언어를 빈번하게 사용했다. 이 모든 것이 사회주의를 이단적 그리스도교 안에서 억눌려 있던 전통이 자라나 생긴 것으로 여기는 경향이 있는 러시아인에게 그가 발휘하는 호소력을 키우는 경향을 보였다. 인민주의 운동의 양대 예언자적 선구자인 게르첸과 바쿠닌은 프루동의 벗이자 찬양자였고 1840년대 말엽에 혁명의 메카인 파리에 왔던, 말하자면, 동무 시골뜨기였다. 그 두 사람은 혁명가들이 자신을 인민의 원초적 힘에 주저하지 않고 연계하지 못한 탓에 1848~1849년에 완패했다는 프루동의 설명을 받아들였다. 그 두 사람은, 그리고 전반적으로 러시아 급진 사상은 프루동이 이끄는 노동계급 운동을 통해 사회주의적 변혁이 언젠가는 프랑스 땅에 이루어지리라는 희망을 계속 품었지만, 차츰차츰 변화의 희망을 나쁜 버릇이 들지 않은 러시아 인민에게 걸기 시작했다.

희망을 거는 대상이 서방에서 동방으로 옮아가는 이 과정은 비스마르크(Bismarck)의 독일이 프랑스-프로이센 전쟁에서 프랑스를 쳐부수고 파리 코뮌(Paris Commune)[26]의 폐허 위에 "이상(理想) 없는 공화정"[27]이 생겨난 뒤 1871년에 마무리되었다. 프랑스는 이제 "세계의 등대"라기보다는 유행의 중심지였다. 프랑스는, 미하일롭스키가 1871년 10월에 쓴 유명한 시론의 제목에서, "다윈주의와 오펜바흐(Offenbach)의 오페레타"의 나라가 되었다. 이제는 적자생존이라는 정글의 법칙이 전유럽을 지배하고 유럽 문화의 최고 상징은 캉캉(cancan)[28]이다. 미하일롭스키는 자기의 논문을 예리하게도 노부스 레룸 미히 나스키투르 오르도(novus rerum mihi nascitur ordo)[29]라는 문구로 끝맺는다.

게르첸과 체르니솁스키에서 라브로프와 미하일롭스키와 셸구노프까지 펼쳐진 인민주의 사상 주류 노선이 상상하는 그 새로운 상태는 도덕주의적인 "유토피아적" 사회주의라는 유럽의 일반 현상의 러시아 특유의 이형이었다. 인민주의자는 인간의 소망과 상관없이 경제적 힘이 창조하는 "객관적 사회주의"보다는 도덕적 이상이 이룩하는 "주관적 사회주의"를 믿었다. 인민주의 운동의 외국 벗들은 독일 사회주의 전통보다 프랑스 사회주의 전통에 더 가까웠다. 따라서, 비록 자본주의를 고발하

---

[26] 프랑스-프로이센 전쟁에서 패한 뒤 프랑스의 보수 정부가 파리를 포위한 프로이센군에 저항한 노동자로 구성된 국민방위군을 무장 해제하려고 시도하자 1871년 3월에 파리 시민이 봉기해서 세운 사회주의 성향의 임시정부. 5월 말에 정부군의 공격을 받아 큰 피해를 입고 무너졌다.

[27] 프로이센-프랑스 전쟁에서 패한 제2제정이 무너진 뒤 1871년에 파리 코뮌을 무력으로 진압하면서 출발한 프랑스 제3공화정(La Troisième République)을 일컫는 표현.

[28] 1830년대부터 파리의 무도장에서 유행하기 시작한 속된 춤. 무희 네 사람이 속옷을 드러나도록 함께 다리를 추켜올리는 동작이 주를 이루었다.

[29] '보는 바처럼 새로운 상태가 나에게 생겨나고 있다'는 뜻의 라틴어 문구.

는 마르크스의 도덕적 분노가 따뜻한 박수갈채를 받았을지라도, 혁명 조직과 경제 결정론에 관한 그의 이론은 인민주의 시대 동안 러시아인 사이에서 지지를 거의 얻지 못했다.

인민주의적 사회주의는 단지 농민 옵쉬나라는 공동체 모델을 본뜬 사회의 재구성이 아니라 인간 개성의 완전한 계발을 보장하기 위한 옵쉬나 형태 자체의 창조적 발전과 연계되었다. 게르첸은 새로운 사회주의 사회 안에서 개인의 권리를 확보해야 한다고, 체르늬솁스키는 개인의 유인동기를 유지해야 한다고, 미하일롭스키는 인간성을 해치는 지나친 전문화를 막아야 한다고 강조했다. 이들 모두에게는 인간 개성의 완전한 계발이, 벨린스키의 말로 표현하면, "온 세상의 운명보다 더 중요"했다. 미하일롭스키는 모든 역사를 끊임없는 "개성을 위한 투쟁"으로 묘사했고 다가오는 황금시대를 "주관적 인간중심주의"의 시대로 묘사했다. 성 페테르부르그에서 인민주의 운동의 실질적 중심이었던 동아리를 이끈 니콜라이 차이콥스키(Николай Чайковский)는 자기가 "인간애의 종교"를 세우고 있다고 생각했고 자기의 동아리에 각 개인은 문자 그대로 신이 될 운명을 타고났다고 가르치는 "신인(神人) 종파"(секта Богочеловеков)[30]의 구성원 몇 사람을 집어넣었다.[42]

인민주의자는 산업의 발전을 받아들인다고 공언했지만, 과학의 진보가 낳고 있는 더 높은 **단계**의 문명으로 움직이는 가운데에서도 공동체에서 발견되는 더 도덕적인 **유형**의 사회를 유지하고 싶어 했다. 실제로, 차이콥스키 동아리 회원들(Чайковцы)[31]은 1871~1873년의 첫 대규모 "인

---

[30] 1874년에 러시아에 온 영국인 전도사 그랜빌 래드스톡(Granville Radstock, 1833~1913년)의 감화를 받아 형성되어 퇴역 장군 바실리 파시코프(Василий Пашков, 1831~1902년)가 이끈 성 페테르부르그의 복음주의 종파.

[31] 1870년대 초에 성 페테르부르그에서 결성된 인민주의 비밀 조직의 회원들. 명칭

민 속으로 운동"의 방향을 미래를 여는 열쇠를 쥐고 있으며 특히 "지성과 도덕의 발전"의 역량을 가지고 있다고 생각되는 성 페테르부르크의 도시 노동자들에게 돌렸다. 이 인민 속으로 운동은 다른 도시의 지식인들에게 호소력을 발휘했고, 그들은 러시아 제국의 여러 주요 도시에서 차이콥스키 동아리 회원들과 느슨하게 연계된 집단을 형성했다. 도시 노동자들을 교육하고 그들에게 진보는 필연이라는 새로운 믿음을 전도하려는 이 초기의 노력에는 표트르 크로포트킨과 세르게이 크랍친스키(Сергей Кравчинский, 스테프냑(Степняк))처럼 망명 중에 쓴 수많은 후기 저작을 통해 서방에 잘 알려지게 될 많은 러시아 급진주의자가 관여했다. 차이콥스키 동아리 회원들은 노동계급이 자기들의 가르침에 호응하지 않는 데 환멸을 느끼고는 그 대신에 아직도 러시아 대중의 사고를 지배하는 농민에게로 가야 한다는 결론을 내렸다. 이에 따라 그들은 19세기 전체의 가장 몽상적이고 전례 없는 사회 운동들 가운데 하나인 1874년의 "미친 여름"에 갑자기 뛰어들었다.

갑자기, 중앙의 주도나 지도도 없이, 2,000명을 웃도는 학생과 수많은 어른과 귀족이 자기희생 정신에 휩쓸렸다. 유럽 러시아의 거의 모든 주(州)에서 젊은 지식인이 농민 사이에서 살면서 일상생활을 농민과 함께 하고 새 시대가 동트고 있다는 희소식을 가져다주려고 농민처럼 옷을 입고 도시를 떠나갔다. 부자 지주는 자기 재산을 내주거나 사회적인 선전과 실험을 위해 학생들이 자기 영지를 사용하도록 허락한다는 데 동의했다. 불가지론자 유대인은 농민과 더 잘 어울리고자 세례를 받고 정교

은 지도자인 니콜라이 차이콥스키의 이름에서 비롯되었다. 모스크바 등 다른 도시에 지부를 두었고, 노동자들 사이에서 선전 작업을 했다. 1874년에 경찰의 탄압을 받았다.

도가 되었다. 여자들이 희망과 고난을 똑같이 함께하고자 그 엑소더스 (exodus)에 합류했다.[43]

정권은 이 "인민 속으로 운동"에 당황하고 겁을 먹었고, 770명을 체포하고 더욱 많은 사람을 핍박하면서 운동을 짓눌러버리려고 애썼다. 비폭력 운동에 가해진 이런 가혹한 탄압은 인민주의를 더 폭력적이고 극단적인 경로로 밀어넣을 따름이었다. 1870년대에 혁명적 인민주의를 대중화한 주요 인물인 미하일롭스키는 늘 러시아에게 인민주의는 반동이라는 스킬라(Scylla)와 혁명이라는 카리브디스(Charybdis) 사이[32]에 있는 중간의 길이라고 표현했다. 처음에는 오른쪽에 있는 바위에 내동댕이쳐진 다음 왼쪽에 있는 소용돌이 속으로 빨려들어가는 것이 1870년대 말엽 인민주의의 운명이었다. 인민주의의 운명과 1870년대 말엽과 1880년대 초엽에 최고조에 이르는 사태를 이해하려면, 러시아에서 함께 나란히 발전했던 반동의 전통과 혁명의 전통이 지닌 특이한 성격을 고려해야 한다.

반동이라는 스킬라는 1874년 말엽의 무자비한 체포보다는 그 뒤에 튀르크와 벌인 전쟁에서 모습을 드러냈다. 이 전쟁은 메시아적 범슬라브주의의 새로운 제국주의 교리의 직접적 결과였다. 러시아가 1874년에 더 체계적이고 보편적인 징병제를 도입해서 편성했던 시민의 군대로 잔혹한 적에 맞서 잔혹하게 수행된 의도적인 대규모 영토확장 전쟁이었다. 이 전쟁으로 말미암아 초기 인민주의의 낙관적이고 점진주의적인 이상으로 되돌아가는 것을 무척이나 어렵게 만드는 폭력과 이념적 광신의 분위기가 러시아 사회와 러시아 사회사상에 생겨났다.

---

[32] 한 해협에서 이웃해 살며 배를 공격하는 그리스 신화의 두 괴물. 지나는 배가 바위 동굴에 사는 괴물 스킬라를 피하려고 방향을 틀면 조금 떨어진 곳에 있는 카리브 디스가 일으키는 소용돌이에 휘말리곤 했다. '스킬라와 카리브디스 사이'라는 표현은 진퇴양난의 상황을 일컫는 서양의 고사(故事)이다.

알렉산드르 2세 통치 후반기에 반동적 범슬라브주의가 많은 이의 마음속에서 제정 러시아의 이념으로서 관제 국민성을 대체하기 시작했다. 1860년대에 다방면의 이념 공격에 맞부딪친 차르 체제는 처음의 실용주의적인 자유주의적 양보 정책에서 새로운 호전적 민족주의로 돌아섰다. 대러시아 국수주의가 1863년의 폴란드 봉기 동안 혁명적 열정에 대한 해독제로 가치를 처음으로 입증했다. 반(半)관변 황색언론이 혁명가들을 폴란드인에게 동조한다며 반역자로 깎아내리고 일련의 러시아 군사 지도자를 인기 있는 대중 영웅으로 찬양하는 시도를 능란하게 했다. 예전에는 급진주의자였던 미하일 카트코프는 이 접근법을 "러시아적인, 극히 러시아적인, 특히 러시아적이라고 불릴 수 있는 당파의 기관지"라고 자랑스레 일컬은 자기의 새로운 신문 『러시아 통보』에서 옹호했다.[44]

　그러나 대중의 호의를 얻으려는 당파라면 1860년대의 이상주의적 분위기 속에서는 우위를 차지하기 위해 어떤 고상하고 이타적인 목표를 대중에게 내놓아야 했다. 따라서 카트코프의 "특히 러시아적인 당파"는 슬라브 연합이라는 낡은 낭만적 이상을 되살려내어 그것을 "로마-게르만적" 서방과 이교도 튀르크인에 맞서는 일종의 현대 십자군으로서 러시아 대중에게 제시했다.

　이 새로운 반동적 범슬라브주의의 중심은 모스크바였다. 동시에 모스크바에서는 좌파의 자코뱅 극단주의자들이 1860년대 말엽에 세를 불리고 있었다. 반동적 범슬라브주의의 대두에서 결정적이었던 사건은 모스크바 시가 주로 후원하고 카트코프의 『러시아 통보』뿐만 아니라 이반 악사코프의 저널 『모스크바』가 목청을 높여 환영한 1867년의 모스크바 슬라브인 대회였다. 그전의 슬라브인 대회는 1848년에 프라하에서 딱 한 차례 열렸고,[33] 러시아인 대표라고는 추방자 두 사람, 즉 혁명가 바쿠닌과 구교도 주교뿐이었다. 그러나 새로 열린 슬라브인 대회는 러시아의 공식적인 지원과 후원을 아낌없이 받았다. 사실상 그 대회는 이제는 낯익은 "문화" 제전의 첫 사례가 되었다. 그 제전의 실제 주요 결과는 러시아의 정치 목표를 제시하는 것이다. 러시아의 반동적 범슬라브주의의 견해를 가장 완벽하게 표현한 저술은 잘 알려지지 않은 한 슬로바키아인[34]의 『슬라브인과 미래 세계』(Das Slawenthum und die Welt der Zukunft)라는 제목의 논설문이었다. 그때까지 간행되지 않았던 이 글이 그 대회 막바지에 갑자기 일약 주목을 받았다. 그 글은 러시아의 지도 아래 모스크바를 수도로, 러시아어를 국어로, 정교를 국교로 삼아 슬라브인의 통일을 이루어야 한다고 주장했다.[45] 예전에는 페트라솁스키 동아리 회원이었던 생물학자 니콜라이 다닐렙스키는 자기가 1868년에 연속으로 게재했고 1871년에는 단행본으로 간행한 『러시아와 유럽』(Россия и Европа)에서 슬라브 세계와 로마-게르만 세계 사이의 화해 불가능한 폭력 충돌이라는 생각에 일종의 사이비 과학적 정식화를 부여했다.

범슬라브주의는 역시 1860년대 말엽에 연재물로 게재되었다가 1870년에 단행본으로 출간된 로스티슬라프 파데예프(Ростислав Фадеев) 장군의 더 짧고 더 솔직한 비망록 『동방 문제에 관한 견해』(Мнение о восточном вопросе) 같은 저술들을 통해 일종의 제국주의 이념이 되었다. 이 노골적인 팽창주의 이념은 1877~1878년의 러시아-튀르크 전쟁 동안 전쟁수행 노력의 성공을 위해 대중의 지원을 모으는 데 눈에 띄는 효과를 발휘했

---

[33] 바쿠닌을 비롯한 유럽 중동부의 슬라브계 민족 대표 340명이 1848년 6월 2일에 프라하에 모여 최초의 슬라브인 대회를 열었고, 뚜렷한 목표 없이 난상토론을 벌이다가 열흘 뒤에 해산했다.

[34] 루도비트 슈투르(Ľudovít Štúr, 1815~1856년). 1840년대 슬로바키아 청년당의 지도자로서 독일에서 학업을 마친 뒤 슬로바키아 민족 부흥 운동을 주도했다. 슬로바키아어의 기초가 된 새로운 문어를 창안했고, 「슬로바키아 민족 신문」을 창간하여 헝가리 정부의 탄압을 받기도 하였다.

다. 전제주의적이고 제국주의적인 이 범슬라브주의는 더 앞세대의 온화한 이상주의적 친슬라브주의와는, 또는 심지어 악사코프와 바쿠닌 같은 사람들이 더 앞 시기에 했던 범슬라브 선언과도 닮은 구석이 별로 없었다. 그들은 범슬라브주의를 연방의 원칙에, 그리고 차르정의 멍에에서 벗어나려는 폴란드인의 분투에 대한 지지에 연계했다.

범슬라브주의는 가혹하지만 동시에 인기 있는 교리였다. 범슬라브주의는 차르 전제정을 찬양하고 국내의 반목과 분노를 외국인 혐오로 빼돌려 없애버리는 단순하고 극적인 세계관을 마련했다. 범슬라브주의는 튀르크인과 독일인뿐만 아니라 폴란드인을 서방에 빌붙은 반역자로, 헝가리인을 동유럽에 있는 "아시아의 밀정"으로 비난함으로써 러시아의 고전적 편견을 이용했다.

범슬라브주의는 성 페테르부르그에 기반을 둔 예언적 인민주의 교리에 대한 모스크바의 예언적 대안으로 서술될 수 있다. 인민주의와 마찬가지로 범슬라브주의는 영감을 찾아 베를린이나 파리나 로마로 달아나곤 하던 러시아 지식인들의 이전 행태에 이의를 제기하면서 새로운 운명과 구원이 동방에서 이루어지리라고 약속했다. 그러나 인민주의자가 예언적으로 러시아 농촌을 지향한 반면에, 범슬라브주의자는 콘스탄티노플 탈환이라는 제국의 오랜 꿈으로 되돌아갔다. 인민주의자와 마찬가지로 범슬라브주의자는 소위 과학적 원칙을 사회 문제에 적용하는 데 바탕을 둔 역사 이론을 내놓았다. 그러나 범슬라브주의자는 인민주의자가 과학상 인류에게 적용될 수 있다고 인정하기를 확고하게 거부한 필연적 투쟁과 적자생존이라는 다윈주의 원칙에 호소했다. 인민 속으로 운동에 가해지는 맹렬한 탄압과 튀르크 전쟁의 폭력과 광신을 보고는 어쩌면 다윈주의 이미지가 옳다고 시나브로 확신하게 된 급진주의자가 많았던 듯하다. 그런 급진주의자는 튀르크 전쟁 이후 시기에 반동이라는 스킬라에서 벗어나고 싶어 하다가 알렉산드르 2세 시대의 반대쪽 극단주의인 자코뱅 혁명이라는 카리브디스로 점점 더 끌려들어갔다. 직업혁명가 활동이라는 소용돌이가 헷갈리는 인민주의 운동 참여자에게 유혹의 손짓을 자주 했다. 그러나 1878년 말엽에 전국 차원의 인민주의 혁명조직("토지와 자유"(Земля и воля)[35]라는 이름이 붙은 두 번째 조직)이 나타나고 이듬해에 이 조직이 더 드러내놓고 테러 활동을 하는 '인민의 의지' (Народная воля)[36] 조직으로 대체되기 전에는 인민주의는 대체로 혁명적이기보다는 점진적인 접근법과 동일시되었다.

좌파의 혁명적 자코뱅주의는, 우파의 반동적 범슬라브주의와 마찬가지로, 1860년대의 격한 우상타파 행위의 모스크바산 파생물이었다. 비밀 혁명조직을 만들어 직접 행동에 나서라는 첫 요청은 모스크바 대학의 19세 수학도 표트르 자이치넵스키(Петр Заичневский)가 1862년에 펴낸 『청년 러시아』라는 소책자에 들어 있었다. 자이치넵스키는 "공산주의자 동아리"(Сообщество коммунистов)라고 자칭하고 서방의 혁명 문헌을 읽고 펴내는 일에 거의 전적으로 몰두하는 스무 명쯤 되는 모스크바 학생 집단의 일원이었다. 1860년대 초엽의 '토지와 자유'단으로 전국 차원의 운동을 일으키려는 노력과 연계해서, 아주 묘하게도, 게르첸의 오랜 벗이자 동지인 니콜라이 오가료프가 전국 차원의 혁명 조직을 위한 가장 철저한 프로그램을 마련했다. 첫 '토지와 자유' 그룹은 근거지를 성 페테르부르그에 두었고 매우 다양한 급진적 관점을 수용했다. 그러나 오가료프는

---

[35] "인민 속으로 가기" 운동에 참여한 러시아 인민주의자들 가운데 선전으로 인민을 일깨워 전제정과 투쟁한다는 전술의 한계를 느낀 이들이 1870년대 말엽에 결성한 지하 음모 조직.

[36] 농민을 선동해서 혁명을 일으키려는 시도가 실패한 뒤 절망한 '토지와 자유' 단원들이 1870년대 말에 결성한 지하 혁명 조직. 정부 요인을 암살하는 테러 전술을 구사했고, 1881년에 알렉산드르 2세를 암살했다. 탄압을 받고 1882년에 소멸했다.

'토지와 자유'단을 혁명 조직을 가리키는 위장 단체인 지역 조직을 갖추고 이념 지원과 이론 지도를 해줄 출판 조직을 외국에 두고 비밀 중앙위원회가 운영하는 음모적 혁명 조직으로 전환하려고 시도했다.[46] 첫 '토지와 자유'단은 1863년에 소멸했고 완전히 혁명적인 강령이나 조직 원리를 채택한 적이 없는 듯하다. 전문적 혁명 전통의 발전에서 다음 단계는 새로운 극단주의적 동아리 두 개가 1865년에 형성되면서 다시 한 번 더 모스크바에서 일어났다. 그 두 동아리란 각각 니콜라이 이슈틴(Николай Ишутин)과 니콜라이 네표도프(Николай Нефедов)의 동아리였다. "조직"(Организация)으로 알려진 이슈틴 동아리는 이듬해에 젊은 학생인 드미트리 카라코조프(Дмитрий Каракозов)에게 차르 알렉산드르 2세 암살 시도를 의뢰했고, 이렇게 해서 적극적인 혁명 테러리즘의 전통을 개시했다. 이슈틴 동아리는 경찰의 첩자와 싸우고 테러 활동을 벌이는 지옥(Ад)으로 알려진 혁명집단 내 비밀 동아리를 만들기도 했다. 지옥 단원은 가족 관계를 모두 포기하고 새 이름을 가지고 자기 목숨을 희생할 각오를 하라고 기대되었다. 카라코조프의 시도에 뒤따른 반(反)혁명 백색 테러는 네표도프의 주요 제자격인 젊은 세르게이 네차예프를 한층 더 극단으로 몰아붙여서 직업혁명가의 행동 방침의 골자를 짜도록 만들었다.

이슈틴 동아리와 마찬가지로 네차예프에게는 유럽 차원의 거대한 음모 조직과 연계될 직업혁명가의 핵심집단을 만든다는 비전이 있었다. 그는 외국을 여행했고 매료된 바쿠닌과 오가료프의 일정한 승인을 받았으며 자기의 공상적인 계획을 실행하려고 1869년에 모스크바로 되돌아왔다. 그는 자기의 혁명 조직을 위한 지침으로 그 유명한『한 혁명가의 교리문답』(Катехизис революционера)을, 즉 "말로만이 아니라 행동으로도 공공 안녕질서와, 교양 세계와 모든 법률, 관행 …… 윤리와 완전히 관계를 끊은" 혁명결사(товарищество)의 교리를 가져왔다.[47] 직업혁명가는 테러와 공감, 조작과 기만으로 냉철한 이성적 투쟁을 벌여 공공질서를 뒤엎는 데 전적으로 헌신하는 금욕주의자일 터였다. 네차예프는 자기의 강령을 이행하려고 일련의 "혁명 5인조"를 만들었다. 이 조직의 조원들은 서로를 알지 못했고 다섯 명 모두에게 절대적 규율을 행사하는 위계 조직으로만 연결되었다. 네차예프는 의도적으로 자기의 동료 혁명가들을 공동 범죄에 연루되도록 만들어서 복종을 다짐받으려고 비상한 수법을 개발해냈다. 1869년 11월 21일에 일어난 유명한 사건에서 네차예프와 모스크바의 한 "혁명 5인조" 소속원 세 사람이 동료 음모가인 젊은 학생 한 사람의 정체를 드러내는 정보를 얻었다면서 그를 죽였다. 네차예프는 (존재하지도 않는) "중앙위원회"에게서 그 정보를 받았다고 조원 세 사람에게 말했다. 네차예프 사건은 거의 다섯 해 동안 대중의 눈길을 사로잡은 유명한 재판 사건이 되었다. 차르 정부가 네차예프를 붙잡는 데 두 해, 그를 재판하는 데 1871년 한 해 대부분이 걸렸다. 그의 활동이 법정에서 드러나고 도스토옙스키의 『악령』에서 문학으로 형상화되자 격렬한 언론 논쟁이 촉발되어 1870년대 초엽 내내 지속되었다.

이 시기를 주도한 인민주의자들은 자기들이 "기괴한 일", 즉 역사의 "별난", 또는 "형이상학적"인 지나간 단계의 잔재로 간주한 네차예프주의의 대안임을 자처하려고 의도적으로 노력했다. 그들은 네차예프의 혁명 종교보다는 콩트의, 그리고 차이콥스키의 "인류교"를 믿었다.

그러나 전반적으로 폭력에 기대는 현상이 일어나고 반동적 범슬라브주의가 승리하자 인민주의자들은 "인민을 사랑한다는 것은 인민을 포도탄[37] 아래로 데려간다는 뜻"이라는 네차예프의 냉소적 주장을 더는 비

---

[37] 쇠구슬이 포도송이 모양으로 뭉쳐있는 포탄. 18~19세기에 널리 쓰였는데, 특히 정부군이 바리케이드를 친 봉기 시민을 진압하는 데 많이 사용했다.

웃을 수 없었다.[48] 러시아의 극적인 사회변혁이라는 매우 중요한 미래상을 유지하기 위해 인민주의자는 전제정의 정치적 대안이라는 오랫동안 등한시해온 문제를 숙고하지 않을 수 없었다. 활동 매체가 될 의회 야당이나 합법적 반대파가 전혀 없고 자유주의적 개혁가에게는 "사상이 없다"는 미신이 지속된 탓에 인민주의자에게는 혁명이라는 소용돌이 안으로 빨려들어가지 않도록 막아줄 닻이 남아있지 않았다.

　인민주의자를 유혹하는 세이렌의 노래는 러시아 자코뱅주의의 위대한 마지막 이론가인 표트르 트카초프의 노래였다. 트카초프는 1860년대의 거의 모든 주요 음모조직의 노련한 일원이었고, 『청년 러시아』의 저술을 거들고 한때는 스물다섯 살을 넘어선 모든 사람에게 안락사 조치를 해야 한다고 촉구함으로써 아버지 세대에 맞선 아들 세대의 전쟁을 이끌었던 확고한 유물론자이자 평등주의자였다.

　직업혁명가 전통에 충실하게도 트카초프는 인민주의 전통의 모호성과 낙관주의에 강하게 반대했다. 그러나 이전의 혁명조직 이론가와는 달리 그는 인민주의를 만들어냈던 인텔리겐치야에게서 혁명 지도부를 충원하는 원천이 반드시 될 사회집단을 보았다. 1874~1875년에 엥겔스와 주고받은 편지에서 그는 러시아에서 인텔리겐치야 혁명당이 나타나리라고 예견했다. 지식인 엘리트 독자만 겨냥해서 1875년부터 1881년까지 러시아어로 펴낸 자기의 저널 『나바트』(경종)에서 그는 뿌리없는 러시아 지식인들에게 지식인으로 이루어진 규율 있는 전투적 혁명조직을 만들라고 다그쳤다. 그는 농민의 지지라는 인민주의의 환상에 기대거나 마르크스주의 유형의 혁명에 재료를 제공할 도시 프롤레타리아트가 나타나기를 기다리는 데 반대했다. 중요한 것은 혁명을 통해 기존 체제를 뒤엎을 수 있는 전투적 조직을 만들어내는 것이었다. 옛 러시아에서 나바트는 비상전투 집결 신호를 울렸다. 이야말로 트카초프가 자기 저널이 젊은 러시아에 해야 한다고 생각한 바로 그것이었다.

트카초프는 두 번째 '토지와 자유'와 '인민의 의지'가 채택한 이념이나 전술에 큰 영향을 주지 못했다. 이 두 조직은 농민, 노동자, 분파교도, 기타 집단의 지지를 받을 가능성을 계속 믿는다는 점에서, 마구잡이로 시도하는 암살을 주요 정치투쟁 기법으로 구사하는 주저하는 혁명가이면서 서툰 조직가라는 점에서, "인민의 의지"의 표현임을 자처하려고 애쓴다는 점에서 인민주의 유산에 충실했다. 그렇더라도 '인민의 의지' 조직은 러시아가 뿌리를 잃은 지식인 공동체로부터 차르 체제 타도라는 의식적인 정치적 목적을 지닌 혁명 조직을 만들어낼 수 있고 만들어내야 한다는 트카초프의 기본 사상(에 대한 호응은 아닐지라도 그 기본 사상)의 실행이다.

'인민의 의지' 조직이 1879년 여름에 구성되면서 혁명적 극단주의는 반동적 극단주의가 더 앞서서 범슬라브주의 운동을 통해 얻었던 강령과 조직에 맞먹는 극적인 강령과 전국 차원의 조직을 얻었다. 모스크바의 범슬라브주의가 한때는 자유주의적이었던 성 페테르부르그 정부의 정책이 되었던 것과 똑같이, 모스크바의 자코뱅주의는 한때는 온건했던 성 페테르부르그의 인민주의 반(反)정부 세력의 정책이 되었다. 정부 진영과 반정부 진영의 평화롭고 개혁주의적인 낙관론이 극단주의에 자리를 내주었다. 온건 자유주의자가 우파의 범슬라브주의적 열광에 감동하는 것처럼 미하일롭스키와 셀구노프 같은 온건 인민주의자도 좌파의 새로운 극단주의적 열광에 감동했다. '인민의 의지' 집행위원회의 테러 투쟁과 비밀회의와 선언은 튀르크 전쟁만큼이나 화려하고 극적인 투쟁 형태를 반정부 세력에 제공했다. '인민의 의지' 조직은 차르 체제를 뒤엎으려고 시도하는 그다음의 직업혁명가 전국 조직, 즉 레닌의 볼셰비키당의 예언적 선행 형태이자 (흔히 인식되는 바보다 더 심한 정도로) 본보기였다. 한편, 인민주의 언론인들은 레닌의 관행을 미리 보여주는 일정한 관행을 확립하고 있었다. 그 관행은 "인민의 적"과 "출세주의"와 "무사 상성"(безыдейность)에 대한 의례적 비난, 그리고 예술은 사실주의 양식과 뚜렷한 사회적 메시지를 지녀야 한다는 편집진과 비평가의 완고한 주장 이었다.

그러나 '인민의 의지'는 아직 트카초프와 레닌의 타산적인 자코뱅주 의보다 인민주의의 낭만적이고 연민 어린 사상 세계에 훨씬 더 깊이 뿌 리를 박고 있었다. 차르 알렉산드르 2세가 1881년 3월 1일에 성 페테르 부르그의 한 운하 옆에서 한 테러리스트의 폭탄에 다리가 갈기갈기 찢겨 누운 채로 죽어가고 있을 때, 또 다른 테러리스트가 달려들어 가지고 있던 폭탄 꾸러미로 알렉산드르 2세의 머리를 받쳐주느라 도주할 기회 를 놓쳤다. 재판에 넘겨진 그 테러리스트들은 죄를 자인하면서도 자기들 이 한 행동의 대의명분인 이상의 정당성을 알리려고 애쓰는 인민주의 법정 전통에 충실했다. 안드레이 젤랴보프(Андрей Желябов)는 "예수 그리 스도의 가르침의 요체가 …… 나의 으뜸가는 도덕적 동기였다"고 주장 했고 모든 인민주의자가 테러와 폭력에 의존하기를 얼마나 주저했는지 를 지적하려고 애썼다.[49] '인민의 의지' 집행위원회가 알렉산드르 2세 를 암살한 뒤에 했던 첫 행동은 자기 조직의 혁명 지부들이나 혁명을 일으킬지 모르는 일부 대중이 아니라 새 차르를 상대로 개혁을 개시하고 피를 흘려야 할 "슬픈 필요성"을 끝낼 전국 회의를 소집하라고 촉구하는 것이었다.

그러나 알렉산드르 2세 암살에서 절정에 이르는 테러 투쟁의 가속화 는 무척이나 얄궂은 상황을 짜 맞추는 마지막 한 조각이다. 인민주의자 가 이렇게 극단주의로 돌아서는 현상은 알렉산드르 2세가 극단주의로부 터 등을 돌리기 시작했던 바로 그때에 일어났기 때문이다. 사회·정치

개혁에 관한 진지한 논의가 차르의 최측근 조언자들 사이에서 한 번 더 이루어지고 있었다. 알렉산드르 2세는 자기가 암살당하는 바로 그날인 3월 1일에 인텔리겐치야와 부르주아지의 일부를 정부 기구에 넣는다는 한 해 동안 기획한 시안을 승인했다. (테러리즘과의 싸움에서 지지를 모으려는 노력의 하나로) 차르가 젬스트보 운동에 다시 관심을 보이고 격려를 하자 이 전국 차원의 지방행정 연결망의 활력과 정치적 포부가 빠르게 커졌다. 성 페테르부르크의 미하일롭스키와 제네바의 바르폴로메이 자이체프(Варфоломей Зайцев)와 니콜라이 소콜로프(Николай Соколов) 같은 인민주의의 언론계 친우들은 모종의 인민주의-자유주의 친교를 북돋고자 적극적으로 활동하고 있었다. 폭넓은 기반을 가진 온건 개혁 운동의 객관적 전망은 돌이켜보면 밝았다고 보인다. 인민주의와 자유주의는 둘 다 성 페테르부르크에 기반을 두고서 원래부터 극단주의에 반대하는 운동이었다.

그러나 '인민의 의지'는 차르가 승인한 헌법 비밀기획을 전혀 몰랐다. 차르의 자유주의적 조언자들은 인민주의 운동 안에 아직 존재하던 더 온건한 경향을 알지 못했다. 인민주의 인텔리겐트와 실용주의적 자유주의자 사이의 견해차는 인민주의와 모스크바에 기반을 둔 두 극단주의 이념 사이의 견해차보다 여러모로 훨씬 더 컸다. 혁명적 자코뱅주의와 진화적 인민주의와 반동적인 범슬라브주의적 제국주의는 모두 다 우상타파 혁명에서 발전해 나왔다. 각 입장은 저마다 인류사에서 극적인 변화가 바야흐로 일어날 참이라고 주장했다. 그런 한 이념의 옹호자가 완전히 이념을 저버리고 더 현실적인 자유주의적 접근법에 이르기보다는 이리저리 떠다니다가 또 다른 이념에 빠져들기가 더 쉬웠다. 진리 추구는 일단 시작되면 쾌락이나 반쪽 진리의 위안을 좇아 포기될 수 없었다. 귀족 지식인의 단편적 사상이 새로운 인텔리겐치야의 손에서 행동 강령과 신조가 되고 있었다. 그것이 무엇이었든 인텔리겐치아는 카트코프가 두려워하고 트카초프가 기대한 것, 즉 혁명의 전조가 될 터였다. 인텔리겐치아는 인민주의 시대에 귀족의 세기의 그 저주받은 문제를 근대 러시아의 저주받은 운동으로 바꾸는 일을 돕는 계급 위의 계급이었다.

02 인민주의 예술의 고뇌

인민주의 시대의 창조적 예술가들의 뇌리에서 떠나지 않은 그 시대의 핵심적 사실은 서방에서 온 근대화의 힘이 러시아의 모든 삶을 확연하게 바꾸고 있다는 것이었다. 이 과정은 심지어는 알렉산드르 2세 통치기의 그 초기 단계에서도 예카테리나 대제 통치기에 대대적으로 이루어진 귀족 사상의 서방화와 표트르 대제 통치기에 이루어진 행정과 기술의 광범위한 변화보다 훨씬 더 심도 있게 진행되었다. 심리적 효과 면에서 이에 비길 만한 예전의 유일한 대립은 17세기에나 있었다. 17세기와 마찬가지로 인민주의의 시대에는 사회와 문화 전체에 영향을 끼친 심원한 분열과 모색이 두드러졌다. 가장 역동적이고 독창적인 17세기의 움직임이 분리파와 여타 옛 방식 수호자의 운동이었던 것과 똑같이, 가장 눈길을 끄는 알렉산드르 2세 시대의 움직임은 옛 형식의 삶과 문화를 지켜내려는 인민주의의 영웅적 노력이었다. 이 유사성은 러시아 인민주의자가 구교도에, 그리고 러시아 역사에서 대동란 시대부터 표트르 대제 등장까지 걸친 시기에 매료된 특이한 현상을 설명하는 데 도움이 된다.

구교도와 인민주의자는 둘 다 옛 러시아의 실제 그대로의 형식과 관행과 함께 얼마간은 이상화된 가상의 과거를 수호하고 있었다. 두 집단 다 평화롭고 비혁명적인 운동이었지만, 때로는 각각 폭력적 봉기 세력인 농민 반도와 학생 테러리스트와 제휴했다. 그러나 17세기 말엽과 19세기 말엽 사이에는 결정적 차이점이 하나 있었다. 옛 모스크바국을 수호하는 구교도와 농민 반도에게는 다 뚜렷한 종교적 신념과 — 새로운 교회의 전례와 성직자였든, 아니면 새로운 국가의 관리와 관료였든 — 뚜렷한 적 개념이 있었기 때문이다. 한편, 성 페테르부르그의 인민주의자들에게는 그런 뚜렷한 신앙이 없었고 무엇이, 또는 누가 적인지 합의된 개념이 없었다. 대체로 그들은 더 앞 시기의 귀족 사상의 고뇌를 러시아 사회 전체에 투영하는 "뉘우치는 귀족"이었다. 그들은 새로운 공동체적 형태의 사회적 삶의 적극적 행위자가 되어 자기의 "잉여성"을 극복하겠다고 마음먹었고, 실제 있는 그대로의 러시아와 몸소 직접 맞닿아서 현실 세계로부터의 소외를 극복하고 싶어 했다.

젊은 인텔리겐치야가 나아가 오랫동안 잊힌 대중을 발견했을 때 사실주의를 향한, 자연과학자의 냉혹한 정직성을 향한 욕구는 그들 사이에서 절망감을 불러일으켰다. 그러나 그들 대다수는 러시아에는 새로운 종류의 사회를, 어쩌면 심지어 "새로운 그리스도교"를 어떻게든 만들어낼 운명이 있다고 확신하면서 귀족의 세기의 완전한 벨트슈메르츠에서 헤어났다. 실제로, "낭만주의적"인 19세기 전반기에는 자살이 창조적 사상가를 따라다니던 도덕적 질병이었던 반면에, 정신병은 "사실주의적"인 19세기 후반기의 저주인 경향이 있었다. 가장 독창적이고 상상력이 풍부한 인민주의 시대 인물들 가운데에는 — 이반 후댜코프(Иван Худяков)와 표트르 트카초프 같은 혁명가, 그리고 프세볼로드 가르신과 글레브 우스펜스키(Глеб Успенский) 같은 작가 등 — 죽기 오래전에 완전히 미쳐버린 사람이 많았다. 1870년대 중엽의 그 "미친 여름"은 때로는 주요 등장인물들이 신경성 근육경련, 알코올 중독, 정처 없는 방랑, 간질 발작, 또는 극단적 희열과 처절한 우울 사이를 왔다갔다 하는 신경증으로 고생하는 뒤죽박죽인 꿈의 한 부분처럼 보인다. 이 모든 장애가 인민주의 시대의 "문화적 선구자"들 사이에 널리 퍼져 있었다.

당혹감을 불러일으키는 한 요소는 도시의 지식인들이 목적의식과 정체의식을 잃어가고 있던 바로 그때에 눈길을 평범한 사람들에게 돌리고 있었다는 사실이었다. 농민은 농노해방에 어리둥절해 했고 교회에 대한 믿음뿐만 아니라 러시아 농촌 생활의 정령신앙적 우주론 전체에 대한 믿음을 잃는 경향을 보이고 있었다. 산업화 이전 러시아 농민의 원시적 상상력에, 세상에는 종교적 의미가 흠뻑 배어있었다. 하느님은 교회의 이콘과 거룩한 분들을 통해서뿐만 아니라 산과 강, 그리고 다른 무엇보다도 숲의 정령을 통해 사람에게 오셨다. 각 짐승과 각 나무는 중세의 그림에 있는 세부묘사처럼 저마다 종교적 의의를 지녔다. 낱말과 이름에 마력이 있다는 믿음이 사라지지 않았고, 나클리카니예(накликание), 즉 어떤 것의 이름을 부르기만 해도 그것이 자기에게 일어난다는 두려움이 널리 퍼져 있었고, 사람들은 늘 악마를 "그 이", "더러운 이", "우리 동무가 아닌 이" 같은 완곡어구로 불렀다.

그리스도교는 이 원시적 자연숭배 세계를 대체하지 않고 그 세계에 녹아들어가서 그 세계를 풍성하게 했다. 종교의례, 특히 정교 예배의식에서 끝없이 되풀이해서 긋는 십자 성호와 "주여, 자비를 베푸소서"라는 기도는 나클리카니예에 대한 — 즉, 하느님의 이름을 끝없이 되뇌어 하느님의 권능을 불러내려는 — 정령신앙적 노력과 그리 다르지 않은 경우가 잦았다. 나무와 새는 그것들이 지닌 현재의 특성을 그리스도의 삶과 죽음이라는 사건과 맺었다고 상상이 되는 관계에서 얻었다고 생각되었다. 그리고 "기적을 일으키는 이콘"이 효험이 없을 때에는 죽어가는 사람을 고치려고 자연신들의 존경스러운 매개가 — 즉, 고니나 멧새가 — 자주 불려 왔다.

러시아 인텔리겐치야는 대중의 참상에 공감하려고 애쓰는 심성의 소유자였으므로, 그들에게는 이 순진무구하고 미신적이지만 아름답고 고귀한 믿음의 쇠퇴를 농민 스스로보다 훨씬 더 예민하게 느끼는 경향이 있었다. 농민의 막연한 범신론은 교회의 교리보다 받아들이기 더 쉬웠고, 인민주의자의 낭만적 상상력에 호소력을 지녔다. 그러나 한편으로 인텔리겐치야는 이 믿음이 농민 생활의 곤경과 고통을 줄이는 데 무력하다는 점을 인정할 수밖에 없었다.

인민주의 시대의 정신이상과 반(半)정신이상의 근본 원인은 인텔리겐치야 안에서 사물을 실제 있는 그대로 보려는 그들의 가차 없는 결의와 사물을 더 좋게 만들려는 그들의 열렬한 의욕 사이에 존재하는 해소되지 않은 (그리고 대개는 인식되지 않은) 갈등이었다. 그 원인은 엄혹한 현실과 지고한 이상 사이의 오랜 — 그러나 현실과 이상은 한 진리의 두 측면일 뿐이라는 신념으로 말미암아 새로운 수준의 강도로 올라간 — 갈등이었다. 미하일롭스키를 따라 인민주의자는 객관적 진리와 주관적 진리가 러시아어 낱말 프라브다에 둘 다 담겨있으며 "진리의 머슴", 즉 러시아 인텔리겐치야가 그 둘을 실현해야 한다고 주장했다. 과학의 진리와 도덕의 진리 사이에 모순이 없다는 낙관적인 콩트식 신념은 분석이 혐오로, 이상이 유토피아주의로 이어지는 경향이 있는 러시아에서는 특히나 유지되기 어려웠다.

인민주의 예술의 고뇌는 근본적으로 존재와 당위 사이의 독특한 긴장감에서 비롯되었다. 톨스토이 소설의 명쾌한 사실주의와 그가 쓴 종교 책자의 산만한 도덕주의 사이의 긴장이 고전적 예증이다. 그러나 이 갈등은 근대 러시아의 가장 위대한 단편작가들 가운데 한 사람인 프세볼로드 가르신의 짧은 경력에서 훨씬 더 극적으로 예증된다.

가르신은 알렉산드르 2세 통치 첫해에 태어났고, 그의 어머니가 한 혁명가와 눈이 맞아 네 살 된 가르신을 데리고 달아나면서[1] 일찍부터 "그 60년대의 새로운 사람들"과 그리 달갑지 않게 마주쳤다. 그는 여덟 살에 체르늬솁스키의 『무엇을 할 것인가?』를 읽었고 김나지움에 있는 동안 자연과학에 관한 필생의 관심을 키워나갔다. 그는 1877년에 자기의 첫 단편소설 『나흘』(Четыре дня)로 자기가 군더더기 없는 사실주의의 거장임을 입증했다. 이 소설은 다쳐서 싸움터에 나흘 동안 누워있는 한 러시아 의용병의 흥미진진한 반(半)자전적 설명이다. 그 의용병은 아파서라기보다는 자기가 왜 튀르크를 위해 싸우는 한 가엾은 이집트 농부를 죽였는지를 설명할 길이 없어서 거의 미칠 지경이다.

가르신은 한 폴란드인이 1880년 2월에 차르 정부 장관의 목숨을 노렸다가 미수에 그쳤을 때[2] 자기가 그 젊은 암살미수범의 목숨을 구해야 한다는 생각에 갑자기 사로잡혔다. 가르신은 그 장관에게 편지를 쓰고 그를 찾아갔지만 모두 다 헛일이었고, 향후의 테러리즘의 기를 꺾으려는 뻔한 노력의 하나로 그 폴란드인은 거리거리를 끌려다니며 모욕을 당했고 교수대에서 공개 처형되었다. 가르신은 테러리스트였던 적이 없지만, 이 사건과 1880년대에 시작된 전면적 반동은 그에게 현실 세계의 참상과 잔혹함에 대안이 존재할 수 있다는 인민주의의 신념이 환상임을 똑똑히 보여주었다. 우스펜스키는 자기의 거창한 러시아 시골 연구였으며 정신병의 전조였다고 판명된 『대지의 힘』(Власть земли)에서 이런 결론에 이미 이르렀다. 가르신은 자기 또한 미치기 바로 앞서서, 광기는 어쩌면 이제 이 세상에서 성스러움이 취해야 하는 모습이라고 도스토옙스키

---

[1] 가르신의 어머니 예카테리나(Екатерина Гаршина)는 자바드스키(П. В. Завадский)라는 학생 정치조직원과 1860년에 불륜 관계에 빠졌다. 남편이 경찰에 신고해서 체포된 자바드스키가 다른 지방으로 이송되자 예카테리나는 어린 가르신을 데리고 그를 찾아갔다.

[2] 슬루츠크(Слуцк) 출신 폴란드계 유대인 이폴리트 플로데츠키(Hipolit Mlodecki)가 러시아 제국의 고관이자 1880년 11월에 내무장관이 되는 미하일 로리스-멜리코프(Михаил Лорис-Меликов)를 단독으로 살해하려고 시도했다.

의『백치』식으로 시사했다. 그가 1883년에 내놓은 걸작『붉은 꽃』(Крас-ный цветок)은 세상에서 악을 없애는 데 완전히 정신이 팔려 신경증에 걸린 탓에 정신병원에 수용된 한 남자에 관한 이야기이다. 현실 세계에서 쫓겨난 이 남자는 확실하게 미친다. 세상의 모든 악이 마당에 있는 붉은 꽃 한 송이에 응축되어 있다고 상상하고 있으니 말이다. 그 붉은 꽃을 꺾는 것은 어떤 의미로는 현실 세계에는 들어설 자리가 더는 없는 이 현대의 돈키호테가 죽어가며 하는 의사 표시가 된다. 그는 정원에서 죽은 채로 발견된다.

> 사람들이 그를 들것에 누이고 손을 펴서 그 붉은 꽃을 빼내려고 했다. 하지만 그 손은 뻣뻣이 굳어 있었고, 그는 자기 전리품을 쥐고 무덤으로 갔다.[1]

정신병원 안에 있는 이들이 그들을 정신병원에 넘기는 이들보다 더 제대로 된 사람이라는 음울한 생각은 — 체호프 작품답지 않게 무시무시한 그의 단편작『6호 병실』(Палата № 6)부터 소련 당국이 정신질환 시설에 보내버린 체제비판 작가 발레리 타르시스(Валерий Тарсис)가 쓴 1960년대의 절박한 구원 요청인『7호 병실』(Палата № 7)까지 — 러시아 문학에 주기적으로 나타나는 주제가 되었다.

생리학적 사실주의의 협소한 기준으로 회화는 가장 성공적인 예술 매체일 수밖에 없었고, 인민주의 시대의 화가는 작가나 작곡가보다 대체로 덜 당혹했다. 그러나 회화의 역사는, 그리고 훨씬 더, 이 시기 동안 회화가 일으킨 충격의 역사는 사실주의로부터 도덕적 고뇌와 광기로 옮아가는 움직임을 생생하게 보여준다. 이 움직임은 대다수 인민주의 예술의 특징이었다. 그 이야기는 가르신의 단편소설들 가운데 하나인『미술가』(Художник)에서 간결하게 말해진다. 이 작품에서 풍경을 이상화해서 그리는 악의 없는 미술가 한 사람과 일꾼의 얼굴에 비치는 괴로운 표정을 사실주의적으로 표현하려고 애쓰다가 끝내는 그림을 포기하고 시골 학교 교사가 되는 또 다른 미술가 랴비닌(Рябинин)이 대비된다.[2]

가르신의 소설 주인공의 실제 대응물은 "떠돌이"(이동전람파, передвижники)로 알려진 새로운 화가 유파였다. 이 유파는 우상타파적 혁명이 미술계에서 만들어낸 일종의 부산물이었다. 그들은 1862년에 성 페테르부르그 예술원의 회화 경연에 제시된 주제인 "발할라(Valhalla)[3]에 당도한 오딘"에 반발하고는 이제부터는 생생한 러시아적 주제만을 그리고 가차 없이 사실주의적인 화풍을 사용하겠다고 결의했다. 그들은 예술원에서 쫓겨나는 사태를 인민주의적 열성을 품고 받아들였고 소재와 전시 장소를 찾아 나서면서 진짜 "떠돌이"임을 입증했다.

이 새로운 회화 유파의 지도자는 일리야 레핀이었다. 레핀이 1870~1873년에 그린 유명한 유화 「볼가 강의 배끌이꾼들」은 인민주의의 이콘으로 여겨질 수도 있다. 이 그림은 보는 예민한 사람의 마음속에서 더 나은 대안의 암시를 불러일으키는 그런 방식으로 대중의 고통을 사실주의적으로 묘사했다. 배끌이꾼들의 어둡고 찌든 모습 뒤 멀리 밝은 빛깔의 배가 어렴풋이 보이고 그림 한복판에는 잘생긴 사내아이가 고개를 쳐들고 그림 밖을 반히 쳐다보고 있기 때문이다. 이 그림을 보는 젊은 학생들에게 그 의미는 분명했다. 그 사내아이는 잠재의식적인 도전의 첫 몸짓으로 고개를 들고 있으면서 **자기들**, 즉 러시아의 학생 세대를 쳐다보며 말로는 표현하지 않아도 어서 와서 고통받고 있는 인민을 구원으로 이끌어주기를 바라고 있었다.

정부는 새로운 사실주의 화풍의 인기를 인정하고 러시아 최고 화가

---

[3] 북유럽 신화에서 오딘을 위해 싸우다가 전사한 용사들이 모여 살면서 전투와 잔치를 즐기는 궁전.

가운데 한 사람인 바실리 베레샤긴의 재능을 활용해서 러시아-튀르크 전쟁 공식 기록화가로 봉사하도록 했다. 그러나 베레샤긴의 그림들 가운데 몇몇은 전쟁의 참상을 섬뜩하게 사실주의적으로 묘사해서 애국심 고취라는 의도한 감정이 아닌 다른 감정을 불러일으켰다. 차츰차츰 얼어죽어가는 병사 한 명을 보여주는 삼면화(三面畵) 습작 「십카 이상 없다」(На Шипке все спокойно)[4]를 보고 영감을 얻은 가르신은 그림에 나오는 장면의 참상을 잘 차려입고 무정하게 그 그림을 지나쳐 걸어가는 관람객과 대비하는 시 「베레샤긴의 전람회」(Выставка Верещагина)를 썼다.[3]

인민주의 시대의 또 다른 창조적 천재 모데스트 무소륵스키도 자기의 「전람회의 그림」(Картины с Выставки)에서 그림뿐만 아니라 보는 사람들을 묘사하는 철저한 사실주의로 한 미술 전람회에 있는 사람들을 묘사하려고 시도했다. 가르신의 시와 마찬가지로 무소륵스키의 음시(音詩)는 찬란하고 독창적인 결과를 낳은 사실주의와 대속, 이 둘을 얻으려는 별난 예술적 추구의 일부였다.

무소륵스키는 "막강 5인방"(Могучая кучка), 또는 "5인조"(Пятерка)로 알려진 음악계의 우상타파론자 무리의 가장 돋보이는 구성원이었다. 음악의 기존 관행에서 벗어나는 이들의 반란은 "이동전람파"가 미술계에서 일으킨 반란과 같다. 이 집단은 러시아 음악을 무익한 서방 흉내 내기를 피하는 특수한 길로 이끌려고 애썼고, 새로운 형식의 음악 구조를 추구해서 "이동전람파"처럼 활동하려고 애쓰기도 했다. 이 집단의 조직자이자 음악원(Консерватория)[5]의 인민주의적 경쟁자가 되는 무료음악학교(Бес-

---

4 십카(Шипка)는 불가리아 한복판에 있는 소도시이며, 1877~1878년에 벌어진 러시아-튀르크 전쟁의 주요 전투가 벌어진 곳이기도 하다.
5 1862년에 안톤 루빈시테인이 성 페테르부르크에 세운 음악 교육기관. 모스크바 음악원과 함께 러시아 음악의 거장을 많이 배출했다. 현재의 정식 명칭은 림스키-

платная музыкальная школа)[6]의 창립자가 밀리 발라키레프였다. 니즈니 노브 고로드 출신의 발라키레프는 1860년대의 새로운 유물론과 사실주의에 영향을 받은 한 무리의 재능 있는 음악가들, 즉 화학자 알렉산드르 보로 딘(Александр Бородин), 공병대원 체자르 큐이(Цезарь Кюи), 해군장교 니콜라 이 림스키-코르사코프(Николай Римский-Корсаков), 다윈의 저작을 탐독하고 1860년대의 전형적인 학생 코뮌에서 살고 있었던 청년 장교 무소륵스키 를 자기 주위에 불러모았다. 막강 5인방은 새로운 대중적 양식의 음악을 추구했으며, 무소륵스키는 그런 양식을 창조하는 쪽으로 더 멀리 나아 갔다.

무소륵스키는 사실주의와 새로운 것을 열망하고 감상성과 멜로드라 마와 고전적 예술양식을 거부한다는 점에서 철저한 "60년대인"이었다. 그는 "자연스러운 것은 틀리거나 비예술적일 수 없다"고 확신했다.[4] 그 리고 그는 이런 확신을 지녔다. 예술은 "거름이 뿌려진 땅이 아니라 맨 땅을 파헤쳐야 한다. …… 맨 밑까지 파헤칠 때 무한대의 힘이 나타날 것이다. 그리 알려지지 않은 이 지대를 끈질기게 파헤치고 차지하는 것 이야말로 예술가의 참된 사명이다. '새로운 해안으로!'"[5]

저 깊은 곳으로 뛰어들기라는 그의 수단은 새로운 극단으로 치달은 인민주의 시대의 수단이었다. 그는 자기의 모든 음악을 인간 언어의 숨 은 소리와 운율에서 끌어내려고 애썼다. 그는 모든 작가들 가운데 러시 아 민중 문화에 가장 가깝다고 느낀 고골의 텍스트로 시작해서 더 나아 가 러시아 구비 민간전승의 주제와 최면성을 지닌 동음반복, 니즈니 노

코르사코프 기념 성 페테르부르크 국립음악원(Санкт-Петербургская государст-венная консерватория имени Н. А. Римского-Корсакова)이다.

6 1862년에 발라키레프 등이 주도해서 성 페테르부르크에 세운 음악 교육기관. 민 주적 성향을 띠어 가난한 학생과 시민에게 음악을 가르쳤다.

브고로드에 있는 장터의 왁자지껄한 소리, 자연 자체의 신비한 속삭임을 음악에서 재현하려고 애썼다. 이바노프가 그림에서 추구한 것을 생각나게 하는 방식으로 무소륵스키는 자기가 "아름다움을 위한 아름다움이 아니라 어디에 숨어있는 것이든 진실"을 추구한다고 역설했다.[6] 그러나 무소륵스키는 이바노프와는 달리 참된 인민주의자여서, 자기가 정식 음악교육을 받지 않았음을 자랑스러워했고 "예술은 인민과 대화하는 수단이지 목적이 아니"라고 역설했다. 그는 "인민과 친한 관계가 아니라 **형제 관계**가 되기"를 추구했으며, 자기 음악을 위한 영감의 주요 원천이었던 「볼가 강의 배끌이꾼들」을 그린 레핀에게 보낸 편지에서 자기의 인민주의 신조를 이렇게 단언했다.

> 정말이지 **인민**을 만들어보고 싶네. 나는 자면서도 인민을 보고 먹으면서도 인민을 생각하지. 마실 때에도 나한테는 인민이 보여. 인민은 덧칠하거나 겉을 번지르르하게 꾸미지 않은 완전하고 커다란 하나일세. 철도가 러시아 전체를 파고들기 전에는 인민의 말이 음악인에게 그 얼마나 엄청나게 풍부했는가![7]

그는 러시아 인민 안에 있다고 느낀 참된 민족 음악을 재현해서 제시하려고 애쓰면서 천천히 음악 무대 쪽으로 다가섰다. 고골이 극장을 위한 글쓰기를 그만둔 이후로는 참된 가치 있는 것이 무대를 위해 쓰이지 않았다. 19세기의 세 번째 사반세기에 무대에서 우세한 것은 화려하지만 이념은 부실한 알렉산드르 오스트롭스키(Александр Островский)의 풍속극 (théâre de moeurs)이었다.[8] 그러나 음악 무대에서는 글린카 이후로 합창 음악이 감칠맛 나고 러시아 역사와 민간전승에서 나온 소재에 바탕을 둔 일단의 토속적 러시아 오페라가 꾸준하게 발전했다. 체호프가 1890년대에 크게 성공하기 전에 나온 어떤 희곡들보다 더 대단했던 것은 그 시기 동안 나타난 풍성한 오페라 문학이었는데, 이 문학에는 「사드코」(Садко)와 「예브게니 오네긴」 같은 무척 서정적인 작품뿐만 아니라 루빈시테인의 「악마」와 알렉산드르 다르고믜즈스키(Александр Даргомыжский)의 「루살카」와 림스키-코르사코프의 「프스코프 아가씨」(Псковитянка)처럼 외부에 덜 알려진 중요하고 색다른 오페라가 포함되어 있었다.

보편 언어인 음악은 사용하는 언어가 더 여럿이었던 새 제정 말기 청중과 소통하는 수단이었다. 진지한 악극은 무소륵스키의 예술 개념인 "인민과의 대화"를 효과적으로 수행하는 방법이었다. 그가 말년에 청중과 이야기를 나누려고 고른 주제는 전적으로 러시아 역사에서 끌어낸 것이었다. 그가 만든 오페라의 갖가지 장면은 극 한 편의 구성요소라기보다는 러시아 인민의 운명을 다루는 "연대기 삽화"로 여겨졌다. 역사적 소재로 쏠리는 같은 시기의 동향은 "이동전람파"의 그림에서도 눈에 띈다.

> 러시아 사실주의의 특징은 주변 세계의 탐구에 바탕을 둔 예술을 가장 대담하고도 단호하게 옹호하는 사람들이 이 현실을 기꺼이 내던지고는 역사 쪽으로, 즉 본질적으로 현실과의 직접적 연계를 잃은 영역 쪽으로 돌아섰다는 것이다.[9]

역사라는 영역은 예언적 통찰력을 약속했다. 러시아 전통의 거대한 창고인 모스크바는 유대인을 약속의 땅 가나안으로 들여보냈던 도시인 예리코의 이름을 모스크바에 붙인 무소륵스키 동아리로부터 특별히 존중을 받았다. 그 러시아 중심부는 현실에 안주하는 않는 인민주의 시대 예술가들에게 새로운 가나안이었다. 그들은 옛날의 바보성자처럼 그곳을 이리저리 돌아다녔으며, 수사 미술가들이 예전에 귀중한 소재를, 그리고 개인적인 위안과 영감을 찾아 거룩한 연대기를 연구하던 방식으로 그곳의 역사에 관한 엄청난 분량의 서적으로 눈길을 돌렸다. 그들의 주의는 영적 위기를 겪고 사회가 격변한다는 점에서 자기들의 시대와 비슷한 시대였던 모스크바국 말엽 쪽으로 이끌렸다. 이반 뇌제가 자기 손에 죽은 아들과 함께 있는 레핀의 이미지[7]와 유배지로 끌려가는 모로조바에 관한 수리코프의 그림을 (또한, 알렉산드르 오스트롭스키와 알렉세이 톨스토이(Алекей К. Толстой)의 가장 인기 있는 희곡들 가운데 몇 편을) 만들어낸 동일한 매력에 이끌려 무소륵스키도 자기 삶의 마지막 열세 해 대부분을 모스크바국 말엽을 다루는 위대한 역사 오페라 두 편에 바쳤다.

이 오페라 두 편 가운데 첫째인 「보리스 고두노프」는 교회분열의 세기 초기를 다루고 둘째인 「호반쉬나」는 그 세기의 말기를 다룬다. 한데 묶자면 이 두 오페라는 대동란 시대 직전에 시작해서 구교도가 스스로를 제물로 바치고 표트르 대제가 도래하면서 끝난다. 이 두 오페라에는 예술 면에서 언어와 감정이 음악 법칙에 충실하고 역사 면에서 주요 등장인물의 알려진 욕망과 습관에 충실하고 연기 면에서 글린카 이후로 러시아 오페라에 존재한 전통에 충실하려는 욕구가 스며들어있다. 그러나 — 오페라 분야의 성과가 풍성했던 이 세기에서조차 유일무이한 위치를 차지하도록 해주는 — 이 두 오페라의 참된 승리는 그 오페라가 인민주의 시대 자체의 포부에 관해 많은 것을 예술적으로 완전무결하게 말해준다는 데 있다. 그의 음악을 — 그리고 어쩌면 인민주의 운동 자체를 — 이해하는 열쇠는 그가 육군 장교로 퇴역한 지 딱 한 해 뒤에 발라키레프에게 했던 다음과 같은 고백에 있다.

---

7 『이콘과 도끼』 번역판 2권에 실린 〈도판 13〉을 볼 것. 일리야 레핀의 「이반 뇌제와 그의 아들 이반」(Иван Грозный и сын его Иван), 1895년. (모스크바, 트레티야코프 국립미술관 소장)

저는 …… 제가 시골에 있을 때 무척이나 맹렬하게 시작되었던 무시무시한 병에 짓눌려 있었습니다. 그것은 하느님에 관한 냉소적 생각과 뒤섞인 신비주의입니다. 이 병은 제가 페테르부르그에 도착했을 때 아주 깊어지고 있었습니다. 저는 그 병을 당신에게 감추는 데 성공했지만, 당신은 그것이 음악 속에 나타나 있음을 틀림없이 알아챘을 것입니다.[10]

이로써 우리는 그의 경력을 망치고 그가 미치고 죽음에 이르도록 술을 마시게 한 이상한 신경증의 기원에 가장 가까이 다가서게 된다. 그가 자기 경력 초기에 사람의 천성을 얼굴의 형태와 표정으로 알아낼 수 있다고 주장해서 귀족의 세기에 러시아 신비주의자를 사로잡았던 강신술사이자 관상가였던 라파터의 저술을 번역하는 일에 몰두한 것이나 「호반쉬나」에서 가장 위대한 아리아(aria)가 예언과 점술에 관한 마르파[8]의 이상한 아리아였다는 것은 십중팔구 우연이 아니다. 무소륵스키 스스로 자기 동료가 속에 품은 욕구를 언동이라는 겉의 덮개를 꿰뚫고 알아채는 희한한 재주를 타고났다. 비록 (무소륵스키의 원래 극연출가들이 요구한) 폴란드 장면이 덧붙여져서 주의가 딴 데로 쏠리는 바람에, 림스키-코르사코프의 개정판과 오늘날의 상연에서 사용되는 다른 개정판에 선율과 멜로드라마가 덧붙여지는 바람에, 그리고 다른 무엇보다도 보리스 고두노프 역이 극적이고도 결정적으로 지나치게 강조되고 그것이 샬랴핀 이후에 관행이 되어버리는 바람에 자주 가려져서 눈에 들어오지 않을지라도, 「보리스 고두노프」에는 예언의 흔적이 있다.

만약 보리스 고두노프가 관심의 유일한 — 또는 심지어 주된 — 초점이라

---

8 오페라 「호반쉬나」에서 분리파 신자로 나오는 여주인공.

면, 오페라 「보리스 고두노프」는 19세기 말엽 민족극의 특징을 이루는 주제를 다룬 여러 역사 멜로드라마 가운데 하나에 지나지 않게 된다. 실제로, 그 오페라는 무소륵스키가 자기 이야기의 저본으로 삼은 카람진의 역사서[9]와 푸시킨의 희곡[10]과 견줄 때 섬세성과 도덕적 감수성이 조금 모자란다. 「보리스 고두노프」는 인민주의의 맥락에 놓일 때에만 무소륵스키가 한 각색의 독특성과 힘이 완전히 명확해진다. 그의 벗인 인민주의자 역사가 코스토마로프가 차르보다는 평민이 참된 역사가의 적절한 주제라고 주장한 것과 똑같이, 무소륵스키는 보리스 고두노프라는 인물보다는 러시아 백성을 자기 오페라의 주인공으로 삼기 때문이다.

러시아 백성이 그 극 전체의 틀을 이룬다. 극은 러시아 백성으로 시작하고 끝난다. 보리스 고두노프는 자기의 첫 대사 "내 마음이 무겁소"에서 마지막 외침 "용서해주오!"에 이르기까지 백성 앞에서 죄인이다. 그가 줄곧 내놓는 유일한 면피 사유는 괘종시계가 울릴 때 그가 넋이 나가 독백을 하는 밤에, 즉 어린 드미트리를 죽인 것은 자기가 아니라 "백성의 뜻"이라고 주장할 때 나온다. 백성의 곤경이야말로 무소륵스키가 가진 관심의 초점이다. 오페라는 보리스 고두노프가 죽은 뒤 크로므이 숲에 있는 백성을 보여주는 마지막 장면에서 절정에 이른다. 이 장면은 푸시킨의 「보리스 고두노프」와 무소륵스키의 「보리스 고두노프」 첫 원본에 덧붙여진 순수한 첨가 부분이다. 그러나 폴란드 장면의 첨가와는 달리 크로므이 숲 장면은 — 1868년과 1872년에 걸친 시기 내내 모았던 갖가지 착상에서 끌어낸 — 무소륵스키 자기 생각이었다. 그는 그 내용을 숱하게 많은 역사가와 비평가와 논의했고 자기의 "새롭고도 새로운 것, 새로운 것 가운데

---

9 『러시아 국가의 역사』.
10 푸시킨이 1825년에 만든 「보리스 고두노프」.

새로운 것!"에 열광하는 상태에서 그 장면을 썼다.[11]

블라디미르 스타소프(Владимир Стасов)가 "혁명적 장면"이라고 일컬은 그 장면은, 그것이 원래의 대동란 시대에 관해 우리에게 뭔가를 말해주든 말해주지 않든, 무소륵스키가 살아간 시대의 혁명적 열망을 놀라운 통찰력을 가지고 반영한다. 그 장면은 1905년 혁명 동안 공개 상연에서 금지되었다. 군중이 숲에서 하는 행동에는 제정 러시아 말엽 새로운 권위 기반의 추구가 축소판으로 반영되어 있다. 숲에 있는 백성은 — 그곳으로 향한 인민주의자처럼 — 차르에 대한 신뢰를 잃어버렸고 백성의 원초적인 힘과 슬기에 격한 새 믿음을 품는다. 막이 오르면, 그들이 죽은 차르의 권위에 대한 가능한 대안으로서 백성 앞에 나서는 다섯 사람 가운데 첫 번째 사람을 내치고 비웃고 있다. 그들은 차르와 신성하지 못한 동맹을 맺어 권세를 얻었던 세습 귀족인 보야린을 놀리고 괴롭히고 있다. 그들은 보야린 흐루쇼프(원문대로)에게 홀(笏)로는 채찍을 주고 "왕비"로는 100살 먹은 농부 여자를 주면서 "보리스는 제위를 훔쳤고, 저 자는 보리스에게서 훔쳤다"고 읊조린다. 그 놀리기 장면은 그 장면 전체를 위한 일종의 중심 테마가 되는 옛 인기 후렴인 "보야린에게 영광, 보리스에게 영광"(Слава боярину, Слава Борисову)에 바탕을 둔 웅장한 합창과 함께 크레셴도(crescendo)[11]로 치닫는다. 열정적인 학생들은 자기들 나름의 크로믜이(Кромый) 숲 속으로 자기들을 데려가는 그 미친 여름 바로 전인 1874년 초엽에 「보리스 고두노프」가 위풍당당하게 상연작 목록에 들어가자 이 아나키즘적인 합창곡을 부르며 극장을 나서 성 페테르부르그의 거리를 누비고 다녔다.

군중 앞에 나타난 두 번째 대안은 예언하는 바보성자, 즉 유로디븨이

---

[11] 점점 세게 연주하라고 지시하는 음악 용어.

(юродивый)이다. 그는 앞서 성 바실리 대성당 앞에서 가졌던 한 차례 대면에서 보리스에게 그 "헤로데 대왕"[12]은 성모 마리아의 중재기도를 간청할 권리를 잃어버렸다고 말했다. 그는 그리스도를 따르려는 돈키호테식 열망을, 즉 그 인민주의적 신비 안에 아주 깊이 내재한 그리스도교적 예언의 반쯤 이단적인 목소리를 대표했다. 그러나 크로믜이 숲에서 그가 맞이하는 운명은 "인민 속으로 간" 바보들의 운명과 마찬가지여서, 은혜를 모르는 군중에게 가진 것을 앗기고 모욕을 당하는 것이었다. 그는 가진 돈을 마지막 한 푼까지 다 빼앗기고 무대 뒤로 물러나 원래 살던 곳에서 쫓겨난 대중의 환심을 사려는 그다음 사람들에게 자리를 내준다.

그들은 떠돌이 사이비 성자, 즉 저음의 목소리와 혁명의 불길을 부채질하려는 더 저열한 동기를 지니고 저 밑에서 나오는 바를라암(Варлаам)과 미사일(Мисаил)이다. 바로 이 숲의 괴물들이 군중에게 차르가 "사람고기를 먹는 괴물"이라고 말하며, 이들이 "힘, 멋진 힘", "끔찍하고 변덕스러운 힘"을 찬미하는 노래를 부르는 합창을 불러일으키고 그 합창 소리는 커진다. 여인들이 스메르트(смерть, "죽음")라고 외치면서 떠들썩하게 절정으로 치달은 다음에 음악이 소용돌이치고 잦아들면서 혼란스러운 일종의 점강 상태에 이른다. 그 모든 것이 앞으로 일어날 인민주의 혁명 운동에 관한 일종의 으스스한 묘사이다. 외부에서 온 떠돌이 음모가들이 부추기는 그 혁명 운동은 여자들이 두드러진 역할을 하는 차르 죽이기에서 비로소 절정에 이르며 분출되고는 그다음에 곧바로 해소된다.

혁명이 끓어오르는 바로 이 순간에 군중을 위한 네 번째 대안 지도부의 소리, 즉 가짜 드미트리의 수행원 출신의 폴란드인 예수회 단원 두 사람이 박자가 잘 맞는 테너 음으로 라틴어 기도문을 읊조리는 소리가

---

[12] 보리스를 고대 유대의 헤로데 왕에 빗대어 일컬은 표현.

무대 뒤에서 들린다. 낮게 깔려 쿵쿵 울리는 바를라암과 미사일의 목소리에 군중이 흥분해서 이 "까마귀와 흡혈귀"를, 설령 이들이 드미트리를 지원하는 임무를 맡고 있을지라도, 끌어내 간다. 그 예수회 단원들은 끌려나가 목숨을 빼앗긴다. 그들은 서방 이념의 가장 오래되고 가장 영속적인 상징인 라틴스트보를 대표하는데, 이것은 오랜 가톨릭 형태로 제시되든, 아니면 새로운 자유주의적 형태로 제시되든 러시아인을 위한 특수한 길의 옹호자들에게 유난히 거세게 거부된다. 혁명적 열정이 깨어나서 그들의 운명이 파멸한 바로 그 순간 — 알렉산드르 2세 말년의 헌법 계획안처럼 — 그 자리에 도착하는 것이 그 두 예수회 단원의 불행한 운명이었다. 이 두 예수회 단원은 음흉하고 사악한 란고니(Рангони)[13]의 사도이다. 푸시킨의 희곡에는 나오지 않지만, 무소륵스키의 오페라 최종본의 폴란드 관련 제3막을 지배하는 란고니는 무소륵스키 시대가 푸시킨 시대보다 더 심하게 반(反)서방적이었음을 생각나게 해준다.

끝으로, "백성" 앞에 나설 다섯 번째 마지막 외부 세력, 가짜 드미트리가 나타난다. 그는 잘 속아 넘어가는 군중에게서 새 차르라고 환영을 받는다. 이렇듯 크로믜이 숲의 군중은, 알렉산드르 2세 시대의 인민과 마찬가지로, 처음보다 형편이 더 낫지 않다. 그들은 새 차르를 얻는데, 그 새 차르는 — 우리가 그렇게 믿도록 거듭 유도되었던 — 그가 대신한 차르보다 십중팔구 더 나쁠 것이다. 실제로 알렉산드르 3세의 경우가 그랬다.

이것이 군중이 가짜 드미트리의 뒤를 무턱대고 따라가 무대를 떠나는 끝 부분에 나오는 마지막 메시지이다. 종이 울리고, 멀리서 불이 타올라 배경을 훤히 비추고, 모욕을 받은 바보성자가 앞으로 걸어 나온다. 그는 자기 앞에 있던 보리스처럼 기도를 더는 올릴 수 없다. 교향악단이 하느

---

[13] 오페라 「보리스 고두노프」에서 정체를 숨긴 예수회 단원으로 나오는 인물.

님과 드미트리에 대한 찬양의 메아리를 가슴 저미는 몇몇 비애 어린 화음으로 잠재우면, 그 바보성자가 오페라를 다음과 같은 노래로 끝맺는다.

쓰디쓴 눈물
울어라, 울어라, 정교도의 영혼이여!
곧 적이 오리라, 어둠이 다가오리라,
캄캄하고 칠흑 같은 어둠이 ……
울어라, 울어라, 러시아 백성이여,
굶주린 백성이여![12]

무소륵스키는 깊은 곳으로 뛰어들었지만 그 "다른 해안"을 찾아내지는 못했다. 배는 바다에서 길을 잃고 낯선 조류의 무기력한 먹잇감이다. 꾸밈없이, 쓰라릴 만큼 단순하게도 배에 탄 사람의 외침만 우리에게 남는다.

그는 레핀에게 "그저 파고들다 보면 덩실덩실 춤을 추게 될 거야. 참된 예술가라면 말이지"라고 써보냈다.[13] 그러나 그는 더 파고들다가 자기의 가장 유명한 연가곡(連歌曲)[14]이기도 한 "죽음의 노래와 춤"에 이르게 되었다. 무소륵스키를 무기력하게 만든 — 그리고 그가 죽기 보름 전에 레핀이 그린 잊지 않는 그의 초상화에 보존된 — 큰 시름은 3부작의 혼란스러운 미완성 제1부 「호반쉬나」에서 더 커진다. 그가 이 작품에 자기 삶의 마지막 여덟 해 대부분을 바쳤다. 겉으로 보이는 주제는 거친 무절제의 난장판, 즉 호반스키 사태[15]에서 일어나는 옛 러시아의 종말과 "새" 러시아의

---

[14] 「죽음의 노래와 춤」(Песни и пляски смерти). 1870년대 중반에 무소륵스키가 아르세니 골레니쉐프-쿠투조프(Арсений Голенищев-Кутузов, 1848~1913년)의 시에 곡을 붙여 만든 연가곡.

임박한 승리이다. 옛 러시아는 마지막 막(幕)에서 구교도가 스스로 불에 타죽으면서 끝이 나고 끝 부분에서 다가오는 프레오브라젠스키 연대가 무대 뒤에서 내는 소리가 새 러시아의 전조이다. 그러나 뚜렷한 메시지가 없다. 백성은 더는 벌어지고 있는 일에 영향을 미치거나 심지어는 그것을 이해할 수 없는 듯하다. 크로믜이 숲의 군중은 하다못해 해답을 구하고 지도자를 따를 수 있기라도 하는데, 스트렐츼가 할 수 있는 일이라고는 그저 술을 마시고 춤을 추고 자기들의 대장인 이반 호반스키(Иван Хованский)를 죽이는 또 다른 군중에게 길을 내주는 것뿐이다. 보리스의 아리아는 죄의 인정과 속죄의 추구와 연루되어 있다. 그러나 샤클로비틔이(Шакловитый)[16]와 마르파와 도시페이(Досифей)[17]의 아리아는 다만 한탄과 짐승이며, 의미가 모호하고 조짐으로 가득 차 있다. 비록 무소릅스키가 「호반쉬나」를 쓰기에 앞서 숱하게 많은 달을 러시아 역사를 공부하며 보냈을지라도, 사람들은 러시아가 단지 겉으로만 그 오페라의 주제임을 차츰차츰 알아챘다. 사실, 러시아는 더 심오한 두 힘, 즉 신이 충만한 자연 세계와 교만에 젖은 물질적 힘의 세계가 인간의 운명을 놓고 겨루고 있는 배경이다. 「호반쉬나」는 해가 돋을 때 시작해서 달빛이 비칠 때 끝나는, 모스크바의 강 옆에서 시작해서 숲에서 일어나는 불로 끝나는 웅대한 자연주의적 음시의 일종이다. 「보리스 고두노프」의 (그리고 초기 인민주의의?) 그리스도교적 기층은 제거되었다. 스트렐츼에

[15] 1682년에 스트렐츼 대장 이반 호반스키가 차르 가족을 해치고 제위를 찬탈하려 한다는 소문이 돌면서 반역자로 지목되어 처형되고 이에 불만을 품은 스트렐츼가 반란을 일으킨 사건.
[16] 오페라 「호반쉬나」의 등장인물. 소피야 섭정의 충복이었으며 표트르 대제에 맞서 반란을 일으키라고 스트렐츼를 부추겨 1689년에 처형된 실존 인물이기도 하다.
[17] 오페라 「호반쉬나」의 등장인물. 구교도 무사제파의 지도자였던 실존 인물이기도 하다.

게 할당된 두 장면은 스트렐츠를 — 오페라에서 대서인의 표현을 인용하면 — "사람 모습을 한 짐승"으로 보여준다. 술 잔치를 벌이는 장면에서 실제로 그들은 농민 민간전승 식으로 인간 세계에서 유배된 춤추는 곰 떼가 된다. 그들을 보노라면 자신을 "곰 조련소"(Медвежья академия)로 일컬어서 경찰을 헷갈리게 한 무소륵스키 시대의 한 방탕한 극단주의자 동아리가 생각난다.[14] 그들의 지도자인 이반 호반스키는 처음에는 환영을 받다가 나중에는 암살된 뒤에 "흰 고니에게 영광"이라는 아름다운 나지막한 가사로 놀림을 받는 "흰 고니"이다.

옛 러시아의 그 수호자들이 타락했다면, 혁신의 옹호자, 즉 허영에 찬 골리친 공과 독일인 거류지 출신의 자신만만한 엠마(Эмма)도 그렇다.

한편, 점점 더 빈번히, 음침한 모습의 구교도가 합창하고 알아듣기 힘든 기도를 중얼거리면서 무대를 드나든다. 이상하고 갈피를 못 잡는 이 모든 행위가 벌어지는 와중에 구교도의 우두머리 도시페이가 짐승들이 숲에서 벌이는 어리석은 싸움을 지켜보는 드루이드[18] 사제처럼 우두커니 서 있다. 막판에 그는 불길을 통해 자연으로 되돌려 보낼 커다란 화장용 장작더미를 자기와 함께 쌓아 올리자고 자기를 따르는 무리를 꾄다. 그가 대지에 작별을 고하는 길고 아름다운 아리아와 표트르 대제 군대의 접근을 알리는 데 사용되는 새되고 진부한 화음 사이의 대조는 황량한 자연 세계가 작위적으로 고안된 현란한 세계보다 인간을 진리에 더 가까이 데려간다고 시사한다.

「호반쉬나」의 진짜 갈등은 이 두 근원적인 힘, 즉 자연이라는 진실한 세계와 인간이 애써 만들어내는 인위적 세계 사이에 있다. 무소륵스키는 여성 구교도의 우두머리인 마르파라는 인물을 통해 옛 러시아와 새 러시

---

[18] 고대 유럽의 켈트(Kelt)인 사이에서 지식 전수와 제의에 관한 일을 맡은 자들.

아가 모두 인위적 세계에 굴복했다고 말하고 있는 듯하다. 마르파는 옛 러시아의 상징인 안드레이 호반스키를 사랑한 자기 죄를 갚으려고 애를 쓰고, 그래서 마지막 희생 장면에서 도시페이와 함께 불에 타죽게 된다. 허영에 찬 안드레이 호반스키는 마르파를 이해하지 못하고 독일 아가씨 엠마와 눈이 맞아 달아나고, 스트렐최는 마지막 순간에 사면을 받아 목숨을 구한다. 이렇듯 육신의 생명은 살아남지만, 영혼의 생명은 죽음에서 해방을 찾는다. 옛 러시아와 새 러시아가 모두 다, 즉 골리친은 마르파를 물에 빠뜨려서, 안드레이 호반스키는 마르파를 유혹해서 죽이려 한다. 그러나 마르파는 살아남고, 그래서 자기 뜻에 따라 세상에서, 그리고 세상의 사슬에서 벗어날 수도 있다. 그리고 점치는 장면에서 나오는 음아이 골리친이 유배지로 떠날 때 유난히 아름답게 다시 되풀이된다.

「호반쉬나」의 초안을 잇달아 고치는 과정에서 마르파가 주요 등장인물이 되었다. 마르파는 — 무소륵스키가 말년에 순회공연을 하며 반주를 해준 — 위대한 콘트랄토(contralto)[19] 다리야 레오노바(Дарья Леонова)와 함께 그의 외로운 삶의 "사라진 마돈나", 그의 자연주의적 우주관의 "촉촉한 어머니 대지"였다. 그는 마르파에게 — 그리고 마르파 역을 맡아 노래하는 레오노바에게 — 자기의 가장 아름다운 사랑의 음악과 자기의 가장 잊히지 않는 점술과 예언의 음악을 주었다. 그는 — 틀림없이 간질로 유발된 알코올 중독 탓에 — 죽기 직전 어느 날 저녁에 레오노바가 아직 완성되지 않은 「호반쉬나」에 나오는 노래 몇 곡을 골라 작은 모임에서 벗들에게 노래를 불러줄 때 피아노 반주를 하고 있었다. 레오노바가 "흰 고니에게 영광"이라는 가사에 이르렀을 때 갑자기 무소륵스키가 피아노 연주를 멈추었다. 이상한 전율이 모인 모든 사람을 타고 흘렀고, 레오노바도 무소륵스키도 계

---

[19] 4성부 성악 가운데 두 번째로 높은 여성 성부.

속할 수 없었다. 그것은 진실의 순간[20]이었다. 아니면 아마 그가 끝내 정신이상으로 넘어가는 결정적 순간이었을 것이다. 한 차례의 전율은 무소륵스키가 「보리스 고두노프」에서 바보성자가 마지막으로 한탄한 뒤 해야 한다고 써넣은 마지막 무대연출 지시였는데, 그 전율의 강렬한 효과가 이제 그에게로 되돌아왔다.

19세기에 무소륵스키의 구상만큼 원대한 구상을 한 이는 바그너뿐이었다. 바그너도 새로운 음악 작풍으로 구성될 새로운 유형의 악극으로 오페라 무대의 관행을 뛰어넘으려고 애썼고 토착신앙적 민간전승을 재발견했다. 주로 (1862~1863년에 성 페테르부르그에 도달했던) 바그너의 영향력에 압도된다는 두려움 탓에 1860년대에 "막강 5인방"이 결성되었다. 바그너의 음악 문화와 겨루는 무소륵스키의 음악 문화가 형식적 완벽성과 이후의 영향력이라는 관점에서 바그너 것보다 못한 성공을 거두었을지라도, 그 두 사람이 같은 시대에 별개로 펼친 두 경력 사이의 차이는 민족적 자의식이 깨어나던 시대에 각각 게르만 세계와 슬라브 세계의 내적 포부에 관한 그 무엇을 우리에게 말해준다. 「신들의 황혼」을 새로운 영웅시대의 서곡으로 여긴 바그너와 달리, 무소륵스키의 브룬힐트 (Brunhild)[21]가 자기의 마지막 화장용 장작더미에 오를 때에는 한 가닥 구원의 희망도 없다. 바그너가 미래의 음악을 드러내고자 했던 반면에, 무소륵스키는 — 실제로 「호반쉬나」의 일부를 구교도의 갈고리 모양 음표로 쓰면서 — 과거의 음악을 생각나게 했다. 무소륵스키의 "민중악극"에는 지크프리

---

[20] 한 사람의 실력, 기량, 용기가 시험에 부쳐지는 결정적 순간. 원래는 에스파냐에서 투우사가 황소의 숨통을 끊고자 마지막 일격을 가하는 순간을 뜻하는 표현이었다.
[21] 마르파를 바그너의 오페라 「니벨룽의 반지」에 나오는 브룬힐트에 빗대어 표현한 것이다. 브룬힐트는 게르만인의 전설에서 지크프리트와 결혼했지만 배신감 탓에 남편을 죽음으로 내모는 여장부이다.

트가 없다. 그의 음산한 연가곡에는 '입상곡'[22]도, 종교나 민족주의의 헛치레도 없다. 그 대신에 고집 센 분투의 동방식 체념과도 같은 것이, 즉 예리한 통찰력과 빠져나갈 길 없는 사실주의의 이상한 혼합이 있다.

무소륵스키와 여러모로 비슷한 것이 1881년 초엽에 그 음악가보다 딱 몇 주 먼저 죽어 알렉산드르 넵스키 대수도원의 묘지에서 그와 가까운 데 누워 영면을 취한 또 다른 간질 환자 예술 천재인 표도르 도스토옙스키라는 인물이다. 무소륵스키와 마찬가지로 도스토옙스키는 인민주의 시대 예술의 고뇌를, 즉 가차 없는 사실주의와 인민 속에서 긍정적 메시지를 찾아내려는 노력 사이의 긴장을 예증해준다. 무소륵스키의 오페라와 마찬가지로 도스토옙스키의 소설은 새로이 인기를 얻던 자크 오펜바흐와 요한 슈트라우스(Johann Strauss)의 오페레타에는 말할 나위도 없고 당대에 유행하던 연극에는 없는 비극적 깊이와 극적인 힘을 제공한다. 무소륵스키와 마찬가지로 도스토옙스키는 고골을 특히 존경했으며 자신을 1860년대의 아이로 여겼다. 도스토옙스키가 앓은 간질은 고골과 무소륵스키의 잠행성 정신병보다 더 심했지만 몸을 덜 망가뜨렸다. 도스토옙스키는 이 두 인물보다 자기 작품을 더 큰 성공으로 이끌 수 있었다.

등장인물과 사상에 나타나는 그의 우주론은 여러모로 19세기보다는 20세기에 속한다. 러시아 내전 말기에 한 소비에트 작가가 "모든 현대문학은 도스토옙스키의 발자국을 따라가고 있다. …… 도스토옙스키를 이야기한다는 것은 현재 우리 삶의 가장 아프고 가장 심오한 쟁점을 이야기한다는 뜻"[15]이라고 말했을 때, 그의 말은 과장이 아니었다. 일리야

---

[22] 바그너의 1868년 작 오페라 「뉘른베르크의 마이스터징어」(Die Meistersinger von Nürnberg) 3막 2장에서 여주인공이 상(賞)으로 걸린 노래 대회에서 우승하려고 남주인공이 만들어 부르는 노래 「아침은 장밋빛으로 빛나고」(Morgenlich leuchtend im rosigen Schein). 이 오페라에서 가장 돋보이는 아리아이다.

에렌부르그(Илья Эренбург)는 1930년대의 강압적 산업화 시기에 글을 쓰다가 도스토옙스키의 소설을 일컬어 "책이 아니라 가까운 이가 보낸 편지", 인간의 본성에 관한 "모든 진실"을 말해주는 유일한 편지라고 하면서 이렇게 썼다.

> 그것은 논란의 여지가 없고 치명적인 그런 진실이다. 그것 없이는 살 수 없다. 죽어가는 이에게 그것을 내줄 수 있다. 예전에 성찬(聖餐)을 주듯이 말이다. 탁자에 앉아 식사하려면 그것을 잊어야 한다. 아이를 낳으려면 무엇보다도 먼저 [그것을] 집 밖으로 내보내야 한다. 나라를 세우려면 이 이름을 되풀이하는 것까지도 금지해야 한다.[16]

스탈린주의가 한창이던 시기에 소련은 그러한 금지령을 거의 내릴 뻔했다. 도스토옙스키에게 진실은 그리스도교적이기도 했고 반(反)권위주의적이기도 했기 때문이다. 도스토옙스키는 고골의 신앙 추구와 벨린스키의 열정적 반권위주의 도덕을, 비록 완전히 조화시키지는 못했을지라도, 융합해서 1860년대의 우상타파를 경험했던 이들에게 알맞은 새 유형의 긍정적 해답을 마련했다.

도스토옙스키의 긍정적 해답은 현실 세계를 비켜가거나 심지어 뛰어넘지 않고 오히려 관통해서 그 안으로 들어갔다. 도시 생활에 관한 음울한 첫 소설 『가난한 사람들』(Бедные люди)을 1845~1846년에 펴냈을 때부터, 도스토옙스키는 불편한 사실을 얼버무리기를, 또는 머나먼 곳이나 아득한 역사로 — 심지어는 러시아의 역사로 — 피하는 낭만적 도주를 제공하기를 꺼렸다. 그는 배경 설정에, 또는 심지어는 언어의 아름다움에도 무관심한 편이다. 그의 소재는 현대의 평범한 것이다. 신문에서 직접 뽑아낸 것이 대부분이다. 그의 초점은 인간에, 그리고 인간에 관한 가장 사실적인 것, 즉 인간 내면의 충동과 욕정과 열망에 맞추어져 있다. 그가 쓴 소설들에서는 범죄와 관능이 난무하는 와중에도 초점이 늘 심리의 전개에 맞추어져 있지, 결코 심리의 세부묘사에는 맞추어져 있지 않다. 그는 "그 낱말의 최고 의미에서 사실주의자"였다. 1860년대 말에 그가 썼듯이,

> 우리가 모두, 즉 러시아인이 지난 10년 동안 정신적으로 발전하면서 지내왔다고 분명하게 말한다면, 사실주의자들이 '이것은 허상이야' 라고 소리치지 않을까요! 하지만 이것은 태곳적부터의 진정한 사실주의입니다! 이것은 사실주의입니다. 다만 더 심오한 사실주의이지만, 그들은 깊이가 없습니다.[17]

이렇듯 도스토옙스키는 우리를 "사실적인 것으로부터 가장 사실적인 것으로" 데려간다.[18] "사회사상"에 확고한 의도를 품고 전념한 첫 조직인 페트라솁스키 동아리의 회원이었던, 체포와 위장 사형집행[23]과 시베리아 유형을 겪었던 도스토옙스키는 1860년대 말엽에 인텔리겐치야의 혼란스러운 경험에서 가장 사실적인 것을 찾아내겠다고 마음먹었다. 그의 방법은 그가 특히 좋아한 용어인 "깊이 스며들기", 즉 프로니크노베니예(проникновение)이다. 이 깊이를 재보라고 그를 자극한 것은 그의 정신에 깊은 상처를 남긴 자신의 감옥 경험뿐만 아니라 유형에서 돌아오자마자 이른바 포치벤니키(почвенники), 즉 "대지주의자"[24]와 맺은 교유 관계였

---

[23] 1849년에 도스토옙스키를 비롯한 페트라솁스키 동아리 회원 21명에게 사형을 선고한 러시아 정부는 12월 22일에 형을 집행하는 체해서 도스토옙스키에게 정신적 충격을 준 뒤 총살 직전에 니콜라이 2세의 감면 칙령을 낭독하고 형 집행을 취소했다.

[24] 인류를 구원할 사명이 러시아에 있다고 주장하고 러시아의 과거와 정교를 이상화하며 서유럽 문물을 거부하며 대지(大地), 즉 민족적 원칙으로 돌아가자는 1860년대의 사조인 대지주의의 옹호자.

다. 모스크바의 걸출한 비평가인 아폴론 그리고리예프(Аполлон Григорьев)가 이끄는 이 집단은 자기들이 독자적이고 독창적인 러시아 문화의 밑바탕이 될 수 있다고 느낀 일종의 그리스도교적 자연주의로 앞세대의 낭만적 관념론과 뒷세대의 유물론에 맞서고자 했다. 그들은 "땅(грунт)과 흙(почва)과 인민에 대한 새로운, 또는 더 정확히 말하면 새로워진 믿음이 영혼에서 — **천연스러운**(непосредственный) **모든 것의 회복이 정신과 마음에서** — 이루어지도록" 삶의 인위적 외양을 뚫고 파고들어 가고자 했다.[19] 그리고리예프는 비평이란 — 생리적 형태의 삶과 예술과 더불어 역사적, 사회적, 정신적 힘을 고려해서 — "유기적"이어야 한다고 느꼈다. 모스크바의 삶과 지방의 삶에 관한 오스트롭스키 연극 속의 묘사는 땅으로 되돌아가고 귀족의 인습에서 벗어남으로써 새로운 인민문학으로 가는 길을 터놓았다고 생각되었다.

유형 이후 예언 시기의 돋보이는 첫 문학 창작물인 1864년의 『지하 생활자의 수기』에서 도스토옙스키는 거죽 아래에서 움직인다. 그런 다음에 그는 인간의 본성에 있는 사악함이라는 어두운 구석을 드러내 보이면서 사실적인 것으로부터 가장 사실적인 것으로, 즉 감성과 지성의 분열된 복합체로서의 인간성의 더 깊은 실체로 뛰어든다.

도스토옙스키가 1846년에 『분신』(Двойник)을 쓰고 자기의 분열된 주인공을 "내가 찾아낸 가장 위대하고 가장 중요한 지하 생활자 유형"이라고 일컫은 이후로 인간 내면의 분열이라는 문제가 그를 사로잡았다.[20] 그는 자기의 대작 소설 가운데 첫 소설인 1866년의 『죄와 벌』에서 우리에게 라스콜니코프(Раскольников)라는 주인공을 내놓는다. 라스콜니코프라는 바로 그 이름 안에 분열을 가리키는 낱말25이 들어있다. 이미 이

---

25 라스콜(раскол).

작품에서 우리는 인간의 분열된 내적 충동들이 공공연하게 대결하게 하고 현대인 안에 있는 분리감과 분열감을 극복하려고 시도한다는 그의 더 원대한 구상이 시작되는 것을 본다. 그는 자기의 다른 대작 소설들에서처럼 이 작품에서도 러시아의 보통사람들을 어떤 서사적이고 서술적인 의미가 아니라 역동적인 발전 상태로 제시한다. 그의 등장인물들은 모든 이가 저마다의 운명에 휘말리는 더 폭넓은 인간 드라마의 배우가 된다. 배경은 도시, 대개는 "지구 전체에서 가장 추상적이고 계획적인 도시" 성 페테르부르그이다.[21] 긴장을 풀어주는 행복한 전원극[26]은 없다. 지적인 수다의 시끌벅적함이 무대에 가득하고 기대와 서스펜스의 느낌이 계속 감지된다. 시나리오는 유럽 전역에서 당시 인기를 누리던 탐정소설과 멜로드라마의 시나리오이다. 그러나 이 모든 구성요소가 현대판 예수 수난극[27]의 수준으로 고양된다. 사실상 그 드라마가 한쪽 끝에는 구원이, 다른 쪽 끝에는 저주가 있는 무대에서 상연되기 때문이다. 도스토옙스키를 통해서, 소설 형식은 종교극의 차원을 띠게 되었다. 그리고 살롱 사상가들의 착상들이 러시아에서 구할 수 있는 가장 큰 단일 독자층인 카트코프의 『러시아 통보』 정기구독자 앞에서 그 극단까지 펼쳐지며 맞부딪치게 되었다.[28]

　도스토옙스키가 ─ 심리학과 문학과 종교사상의 전 세계적 발달과는 별도로 ─ 러시아 문화사에 지니는 독특한 중요성은 러시아 민중의 경험 저 깊숙한 곳에서 인류를 위한 어떤 새로운 긍정적 해답을 찾아내려는 그의 시도에

---

[26] 자연을 배경으로 양치기의 평화롭고 소박한 삶과 사랑을 다루는 목가적 연극. 이탈리아에서는 르네상스 시기에, 영국에서는 엘리자베스 1세 시대에 유행했다.
[27] 예수의 십자가형 전후 일주일 동안 일어난 일을 다루는 중세 유럽의 종교극.
[28] 『카라마조프 씨네 형제들』은 단행본으로 나오기 전에 1879년 1월부터 1880년 11월까지 『러시아 통보』에 연재되었다.

있었다. 무소륵스키가 자기의 획기적인 "민중악극" 가운데 첫 번째 것에 착수하고 있었던 1860년대 말엽 같은 시기 즈음해서 도스토옙스키는 자기의 관심을 지하 생활자나 죄와 벌이 아니라 대속과 갱생을 다룰 소설 한 편을 구상하는 쪽으로 돌렸다. 고골과 마찬가지로 그는 외국으로 나간 뒤 자기의 러시아판 "신곡"을 쓰는 일에 나섰다. 그가 한 노력의 첫 성과인 1867~1868년의 『백치』는 순수한 선의 확연한 이미지를 만들어 내지 못해 번민하면서 말년의 고골이 보인 시작 단계의 광기를 얼마간 드러내 준다. 도스토옙스키는 모든 사람이 궁극적으로 조화를 이룬다는, 한 인간과 다른 한 인간 사이나 인간 세계와 밑의 곤충 세계와 위의 천사 세계 사이에 넘을 수 없는 장벽은 없다는 대지주의자의 신념을 품고 왔다. 현실과 이상 — 사실적인 것과 가장 사실적인 것 — 사이의 분리는 궁극적으로는 인위적이지만, 분리라는 문제 전체 안으로 꿰뚫고 들어가야만 그 분리를 극복할 수 있다.

분열은 로마노프 황조 시대 러시아 역사의 심원하고도 영속적인 주제였다. 17세기에는 정부와 인민이, 18세기에는 귀족과 농민이, 19세기 초엽에는 지적인 귀족과 지적이지 못한 귀족이, 19세기 중엽에는 생각하는 엘리트 안에서 "아들"과 "아버지"가 갈라섰다. 『백치』를 쓰면서 도스토옙스키는 이 상황에 그리스도 같은 인물 하나를 집어넣는 것만으로는 충분하지 않음을 입증했다. 도스토옙스키의 자칭 대속자(代贖者)는 그 소설에서 그의 분신인 호색한 로고진(Рогожин)[29] 없이는 불완전하다. 로고진의 삶과 운명은 "그리스도 공작" 미시킨의 삶과 운명과 완전히 뒤엉킨다. 그 소설의 끝 부분에 나오는 도스토옙스키의 바보성자의 주체할 길 없는 바보짓을 보노라면 여러모로 무소륵스키의 「보리스 고두노프」의 끝에

---

[29] 도스토옙스키의 소설 『백치』에 나오는 욕정과 욕망의 화신 같은 등장인물.

서 바보성자가 괴로워서 내지르는 마지막 고함이 생각난다.

러시아의 삶에 있는 그 분리를 극복하려면, 다른 모든 분리의 밑바탕에 있는 그 분리, 즉 하느님과의 분리를 헤아려야 한다. 따라서 아직 『백치』 집필의 마지막 단계에 있는 동안 도스토옙스키는 새 소설 한 편에 처음에는 "무신론"이나 "한 위대한 죄인의 생애"라는 제목을 붙일 생각을 했다. 그 소설에서 한 남자가 자기의 믿음을 잃고 긍정적 해답을 찾아 나서고 그 해답 덕에 결국은 러시아의 한 수도원에 들어가 더 높은 수준의 믿음을 되찾게 된다. 그것은 "엄청난 소설"일 터였다. "나는 설령 죽을지라도 이 마지막 소설을 쓰고 모든 것을 다 털어놓겠네."[22]

따라서, 「보리스 고두노프」의 크로믜이 숲 장면에서 무소륵스키가 새로운 해답에 대한 자기의 추구를 철저한 절망의 고함으로 끝맺는 반면에, 『백치』 끝 부분에서 도스토옙스키의 고함은 그가 하는 추구의 시작일 뿐이다. 그러나 무소륵스키가 크로믜이 숲에서 사회경제적 지도부를 찾아 나선다는 점에서 1870년대의 인민주의자에 더 가까웠던 반면에, 도스토옙스키는 현실의 성 페테르부르그에서 형이상학적 진리를 찾아 나선다는 점에서 1860년대의 사실주의자에 더 가까웠다. 무소륵스키가 러시아의 과거로 눈길을 돌린 반면에, 도스토옙스키는 러시아의 현재와 미래로 눈길을 돌렸다. 한쪽의 역사적 비탄의 사실주의는 다른 한쪽의 종교적 예언에 길을 내준다.

1868년 말엽에 짠 첫 「무신론」 구상에서 도스토옙스키는 사전 준비로 적어도 두 해는 "무신론자, 가톨릭 신자, 정교 신자의 책을 모조리 다" 읽으며 보내겠다는 의향을 내비쳤다. 그의 주인공은 무신론에서 옮아가서 친슬라브주의자, 서구주의자, 가톨릭 신자, 채찍고행 분파교 신자가 되고 "마침내 그리스도와 러시아 땅, 러시아의 그리스도와 러시아의 하느님을 찾아낸다."[23] 그는 그 같은 작품을 쓰려면 러시아에 있어야 한다는 점을 거듭 중시했다. 그가 결코 완전히는 실현되지 않은 이 생각에 사로잡혀 있는 동안 쓴 대작 소설 두 편은 둘 다 분리의 문제를 개인에게서 끄집어내어 더 폭넓고 더 두드러지게 러시아적인 맥락 속에 집어넣었다. 1870~1872년의 『악령』은 러시아 사회 전체에 있는 이념적 분열을 해부한다. 도스토옙스키가 완성했을 형태의 「무신론」에 가장 근사한 작품인 1878~1880년의 『카라마조프 씨네 형제들』은 개인, 사회, 가족 자체 안의 분리를 생생히 보여준다. 『카라마조프 씨네 형제들』은 사람이 자기를 낳은 이를 죽이도록 만드는 궁극적 형태의 인간 분열에 초점을 맞춘다. 『악령』이 "투르게네프의 나이 든 주인공들"[24]을, 말하자면 『아버지와 아들』의 니힐리즘 철학의 사회적 대단원을 묘사한다면, 『카라마조프 씨네 형제들』은 아버지와 아들의 갈등을 형이상학적 차원으로 들어올린다. 그 갈등은 오로지 그 차원에서만 극복될 수 있었다.

『악령』의 무대는 찌르레기와 철새에게 모이를 주는 야외의 집 한 채의 이름을 딴 지방 영지인 스크보레시니키(Скворешники)이다. 사실 스크보레시니키는 혁명의 시끄러운 검은 새들에게 모이를 주는 곳이며, 귀족의 불온한 사상이 성 페테르부르그에서 러시아 시골로 이동하는 도중에 거치는 중간 역이다. 모든 등장인물은 환각적인 48시간의 활동에서 상호 연결되어 있으며, 그 활동의 대부분은 실제 사건들의 압축강화된 각색이다. 부분적으로만 설명된 일련의 이상한 장면에서 우리는 러시아 사상이 그 소설의 도입부에 나오는 스테판 트로피모비치(Степан Трофимович)의 딜레탕트한 귀족적 낭만주의에서 젊은 극단주의자 한 패거리의 행동으로 옮아가는 것을 본다. 대화가 곧장 살인과 자살로, 지식인들의 "문학 카드리유"(quadrille)[30]가 이상한 불로 이어진다. 어리둥절해진 한 지역 관리

---

30 카드리유는 남녀 네 쌍이 네모꼴을 이루고 추는 18~19세기 프랑스의 사교춤이었다.

가 "모두 다 방화야!"라고 외치고는 예언자처럼 "불은 머릿속에 있지, 집 지붕에는 있지 않아"라고 덧붙여 말한다. 그러나 사상의 뜨거운 흐름에 사로잡히지 않은 그 관리나 다른 사람들은 사건의 대화재를 억제하기는 고사하고 이해하기도 힘겹다. 이것은 행동하는 사상의 소설이며, 인텔리겐트니예가 아닌 사람들은 (그들이 주절거리는 관료이든 나불대는 자유주의자이든) 그 소설과는 관계없는 자들이다.

드라마 한복판에는 매력적이지만 공허한 귀족 스타브로긴(Ставрогин)이 있다. 그의 주위를 다른 등장인물들이, 도스토옙스키의 말을 빌자면, "만화경처럼 빙글빙글 돈다." 도스토옙스키는 자기의 습작 공책에 이렇게 썼다. "그 소설의 파토스는 그 대공 안에 있다. 그는 …… 태산이다."[125] 그가 등장할 때 신비한 기운이 감돈다. 그의 얼굴은 가면에 비유되며, 그가 맨 처음 하는 — 한 사람의 코를 잡고 늘어지고 또 다른 사람의 귀를 물어뜯는 — 행동은 "발톱을 내민 짐승"이 사회에 가하는 공격으로 보인다. 계시록의 짐승처럼 이 짐승 같은 사람의 머리는 여럿이다. 그는 그 소설에 있는 모든 "악령"을 낳은 자이다. ("악령"이 "귀신들린 자"보다 러시아어 제목 Бесы의 더 정확한 번역이다.)

겉으로 그는 "돋보이는 미남"이어서 여자들에게 둘러싸여 있지만, 그 여자들 누구와도 완전한 관계를 맺을 수 없다. 그에게 다샤(Даша)는 그저 간호부일 뿐이고, 리자는 성에 차지 않는 정부(情婦)이며, 마리야 레뱌드키나(Марья Лебядкина)는 사이가 틀어져 따로 사는 불구자 아내이다. 그의 고백에는 작은 계집아이와 부정한 관계를 맺었다는 암시가 있다. 그러나 이 부분이 그 소설에 들어있든 그렇지 않든, 이야기는 여전히 그가 다른 남자들과 맺는 이념적 관계에 좌우된다. 그의 사도 세 사람은 러시아 문학에서 가장 독창적인 창조물 축에 든다. 시갈료프(Шигалев)와 키릴로프와 샤토프(Шатов)가 그 세 사람이다. 스타브로긴은 그 세 사람 각자에게 그들을 파멸로 몰아가는 사상을 하나씩 불어넣는다. 그 세 사람은 각자 혁명의 삼위일체, 즉 자유와 평등과 형제애를 구현한다. 그들의 집단 묘비명은 키릴로프가 자살하기 직전에 써놓는 바뵈프(Babeuf)의 구호 '자유, 평등, 형제애가 아니면 죽음을'(Liberté, égalité, fraternité ou la mort)으로 제공된다. 시갈료프는 산들이 평평해져야 하고 그 자리에 인간의 개밋둑이 솟아야 한다는 요구로 절대 평등을 대표한다. 키릴로프는 영웅적이고 순전히 이념적인 자살을 해서 자기가 주장한 자유를 설파한다. 샤토프의 이상은 절대 형제애인데, 그는 이것을 러시아 인민의 농민적 삶과 연계한다.

시갈료프의 모델은 1860년대의 가장 극단적인 우상타파론자들 가운데 한 사람인 바르폴로메이 자이체프이다. 자이체프는 피사레프의 친우로 함께 문필 활동을 한 다음에 바쿠닌에게 가담해서 적극적인 혁명 선동을 하려고 외국으로 도주한 사람이었다. 키릴로프는 멋지게 정제된 쇼펜하우어식 자살 찬성론을 내놓으며, 도스토옙스키의 가장 위대한 창조물의 하나이다. 사람이 자기의 자유를 입증하는 유일한 궁극적 방도는 자유의지로 자기를 파괴하는 것이다. 다른 어떤 행위도 현세의 목적에 봉사할 따름이며 물질 세계의 갖가지 결정 요인에 종속된다. 그러나 까닭없는 자살은 인간이 자연계에서 벗어나는 자유, 그리고 자연계에 거두는 승리에 대한 최고의 신임투표이다. 이 영웅적 행위 단 한 번으로 인간은 일종의 신이 될 수 있다.

샤토프는, 키릴로프와 더불어, 도스토옙스키가 가장 큰 공감을 표시한 인물이다. 스타브로긴은 그 두 사람을 아메리카에서 러시아로 도로 데려와서 보고야블렌스카야(Богоявленская, 신현) 거리에서 살게 한다. 두 사람다 새로운 신현을, 즉 사라진 신이 나타나기를 기대하고 있다. 키릴로프는 자기 안에서, 샤토프는 러시아 인민 안에서 말이다. 샤토프의 원래 모델은 도스토옙스키가 1868년에 만난 한 구교도였다. 그러나 그는 도스토옙스키가 자기 나름대로 기발하게 규정한 인민주의의 일종의 대표자이자 신을 찾는 사람이 된다. 스타브로긴이 하느님에 대한 샤토프의 믿음과 지난날 농민이었던 그의 뿌리를 앗아가 버렸다. 러시아를 세운 성자들 가운데 한 사람[31]에게서 비롯된 이름을 가졌고 한 이념에 거룩할 정도로 강하게 헌신하는 키릴로프와는 달리, 샤토프는 (샤타니예(шатание), 즉 "흔들림"이라는 낱말에서 비롯된) 자기 이름이 가리키는 대로 의심을 떨치지 못한다. 키릴로프의 진실의 순간이 자기파괴에서 오는 반면에, 샤토프의 진실의 순간은 스타브로긴을 때릴 때 온다. 그는 — 인민주의 자체와 마찬가지로 — 이리저리 흔들리다가 자기 주위에 있는 혁명 세력들과 천천히 제휴하게 되는 것처럼, "저는 제 심장에서 당신을 뗄 수가 없습니다, 니콜라이 스타브로긴!"이라고 외친다. "저는 러시아를 …… 러시아의 정교를 믿습니다. …… 저는 예수의 새 재림이 러시아에서 일어나리라고 믿습니다. …… 저는 …… 저는 하느님을 믿을 것입니다."

스타브로긴은 러시아의 지성 활동에 있는 어둡고 악의에 찬 힘이며, 그 힘 탓에 도스토옙스키는 샤토프처럼 하느님에 대한 믿음을, 그리고 하느님이 창조한 것들과의 조화로운 교감을 자신 있게 확언하지 못한다. 도스토옙스키는 스타브로긴을 급진적 데카브리스트 루닌과 사색하는 시인 레르몬토프와 비교할 때 그 악한 세력의 본성이 무엇인지를 아주 명쾌하게 이렇게 선언한다.

니콜라이 프세볼로도비치 스타브로긴 안에 있는 악의는 아마도 그 두 사람 안에 있는 악의를 합친 것보다 더 크겠지만, 이 악의는 차갑

---

[31] 키릴로스.

고 조용하고 만약 그렇게 표현할 수 있다면 **이성적**이며, 따라서 있을 수 있는 한 가장 역겹고 가장 무시무시하다.

스타브로긴의 악은 신앙 없는 이성, 즉 귀족의 권태 속에서 태어나고 아이슬란드(Iceland)를 탐험하는 과학 탐사대에 있는 동안 자라나고 독일의 한 대학교에서 공부하면서 굳어지고 성 페테르부르그를 거쳐 이끌려와 러시아 인민에게 온 차가운 지성이다. 그의 힘이 참으로 무서운 것은 바로 그가 이성적이기 때문이며 그가 "슬기로운 뱀"이기 때문이다.

그러나 스타브로긴은 러시아 인텔리겐치야의 상징, 즉 도스토옙스키 자신도 얼마간은 공유한 러시아 인텔리겐치야의 예언적 소망의 담지자이기도 하다. 스타브로긴은 낭만적 귀족 지식인의 화신인 스테판 트로피모비치의 가르침을 받았다. 스타브로긴은 루닌과 레르몬토프 같은 인물과 비교되고 그 두 사람이 저마다 추구하는 바를 얼마간 실행한다. 도스토옙스키는 긍정적인 새 주인공을 추구하는 가운데 그를 만들어냈다. 그는 자기 이름 안에 십자가를 뜻하는 그리스어 낱말(스타브로스)을 가지고 있고, 예루살렘에 다녀온 적이 있으며, 젊을 때 방탕하게 산 뒤에 잉글랜드를 구할 운명을 타고난 미래의 왕으로 셰익스피어가 각색한 헨리 5세인 "해리 대공"으로 불린다. 도스토옙스키는 자기의 습작 공책에서 스타브로긴을 "대공"으로 일컬었고, 핵심적인 한 장(章)의 표제에서는 "차레비치 이반"으로 일컬었다. 차레비치 이반은 이반 뇌제의 살해된 아들인데, 러시아의 민간전승에서는 러시아를 구하러 되돌아온다고 되어있다. 어떤 의미로 도스토옙스키는 러시아의 미래가 스타브로긴의 것, 즉 귀족 인텔리겐치야의 것이라고 말하고 있다. 역사의 소외자이자 선민인 인텔리겐치야는 사상에 홀려 있으므로 도외시될 수 없다. "위대한 사상"이 없다면 "사람은 살고 싶어 하지 않으며 심지어는 죽을 수조차 없다."

그 소설의 극적 긴장감은 아주 특별한 두 인격이 스타브로긴에게서 나오는 날것 그대로의 힘과 그가 자기 안에 품고 있는 어두운 불을 차지하려고 벌이는 다툼에서 주로 비롯된다. 전통적 이상과 혁명적 이상이 러시아의 마음을 — 따라서 미래를 — 차지하려고 다투고 있다. 마리야 레뱌드키나라는 여자는 옛것을, 표트르 베르호벤스키(Петр Верховенский)[32]라는 남자는 새것을 대표한다. 이름이 그 대비되는 힘을 곧바로 극화한다. 물론 마리야는 신의 어머니, 사라진 마돈나를 암시한다. 표트르는 표트르 대제를, 그리고 과학기술과 불경한 혁신의 오만한 행진을 암시한다. 레뱌드킨이라는 이름은 순수와 기품과 대속의 대중적 상징인 "고니"(레베드(лебедь))에서 유래한다. 베르호벤스키라는 이름은 교만과 거만의 고선적 상징인 "위"(베르흐(верх))에서 유래한다.

옛것에는 가망이 전혀 없다. 「호반쉬나」에서 무소륵스키의 "흰 고니"가 일찍 죽임을 당하는 것과 똑같이, 도스토옙스키의 고니도 심지어는 우리가 그 여자를 만나기도 전에 이상하고 깊은 상처를 입는다. 그러나 마리야는 자기를 버리고 모욕했던 스타브로긴을 절대로 탓하지 않는다. 마리야는 "내가 그이한테 뭔가 잘못 했다"고 느끼며 구교도 식으로 고난을 기쁘게 받아들이고 스타브로긴을 가짜 드미트리로 비난한 다음에 자기 아기와 함께 죽는다.

승리하는 새로운 힘은 베르호벤스키의 힘이다. 그의 모델은, 물론, 음모가 네차예프이다. 그러나, 자기가 지닌 혁명적 기질의 철저한 니힐리즘을 즐기는 네차예프와 달리, 베르호벤스키는 예언적 인텔리겐치야와 유대를 맺을 필요성을 느낀다. 그는 스타브로긴이 없으면 자기는 "파리

---

[32] 도스토옙스키가 네차예프를 모델 삼아 만들어낸 『악령』의 등장인물. 스타브로긴을 따르는 젊은이들을 부추겨서 샤토프를 죽이는 한 지방 도시의 니힐리스트.

이고, 유리병 속에 든 이념이고, 아메리카 없는 콜럼버스"라고 여긴다. 베르호벤스키의 혁명당은 핀란드 역에서 레닌이 도착하기를 기다리고 있던 볼셰비키가 속에 감춘 당혹감을 우리에게 미리 슬쩍 보여준다. 베르호벤스키가 한 악한을 부추겨 쥐 한 마리를 이콘 덧씌우개 안에 넣어 이콘을 모독하도록 하는 장면은 전투적무신론자동맹(Союз воинствующих безбожников)[33]이 자행하는 조직화된 신성모독행위의 선행 형태이다. 베르호벤스키가 거리에 나타나 파업 노동자 사이에서 활발하게 선동을 하는 시피굴린(Шпигулин) 공장 소요 장면은 그저 이미 일어난 일보다는 앞으로 일어날 일을 묘사하는 도스토옙스키의 걸출한 능력을 잘 보여주는 예이다. (도스토옙스키가 그 소설을 마무리하고 있던 1870년 5~6월에 성 페테르부르그에서 일어난) 러시아 최초의 진짜 산업체 파업에 바탕을 둔 이 장면은 경제적 동기로 일어나 어수선하게 항의하는 고립된 시위보다는 사람 마음속 불의 일부로 여겨진다. 꽤 여러 해 동안 도시 노동자 사이로 들어가지 못할 직업 혁명조직가들이 도스토옙스키의 소설에서는 이미 도시 노동자 사이에 들어가 있다.[26]

우리는 미래가 베르호벤스키의 것이라고 믿도록 유도된다. 비록 자기의 당면 구상은 틀어졌을지라도 그는 끝 부분에서 빠져나가는 사람이고 자기 앞에 있는 미래를 소유하고 있다고 보이는 유일한 주요 인물로 남기 때문이다. 물론 스테판 트로피모비치가 자기의 마지막 방랑에서 말하는 희망, 즉 악령이 러시아에서 쫓겨나리라는, 그리고는 소설 맨 앞에 있는 「누가복음」(8장 32~37절)의 글귀 식으로 러시아가 그리스도의 발치에 앉아 뉘우치리라는 희망이 있기는 하다. 그러나 이것은 대다수 나머지

---

33 1925년부터 1947년까지 소련에서 공산당의 지원을 받으며 그리스도교에 반대하는 선전을 펼친 무신론자 조직.

사건에 견주어 설득력이 없고 거의 우스꽝스러운 장면이며, 여러모로 "뉘우치는 귀족"이, 그리고 그 시대의 다른 대문호인 레프 톨스토이가 이내 행할 "인민 속으로 가기"를 예언한다.

도스토옙스키는 이성적인 사회적 유토피아가 다가온다는 생각에 아무리 혐오감을 품었을지라도 그 생각에 매료되었다. 이 생각은 "제네바 사상"이었다. 아마도 그것이 이름난 두 제네바 사람의 사상, 즉 장 칼뱅 (Jean Calvin)의 도덕적 청교도주의와 인간의 완벽 가능성과 평등에 대한 루소의 무한한 믿음을 뒤섞은 것이기 때문에 그렇게 불렸을 것이다. 새로운 사회 질서에 관한 도스토옙스키 나름의 이미지는 부분적으로는 스위스의 인상과 바쿠닌의 이야기에서 얻은 것이었다. 스타브로긴이 마지막으로 도주해서 가는 외국의 목적지도 바로 바쿠닌의 혁명적 사회주의 활동의 중심지인 스위스의 쥐라(Jura)이다. 그는 자살하려고 철도로 귀국하기 직전에 "게르첸처럼 쥐라 주(州) 시민으로 등록한다." 그리고 키릴로프가 자살하기에 앞서 스스로 정한 마지막 이름은 "문명세계 시민" (citoyen du monde civilisé)이었다.

시민권이라는 부르주아적 이상에 역점을 두는 "제네바 사상"은 도스토옙스키에게 "황금시대에 관한 꿈"보다 덜 매력적이다. 우리가 스타브로긴의 고백에서 처음 마주치는 그 꿈은 도스토옙스키가 1870년대 중엽에『악령』과『카라마조프 씨네 형제들』사이에 썼고 그렇지 않았더라면 그리 크게는 성공하지 못했을 소설인『미성년』(Подросток)에서 훨씬 더 찬사 조로 제시된다.『미성년』은 인민주의 저널인『조국 수기』에 실렸고, 급진적 포부를『악령』보다는 대체로 더 우호적으로 묘사한다. 한 나이 지긋한 사람[34]이 드레스덴에서 클로드 로랭의 그림「아키스와

---

[34]『미성년』에서 주인공의 아버지로 나오는 등장인물 안드레이 베르실로프(Андрей

갈라테이아」³⁵를 보고 나서 완벽한 조화의 황금시대에 관한 꿈을 꾼다. 도스토옙스키가 다음과 같은 말을 불쑥 끼워넣는다.

> 멋진 몽상, 인류의 고상한 오해! 황금시대는 여태껏 있었던 모든 꿈 가운데 가장 비현실적인 꿈이지. 하지만 그 꿈을 이루려고 사람은 제 삶과 제 힘을 모두 다 바쳤고, 그 꿈을 위해 예언자는 죽고 죽임을 당했으며, 그 꿈이 없다면 사람은 살고 싶어 하지 않고 심지어 죽을 수조차 없다. ……

그러나 황금시대에 관한 새롭고 더 적극적인 이 이미지에서 루소주의가 그리스도교와 합쳐지게 된다. 그 나이 지긋한 사람이 다음과 같은 결론을 내리기 때문이다.

> …… 나는 하이네(Heine)처럼 "발트 해의 그리스도"³⁶라는 환영으로 생생한 내 묘사를 늘 끝맺음하지. 나는 그분 없이는 지낼 수 없었고 …… 기댈 데가 없는 사람들에게 그분이 오셔서 손을 내미시고는 말씀하셨어. "너희가 어찌 그분을 잊을 수 있었느냐?" 그러자 모든 이의 눈에서 비늘이 떨어지고³⁷ 마지막 새 부활의 가슴 벅찬 위대한 찬가가 울리는 듯했다니까.

Версилов).

³⁵ 클로드 로랭이 그리스 신화에서 소재를 얻어 외눈박이 거인 폴리페모스에게 목숨을 잃기 전에 양치기 아키스와 네레이드인 갈라테이아가 시칠리아 바닷가에서 사랑을 나누는 장면을 그린 1657년 작 유화. 드레스덴 미술관 소장품이며, 정확한 제목은 「아키스와 갈라테이아가 있는 바닷가 풍경」이다.

³⁶ 하이네의 시집 『노래의 책』(Buch der Lieder)에 수록된 첫째 연작시 「북해」(Die Nordsee)의 열두 번째 시 「평화」(Frieden)를 참조할 것.

³⁷ 전에는 못 보던 진리를 보게 된다는 뜻의 서양 고사. 눈에서 비늘 같은 것이 떨어진 뒤 사울(바울의 개종 전 이름)이 예수가 메시아임을 깨닫게 된 일(신약성경 「사도행전」 9장 18절)에서 유래했다.

『카라마조프 씨네 형제들』에서 도스토옙스키는 그리스도교화된 유토피아라는 이 신화를 해부한다. 그의 유명한 "종교재판소장의 극시"는 바로 이 꿈 안에 있는 근본적 분열, 사회적·물질적 안녕과 아낌없이 베푸는 그리스도의 사랑 사이의 근본적 분열을 묘사한다. 그 종교재판소장은 자기의 권위주의를 보통사람이 자유라는 "견딜 수 없는 짐"에 짓눌리지 않도록 해주는 인간 사랑의 한 형태로 변호한다. 그는 사람들은 일용할 양식의 보장을 고맙게 여기며 자기의 전제적 지배에 의지한다고 — 심지어는 매달리기까지 한다고 — 말한다.

도스토옙스키의 종교재판소장은 권위 행사의 효율성보다 더 높은 원칙을 인정하지 않는 모든 정치적 권위를 대표한다. 그는 헌신적이고 이성적인 사람이다. 가톨릭적이든 사회주의적이든 권위주의를 그토록 매혹적으로 만드는 것은 바로 이런 자질들이다.

그 종교재판소장은 자기가 그리스도가 한 일보다 더 나은 일을 했고 그리스도가 광야에서 유혹에 굴하지 않으면서 저지른 잘못을 고쳤다고 주장한다. 그는 "그리스도 없는 진리"라는 원칙을, 즉 수정궁[38]의, 그리고 유클리드의 기하학과 클로드 베르나르의 생리학의 냉정한 확실성을 체현한다. 도스토옙스키는 그것이 필시 확장되어 그리스도의 이미지와 이상을 그 자체 안에 지니지 않은 사회에 이를 것이 틀림없다고 느꼈다.

그러나 도스토옙스키는 오래전에 이렇게 쓴 적이 있다.

> 저는 불신과 의심의 시대의 아이입니다. 지금까지 그랬고 (제가 아는 바인데) 심지어 관에 들어갈 때까지 그럴 것입니다. …… 누군가가

---

[38] The Chrystal Palace. 1851년 런던 국제박람회에서 전시관으로 사용된 대형 건물. 골조가 철로, 벽이 유리로 된 이 건물은 1860년대에 경제적 진보와 사회적 이상의 상징으로 여겨졌다.

그리스도가 진리 밖에 있음을 제게 증명할지라도, 그리고 진리가 그리스도 밖에 있음이 사실일지라도, 저는 진리보다는 그리스도와 함께 있고 싶습니다.[27]

알료샤 카라마조프는 자기 형 이반이 말해주는 종교재판소장의 극시에 이런 말로 응수한다. "형이 말한 종교재판소장은 하느님을 믿지 않는군, 이게 그 자의 비밀이야!" 그러나 그 종교재판소장의 진짜 비밀은 그가 그리스도 없는 하느님을 믿는다는 것인 듯하다. 도스토옙스키는, 벨린스키를 좇아, 심지어 하느님 없는 그리스도를 믿는 듯하다. 종교재판소장의 극시를 말해주기 바로 앞서 인간의 잔인성과 포악성을 늘어놓다가 이반 카라마조프는 하늘나라 "입장권을 반납하"고 하느님이 인간을 고통받게 만든 장본인이라고 사실상 비난하기에 이른다. 종교재판소장에게 주어지는 뚜렷한 대답이라고는 말 없는 그리스도의 마지막 입맞춤뿐이다. 인간의 오만에 대한 그리스도 같은 유일한 해답으로서 사랑을 아끼지 말고 베풀라는 무리한, 거의 절망적인 요청이다.

도스토옙스키는 저널에 쓴 마지막 글에서 — 그리고 특히 자기 생애 마지막 해의 푸시킨 기념비 제막식 연설에서 — 러시아 인민은 그리스도교의 화합하는 성질에 관한 특이한 의식을 마음속에 품고 있다는 매혹적인 생각을 다시 꺼내든다. 그는 사랑과 고난을 통한 보편적 화합이라는 "러시아 사상"을 조직화된 신정 체제라는 "제네바 사상"에 대한 해독제로 언급한다. 서방에서는 대체로 "로트실트(Rothschild)[39]의 꿈", 즉 부와 권력에 대한 갈망에 내몰려 "현재 온통 불화와 논리뿐"이다.

그의 작품들을 읽고서 러시아가 그 어떤 그리스도 같은 새로운 국가

---

[39] 18세기부터 20세기 초까지 유럽의 재계와 정계를 주도한 유대인 은행가 가문.

간 화합의 담지자였다는 생각이 도스토옙스키의 "메시지"의 본질이라고 추정하는 경우가 잦다. 그러나 그 생각은 서방의 최근 역사의 잘못을 바로잡을 특수한 러시아 발전 경로라는 — 인민주의와 범슬라브주의자에 똑같이 공통인 — 신화의 도스토옙스키 개인의 이형이라고 평해야 더 정확할 것이다. 그는 그 생각을 좋아했지만, 그 생각에 대한 그의 믿음은 — 그 생각을 가장 유창하게 대표하는 허구의 인물인 샤토프의 믿음과 마찬가지로 — 가정적이었고 심지어는 "흔들리기"까지 했다. 도스토옙스키의 입장은 때때로 — 특히 그의 『작가의 일기』(Дневник писателя)에서는 — 국수주의적으로 보이며, 그의 특징은 흔히 극단적 보수주의자로 표현된다. 그러나 그는 어떤 이상화된 과거로 되돌아가기는 말할 나위도 없고 현 상태를 유지하기에도 전혀 관심을 보이지 않는다. 그는 단지 정치 혁명가와 산업 혁명가의 "덜 사실적"인 이상에 반대할 뿐이다. 그는 "**반(反)혁명**은 **반대의 혁명**이 아니라 **혁명의 반대**일 것"(contre-révolution ne sera point une révolution contraire mais le contraire de la révolution)이라는 드 메스트르의 의미의 반혁명가였다.[28] 그러나 도스토옙스키는 워낙에 사회이론가나 철학자가 아니라 서스펜스의 대가, 극적 기질을 가진 소설가였다. 따라서 고뇌 어린 선동과 사회적 메시지의 이 시대에서 그가 내놓으려고 애썼을지 모를 그런 "해답"을 찾아 그의 소설로 — 그리고 무엇보다도 그의 마지막 소설 『카라마조프 씨네 형제들』로 — 눈길을 돌리는 것이 가장 좋다.

『악령』에서 우리는 인텔리겐치야 전체가 홀려 있다고, 베르호벤스키와 스타브로긴이 스테판 트로피모비치의 당연하고 참된 계승자라고 믿도록 유도된다. 빠져나갈 길은 없으며, 스테판 트로피모비치가 마지막에 하는 참회의 방랑은 『죄와 벌』에서 라스콜니코프가 마지막에 하는 "회개"보다 설득력이 훨씬 더 떨어진다. 그러나 『카라마조프 씨네 형제들』에서 도스토옙스키는, 무소륵스키와 달리, 막판에 뉘우치고 회개한다는 멜로드라마적인 데우스 엑스 마키나(dues ex machina)[40]나 종교와 민족주의의 낭만적 혼합 없이 희망을 암시하며 끝맺음을 할 수 있다. 도스토옙스키는 더 앞 시기에 그 두 가지 해답을 가지고 실험을 한 적이 있다. 『카라마조프 씨네 형제들』의 한가운데에는 멜로드라마적 살인과 "러시아 수사(修士)"의 낭만적 이미지가 둘 다 있다. 그러나 카라마조프 집안의 "참회"와 "회심"은 둘 다 불완전하며 통상적이지 않다.

그러나 도스토옙스키는 인간이 하느님이 없으므로 "모든 것이 허용되는" 초인의 수준으로 자신을 올림으로써 구원의 필요성을 없앨 수 있다는 결론을 내리지 않는다. 새로운 종류의 인간은 "선악을 넘어선다"는 착상이 라스콜니코프가 저지른 이념적 살인과 키릴로프가 행한 이념적 자살의 동기였고, 『카라마조프 씨네 형제들』에서 중심이 되는 범죄에 관한 이반 카라마조프의 대다수 생각의 배후에 있다. 그러나 이반은 그 시대의 특징인 정신병에 걸릴 지경으로 고뇌하는 인물이다. 이반은 하느님을 믿고 싶어 하지만 그에게는 악마만 찾아들고, 빠져나갈 길은 없어 보인다.

그러나 이반은 아버지 죽이기에 모두 다 연관된 세 형제 가운데 한 사람일 뿐이다. 그 범죄를 실제로 저지르는 사생아인 넷째 형제 스메르댜코프(Смердяков)의 이름은 "나쁜 냄새가 난다"는 낱말(스메르데트(смердеть))을 생각나게 하며, 카라마조프라는 낱말은 "검다"는 뜻의 낱말(타타르어의 카라(кара))과 "기름"을 뜻하는 낱말(마즈(мазь))의 복합어이다. 소포클레스의 『오이디푸스 왕』과 셰익스피어의 『리어 왕』(King Lear)처럼 도스토옙

---

[40] '기중기를 타고 내려오는 신'이라는 뜻의 라틴어 어구. 신 역할을 맡은 배우가 극 막판에 기중기에 매달려 나타나 모든 갈등을 단번에 해결하던 고전고대 연극의 관행에서 비롯된 표현이다.

스키의 드라마는 아버지에 대한 죄행을 다룬다. 그러나 이 두 작품과 달리 『카라마조프 씨네 형제들』은 비극이 아니다. 그 세 형제 가운데 누구도 죽지 않으며, 그 이야기는 대속의 최종 메시지를 소리 내어 알린다.

이 "메시지"를 어떻게 이해하든 그 이해에 없어서는 안 될 것이 그 메시지가 극적으로 전달되지 설교 식으로 전달되지 않는다는 사실이다. "종교재판소장의 극시" 자체는 도스토옙스키를 위해 아무것도 해결해주지 않는다. 비록 그것을 읽고 그 주인공들 사이에서 어느 한 편을 드는 사람을 위해서는 그럴지 몰라도 말이다. 그 극시는 『카라마조프 씨네 형제들』에서 비교적 일찍 나오고 그 자체는 형제, 즉 겸허한 알료샤와 오만하고 지적인 이반 사이에 있는 두 극단의 대립에 끼어있는 일화이다. 이 낯익은 도스토옙스키식 이율배반의 해소를 향한 움직임은 『카라마조프 씨네 형제들』의 가장 독창적인 창조물인 셋째 형제 드미트리를 통해 진행된다. 드미트리는 범죄를 저지를 뻔했고 범인으로 재판을 받는다. 그 탓에 드라마 대부분을 위한 초점이 된다.

극작가들에 관한 도스토옙스키의 언급은 우리가 드미트리의 묘한 본성을 이해하는 데 도움을 준다. 셰익스피어는 도스토옙스키에게 그저 작가가 아니라 "인간과 인간 영혼에 관한 신비를 알려주시려고 창조주께서 기름을 부어 예언자로 선택하신 이"였으며, 도스토옙스키에게는 그 신비의 대부분이 『카라마조프 씨네 형제들』에서 많이 언급되는 「햄릿」에 들어 있었다. 이 신비 중 가장 중요한 것 가운데 하나가 드미트리의 재판에서 검사가 하는 논고의 절정에서 일어난다. 그 논고에서 검사는 "햄릿 유 인간"을 "카라마조프 유 인간"에 대비한다. 직접적 용례는 얄궂지만, 법정 토론에서 울리는 이 대비의 "메아리"에서 도스토옙스키가 지성화된 "자유주의적" 유럽을 자연 상태의 토속적 러시아와 대비하고 있었다는 점이 뚜렷해진다. 유럽은 삶 자체가 의문시되고 모든 문제가 "파리한 색조의 생각으로 허약해지고"[41], 러시아에는 살아가는 목적이며 개개의 당면 체험의 잣대가 되는 삶에 대한 열렬한 사랑이 존재한다. 드미트리는 대지의 여신 데메테르와 연관되어 있고,[42] 대지주의자 구현체, 즉 직접적이고도 자연발생적인 것을 사랑하는 자이다. 드미트리와 농부 배심원들은 증인과 판사의 반(半)거짓말뿐만 아니라 인간이 하는 모든 작위적이고 궤변적인 재판 절차 자체에 맞서 "꿋꿋이 버틴다"

드미트리가 재판에서 보이는 활력과 정직성은 그가 지닌 "러시아식 대범성"의 반영일 뿐만 아니라 어느 문학계 인사보다도 그에게 아마도 가장 큰 감화를 주었을 극작가, 즉 프리드리히 실러가 도스토옙스키에게 준 반쯤 감춰진 영향[29]의 반영이기도 한다. 『카라마조프 씨네 형제들』에는 실러에게서 — 특히 인간의 자유와 완벽 가능성에 보내는 찬가인 『비적』(Die Räuber)과 「환희에 부쳐」에서 — 빌려온 것과 끌어쓴 것이 가득하다. 가장 원대한 마지막 자기 작품을 위해서, 어쩌면 본의 아니게, 도스토옙스키는 이 젊을 적의 영향으로 자기의 "가장 멋진 꿈을 위한" 영감의 향후 원천으로 되돌아간다. 도스토옙스키의 종교재판소장은 본질적으로 「돈 카를로스」에 나오는 종교재판관의 투영이다. 「돈 카를로스」에 나오는 종교재판관의 정반대가 포사와 돈 카를로스의 충정 어린 형제애인 것과 똑같이, 카라마조프 3형제는 도스토옙스키의 종교재판소장의 닫힌 세계의 대안을 내놓는다. 햄릿과 종교재판소장에 대한 카라마조프의 대안은 실러가 프랑스 혁명의 메마른 합리주의에 대한 자기의 대안으로 내놓았지

---

[41] 「햄릿」 3막 1장에 나오는 주인공 햄릿의 대사.
[42] 드미트리라는 이름은 그리스 신화에서 곡물의 성장을 관장하는 대지의 여신 데메테르를 따르는 이라는 뜻을 지닌 그리스 이름 데메트리오스에서 유래했다.

만 그 스스로는 자기의 어떤 연극에서도 완전히는 구현할 수 없었던 미학 이론의 관점에서 펼쳐진다.

실러는 자기가 1794~1795년에 쓴『인간의 미감 훈련에 관한 편지』(Briefe über die ästhetische Erziehung des Menschen)에서 이성적 능력과 관능적 능력은 둘 다 완전히 성장한 인간의 필수적 속성이지만 그것들은 불완전하고 심지어는 상충하는 형태의 선이라고 주장했다. 그 둘을 화합하려고 노력하는 일에서 자동적으로 합리주의의 일방적 우세로 이어질 그 어떤 추상적 철학 공식도 사용할 수 없다. 오히려 사람은 놀이 욕구(Spieltrieb)의 계발을 통해 미감 훈련(Erziehung)을 받아야 한다. 놀면서 놀이의 규칙을 만들고 형식적 규정과 부과된 규칙 없이도 자기들끼리의 다툼을 자연스럽게 조정하는 어린이들이 종잡을 수 없는 어른 세계에 화합의 열쇠를 제공한다. 사람은 사랑의 열매인, 즉 "하느님과 닮은 상태로 올라서려고 디디고 가는 사다리"인 놀이를 통해 자기의 감성적 자아를 충족하려고 태어났지, 억제하려고 태어나지는 않았다.[30]

(드미트리가 실러의 작품에서 끌어쓴 많은 어구와 더불어) 삶에 대한 그의 사랑과 흘러넘치는 그의 천연스러움은 모두 다 그가 이 놀이 정신의 구현과도 같음을 암시한다. 그는 느닷없이 웃음보를 터뜨려서 사람들이 깜짝 놀란다. 놀이 본능 때문에 그는 아름다움에 유난히 이끌린다. 아름다움은 "엄청날 뿐만 아니라 신비한 것이다. 거기서 악마는 하느님과 싸우며, 싸움터는 사람의 마음이다."

싸움터는 카라마조프 집안 안에도 있다. 열정적인 드미트리만이 알료샤의 다정다감한 신앙과 이반의 번뜩이는 합리성 사이의 대립을, 하느님이 찾아드는 아우와 악마가 찾아드는 형 사이의 대립을 넘어서고, 그 대립을 푼다. 드미트리는 "삶의 의미보다 삶을 더 많이 사랑하라"고 카라마조프 집안을 가르친다. 삶에 대한 사랑은 모든 피조물에 대한 사랑의 일부이다. 인간은 실러에게 창조의 끝없는 축제에 참여하는 최고의 존재였으며, 도스토옙스키는 그 축제에 참여하라고 우리에게 손짓하고 있는 듯하다. 사회적 유토피아의 원죄는 그 유토피아가 이 창조 과정의 자연발생성을 차단한다는 것이다. 사회적 유토피아는 "하느님이 아니라 하느님이 행한 창조의 의미를 부정한다." 도스토옙스키는 사람은 설령 하느님을 믿을 수 없더라도 창조된 우주를 사랑하고 즐겨야 한다고 말하고 있는 듯하다. 도스토옙스키가 자기의 열렬한 노름 사랑을 설명한 대로, 사람은 "놀이를 위한 놀이"를 즐겨야 한다. 개미의 질서정연하고 합리적인 습관과는 사뭇 다르게

사람은 경박하고 추한 존재이며, 어쩌면 체스를 두는 이처럼 목표 달성 과정뿐만 아니라 목표 자체를 사랑한다.

"2×2＝4이고 나머지는 다 쓸데없다"는 바자로프의 주장에 대항해서 도스토옙스키의 지하 생활자는 심지어 "2×2＝5가 때로는 멋진 것"이라고 시사한다.[31]

드미트리는 논리를 구사해서가 아니라 꽁꽁 언 배고픈 어린애가 나타나고 "그 어린애가 더는 울지 않도록 그 무엇이든 다 하겠다"는 이성을 뛰어넘는 열망을 갑작스레 품는 꿈을 꾸면서 운명에 따른다. 도스토옙스키는 그 장을 위한 습작에서 이 대사에 밑줄을 진하게 그었다. 드미트리의 "그 무엇"은 벌을, 심지어 책임까지도 받아들이는 것이다. 비록 범죄를 저지르지 않았을지라도 그는 "모든 이가 모든 것에 죄가 있다"고 인정하고는 기쁘게 죄수들과 함께 ― 그리고 하느님과 함께 ― 간다.

만약 하느님께서 땅 위에서 내몰리신다면, 우리는 하느님을 땅 밑에

서 맞이할 것이다! …… 그리고 …… 땅 저 밑에서 하느님께 비극적 찬가를 불러드리기 시작할 것이고, 그분께서는 기뻐하실 것이다! 하느님과 그분의 기쁨 만세!

드미트리 나름의 「환희에 부쳐」는 다음과 같은 그의 외침에서 열광에 찬 실러 식 절정에 이른다.

> …… 나한테는 모든 걸, 모든 괴로움을 이겨낼 힘이 있어. 오로지 쉴새 없이 이렇게 말하려고 말이야. 나는 존재한다! 무수한 고난 속에서 — 나는 존재한다. 고통 속에서 — 나는 몸부림치지. 하지만 나는 존재해. 나는 감옥 안에 앉아있지만, 나는 존재하며, 해를 본다고. 해가 보이지 않아도 해가 있음을 알지. 그리고 해가 있음을 아는 것, 이것이 이미 삶의 전부야.

재판 뒤에 몸이 아프고 다른 생각이 들어서 드미트리의 기쁨이 잦아든다. 그러나 한때 오만했던 카탸[43]가 고난과 유형에서 자기의 동반자가 되겠다는 비합리적인 소망을 갑자기 품으면서 그는 치유되고 삶에 대한 그의 믿음이 회복된다. "거짓이 한순간에 진실이 되었다"가 이 장의 제목이다. 2×2가 한순간에 5가 되었다. 지하 생활자가 갑자기 해를 발견했고 믿기지 않는 도덕적 영웅주의의 행위로 그 해를 붙잡겠다고 마음먹었기 때문이다. 카탸는 드미트리를 — 그리고 그를 통해 카라마조프 집안을 — 삶으로 되돌리는 일을 돕는다.

> "…… 지금은 잠깐 이대로 내버려둬. …… 지금 너는 다른 여자를

---

43 드미트리의 약혼녀 카테리나 베르홉체바(Катерина Верховцева)의 애칭.

사랑하고, 나도 다른 남자를 사랑해. 그래도 나는 너를, 너는 나를
영원히 사랑할 거야, 알았지? ……"

"사랑할 테야, …… 카탸." 말 한 마디 한 마디에 숨을 내쉬며 미탸
(Митя)[44]도 말하기 시작했다. "…… 평생토록! 정말 그럴 테야, 영원
히 그럴 테야. ……"

그러나 삶에 대한 본능과 범신론적 사랑의 이 실러식 놀이가 그리스
도교와 어떻게 특정한 연계를 얻는가? 어쩌면 도스토옙스키는 종교재판
소장의 이념적 적수로 포사와 카를로스 대신에 그리스도를 내세워서 오
직 그리스도만이 자유와 고결성의 새로운 형제 관계에 대한 낭만적 염원
을 채워줄 수 있다고 말하고 있는 것일지 모른다. 그러나 드미트리의
회심은 없다. 그리고 카탸와 드미트리 사이의 실러 식 비합리적 진실의
순간에 신앙의 인간 알료샤는 "말없이 멍하니 서 있었다. 그는 자기가
어떤 광경을 볼지 미처 몰랐다." 알료샤의 스승이면서 소설에서 그리스
도 같은 주요 인물인 조시마 수사는 마치 그런 사람들이 하느님에게 필
요하다고 말하려는 양 이미 드미트리 앞에 엎드려 절을 했다.

물론, 조시마는 그리스도교의 메시지를 품고 있다. 그는 러시아 수도
생활의 가장 거룩한 여러 전통의 합성이다. 그는 솔로베츠크의 공동설립
자의 이름과 티혼 자돈스키와 옵티나 푸스틴의 암브로시 신부 두 사람의
속성을 지니고 있다. 그러나 그는 구원을 통상적인 수도생활 방식으로
가져다주지 않는다. 아버지 카라마조프는 조시마가 사실은 호색한이라
고 말한다. 이 음탕한 늙은이의 말은 조시마가 죽은 뒤 그의 주검에서
성자 자격을 망치는 썩는 냄새가 내풍겨서 얼마간은 옳다고 판명된다.

---

[44] 드미트리 카라마조프의 애칭.

조시마가 일으키는 유일한 핵심적 회심, 즉 알료샤의 회심은 알료샤도 그루센카(Грушенька, "농염한 배")[45]를 찾아감으로써 조시마의 "썩는 냄새"를 맡은 뒤에 이루어진다. 조시마의 주검이 부패하면서 이루어지는 그의 회심에는 종교재판소장이 찬미한 기적과 권위는 조금도 없다. 알료샤의 회심은, 그것과 대비되는 살인과 마찬가지로, 냉철하게 들키지 않도록 밤에 일어난다. 그 회심은 탁 트인 하늘 아래서 눈물을 흘리는 가운데 이루어지며 거룩하게 속세에서 물러나 있는 상태가 아니라 바닥에 엎드려 땅을 끌어안는 행위로, 그다음에는 수도원을 떠나 세상으로 들어가겠다는 알료샤의 결심으로 곧바로 이어진다.

우리는 — 드미트리와 이반의 미래는 말할 나위도 없고 — 알료샤의 미래가 어떠했을지 알지 못한다. 우리에게는 알료사가 궁극적인 주인공이 될 더 긴 작품 원안의 제1부만 있기 때문이다. 이름이 다시 의미심장하다. 왜냐하면 알료샤는 알렉세이의 지소형이어서, 이상화된 인물인 알렉세이 미하일로비치와 인기 있는 민중의 영웅인 "하느님의 사람 알렉시우스(Alexius)"[46]를 생각나게 해주기 때문이다. 그러나 『카라마조프 씨네 형제들』은 그 자체로 완결되어 있다. 그리고 그 안에서 멋진 서브플롯이 끝에 나오는데, 그 서브플롯은 도스토옙스키의 우주론에서 실러식 주제와 그리스도교적 요소를 극적으로, 그리고 이념적으로 한데 묶어준다.

"사내아이들" 이야기에서 우리는 회심한 뒤의 행동하는 알료샤에 관

---

[45] 『카라마조프 씨네 형제들』에서 남자들을 사로잡는 미녀로 나오는 등장인물 아그라페나 스베틀로바(Аграфена Светлова). 아그라페나의 애칭이 일반명사로는 과일 배를 뜻하기도 하는 그루샤(Груша)이며, 이 그루샤의 지소형이 그루센카다.

[46] 5세기의 성자. 비잔티움 성자전에 따르면, 로마의 귀족이었지만 가진 것을 버리고 에데사의 교회 앞에서 구걸하면서 하느님을 섬기며 살았으며, 귀향해서도 신분을 감추고 거지로 지냈다. 러시아어로 Алексий человек Божий라고 하는 그의 일대기는 러시아에서 인기가 높았다.

한 유일한 이미지를 얻는다. 대체로 그 이야기는 순전히 실러적이다. 배경은 놀고 있는 사내아이들이다. 그 아이들은 억누르는 모든 힘에서 자유로우며, 표현을 천연덕스럽게 하고 뭔가에 구애되지 않고 삶이라는 놀이를 방해하는 모든 것을 명랑하게 거부하면서 즐거움을 누린다. 그런데 이 장면에 실러와 낭만주의자들이 "인간의 미감 훈련"에 맞지 않는다고 보았던 뭔가가 들어온다. 그것은 이유 없고 돌이킬 수 없는 고통이다. 아이들에게는 힘이 넘쳐 흐르는 탓에 서로의 영혼에 상처를 입히는 능력이 엄청나게 향상된다. 그리고 여린 사내아이인 일류샤(Илюша)[47]의 느린 죽음은 그의 놀이 동무들의 놀림과 분명히 연관되어 있다.

겉으로는 연결되지 않아 보이는 그 이야기는 여러 중요한 방식으로 소설 전체와 연결되어 있다. 그 무리의 주요 우두머리인 콜랴 크라소트킨(Коля Красоткин)[48]은 감정을 억누르려고 애쓰고 다른 이들이 따라 하는 범죄를 궁리하는 고립된 지식인 이반 카라마조프의 복사판이다. "모든 것이 허용된다"는 이반의 가설이 다른 이들이 저지르는 죄인데 이반이 벌을 받는 죄목인 아버지 죽이기 행위의 밑바탕을 마련하는 것과 똑같이, 콜랴도 한 농부가 거위 한 마리를 의도하지 않게 죽여서 벌을 받도록 만드는 꾀를 꾸민다. 도스토옙스키는 일류샤가 죽은 뒤 (조시마의 주검과 대조적으로) 그 아이의 주검에 부패의 기미가 없었다고 우리에게 말한다. 죽어가면서 일류샤는 자기 아버지를 껴안고 가난뱅이라고 비웃는 의사의 조롱으로부터 그를 품위 있게 지켜내어, 뭐랄까, 카라마조프 집안의 죄를 보상한다. 훨씬 더 중요한 점은 일류샤의 무덤 위에서 콜랴와

---

[47] 『카라마조프 씨네 형제들』에 나오는 소년. 자기 아버지를 욕보인 드미트리 카라마조프를 미워하다가 폐병으로 죽는다.
[48] 『카라마조프 씨네 형제들』에 나오는 소년. 자칭 사회주의자이며 일류샤와 사이가 틀어진다. 알료샤와 논쟁을 하면서 그에게 감화된다.

다른 사내아이들에게 세상과, 그리고 서로와 화해했다는 느낌이 갑자기 든다는 것이다. 동무이자 선생으로 그들과 지내온 알료샤는 이 우애와 화합의 순간을 누릴 수 있다. 갑자기 우리는 그가 이반과 함께는 결코 풀 수 없던 문제를 콜랴와 함께 풀고 있음을 알아챈다.

> "일류샤의 얼굴, 그 아이의 옷, 해진 신발과 관, 그리고 그 아이의 가엾은 아버지를 기억하자! 일류샤가 아버지를 위해 혼자서 학급 전체에 대담하게 맞선 일을 기억하자!"
> 사내아이들은 "그럴게요, 기억할게요"라고 소리쳤다. "그 애는 용감했어요, 그 애는 착했어요!"
> 콜랴가 "아, 난 그 아이를 정말 좋아했는데!"라고 외쳤다.
> "아, 얘들아, 아, 사랑스러운 동무들아, 삶을 무서워하지 마라! ……"

사랑과 용기, 즉 모험의 자질이 삶의 축제에서는 논리는 말할 나위도 없고 도덕보다 더 중요하다. 사내아이들은 갑자기 삶에 대한, 일류샤를 위해 계속되어야 할 삶에 대한 새 믿음을 품게 된다.

> "카라마조프 만세!" 콜랴가 들떠서 외쳤다.
> 알료샤가 다정하게 다시 덧붙였다. "그리고 죽은 아이가 영원히 기억되기를!"

일류샤의 바윗돌 옆에서 이루어진 그들의 마지막 모임은 버려졌다가 새 집의 머릿돌이 된 돌에 관한 성경의 우화[49]를, 그리고 일류샤가 돌에 맞

---

[49] 구약성경 「시편」 118장 22~23절 "건축자들이 버린 돌이 집 모퉁이의 머릿돌이 되었으니 이것은 야훼께서 행하신 것이요." 이 우화는 신약성경 「마태복음」 21장

아 창피를 당한 사건도 생각나게 해준다. 그 장면은 이반이나 다른 모든 오만한 지성인이 아직 체득하지 못한 "너희가 …… 어린이들과 같이 되지 않으면, 절대로 하늘나라에 들어가지 못하리라"[50]는 핵심 메시지를 예증한다고 보인다. 신앙의 순진무구하고 활기찬 도약은 삶의 의미에 관한 "햄릿의 문제"에 해답을 주지 않고 그 문제를 넘어선다.

> "카라마조프 씨!" 콜랴가 외쳤다. "정말 진짜로 종교는 우리가 모두 죽은 자 가운데에서 일어나 되살아나서 서로를, 모두 다를, 일류셰치카(Илюшечка)[51]를 다시 볼 거라고 말하나요?"
> 알료샤는 반은 웃으며 반은 감격에 겨워 대답했다. "우리는 반드시 부활할 거고, 반드시 만나서 즐겁고 기쁘게 지난 일을 모조리 다 서로 이야기하게 될 거야!"

일류샤의 주검을 놓고 이루어지는 이 화해의 의미는 도스토옙스키가 『카라마조프 씨네 형제들』의 시작 부분에 둔 "밀알 하나가 땅에 떨어져서 죽지 않으면 한 알 그대로 있고, 죽으면 열매를 많이 맺는다"[52]는 성 요한의 문구의 의미이다. 새로운 삶은 죽음에서, 늙은 카라마조프의, 조시마의, 그리고 다른 무엇보다도 무고한 작은 아이의 죽음에서 나온다. 유일한 본질적 기적은 부활의 기적, 즉 되풀이해서 일어나는 자연의 경이와 그리스도 정교의 핵심적 기적이다. 사람들은 교리를 공부함으로써가 아니라 하느님이 행한 창조를 믿음으로써 하느님을 되찾는다. 갈릴리

42절, 「마가복음」 12장 10절, 「누가복음」 20장 17절, 「사도행전」 4장 11절에서도 언급된다.
[50] 신약성경 「마태복음」 18장 3절.
[51] 일류샤의 애칭.
[52] 신약성경 「요한복음」 12장 24절.

의 가나에서 벌어진 혼인 잔치에서 물을 포도주로 바꾸는 그리스도의 첫 기적은 알료샤의 회심을 일으키는 성경 구절[53]이다. 그의 첫 충동적 행동은 땅을 끌어안는 것이다. 그리스도교는 고행수사와 청교도의 종교가 아니라 하느님이 행한 창조에 기뻐하고 그것을 즐기려고 애쓰는 "검은" 카라마조프 형제의 종교이다. 그것은 구약의 율법과 예언자가 아니라 창조적 자유의 낭만적 사도의 율법과 예언자의 실행이다. 즉 모험의 종교인 것이다. 그것의 유일한 교리는 그리스도를 본받아 아낌없이 베푸는 사랑이 궁극적으로는 모든 것에 승리하리라는 것이다. 아 켐피스의 말대로, "사랑을 위해서는 못할 것이 없"기 때문이다.[32]

인간의 내적 본성에 초점을 맞추었듯이 최종적으로는 그리스도교를 긍정했다는 점에서 도스토옙스키는 자기 시대의 전형은 아니었다. 종교에서 벗어나 스타브로긴 유의 니힐리즘 쪽으로든, 아니면 현대 세계의 외곬 불가지론 쪽으로든 옮아가는 것이 추세였다. 그때 사람들은 급진적인 인민주의적 성격의 이념이든, 반동적인 범슬라브주의적 성격의 이념이든 준(準)종교적 사회 이념에서 일종의 위안을 찾았다. 이런 추세의 영향을 너무 심하게 받은 나머지 도스토옙스키는 어떤 확신을 품고 전통적인 그리스도교를 완전히 재긍정하려는 시도를 할 수 없었다. 도리어 그의 믿음은 "더 사실적인 것"을 추구하는 사실주의자의 믿음이다. 심히 개인적이고 굳세지 못한 이 믿음을 위한 이콘은, 아마도, 둘일 것이다.

첫째 이콘은 「시스티나의 성모」의 이미지이다. 그는 그것을 드레스덴의 바리케이드 위에 내걸겠다는 바쿠닌과 혁명가들에게 대드는 양 자기의 글쓰기용 책상의 위쪽에 늘 모셔두었다. (도스토옙스키 자신도 드레스덴에서 그 그림을 한 번 더 가까이 보려고 의자 위에 올라서려고 박물

---

53 신약성경 「요한복음」 2장 1~11절.

관 경비원들에게 대들다가 작은 소동을 일으켰다.)[33] 그 성모는 모든 창조의 원천, 즉 최고의 어머니를 그의 여러 소설에 흠뻑 배어있는 유럽 예술의 최고 기법으로 묘사한 그림이었다. 이 그림은 그리스도교 수용 이후 유럽의 "분쟁과 논리" 속에 묻혀 누워있는, 그리고 그가 되살아난 러시아인의 그리스도교 신앙의 열성과 자기의 예술이 지닌 예언적 힘을 통해 되살려내기를 소방한 그 "소중한 망자"를 생각나게 해주었다.

　도스토옙스키의 고뇌 어린 믿음의 두 번째 이콘은 손을 그린 그림이다. 『카라마조프 씨네 형제들』에는 손과 발이 가득하다. 손과 발은 이 세상에서 일하는 도구이며, 꿈속의 사랑과 대비되는 현실 속 사랑의 "가혹함과 무시무시함"의 상징이다. 드미트리와의 마지막 장면에서 카탸는 아양을 부리며 "내가 뭘 하러 왔을까?"라고 묻는다. "네 발을 안으려고, 이렇게 아플 만치 손을 쥐려고." 손은 그 소설 곳곳에서 빈민의 상징이었다. 우리는 파 한 뿌리에 관한 우화에서 한 농부 아낙네에 관한 이야기를 듣는다. 그 아낙네는 자기가 한때 적선했고 하느님이 가엾게 여겨 자기에게 내밀었던 파 한 뿌리를 움켜쥐려는 다른 사람의 손을 쳐서 밀어내는 바람에 지옥의 활활 불타는 호수에서 헤어날 마지막 구원의 기회를 잃었다. 무고한 어린이들의 손이 하느님에게 대들라고 이반을 유혹한다. 그는 아기에게 권총을 내밀어서 아기가 순진무구한 작은 손을 뻗어 권총을 만지는 바로 그 순간까지 기다렸다가 아기의 머리통을 날려버린 살인자에 관한 이야기를 알료샤에게 해준다. 그런 다음 그는 다섯 살 먹은 한 계집아이의 이미지로 미칠 지경이 된다. 부모에게 학대를 받아 얼굴에 똥이 칠해진 채로 마당에 있는 측간 안에 남겨진 그 작은 계집아이가 어떤 원한도 품지 않고 "하느님"에게 기도하면서 "어둠과 추위 속에서 찢긴 제 가슴을 조그만 주먹으로 치"는 동안 그 아이의 가학적인 어머니는 따뜻한 집에서 태평하게 잠을 잔다. 이반은 그 계집아이의 눈물을 앙갚음해야 하므로 하느님에게 대든다. 알료샤마저도 자기는 "제 가슴을 조그만 주먹으로 치는 그 아이"의 광경을 용인하는 그 어떤 이상적 조화도 받아들이기를 꺼릴 것이라고 인정한다. 그러나 드미트리는 "한 아이가 울면서 추위로 완전히 새파래진 맨 손을 주먹을 쥐고 내미는" 꿈을 꾸고 자기 운명을 받아들이게 된다.

속죄의 마지막 메시지는 소설의 끝이기도 한 "사내아이들" 이야기의 끝에 나온다. 그 바로 앞에서 우리에게 일류샤를 잃고 괴로워하는 아버지의 애처로운 마지막 이미지가 제시된다. 죽어가는 아들 곁에서 "두 주먹을 제 머리에 대고 누른 채" 주체하지 못하고 흐느껴 우는 모습을 얼마 전에 보였던 그 아버지가 되돌아와서 장례식 장면 초반부를 지배한다. 그는 온통 손이다. 관대(棺臺)에서 꽃을 움켜쥐려고 하고 관을 끌어안고 빵을 바숴 무덤 안에 던진다. 드미트리가 자기 신발을 벗으라는 요구를 받아서 법정에서 꼴사나운 제 발을 드러내야 하는 장면의 기막힌 뒤집기에서 도스토옙스키는 일류샤의 아버지가 땅에 묻힌 자기 아이의 신발에 입을 맞추면서 "귀여운 일류샤, 사랑스러운 아이야, 네 발은 대체 어디 있느냐?"라고 묻게 한다.

사내아이들은 일류샤 아버지의 방을 떠나 야외로 되돌아갔을 때 즐거운 마지막 합창을 갑자기 하게 된다. 그 암시는 일류샤가 (스메르댜코프가 미리 지시한 대로) 괴롭히고 쫓아냈던 자기 개 "주치카"(Жучка)[54]가 콜랴의 개 "페레즈본"(교회의 종들을 차례로 울리기)으로 변하는 신비한 탈바꿈 속에 있었다. 페레즈본 덕분에 사내아이들의 마지막 일류샤 방문이 거의 즐거운 시간으로 바뀐다. 교회의 종들이 차례로 울리면서

---

[54] 원래 뜻은 작은 딱정벌레이지만, 집에서 기르는 개에게 흔히 붙이는 이름이기도 하다.

카탸가 드미트리와 함께 있는 장면이 일류샤의 장례식으로 넘어간다. 그러나 그 종소리는 마지막 송가 「환희에 부쳐」에 곧 자리를 내준다. 그것은 거의 마치 바쿠닌이 혁명가들이 행하는 파괴에서 면제해준 적이 있는 베토벤의 「제9번 교향곡」의 합창 악장이 갑자기 상연되고 있는 듯, (바쿠닌이 자기를 따르는 아나키스트들을 일컬으려고 쓴 용어인) "성스러운 불꽃의 아리따운 딸들" 각자가 실러-베토벤의 가사에 나오는 대로 "모든 사람이 형제가 되"고 "인류의 미감 훈련"이 "별이 총총한 저 하늘 위에 한 아버지가 틀림없이 살고 계신다"는 깨달음으로 완수될 순간에 갑자기 이르는 듯하다.[34]

『카라마조프 씨네 형제들』의 이 즐거운 마지막 순간에는 또다시 손의 이미지가 있다. 그 손은 알브레히트 뒤러(Albrecht Dürer)가 의도했던 식으로 기도하며 마주 잡거나[55] 정교도나 구교도 어느 방식으로도 성호를 긋지 않고 있다. 그 이미지는 황제에게 경의를 표하거나 어떤 의회 기구에서 찬반 의사를 표하려고 치켜든 손의 이미지가 전혀 아니다. 그것은 오히려 모든 분열감과 분리감을, 심지어는 현세와 내세 사이의 모든 분열감과 분리감까지도 극복하는 예기치 않은 훈훈한 순간에 무덤 가까이에서 아이들이 맞잡은 손의 이미지이다. 삶이 새로워졌다는 공유된 느낌은 신비하게도 그 아이들 동무의 죽음에서 나온다. "자, 가자꾸나!" 알료샤가 말한다. "이제 이렇게 손을 잡고 가는 거야." 콜랴가 "영원히 이렇게, 평생 손에 손을 잡고요!"라고 "아주 기쁘게" 되뇐다.

화해의 이미지는 사뭇 그리스도교적이다. 그것은 차디찬 산꼭대기에서 그림자 사람들이 욘 가브리엘 보르크만(John Gabriel Borkman)[56]의 주검

---

55 1508년 무렵에 뒤러는 「기도하는 손」(Betende Hände)이라는 작품에서 기도하려고 맞잡는 두 손을 그렸다.

위로 무덤덤하게 맞잡은 손에 관한 만년의 헨릭 입센(Henrik Ibsen)의 이교적 묘사[57]와는 퍽 다르다. 그러나 도스토옙스키의 소설은 전통적인 천상의 할렐루야가 아니라 지상의 즐거운 외침으로 끝난다. 장례식 연회와 이후의 삶을 즐기러 손에 손을 잡고 떠나면서 콜랴가 근대문학에서 가장 좋은 마지막 환호성 가운데 하나를 외치고 사내아이들이 따라 외친다. "카라마조프 만세!"

---

[56] 입센이 1896년에 쓴 희곡 『욘 가브리엘 보르크만』의 주인공.

[57] 『욘 가브리엘 보르크만』의 마지막 장면에서 보르크만의 아내와 그의 쌍둥이 누이가 자신을 그림자라고 부르면서 보르크만의 주검 위로 서로 손을 뻗어 맞잡는다.

03 저무는 세기의 새로운 전망

　　1881년의 첫 몇 달 동안 무소륵스키와 도스토옙스키가 죽었고 러시아 문화사의 인민주의 시대가 끝났다. "이동전람파"의 가장 유명한 역사화 가운데 하나인 수리코프의 「스트렐츼 처형일 아침」(Утро стрелецкой казни)이 알렉산드르 2세가 암살당한 바로 그 날인 1881년 3월 1일에 성 페테르부르그에서 처음으로 전시되었다는 것은 이상하리만큼 어울려 보인다.[1] 알렉산드르 2세가 피살되자 처형과 숙청의 프로그램이 속행되었다. 그 프로그램은 수리코프의 그 그림이 시사하는 것만큼 그렇게 잔혹하지는 않을지라도 단호했다. 그 "해방자 차르"의 죽음에 뒤따른 반동과 탄압의 물결은 거의 사반세기 뒤인 1905년의 혁명적 위기까지 크게 수그러들지 않았다.

　　인민주의 시대의 예술가들은 가차 없는 사실주의를 "인민" 속에 러시아 사회를 되살려낼 숨은 열쇠가 어떤 식으로든 들어있다는 강한 신념과 결합했다. 예술가나 선동가나 똑같이 ― 이들 가운데에는 신학교에서 교육을 받은 이가 많았는데 ― 어떤 새롭고 근본적으로 윤리적인 형태의 그리스도교가 러시아 땅에서 실현될 참이라는 막연하지만 열렬한 믿음에 자주 찬동했다. "자유, 평등, 형제애"가 십자가¹에 쓰이는 일, 또는 급진주의자가 자기는 "그리스도, 성 바울, 체르늬솁스키"를 믿는다고 확언하는 일이 드물지 않았다. 새로운 그리스도교적 형태의 사회라는 이상은 러시아 고유의 분리파와 분파교의 전통에서, 콩트의 인류교 사상에서, 프루동의 준종교적 사회주의에서, 심지어는 그리스도교 국가인 러시아가 이교 국가인 튀르크와 타락한 서방에 맞서 지켜내야 할 독특한 영적 유산을 가지고 있다는 공식적 주장에서 힘을 끌어냈다.

알렉산드르 2세 말년의 분위기에 충만했던 그 크나큰 기대감을 재현하기란 어려운 일이다. 세계에서 러시아의 중요성이 커지고 있으며 그 소명에 호응할 필요가 있다는 바로 그 이유로 극적인 변화가 불가피하다는 전반적인 느낌이 있었다. 도스토옙스키가 1880년 6월 8일에 모스크바에서 푸시킨을 보편적 화합을 이야기하는 러시아 특유의 예언자로 추켜세운 유명한 연설은 그 시대를 표상하는 대중 시위 장면이었다. 그는 수십 명이 흐느끼는 가운데 30분 동안 갈채를 받았으며, 사람들이 지켜보는 가운데 친슬라브주의자인 악사코프에서 오랜 서구주의자인 (그리고 악사코프의 숙적인) 투르게네프에 이르는 모든 이가 그를 얼싸안았다. "모욕당한 이와 약한 이"를 위해 "그리스도의 이름으로" 싸우라는 정치범의 요청에 찬동하는 1870년대 말엽의 법정 장면에서 터져 나왔던 것과 똑같이, 청중 속에서 "예언자"라고 외치는 목소리가 나왔다. 피고가 앉는 단상은 골고다로 불렸고, 혁명가는 자주 자신을 "참된 그리스도교인"이나 "그리스도교 형제단"이라고 일컬었다. 인민주의자 가운데 가장 실증주의적인 미하일롭스키와 라브로프마저도 그리스도가 자기의 도덕적 이상의 근원이라고 이따금 주장했다. 그리고 대다수 "1870년대인"은 — 정치적 힘이나 경제적 힘이 아닌 — 도덕적 이상이 궁극적으로 역사의 진로를 결정하리라고 믿었다.

---

1 사제가 목에 걸고 다니는 작은 십자가.

알렉산드르 2세의 암살자들은 이 행위가 말할 나위 없이 형제애의 새 시대를 불러올 일종의 영적 의무라고 믿는 듯했다. 그 음모가들의 도덕적 열정과 이타심은 지식인들에게 호소력을 지녔고, 그 지식인들 가운데 많은 이가 (카라마조프 형제 식으로) 어떻게든 그 암살에 책임이 있고 재판과 형벌에 연루되어 있다고 느꼈다. 톨스토이와 솔로비요프 같은 저명한 지식인은 아량을 베풀라고 새 차르에게 호소했고, 이로써 감동 어린 학생 지지 시위를 자주 불러일으켰다. '인민의 의지' 조직의 지도부를 빼면 극히 적은 사람만이 테러주의 암살을 지지했을지라도, 많은 사람은 사회의 불협화음을 해소할 수 있는 그리스도교적 용서를 할 둘도 없는 기회가 이제 차르에게 있다고 믿었다. 1881년 1월에 도스토옙스키의 무덤에 모여든 3만 명은 알렉산드르 3세가 "진짜 차르", 즉 고난에 처한 자기 백성의 소망을 실현해줄 인물이며 오랫동안 사라졌던 차레비치 이반이기를 기대하고 있었다.

그러나 알렉산드르 3세는 데카브리스트 봉기 뒤에 니콜라이 1세가 택했던 길을 따라서 암살자들을 목매달아 죽이고 반동 통치를 개시했다. 일련의 선언문과 포고령에서 그는 혁명가들의 활동과 그 배후에 있는 지적 발효를 둘 다 모두 철저히 억누르려고 시도했다. 알렉산드르 2세 치하에서 꾸준히 확장되던 (그리고 여성에게 이상하리만큼 아낌없이 고등교육 기회를 주던) 교육 체계가 교육은 국민 기강의 한 형태라는 우바로프의 사고로 되돌아감으로써 축소되었다. 1884년 말까지 입헌적 권리나 연방적 권리에 슬쩍이라도 관심을 내비치는 장관이 모조리 해임되고 '인민의 의지' 간행물이 모조리 폐간되고 합법적 인민주의의 주요 저널 『조국 수기』가 영구히 금지되었다. 이 단호한 찬물 끼얹기로 인민주의 시대의 크나큰 기대를 함께 품었던 이들 사이에 경악에 찬 침묵이 흘렀다. 문화의 관점에서 볼 때 알렉산드르 3세 통치기(1881~1894년)는 깊은 침체기였다. 인민주의 특유의 신념이 러시아 사회사상을 계속 지배했지만, 오랜 기대와 흥분은 사라져버렸다. 그 시기는 1870년대의 원대한 행위와 사회적으로 혁명적인 인민주의와는 사뭇 다른 "일상사"와 "문화적 인민주의"의 시대로 일컬어졌다.

오랫동안 공을 들인 인민주의 예술의 두 걸작, 즉 레핀의 그림 「튀르크의 술탄에게 보낼 편지를 쓰는 자포로지예 카작들」과 보로딘의 오페라 「이고르 공」(Князь Игорь)이 이 시기 동안에 완성되었다. 그 두 작품은 각각 "이동전람파"와 "막강 5인방"이 약속한 새 국민예술의 마지막 기념비로 서 있다. 레핀이 1878년부터 1891년까지 온 힘을 쏟아 부은 그의 그림은 타국의 교만한 압제자에 자발적으로 다 함께 도전하는 투박한 "인민"의 활력을 이상화해서 묘사한다. 보로딘이 1869년부터 자기가 죽는 1887년까지 만든 오페라는 이고르가 폴로베츠인(Половцы)[2]과 벌인 불운한 전투에 관한 서사담을 잘 다듬어 토속적 희극과 이국적 무용과 서정적 가창을 균등한 비율로 적절하게 결합한 다채로운 무대극으로 만든다.

「이고르 공」은 유일하게 마무리된 보로딘의 오페라이며, 심지어는 그가 죽은 뒤에 니콜라이 림스키-코르사코프와 알렉산드르 글라주노프(Александр Глазунов)가 그 작품을 다듬어 끝내달라는 요청을 받기 전에도 러시아 국민음악파의 집단 기획에 가까웠다. 보로딘은 자주 자기 친구들과 어울려 작곡했다. 그는 자기 시대의 뛰어난 화학자들 가운데 한 사람으로서 자기가 지닌 지식을 이용해서 연필로 대충 적은 악보를 보존하는 데 쓰는 특수한 젤라틴을 고안했고 러시아 의학 교육의 발전을 돕기도 했다. 보로딘은 세계주의적인 교육을 받았고 여러 언어와 학문 분야에 정통했는데도 러시아 민중 문화로 눈길을 돌려 자기의 극적 소재를 구했

---

[2] 11세기까지 러시아 남부 초지대에서 살던 튀르크계 유목민족.

다. 그는 한 자선 무도회에서 러시아 민족의상을 입은 채 죽었고 알렉산드르 넵스키 대수도원 묘지에서 무소륵스키와 도스토옙스키의 무덤 가까운 곳에 묻혔다. 이후 세대가 보로딘의 오페라를 주로 폴로베츠인 진영에서 벌어지는 유명한 춤으로 기억할 터라면, 1890년대 초엽의 침울한 러시아에서 그 오페라를 처음으로 본 이들은 같은 막에서 더 앞부분에 나오는 장면에 각별한 동질감을 틀림없이 느꼈을 것이다. 대원정에서 패하고 사로잡혀서 좌절한 외로운 인물 이고르는 — 베이스 성부(聲部)를 위해 여태껏 쓰인 가장 황홀한 음악으로 — 자기의 정숙한 아내의 이미지를 불러내서, 그리고 갑자기 울려 퍼지는 관현악으로 메아리치고 인민주의 시대의 응답 없는 서정적 기도가 될 법한 "오, 제게 주소서, 자유를 주소서"라는 가사 한 줄을 앞으로 걸어나와 노래해서 개인의 위안을 찾는다.[2]

"일상사"와 이루어지지 않은 희망이 남은 알렉산드르 3세 시대의 이상주의자들은 역사라는 널따란 원형 투기장에서 서정적 비탄이라는 개인 세계로 도피했다. 인민주의 시대와 이 시대의 예언적 예술가들이 러시아를 위한 구원의 그 어떤 새 메시지도 찾지 못한 것은 최종적 실패로 받아들여졌다. 유일한 위안은 삶의 슬픔 바로 그것에서 아름다움을 찾는 것이었다. 이 시기 동안에 차이콥스키의 발레곡,「백조의 호수」(Лебединое озеро)와「호두까기 인형」(Щелкунчик)과「잠자는 미녀」(Спящая красавица)의 현실과 동떨어진 아름다움이 시달릴 대로 시달린 한 민족에게 우아한 환상의 순진무구한 막간극을 제공해서 러시아를 위한 기나긴 봉사를 하기 시작했다. 강렬한, 때로는 환각적인 걸작 오페라「스페이드의 여왕」(Пиковая дама)을 1890년대에 만들어낼 재능이 푸시킨의 또 다른 유명한 작품 『예브게니 오네긴』을 가지고 (부분적으로는 알렉산드르 3세가 유난히 열광한 덕분에) 가장 큰 인기를 끈 1880년대의 오페라를 이미 만들어낸 적이 있다. 사적 관계라는 비이념적 문제에 대한 이 오페라의 몰입과 그 오페라의 무르익은 음악적 애수의 분위기는 여러모로 그 시대의 정신에 잘 들어맞았다. 마지막 막에서 나뭇잎이 떨어지는 가운데 렌스키(Ленский)[3]가 허비한 자기의 젊음에 보내는 테너의 한탄과 오네긴이 잃어버린 사랑에게 고하는 작별인사는 슬픔을 솟구치는 선율 속에 빠뜨려 지워버리는 듯했다. 실러의 「환희에 부쳐」에 바탕을 둔 1865년의 경쾌한 칸타타(cantata)[4] 한 곡으로 러시아 음악계에 입문했던 그 작곡가는 1893년에 적절하게도 「비창」(Патетическая)으로 알려진 비애 어린 「6번 교향곡」의 첫 상연을 지휘한 뒤 딱 아흐레 만에 죽었다.

이 시대의 주요 화가인 이사악 레비탄은 인민의 세계에서 완전히 물러나서 어쩌면 러시아의 모든 풍경화가들 가운데 가장 위대한 풍경화가가 되었다. 그의 삶 마지막 스물한 해의 그림들에는 인물이 단 한 사람도 나오지 않는다.[3] 그러나 차이콥스키와 마찬가지로 레비탄은 매우 인간적인 비애감을 자기 작품의 아름다움 속에 투사한다. 그의 가장 뛰어난 작품들 가운데 여럿이 — 즉, 「볼가 강의 저녁」(Вечер на Волге)과 「저녁 종소리」(Вечерний звон)와 「황금빛 가을」(Золотая осень)이 — 한낮의 햇빛이나 봄의 조짐보다는 자연의 황혼을 묘사한다.

레비탄의 평생 친구 안톤 체호프의 작품에는 훨씬 더 슬픈 분위기가 배어있다. 체호프의 희곡이 아니고서는 그 어디에서도 더 아름답고 감동적으로 묘사된 인간의 부질없는 행동의 희극 속 파토스를 찾아내지 못한다. 그의 가장 위대한 희곡은 비록 니콜라이 2세 통치 초기에 쓰였을지라도 알렉산드르 3세의 치세, 즉 체호프가 작가로서 발전하던 시기에 형성된 분위기를 반영한다. 체호프의 첫 대작 희곡 「갈매기」의 도입부

---

[3] 「예브게니 오네긴」에 낭만적이고 순진무구한 젊은 시인으로 나오는 등장인물.
[4] 주로 바로크 시대에 성행한 형식의 성악곡.

에서 주요 등장인물이 "이것은 제 삶을 애도하는 상복(喪服)"이라고 설명한다. 그에게 레비탄이 죽은 갈매기 한 마리는 감성의 상징이라는 생각을 내놓은 적이 있다. 그러나 체호프의 희곡들 여기저기에서 그 상징은 낡은 귀족의 러시아가 우아하게 느릿느릿 하늘을 날아 바다로 가는 것과 동일시되었다.

등장인물들은 자기 주위의 세상과는 물론이고 서로 간에 의사소통 할 수 없는 채로 무대를 이리저리 헤맨다. 「바냐 외삼촌」의 끝에서 소냐(Соня)[5]가 이렇게 말한다. "어쩌겠어요, 우리는 줄줄이 길디길게 이어지는 낮과 긴긴 밤을 살아가겠지요. 운명이 우리에게 보낼 시련을 꾹 참아 내겠지요. …… 그리고 때가 되면 우리는 그냥 죽겠지요." 체호프는 아직도 인민주의의 이상을 믿지만 그 이상이 이 세상에 실현되는 모습을 보기는 더는 기대하지 않으면서 고난을 겪고 쓰러지는 이들을 시종일관 찬미한다. 소냐는 저세상에서 "우리는 …… 모든 고통이 온 누리에 가득 찰 자비에 묻혀 사라지는 모습을 볼 거예요"라고 말한다. 그러나 이것은 「비창」에 나오는 선율과 마찬가지로 감미로운 서정적 순간에 지나지 않는다. 자기의 희곡들에서 차츰차츰 체호프는 모든 희망과 위안에서 — 심지어는 자살을 통한 도피처럼 그가 「갈매기」와 「세 자매」(Три сестры)에서 불러내는 멜로드라마의 낯익은 관행에서 발견되는 희망과 위안에서도 — 더 멀어진다. 어쩌면 레비탄이 그린 풍경화의 고요한 황혼을 찾아서 체호프는 자기의 마지막 희곡을 위한 벚나무 동산으로 도피했고 슈바르츠발트(Schwarzwald)[6]로 가서 죽었다. 그러나 그는 물질적 변화의 힘이 우세해지고 있다는 것을 알았다. 무대 뒤에서 들리는 그 동산의 도끼질 소리가 그의 마지막 희곡의 최종

---

[5] 「바냐 외삼촌」에서 주인공 이반 보이니츠키(Иван Войницкий)의 외조카로 나오는 등장인물 소피야 세레브랴코바(Софья Серебрякова)의 애칭.
[6] 침엽수림이 우거지고 휴양지와 목초지가 많은 독일 남서부의 고지대.

커튼을 내린다.

서정적 비탄이 인민주의 시대의 냉정하지만 포괄적인 사실주의를 대체하고 있었다. 단편소설과 인상기가 인민주의 시대의 대작을 대체했다. 19세기 말엽에는 범위와 사실주의의 강도 면에서 「호반쉬나」나 『카라마조프 씨네 형제들』에는 말할 나위도 없고 네크라소프의 시 「누구에게 러시아는 살기 좋은가」(Кому на Руси жить хорошо, 1863~1876년)나 살틔코프-쉐드린의 『골로블료프 가 사람들』(Господа Головлевы, 1872~1876년)에 견줄 만한 것이 전혀 없다. 사실주의 소설의 황금시대는 러시아 시의 황금시대가 1840년대에 끝났던 것과 똑같이 1880년대에 끝났다. 투르게네프가 그의 마지막 소설을 (그리고 톨스토이가 그의 마지막 대작을) 1870년대 말엽에 썼다. 사실주의 소설의 또 다른 선구자 피셈스키가 1881년에 맞이한 죽음은 도스토옙스키와 무소륵스키의 죽음과 몇 주 차이가 나지 않는다. 1880년대 말까지 살틔코프-쉐드린, 셸구노프, 옐리세예프, 체르니솁스키가 죽으면서, 1860년대의 비판적 저널 전통과의 마지막 실질적 연계가 끊겼다. 주요 인민주의 작가들 가운데 1880년대 내내 러시아에서 여전히 활약하고 타협하지 않고 인민주의 이상에 충실한 이는 우스펜스키와 미하일롭스키뿐이었다. 그러나 우스펜스키는 자기의 음울한 걸작 『대지의 힘』(1882년)과 『인간과 기계』(Человек и машина, 1884년) 같은 예언적 단편을 완성한 뒤에 천천히 미치광이가 되고 있었다. 미하일롭스키는 심한 신경성 티크증을 앓았고 자기 자신과 자기 벗들의 회고록을 펴내는 데 점점 더 여념이 없었다.

대체로, 회고록 쓰기와 1880년의 푸시킨 축제를 본뜬 추모 모임을 위한 시간이 왔다. 레프 티호미로프(Лев Тихомиров) 같은 왕년의 몇몇 혁명가는 예전에 품었던 신념을 공개적으로 부인해서 러시아 국내에서 악명을 얻었다. 크랍친스키(스테프냑)와 크로포트킨 같은 다른 혁명가는 외국으로 도주해서 서방의 급진주의 동아리 안에서 고난을 겪은 영웅과 혁명 이론가로서 명성을 얻었다. (유제프 피우수트스키(Józef Piłsudski)와 레닌의 형[7]처럼 어울리지 않는 동지들이 연루된) 1887년의 어설픈 알렉산드르 3세 시해 기도 음모에는 러시아 국내에서 혁명가로 계속 활동하려는 소수 사이에서 우세한 낡은 유형의 무익성과 그 유형에 대한 집착이 반영되어 있다.

고립된 이 테러 영웅주의 행위보다 그 시대를 더 잘 보여주는 전형은 도브롤류보프 사망 25주년 기념일에 일어난 감동적이지만 비정치적인 1886년 학생 시위였다. 오스트롭스키가 같은 해에, 가르신과 살틔코프-쉐드린이 각각 1888년과 1889년에 죽으면서 러시아 문학의 사실주의 시대가 끝났다고 말할 수 있다.

그 대신에 현실을 묘사하거나 골치 아픈 문제를 풀려고 하지 않고 성 (性), 선정성, 조야한 국수주의로 대중의 관심을 돌리려 드는 새로운 대중문화가 나타났다. 삽화가 많은 주간지가 예전이라면 사상과 영감을 얻고자 두꺼운 월간지를 찾았을지 모를 사람들의 관심을 사로잡았다. 이 잡지들 가운데 하나인 『니바』(Нива)[8]는 1869년에 첫선을 보일 때에는 비교적 이목을 끌지 못했다가 빠르게 성장해서, 알렉산드르 3세의 통치 말기에는 그 발행 부수가 전례가 전혀 없는 20만 부에 이르렀다. 『니바』나 다른 잡지들은 아련한 현실도피의 새로운 문학을 제공했다. 이국적 여행

---

[7] 알렉산드르 울리야노프(Александр Ульянов, 1866~1887년). 심비르스크 고등학교를 우등 졸업한 뒤 성 페테르부르그 대학에서 자연과학을 전공했다. 알렉산드르 3세 암살을 꾀하다가 붙잡혀 처형되었다.

[8] 성 페테르부르그에서 독일계 이주민 아돌프 마르크스(Адольф Маркс, 1838~1904년)가 1869년에 창간한 염가 주간지. "문학·정치·현대생활 잡지"라는 부제를 달고 화려한 화보를 곁들여 평범한 사람들의 전반적 관심사를 다루었으며, 특히 지방에서 인기를 누렸다. 1918년에 폐간되었다.

기와 감상적 연애소설과 상투적 역사소설이 몰려와서는 검열이 엄해진 탓에, 그리고 이전 시대의 막다른 사실주의에 전반적으로 지친 탓에 생겨난 빈 곳을 메웠다.

그 시대의 권태와 베즈데이노스트("몰사상")의 와중에서 유력한 두 인물이, 말하자면, 러시아의 영혼을 차지하려고 다투었다. 그 두 인물은 콘스탄틴 포베도노스체프와 레프 톨스토이였다. 이 두 사람은 1860년대의 혁명가들에 반대했고 그들보다 더 오래 살았으며, 1880년대가 되면 이미 늙은 편이었지만 20세기까지 살아남을 운명을 타고났다. 두 사람 가운데 누구도 어떤 운동을 창시하지 않았지만, 저마다 다 20세기 러시아에서 근대화가 이룩되면서 거치는 경로를 개혁보다는 혁명으로 만드는 광신의 풍조에 이바지했다.

이 두 인물은 인민주의 시대의 사고 안에 존재하며 해소되지 않고 자주 인식되지 못한 정치사상들의 갈등, 즉 권위주의 전통의 비합리적 고수와 사회를 직접 변혁해야 한다는 합리주의적 주장 사이의 갈등을 규명하는 데 도움이 되었다. 법률가이자 비(非)성직자 신분의 신성종무원 원장인 포베도노스체프는 알렉산드르 3세의 반동 프로그램의 상징이자 주창자였다. 소설가였다가 맨발의 종교 스승이 된 톨스토이는 아나키즘적인 인민주의 항의의 영속적인 상징이자 모범이었다. 두 사람은 아무리 서로 심하게 맞설지라도 어느 모로는 각자 자기들이 자라난 인민주의 시대에 충실했다. 두 사람 각자 다 인민주의 시대의 뒤를 잇는 일상사와 대타협의 시대에서 자기가 믿는 이상을 위해 개인의 행복과 안녕을 전혀 개의치 않고 기꺼이 내버렸기 때문이다. 더욱이, 그 두 사람 각자의 이상은 경제나 정치의 실질적 개혁을 통한 부분적 개선이라는 이상이기보다는 완전히 쇄신된 그리스도교적 사회라는 이상이었다.

포베도노스체프가 알렉산드르 2세 암살자들에게 아량을 베풀라고 촉구하는 톨스토이의 편지를 차르 알렉산드르 3세에게 보여주지 않은 1881년에 그들의 경로가 처음으로 엇갈렸다. 톨스토이는 "그리스도의 율법을 이행하는 인간인 차르 앞에서 모든 혁명 투쟁은 불 앞의 밀랍처럼 녹을 것"이라고 썼다. 그러나 포베도노스체프는 "우리의 그리스도가 당신의 그리스도는 아니"라고 제대로 되받아쳤다.[4] 톨스토이가 포베도노스체프를 대놓고 희화화해서 자기의 마지막 소설『부활』(Воскресение)에 집어넣은 1899년에 그들은 다시 마주쳤다. 포베도노스체프는 1901년[9]에 톨스토이를 파문하는 것으로 대응했고, 톨스토이를 따르는 이들은 "당신의 기도보다는 당신의 파문이 훨씬 더 확실하게 하늘나라의 문을 우리에게 열어줄 것"이라는 도전적 성명으로 맞받아쳤다.

도스토옙스키의 종교재판소장처럼 포베도노스체프는 신비와 권위를 통한 신정적 통치를 선호했다. 그는 모든 표현의 자유에 반대하고 분파교 문화와 소수파 문화가 단일한 러시아 정교 문화에 체계적으로 복속하는 것을 선호했다. 유독한 외래 사상에 접할 권리는 지적 엘리트에게만 국한되어야 했다. 그러나 만약 그렇지 않다면, 교육은 러시아의 전통과 도덕 가치 안에서 이루어지는 교리문답식 교화에 한정되어야 했다.

어느 모로 포베도노스체프의 사회 교리는 콘스탄틴 레온티예프(Константин Леонтьев)가 같은 시기에 제시하고 있던 "썩지 않도록 러시아를 꽁꽁 얼리기" 이론과 닮았다. 레온티예프는 "철도와 은행의 유럽, …… 점증하는 자기도취의, 공공선에 관한 무미건조한 몽상의 유럽"에서 나타나는 획일화 경향을 몹시 싫어했다.[5] 그가 부르주아의 범용성에 품은 미학적 반감은 프리드리히 니체(Friedrich Nietzsche)를 생각나게 하는데, 그 반감은 피셈스키와 인민주의 시대의 다른 반(反)니힐리즘 소설가들뿐만

---

9 영어 원문에는 1902년으로 오기되어 있다.

아니라 게르첸에게서 이미 발견되는 다음과 같은 감성을 증폭한다.

> 모세가 시나이 산을 올랐다, 그리스인은 멋진 아크로폴리스를 짓고 로마인은 포에니 전쟁을 벌였고, 깃털이 달린 투구를 쓴 미남 천재 알렉산드로스는 그라니코스 천[10]을 건너고 아르벨라[11] 부근에서 싸웠고, 사도는 전도하고 순교자는 고난을 겪고 시인은 노래하고 화가는 그리고 기사는 마상창경기에서 광채를 뿜어냈다. 그저 이 모든 과거 위업의 폐허 위에서 꼴사납고 우스꽝스러운 옷을 입은 프랑스와 독일과 러시아의 부르주아가 "개별적으로" 그리고 "집단적으로" 한가로이 살려고 그들이 그랬다고 생각한다면 끔찍하거나 참담하지 않을까?[6]

불평등과 폭력이 없는 삶에는 아름다움이 없을 것이다. 장미를 꺾으려면 가시에 손가락을 찔리기를 꺼리지 않아야 한다. 심지어 1870년대 중엽에 제1차 발칸전쟁[12]이 일어나기 전에도 레온티예프는 "자유주의적 니힐리즘" 탓에 그러한 "정신과 마음의 노쇠"가 일어났다고, 그리고 다시 젊어지는 데 필요한 것은 "30년전쟁이나 적어도 나폴레옹 1세 시대와 비슷한 대외전쟁의 시기 전체"일 법도 하다고 주장했다.[7]

---

[10] 마르마라 해로 흘러들어가는 터키의 한 하천의 옛 이름. 기원전 334년에 페르시아 제국을 침공한 알렉산드로스의 군대가 이곳에서 페르시아군과 처음으로 전투를 벌여 이겼다.

[11] 오늘날 이라크 북부의 도시 이르빌의 고대 그리스어 이름. 기원전 331년에 이곳에서 알렉산드로스의 군대가 다레이오스 황제의 페르시아군을 쳐부쉈다.

[12] 1877~1878에 러시아와 튀르크 사이에 벌어진 전쟁. 튀르크가 발칸 반도 국가들과 충돌하자 러시아가 개입해서 튀르크를 공격해 승리했다. 정확한 표현은 제6차 러시아-튀르크 전쟁이며, 제1차 발칸전쟁은 흔히 1912~1913년에 발칸 반도 국가들과 튀르크 제국 사이에 벌어진 전쟁을 가리킨다.

귀족적이고 미학적인 이유로 레온티예프는 모든 개혁에 반발하면서 비잔티움 통치의 의례와 규율로 완전히 되돌아가기를 제안했다. 그는 시와 인간적 다양성의 시대가 끝났다고 슬퍼하면서 성 세르기 대수도원에서 수사로서 죽었다. 반대로, 포베도노스체프는 멋이라고는 조금도 없는 속인이었으며, 그의 이상은 현대 조직인[13]의 무미건조한 효율성과 획일성이었다. 그는 의무와 직무와 질서의 예언자였으며, 교회 기구의 원활한 작동을 방해하지 못하도록 지역 유착을 방지하고자 예하 주교들의 임지를 주기적으로 변경했다. 그는 자기의 방식에 냉정했고 심지어는 냉소적이었다. 그러나 그의 방식은 대체로 효율적이었고, 그는 그 방식 덕택에 중앙집권화된 관료국가의 건설자들 가운데 한 사람으로서 응당한 자리를 얻었다. 그의 통치가 자주 예시한다고 보이는 현대의 전체주의 체제와 마찬가지로, 그는 인간의 본성을 낮게 평가하며 대중에 관한 더 낙관적인 독해에 바탕을 둔 체제는 무너질 것이라고 주장한다. 그는 러시아를 위한 헌정 과정의 옹호자들을 비판하면서 "국가 인텔리겐치야는 …… 살아있는 믿음을 몸소 보여주어야 한다. 인민의 신앙은 민감해서 …… 신앙의 외관에 현혹될 리 없다"고 주장한다.[8] 민주주의 제도를 러시아에 이식하려는 그 어떠한 시도도 다만 혁명을 불러올 뿐이다.

당(黨)과 매수는 선거권자 대중의 관리를 위해 아주 성공적으로 활용되는 양대 수단이다. …… 우리 시대에 정치적 목적을 위해 대중을 이리저리 뒤섞는 새로운 수단이 고안된다. …… 이 수단은 …… 열렬한 신념의 극단적 자기확신을 품고 과학의 마지막 언어로서 대중에게 유포되는 …… 사상을 신속하고 교묘하게 일반화하는 기법에

---

[13] 자기 운명을 통제하기를 포기하고 거대한 조직의 일부인 데 만족한 채로 조직의 목적과 지시에 순종하는 인간.

존재한다.[9]

어느 모로 포베도노스체프는 러시아에서 우위를 차지할 혁명 프로그램을 심지어는 혁명가들보다 더 먼저 예견했다. 그는 조직과 교리 주입과 강제 순화라는 제 나름의 형태로 그 혁명 프로그램과 싸우려고 애를 썼다.

그의 정책에 가장 일관되게 반대하는 이가 톨스토이였다. 그는 1876년에 『안나 카레니나』를 완성한 뒤에 소설가로서의 화려한 경력을 내버리고는 제 나름의 그리스도적 삶을 러시아의 대중에게 설교했다. 위대한 작가이자 활달한 귀족이 자기 영지의 농민들 사이에서 농민의 옷을 입고 돌아다니고 그리스도교 도덕에 관한 초보 독본을 쓰는 예사롭지 않은 광경은 전 세계의 관심을 끌었고 생각이 있는 많은 이들 사이에서 차르 절대주의 체제에게서 그 도덕적 권위를 앗아갔다. 그의 긴 인생의 말년에 많은 러시아인이 자기들에게는 "두 차르"가, 즉 제관을 쓴 성 페테르부르그의 차르와 제관을 쓰지 않은 야스나야 폴랴나(Ясная Поляна)[14]의 차르가 있다고 말했다.

톨스토이는 자기가 산 환경을 뛰어넘는 대단한 인물이었지만, 그는 그 환경에 뿌리를 깊이 박았다. 그의 가장 위대한 소설『전쟁과 평화』는 러시아 역사의 파노라마식 서사담이다. 그의 다른 기념비적 작품『안나 카레니나』는 푸시킨부터 투르게네프까지 러시아 귀족 문학을 따라다니며 괴롭혔던 가정의 행복과 사회적 적응이라는 문제를 풀어보려는 시도였다. 『전쟁과 평화』에 나오는 플라톤 카라타예프(Платон Каратаев)[15]와

---

[14] 툴라 부근에 있던 톨스토이 가문의 영지. 레프 톨스토이가 태어나서 자라고 창작 활동을 한 곳이다.
[15] 『전쟁과 평화』에서 주인공 베주호프(Безухов)와 함께 프랑스군에게 사로잡히는 선량한 농민 병사.

『안나 카레니나』에 나오는 콘스탄틴 레빈(Константин Левин)[16]이라는 등장인물에서 톨스토이는 자연계의 조화로 되돌아간다는 자기의 새로운 윤리 철학을 펼치기 시작한다. 원초적이면서 감각적인 것에 대한, 카라마조프 형제가 "삶의 의미보다 삶에 더 많이" 품은 사랑과 대조적으로 톨스토이의 레빈은 의미 없는 삶은 견딜 수 없다고, 삶에는 "선의 확실한 의미가 있다. 나에게는 삶에 선을 집어넣을 힘이 있다"고 역설한다. 톨스토이는 "선의 의미"를 정의하고 자기의 소탈한 개성을 발휘해서 제정 러시아 말기의 타락한 삶에 선을 가져다주는 과업을 수행하려고 애쓰면서 자기 삶의 마지막 서른 해를 보냈다.

종교적 가르침을 펼치는 이 길고 힘든 기간에 톨스토이는 러시아의 지적 전통에서 중요해졌던 여러 관념을 발전시킨다. 그의 도덕적 청교도주의, 그리고 그의 성욕과 예술적 창조성의 거부는 1860년대의 전통 속에 있다. 농민과 때 묻지 않은 자연계와 하나가 되려는 그의 개인적 열정은 1870년대의 인민주의 정서의 반영이다. 제도적 강압과 헌정 과정에 대한 그의 아나키즘적 거부가 그렇듯, 그는 인간의 완벽 가능성을 믿었기 때문에 러시아의 급진 사고의 주류에 들어간다. 모든 것 가운데 가장 중요하게도, 톨스토이는 러시아의 분파교도를 열렬히 옹호했고 그들의 영향을 깊이 받았다. 그는 자기 자신의 윤리적 가르침을 형이상학으로보다는 도덕의 "참 그리스도교", 즉 교회나 교리가 필요 없는 합리적 혼성 종교로 보았다.

톨스토이가 남다른 점은 자기 선배들이 논리적 귀결까지 가져갔던 적이 없는 사유 방식을 가차 없이 발전시켰다는 것이다. 그는『전쟁과 평

---

[16] 『안나 카레니나』에서 주인공 카레니나의 올케 돌리(Долли)의 여동생 키티를 사모해서 구혼하고 키티(Кити)와 행복하게 사는 청년 귀족.

화』곳곳에서 은근하게, 둘째 에필로그에서는 드러내놓고 인민의 힘에 대한 믿음을 개인에게는 어떠한 의의도 부여하지 않는 지점까지 확대한다. 그는 자기의 종교 저술에서 도덕적 이상의 힘에 대한 인민주의적 신념을 그 같은 이상을 뒷받침하려고 강압을 사용하는 모든 행위를 비난하는 지점까지 확대한다. 정의 추구에는 진리 추구가 함께 따라야 한다는 인민주의적 신념을 지녔기에 그는 자기의 예술을, 그리고 마지막에는 자기의 가족을 버렸다. 즉, 『악령』의 끝에 나오는 스테판 트로피모비치처럼 애처로운 마지막 순례 여행을 떠나 시골로 들어간 것이다. 그 탓에 그는 1910년에 시골의 외딴 한 철도역에서 죽었다.

러시아의 가장 위대한 사상가들과 세계의 가장 위대한 소설가들 가운데 두 사람인 톨스토이와 도스토옙스키 사이에서 대조가 자주 이루어진다. 대귀족이며 합리주의적인 "육신의 선견자(先見者)" 톨스토이의 서사적인 전원 세계는 여러모로 소귀족이며 자주 비합리적인 "영혼의 선견자" 도스토옙스키의 극적인 도시 세계의 안티테제이다.[10] 어쩌면 이미지 하나가 그 차이의 요체에 다가선다. 도스토옙스키가 젊을 적에 실러에게 품었던 사랑과 『카라마조프 씨네 형제들』에 나오는 놀이 본능에 대한 말년의 숭배와 대조되는 것이 톨스토이가 젊을 적에 한 ─ 그리고 아내에게 보낸 마지막 편지에서 거의 똑같은 문구로 되풀이한 ─ "삶은 놀이가 아니라 진지한 것"이라는 발언이다. 그가 1880년대 중엽의 『그렇다면 우리는 무엇을 할 것인가?』(Так что же нам делать?)에서 표현한 대로

> 인생에는 …… 도덕적 진리를 …… 더욱더 많이 천명하는 것 말고는 다른 목적이 없다. 도덕률의 이런 천명은 중요하고도 유일한 전 인류의 대의이다.

삶은 도덕적 완벽성과 보편적 행복에 대한 인간의 추구가 실현되어야

할 원형 투기장이기 때문에 톨스토이에게는 진지한 일이었다. 악과 죽음이 고난과 구원의 더 큰 드라마의 일부였던 도스토옙스키와는 달리, 톨스토이에게 악과 죽음은 프로메테우스적으로 완벽해질 수 있는 자기 세계 안으로 비집고 들어오는 얼토당토않은 침입자였다.

톨스토이는 죽음을 무서워했다. 죽음은 톨스토이가 자기 작품에서 그 문제에 분명히 깊이 파고들었던 이의 생생함과 심리학적 통찰력을 지니고 묘사한 사건이다. 만년에 그는 과학의 진전으로 영생이 가능해지고 심지어는 이미 죽은 이의 부활까지도 가능해지리라고 가르치는 모스크바의 루만체프 박물관(Румянцевский музей, 지금의 레닌 도서관)[17]의 사서 니콜라이 표도로프에게 매료되었다. 또한 톨스토이는 교만하고 인위적인 인간계에는 동물계보다 지혜가 더 적게 들어있으며 동물계에는 차분하고 땅에 붙박인 식물계보다 지혜가 더 적게 들어있다는 생각으로 주기적으로 되돌아갔다.

이 모든 관심사 가운데, 톨스토이의 자연주의적 기질은 1880년대와 1890년대의 러시아 과학자들이 가장 두드러진 이론적 혁신을 이루게 될 분야 쪽으로 향하고 있었다고 보인다. 식이 요법을 통해 수명을 늘리고 도덕적이고 생물학적인 새 조화를 몸 안에서 이룬다는 생각은 그 시기 러시아의 가장 위대한 생물학자 일리야 메치니코프(Илья Мечников)의 강박관념이었다. 그는 그 뒤에 파리에서 루이 파스퇴르(Louis Pasteur)의 조수가 되었고, 1908년에 노벨(Nobel)상을 받았다. 그러나 만년에 그의 두드러진 관심은 ─ 소비에트 시대의 과학자들을 계속 매혹하게 될 분야인 ─ 노인병학,

---

[17] 원래는 성 페테르부르그에서 니콜라이 루만체프(Николай Румянцев, 1754~1826년) 백작의 개인 소장품 전시관으로 시작해서 1831년에 대중에게 공개된 박물관. 1861년에 모스크바로 이전해서 공공 박물관이 되었다. 이 박물관의 서고가 1862년에 도서관으로 바뀌었다.

즉 수명 연장에 있었다.

우주의 많은 비밀이 땅과 식물계 사이에 있는 자연의 조화에 들어있다는 생각이 이 시기 러시아의 가장 위대한 지질학자 바실리 도쿠차예프(Василий Докучаев)의 출발점이었다. 상상력이 넘치는 이 니즈니 노브고로드 출신은 러시아 전체가 다섯 개의 "자연적 역사 지대"로 나누어지며 각각의 "자연적 역사 지대"는 그 위에서 전개되는 삶과 활동의 형태를 결정한다고 믿었다. 그는 일종의 토양 유전학과 토질 역학의 결합인 러시아 특유의 학문인 "포치보베데니예"(почвоведение, 토양학)의 창시자였다. 비록 소련의 성자전 작가들이 메치니코프와 도쿠차예프가 초기에 했던 세세한 연구와 실용적 발견에만 집중하기를 선호했을지라도, 도쿠차예프는 메치니코프가 생물학에서 그랬던 것처럼 지질학에서 자기 연구의 철학적 함의에 흥미를 갈수록 더욱더 많이 느끼는 경향을 보였다. 도쿠차예프가 탐구하려고 노력한 것은 다음과 같다.

> 힘과 몸과 현상 사이에, 죽은 자연과 산 자연 사이에, 한편으로는 식물계, 동물계, 광물계와 다른 한편으로는 사람, 그의 생활, 심지어 정신세계 사이에 존재하는 유전적이고 영원하고 늘 합법칙적인 연계.[11]

도쿠차예프는 오로지 실용적인 이유로만 흙을 연구하는 서방의 지질학에 극히 비판적이었다. 서방의 지질학과는 달리 포치보베데니예는 단지 흙뿐만 아니라 그 흙에서 비롯되는 삶을 내적으로 이해하려고 노력했다. 도쿠차예프는 인간 사회에서 이루어지는 성장과 변화뿐만 아니라 "물과 공기와 땅 …… 그리고 동식물 유기체 사이에 아주 긴밀하고 유구한 상호작용"이 있다고 믿었다.[12] 도쿠차예프의 과학은 — 『조국 수기』에 농촌 생활에 관한 글을 쓴 예전의 인민주의자 알렉산드르 엥겔가르트(Александр Энгельгард

ㄱ)의 이상주의적 논쟁과 더불어 —— 농업 고등교육의 대대적인 개편과 개선뿐만 아니라 러시아에서 삼림 보존에 관한 최초의 진지한 관심을 불러일으키기 시작했다. 그는 땅속에 있는 물을 몸속에 있는 피에 비겼고 자기를 따르는 이들에게 영감을 주어 숲을 "사회적 유기체"로 연구하는 "식물 사회학"이라는 학문을 정립했다.[13] 성직자 집안에서 자라나서 교육 일부를 신학교에서 받은 도쿠차예프는 자기가 셸링의 자연철학에 빚을 졌다고 터놓고 인정했다. 서방의 지질학자 대다수는 아직도 그를 괴짜로 여긴다. 그러나 도쿠차예프가 세밀한 지역 탐사와 전반적으로 이상주의적인 열정을 결합한 덕분에 러시아는 20세기 초에 토질 역학과 영구동토층 연구 등 많은 분야에서 과학 발견의 선두에 설 수 있었다.

도쿠차예프와 표도로프는 톨스토이와 메치니코프가 죽기 몇 해 앞서 죽었다. 이 이상주의적 자연주의자들 가운데 누구도 자기들이 추구한 유형(有形)적 물질계의 비밀을 찾아내지 못했다. 톨스토이가 가장 오래 살아서 여든두 살에 죽었다. (톨스토이보다 세 해 먼저 세상을 뜬) 포베도노스체프의 포고령에 따라 톨스토이가 죽어 묻힐 때 어떤 종교의식도 거행되지 않았다. 톨스토이는 야스나야 폴랴나에 있는 자기 영지에서 어린 시절에 자기가 모든 사람이 행복하게 형제처럼 오순도순 살 수 있게 해줄 비밀이 적혀 있다고 생각했던 녹색 막대기 옆에 묻혔다.

바로 이 비밀, 즉 합리적인 도덕 사회의 비밀이야말로 톨스토이가 찾아내려고 애썼지만 허사였던 것이다. 그러나 그가 워낙 열성적으로 성실히 추구한 덕택에 도덕적 헌신과 유토피아적 희망이라는 인민주의 전통이 명맥을 유지했다. 포베도노스체프의 전통주의와 강압성과는 대조적으로 톨스토이는 비폭력적 도덕 혁명의 이상을 내놓았다. 그의 종교적 가르침에는 프로테스탄트 종파의 청교도주의와 자연의 신비 앞에서 느끼는 동양적 체념의 묘한 혼합이 있다. 그는 더 혼성적이고 반(反) 전통적인 형태의 프로테스탄티즘을 늘 찬양했(고 어느 정도는 그것의 영향을 받았)다.[14] 그는 카잔 대학생이었을 때 원래는 동양 언어를 공부했다. 그는 평생토록 불교를 찬양했고, 자기 나름대로 종교를 추구하다 보니 유교를 형이상학보다는 도덕 종교의 본보기로 찬양하게 되었다. 그의 종교사상이 — 다른 무엇보다도 간디(Gandhi)가 비폭력 저항이라는 톨스토이의 교리를 채택하면서 — 동양에서 단연 최대의 영향력을 지니게 되는 것은 당연해 보인다.[15] 유럽인에게는 톨스토이의 후기 종교 저술을 『전쟁과 평화』와 『안나 카레니나』의 절정기로부터의 현저한 쇠퇴로 보는 경향이 있었던 반면에, 비유럽인에게는 그 두 소설을 때가 차서 결국은 농경 위주인 동양의 영원한 진리를 재발견하는 도중에 있는 한 인간의 대수롭지 않은 젊을 직 직품으로 보는 경향이 자주 나타난다.

러시아 안에는 참된 톨스토이 추종자가 얼마 되지 않았다. 그도, 그의 적수 포베도노스체프도 새로운 문제와 관심사에 대처할 수 없었다. 그들은 각각 제국의 관료 체제와 진리를 찾는 귀족 인텔리겐치야의 기존 전통을 수호하는 늙은이였다. 포베도노스체프가 휘두른 권력과 톨스토이가 건 주술은 더 온건한 개혁가들의 효력을 약화하는 데 도움이 되었다. 그러나 포베도노스체프도 톨스토이도 그 시절의 문제에 새롭게 다가서는 길을 가리키기는커녕 널리 퍼져있는 1890년대의 우울증도 없앨 수 없었다.

두 사람 모두 다 주위 세계의 새로운 주요 추세를 공포와 반감을 품고 지켜보았다. 당대 유럽의 지적·정치적 동요는 그들에게 터무니없고 썩 어빠지고 이기적으로 보였다. 환희보다는 분노에 차서 그 두 사람은 제 나름대로 궁리한 그리스도교로, 즉 포베도노스체프의 경우에는 동양 전제주의와, 톨스토이의 경우에는 동양 신비주의와 연계된 그리스도교로 도피했다.

그러나 다양한 면모를 지닌 톨스토이를 편협한 포베도노스체프와 한데 묶는 것은 부당할 것이다. 톨스토이는, 여러모로, 개혁적 귀족 인텔리겐치야의 진정한 마지막 거인이었다. 그는 그 인텔리겐치야가 잃어버린 땅과의 연계를, 그리고 동시에 예술과 역사, 그리고 삶 자체의 의미에 관한 "그 저주받은 문제"의 해답을 둘 다 찾으려고 애썼다. 자기 시대의 가장 위대한 소설가인 톨스토이는 "진리 …… 나는 무척 사랑해. …… 그들은 어떻게 ……"라는 말을 중얼거리며 집에서 멀리 떨어진 곳을 헤매다가 죽었다.[16]

릴리퍼트(Lilliput)인[18]에게 붙들려 누워있는 걸리버(Gulliver)의 경우가 정말이지 그랬다. 프란시스코 고야(Francisco Goya)의 마지막 그림들 가운데 하나에서 넘어진 그 거인의 몸 위에 개미 떼 같은 소인들의 무리가 기어올라서 잠자는 그의 머리 맨 위에 깃발을 꽂는다. 그러나 톨스토이는, 대다수 귀족 인텔리겐치야와 마찬가지로, 자진해서 인민에게 예속되었다. 실제로 그는 만년에 쓴 전형적인 어느 하루 치 일기에서 다음과 같이 인민을 걸리버와 동일시했다.

한 마을을 돌아다니며 창문을 들여다보았다. 곳곳에 빈곤과 무지가 있으며, 예전의 예속 상태에 관해 생각했다. 예전에는 원인이 보였고 얽어맨 사슬이 보였는데, 지금은 사슬이 보이지 않는다. 유럽에는 실이 있지만, 걸리버를 묶어놓은 끈만큼 많이 있다. 우리나라에는 아직 줄이, 적어도 끈이 보이는데, 거기에는 실이 있지만 거대한 인민이 움직이지 못하도록 얽어맨다. 눕지 않고 잠들지 않는 것이 유일한 구원이다.[17]

---

[18] 조너선 스위프트의 소설 『걸리버 여행기』에 나오는 가상의 나라 릴리퍼트의 주민. 키가 15cm 안팎인 소인들이었다.

현실이 마뜩하지 않은 이 윤리적 열정이 잠들지 않는 새 세기를 지배할 터였다. 실제로, 소비에트 시대의 새로운 예속은 부분적으로는 후기의 톨스토이가 혁명 전통과 공유한 해학(諧謔) 없는 청교도주의와 윤리적 광신성의 태도로 말미암아 만들어질 터였다. 그러나 톨스토이는 혁명을 거부했고,[18] 진리를 찾아나선 외톨이 분파교 순례자처럼 죽었다. 그가 자기 아내에게 쓴 마지막 편지에 나오는 "삶은 농담이 아니라오"[19]라는 훈계는 이바노프가 자기 공책에 마지막으로 적어놓은 "하느님을 가지고 농담을 해서는 안 된다"[20]는 문구와 아주 비슷하다. 그의 독특한 신념의 이콘은 그의 벗인 니콜라이 게가 당당하고 거만한 빌라도 앞에 있는 고통에 지친 그리스도를 묘사한 「진리란 무엇인가?」(Что есть истина?)라는 유명한 그림이었다. 자기 영지에서 농민의 옷을 차려입은 나이 든 톨스토이를 그린 일리야 레핀의 초상화와 소묘는 본받으려는 마음이 아니라 외경심을 불러일으키는 죽어가는 신념의 마지막 이콘 노릇을 했다. 만년의 톨스토이를 "꼭 빼닮으려는" 욕구는 없었다. 그는 과거와 연계되어 있었고, 그의 사상은 이제 생겨나고 있던 도시와 공업의 러시아와 거의 접촉이 끊긴 세계에서 펼쳐졌다.

니콜라이 2세 통치 초기인 톨스토이의 말년에 새로운 여러 사상이 더 세계주의적이고 교육을 더 잘 받은 사람들 사이에 뿌리를 내렸다.[21] 1890년대는 "러시아 르네상스"와 "백은(白銀)시대" 등 여러 이름으로 알려진 아주 창조적인 마지막 제정 문화 시기로 시작되었다. 새로운 성취의 다양성과 기량에는 일종의 르네상스 같은 것이 있었다. 백은은 황금보다는 덜 귀할지라도 더 널리 유통된다. 예술과 연극의, 그리고 정치와 이념의 고급문화에 그토록 많은 사람이 연루된 적은 예전에는 없었다.

본질적 요소로 환원하면, 백은시대는 1890년대의 러시아에 새롭고도 사뭇 다른 세 전망, 즉 입헌자유주의와 변증법적 유물론과 선험적 관념론을 제시했다고 말할 수도 있다. 이 각각의 사상 유파는 러시아 대부분에 자리 잡고 있는 체호프식 의기소침의 전반적 분위기를 누그러뜨리고자 했다. 각 유파는 포베도노스체프의 숨 막히는 반동 통치와, 그리고 인민주의자와 범슬라브주의자의 공통된 특징이었던 러시아 특수성론의 분위기와 확연하게 관계를 끊고자 했다. 각 사상 유파는 재개된 서유럽과의 문화·외교 접촉으로 득을 보았고 자기 유파의 사상을 유럽 전체의 사상과 연계했다. 각각의 새로운 사상운동의 주요 인물은 ― 즉, 자유주의자 파벨 밀류코프(Павел Милюков)와 마르크스주의자 게오르기 플레하노프와 관념론자 블라디미르 솔로비요프는 ― 1850년대에 태어나 콩트의 낙관적 역사관으로 키워졌다. 각각의 인물은 인민주의 시대의 급진적 소요에 참여했지만, 인민주의 이념이 부적절하다는 것을 알아채고 제정 말기의 혼란과 비관론에 대한 새로운 해독제를 내놓고자 했다.

입헌자유주의

러시아에서 폭넓은 기반을 가진 최초의 자유주의 운동은 1890년대부터 시작된다. 그때에야 비로소 온건 개혁과 입헌 통치와 시민자유 증대의 옹호자들이 전국 차원의 강령을, 그리고 좌우의 더 극단적인 입장이 오랫동안 누렸던 것에 견줄 수 있는 지적 존경을 얻었다. 1890년대 말엽의 새로운 분위기에서 갑자기 여러 세력이 급속히 함께 모여 "자유"와 "젬스트보 입헌주의"의 기치 아래 합쳐서 전국 차원의 정치 운동이 되었으며, 그 운동은 1905년에 입헌민주당(Конституционная Демократическая партия, 카데트(Кадет))[19]의 창당으로 표현되었다.

서방의 자유민주주의 전통에서 자란 이들에게 흥미로운 질문은 이렇

다. 입헌자유주의가 러시아에는 왜 그토록 늦게 도래했는가? 물론 기본
적으로 그 까닭은 사회와 경제의 발전에서 러시아가 따랐던 상이한 패턴
에 있다. 19세기 말까지 러시아는 아직도 종교 관습이 우세한 상대적으
로 후진적 사회와 전통적 농업경제 체제로 남아 있었다. 인텔리겐치야는
종교적 유토피아주의의 요소와 귀족적 교만성의 요소를 융합해서 입헌
개혁과 대의제 통치 같은 부분적 조처를 경멸하는 태도를 만들어냈다.
"자유주의"라는 용어 자체의 평판이 19세기 내내 나빴고, 19세기 말엽
의 진정한 자유주의 운동은 "자유주의"라는 표현을 공식 명칭에 쓰기를
신중하게 회피했다.

　　러시아의 부르주아지는 서유럽의 부르주아지와 달리 정치적 자유와
시민적 자유에 대한 관심을 발전시키지 못했다. 뒤늦게 1895년에 자유주
의적인 『유럽 통보』(Вестник Европы)[20]가 러시아에 부르주아 자유주의가
없는 까닭을 "그 낱말의 서유럽식 의미의 부르주아지"의 부재로 설명했
다. 러시아의 토착 사업가 계급 대다수는 관심을 제조업보다 상업에 더
많이 두었고, 따라서 본질적으로 보수적이고 농업적인 생활방식에 집착
했다. 러시아의 기업가는 대체로 정부의 간섭을 제한하기보다는 자기의
사업 개발 기획에 대한 정부 지원을 얻기를 더 바란다고 보였다. 유대인,
독일인, 아르메니야인이 러시아의 교역에 종사하고 외국 자본의 유입이
늘어나자 자유방임 자유주의는 러시아를 외국인 주인에게 넘겨주기와
같아 보인다. 마지막으로 — 여러모로 가장 중요하게도 — 지식인 사회 안에서

---

[19]　러시아의 자유주의자들이 1905년에 연합해서 만든 정당. 줄여서 카데트라고 불리
　　기도 했다. 입헌군주제를 내세우며 전제정과 대립했으며, 1917년에 전제정이 무
　　너진 뒤 임시정부를 주도했다. 그러나 볼셰비키에게 권력을 빼앗겼다.

[20]　1866년부터 1918년까지 간행된 자유주의 저널. 첫 두 해에는 역사 계간지였지만,
　　그 뒤로는 역사, 정치, 문학을 다루는 월간지가 되었다. 개혁을 지향하면서도 혁명
　　에는 반대했고, 발행인 다수가 입헌민주당에 합류했다.

부르주아지에 대한 경멸이 가시지 않았다. 인텔리겐치야의 전통적인 소시민 근성 혐오에 뿌리를 두고 귀족적 탐미주의로 키워진 이 부르주아적 생활양식에 대한 편견은 입센 희곡의 삭막한 세계를 부르주아 사회 전체와 동일시하는 경향으로 말미암아 19세기 말엽에 굳어졌다.[22]

이런 실질적인 어려움과 심리적인 어려움이 있었는데도 자유주의는 (정치적 자유주의와 경제적 자유주의 둘 다) 19세기 내내 표현 능력이 뛰어나고 때로는 영향력이 있는 러시아 국내의 대변자들을 매혹했다. 사람이 아니라 법의 입헌 통치라는 의미의 자유주의의 기원은 예카테리나 대제 시대로 거슬러 올라간다. 데카브리스트는 알렉산드르 1세와 알렉산드르 2세의 많은 유력한 자문관이 그랬듯이 입헌 통치를 추구했다. 옛날의 젬스키 소보르를 본뜬 전국 의회라는 구상이 게르첸과 수많은 친슬라브주의자를 비롯한 여러 옹호자를 찾아냈다. 경제가 정부의 간섭과 규제를 받지 않도록 한다는 맨체스터 학파[21] 식 의미의 자유주의도 옹호자를 찾아냈다. 예카테리나 대제가 창립했던 자유경제협회에서 특히 그랬다. 애덤 스미스는 다른 많은 나라보다 러시아에서 더 일찍 알려지고 연구되었다. 1860년대 초엽에 미하일 레이테른(Михаил Рейтерн) 백작의 재무부 장관 재직기 동안에 거의 완전한 경제적 자유방임주의 시기가 향유되었다. 맨체스터 학파 자유주의는 영향력 있는 저널인 『유럽 통보』와 자기 의사를 잘 표현하는 압력집단인 대(對)조국교역촉진협회 (Общество поощрения торговли с отечеством)의 후원을 받았다.

응집력 있는 러시아 자유주의 전통은 알렉산드르 1세 치세에 귀족들

---

[21] 19세기 영국에서 관세 부과에 반대하고 자유무역을 옹호하고 정치·경제·사회 영역에서 자유를 보장하려던 운동. 곡물법 반대 운동으로 산업혁명의 본거지 맨체스터에서 비롯되었고, 맨체스터주의, 맨체스터 자본주의, 맨체스터 자유주의라고도 한다.

이 입헌 통치 계획을 세우거나 알렉산드르 2세 치세에 자유방임주의에 찬동하는 주장이 제시되어서가 아니라 1890년대에 사회와 경제가 변화하면서 시작되었다. 그 변화란 1891년에 시베리아 횡단철도[22]가 착공되고 1891~1892년에 기근이 일어나고 도시를 향한 탈주가 가속화되고 돈바스(Донбасс)[23]에서 광공업이 팽창하고 바쿠 석유단지가 세계 최대 규모로 자라나고 세르게이 비테(Сергей Витте) 백작이 1892년부터 1903년까지 장관직에 있을 때 교통통신 시설이 크게 전면 확장된 것이다.[23]

근대화의 논리는 법률을 균일화하고 억눌린 소수파와 민족들, 특히 특히 핀 인, 발트 해 연안 지역의 독일인, 유대인처럼 몹시도 필요한 기술・행정 수완을 지닌 이들의 권리를 증대할 필요성을 낳았다. 경제 발전의 능률을 기하려면 어떤 행동에 착수하기에 앞서 아주 많은 사람과 상의할 필요가 있었다. 그리고 입법 기구는 아닐지라도 모종의 자문 기구를 설치하는 것이 명백하게 바람직해 보였다.

법률은 합리적이어야 하고 대중의 통치 참여를 늘려야 한다는 주장은 19세기 말엽 러시아에서 사뭇 다른 두 집단이 주로 제기했다. 첫째 집단은 알렉산드르 2세가 1864년에 목적과 권한을 명확하게 규정하지 않은 채 만들었던 지역 행정기구인 지방 젬스트보와 연관된 사람들이었다. 지역도로 건설과 자연보호 사업의 감독 같은 문제에 관여하면서 젬스트보는 광범위한 공공정책 문제에 거의 직접 관여하게 되었다. 트베르와 체르니고프처럼 비교적 서방화된 지역의 몇몇 젬스트보의 귀족 지도자

---

[22] 모스크바와 블라디보스톡을 잇는 길이 9,300km의 철도. 1891년에 착공, 1901년에 완공되었다.
[23] 도네츠크 탄전지대(Донецкий каменноугольный бассейн)의 줄임말. 우크라이나 남동부와 러시아 남서부에 걸쳐 있는 6만km²의 탄전지대이며, 중화학 공업단지가 들어서 있다.

들은 이미 1860년대에 중앙 정부의 권위주의와 행정 태만에 맞선 일종의 연합 반격으로서 젬스트보를 지방자치 기구로 바꾸려고 시도했다. 알렉산드르 2세는 1860년대 말엽의 전반적 반동기에 젬스트보에 새로운 제한과 규제를 부과했지만, 처음에는 튀르크에 맞서, 그다음에는 테러리즘과 혁명에 맞서 지방의 자원과 여론을 동원하는 일에 도움을 얻고자 1870년대에 젬스트보를 되살렸다.

젬스트보는 그 두 가지 일에서 중앙 정부를 도왔지만, 그 도움의 대가를 "밑으로부터의 테러리즘"뿐만 아니라 "위로부터의 테러리즘"에게서 자기를 보호해줄 헌법의 형태로 얻어내려고 애썼다. 많은 이가 이반 페트룬케비치(Иван Петрункевич)가 1878~1879년에 조직한 비공식적인 젬스트보 입헌주의자 조직에 가입해서 그의 헌법제정회 요구를 후원했다. 새 차르가 1880년대 초엽의 반동기 동안 젬스트보의 활동을 한 번 더 제한했을 때 젬스트보 자유주의자들은 "젬스트보 동맹·자치 협회"(Общество земского союза и самоуправления)[24]가 간행하는 저널『자유로운 말』(Свободное слово)에서 국외의 대변자를 얻었다. 비록 이 협회가 오래가지 못했고 알렉산드르 2세가 암살된 뒤에 젬스트보의 전국 차원의 정치 선동이 확 줄었을지라도, 젬스트보는 귀족이 아니고 전문성을 가진 간부(정부가 지명하고 지역에서 선출된 인자를 제외한 이른바 제3의 인자)가 크게 늘었으므로 계속 중요해졌다. 1890년대 말엽이 되면 젬스트보의 직원이 거의 7만 명이었다. 젬스트보는 오로지 귀족만 들어가는 기구가 더는 아니었으며, 세기의 전환기에 입헌자유주의의 두 핵심 조직이 저마

---

[24] 1879년에 모스크바에서 열린 젬스트보 대회에서 결성된 조직. 젬스트보를 국가 기구에 편입하기를 희망했고, 혁명 세력과 정부의 테러에 반대하고 전제정과 중앙집권을 완화하기를 요구했다.

다 귀족 "인자"와 더불어 전문직업인 "인자"를 포함했다. 그 두 조직은 모스크바의 토론 집단 "심포지엄"(Симпозиум)과 망명 저널 『해방』(Освоб-ождение)[25]이었다.

도시의 교육받은 신세대 전문직업인이 대두하는 자유주의 운동의 진정한 접착제 구실을 했다. 교육과 다양성이 차츰차츰 더 확대되는 사회에서 전문성이 자라나면서 그들에게 시대에 뒤처지고 비합리적인 법률 체계로 보이는 것에 분노가 차곡차곡 쌓여갔다. 효율성을 앞세우는 이 새로운 전문성의 예언자가 상상력 넘치는 생시몽 추종자 블라디미르 베조브라조프(Владимир Безобразов)였다. 그는 일련의 "경제 연찬회"를 조직해서 러시아의 다양한 가설적 미래 발전 유형을 논의했다. 그는 자기의 프랑스인 스승을 따라서 옛 특권 귀족을 새 재능 귀족으로 대체하라고 다그쳤다. 그는 러시아의 미래가 러시아의 경제 문제의 해결에 대한 실질적이고 전문적인 태도를 계발하는 데 있다고 믿었고 자기의 생시몽식 러시아 내부 운하망 계획을 특히 중시했다. 일찍이 1867년에 그는 젬스트보가 "실제 결과"(практические результаты)를 바라는 이 갈망을 러시아에서 계발하는 데 알맞은 기구라고, 그리고 젬스트보의 성장하는 전문성을 지역 귀족의 전통주의와 중앙 정부의 "관료주의"에게서 보호해야 한다고 주장했다.[24]

러시아에서 다양한 직업이 성취하고 있는 그 "실제 결과"에 대한 자신감 증대는 정치·사회적 인정을 받으려는 욕구의 증대로 이어졌다. 제정 러시아의 정적인 정치·사회 체제에는 19세기 말엽에 형성된 학생

---

[25] 표트르 스트루베가 1902년부터 1905년까지 처음에는 슈투트가르트, 나중에는 파리에서 간행한 격주지. 두마와 젬스트보의 활동가와 지식인의 여론을 반영해서 정부를 비판했다.

동맹, 문맹퇴치위원회, 의사협회, 법률가협회 등의 새로운 전문 집단이 들어설 자리가 별로 없었다. 이 결사체들은 미래의 입헌민주당을 위한 신병 양성소로서 젬스트보에 버금가는 경향을 보였다.

러시아 자유주의는 ── 19세기 러시아의 다른 어떤 사조보다 더 ── 대학교수들의 작품이었다. 가장 유력한 대학 교수들은 그라놉스키 교수가 1840년대에 모스크바 대학에서 강의하면서 자유주의의 몇몇 주요 개념을 소개하려고 처음 시도했을 때부터 자유주의에 공감하는 경향을 보였다. 원조 서구주의자들의 고해 신부인 그라놉스키는 러시아인에게 처음으로 서방 민주주의 국가의 법과 자유의 역사적 발전을 상세하게 강의한 사람이었다.[25] 그는 이 발전 유형이 ── 그것이 하룻밤 사이에 러시아 땅에 복제될 수 있다는 유토피아적 희망을 자아내지 않으면서 ── 러시아의 발전 유형보다 더 바람직하다고 시사했다. 비록 1860년대의 급진주의자들이 더 온건한 자유주의자 교수들을 압도하고 무시했을지라도, 배심원제 재판을 도입하고 고등교육을 받을 권리를 (자유민주주의 국가인 미국에서 그런 권리가 인정되기 훨씬 전에) 여성에게 확대하는 등 1860년대의 가장 중요한 몇몇 자유주의화 개혁은 주로 그 교수들 덕분에 이루어졌다.

모스크바 시장이 되었으며 자기의 벗인 그라놉스키보다 거의 반세기를 더 오래 살았던 치체린은 온건한 법치국가(Rechtsstaat) 자유주의자의 원형이었다.[26] 모스크바 대학에서 법학 교수로서 강의하면서 그는 합리적 법률이 독단적 전제 권력에 대한 효과적 제한으로서 의회 기구보다 더 중요하다고 강조했다.

그러나 1890년대 무렵에 개혁 성향의 신세대 지식인들은 게르첸이 마흔 해 전에 그랬던 것과 똑같이 다시 한 번 더 치체린을 소심한 보수주의자로 여기고 있었다. 더 급진적인 이 새로운 자유주의의 주요 대변자는 또 다른 교수인 파벨 밀류코프였다. 러시아의 사상과 문화에 관해 해박하고 박식한 역사가인 밀류코프의 러시아 문화 해석은 영국 문물을 좋아하는 실증주의자 알렉산드르 픽핀(Александр Пыпин)이 개요를 잡았던 노선을 대체로 따라갔다. 러시아 사상의 발전에 관한 냉철한 분석적 연구는 사실상 픽핀이 『유럽 통보』에 쓴 학술 논문들로 시작되었다. 인민주의 시대의 비우호적 분위기 속에서 그는 러시아의 사상과 문화에 관한 철저한 연구를 위안거리로 삼았다. 밀류코프가 그 길을 여러 차례 따를 터였다. 픽핀은 체르늬솁스키의 사촌동생이었을지라도 모든 극단주의에 반대했고 1840년대의 자유주의적 서구주의자의 전통을 지속하려고 애썼다.

밀류코프는 이 소망을 세기가 바뀔 무렵에 실제 정치활동으로 전환했다. 그는 프랑스와 영국과 미국을 두루 돌아다니면서 자기의 자유주의적이고 입헌주의적인 신념을 굳혔고, 정체성을 채 갖추지 못했던 자유주의 운동을 "러시아의 정치적 해방"을 위한 선명한 프로그램으로 이끄는 일에서 영향력을 발휘했다. 지역 자치와 개인 자유를 증대한다는 귀족들의 더 오래된 이상은 해방동맹(Союз освобождения)[26]의 강령에서 전제정 철폐의 아래에 놓였다. 1904~1905년에 전쟁과 격변이 벌어지는 동안 밀류코프는 입법 의회를 즉시 소집하라고 다그쳤다. 그가 주요 대표자로 있는 입헌민주당은 자문 기구인 두마(Дума)[27]의 권위를 확대하려고 시종일관 노력했고, 두마는 입법권을 엄밀하게는 1905년 8월에 획득했다.

러시아의 새로운 자유주의자들은 심리적으로 자신을 영국과 프랑스

---

[26] 스트루베의 주도 아래 1904년 1월에 결성되어 입헌군주제와 소수민족의 자유에 찬성하고 시민의 투표권을 요구한 자유주의 정치조직.

[27] 1905년 10월에 니콜라이 2세의 '10월 선언'으로 구성된 러시아 제국의 의회. 정식 명칭은 국가두마였으며, 1917년 2월혁명으로 4대 두마가 해체될 때까지 제한적이나마 대의기구 기능을 수행했다.

보다는 아직 머나멀고 이상화된 미국과 훨씬 더 동일시함으로써 자기들이 부르주아적 이기심의 옹호자라기보다는 진보의 사도라고 생각할 수 있었다. 밀류코프는 미국에서 많은 이에게 강연을 하고 미국의 저널에 글을 쓸 일련의 러시아인들 가운데 첫 번째 사람일 뿐이었다. 우드로 윌슨(Woodrow Wilson)의 저작은 심지어 그가 미국의 정치판에 들어서기 전에도 러시아에 알려져 있었다. 러시아에서 학식이 가장 높은 가문에 속하는 집안의 자손이며 오랫동안 정부 관리로 근무한 막심 코발렙스키(Максим Ковалевский)가 번역한 윌슨의 『국가』(The State) 1905년 러시아어판에 단 머리말은 당대 서방의 논문만큼 수준 높게 (입헌군주정을 통해서든 대의제 공화정을 통해서든) 합리적 법치를 요구했다. 두 해 앞서 젬스트보 입헌주의 운동의 러시아인 고참 망명객 파벨 비노그라도프(Павел Виноградов)가 옥스퍼드 대학 법학과 교수에 임용됨으로써 영국 헌법의 권위자로서 경력의 절정에 이르렀다. 그러나 밀류코프는 1905년의 「선언」[28]으로는 충분하지 않다고 주장하면서 사람이 아니라 법이 다스리는 국가를 바라는 그들의 온건한 요구를 넘어섰다.

　밀류코프 유의 자유주의자들은 국민주권을 모든 개혁의 필요조건으로 요구하는 데 덧붙여 사회 개혁과 부분적인 농지 재분배가 정치개혁에 반드시 따라야 한다는 주장도 했다. 1906년에 입헌민주당의 급진주의 탓에 17세기 초엽의 젬스키 소보르 이후로 러시아에 있었던 전국 차원의 정치 토론장으로는 대표성이 가장 컸던 제2차 두마의 활동에 새로운 제한이 가해졌다. 그들은 두마 해산에 항의하고 1906년의 「븨보르그 호소

---

[28]　영어 원문에는 헌법(constitution)이라고 되어 있지만, 정확히는 헌법이 아니라 1905년 10월 17일에 발표된 제2차 「선언」(Манифест). 니콜라이 2세는 이 「선언」으로 정당 결성 허용 등 기본적 자유를 러시아에 부여했고, 1906년 2월에야 최고 상위법인 국가기본법을 공표했다.

문」(Выборгское воззвание)[29]에서 자기들의 프로그램을 훨씬 더 과격하게 선언했다. 이 급진 자유주의자들은 러시아의 정치 관행을 서방 민주주의 국가들의 정치 관행과 같은 수준에 놓으려고 계속 노력했다. 이 국가들과 러시아는 이때 삼국협상[30]을 통해 외교 동맹관계를 맺었다. 밀류코프는 러시아 역사뿐만 아니라 서방의 관행에 관한 광범위한 지식을 지녔으므로 점점 더 입헌민주주의 전통의 주요 대변인이 되었다. 그는 자유주의자라는 칭호를 받아들인 — 사실은 자부한 — 몇 안 되는 이들 가운데 한 사람이었다. 그는 1915~1916년의 마지막 두마에서 이른바 진보 블록(Прогрессивный блок)[31]이 한 선동을 주도한 인물이었다. 그 선동은 마지막 로마노프의 타락하고 비효율적인 군주제에게서 권력의 고삐를 낚아채려는 자유주의적 개혁주의의 막판 시도였다.[27]

입헌민주주의자들이 1917년 2월의 혁명적 격변에 휩쓸렸고 10월의 볼셰비키 쿠데타로 불법화되었다는 사실을 러시아가 자유주의라면 원래부터 질색했다는 징표로 보아서는 안 된다. 이 사건들은 러시아가 계속 수행할 준비를 기술적으로 갖추지 못한 전쟁이 벌어지는 동안에 일어났다. 자유주의자들이 러시아에서 노력하면서 부닥친 장애물을 고려한다면, 그들의 진척은 빨랐고 그들의 프로그램 구상은 영리했다. 실제로, 볼셰비키는 처음에 권력을 잡고 굳히려고 애쓰는 동안 자유주의자들을

---

[29] 1906년 7월 9일에 러시아 제국 정부가 제1대 두마를 해산하자 두마 의원 200여 명이 경찰의 힘이 미치지 않는 핀란드의 브보르그에 모여 발표한 성명서. 작성자는 파벨 밀류코프였다. 시민불복종 운동을 제안했지만, 호응을 얻지 못했다.

[30] 1890년대와 1900년대에 영국과 프랑스와 러시아가 독일을 견제하려고 결성한 동맹 체제.

[31] 제1차 세계대전 초기에 입헌민주당을 비롯한 중도 좌우파 정당에 속한 국가두마 의원들이 결성한 교섭단체. 전쟁 수행을 지지하면서도 정부가 의회에 책임을 져야 한다고 주장했다.

여러모로 다른 어떤 집단보다도 더 두려워했다. 입헌민주당원은 가장 먼저 투옥된 사람들이었다. 헌법제정회의라는 입헌민주주의적 발상의 호소력이 심지어는 혁명가들 사이에서도 워낙 커져서 볼셰비키는 헌법 제정회 선거가 1917년 11월에 치러지도록 허용하지 않으면 안 되었다. 러시아인 3,600만 명이 투표했다. 볼셰비키가 얻은 표가 4분의 1에 그쳤을 때, 헌법제정회의의 해산은 거의 정해진 결론이었다. 자유주의 전통은 러시아에 너무 적게 너무 늦게 왔다. 레닌은 그것을 "의회 얼간이"라고 비난했다. 밀류코프나 다른 입헌민주당 지도자들은 러시아 자유주의자의 자신감과 경험의 부족을 이겨내려고 애썼다. 그러나 자유주의 정당이 더 자신감 있고 경험이 많았을지라도 전쟁과 혁명과 사회 해체라는 조건 속에서 점진적 변화를 위한 입헌적이고 의회적인 구조를 확립할 수 있었을지는 의심스럽다.

밀류코프의 더 급진적인 강령을 통해 입헌민주주의자는 지식인 사이에서 새로운 호소력을 얻는 데, 그리고 인민주의자의 특징이었던 정치개혁에 대한 무관심을 이겨내는 데 성공했다. 이 과업에서 자유주의자는 인민주의 진영에 있는 유연한 비혁명적 인자의 지원을 받았다. 미하일롭스키가 더 온건한 이 인민주의를 위한 길을 가리켰다. 그는 1878년에 젬스트보의 입헌주의자와 협력하기를 거부한 뒤에 사회주의자는 러시아의 자유주의자에게 품었던 전통적 적대감을 재고해야 한다고 — 1870년대 말엽의 "인민의 의지" 간행물의 바로 그 지면에서 — 주장하기 시작했다. 그의 「한 사회주의자의 정치서한」(Политические письма социалиста)은 진화적 인민주의자가 구상한 비폭력적 사회변혁이 정치개혁과 헌정 자유로 말미암아 쉬워질지 모른다고 인정했다. 여러 유력 인민주의자도 1880년대 말엽의 망명 저널 『자치』(Самоуправление)에서 정치개혁에 우선권을 점점 더 많이 부여했다. 1893~1894년의 "인민의 권리"(Народное право) 조직[32]

은 미하일롭스키와 러시아 국내의 다른 인민주의자 동조자 3,000여 명을 러시아 전제정 폐지가 — 그들의 소책자 가운데 하나에 나오는 표현대로 — 오늘날 러시아의 삶에 "화급한 문제"라고 주장하도록 만들었다. 자유주의 운동은 지적 호소력을 키우고자 인민주의의 오랜 대중적 관행 가운데 많은 것을 채택했다. 신세대 자유주의자는 더 앞 시대의 급진주의자가 그랬던 것처럼 만찬회, 동아리 토론회, 추모 집회, 비합법 간행물 해외 발행을 모두 다 활용했다. 비합법 혁명 선동보다는 실제 정치 활동을 통해 사회주의 목표를 추진하려는 많은 인민주의자와 마르크스주의자가 제정 말기에 입헌자유주의자와 전술적 동맹을 맺었다.

그렇지만 러시아에서 입헌민주주의 대의는 비혁명적 개혁가들 사이에서 급진적 충동과 보수적 충동 양쪽으로 분열이 일어나는 불리한 조건을 안고 출발했다. 많은 지식인과 소수집단, 그리고 인민주의 동조자의 지지를 얻으려면 입헌 개혁과 사회주의적이고 평등주의적인 제안을 반드시 결합해야 했다. 그러나 그런 제안으로 말미암아 지방귀족과 기업가가 많이 떨어져 나갔다. 세기가 바뀔 무렵에 입헌 개혁과 대의제 통치에 찬성하는 외침에 원래 가세했던 사람들 가운데 시민 자유의 확대, 자문 기구 성격의 전국 두마의 승인, 1905년 10월의 「선언」에 기꺼이 만족하려는 이가 많았다. 이 "10월당원들"(Октябристы)[33]은 역사적 연속성과 혁명의 위험을 본질상 보수적으로 강조하면서 제3대 두마와 제4대 두마를

---

[32] 인민주의 지도자들이 전제정 반대 세력을 모아 개혁 투쟁을 수행하려고 1893년 여름에 만든 비합법 조직. 이듬해 봄에 해체되었고, 대다수 구성원은 나중에 사회주의자혁명가당에 가담했다.

[33] 기업가 알렉산드르 구치코프(Александр Гучков, 1862~1936년)의 주도 아래 1905년 11월에 결성된 러시아의 중도 우파 정당 10월당(정식 명칭은 '10월 17일 동맹'(Союз 17 Октября))의 구성원. 니콜라이 2세가 1905년 10월 17일에 발표한 "10월 선언"의 실행과 입헌군주제 도입을 요구했다.

지배했다. 그러나 이 신중한 집단조차 활기의 조짐을 보여주었다. 10월 당원과 젬스트보의 귀족 인자, 그리고 입헌민주당과 10월당 사이에 있는 다양한 분파들이 1915년에 러시아의 전쟁수행 노력에 필요한 자금을 마련하는 데 도움을 주는 탁월한 "젬고르"(земгор) 위원회[34]를 설치하는 일에서 주도적 역할을 했다. 더욱이 20세기 초에 자유주의 진영 안에 있는 그 분열이야말로 일정한 활력이 있다는 표시였다. 철학관과 경제관이 다른 사람들이 입헌민주주의 전통과 동맹 관계를 맺으려고 시도했다. 입헌민주당원들은 비록 자기 당을 이 모든 갖가지 자유주의적 의견을 위한 공개 토론장으로 만들 수는 없었을지라도 갈수록 심해지는 혼돈에 맞부닥쳐 러시아 사회의 수많은 다른 인자만큼 겁을 내고 허둥대지 않았다. 실제로 입헌민주당원들은 혁명과 내전의 결정적 시기에 볼셰비키의 프로그램에 대항하는 프로그램을 가진 유일한 주요 정치집단이었다. 입헌민주당원들은 개혁 진영 안에서 결연한 개혁 세력이면서 전체주의 세력의 확연한 적이었다.

밀류코프는 러시아 혁명을 면밀하게 사후 검토하면서 인텔리겐치야의 추상적 유토피아주의가 볼셰비즘의 성공에 이바지한 요인이라고 시사했다. 인텔리겐치야 비판은 제정 러시아의 불운한 입헌자유주의자들의 저술에 빠지지 않고 나오는 주제였다. 왼쪽의 인민주의자와 오른쪽의 범슬라브주의자와 대조적으로 자유주의자는 서방에게서 배우고 개인의 권리와 존엄을 인정하는 것이 중요하다고 역설했다. 그러나 자유주의자는 대체로 서방의 자유주의 가치를 비굴하게 그냥 흉내 내기보다는 그것을 러시아의 조건에 창의적으로 적용하기를 좋아했다. 1840년대의 원조

---

[34] 전시인 1915년 여름에 전 러시아 젬스트보 동맹과 전 러시아 도시 동맹이 러시아 제국군과 피난민을 원조하는 활동을 조정하려고 설치한 위원회.

서구주의자 가운데 한 사람이자 19세기의 나머지 기간 내내 표현 능력이 뛰어난 귀족 자유주의자였던 카벨린은 러시아인이 "유럽 스스로도 이미 믿지 않는 낡아빠진 형태"를 넘겨받는 일을 피해야 한다고 주장한다는 점에서 전형적이었다.[28] 1866년에 쓴 비망록에서 그는 인텔리겐치야가 헤매다가 빠져드는 혁명적 경로를 묘사하면서 도스토옙스키만큼의 예언적 통찰력을 보여주었다. 그러나 그에게는 도스토옙스키의 1880년 푸시킨 추모 연설에 나타나는 보편적 가치와 러시아의 민족성 사이의 혼동에 이의를 제기하는 용기도 있었다.

소홀히 취급된 많은 자유주의적인 19세기 인텔리겐치야 비판자 가운데 한 사람이 두루 여행을 다닌 『러시아의 말』(Русская речь) 편집자 예브게니 마르코프(Евгений Марков)였다. 그는 러시아 지식인들 탓에 러시아 지식인이 줄곧 인용하고 있었던 실증주의자의 실용주의와 경험주의의 안티테제인 새로운 광신성이 나타났다고 비난했다.

러시아의 "지식 계층"은 본질적으로 "실천적"인 이 세기의 활동에 참여하다가 물러났다. 그들은 러시아를 17세기의 동란(смута)보다 훨씬 더 위험한 "지성의 동란"(смута умов)에 쓸데없이 몰아넣었다. 인텔리겐치야는 자체 안에 "당파성이라는 병"(болезнь партийности)을 품고 있기 때문이다.[29] 러시아에는 "이념가"가 아니라 책임성 있는 시민이, "문필활동상의 탈무드주의"와 "판단을 고함으로 대신하기"가 아니라 진심 어린 비판이 필요하다.[30] 마르코프는 "문학의 모스크바 학파"를 그 "야수적" 국수주의 때문에 거부한다. 1870년대 말엽에 제목이 "책과 삶"인 한 논설문에서 마르코프는 러시아의 혁명적 위기를 물질적 조건이 나빠지는 것뿐만 아니라 지식인들이 "책에서 배운 이론"을 제외하고는 그 어떤 것도 러시아의 문제에 적용하기를 계속 거부하는 것과 결부한다. 19세기뿐만 아니라 17세기에도 적용되는 통찰력 있는 한 문단에서 마르코프는 이렇게 지적한다.

> 러시아의 전반적인 정신적 성장 과정에서 책은 절대 중요하지 않은
> 역할을 했고, 그 역할은 어떤 경우에도 유럽의 어떤 나라에서보다
> 꽤 못했다. 그러나 러시아에서 책은 그 어디에서도 하지 못한 것을
> 해냈다. 책이 분열(라스콜)을 불러일으켰다.[31]

러시아에서 가장 필요한 것은 분열, 즉 책과 삶 사이의 분리를 극복하는
것이다. 만약 작가들이 "실천 활동으로 가는 넓은 길을 러시아 사상에
열어"줄 수 있다면, 러시아의 미래는 거의 무한하다.[32]

러시아 지식인은 "시민과 인간이 아니라 이념가"이기를 더 좋아하는
"쓸모없는(никчемные) 심기증 환자"이다. 그가 따르는 본보기는 "어떻게
살지, 어떻게 싸울지, 어떻게 이룰지"를 사람들에게 가르치는 영국의 정
치적 삶이다.[33] 마르코프는 모든 사람에게 영적인 의심과 문제가 있지
만, 영국인만이 이 근심을 정치적 삶에서 떼는 법을 배웠다고 주장한다.
불행하게도 러시아에서는

> 누구도 국지적 관심사, 국지적 자료를 …… 알지도 못하고 바라지도
> 않는다. …… .모든 고등학생이 다른 무엇보다도 최종 목표에, 근본
> 원인에, 국가의 운명에, 인류 전체의 세계적 문제에 이끌린다.[34]

마르코프는 러시아의 문제에 실험적으로 다가서고 당파적 불관용을 끝
내자는 애처로운 탄원서를 내놓는다.

> 기존 세계가 우리 세계임을 정직하고 확실하게 인정하자! …… 추방
> 과 불관용의 전제 체제를 중단하자! …… 한 마디로 저널의 당파가

아닌 어른답고 계몽된 러시아 시민이 되자! 책을 많이 읽은 어린애가
아니라 경험과 힘을 갖춘 어른이 되자![35]

그의 영웅은 알렉산드르 2세이다. 마르코프는 그 차르가 암살당한 직후
에 (그리고 포베도노스체프가 자기 저널을 폐간하기 직전에) 이렇게 썼
다.

이 해방자 차르께서 골고다의 그리스도처럼 타인의 원죄 탓에 고난
을 겪으셨다. 그리스도의 고난과 똑같은 그분의 고난을 그의 진실한
백성을 구원하는 원천으로 삼자![36]

그러나 자유주의화의 길은 러시아가 택하는 길이 아니었다. 알렉산드
르 2세의 수난은 그의 개혁 작업을 지속하는 것이 아니라 그가 죽은 바
로 그 자리에 인위적으로 되살려낸 제정 말기 모스크바국 양식의 대형
벽돌 성당[35]을 세우는 것으로 기념되었다. 이 의(擬)모스크바국 양식이
성 페테르부르그의 고전주의 건축 환경 안으로 비집고 들어왔다는 것은
알렉산드르 3세와 니콜라이 2세의 통치기에 반동적 민족주의로 되돌아
간다는 일종의 상징이었다. 입헌민주주의에게는 단지 짧고 어수선한 한
순간만 주어졌다. 역사의 무대에서 입헌민주주의의 절제된 이념은 포베
도노스체프의 꽁꽁 얼어붙은 러시아와 사회혁명의 활활 불타오르는 러
시아 사이에서 길을 잃었다. 마르코프와 밀류코프, 그리고 다른 자유주
의자들이 제기한 비판이 제아무리 인상적이었을지라도 더 극단적인 인
텔리겐치야 전통이 더 온건하고 실험적인 접근법을 요구하는 세력보다
우세했다. 제정 말기의 새로운 두 철학이 — 즉, 변증법적 유물론과 선험적 관념

---

[35] 피 위에 세운 구세주 성당(Храм Спаса на Крови).

론이 — 자유주의자들이 문제 삼으려 했던 교리적이고 형이상학적인 사고로 쏠리는 바로 그 경향을 부추겼다.

변증법적 유물론

백은시대에 나타난 그 두 새로운 철학 시류, 즉 변증법적 유물론과 선험적 관념론 가운데 하나는 입헌자유주의보다 더 급진적이었고 하나는 더 보수적이었다. 이 두 전통은 자유주의와 달리 인텔리겐치야의 이전 경험을 활용하겠다는 공통의 결의를 공유했다. 두 전통은 다 러시아를 정치 프로그램으로 개혁하기보다는 이념을 통해 강화하고자 했다. 두 전통 다 인텔리겐치야의 철학적 관심사와 러시아가 안은 문제의 연관성에 이의를 제기하기보다는 그 철학적 관심사에 답을 하고자 해했다. 입헌자유주의자는 급진 인텔리겐치야의 추상적 전통을 매섭게 비판하는 경향을 보인 반면에, 새로운 유물론자와 새로운 관념론자 양자는 이 전통에 뿌리를 굳게 박았다. 유물론자는 우상타파적인 1860년대 전통의 계승자임을 자부했고, 관념론자는 도스토옙스키가 우상타파 행위에 미학적이고 종교적으로 반발한 전통을 발전시키고 있다고 자부했다.

이 두 이념이 1890년대에 동시에 호소력을 지니게 된 주원인은 새로운 학생 세대가 일상사의 시대의 주관론과 비관론과 내향적 성찰에 터뜨린 분개였다. 이 새로운 세대는 오토만 제국[36]에서 억눌린 슬라브인이나 러시아 제국에서 억눌린 농민 사이에서 긍정적 메시지를 찾기를 더는 바라지 않았다. 그 새로운 세대는 개인의 구원에 대한 몰입을, 그리고

---

[36] 오스만 튀르크 제국의 다른 명칭.

1870년대와 1880년대의 개혁주의자의 특징인 모든 권위의 아나키즘적 거부로 흘러가는 자멸적 표류를 억제해야 한다고 느꼈다. 미하일롭스키 같은 진화적 인민주의자들은 역사를 모든 형태의 집단적 권위와 "아무리 정통한 것일지라도 모든 운명의 책"에 맞선 "개성을 위한 투쟁"이라고 평했다. 혁명적 인민주의자들은 이리저리 떠돌다가 '인민의 의지'의 무차별 테러리즘과 아나키즘적인 "탈(脫)조직부"(Группа дезорганизации)[37]로 흘러들어갔다.

열렬하게 반(反)권위주의적이고 반(半)아나키즘적인 프루동은 인민주의 시대 동안 러시아 급진주의자의 가장 중요하고 유일한 스승이었다. 바쿠닌의 폭력적인 아나키즘과 톨스토이의 비폭력적인 도덕주의적 아나키즘과 크로포트킨의 낙관적인 진화적 아나키즘, 이 모두가 다방면에 걸쳐 심사숙고된 프루동의 사회적 가르침의 창조적 발전이었다.[37] 톨스토이는 십중팔구 『전쟁과 평화』의 제목을 프루동의 제목이 같은 소책자[38]에서 따왔을 것이다. 새로운 배심원 제도 아래서 재판을 받는 급진주의자가 법정에서 웅변하는 전통은 니콜라이 소콜로프가 프루동의 아나키즘적 사회주의를 사회 문제에 대한 참된 그리스도교적 해답으로 열렬히 옹호하면서 1866년에 대중의 눈길을 맨 처음으로 사로잡았다. 소콜로프는 1860년에 브뤼셀에서 프루동과 이야기를 나눈 적이 있고, 자기 책 『배교자』(Отщепенцы)에서 프루동을 "본보기가 되는 배교자"이자 기다란 "참 그리스도교인" 혁명가의 대열 맨 끝에 있는 사람으로 일컬었다. 프루동은 형이상학이 아닌 윤리의 그리스도교를 고집하고 ("인민에

---

37 인민주의 지하 조직 '토지와 자유'와 그 후속 조직인 '인민의 의지'의 4개 하위 조직 가운데 가장 중요한 조직. 정부의 전횡에 맞서 동지를 지키고 붙잡힌 동지를 돕고 변절자를 가려내는 일을 맡았다.
38 1861년에 나온 『전쟁과 평화』(La Guerre et la Paix).

게서 나오기 때문에 존중을 받을 만한" 정치적 권위를 포함해서) 모든 형태의 정치적 권위에 반대했기에 인민주의 시대의 대다수 사고를 지배하는 도덕주의적 아나키즘의 주요 예언자가 되었다.[38] 프루동을 따라서, 러시아 인민주의는 이상주의적 훈계를 통해 사람들에게 호소하는 매우 감성적이고 도덕주의적인 교의였다. 지속되는 역경에 마주치면 그 훈계를 지탱하기가 어렵다. 인간관계의 단순성과 도덕성에 대한 인민주의의 열렬한 간청은 산업화된 근대성의 더 복잡한 세계에 들어서고 있던 세대에게는 부적절해 보였다. 인민주의는 그 철학이 빈약하고 자주 반(反)지성주의적이어서 교육을 더 잘 받고 독서를 더 폭넓게 한 1890년대 학생 세대의 혐오감을 샀다.

따라서 저항 정신은 좌우 양쪽의 새로운 급진주의자가 디디고 설 그 어떤 새로운 철학적 기반을 찾게 만들었다. 외로운 아나키즘적 몽상가는 1890년대의 분주한 사회에 어울리지 않는다고 느끼기 시작하고 있었다. 주관적인 의기소침, 즉 일상사의 시대에 관한 두서없는 회고와 수기가 새로운 두 예언적 인물인 마르크스주의자 게오르기 플레하노프와 관념론자 블라디미르 솔로비요프의 이념에 자리를 내주기 시작했다. 주관성과 고립감이 이 두 객관적 진리의 유력한 예언자의 도전을 받았다. 플레하노프와 솔로비요프는 둘 다 논객이나 언론인이라기보다는 참된 철학자였다. 저마다 다 인민주의 시대의 선동에 적극적이었고, 1880년대에 외국으로 나가서 러시아 인텔리겐치야를 위한 새 신념을 찾아냈다. 저마다 다 서방에 ─ 그러나 다른 서방에 ─ 의지했다. 『카라마조프 씨네 형제들』에 나오는 알료샤 카라마조프의 부분적 모델인 솔로비요프는 종교사상과 철학사상에 관심을 품었다. 그는 삶에 대한 신비롭고 미학적인 새로운 태도를 통한 영적 합일과 사회의 부흥을 찾아 가톨릭의 서방으로 갔다. 1878년에 성 페테르부르그의 카잔 대성당 앞에서 혁명적 인민주의의 첫 주요 시위를 주동했던 플레하노프는 경제 문제와 사회 문제에 관심을 품었다. 그는 국제 노동계급 운동의 서방으로 가서 러시아 마르크스주의의 아버지가 되었다.

플레하노프가 전향하기 전에 러시아인은 마르크스를 알고 있었고 존경했지만, 마르크스주의의 주요 교의를 놓치거나 잘못 이해했다. 엥겔스의 『영국 노동계급의 상태』(Die Lage der arbeitenden Klasse in England)와 마르크스의 『정치경제학 비판』(Zur Kritik der politischen Ökonomie)과 『자본』(Das Kapital)이 인민주의 시대 동안 러시아에서 널리 연구되었다. 그러나 인민주의자에게는 마르크스의 저작을 자본주의를 완전히 돌아 비켜가기 위한 유창한 논거로 보는 경향이 있었다. 인민주의자는 러시아에서 사회주의로 가는 길은 자본주의 발전 단계를 겪기보다는 막는 데, 역사적 필연성의 물질적 힘보다는 교육받은 계급의 도덕적 이상주의에 의존하는 데있다고 주장했다. 중앙집권화된 국가를, 모든 도그마를 의심한다는 점에서, 그리고 농민의 단순성과 "보수적 혁명"이 이상이라는 점에서 러시아의 급진주의자는 — 유럽의 사회주의 운동에서 마르크스의 원조 이념 적수인 — 프루동에 가까운 채로 남았다. 외국의 러시아인 혁명가들은 제1 사회주의 인터내셔널(1864~1876년)[39]에서 마르크스와 벌인 싸움에서 혁명적 아나키스트 바쿠닌에게 거의 마지막 한 사람까지 동조했다. 러시아 국내의 인민주의 필자들은 마르크스 철학을 러시아 현실에 적용할 수 없는 복잡한 독일 이론으로 보았다.

마르크스 스스로는 자기가 만난 대다수 러시아인을 싫어했고, 유럽에

---

[39] 1864년 9월에 런던에서 갖가지 사회주의 정파와 노동자 조직이 모여 세운 사회주의 국제 조직. 마르크스주의와 아나키즘의 갈등을 극복하지 못하고 1876년에 해체되었다.

서 독일의 영향력이 러시아로 확대되는 것을 대체로 선호했으며, 시종일관 러시아의 발전을 공업화된 서구가 중심인 역사극에 들어있는 소소한 곁들이 구경거리로 보았다. 그러면서도 그는 자기 저작이 러시아에서 받는 관심에 기분 좋아했다. 1871년에 파리 코뮌이 실패한 뒤에 특히 그는 러시아의 소요가 서방에서 혁명 봉기의 새 물결을 일으킬 촉매제 노릇을 할지 모를 가능성에 관심을 품게 되었다. 또한 그는 러시아의 경제 발전을 연구하기 시작했고, 많은 러시아 농민이 틀림없이 도시 노동자가 되겠지만『자본』에 제시된 경제 분석은 "러시아의 사회적 재생의 지지점" 구실을 할 수도 있을 "러시아 옵쉬나의 활력을 부정하지도 긍정하지도 않는 결론을 내놓을 것"이라고 시사했다.[39] 마르크스는 러시아의 발전과 가능성에 관한 명확한 분석을 남기지 않은 채 1883년에 죽었다. 마르크스보다 러시아에 관심을 덜 가진 엥겔스는 1895년에 죽기 전에 시간을 내서 러시아의 발전을 상세히 연구한 적이 없지만, 인민주의가 자기와 마르크스가 국제 사회주의 운동 안에서 오랫동안 반대해온 관념론적 형태의 사회주의와 결부되어 있다는 점을 인식했다. 죽기 직전에 그는 자기와 편지를 주고받아온 한 러시아인에게 "독일이든, 프랑스든, 영국이든, 러시아든 그 어디에서나 인민주의에 맞서 싸워야 합니다"라는 글을 써 보냈다.[40]

플레하노프는 권위주의적 사회주의와 극자유주의적 사회주의[40] 사이의 국제적 분쟁의 러시아판 분쟁을 수행하는 일을 어깨에 걸머졌다. 이론상으로는 개인이 역사에서 하는 역할을 깎아내리는 마르크스주의가 실제로는 개인의 지도력에 크게 의존했으니 묘한 일이다. "혁명을 만든 세 사람"이 — 즉, 레닌과 트로츠키와 스탈린이 — 1917~1921년의 소요 뒤에

---

[40] 구체적으로는 마르크스가 주도하는 공산주의와 바쿠닌이 주도하는 아나키즘.

마르크스주의를 새로운 국가 이념의 지위에 올려놓은 것과 똑같이, 플레하노프는 거의 혼자 힘으로 마르크스주의를 인민주의 이념의 진지한 대안으로 러시아에 도입했다.

플레하노프의 마르크스주의 입장의 정수는 그가 1880년에 외국으로 도피한 뒤에 펴낸 최초의 주요 저작인 1883년의 『사회주의와 정치 투쟁』(Социализм и политическая борьба)에 들어있다. 플레하노프는 러시아에 있는 동안 '인민의 의지'의 정치 테러리즘에 거세게 반대했고, 가진 것을 빼앗긴 "천민" 사이에 땅을 재분배하는 것을 우선시하는 분파인 흑토의 재분배(Черный передел)[41]를 결성했다. 테러리즘이 반동의 발호밖에는 아무것도 만들어내지 못한 뒤에 플레하노프는 자기가 옳았다고 뻐길 수 있는 입장에 있었다. 그러는 대신에 그는 경쟁 진영을 회유하려고, 연방제를 통한 권력의 희석과 농민적 방식에 자기가 예전에 보였던 극단적인 인민주의적 애착을 내버리려고, 완전히 새로운 전망을 러시아의 급진주의에 내놓으려고 애썼다.

플레하노프는 자기의 1883년 팸플릿을 "실천적 경향"을 보이고 "인민 속에서, 인민을 위해 일하려고 노력"하고 인민을 "의식 있는 정치 투쟁"으로 이끌었다며 인민주의 전통을 칭찬하는 말로 시작한다.[41] 그러나 그는 그러한 투쟁은 "과학적 사회주의" 위에, 그리고 다른 무엇보다도 "프랑스의 칸트" 프루동의 아나키즘적 낭만주의와 추상적 도덕주의에 대한 거부에 바탕을 두지 않으면 실패하리라고 주장한다.[42] 혁명적 정치변혁을 추구하는 이들에게는 경제 발전의 합리적 이해가 필수불가결

---

[41] 인민주의 조직 '토지와 자유'가 분열된 뒤 1879년에 플레하노프를 비롯한 사회주의자들이 만든 인민주의 혁명조직. 음모와 테러 전술의 효용을 부정하고 선전과 선동을 중시했다. 1881년 말에 사실상 해체되었다.

하다. 그는 이 주제로 어김없이 되돌아가는데, 그의 긴 논문 「사회주의와 아나키즘」(Социализм и анархизм)에서 가장 효과적으로 그렇게 한다. 이 논문에서 그는 이 두 사회철학이 어느 모로는 상호보완적이라는 인민주의의 암묵적 관념에 이의를 제기한다. 사회주의는 생산수단이 사회화된 현대 사회에서 사회적 삶이 취해야 하는 필연적 형태이다. 아나키즘은 이 과정에 맞선 비합리적 형태의 저항이다. 플레하노프와 그의 "노동해방단"(Освобождение труда)[42]은 독일 사회민주주의의 전통을, 즉 독일 사회민주주의가 질서정연한 진보에 두는 강조점을 잘 아는 러시아인의 첫 주요 조직이었으며, 잘하면 "부르주아의 놀이"이고 나쁘면 온갖 비합리주의에 대한 권유인 아나키즘에 대한 독일적 경멸의 일부를 이렇게 공유했다.

> 혁명의 이름으로 아나키스트들은 반동의 대의에 봉사한다. 도덕의 이름으로 그들은 가장 부도덕한 행위를 승인한다. 개인 자유의 이름으로 그들은 자기 이웃의 모든 권리를 발로 짓밟는다.[43]

마르크스주의는 사회와 역사의 객관적 과학을 제공함으로써 다른 나라에서처럼 러시아에서도 혁명 운동에 이론 기반을 제공한다. 고상한 이상과 냉혹한 현실 사이에 "밑도 끝도 없어 보이는 심연을 가로지르는 다리를 놓을" 수 없는 인민주의의 이원론[44]과 대조적으로 플레하노프의 철학은 철저한 일원론이었다. 영향력이 가장 컸던 저서인 (그리고 러시아 혁명 이전에 러시아에서 간행된 유일한 저서인)『일원론적 역사관의 발전에 관한 문제에 부쳐』(К вопросу о развитии монистического взгляда на

---

[42] 인민주의를 버린 플레하노프와 악셀로드가 1883년에 제네바에서 만든 최초의 러시아 마르크스주의 조직. 인민주의자와 대립하면서 사회주의를 선전했다. 1903년에 러시아 사회민주당에 합류했다.

историю)로 절정에 이르는 일련의 유물론 연구서에서 그는 물질 세계만이 실재라고 거듭 선언한다. 절대적 객관성은 "진리의 기준이 내 안이 아니라 내 밖에 존재하는 관계에 있기" 때문에 가능하다.[45]

이렇듯 플레하노프는 새로운 세대의 급진 사상가들에게 그들을 분열과 주관성에서 해방해줄 객관적인 일원론 철학을 내놓았다. 18세기 프랑스의 (그리고 1860년대 러시아의) 고전적 유물론과는 사뭇 달리 플레하노프의 유물론에는 혁명적 변화에 대한 확실한 보증이 들어있었다. 그의 유물론이 "역사적", 또는 "변증법적" 유물론이기 때문이다. 마르크스를 따라, 그의 유물론은 물질 세계가 운동과 갈등의 상태에 있으며 인류 전체의 해방은 물질 세계에 있는 서로 맞서는 힘들의 충돌에서 불가피하게 나오리라고 주장했다. 인간 사회의 추동력은 사회 계급이며 궁극적으로 미래의 주인이 될 계급은 프롤레타리아트다.

일찍이 1884년의 팸플릿 『우리의 견해차』(Наши разногласия)에서 플레하노프는 러시아가 이미 자본주의 발전 단계에 있다고 대놓고 주장했다. 경제를 지배하고 있는 것이 사적 자본주의냐, 아니면 국가 자본주의냐는 그에게 문제가 아니었다. 실제 결과는 새로운 도시 프롤레타리아트가 생겨나고 있다는 것이었다. 이 계급이 — 선동질이나 하고 잘난체하는 인텔리겐치야나 어리둥절해 하는 원시적인 농민이 아니라 — 러시아에서 진보의 진정한 담지자였다. 프롤레타리아트는 물질적 진보의 도구에 실질적으로 익숙했으며 "인민의 의지"의 데마고그식 언사에 그리 쉽사리 오도되지 않을 터였다. 프롤레타리아트의 성장은 역사적 필연이었으며, 낡은 공동체 형태의 조직에는 마르크스가 『자본』에서 개요를 밝혔던 경제발전 유형의 사회주의적 대안 구실을 할 어떠한 현실적 잠재력도 더는 없었다. "감성이 아니라 지성에 …… 호소하"려는 일관된 시도에서 플레하노프는 러시아의 혁명 운동은 "혁명가의 이론"보다는 "혁명 이론"을 받아들여서

"지금의 이론과 관계를 무조건 끊"어야 한다고 역설했다.[46] 노동해방단 강령은 다른 급진 조직들이 해체되어야 한다고 촉구하지 않고 "러시아 노동자 **사회주의 정당** 조직화"의 중요성을 인식하고 "현대 노동계급 운동의 국제적 성격"을 인정하는 집단 하나가 혁명 투쟁을 강화해야 한다고 촉구한다.[47]

플레하노프는 인민주의 사상의 많은 모순과 억측을 드러내어 밝혔다. 인민주의자들이 러시아의 특수한 경로라는 생각에 낭만적으로 집착하고 개인이 역사의 진로를 바꿀 수 있다는 과대한 믿음을 품고 있으며, 인민주의 필자들이 제시한 역사 이론과 "진보 공식"이 명백히 비과학적이라는 것이었다. 플레하노프의 마르크스주의가 지닌 합리적 세계주의는 제정 말기의 러시아화 캠페인으로 새로 모욕을 받은 러시아 제국 내 소수민족 문화의 지도자들에게 각별한 호소력을 지녔다. 심지어 1885년에 엄밀한 의미의 러시아 안에서 최초의 마르크스주의 동아리가 만들어지기에 앞서 러시아령 라트비아에서 마르크스주의 동아리와 저널이 나타났다. 급성장하는 1890년대의 사회민주주의 운동은 러시아 제국에서 더 선진적이고 서방화된 민족들인 폴란드인과 핀란드인과 그루지야인 사이에서 특히 거셌다. 플레하노프의 주요 조력자인 파벨 악셀로드(Павел Аксельрод)는 유대인이었고, 유대인 분트(Бунд)[43]는 1898년에 최초의 전국 대회에 러시아 제국의 사회민주주의자들을 한데 모으는 일에서 가장 중요한 촉매 가운데 하나였다.

또한 플레하노프의 마르크스주의는 점점 수가 불어나고 물질적 성장

---

[43] 러시아 제국의 유대인 노동자와 지식인이 유대인 노동계급 대표체를 표방하며 1897년에 빌뉴스에서 결성한 사회주의 조직. 정식 명칭은 "라트비아, 폴란드, 러시아의 유대인 노동자 총동맹"이었으며, 민족별 당 조직을 인정하지 않는 레닌과 대립했다.

과 경제적 분석의 문제에 몰두해가는 지적인 러시아인에게 더 전반적인 호소력을 지녔다. 경제적 분석은 러시아에서 19세기의 마지막 20년 동안 지적 관심의 주요 주제가 되었다. (마르크스와 가장 정기적으로 편지를 주고받은 사람인) 니콜라이 다니엘손(Николай Даниельсон)과 (모스크바 대학의 정치경제학 강사이면서 일간신문 『러시아 소식』(Русские ведомости)[44]의 정기 경제분석가인) 알렉산드르 추프로프(Александр Чупров) 같은 수준 높은 인민주의 경제학자가 있었고, 중앙 정부와 지역 젬스트보에서 근무하는 전문 경제학자의 수가 불어나고 있었다. 비테와 대다수 정부 경제학자에게 압도적 영향을 준 것은 균형 잡힌 자급자족적 국민경제를 개발하기 위해 보호관세와 국가 투자를 촉구하는 프리드리히 리스트(Friedrich List)의 국가 체제였다.[48] 리스트는 위대한 화학자 드미트리 멘델레예프에게도 영향을 미쳐서, 멘델레예프는 지역별·산업별 모형을, 그리고 러시아 국민경제 발전에 필요한 관세 체계를 궁리하는 일에 자기의 에너지를 많이 쏟아부었다. 그는 미국을 방문하고 미국을 찬양했지만, 민주주의 정치가들의 "정치 책동"(политиканство)은 찬양하지 않았다. 일찍이 1882년에 그는 경제 성장을 촉진하기 위해 산업부를 재무부에서 따로 떼어내야 한다고 주장했다. 그가 1903년에 적극적으로 여론몰이에 나선 덕에 러시아 고등교육 기관에서는 처음으로 성 페테르부르크 과학기술대학(Санкт-Петербургский Политехнический Институт)에 별도의 경제학부가 설치되었다.[49]

관심이 이처럼 경제 문제에 쏠리는 가운데, 마르크스주의는 경제적

---

[44] 1863년 9월에 모스크바에서 창간되어 1918년까지 간행된 자유주의 신문. 원래는 격일지였다가 1868년에 일간지가 되었다. 20세기 초에는 입헌민주당 우파의 기관지가 되었다.

176 | V. 새로운 해안으로

요인이 삶과 역사의 모든 것에 우선한다는 특이하고 명료한 주장을 했으니 강한 지적 호소력을 지닐 수밖에 없었다. 1890년대 러시아의 지식인 동아리에서 마르크스주의 사상에 대한 심취가 너무 심해서 마르크스주의는 자유주의 진영에서 같은 시기에 벌어지고 있었던 당파적 논쟁에 휩쓸리게 되었다. 일부 러시아 마르크스주의자들, 즉 경제주의자들은 마르크스주의의 경제 발전 분석을 받아들였지만, 정치 혁명을 일으키려고 활동하기보다는 노동자의 경제적 처지를 개선하는 데 온 힘을 기울이기를 바랐다. 조금 더 급진적인 것이 "합법적" 마르크스주의자들이었다. 이들은 마르크스주의의 경제적 분석에 따르고 전제정에 맞선 정치 투쟁의 필요성을 받아들였지만, 사회민주주의의 필요조건인 민주주의적 자유를 위한 공동 투쟁에서 사회주의의 대의와 자유주의의 대의를 한데 합치는 데 찬동했다.[50]

"합법적", 또는 "수정주의" 마르크스주의자들의 주요 대표자는 제정 말기의 가장 해박한 지성인 가운데 한 사람인 표트르 스트루베(Петр Струве)였다. 그는 자유주의와 관념론의 새로운 조류에 동참하기도 했다. 독일 남자와 덴마크 여자 사이에서 태어나 풀코보 천문대 초대 소장이 되었던 이[45]의 손자인 스트루베는 청년 시절을 슈투트가르트(Stuttgart)에서 많이 보냈고 여러 독일 대학교의 철학·경제 사상과 독일 사회민주주의 운동에 있는 심오한 기본 지식을 들여와서 러시아의 현실을 연구했다. 그가 스물네 살 때인 1894년에 쓴 『러시아 경제 발전 관련 문제 비평』(Критические заметки к вопросу об экономическом развитии России)은 러시아에서 간행되는 최초의 책다운 독창적 마르크스주의 저작이었으며, 러시아에서는 자본주의 발전 단계를 피하거나 비켜갈 수도 있다는 인민주의자의 주장

---

[45] 프리드리히 스트루베.

에 대한 1890년대 말엽 경제학자의 공격에 지침을 제공했다. 또한, 그는 1901년에 니콜라이 베르댜예프의 첫 저서『사회철학의 주관주의와 개인주의』(Субъективизм и индивидуализм в социальной философии)에 단 머리말에서 미하일롭스키나 다른 인민주의자들의 얄팍한 진보주의 이념에 철학적 비평을 가했는데, 이 비평은 갈수록 점점 더 큰 의의를 띠게 된다. 또한, 이 저술에는 그가 러시아 마르크스주의 안에 있는 경직된 철학적 정설과 혁명적 "자코뱅주의"에 보이는 비판적 태도가 반영되었다. 그가 1899년에 쓴『마르크스주의 사회진화론』은 자본주의와 사회주의 사이에 근본적이고 변증법적인 대립이 있음을 부정했으며 에두아르트 베른슈타인(Eduard Bernstein)이 같은 해에 쓴 유명한 저작『사회주의의 전제조건과 사회민주주의의 과제』(Die Voraussetzungen des Sozialismus und die Aufgaben der Sozialdemokratie)에서 선언된 노선을 따라 사회주의를 향한 자연스러운 진전이 지속되리라고 예견했다.[51]

제정 말기의 세 가지 새로운 전망이 다방면에 걸친 스트루베의 지적 발전에서 모두 다 역할을 하게 되었다. 비록 사회·경제적 분석에 대한 본질적으로 마르크스주의적인 접근법을 버리지는 않았을지라도 스트루베는 1902년 6월에 슈투트가르트에서 이루어진 격주지『해방』창간을 출발점으로 입헌자유주의 운동의 활동적인 지도자가 되었다. 그는 러시아의 문화와 지적 전통에 관심을 계속 품었으므로 철학적 관념론자들이나 신(新)정교 사상가들과 접하면서 그들에게 점점 더 공감하게 되었다. 그들의 유명한 논문집『베히』(Вехи)[46]에 들어있는 자기의 예리한 기고문

---

[46] 인텔리겐치야를 비판하는 알렉산드르 이즈고예프(Александр Изгоев, 1872~1935년), 보그단 키스탸콥스키(Богдан Кистяковский, 1868~1920년), 게르셴존, 베르댜예프, 불가코프, 스트루베, 프랑크의 글을 모아 1909년에 간행된 책. 거센 찬반 논쟁을 불러일으켰다. 베히는 방향 표지판이라는 뜻이다.

에서 스트루베는 당대 러시아의 사회적·정치적 삶에 건설적 진화가 없다며 바쿠닌과 "국가에 대한 비종교적 배교"라는 근대의 전통을 비난했다.[52]

플레하노프는 스트루베가 마르크스주의의 혁명적 요소를 흐릿하게 만든다며 분개했고, 변증법적 유물론 이념에 충실해야 하고 부르주아 자유주의자의 운동과 별개의 노동계급 운동을 전개해야 한다고 역설했다. (1903년에 열린 제2차 사회민주당 대회에서 레닌의 볼셰비키와 갈라선 뒤에 멘셰비키(Меньшевики)[47]로 알려지게 된) 러시아 사회민주당의 본체는 지적 지침을 구하고 1889년에 생겨났던 제2 사회주의 인터내셔널[48]과 연계를 지속하려고 플레하노프에게 의지하면서 그의 교의에 여전히 충실했다.

플레하노프와 멘셰비키는 러시아 마르크스주의에서 합리주의적 중도를 대표했다. 그들은 정치적 자유주의나 철학적 관념론과 화해하기를 거부했다. 그러면서도 그들은 레닌이 1902년에 쓴 『무엇을 할 것인가?』에 나오는 직업혁명가 엘리트에 대한 요구와 1906년에 쓴 『민주주의 혁명에서의 사회민주주의의 두 가지 전술』(Две тактики социал-демократии в демократической революции)에 나오는 프롤레타리아트와 혁명적 농민의 동맹 가능성에 대한 레닌의 성찰을 예전의 러시아 자코뱅이 취했던 부적절한 전술로 되돌아가는 것이라며 거부했다. 볼셰비키의 이 구상들은 ―

---

[47] 러시아 마르크스주의자의 당면 과제를 부르주아 민주주의 혁명으로 설정하고 볼셰비키당과 대립한 러시아 사회민주당 내의 온건파. 1917년 혁명기에 임시정부를 지지하고 입각했지만, 노동계급의 지지를 잃고 소수파로 전락했다. 내전기에 볼셰비키 정부의 탄압을 받았다.

[48] 1889년 7월에 파리에서 창립된 사회주의 국제 조직. 마르크스주의자가 주류를 이루었다. 개량주의 노선이 강해지고 각국의 사회주의 정당이 1914년에 자국의 전쟁수행노력에 협조하면서 와해되었다.

부르주아 혁명과 프롤레타리아 혁명이 단절 없는 하나의 혁명적 변혁으로 응축될지 모른다고 트로츠키가 1905년 혁명 동안 내놓은 훨씬 더 비마르크스주의적인 구상과 더불어 나란히 — 혁명기의 격변 속에서야 비로소 러시아에서 광범위한 인기를 얻을 터였다.

플레하노프는 1917년에 차르 체제가 무너지고 나서야 러시아에 돌아올 수 있었고, 그때 전쟁을 계속 수행하고 프롤레타리아의 때 이른 권력 장악 시도를 피하라고 다그쳤다. 러시아 마르크스주의의 아버지는 1917년 늦여름에 사태의 격류 속에서 사람들의 눈길을 점점 더 받지 못하면서 오랜 벗이자 긴 망명기간 내내 동지였던 베라 자술리치(Вера Засулич)와 함께 아픈 몸을 이끌고 옛날을 그리워하면서 얼마 뒤 레닌을 기려 이름이 바뀔 참새 언덕(Воробьевы горы)⁴⁹을 마지막으로 올라갔다. 이것은 한 세기도 전에 게르첸과 오가료프가 어릴 적에 흥분해서 참새 언덕을 올랐던 것의 구슬픈 되풀이였다. 그때 그들은 같은 곳에서 스러져간 데카브리스트들의 복수를 하겠다고 맹세했다. 10월혁명⁵⁰이 일어난 뒤 승리한 볼셰비키는 그의 집을 샅샅이 뒤졌고, 그가 프롤레타리아 혁명에 앞서 민주주의 혁명이 일어나야 한다는 "책상물림" 주장을 했다며 일부러 그를 "동무"가 아니라 "씨"라고 불렀다. 이제는 좌파와 우파의 눈 밖에 난 외로운 늙은이가 된 플레하노프는 그 뒤 얼마 안 되어 러시아를 떠나 새로 독립한 핀란드로 갔고, 그곳에서 1918년에 결핵으로 죽었다.[53] 확장되어 러시아에 들어온 서방의 급진적 인본주의로서의, 그리고 경제 진보와 문화 발흥의 합리적 교의로서의 마르크스주의는 그와 함께

---

49 모스크바 남서부의 모스크바 강 우안에 있는 고지대. 강 수위보다 70m 높아서 도시 전경이 내려다보이며, 1924년부터 1991년까지는 레닌 언덕으로 불렸다.
50 1917년 10월 25~26일에 볼셰비키당과 지지자들이 임시정부를 무너뜨린 사건. 신력(新曆)으로는 11월에 일어났으므로 서방에서는 11월혁명이라고도 하며, 볼셰비키 혁명이나 볼셰비키 쿠데타라고도 불린다.

스러졌다. 플레하노프는 레닌이 더 심한 기회주의를 가지고 — 그리고 어쩌면 러시아 인민의 사고에 더 깊이 뿌리를 두고 — 의지하고 있었던 러시아의 혁명 전통의 음모적 태도와 농민에게서 비롯된 유토피아적 광신성을 극복하기를 바랐다.

러시아가 1918년에 불길에 휩싸여 있는 동안 핀란드에서 죽어가던 플레하노프는 러시아가 1943년에 다시 불길에 휩싸여 있는 동안 프랑스에서 죽어가던 밀류코프와 여러모로 닮았다. 두 사람 다 지식인, 즉 유럽의 문화인이면서도 한편으로는 러시아 사상을 깊이 분석했다. 두 사람 다 합리적 분석 방식을 도입하고 서방의 개혁주의 전통에 더 정통해지도록 북돋아서 러시아의 과거 전통의 오류와 비합리성을 바로잡기를 바랐다. 두 사람 다 심지어 패배하고 잊혔는데도 자기가 태어난 나라를 걱정하는 마음을 버리지 않았다. 밀류코프가 히틀러의 침공에 맞서 러시아를 지원하라고 촉구한 것과 똑같이 플레하노프는 외로웠던 말년에 적색 테러뿐만 아니라 백색 테러에도 저항하라고 촉구했다.

두 사람 다 20세기 초엽에 부분적으로는 러시아 사상이 미숙했고 두 사람의 제안이 낯설고 복잡했기 때문에 받아들여지지 않았다. 그러나 자유민주주의와 사회민주주의의 패배에 훨씬 더 결정적이었던 요인은 서방이 러시아 사회를 짓눌러 무너뜨리는 대전쟁을 막지도 못하고 러시아의 발전을 서유럽 민주주의 유형과 연계할 기회를 아직도 강하게 요구하는 세력을 그 전쟁 직후에 제대로 뒷받침하지 못한 데 있었다.

신비주의적 관념론

변증법적 유물론이 신세대 급진주의자에게 일상사의 시대의 고립과 비관론을 딛고 올라설 수단을 제공했다면, 선험적 관념론은 더 보수적인 사상가에게 주관론에서 벗어날 길을 터주었다. 마르크스주의의 예언자 플레하노프가 인민주의의 특수성론을 비판했다면, 새로운 신비주의의 대변자 블라디미르 솔로비요프는 범슬라브주의와 정교의 편협성을 매섭게 비판했다. 밀류코프와 플레하노프 못지않게 솔로비요프는 폭넓은 유럽적 관심사를 가진 사람, 콩트 철학에 푹 빠지고 서방을 두루두루 돌아다닌 사람이었다. 그러나 그의 관심은 정치보다는 종교와 미학에 온통 쏠려있었다. 정치적 이유보다는 영적인 이유로 그는 러시아 제국 안에 있는 폴란드인과 유대인의 운명에 관심을 가졌고, 다시 통합되고 완전히 혁신된 "보편교회"를 위해 로마가톨릭과 화해하기를 열망했다. "보편교회"는 그리스도교도뿐만 아니라 유대인도 포함하고 "자유롭고 과학적인 신지학"으로 과학과 종교의 조화를 이룰 "자유로운 신정체제" 였다.

플레하노프와 밀류코프처럼 솔로비요프는 1850년대에 태어났고 1860년대의 이념 동향의 영향을 크게 받았다. 그는 규모 면이나 백과사전식 사료 구사 면에서 타의 추종을 허락하지 않았던 러시아사 저작의 저자인 세르게이 솔로비요프(Сергей Соловьев)의 둘째 아들이자 넷째 자녀였다. 어릴 때부터 블라디미르 솔로비요프는 똑같이 대단한 무엇인가를 이루겠다는 꿈을 품었던 듯하다. 그러나 그는 어릴 적에 해학이 없는 엄한 아버지보다는 폴란드 피가 섞인 어머니와 성직자인 할아버지와 더 친했다. 그의 젊음은 발랄한 상상력과 실러식 놀이 욕구로 들썩였다. (초기의 스텝 민족 가운데 가장 무시무시하고 모험심이 강했던) "페체네그(Печенег)인"으로 알려진 그는 어린 시절에 에스파냐 기사 이야기에 매료되었다. 아홉 살에 그는 자기의 시와 사회이론에 영감을 줄 신성한 여성성 원리의 여러 환영 가운데 첫 번째 환영을 보았다. 그가 나중에 소피야라고 부른 신성한 여인의 모습이 번쩍이는 빛 사이로 꽃 한 송이를 들고 그에게 왔는데, 이 모습은 그가 러시아에서 되살려내어 존중할 만한 것으로 만들려고 애쓴 은비학적 신비주의 전통의 전형이다. 소피야의 두 번째 환영은 그가 1870년대 중반에 해외 연구지원비를 받아 영지주의 철학을 연구하고 있었던 대영박물관(British Museum)에서 그에게 왔다. 그는 곧바로 이집트로 떠났고, 이집트에서 소피야의 세 번째 환영을 본 다음에 러시아로 돌아가서 흥분한 대규모 청중에게 자기의 새 이론을 내놓았다. 마르크스가 대영박물관에 있는 경제 논문과 혁명적 성찰에서 끌어냈던 유물론 교의와 제정 러시아 말기에 경쟁하는 주요 철학사상은 솔로비요프가 같은 대도서관의 다른 부분에 있는 종교 저술과 그곳에서 본 신비한 환영에서 상상해낸 새로운 관념론이었다.

솔로비요프의 혁신 개념은, 여러 면에서, 마르크스주의자의 개념보다 훨씬 더 혁명적이고 유토피아적이었다. 관념론자 솔로비요프는 유물론자 플레하노프 못지않게 절대적인 일원론 철학을 새로운 세대에게 내놓았다. 그는 "나는 초자연적인 모든 것을 믿을 뿐만 아니라 엄격하게 말한다면 초자연적이지 않은 그 무엇도 믿지 않는다"고 썼다.[54] 물질계는 "잠자는 인류가 꾸는 일종의 악몽"이었다.[55] 그러나 플레하노프의 유물론이 역동적이고 역사적인 형태의 유물론이기 때문에 젊은 세대에게 호소력을 지녔던 것과 똑같이, 솔로비요프의 관념론적 초자연주의에는 역동적이고 역사적인 특질이 있다. 그 초자연주의의 바탕은 세상 만물은 소피야를 통해 현실 세계에서 반드시 실현될 통합을 추구하고 있다는 믿음이었다. 그가 본 환영의 소피야는 동방 그리스권[51]의 "거룩한 지혜"일뿐더러 야콥 뵈메의 신지학의 여성적 원리이다. 소피야와의 신비하고

---

51 비잔티움 제국.

에로틱한 일종의 합일을 추구하면서 인간은 하느님의 코스모스에 가득한 이상적 "전일성"(全一, всеединство)과 교감하게 된다. 그러나 솔로비요프는 세상에서 물러나 명상하는 것을 옹호하지 않는다. 오히려 "전일성"을 추구하면 실제 세계 안으로 들어가지 않을 도리가 없다. 하느님 스스로 하느님 자신의 본질적 형태의 자기표현인 창조를 통해 "전일성"을 추구한다. 인간은 이 동일한 합일과 자기표현을 예술과 사적 관계, 그리고 다른 모든 영역의 창조적 경험을 통해서 추구한다.

러시아 인텔리겐치야에 있는 솔로비요프의 원수는 톨스토이이다. 만년에 톨스토이의 철학은 인간의 관능성과 창조성을 부정하려 했다. 도스토옙스키처럼 솔로비요프는 분열과 분리의 문제에 사로잡혔다. 그러나 인간의 욕구는 그 자체가 악의 원인이라는 톨스토이 사상은 아주 혐오스러웠다. 가정생활을 열렬히 사랑한 사람인 톨스토이가 끝내는 성욕의 정당성을 부정하게 된 반면에, 외롭게 독신으로 지낸 솔로비요프는 성욕에서 인간의 분리감을 극복하도록 해주는 긍정적 충동들 가운데 하나를 보았다. 톨스토이의 도덕은 인간의 열정을 발휘하기보다는 억제하려 들기 때문에, 구체적이고 명확하기보다는 일반적이고 추상적이기 때문에 얄팍하다. 솔로비요프는 자기가 1880년에 쓴 긴 철학 논문에 날을 세워 "추상적 원리의 비판"(Критика отвлеченных начал)이라는 제목을 붙였다. 추상은 하느님으로부터 분리된 탓에 나타났고, 그 분리로 말미암아 "서방 철학의 위기"(그가 1874년에 쓴 첫 주요 철학논문의 표제[52])가 생겨났다.

솔로비요프가 느끼기에, 러시아가 자진해서 "크세르크세스[53]의 동방"

---

52 Кризис западной философии.
53 고대 페르시아 제국의 군주(기원전 519~465). 기원전 486년에 제위에 올랐고, 이집트와 바빌로니아의 반란을 진압했다. 기원전 480년에 그리스로 쳐들어갔지만 살라미스 해전에서 패해 물러났고, 이듬해에 그리스를 다시 노렸지만 실패했다.

보다 "그리스도의 동방"이 된다면 새로운 통합적 철학이 아직 가능했다. 하느님은 그리스도를 통해 인간의 형태를 취함으로써 구체적이고 감각적인 것으로 쏠리는 충동을 인정한다는 것을 보여주었다. 그리고 이 행위는 세계의 신성화와 코스모스의 변모에서 첫 행위일 뿐이었다. 솔로비요프는 1878년 전반기에 유명한 신인성(神人性) 강연에서 "그리스도교에는 고유한 내용이 있고 …… 이 고유한 내용은 오직 그리스도뿐"이라고 대놓고 확언한다.[56] 톨스토이라면 중요한 것은 — 톨스토이가 말했을지 모르는 대로 — 그리스도의 가르침이 아니다. 왜냐하면, 솔로비요프가 동의하는 대로, 그리스도의 가르침은 다른 위대한 종교 스승들의 더 높은 윤리적 선언에 다 들어있기 때문이다. 그리스도에 관해 중요한 것은 인간과 하느님 사이의 분리를 극복하는 데에서 그의 삶과 사명이라는 구체적이고 완전한 사실이다. 인간은 그리스도가 사람의 모습을 한 말씀(로고스)이라고 추상적으로 생각해서가 아니라 그리스도의 삶이 지닌 선과 미에 구체적으로 매료되어서 그리스도에게 — 그리고 따라서 인간과 하느님 사이의 분리를 극복할 가능성에 — 이끌린다. 따라서 인간은 그리스도 자체 안에 있는 소피야의 특성에 매혹된다. 소피야는 "하느님께서 창조에서 자기에 앞서 가지고 계신, 따라서 창조에서 실현하시는 이데아"이기 때문이다.[57]

그러나 구체적으로 어떻게 소피야를 찾아낼 것인가? 즉, 어떻게 지상에서 하느님의 "전일성"을 얻도록 도울까? 솔로비요프는 1870년대 말엽에 갈등을 극복하기 위한 갖가지 프로그램과 구상을 내놓았다. 그는 신인성에 관한 강연을 열두 차례 해서 받은 꽤 큰 액수의 돈을 한편으로는 적십자에, 다른 한편으로는 콘스탄티노플에 있는 성 소피아 대성당의 복원을 위한 기금에 기부함으로써 시작했다. 즉각적인 고통을 줄여줄 실질적인 조치와 그리스도교 세계의 더 오랜 영적 통합에 대한 존중의 회복, 이것이 그의 프로그램의 주요 요점이었다. 1878년 5월에 그는 (자기의 강연에 참석했던) 도스토옙스키와 함께 옵티나 푸스틘의 장로들을 찾아가는 순례를 했다. 1879년 10월에 아버지가 죽자 그의 영적 소명감은 한결 더 강해졌다.

과학과 신앙 사이의 분열은 그 두 분야의 덜 교조적인 철학으로 극복될 수 있었다. 그는 — 뵈메를 따라서 — 신비한 지식과 지성적인 지식과 경험적인 지식이라는 세 가지 방식의 지식이 똑같이 유효하고 궁극적으로 보완적이라고 인식할 "자유롭고 과학적인 신지학"을 제안했다. 동방과 서방 사이의 분열은 저마다 서로에게 배울 무엇인가가 각각 있음을 인식한다면 극복될 수 있었다. 동방은 하느님을 믿지만 인류를 믿지 않는다. 서방은 하느님 없는 인류를 믿는다. 동방과 서방은 하느님과 인류를 둘 다 믿을 필요가 있다. 세속적 인본주의는 사실상 "사람은 털 없는 원숭이이며 **따라서** 제 친구들을 위해 제 목숨을 걸어야 한다"고 주장하는 철학적 기반에서는 살아남을 수 없다.[58] 그러나 정교를 믿는 동방은 사람은 하느님의 형상대로 만들어지므로 채찍 없이 다스려져야 한다고 주장해서 마찬가지로 망할 운명이다. 러시아는 서방에게서, 특히 오귀스트 콩트의 인본주의적 실증주의에게서 배워야 한다. 콩트의 인류교에서, 그리고 콩트가 인류를 그 위대한 존재(le Grand Être)와, 즉 일종의 여성성의 여신과 동일시하는 것에서 솔로비요프는 소피야 사상과 확연하게 유사한 사상을 찾아냈다. 역사가 신학적 단계에서 형이상학적 단계로, 형이상학적 단계에서 마지막 "실증적" 단계와 합리적이고 이타적인 사회로 움직인다는 콩트의 사상은 하느님이 인간의 실제 세계에서 자기실현을 향해 움직인다는 솔로비요프의 개념과 완전히 양립 가능해 보였다. 좋은 사회는 콩트에게처럼 솔로비요프에게도 "보통" 사람의 사회이다. 인류 안에 있는 분리는 과거의 무의미한 교리 다툼에서 비롯된 일시적이고

비합리적인 잔재일 뿐이다.[59]

1870년대 말엽에 솔로비요프는, 예를 들면, 튀르크에 맞서 화학전을 벌이자는 몇몇 범슬라브주의자의 제안을 비난하면서 과도한 국수주의에 거세게 반대하기 시작했다. 그는 알렉산드르 2세가 암살된 뒤에 한 유명한 강연에서 새 차르에게 암살자들을 용서해서 러시아에 그리스도교적 사랑의 새 시대가 왔음을 알리라고 촉구했는데, 이 강연을 기쁨의 눈물을 흘리며 듣는 청중이 많았다. 그 청중에 끼어있던 도스토옙스키의 미망인은 자기 남편이 동의했으리라고 솔로비요프에게 확실하게 말했다.

이 경험의 결과로 솔로비요프는 공개적으로 질책을 당했고 대중 강연을 일시적으로 금지당했다. 그는 교수직에서, 그리고 교육부의 직위에서도 물러나기로 마음먹었다. 밀류코프와 플레하노프처럼 솔로비요프는 1880년대의 반동의 시기를 "물러나 되돌아가기"의 시대, 즉 러시아의 문제에 새로운 해답을 내놓기 위한 지적 재고찰의 시기로 활용했다. 밀류코프와 플레하노프처럼 솔로비요프는 사회와 경제의 영역에서 일어나는 변화의 중요성을 새로 인식했다. 그러나 그는 자유민주주의도 프롤레타리아 사회주의도 아닌 "자유로운 신정체제"를 주창했다.

솔로비예프가 1880년대와 1890년대에 글을 쓰고 여행을 하는 내내 완성하려고 애썼던 매우 독창적인 이 개념은 완전한 자유를 하느님 권위의 인정과 화해시킬 의도로 만들어졌다. 하느님에게는 지상의 대리자 셋, 즉 차르와 교황과 예언자가 있을 터였다. 차르는 그리스도교인 통치자라는 이상을, 교황은 통합 교회라는 이상을 새 시대에 구현할 것이며, 예언자는 앞으로 이루어질 더 높은 통합을 시적 언어로 말할 것이다. 자유로운 신정체제는 강압을 통해서가 아니라 "우리 조상이 아직 그가 누구인지 모르는 채 대단한 예언적 감각을 지니고 신전과 제단을 지어 바치는 대상이었"던 소피야를 통해 "전일성"으로 향하는 인간의 자유로

운 충동을 통해서 생겨날 것이다.[60]

그는 알렉산드르 3세에게 그리스도교 세계를 정치적으로 통일할 "새로운 샤를마뉴(Charlemagne)[54]"가 되라고 촉구했다. 그는 교황과 서방의 주요 고위 가톨릭 성직자들의 축복을 받았으며, 그들 가운데 많은 이가 그의 재통합 계획에 깊은 인상을 받았다. 솔로비요프는 19세기의 세계에서 어쩌면 그리스도교 통합의 가장 심오하고 면밀한 사도였을 것이다. 그가 비록 나중에는 정교나 프로테스탄티즘보다는 가톨릭 신앙에 더 공감했을지라도 (19세기 러시아에서는 거의 혼자서) 그리스도교의 세 지파를 모두 다 공감하며 이해했기 때문이다. 더욱이 그는 통합의 문제를 개종의 관점이 아니라 그 세 교회를 그 셋 가운데 어느 교회도 아직 발견하지 못했던 더 높은 형태의 통합으로 이끈다는 관점에서 구상했다. 가톨릭교회는 민족주의를 넘어서는 사회 질서의 싹으로 찬미되었다. 러시아에 있는 유대인의 고립과 박해는 인도적 이유에서만이 아니라 유대인이 살려두었던 예언 정신과 사회 정의에 관한 관심이 다가오는 신정체제에 필요하다는 이유에서 비난당했다.

> 그들의 잘못은 다만 그들이 여전히 유대인이고 자기들의 독자성을 보전하고 있다는 것이다. 하지만 그리스도교에 다가서도록 눈에 보이고 **손에 잡히는** 그리스도교를 그들에게 보여주어라! 그들은 실용의 민족이다. 그들에게 그리스도교의 실용을 보여주어라! …… 당연히 유대인은 그리스도교도에게 배척당할 때 그리스도교를 받아들이지 않을 것이다. ……[61]

---

54 프랑크 왕국의 군주(742~814년). 768년에 프랑크 왕국의 제위에 오른 뒤 원정을 감행해서 서로마 제국의 예전 영토를 대부분 아우를 정도로 영역을 넓혔다. 800년에 로마를 방문했을 때 교황에게서 황제의 제관을 받았다.

솔로비요프는 자신을 이 새로운 신정체제의 예언자로 여긴 듯하다. 그가 말년에 쓴 예술에 관한 시와 우화와 논문은 여러모로 이 예언 정신에 구체적 형식을 부여하려는 노력이었다. 그러나 그가 예전에 품었던 "자유로운 신정체제"에 대한 희망찬 기대를 비관론이 대체하기 시작했다. 난폭한 새 이교가 나타나 유대교-그리스도교 세계에 도전하고 있었다. 이 새로운 세력의 상징은 아시아였다. 시베리아 횡단철도가 완공되고 극동에서 러시아의 제국주의 모험이 시작된 덕분에 러시아 대중의 의식이 아시아를 막 발견하고 있었다.[62] 솔로비요프는 떠오르는 동방에 혐오감과 매력을 둘 다 느꼈다. 심지어 제1차 중일전쟁이 1890년대 중엽에 일어나기 전에도 솔로비요프는 몽골인 유목민 무리의 러시아 정복을 묘사하는 「범몽골주의」(Панмонголизм)라는 시를 썼다. 솔로비요프는 자기가 죽는 해인 1900년에 쓴 『대화 세 편: 적그리스도에 관한 짧은 소설』(Три разговора: Краткая повесть об антихристе)에서 일본을 동양을 통일해서 세계를 짓밟은 존재로 묘사한다. 일본이 곧 러시아에게 뜻밖의 승리를 거두리라는 예감은 그 작품에 있는 많은 예언적 요소들 가운데 하나일 뿐이다. 적그리스도가 와서 ― 도스토옙스키의 종교재판소장처럼 그리스도의 일을 수행해서 완성하고 있다고 주장하면서 ― 이 새 세계제국을 다스렸다. 솔로비요프의 이념상 적수인 톨스토이의 견해와 속성들 가운데 많은 것이 조금은 인정사정없이 적그리스도에게 주어진다. 물질적 번영과 새로운 형태의 연예의 성장으로 그리스도교의 세 교회가 모두 다 힘을 잃었으며, 적그리스도의 지배에 쉽게 무릎을 꿇었다. 그러나 각 교파의 몇몇 사람에게는 저항하고 황무지로 가서 은둔할 힘이 있으며, 그 가운데에는 한 장로가 지도하는 한 정교 공동체도 있다.

러시아 정교는 정치적 사건으로 교회의 공식적 위상이 바뀐 뒤에 비록 이름뿐인 허위 신자 수백만 명을 잃었을지라도 구교도의, 그리고 심지어는 분파교도의 …… 가장 뛰어난 인자와 통합되는 기쁨을 누렸다. 쇄신된 이 교회는 수는 늘지 않지만, 영혼의 힘에서는 커지기 시작했다.[63]

이 정교도는 적그리스도의 지배가 세워지는 데 도움을 주었던 유대인이 그가 메시아가 아니라는 것을 갑자기 깨닫고 그에 맞서 봉기를 일으킬 때 다른 모든 그리스도교도와 다시 하나가 된다. 이렇듯 유대인이 그리스도교도와 연대해서 하나가 되고, 불의 강이 이교도의 도시를 집어삼키고, 죽은 자가 되살아나고, 그리스도가 재림해서 성자들과 "적그리스도교에게 처형된 유대인과 그리스도교도"[64]와 함께 지상에 천 년의 통치를 개시한다.

솔로비요프의 예언적 저작과 자석처럼 사람을 끌어당기는 품성은 백은시대의 갖가지 새로운 발전을 자극하는 데 도움이 되었다. 무엇보다도 먼저, 그는 관념론을 지적으로 존중할 만한 철학으로 되살려내는 데 주도적 역할을 했다. 그는 철학적 관념론이 인민주의 전통의 도덕적 관념론에 논리적으로 내포된다는 점을 보여주려고 시도했다. 플레하노프가 동일한 이 사실을 인용해서 인민주의자를 비판한 반면에, 솔로비요프는 도덕적 이상주의자를 관념론과 자기 나름의 역동적 신비주의로 유인하려고 그 사실을 인용했다. 1890년대에 첫걸음을 마르크스주의자로 뗀 많은 사람이 솔로비요프의 영향을 받아 새로운 관념론으로 곧 넘어왔다. 베르댜예프와 스트루베 등이 그랬다. 1894년에 연재되기 시작한 (그리고 1897년과 1899년에 책으로 재간행된) 그의 『선의 옹호』(Оправдание добра)는 관념론이 도덕적 명령을 물질적 사리추구를 넘어서도록 고양하고 철학적 회의론에게서 지켜낼 수 있게 해주는 유일하게 가능한 기반이라고 강하게 주장했다.

솔로비요프의 관념론 복권과 연관된 것이 러시아에서 진지한 비판 철학의 전통을 개시하는 데 도움을 주는 일에서 그가 한 더 전반적인 역할이다. 철학을 가르치는 데 가해지던 교과상의 제한 규정이 1889년에 해제되어서야 비로소 그러한 전통이 러시아에서 가능해졌다. 같은 해에 『철학과 심리학의 문제』(Вопросы философии и психологии)[55]라는 저널이 창간되면서 러시아는 드디어 엄밀한 의미의 철학 전문지를 처음으로 얻게 되었다. 서방의 사상을 예전의 두꺼운 저널 식으로 마구 소비하기보다는 비판적으로 흡수하는 매체가 드디어 생긴 것이다. 그 새 저널에서 철학과 심리학이 한 묶음으로 다루어진 것은 신선한 접근법을 지체 없이 반겼다는 표시다. 솔로비요프는 이 저널뿐만 아니라 훨씬 더 널리 읽힌 1890년대의 철학교육 매체인 브록가우스-예프론 백과사전(Энциклопедический словарь Брокгауза и Ефрона)[56]에도 기고했다. 이 여든여섯 권짜리 전집은 러시아어로 간행된 단행본으로는 심지어 오늘날까지도 가장 큰 정보의 보물상자로 남아있다. 솔로비요프는 이 백과사전의 철학 부문 주임이자 많은 개별 항목의 저자로서 이 사전의 지식 수준과 내용을 높이는 데 크게 이바지했다.

또한 솔로비요프는 20세기 초엽에 자기가 죽은 뒤 시작된 미약하지만 의미심장한 러시아 정교회로 되돌아가기에 영향을 주었다. 포베도노스체프에게는 교회가 국가 기강을 다잡는 기구로 보였는데, 도스토옙스키의 후기 작품과 솔로비요프의 저술이 결합해서 예전의 여러 급진주의자

---

[55] 모스크바 심리학회가 1889년 11월부터 1918년까지 펴낸 학술지. 러시아에서는 가장 큰 철학지였다.

[56] 독일의 백과사전 출판사인 브록하우스(Brockhaus) 사와 러시아의 예프론 사가 합작 사업으로 1890년에 러시아의 최고 학자를 총동원해 만들기 시작해서 1907년에 완성한 백과사전.

가 교회에서 그런 기구 이상의 그 무엇을 갑자기 찾아낼 수 있게 되었다. 세르게이 불가코프(Сергей Булгаков)와 세묜 프란크(Семен Франк)와 니콜라이 베르댜예프 같은 사람은 1919년의 『베히』와 다른 여러 논집에서 정교회에 대한 충성을 재확인하려고 용감하게 지성계 동료들의 조롱에 기꺼이 맞섰다. 이 지식인들은 참된 그리스도교는 강압보다는 자유를 가르친다고, 그리고 사회 변화와 충돌하지 않고 오히려 그 변화를 실행하고 인정하는 데 꼭 필요하다고 주장하면서 옛 그리스도교보다는 새 그리스도교를 믿는다고 고백했다. 러시아 정교회의 쇄신 운동은 대다수 그리스도교 공동체에서 눈에 띄는 20세기 초엽 종교적 근대주의를 향한 전반적 움직임의 일부였다. 러시아 정교회는 비록 새로운 접근법의 필요성을 인정하는 데 대단히 느렸을지라도 1917년에 권위가 허물어지는 와중에 조금이나마 독자적 활력을 과시해서 1917년 8월에 교회공의회를 소집했다. 이 공의회는 폐지된 지 오래인 총대주교직을 다시 설치했고 설령 하나의 동방 그리스도교 제국이라는 오랜 꿈은 깨졌을지라도 지속되어야 할 운명과 사명을 가진 제도라는 늦기는 했어도 중요한 주장을 하기 시작했다.

마지막으로, 그리고 어쩌면 가장 중요하게도, 솔로비요프는 백은시대의 엄청난 예술 부흥에 심원한 영향을 주었다. 솔로비요프는 시의 즐거움의 재발견에서 선구자의 한 사람이었다. 비록 그의 시가 대체로 걸작은 아니었을지라도, 세상은 우리 주위의 더 중요한 이상 세계의 상징적 반영일 뿐이라는 그의 생각은 더 높은 이 아름다움과 조화를 발견해서 선언하도록 시인들을 새로 자극했다. 솔로비요프의 우주론 이론은 셸링과 생 마르탱에 공통된 예언적 시라는 오랜 생각을 되살려냈다. 그의 철학은 더 앞 시기의 이 낭만적 인물들의 철학이 반세기 전 황금시대의 시에 영감을 주는 데에서 중요했던 것만큼 백은시대의 시를 불러일으키는 데에서 중요했다. 시의 아름다움의, 감각적 세계를 더 높은 영적 세계로 가는 길로 보는 시각의 재발견은 쇠락하는 사실주의의 점점 더 메말라가는 산문에서 벗어나는 반가운 위안으로 다가왔다. 사회적 효용과 극사실적 자연주의의 예술은 수십 년 동안 계속 배출되었지만, 예술을 위한 예술을 믿는 이들이 입도 열지 못하도록 시종일관 고함을 지르는 비평가들의 글이 실렸던 두꺼운 저널들이 쇠퇴하면서 신선한 예술적 접근법을 위한 길이 트이고 있었다. 솔로비요프와 다른 종교지향적 시인 몇 사람이 1891년에 『북부통보』(Северный вестник)[57]를 접수하면서 아름다움에는 그 나름의 의미가 있다는 생각이 새로운 발언대를 얻었다. 드미트리 메레즈콥스키(Дмитрий Мережковский)가 1892년에 『상징』(Символы)을 펴내고 이듬해에 「현대 러시아 문학의 쇠퇴 원인과 새로운 경향에 관하여」(О причинах упадка и о новых течениях современной русской литературы)를 쓰자 현실 세계는 이상의 그림자일 뿐이며 예술가가 유일하게 현실 세계를 거쳐 이상을 꿰뚫어볼 수 있다는 생각이 인기를 새로 얻었다.

솔로비요프의 시에 나오는 신비한 "아름다운 여인" 운운은 신비주의적 관념론 쪽으로 새로 돌아서기의 한 징후이면서 한 원인이었다. 그 아름다운 여인은 부분적으로는 콩트의 인류교의 여신(vièrge positive), 부분적으로는 되살아난 낭만주의의 사라진 마돈나, 부분적으로는 정교 신학과 은비학적 신지학의 거룩한 지혜(소피아)였다. 비록 플레하노프나 밀류코프보다 더 먼저 죽었을지라도, 솔로비요프가 20세기 초엽 러시아에서 죽은 직후에 발휘한 영향력은 십중팔구 플레하노프와 밀류코프가 살아

---

[57] 1889년에 성 페테르부르그에서 창간되어 1899년까지 간행된 문학지. 처음에는 주로 인민주의자의 글이 실렸지만, 1890년대에는 러시아 데카당스 운동의 중심이 되었다.

있을 때 발휘한 영향력만큼 컸다. 솔로비요프는 러시아에서 아직도 무척 생동하는 시각적 충동에 호소했다. 말하자면, 그는 평범하고 즉각적인 것의 세계, 즉 인텔리겐치야가 그토록 역겨워한 "범용성"(посредственность)의 세계를 뛰어넘을 한 번의 마지막 기회를 러시아에 내놓았다. 플레하노프와 밀류코프의 정치・경제 사상은 혁명적 변화의 시대에 권력을 잡으려고 다투는 이들에게 영향을 주었다. 그러나 20세기 초엽의 예사롭지 않은 문화 부흥은 솔로비요프라는 밝지만 덧없는 별 밑에서 태어났다.

예술 양식이 인민주의 리얼리즘에서 백은시대의 관념론으로 바뀐 것은 음주 취향이 더 앞 시기의 선동가와 개혁가의 독한 무색의 보드카에서 새로운 귀족적 미학자 사이에서 인기를 얻은 다디단 진홍색 메시마랴(mesimarja)[58]로 바뀐 것에 비길 수도 있다. 메시마랴는 희귀한 이국적 음료였는데, 무척 비쌌고 푸짐하고 느긋한 한 끼 식사의 끝에 가장 알맞았다. 백은시대의 예술처럼 메시마랴는 자연스럽지 못하고 반쯤 이국적인 환경의 산물이었다. 메시마랴는 핀란드의 라플란드[59]에서 왔다. 라플란드에서 메시마랴는 북극의 짧은 여름 동안 한밤의 해가 익힌 희귀한 나무딸기류 식물을 증류해서 만들어졌다. 20세기 초엽 러시아의 문화는 똑같이 이국적이고 최상급이었다. 그것은 불길한 조짐이 감도는 진미의 향연이었다. 메시마랴 나무딸기가 그렇듯이, 때 이르게 익으면 그만큼 빨리 썩기 마련이었다. 한 계절 한밤의 햇빛은 다음 계절 한낮의 어둠으로 이어졌다.

---

[58] 북극권에서 자라는 나무딸기의 일종. 학명은 Rubus articus, 러시아어로는 크냐제니카(княженика). 검붉은 색 열매는 최고의 진미로 알려져 있다.
[59] 핀란드의 북부 지방. 핀란드 영토의 1/4을 차지하며 북극권에 접해 있다.

VI 위태로운 거상(巨像)

20세기

20세기의 첫 사반세기 동안 전쟁과 혁명의 와중에 일어난 문화의 폭발. 열정적 해방과 해방된 열정의 시대에 지배적 예술 양식으로서의 음악. 혁명적 "건신론자"의, 그리고 여러 예술을 종합해서 세상을 바꾸려고 시도하는 알렉산드르 스크랴빈(1872~1915년)의 프로메테우스주의. 콘스탄틴 치올콥스키(1857~1935년)의 로켓과 카지미르 말레비치(1878~1934년)의 "절대주의" 미술을 통한 우주 공간으로의 상승. 이와 동시에 일어난 관능주의와 악마주의로의 하강. 예술과 삶의 종말론: 알렉산드르 블록(1880~1921년)의 시; 예브게니 자먀틴(1884~1937년)의 산문; 레프 트로츠키(1879~1940년)의 정치.

1917년의 2월혁명과 10월혁명, 그리고 러시아 인텔리겐치야의 전통에 레닌(1870~1924년)이 진 빚. 제1차 5개년 계획이 개시되는 1928년부터 스탈린(1879~1953년)이 죽는 1953년까지 스탈린 치하의 경직된 전체주의의 사반세기. 차리즘 전통과 혁명 전통 속에, 레닌주의적 권위주의 정당 개념 속에, 그러나 그 무엇보다도 호소력 있는 대중문화를 원초적인 농민에게 제공할 필요성 속에 있는 스탈린주의의 복합적인 근원. 스탈린 시대의 정신이상적 숙청이 자행되는 동안 모스크바가 러시아 혁명의 터전이면서 세계주의의 상징인 성 페테르부르크에 가한 보복. 모스크바국 볼셰비즘의 "채찍고행자"로서의 스타하노프 운동원과 "구교도"로서의 당 기관원. 빛나는 이콘과 울리는 종과 안식을 주는 훈향이 레닌의 초상화와 윙윙거리는 기계와 싸구려 향수로 탈바꿈하기.

보리스 파스테르낙(1890~1960년), 그리고 제정 러시아 말기의 신비한 시 문화의 마지막 메아리 및 러시아 혁명과 러시아 미래의 예언적 해석, 이 양자로서의 『의사 지바고』(1958년). 흐루쇼프 시대(1953~1964년)의 문화적 발효에서 나타나는 낡은 주제와 새로운 주제. 현실에 안주하지 않는 신세대 "60년대인". 러시아 문화에서 되풀이해서 나타나는 아이러니와 미래의 가능성.

01 크레셴도

1917년의 2월혁명[1]과 10월혁명은 볼셰비즘이 일으키지도 않았었고 곧바로 끝내지도 않은 심원한 문화적 격변의 와중에서 일어났다. 1890년 대 말엽과 제1차 5개년 계획(1928~1932년) 동안 스탈린이 일으킨 "대전환" (перелом) 사이에 러시아 문화는 전기 시대로 일컬어질지도 모르는 것을 통해 계속 지직지직 윙윙 소리를 냈다.

문화의 새 흐름은 — 이 시기 동안 러시아 곳곳에 퍼진 — 전기처럼 나날의 삶에 새로운 에너지와 밝은 빛을 가져왔다. 레닌과 트로츠키의 주요 경쟁자였던 혁명가가 훗날 그 두 사람이 1917년에 전달한 "권력의지 에너지의 전하"를 불평했다. 레닌과 트로츠키는 그들대로 공산주의를 "소비에트 권력 더하기 전력화"로 정의해서 권력에서 낙원으로 이동하려고 시도했다. 지성에 빛과 에너지를 가져다주는 것이 마찬가지로 소비에트 권력과 양립 가능하다고 가정하는 이가 많았다. 오랫동안 그저 장식용이라고 생각되어온 호박(湖泊)이 전기의 힘을 인류에게 드러내 주었던 것과 똑같이, 극장은 "자연의 새로운 비밀을 우리에게 드러내 주는 데에서

---

[1] 페트로그라드의 노동자와 시민이 시위를 일으켜 차르 체제를 무너뜨린 혁명. 신력(新曆)으로는 3월에 일어났으므로, 서방에서는 3월혁명이라고도 했다.

호박의 역할을 할 운명"이었다.[1] 천연 전기가 급성장하는 20세기 초엽 러시아 도시에서 새로운 금속 구조물을 타고 자주 거침없이 흘렀던 것과 똑같이, 예술의 이 새로운 흐름은 전통이라는 절연체를 뚫고 수가 늘고 있던 읽고 생각할 수 있는 사람들에게 충격을 주었다. 전기가 그랬듯이, 문화에서도 새로운 힘이 오래된 원천에서 나왔다. 사람은 전통이라는 흐르는 물과 가연성 소재의 안에 잠재된 에너지를 빼내는 새로운 방법을 찾아냈을 따름이다. 따라서 이 전기 시대의 새로운 역동적인 문화는, 여러모로, 바로 이전의 귀족 시대의 문화보다 러시아의 전통에 더 단단히 뿌리를 박고 있었다.

시에서는 새로운 상징주의가 곧 미래주의[2]와 아크메이즘(акмеизм)[3]과 사싱주의(寫像主義)[4], 그리고 분류 불가능한 한 무더기의 양식에 자리를 내주었다. 무대에서는 콘스탄틴 스타니슬랍스키(Константин Станиславский) 의 모스크바 예술극단(Московский Художественный Академический Театр)[5]의 과감한 집단 작업, 댜길레프의 발레 뤼스(Ballets Russes)[6]의 작열하는 인상

---

[2] 상징주의에 반발하고 현대의 기계 문명과 도시 생활의 역동성과 속도를 긍정하는 필리포 마리네티의 미래주의 선언으로 시작된 예술 사조를 받아들이면서 1912년 말에 시작된 러시아의 미래주의는 미술보다 문학에서 더 강했고 볼셰비키 정권 초기에 주류 사조가 되었다.

[3] 20세기 초에 상징주의와 관념적 경향에 반발해서 현세적 소재를 주로 다루고 사회성이 배제된 개인 세계에 치중하다가 러시아 혁명 뒤에 사라진 시문학 사조.

[4] 예세닌을 비롯한 시인들의 주도 아래 1918년에 시작된 전위적인 시 운동. 기이하고 인상적인 이미지에 바탕을 두어 관심을 모았지만, 1925년에 예세닌이 죽자 동력을 잃고 1927년에 해체했다.

[5] 스타니슬랍스키의 주도로 1898년에 창단한 연극단. 인민을 위한 연극과 사실적 연기법을 표방했고 체호프와 고르키의 작품을 상연했다. 러시아 혁명 뒤에 정부 지원을 받았고, 해외 순회공연도 했다.

[6] 1909년에 댜길레프가 러시아인 무용수와 예술가를 모아 파리에서 만든 발레단. 프랑스 발레와는 달리 생기 넘치는 공연으로 인기를 끌다가 1929년에 해체했다.

주의, 프세볼로드 메이예르홀드(Всеволод Мейерхольд)의 극단의 "조건성"
과 "생체역학적" 표현주의, 이 모든 것이 가속화되는 삶의 속도와 표현
의 원기왕성함을 과시했다. 음악에서는 이고르 스트라빈스키가 「봄의
제전」(Le sacre du printemps; Весна священная)의 불협화음으로 진부한 낭만적
선율에 조종을 울렸다. 러시아는 음악 무대의 특정 분야에서 여전히 논
란의 여지 없이 탁월한 비교적 소수의 인물 가운데 두 사람, 즉 베이스
샬랴핀과 무용수 니진스키와 더불어 수많은 새 음악 형식을 만들어냈다.
창조성의 모든 분야에서 형식에 대한 유쾌한 새 관심과 동시에 반세기
동안 러시아 문화를 지배했던 도덕주의적 메시지와 무미건조한 양식에
대한 혐오가 존재했다.

모든 예술 매체 가운데 음악이 아마도 결정적 매체였을 것이다. 그
시대의 가장 위대한 시인 알렉산드르 블록은 달력의 시간에서 "음악의
시간"으로 탈출하기를 이야기했다.[2] 그 시대의 가장 위대한 화가 바실
리 칸딘스키는 음악을 여러 예술 가운데 가장 포괄적인 예술로, 그리고
다른 예술의 본보기로 여겼다. 추상화의 또 다른 유력한 선구자 미칼로
유스 츄를료니스(Mikalojus Čiurlionis)는 자기 작품을 "소나타", 자기 전시회
를 "오디션"이라고 불렀다.[3] 시인들 중 가장 혁명적이고 "지구(地球) 의
장"을 자칭하는 "미래주의자" 벨리미르 흘레브니코프(Велимир Хлебников)
는 입체파 화가가 낯익은 모양을 분해한 것과 똑같이 낯익은 낱말을 분
해해서 새롭고 본질적으로 음악적인 "초이성 언어"(заумный язык)를 만들
어내려 했다. 그는 낱말은 "알파벳의 음악을 가리고 있는 유령일 뿐"이라
고 주장했다.[4] 미래주의 시인들과 화가들이 만나는 다비드 부를륙(Давид
Бурлюк)의 모스크바 집은 "음악의 둥지"로 일컬어졌다.

산문에서는 새로운 음악적 문체가 차츰차츰 나타났고 시간이 갈수록
점점 더 큰 의의를 지니게 될 안드레이 벨리이(Андрей Белый)라는 인물이

새로운 형태의 서정적 이야기인 "교향곡"을 개발했다.[5] 연극에서는 "몸, 몸의 선, 몸의 조화로운 움직임은 그 자체로 소리만큼이나 노래를 한다"는 메이예르홀드의 믿음에서 몸짓의 사용과 기괴성에 대한 그의 새로운 강조가 태어났다.[6]

심지어는 마르크스주의 혁명가들 가운데 가장 청교도적이고 몽상적인 이들도 음악에 유별나게 매료되었다. 내전기 동안 총체적인 "프롤레타리아 문화"를 만들어내려는 주목할 만한 시도의 이론가이자 지도자인 알렉산드르 보그다노프(Александр Богданов)는 노래 부르기가 인간의 가장 기본적인 세 가지 사회적 관계인 성적 애정과 육체노동과 부족 전투에서 생겨났기 때문에 최초이자 본보기가 되는 문화 표현 형태이라고 믿었다.[7] 보그다노프의 벗인 — 그리고 귀족 출신 나이팅게일들 사이에서 프롤레타리아 출신 사실주의자인 — 막심 고르키(Максим Горький)는 자기의 반(反)종교적인 1908년 작 『고백』(Исповедь)을 샬랴핀에게 헌정했다. 레닌은 심지어 다른 것에 일절 신경을 쓰지 않고 오로지 혁명만 생각하는 자기 세계에서도 음악이 퍽 심한 교란을 일으킨다는 속내를 고르키에게 이렇게 털어놓았다.

> 나는 「열정」(Appassionata)[7]보다 더 나은 것을 알지 못합니다. 「열정」을 날마다 들을 태세가 되어 있어요. 사람이 만든 것 같지 않은 대단한 음악이지요. 나는 자랑스럽게, 어쩌면 순진하게 생각합니다. 인간이 이런 기적 같은 일을 해낼 수 있단 말인가! (……) 하지만 음악을 자주 들을 수는 없습니다. 음악 때문에 신경이 곤두서니까요. 친근한 헛소리를 하고 싶고, 추악한 지옥에 살면서 이런 아름다움을

---

[7] 베토벤의 피아노 소나타 23번(F 단조)의 별칭.

만들어낼 수 있는 사람의 머리를 어루만지고 싶어요. 그런데 오늘은 머리를 어루만질 수 없군요. 손을 물어뜯을 것입니다. 머리를 두들겨 패야 합니다. 비록 우리가 궁극적 목표로는 인간에 대한 일체의 폭력에 반대할지라도 봐주지 말고 두들겨 패야 합니다. 흠흠. 지독히도 어려운 임무이지요![8]

레닌이 아주 결정적인 역할을 한 1917~1918년의 혁명적 사건들에는 그것들에 관한 일종의 음악성이 있다. 루이-세바스티앵 메르시에(Louis-Sébastien Mercier)가 한 프랑스 혁명의 특징묘사, "모든 것이 시각이다"(Tout est optique)[9]는 러시아 혁명을 위해서는 "모든 것이 음악이다"(Tout est musique)로 바뀔지 모른다. 프랑스에서 (메르시에가 언급하고 있었던) 반(半)연극적인 국왕 공개 처형에는, 그리고 처형을 기다리는 동안 감옥에서 태연하게 자기의 가장 위대한 시를 쓰던 귀족적인 신고전주의 시인 앙드레 셰니에에게는 일정한 "악마적 회화성"이 있었다. 그러나 러시아에서는 혁명에 "형식의 라틴식 완벽성"[10]이 없었다. 한 시골 가옥의 지하실에서 차르가 온 가족과 함께 잔혹하게 총살당하고 그들의 주검이 숲에서 훼손되는[8] 동안에, 블록과 벨릐이 같은 구질서 출신 시인이 혁명에서, 블록의 표현을 인용하면, "음악의 정신"을 보면서 수도에서 반은 신비적이고 반은 음악적인 혁명 찬가를 썼다.

이 혼란스러운 혁명기를 상징한 것은 지휘자의 권위주의적 존재에게서 해방된 교향악단 페르심판스(Персимфанс)[9]라는 별난 조직이다.[11] 망명

---

8   퇴위한 니콜라이 2세와 그의 가족은 1918년 봄부터 예카테린부르크(Екатеринбург)에 있는 니콜라이 이파티예프(Николай Ипатьев)의 저택에서 지냈다. 내전이 일어나자 우랄 지역 볼셰비키가 7월 17일에 황제 일가를 총살하고 주검을 불태운 뒤 숲에 묻었다.
9   Первое симфоническое ансамбль(제1교향악단)의 줄임말.

자 사회에서 이른바 "유라시아 운동"이 생겨났는데, 이 운동은 볼셰비키 혁명에서 "유럽화하고 변절한 귀족의 통치에 맞선 러시아 대중의 잠재의식적 반란"을 보았다. 주도적인 유라시아주의자들은 새로운 소비에트 질서가 개인은 오직 집단의 "더 높은 교향악적 개성"의 부분으로서만 자신을 실현한다는 것을, 그리고 "집단 개성"만이 새로운 "교향악적 사회"를 건설할 수 있다는 것을 인정한다며 그 소비에트 질서에 환호했다.[12] "절대주의자" 카지미르 말레비치(Казимир Малевич)가 러시아 혁명이 일어나기 전에 그린 그림 「암소와 바이올린」(Корова и скрипка)이 이 시대의 예술가들에게 일종의 이콘을 제공했는데, 이 그림은 바이올린의 들썩이는 창조성이 부르주아적 러시아의 소처럼 우둔한 만족을 어떻게든 대체할지 모른다는 막연한 희망을 상징했다.[13] 심지어 구질서를 수호하는 니콜라이 구밀료프 같은 미래의 투사도 러시아 혁명이 일어나기 전에 당대의 예술가들에게 "요술 바이올린을 잡아라, 괴물의 눈을 들여다보라"고 명령하는 시를 썼다.[14]

실제로, 현악기가 이 격변기에 배경 음악을 제공한다. 황궁에서 라스푸틴이 흥청망청 벌이는 분파교 주연(酒宴)에는 집시의 바이올린이 있고, 귀족이 모이는 최고급 나이트클럽에서는 기타가 무리를 이루어 연주되고, 오데사에는 거장 바이올린 연주자가 견줄 데 없이 많고, 내전기 내내 양 진영의 모닥불 주위에서 불리는 인기곡에 발랄라이카(балалайка)[10]가 반주된다. 1917년 10월의 쿠데타와 1921년의 평화 사이에 볼셰비키 권력이 굳건해지자 치닫는 바이올린 음악에 일종의 화끈한 크레셴도가 붙었다. 그 뒤로는 "하프와 바이올린" (블록의 시집 제목[11])의 소리가 곧

---

[10] 러시아의 민속 현악기. 기타처럼 생겼고 몸통이 세모꼴이다.
[11] Арфы и скрипки.

잦아들기 시작했고, 그래서 나중에 스탈린 혁명이 일어나자 탄압뿐 아니라 고갈로 말미암아 문화 현장에 정적이 내려앉았다. 그 정적을 깨는 것은 정해진 의례적 합동 찬가와 사전에 준비된 국가 주도 축제에서 춤을 추는 집단농장원들의 기괴한 잔치뿐이었다. 알렉세이 톨스토이(Алекей H. Толстой)가 드미트리 쇼스타코비치(Дмитрий Шостакович)의 제5번 교향곡에 바친 "사회주의 교향곡"이라는 찬사가 스탈린 시대에 음악이 한 역할의 전형을 보여준다.

> 그것은 지하에서 일하는 대중의 라르고(Largo)[12]로 시작하며, 아첼레란도(Accelerando)[13]는 지하철 체계에 해당한다. 이번에는 알레그로(Allegro)[14]가 거대한 공장 기계와 그것이 자연에게 거둔 승리를 상징한다. 아다지오(Adagio)[15]는 소비에트 문화와 과학과 예술의 종합을 대표한다. 스케르초(Scherzo)[16]는 행복한 소비에트 연방 주민의 활기찬 삶을 반영한다. 피날레(Finale)[17]로 말하자면, 대중의 감사와 열광의 이미지이다.[15]

역사의 진자는 전기 시대의 자유와 실험주의에서 촛불로 불을 밝히는 과거의 권위주의로 되돌아갔다. 실제로, "소비에트 문화의 정적"[16]은 소리의 환영 때문에 한결 더 무서웠다.

스탈린 전체주의보다 사반세기 앞서는 두드러지고 짤막한 자유의 막

---

[12] 아주 느리게.
[13] 점점 빠르게.
[14] 빠르게.
[15] 아주 느리게.
[16] 해학적인 기악곡.
[17] 다악장의 기악에서 활기찬 마지막 악장.

간극을 지배한 것은 세 가지 일반적 태도, 즉 프로메테우스주의와 관능주의와 종말론이었다. 이 태도들은 고정된 이념이라기보다는 심취였다. 시대의 불협화음의 와중에서 거듭 되풀이되는 그 라이트모티프들은 그 시대를 그 직전이나 직후와 구분하는 데 도움이 되었다. 이 세 관심사는 각각 다 솔로비요프 사상의 핵심이었다. 각각 다 그가 1900년에 죽은 이후 시기에 과도한 상태까지 전개되었다. 각각 다 러시아가 스탈린 치하에서 새로운 "흑철시대"(黑鐵時代)[18]로 도로 들어서면서 의혹을 사게 되었다.

프로메테우스주의

특히 널리 퍼져있는 것은 프로메테우스주의였다. 이것은 인간은 — 자기의 진정한 힘을 완전히 알 때 — 자기가 사는 세계를 철저히 변혁할 수 있다는 믿음이었다. 인간에게 불과 기예를 주었다는 이유로 제우스가 산에 사슬로 묶어놓은 그리스의 티탄[19]인 프로메테우스라는 존재가 급진적 낭만주의자를 오랫동안 매혹했다. 마르크스가 이 신화상의 존재를 이상화했고, 괴테와 바이런과 퍼시 셸리(Percy Shelley)가 그 신화를 공들여 다듬었다. 러시아인이 고전고대의 신화 세계에 더 깊이 빠져들면서 이제는 러시아인도 프로메테우스에게 찬탄 어린 눈길을 돌렸다. 메레즈콥스키가 아이스킬로스의 『사슬에 묶인 프로메테우스』를 번역했고, 다른 이들

---

[18] 황금시대, 백은시대, 청동시대 다음에 온다는 가장 타락한 시대.
[19] 그리스 신화에서 올림포스 신족이 나타나기 전에 세상을 지배하던 거인 신족. 올림포스 신족과 10년 동안 전쟁을 벌이다가 패한 뒤 지배권을 빼앗겼다.

은 스위스의 니체 추종자 카를 슈피텔러(Carl Spitteler)의 「프로메테우스와 에피메테우스」(Prometheus und Epimetheus)나 자코모 레오파르디(Giacomo Leopardi)의 「프로메테우스의 내기」(La scommessa di Prometeo)를 읽었다. 뱌체슬라프 이바노프(Вячеслав Иванов)가 1918년에 자기 나름의 『프로메테우스』(Прометей)를 썼고, 한 주요 출판사[20]와 스크랴빈의 핵심 악곡[21]만큼 동떨어진 사물에 프로메테우스라는 이름이 붙었다. 다른 나라처럼 러시아의 혁명적인 베토벤 찬양자들은 자신을 "프로메테우스의 피조물"로 여겼으며 자기들이 섬기는 그 영웅의 교향곡 『영웅』(Eroica)의 마지막 악장에 나오는 프로메테우스 주선율에 환호했다. 사람들은 그 악장에서 베토벤이 "천둥 같은 목소리로 '아니오, 그대는 먼지가 아니라 사실은 지구의 주인이오'"라고 외쳐서 인간에 관한 그리스도교 교리에 도전한다고 생각했다.[17]

이 시기의 러시아인은 프로메테우스처럼 불과 기예를 인류에게 가져다주려고 애썼다. 따라서 형식과 기법의 문제에 관한 러시아인의 관심은 대체로 사회 문제에 대한 무관심이 아니라 오히려 예술의 연금술로 사회 문제를 해결할 수 있다는 흥분을 자아냈다. 더욱이 유럽의 현대 문화에 더 많이 관심을 품는다는 것이 러시아의 전통에 무관하다는 뜻은 아니었다. 그러기는커녕 견줄 데 없는 현대 프랑스 미술품이 러시아로 수집되어 축적되고 『예술 세계』(Мир искусства)[22]의 번지르르한 종이 위에서 각

---

[20] 니콜라이 미하일로프(Николай Михайлов, 1884~1940년)가 1907년에 성 페테르부르그에서 세운 민주주의 성향의 출판사 「프로메테이」. 1916까지 주로 철학과 문학과 역사에 관한 책을 펴냈다.

[21] 「프로메테우스: 불의 시」.

[22] 베누아와 박스트를 비롯한 예술가가 주도하고 댜길레프를 편집장으로 해서 1899년부터 성 페테르부르그에서 간행된 예술 저널. 이동전람파를 비판하고 예술적 개인주의와 아르누보의 원리를 선전했다.

종 현대 서방미술이 대중화하던 시기는 이콘이 재발견되어 복원되고 복제되며 미하일 네스테로프(Михаил Нестеров) 같은 인물들이 더 영성화된 새로운 형태의 종교화를 개발하는 시기와 일치했다.

제정 말기 러시아 문화의 다양성을 보여주는 예는 제1차 세계대전이 일어나기 전 마지막 해에 러시아 문화에서 가장 널리 논의된 세 사건이다. 그 세 사건이란 스트라빈스키의 극히 현대적이고 신(新)이교적인「봄의 제전」의 초연, 완전히 복원된 고대의 첫 대규모 전시회의 개막, 한 무리의 아방가르드 시인과 화가의 "미래주의 순회전람회"이다. 첫째 사건은 파리에서, 둘째 사건은 모스크바에서, 셋째 사건은 17개 지방 도시에서 일어났다. 그러나 모순된다는 느낌은 별로 없었다. 푸시킨의 황금시대에서 그랬듯이, 백은시대의 러시아인은 모든 인류에 똑같이 적용될 수 있을 해답을 찾아 나섰다. 이전의 알렉산드르 2세와 알렉산드르 3세의 시대와 이후의 스탈린 시대는 훨씬 더 편협했다. 두 알렉산드르 치하의 인민주의자와 범슬라브주의자는 러시아의 특유한 가능성에 주로 관심을 두었다. 스탈린주의자가 "일국 사회주의"에 집중한 것과 똑같이 말이다. 인민주의자와 범슬라브주의자와 스탈린주의자는 다 주로 서방의 자연과학자와 사회이론가에게서 배우려고 서방으로 눈길을 돌렸다. 그러나 이 시대의 러시아 사상가는 서방의 예술적·정신적 경험의 스펙트럼 전체를 바라보았다.

갓 개종한 사람의 열정을 품고 러시아 예술가는 새로 찾아낸 예술 세계에서 자기 자신을 위해 향유되고 전 인류를 위해 고양될 그 무엇을 보았다. 20세기 초엽의 문화 활동을 서술하려고 종종 쓰이는 "러시아 르네상스"라는 용어는 이탈리아 르네상스의 예술 사랑과 인간의 창조력 고양과의 유사성을 시사하는 데 적절하다. 예술은 러시아를 서방과, 인간을 인간과, 심지어는 현세를 내세와 이어줄 프로메테우스적 가능성을 제공했다.

창조적 예술의 짜릿한 가능성에는 어쩌면 교육받은 반(反)권위주의적 지식인의 충성을 얻었어야 했을 민주적인 사회주의나 자유주의에게서 많은 사람을 꾀어 빼내 가는 경향이 있었다. 1890년대에 사회민주주의에 관심을 품었던 적이 있는 니콜라이 베르댜예프가 1906년의 대의제 두마를 두고 거의 조롱 조로 "지금 식의 러시아 지롱드(Gironde)[23]는 러시아를 구하지 못할 것이다. 이런 구원을 이루려면 위대하고 중요한 그 무엇이 있어야 하기 때문이다"[18]라고 말했을 때, 그는 점진적 개혁주의에 대한 새로운 무관심을 반영했다. 그는 창조성은 인간의 정신이 평범한 삶에 붙잡혀 있는 "포로 상태"에서 풀려날 수 있는 유일한 길이라고 주장했다.

> 모든 창작 행위의 임무는 다른 습속, 다른 삶의 창조이며 "이 세상" 을 거쳐 다른 세상으로, 힘겹고 뒤틀리고 뒤죽박죽인 세상에서 벗어나 아름다운 코스모스로 들어가는 돌파이다.[19]

예술이라는 "자유롭고 아름다운 코스모스"가 점점 더 어지러워지는 세상의 불협화음을 조화롭게 만들 새 가능성을 제공한다고 보였다. 다른 예술형식들이 모두 다 공통된 영적 진리의 표현이라는 푸시킨 시대에 그토록 널리 퍼져있던 낭만적 사고가 되살아나서 강화되었다.

발레 뤼스는 알렉산드르 베누아(Александр Бенуа)와 레온 박스트(Леон Бакст)와 니콜라이 레리흐(Николай Рерих)의 무대 디자인, 스트라빈스키의 음악, 니진스키의 무용, 미하일 포킨(Михаил Фокин)의 안무, 댜길레프의 천재적

---

[23] 프랑스 대혁명기에 혁명 세력 안에서 상층 시민의 이해관계를 대표한 온건공화파. 전제정에 반대하면서도 민중 봉기를 두려워했고, 1793년에 민중과 제휴한 자코뱅에게 밀려났다.

지도력의 조화로운 융합이었다. 한 예술 매체가 다른 예술 매체로 흘러들어가는 경향이 있었다. 새로운 예술유파 가운데 가장 대담하고 혁명적인 유파인 미래주의가 회화에서 시작된 다음에 시로 옮아갔다.[20] 화가 브루벨은 시인들에게서 영감을 많이 얻었고, 그의 현란한 색채는 그것대로 다른 시인들에게 영감을 주었다. 발레리 브류소프(Валерий Брюсов)는 브루벨이 현대의 삶이라는 "사막" 위에 활짝 펼친 "널따란 공작새 날개의 광채"를 찬미했다.[21] 블록은 브루벨의 장례식에서 그의 일몰이 내는 색채에 감정이 북받쳐 올라 이렇게 썼다.

집시의 노래와 비슷한 바이올린과 선율의 째지는 듯한 반주로 푸른 라일락 빛이 감도는 세상 여명이 마치 허물어진 둑 사이로 나오듯 세차게 들어오고 있다.[22]

가장 두드러지게는 블록의 작품에서 이번에는 시가 노래 안으로 밀치고 들어갔다. 러시아 혁명 전에 블록이 「바람은 무엇을 노래하고 있는가」(О чем поет ветер)를 말하려고 일련의 시를 쓴 적이 있다. 10월 쿠데타 직후에 그는 자기의 유명한 「열둘」(Двенадцать)에서 바람이 혁명에 관해 노래하고 있다고 암시했다. 질풍 같은 강력한 시구는 열두 명의 혁명 부대를 겨울의 성 페테르부르그 안에 데려간다. 그런 다음 그 시인은 약동하는 발랄라이카의 반주에 맞춰 불리던 다음과 같은 혁명가(革命歌)를 소개한다.

도시의 소음이 들리지 않는다.
넵스키 망루에 정적이 감도는데,
보초의 총검에
한밤의 별[24] 하나가 반짝인다.[23]

블록의 개작에서 마지막 두 행이 이렇게 바뀌어 감금이 아니라 해방을 암시한다.

> 순사가 더는 없다.
> 여보게, 술 없이 즐기게나![24]

그러나 들리지 않는 선율은 여전히 비탄 어린 현악기의 선율이다. 1921 년에 요절하기 전에 블록은 자기가 혁명에 바친 찬시를 얄궂은 심정으로 바라보게 되었다.

블록은 회화와 음악을 사랑했고 희곡을 썼고 문헌학을 공부했고 철학 자들과 토론을 벌였고 러시아의 가장 위대한 과학자인 멘델레예프의 딸[25]과 결혼했다. 시의 시대의 가장 위대한 시인으로서 그는, 직분상, 그 시대의 핵심 문화계 인사 가운데 한 사람이었다. 그러나 블록 자신이 시보다 음악이 그 시대의 정신에 더 가깝다고 느꼈으므로, 가장 위대한 피아노 연주가들 가운데 한 사람이면서 그 시대의 가장 독창적인 작곡가 인 알렉산드르 스크랴빈을 러시아 프로메테우스주의의 주요 예증으로 쓰는 것이 아마도 적절할 것이다.

스크랴빈의 창작 활동은 거룩한 지혜에 대한 솔로비요프의 신비주의 적인 믿음에게서, 그리고 또한 옐레나 블라바트스카야(Елена Блаватская) 부인이 개시한 국제 신지학 운동에게서 영감을 얻었다. 블라바트스카야 부인은 블라디미르 솔로비요프의 형[26]의 스승이었으며 망자와의 교감과

---

[24] 러시아어 원문은 별(звезда)인데, 영어 원문에는 달(moon)로 되어 있다.
[25] 류보프 멘델레예바(Любовь Менделеева, 1881~1939년). 화학자 멘델레예프의 딸이었으며, 1903년에 블록과 결혼했다. 배우였으며, 적지 않은 예술가와 염문을 뿌렸다. 발레의 역사를 연구하기도 했다.

온 누리 형제애의 숨은 비밀을 소유했다고 자칭하는 사람이었다. 1891년 5월 8일에 죽은 블라바트스카야 부인의 기일(忌日)은 그를 따르는 사람들에게 백련일(白蓮日, White Lotus Day)로 알려지게 되었다. 그리고 이날은 — 백은시대 지식인 사이에서는 — 적어도 제2인터내셔널이 블라바트스카야 부인이 죽은 날의 정확히 일주일 전으로 잡은 사회주의의 축일인 노동절(May Day)[27]만큼 잘 알려졌다.

솔로비요프와 상징주의자들은 소피야에서 거룩한 지혜와 영원한 여성의 신비한 합일을 보았다. 그리고 스크랴빈은 자기의 예술을 통해 그 두 의미의 소피야를 소유하고자 했다. 그는 "내가 한 여인을 가지는 것처럼 세상을 가질 수 있다면"[25]이라고 하면서 러시아 신비주의자들에게 낯익은 뵈메의 모호하지만 매혹적인 언어로 되돌아가서 이렇게 썼다.

세상은 하느님께 향하는 충동 속에 있다. …… 나는 내가 추구하는 유일한 것일 뿐이기 때문에 내가 세상이며, 나는 하느님 찾기이다.[26]

스크랴빈은 자기의 예술을 "위대한 마지막 완수 행위, 즉 창조 정신의 남성적 원칙과 평화의 여성적 원칙의 결혼 행위"로 여기는 완벽한 낭만주의자, 일종의 우주론적인 노발리스로 보인다.[27] 이렇듯, 끝없는 욕구를 지닌 그의 신비주의는 그의 초기 피아노 작품의 프레데릭 쇼팽(Frédéric

---

26 프세볼로드 솔로비요프(1849~1903년). 세르게이 솔로비요프의 맏아들이자 블라디미르 솔로비요프의 형이며, 역사소설 작가였다. 1884년에 파리에서 블라바트스카야 부인을 만나 신지학에 관심을 보였지만, 1886년부터는 그와 주변 인물을 맹렬히 비난했다.

27 1889년에 열린 제2인터내셔널 대회는 미국 시카고 노동자들이 1886년 5월 1일에 8시간 노동제를 요구하며 총파업을 벌이다가 경찰의 탄압으로 사망자가 나오는 등 큰 피해를 입은 사건을 기려 5월 1일을 국제 노동운동 기념일로 정했다.

Chopin) 같은, 프란츠 리스트(Franz Liszt) 같은 풍성한 선율에서 얼마간 필연적으로 흘러나온다. 그가 곧 만들기 시작한 복잡한 교향악 작품은 기법상의 재간과 그 시대의 내적 염원을 표현하는 특유의 능력을 둘 다 보여준다. 그의 말기 예술적·정신적 발전에는 본질적으로 네 음악 단계가 있었다. 그 네 단계란 1903년의 「신의 시」(Божественная поэма), 1908년의 「황홀의 시」(Поэма эстаза), 1909~1910년의 「프로메테우스: 불의 시」(Прометей: Поэма огня), 1915년에 그가 갑작스레 죽었을 때 겨우 시작 단계에 있던 「신비」(Мистерия)이다.

「신의 시」는 인류가 신의 경지로 올라서는 것을 묘사했다. 제1악장은 분투를, 제2악장은 관능적 쾌락을, 마지막 악장은 물질에게서 자신을 해방하는 정신의 "신의 유희"를 표현했다. 그는 외국에서 「황홀의 시」를 작곡하고 있을 때 많은 사회주의자를 만나다가 한순간 「인터내셔널」가 가사의 유명한 행("일어나라, 저주의 낙인이 찍힌 그대여")을 자기 작품의 제사(題辭)로 쓰겠다고 제안했다.[28] 그러나 구원은 한 혁명 지도자에게서가 아니라 여러 예술을 통합해서 인류에게 시대에 뒤떨어진 신약을 대체할 "새로운 복음"을 내놓을 한 메시아에게서 올 터였다. 스크랴빈은 자신을 제네바 호수에 있는 배에서 설교하고 오토(Otto)라는 급진적인 한 스위스인 어부28, 즉 자기의 성 베드로와 긴밀한 연계를 맺는 새로운 그리스도로 본 듯하다.[29]

그의 새로운 복음의 언어는 「트리스탄과 이졸데」의 조성적 광채와 아직은 음악적 유사성을 띤 다채로운 「황홀의 시」보다 훨씬 더 파격적일 터였다. 19세기에서 20세기 넘어갈 즈음에 바그너의 "미래의 음악"이 러시아에서 큰 인기를 누리고 있었다. 러시아의 주요 비평가 한 사람

---

28 오토 하우엔슈타인(Otto Hauenstein).

은 스크랴빈의 「프로메테우스: 불의 시」의 새로운 음악 세계를 "바그너의 「신들의 황혼」의 장엄하고 영감 어린 피날레의 연장이자 발전"으로 묘사하면서 이렇게 썼다.

그러나 …… 바그너의 불은 파괴와 파멸이다. 스크랴빈의 불은 부활이며 …… 새 세상을 창조하는 행위이다. 그 세상은 황홀한 희열에 빠진 인간의 영적인 눈앞에 열리고 있다. …… 그의 기본 정서는 황홀과 비상(飛上)이다. 그의 원소는 불이다. …… 불, 불, 불. 모든 곳에 불이 있다. 그 불에 흥분해서 시끄럽게 울리는 경종과 눈에 보이지 않는 종루의 종소리가 따른다. 불안이 커진다. 불을 내뿜는 산이 눈앞에 솟아있다. 바그너의 「발퀴레」(Walküre)의 "마법의 불"[29]은 스크랴빈의 "정화의 불"에 비하면 애들 장난이거나 반딧불 때이다.[30]

완전히 새로운 화성 체계가 프로메테우스의 "정화의 불"을 제공한다. 그 가운데에서도 특히, 열두 사도 제자가 탄 "배"의 이물에 있는 재림 "그리스도"의 채찍고행자 같은 이미지로 블로크가 「열둘」을 끝맺었던 것과 똑같이, 스크랴빈은 자기의 음악에 채찍고행자의 신비한 화음을 넣었다. 또한 그는 음계와 색 스펙트럼 사이의 상호연관성을 궁리해서, 음조가 없는 피아노처럼 연주될 거대한 반사 기계인 "빛의 건반"이 교향악 연주 홀에 투영할 색의 화음을 악보에 기입했다. 색에 매료되는 것은 초기 공업화의 칙칙함을 보상하고 싶어 하는 한 시대의 특징이었다. 림스키-코르사코프가 별도로 소리와 빛깔의 상호연계를 구상했던 적이 있다. 새로 복원된 이콘들의 순수한 색이 재발견되면서 자극을 받은 신세

---

[29] 바그너의 오페라 「발퀴레」의 3막에 나오는 악곡.

대 화가들은 색 자체에서 원래 이콘에 있다고 여겨진 기적을 일으키는 힘들 가운데 여럿을 보았다. 스크랴빈의 「프로메테우스: 불의 시」가 나온 해인 1910년에 자기의 선구적인 비구상 회화 가운데 첫 작품을 전시한 바실리 칸딘스키는 "그림에 색이 있는 것은 삶에 열정이 있는 것과 같다"[31]고, 그리고 — 하늘색의 완전한 평온함부터 황토색의 "새된 나팔소리"까지 다양하게 — 색채의 심리적 힘은 "인간의 영혼을 떨게 한다"[32]고 역설했다.[33]

삶의 마지막 해에 스크랴빈은 자기가 바라기에 여러 예술을 통합해서 인간을 신의 경지로 들어올릴 대작에 착수했다. 그는 이미 「프로메테우스: 불의 시」 악보에서 행사의 성사(聖事)적 성격을 강조하고자 합창단이 흰옷을 입어야 한다고 고집했던 적이 있다. 이제 그는 신비극, 음악, 무용, 오라토리오(oratorio)[30]의 환상적 융합에서 공연자 2,000명이 투입될 「신비」의 초안을 만들기 시작했다. 그것은 관객 없이 공연자만 있으니 음악이라기보다는 "제의"일 터였다. 일종의 다감각 다성음악을 제공하고자 소리와 빛깔과 함께 나란히 향수의 발산이 악보에 기입되었다. 사건은 티베트에서 시작해서 영국에서 끝날 터였다.[34] 백은시대 예술가들은 이 「신비」가 상연될 수 없다는 — 또는 심지어 명백히 스크랴빈이 다 쓰지 않았다는 — 사실을 들먹이며 그를 욕하지 않았다. 그들 대다수는 예술이 "신비를 통해 이루어지는 신비의 표현"[35]이라는 칸딘스키의 의견에 동의했다. 인류는 신비가 아닌 그 어떤 것에도 정신적으로 아직 대비되어 있지 않았다. 인류를 진선미를 통합할 장엄한 제의에 대비하도록 만드는 데에는 거대한 변동이 필요했다. 그 변동은 제1차 세계대전이 시작되면

---

[30] 독창, 합창, 관현악 연주가 이루어지는 대규모 종교 악극. 합창의 비중이 더 크고 가수들의 연기와 분장이 없고 줄거리가 낭송된다는 점에서 오페라와 다르다.

서, 즉 스크랴빈이 「신비」의 (그가 "첫 악장"이라고 부른) 첫 구상을 세운 직후에 일어났다. 스크랴빈은 겨우 몇 달 뒤에 죽었다.

그 시대의 대다수 예술가에게 예술의 목적은 실제 세계를 묘사하는 것이 아니라 변혁하는 것이었다. 가장 앞선 예술을 곧바로 삶에 가져다 놓으려는 욕구를 품고 그들은 러시아의 지방 곳곳에서 무수한 전람회와 연주회와 순회 문화공연을 했다. 가장 압권인 장면은 어쩌면 볼가 강을 타고 떠내려가는 배 위에서 젊은 세르게이 쿠세비츠키(Сергей Кусевицкий)의 지휘로 스크랴빈의 복잡한 조성 패턴이 연주되면서 반응도 이해도 하지 못하는 시골 곳곳으로 음악이 둥실둥실 띄워 보내진 1910년 여름에 연출되었을 것이다.

이 프로메테우스적 귀족예술은 민중예술의 동시 부활을 촉진하는 데 도움이 되었고, 민중예술은 민중예술대로 현실에 안주하지 않는 아방가르드를 새로 자극했다. 산업화가 도자기, 목각, 직조, 자수를 위협하기 시작하자 귀족은 그것들에 대한 관심을 새로 키웠다. 지방 젬스트보가 가내수공업과 농민 공예를 새로 장려했다. 완전히 새로운 형태의 음악적인 민중시, 즉 화음이 복잡한 차스투시카(частушка)[31]가 상징주의자의 새롭고 더 음악적인 시에 상당하는 일종의 풀뿌리 시로 등장했다.[36]

이렇듯, 러시아에서 실험적인 새 러시아 예술을 창조하는 쪽으로 쏠리는 초기의 충동 대부분이 철도 재벌 사바 마몬토프(Савва Мамонтов)의 모스크바 근처 영지[32]에서 옛 러시아의 예술 양식과 공예 기술을 재발견하고 재현하려는 작은 예술가 모임의 집단 노력에서 나왔다는 것은 타당해

---

[31] 러시아 혁명 전후에 러시아와 우크라이나의 농민 사이에서 유행한 전통적 형태의 해학적인 짧은 시가. 4행시 형태의 가사에 음담패설, 사랑 이야기, 공산주의 이념 등 다양한 내용을 담았다.

[32] 아브람체보(Абрамцево).

보인다.[37] 그들은 1882년에 작은 교회 하나를 초기 노브고로드 양식으로 설계하고 건축하고 장식하는 것으로 시작했고, 그다음에는 마몬토프가 이듬해에 모스크바에 설립한 러시아 역사상 최초의 사영 오페라단을 위한 무대 연출에 착수했다.

마몬토프의 활동은 1890년대에 예술의 무게중심을 성 페테르부르그에서 모스크바로 옮기는 데 도움이 되었다. 심지어 사실주의와 사회적 의의라는 지배적인 성 페테르부르그 전통 속에서 훈련을 받았던 수리코프와 레핀 같은 화가들도 모스크바와 마몬토프의 영지로 거처를 옮기고는 1880년대 말엽과 1890년대에 그린 걸작에서 초기 러시아의 역사 소재를 대형 프레스코화 규모로, 그리고 모스크바 회화의 특징이 된 화려한 색채로 묘사했다. 1892년에 부자 상인 파벨 트레티야코프(Павел Третья-ков)가 자기의 방대한 러시아 미술 소장품을 모스크바 시에 기증했고, 그의 이름이 들어간 — 최초의 러시아 회화 전용 — 미술관[33]이 모스크바에 세워졌다. 뒤이어 다른 모스크바 상인 두 사람, 즉 세르게이 슈킨(Сергей Щукин)과 이반 모로조프(Иван Морозов)가 프랑스의 인상파 및 후기인상파 회화 350점 이상을 러시아로 가져왔다. 이것은 예카테리나 대제가 렘브란트의 작품을 대거 들여온 이후로는 가장 큰 서방 미술품 수집이었다. 모스크바는 칸딘스키 같은 실험적 현대 예술가들을 위한 러시아 국내의 주요 중심지가 되었다. 칸딘스키는 모스크바 시를 자기의 많은 그림의 소재로 삼았다.

슈킨과 모로조프의 소장품을 보고 자극을 받아 신선한 실험을 한 모스크바의 젊은 화가들 가운데 카지미르 말레비치가 있었는데, 그는 칸딘스키보다 여러모로 훨씬 더 혁명적인 예술가였다. 수많은 아방가르드와

---

[33] 오늘날의 트레티야코프 국영미술관(Государственная Третьяковская Галерея).

마찬가지로 말레비치는 원초적인 러시아 미술과 가장 세련된 최신 서방 미술의 묘한 결합의 영향을 받았다. 회화의 기본 요소를 추구하는 당혹스러울 만큼 다양한 접근법을 통해 이루어진 그의 발전은 러시아의 실험적 현대미술의 특징이 된 특유의 프로메테우스적 열정을 생생하게 보여준다. 칸딘스키처럼 말레비치는 곧 인간과 물체의 식별 가능한 세계를 떠나 「검정 절대주의 사각형」(Черный супрематический квадрат)과 뒤이은 1918년의 유명한 「하양 위의 하양」(Белое на белом) 연작의 새로운 시작으로 향했다.

　말레비치의 예술은 형식상 더 급진화하면서 목적상 더 프로메테우스화했다. 그가 "이젤 그림의 폭정"에게서 시각 예술을 해방하고 미래의 벽지와 건물과 접시에 — 심지어는 관(棺)에 — 자기의 새로운 이상적 형상을 박아넣으려고 시도했기 때문이다. 말레비치와 그의 추종자들은 그가 "객관적 세계의 바닥짐에게서 예술을 풀어주려는 나의 필사적 시도"라고 일컬은 것 속에서 스크랴빈이 죽은 해인 1905년에 "순수감각 예술"[38]을 창시하려고 시도했다. 그는 그 예술을 절대주의(Супрематизм)[34]라고, 나중에는 "5차원 예술"이라고 일컬었다.[39] 알베르트 아인슈타인(Albert Einstein)의 4차원이 아직 전문가들에게만 알려진 시절에 사용된 "5차원 예술"이라는 표현은 단지 꾸밈말만은 아니었다. 그가 전형적인 한 구절에서 표현한 대로,

　　…… 인간의 길은 공간을 거쳐 놓여있다. 절대주의는 빛깔의 수기신
　　호이다. …… 하늘의 파란색은 절대주의 체계에 패하고 파열되며

---

[34] 말레비치가 입체파적인 미래주의 양식의 특징인 재현적 요소를 제거하고 주로 기하학적 도형을 묘사하면서 1913년부터 펼치다가 그의 1919년 개인전을 끝으로 종식된 미술 운동.

무한성의 진정하고 진실한 표현으로서 하얀색이 되었으며, 따라서 하늘의 색 배경으로부터 해방된다.[40]

이렇듯 말레비치의 교의에서는 심지어 선과 색, 즉 칸딘스키 예술이 실제 세계와 이어진 마지막 고리마저 끊어진다. 한 평론가는 그를 "인간의 정신이 비존재(非存在)로 보낸 로켓"[41]으로 묘사했고, 그 스스로는 1922년의 한 선언문에서 이렇게 역설했다.

(인간은) 바퀴의 속도를 거쳐 비행기 날개로, 더 멀리멀리 대기권의 경계까지, 그다음에는 더 멀리 자기의 새로운 궤도까지, 절대자로 가는 움직임의 고리와 하나가 되면서 자기를 무한성에 던지고자 땅에서 자기 몸을 준비한다.[42]

말레비치는 일종의 예술상의 우주 시대 예언가이다. 우주 시대의 실질적 준비는 러시아 내륙 출신의 병약한 독학 천재 콘스탄틴 치올콥스키(Константин Циолковский)가 이미 하고 있었다. 치올콥스키는 일찍이 1892년에 달 여행의 과학적 가능성에 관한 글을 쓴 적이 있으며, 1903년에는 자기 나름의 분사추진식 소형 탄도비행물체로 일련의 아마추어 우주탐사를 시작했다. 그는 "이 행성은 지성의 요람이지만, 영원히 요람에서 살 수는 없다"고 썼다.[43]

20세기 러시아에서는 우주가 정화, 범용성으로부터의 구원, 자아 소멸이라는 모든 바다의 상징적 함축과 함께 바다라는 상징을 대체하는 경향이 있었다. 러시아의 프로메테우스들은 더는 신앙의 방주나 바다에 있는 배를 이야기하지 않고 자기들은 대기권 밖 우주로 데려갈 새로운 우주선을 이야기했다. 1918년의 「하양 위의 하양」 연작 뒤로 말레비치는 거의 10년 동안 그림을 다시는 그리지 않고 그 대신에 자기가 "이상화된 건축”이라고 부른 것, 즉 “비행기”를 뜻하는 러시아어 낱말[35]에서 비롯된 이름이 붙은 플라니틔(планиты)라는 미래의 인간 거주지를 연작으로 스케치했다. 1920년대의 예술 아방가르드의 주도권을 놓고 말레비치와 제대로 경쟁할 만한 유일한 인물인 블라디미르 타틀린(Владимир Татлин)은 공리적인 “구성주의” 교의를 펼치고 “실제 공간의 실제 재료”라는 새로운 현실적 미술을 요구해서 겉보기에는 훨씬 더 아래로 내려와 지상에 닿아 있었다. 그러나 그도 밖으로 이동해 저 공간의 주인이 되려는 이 프로메테우스적 욕구를 반영했다. 차츰차츰 더 그의 3차원 구성물은 날개를 달고 위로 솟구치는 기세였고, 그것을 지상에 달아매는 줄이 팽팽히 당겨지고 있다고 보인다. 타틀린은 자기 삶의 마지막 서른 해 대부분을 거대한 곤충처럼 생기고 — “날다”라는 러시아어 낱말[36]과 자기 이름의 융합인 레타틀린(Летатлин)이라고 불린 — 괴상한 신형 글라이더를 설계하며 보냈다.[44]

러시아에서 20세기의 첫 서른 해는 전통적인 한계 범위가 대체로 무의미해 보이는 시기였다. 철학자이면서 장차 키에르케고르를 대중화할 러시아인인 레프 셰스토프(Лев Шестов)는 1905년에 자기 저서 『무근거성 찬양』(Апофеоз беспочвенности)에서 “세상에 불가능이란 없다는 단 하나의 확언만이 객관적 의미를 지니고 있고 지닐 수 있다”고 선언했다.[45] 사람들은, 1912년의 한 미래주의 문집의 제목을 인용하면, 현세의 “무한 세계”를 믿었다.[46] 표도로프의 추종자들은 망자의 부활이 이제 과학적으로 가능하다고 계속 믿었고, 메치니코프는 요구르트 위주의 섭생으로 수명이 무한정 늘어날 수 있다고 주장했으며, 1920년대의 최고 인기작가 미하일 조쉔코(Михаил Зощенко)가 1933년에 쓴 이상한 소설 「회춘」(Возвр-

---

[35] аэроплан.
[36] летать.

ащенная молодость)은 자기가 의지를 발휘하기만 하면 회춘할 수 있다고 믿는 늙은 교수를 묘사해서 파우스트 전설을 프로메테우스적으로 최종 재현했다.[47]

말레비치 미술의 다섯 개 차원 너머에는 철학자이자 심리학자이며 오리엔트를 여행한 표트르 우스펜스키(Петр Успенский)가 제공한 일곱 개 차원이 있었다. 1909년의 『4차원』(Четвертое Измерение)으로 시작해서 그는 자기변혁, 즉 고행탁발승과 수도승과 요가 수련자라는 신의 경지에 이르는 과거의 세 가지 길 너머에 있는 완전히 내면적인 "제4의 길"을 위한 새로운 전망을 제시했다. 그는 — 그가 나중에 쓴 책 두 권의 제목으로 표현한다면 — "세상의 비밀을 여는 열쇠"와 "우주의 새로운 모델"을 내놓았다.[48] 그는 인간에게는 자기를 "6차원 공간"으로 데려갈 더 높은 내적 지식을 얻을 역량이 있다고 역설했다. 시간에는 3개 차원이 있는데, 그 차원들은 공간의 3개 차원의 연장이며 순수한 상상력의 "7차원"으로 이어진다.[49]

성 페테르부르크에서는 프로메테우스주의가 "건신론"(建神論, Богостро- ительство)[37]으로 알려진 운동에서 가장 극단적으로 — 그리고 역사적으로 중요하게 — 표출되었다. 성 페테르부르크 지식인은, 예상 가능하게도, 모스크바 지식인보다 사회문제에 관심을 더 많이 가졌다. 새로운 세기의 첫 10년 동안의 격동 속에서 일단의 마르크스주의 지식인에게 신의 속성을 도시 프롤레타리아트에게 그냥 옮긴다는 프로메테우스적인 생각이 떠올랐다. "건신론"은 부분적으로는 "구신론"(救神論, Богоискательство)[38], 즉

---

[37] 1905년 혁명 이후의 반동기에 러시아의 진보적 문학가 사이에 퍼진 사회주의적 종교 운동. 과학으로 풀 수 없는 고독과 죽음의 공포 등 개인 문제를 탐구하면서 신이 없는 프롤레타리아 종교를 정립하려는 노력이었지만, 1910년대 초에 레닌과 플레하노프의 비판을 받으면서 힘을 잃었다.

메레즈콥스키를 따라 미학 문제에서 종교 문제로 돌아선 성 페테르부르그 지식인들이 더 앞 시기에 일으킨 운동에 반발하면서 발전했다. 그들이 철학적 관념론으로 (그리고 많은 경우에 정교 그리스도교로) 돌아간 것은 『새로운 길』(Новый путь, 1903~1904년)[39]과 『삶의 문제』(Вопросы жизни, 1905~1906년)[40]부터 도시 인텔리겐치야의 철학 사고에서 오랫동안 우세했던 실증주의 범주와 마르크스주의 범주에 인상적으로 철학적 도전장을 던진 1909년의 유명한 논총 『베히』에 이르는 각종 간행물에서 반갑게 다루어졌다. 이렇게 종교적 신비주의로 돌아가기에서 음악계의 방향표지는 "막강 5인방"의 마지막 생존자인 림스키-코르사코프가 1905~1906년의 혁명적 격동의 와중에 완성해서 1907년 초엽에 처음으로 상연한 합창 위주의 오페라 「보이지 않는 도시 키테즈 이야기」(Сказание о невидимом граде Китеже)였다.

건신론은 구신론보다 조금 더 나중에 발전했고, 지식인의 종교적 번민을 전통 신앙이 아니라 다가오는 혁명으로 유도하려고 시도했다. 1905년 혁명이 실패한 뒤 찾아온 암울한 반동기 동안에 한 지식인 집단이 마르크스를 혁명이 다가온다는 더 포괄적이고 영감 어린 미래상으로 보완하려고 시도했다. 투박한 작가이자 미래의 소비에트 문학 고위사제인 막심 고르키와 새로운 소비에트 국가의 초대 교육인민위원이 되는 견문

---

[38] 20세기 초에 베르댜예프와 메레즈콥스키 등 러시아의 일부 인텔리겐치야 사이에 퍼진 종교철학 사조. 신비와 상징과 예술적 감수성을 종합한 새로운 상징주의를 창조하고 국가와 교회를 통합한 제국을 건설하자고 주장하며 유물론과 마르크스주의와 대립했다.

[39] 구신론과 상징주의의 통합을 목표로 삼고 1902년 11월에 성 페테르부르그에서 창간되어 1904년 말까지 간행된 종교·철학 저널.

[40] 『새로운 길』 편집진이 1905년부터 『새로운 길』을 대신해서 성 페테르부르그에서 간행한 저널.

넓은 비평가인 아나톨리 루나차르스키가 이끄는 건신론자들은 자기들이 철학자는 세계를 그저 설명하기보다는 변혁해야 한다는 유명한 마르크스주의 선언을 더 정교하게 만들고 있을 뿐이라고 여겼다. 전통 종교는 늘 지적 혼란과 사회적 보수주의와 연계되었고, "구신론자"는 새 예루살렘으로 나아가기보다는 바벨탑을 다시 세우고 있을 뿐이었다.[50] 그렇지만 루나차르스키는 종교적 신념은 역사에서 변화를 일으키는 가장 큰 힘이었으며 따라서 마르크스주의자는 육체노동을 자기의 봉헌 형식으로, 프롤레타리아트를 자기의 참된 신도로, 집단정신을 하느님으로 간주해야 한다고 주장했다. 고르키는 자기의 1908년 작 장편소설 『고백』을 "전능하신 불멸의 인민께!" 올리는 다음과 같은 기도로 끝맺었다.

> 당신은 저의 하느님이시며, 모든 신의 창조자이십니다. 당신은 탐구의 노동과 봉기 속에서 정신의 아름다움으로 그 신들을 빚어내셨나이다!
> 당신은 기적을 일으키는 유일신이시니, 세상에 당신 외에 다른 신은 없을 것이옵니다!
> 저는 이렇게 믿사오며 고백하나이다![51]

당대의 몇몇 비평가는 고르키의 입장을 "민신론"(民神論), 즉 "인민 숭배"[52]라고 일컬었다. 더 극단적인 형태의 인민주의와 비슷한 점이 많다. 그러나 고르키는 백은시대의 더 보편적인 언어로 말했다. 그는 단지 러시아인이 아니라 모든 사람을 언급했고, 단지 배고픔의 정복이 아니라 죽음의 정복을 언급했다. 『고백』의 마지막 문장에서 고르키는 "거대한 일을 위한, 전 세계적 건신(建神)을 위한 모든 민족의 융합"이라는 이미지를 제시한다.[53]

1906년에 간행되었고 그 뒤에 소비에트 정권이 다시 간행한 저자 불명의 한 마르크스주의 소책자는 인간이 "우주를 차지하고 머나먼 자기 종족을 우주 공간으로 퍼뜨리고, 태양계를 점령할 운명을 타고났으며 인간은 죽지 않는 존재가 되리라"고 대놓고 확언했다.[54]

루나차르스키는 일찍이 1903년에 죽음은 다만 일시적인 후퇴라며 이렇게 주장했다.

> 사람은 찬란한 해 쪽으로 가다가 걸려 넘어져 무덤에 떨어진다. ……
> 이 무덤을 파고 있는 삽이 내는 소리에서 그에게 창조 노동의, 즉
> 불로 시작되고 상징되는 사람의 저 위대한 기술의 소리가 들린다.
> 인류는 그의 지시를 수행하고 …… 기대된 이상을 실현한다.[55]

그의 『파우스트와 도시』(Фауст и город)는 불멸의 신이라는 관념은 "인류의 위력에 관한 꿈"[56]일 따름이라고 선언하며 파우스트의 주검 앞에서 사람들이 애도하고 "파우스트는 모든 이 안에 살아있다! …… 주권 도시는 깨어났다"[57]고 외치는 가운데 황홀경에 빠져 끝난다.

러시아 혁명이 일어난 뒤에 루나차르스키는 과거의 많은 러시아 예술가를 매혹했던 일, 즉 구원의 새로운 메시지를 인류에게 제공할 3부작을 쓰는 일에 나섰다. 고골의 『죽은 혼』과 도스토옙스키의 『카라마조프 씨네 형제들』과 무소륵스키의 「호반쉬나」처럼 루나차르스키의 3부작은 완성되지 못했다. 백은시대의 정신에 충실하게도 제1부인 『현자 바실리사』(Василиса премудрая)는 형식에서는 환상적이고 구상에서는 우주론적이었다. 제2부인 "극시" 『구원자 미트라』(Митра Спаситель)는 간행되지 않았고, 제3부인 『마지막 영웅』(Последний герой)은 틀림없이 쓰이지 않았을 것이다. 우리에게 알려진 3부작의 마지막 문구들은 설화에 바탕한 『바실리사』의 끝 부분에 나오는 "인간의 신성(神性)이 지상에" 도래하는 것에 바치는 찬가이다.[58] 그러한 이야기는 그 나름의 신화와 절대자를

과학 용어로 위장하려고 드는 사회에서는 명백히 위험했다.

초기 건신론자의 프로메테우스적 미래상을 가장 잘 묘사한 인물은 신생 소비에트 국가에서 해외 이주의 대열에 끼지 않고 고위직에 오르지도 않은 이들 가운데 비교적 망각의 대상이 된 뛰어난 이론가인 알렉산드르 말리놉스키(Александр Малиновский)[41]였다. 말리놉스키는 1895년에 스물두 살의 나이로 평론 저널리스트로 자기의 첫 정식 직함을 가진 뒤 곧바로 새 이름을 가졌다. 그가 평생 사용했으며 그 나름의 높은 소명이라는 그의 이미지를 적절하게 전달하는 그 새 이름은 "신께서 주신"이라는 뜻의 보그다노프[42]였다. 그는 곧 사회민주주의 운동에서 활동하게 되었고, 1903년의 당이 쪼개진 뒤에 지체 없이 볼셰비키 편에 섰고 볼셰비키의 이론지 『새 삶』(Новая жизнь)의 편집을 도왔으며, 여기서 고르키와 친해지기 시작했다.

보그다노프는 미래를 여는 궁극적인 열쇠가 지난 역사의 특징인 경제적 관계와 계급 투쟁에 있지 않고 프롤레타리아트가 이미 만들어내고 있는 미래의 기술·이념 문화에 있다고 믿었다. 마르크스가 변증법적 투쟁에 매료된 것은 그의 젊을 적 헤겔주의에서 비롯된 불운한 잔재였다. 마르크스보다는 생시몽 식으로 보그다노프는 실증적인 새 종교가 없다면 지난날의 파괴적 갈등을 결코 해소하지 못하리라고, 즉 사회에서 숭배의 중심 사원과 종교 신앙이 한때 수행한 통합 역할을 이제는 프롤레타리아트의 현실적인 사원과 "경험일원론"이라는 실용주의적이고 사회지향적인 철학이 수행해야 한다고 주장했다.

---

[41] 알렉산드르 보그다노프의 본명.

[42] 보그다노프는 '신'이라는 명사 보그(бог)와 '주다'라는 동사의 수동형 분사 형태 단(дан)이 결합한 형태의 고유명사이다.

1899년의『자연 역사관의 기본 요소』(Основные элементы исторического взгляда на природу)로 시작하는 일련의 연구서에서 보그다노프는 혁명 운동이 인간을 경제 수준 너머로, 그리고 자연을 예전의 모든 물질적 결정론 법칙 너머로 들어올린다는 생각을 펼쳤다. 이렇게 혁명 운동 안에서 문화적 재생을 이룬다는 프로그램의 열쇠가『보편조직과학(조직형태학)』(Всеобщая организационная наука(Тектология))이라는 제목으로 1913년부터 1922년까지 10년에 걸쳐 나누어 간행된 긴 저작에서 제시되었다. "조직형태학"이라는 이 새로운 초(超)과학의 용도는 "노동 집단"의 정신적 문화와 물리적 경험 사이의 조화로운 통합을 제공하는 것이었으며, 그 "노동 집단"을 위해 모든 과학과 활동이 조직되고 지난날의 모든 문화가 개조될 터였다.[59]

보그다노프는 볼셰비키가 정치권력을 잡기에 앞서 새로운 프롤레타리아 문화를 만들어내야 한다고 느꼈다. 조직형태학을 통한 건신이라는 그의 개념의 목적은 — 같은 시기에 조르주 소렐(George Sorel)이 요청한 새로운 영웅 신화처럼 — 열정을 불러일으켜서 혁명 운동이 권력 장악뿐만 아니라 사회변혁에서도 반드시 성공하도록 보장하는 것이었다. 소렐처럼 보그다노프는 처음에는 볼셰비키의 권력 장악에 열광했다. 그는 새로운 사회의 건신 가능성을 해설할 용도의 일련의 저술을 서둘러 간행했다. 그 저술은『조직형태학』(1917년) 제2부와 유토피아 소설 두 편, 즉『붉은 별』(Красная звезда, 1918년)과『공학기술자 멘니』(Инженер Мэнни, 1919년)였다.『붉은 별』은, 비록 원래는 1908년에 간행되었을지라도, 1918년에 재판으로 나왔을 때 가장 큰 충격을 일으켰다.[60] 사회주의 건설의 열정적 도취에 빠져있는 또 다른 행성으로 갑자기 이송된 한 지구인의 이미지는 많은 이들에게 러시아가 갑자기 도달할지 모르는 새로운 사회주의 사회의 이미지로 보였다.『붉은 별』은 여러 차례 재간행되었다. 프롤레타리아 문화 창조를 위한 보그다노프의 조직(프롤레트쿨트(Пролеткульт)[43])은 내전과 "전시 공산주의" 기간 내내 전국적인 인기를 누리며 이 어려운 시절 동안 러시아 곳곳에서 스무 개쯤의 저널을 펴냈다.

1920년 말엽에 레닌은 이제까지 자유로이 활동하던 프롤레트쿨트를 억지로 교육인민위원부 하부 기구로 만들었다. 보그다노프의 조직인 프롤레트쿨트는 문화 영역에서 "즉각적인 사회주의"를, 즉 부르주아적 과거에서 완전히 해방된 프롤레타리아 문화를 만들어냈다고 주장한다는 질책을 받았다. 보그다노프는 압력을 받아 간행되지 못한 1919년의 한 소책자에서 새로운 통치자들이 그저 기생적인 경영조직가 계급일 뿐이라는 두려움[61]을 이미 표현한 바 있다. 프롤레트쿨트는 곧 완전히 폐지되었고, 보그다노프와 그의 추종자들, 즉 이른바 노동자의 진리(Рабочая правда) 집단[44]은 비난을 받았고, 『조직형태학』이 1922년에 완성되었을 무렵에 그의 위신은 실추되었다. 보그다노프는 "생명력(Жизнеспособность) 쟁취"를 위한 연구소[45]의 소장이라는 비교적 눈에 띄지 않지만 적절하게도 몽상적인 직위에서 말년을 보냈다. 그는 1928년에 죽었다. 자가수혈과 관련된 위험한 실험을 한 탓이 분명했다. 말하자면, 허상의 신들에게서 조화와 불멸성을 빼앗아 인간의 실생활 안에 집어넣으려고 담대하

---

[43] 프롤레타리아 문화 · 계몽 조직(Пролетарские культурно-просветительные организации)의 준말. 러시아의 문화 영역에서 부르주아 문화를 청산하고 독자적인 노동계급 문화를 확립한다는 목표 아래 공산당과 별도로 1917년에 만들어진 대중 조직이었으며, 1920년 말에 당중앙위원회의 비판을 받고 쇠퇴하다가 1932년에 공식 해체했다.

[44] 1922년에 모스크바에서 결성된 반대파 공산주의자 조직. 활동가 20~40명과 동조자 200~300명으로 이루어진 소규모 집단이었고, 이듬해에 조직원 13명이 공산당에서 제적되면서 붕괴했다.

[45] 1926년에 모스크바에 세워진 세계 최초의 수혈연구소(Институт переливания крови).

게 노력하다가 최일선에서 전사한 셈이다.

그 시대의 가장 극단적인 프로메테우스주의는 건신 운동의 소산인 이른바 우주론자 운동이었고, 이 운동은 1918~1921년의 내전기 동안 성 페테르부르그에서 번성했다. 우주론자들 및 이들과 밀접하게 연계된 대장간(Кузница)⁴⁶이라는 모스크바 시인 집단은 꽤나 들뜬 과장법을 써서 코스모스 전체의 변혁이 머지않았다고 말했다. 필명을 어울리게도 극단(크라이스키(Крайский))으로 짓고 자기의 환상적인 첫 시집의 제목을 "해의 미소"(Улыбки солнца)[62]로 지은 알렉세이 쿠즈민(Алексей Кузьмин)의 주도 아래, 우주론자들은 "우리가 별들을 한 줄로 세우겠다"거나 "우리가 화성의 운하에 세계 궁전을 짓겠다"는 흰소리를 쏟아냈다.[63]

혁명적 프로메테우스주의의 중요한 특징 하나는 그것이 오랫동안 드러나지 않았던 러시아 제국 내 소수자 집단에게 매력적이었다는 점이었다. 필사적으로 해결책을 암중모색하던 차르가 억압과 러시아화에 점점 더 기대고 있던 때에 소수민족은 백은시대의 세계주의적 문화에서 열리고 있던 새 세상에 점점 더 기대를 걸었다. 마르크 샤갈(Марк Шагал)과 라자르 리시츠키(Лазарь Лисицкий) 같은 유대인 화가들이 그 시절의 실험적 회화에서 핵심 역할을 했다. 리투아니아의 화가 겸 음악가 겸 작가인 미칼로유스 츄를료니스는 당대의 가장 혁명적인 예술 대다수를 미리 보여주었고 대부분의 러시아 아방가르드에게 알게 모르게 영향을 미쳤다. 소수민족의 역할은 혁명가들 사이에서 못지않게 두드러졌다. 모든 러시아 혁명가들 가운데 가장 공상적이고 걸출하고 보편적 성향을 띤 두 사

---

⁴⁶ 1920년 1월에 모스크바에서 결성되어 기관지 『대장간』을 펴내며 1932년까지 활동한 문학 단체. 프롤레트쿨트에서 나온 문학가들이 러시아 혁명 이전의 문학 사조를 비판하고 문학의 프롤레타리아성을 강조했다.

람, 즉 폴란드인 얀-바추아프 마하이스키(Jan Wacław Machajski)와 유대인 레프 트로츠키로 끝을 맺는 것이 적절할 듯하다. 이 두 사람의 목소리가 1920년대 동안 들리지 않게 된 것은 새로운 체제가 더 앞 시기의 크나큰 기대들로부터 얼마나 뒷걸음치는지의 척도였다.

볼스키(А. Вольский)라는 가명으로 글을 쓴 마하이스키는 보그다노프보다 훨씬 더 열렬하게 완전히 새로운 유형의 문화가 필요하다고 믿었다. 귀족과 부르주아지의 문화뿐만 아니라 가장 새롭고 가장 간교하게 억압적인 사회계급인 지식인의 문화를 넘어서야 했다. 자기의 최대 저작『지식 노동자』(Умственный рабочий)의 제1부로 비합법 출간된『사회민주주의의 진화』(Эволюция социал-демократии)를 필두로 마하이스키는 자기 생각을 표현할 줄 아는 지식인이 혁명 운동의 수뇌부에 기어코 들어가서 미래의 모든 혁명 체제 안에서 과두 통치자가 되리라고 경고했다. 자기 생각을 표현할 줄 모르는 육체노동자의 이익을 지키기 위해 그는 그 노동자들이 자기들의 문자해독과 문화의 수준을 높일 수 있게끔 해주기에 충분한 경제적 개선을 이루는 데 전념하는 전 세계적 "노동자 모의(謀議)"가 있어야 한다고 외쳤다. 지식인이 노동자를 상대로 누리는 이점은 오직 이런 식으로만 무력화될 수 있었고, 노동계급은 혁명으로 권력을 잡은 뒤에 지식인의 허구적 문화보다는 진정한 프롤레타리아 문화가 건설되도록 보장했다.

마하이스키의 입장은 경제 영역에서 "직접 행동"이 이루어져야 하고 일체의 권력장악 시도에 앞서 반(反)권위주의적인 자율적 노동계급 문화가 발전해야 한다고 믿는다는 점에서 소렐의 생디칼리슴(syndicalisme)[47]과

---

[47] 의회를 통한 정치 투쟁보다 총파업 등의 직접 행동으로 국가나 자본과 투쟁하고 생산자조합(syndicat)으로 산업을 관리해서 자본주의를 지양하려 한 사회주의 운

닮았다. 또한, 그의 사회분석 양식은 빌프레도 파레토(Vilfredo Pareto)의 "엘리트 순환" 이론[48]과 로베르트 미헬스(Robert Michels)의 "과두제의 철칙"[49], 그리고 뒤이은 제임스 버넘(James Burnham)의 순수한 "경영 혁명" 이론[50]을 생각나게 한다. 그러나 이 모든 인물과는 달리 마하이스키는 줏대 있는 낙관론자로 남아서, 노동자 모의가 혁명을 구해서 프롤레타리아트의 프로메테우스적 가능성을 완전히 펼칠 수 있다고 확신했다. 시베리아에서 유난히 인기를 얻은 마하이스키의 구상은 그가 1926년에 죽기 오래전에 각별한 앙심을 품은 볼셰비키 지도부에게 파문을 당했다.[64]

훨씬 더 극적인 것이 트로츠키로 알려지고 열정적이고 예언적인 볼셰비키 쿠데타 공동기획자인 레이브 브론시테인(Лейб Бронштейн)이 1920년대에 인기를 잃고 차츰차츰 몰락한 것이었다. 인민주의자였고 종교를 버린 유대인이었던 초기 시절부터 트로츠키는 다가오는 혁명 속에서 인간의 삶을 완전히 재구성할 가능성을 보았다. 변화는 마르크스가 개요를 설명했던 단계적인 변증법적 진행을 거치기보다는 단절 없는 "연속" 혁명을 거쳐, 즉 부르주아 혁명이 프롤레타리아 혁명으로, 러시아 혁명이 국제 혁명으로, 사회 혁명이 인류의 문화적 변혁으로 "성장전화"(перерас-тание)하는 과정을 거쳐 일어날 터였다.

이렇듯 트로츠키는, 비록 건신론자와 우주론자의 신비주의에 만족하

동. 19세기 말엽과 20세기 초엽에 주로 프랑스, 이탈리아, 에스파냐에 확산되었다.
[48] 엘리트가 지배하는 사회에서 피지배층의 우수한 인자가 노력해서 엘리트에 편입되고 기존 엘리트의 나태한 일부가 몰락하는 과정을 거치며 엘리트의 순환이 이루어진다는 이론.
[49] 노동조합과 사회민주당은 능률을 추구하는 조직의 특성상 다수의 일반 구성원보다 소수 엘리트 관료의 의지가 관철되어 민주주의가 작동하지 않는 과두제 경향을 피할 수 없다는 주장.
[50] 자본주의가 쇠퇴하면 오랜 이행기를 거쳐 공산주의 사회가 아니라 경영자가 생산과정에서 필수불가결한 역할을 하는 경영 사회로 대체된다는 주장.

지 않는다고 공언했을지라도, 문화 문제에 관한 많은 저작에서 "미래에 대한 무한한 창조적 신념"에 관해서는 의문을 남기지 않는다. 그는 자기의 권위가 이미 내리막길에 있던 1925년에 쓴 유명한 문집 『문학과 혁명』(Литература и революция)의 마지막 부분에서 "초인의 새로운 단계로 올라설, 즉 더 높은 사회적·생물학적 유형을 만들어낼" 인간의 능력에 품은 자신감을 이렇게 표현한다.

> …… 인간은 견줄 데 없이 더 세지고 더 똑똑해지고 더 섬세해질 것이다. 그의 몸은 더 균형 잡히고 움직임은 더 율동적이고 목소리는 더 음악적이고, 생활 형태는 역동적인 연극성을 띨 것이다. 평균적인 유형의 인간이 아리스토텔레스와 괴테와 마르크스의 수준까지 오른다. 이 낮은 산맥 위에 새로운 꼭대기가 솟아오를 것이다.[65]

심지어 이 꼭대기 위에 흘레브니코프가 자기의 "별의 알파벳"으로 쓴 가장 긴 시 「파란 사슬」(Синие оковы)에서 표현된 코스모스를 탈바꿈한다는 지고한 희망이 솟아 있었다. 그러나 이미지의 기다란 "파란 사슬"의 끝에서 그 시인은 미래주의자들을 집어삼킬 미래를 우리에게 예언적으로 살짝 보여준다. 그는 갑자기 프로메테우스의 낯익은 모습을 제시한다. 그러나 그것은 프로메테우스의 간이 독수리들에게 마구 먹히는 모습만 우리에게 보여주는 뒤틀린 이미지이다.[66]

관능주의

하늘로 짓쳐들어가려는 노력과 나란히 아래 깊은 곳으로 뛰어들려는 동시대의 충동이 있었다. 우주론적 프로메테우스주의에는 개인적 관능주의라는 역류가, 사회의 끝없는 낙관론에는 개인의 병적인 비관론이 따라다녔다. 실제로, 20세기의 초기에는 이전 시기의 러시아 문화에서는 비슷한 사례가 없는 섹스 심취가 일어났다.

그 새로운 관능주의는, 부분적으로는, 오랫동안 우세했고 후기 톨스토이에서 극단적 경지에 이른 급진 전통의 도덕주의와 금욕적 청교도주의에 대한 반동이었다. 신세대 작가들은 자기들을 자극하는 영감의 주요 원천인 블라디미르 솔로비요프가 야스나야 폴랴나의 그 현자를 적그리스도를 그려내기 위한 모델로 이용했음을 알고 즐거워했다. 그들은 톨스토이가 포베도노스체프 못지않게 체계적으로 자신에게 주지 않았던 섹스와 예술 탐닉의 즐거움을 다시 찾기를 애타게 바랐다.

육욕의 고양은 어느 정도는 도시 대중문화가 급속히 도래한 결과였다. 도시의 원자화된 외로운 인간은 자기가 시골에서 보낸 어린 시절로부터 어렴풋이 기억나는 생생한 자연 세계와의 얼마 남아있지 않은 연결고리들 가운데 하나를 섹스에서 찾아냈다. 예술과 문학의 대열에 점점 더 물밀 듯 몰려드는 지방 출신들, 즉 시골뜨기들도 촌스러운 민속의 요소, 즉 예전에는 러시아 제국의 공식 정교문화에게 억눌리던 민중 문화의 요소를 가져오는 경향을 보였다. 예전에는 — 굶주림과 수탈이라는 — 시골 특유의 고통에 집중했던 삭막한 사실주의 소설이 이제 새로운 세기의 첫 10년 동안에 — 성적 타락이라는 — 도시 특유의 수치로 돌아섰다. 『심연』(Бездна)과 『안갯속에서』(В тумане)에 나오는 레오니드 안드레예프(Леонид Андреев)의 매독과 자살의 묘사부터 『매음굴』(Яма)에 나오는 알렉산드르 쿠프린(Александр Куприн)의 도시 매춘의 파노라마까지, 러시아 독자 대중은 더러운 성의 생생한 묘사와 마주쳤다.

그러나 성 문제에 점점 더 심취하는 것은, 상당한 정도로, 해방된 귀족 인텔리겐치야의 특징이 되었던 의지에 대한 낭만적 심취의 논리적 발전이었다. 지식인들은 19세기 초엽에는 역사 과정의 의지를, 19세기 말엽에는 인민의 의지를 찾아내려고 노력하다가 이제는 자기 의지 내면의 깊숙한 부분을 찾아내는 일에 나섰다. 그들은 이제 단지 "다른 해안", 즉 19세기에 꿈꾼 새로운 사회뿐만 아니라 인간 개성의 "다른 면"도 찾아내려고 애썼다. 그 두 문구가 — 낭만적 동경의 언어인 — 독일어에서 나왔다는 점이 의미심장하다. 1848년의 실패로 서방에서 배반당한 혁명적 희망을 성취하라고 게르첸이 러시아에 한 요구의 원제는 폼 안더른 우퍼(Vom andern Ufer)였으며, 디 안더레 자이테(Die andere Seite)는 널리 연구된 독일 심리소설[51]의 제목이었는데, 이 글은 새로운 "심지적"(心誌的) 미술을 요구했다.[67]

부분적으로, 새로운 관능주의는 니체 살아생전에 독일이 겪었던 것과 같은 부르주아화와 국가적 망상의 단계에 막 들어서고 있던 한 사회의 기운 없는 뻔한 소리를 대체할 수 있는 "기운찬 진리"를 찾으려는 니체적 노력이었다. 그러나 러시아의 관능주의는 니체나 슈테판 게오르게(Stefan George)의 방식으로 그리스도를 디오니소스[52]로 대체하기 위한 귀족적 프로그램을 넘어서는 것이었다. 때때로 그것은 19세기에 공식 성직자들이 그리스도에게서 앗아갔던 육신을 지닌 그리스도의 이미지를 되살려내려는 민중의 어수선한 시도이기도 했다. 현세적이고 자연발생적인 것에 도스토옙스키가 보내는 실러 식 찬사, 즉 "사람이 심지어 자기 자신에게도 드러내기를 겁내는 그런 기억, 점잖은 모든 사람에게 그토록 많이 쌓일 것들"에 대한 그의 언급[68]은 새로운 경험 세계로 가는 길을

---

51 알프레트 쿠빈이 1909년에 발표한 소설 『다른 한 편』.
52 그리스 신화에서 대지의 풍요를 주관하는 포도와 술의 신. 그리스인은 때로 이성을 잃고 광란에 이르는 제례를 치르며 디오니소스를 섬겼다.

가리키는 방향표지로 받아들여졌다. 신이 없으니 "모든 것이 가능하다"는 이반 카라마조프의 언명은 새로운 세대에게 성적 모험을 하라는 일종의 권유가 되었다.

1905년 혁명의 여파 속에서 마침내 검열이 폐지되자 섹스를 점점 더 거리낌 없이 공공연하게 논하게 되었다. 뱌체슬라프 이바노프가 자기의 시집 『에로스』(Эрос)에 반(半)신비주의적인 섹스 찬양이 나타나면서, 『베네리스 피구라이』(Veneris Figurae)[53]에서 갖가지 성행위를 찬미하면서, 그리고 갑자기 그 시대의 인기 작가 중 한 사람이 된 미하일 쿠즈민(Михаил Кузмин)이 『날개』(Крылья)라는 소설에서 동성애를 옹호하면서, 1907년에 열광적인 절정이 찾아왔다.[69] 이 자극의 시대에 가장 눈에 띄는 문학계 사건은 1907년에 가장 잘 팔린 소설 두 편, 즉 미하일 아르츠바셰프 (Михаил Арцыбашев)의 『사닌』(Санин)과 표도르 솔로구브(Федор Сологуб)의 『허접한 악마』(Мелкий бес)였다.[70]

『사닌』은 오늘날 읽으면 싸구려 성애소설의 나쁜 모방으로 ─ 심지어는 희화화로 ─ 보인다. 섹스를 뺀 모든 것이 허위라는 허세 어린 독백을 곁들이고 리다(Лида)[54] 같은 이름이 은유적 암시를 덧붙이는 데 쓰이면서 진부하게 밤을 배경 삼아 유혹이 이루어질 상황이 끊임없이 준비되고 있었다. 『사닌』이 엄청난 충격을 일으킨 까닭은 간단했다. 러시아 독자들이 그 안에서 삶에 관한 새로운 철학을 보았기 때문이었다. (때로 "정신적 사정(射精)"으로 일컬어지는) 『사닌』의 철학적 여담은 톨스토이나 다른 도덕주의자들을 비웃으며 삶은 무의미하며 죽음이 유일한 궁극적 실체임을 깨닫고 자기의 성욕에 충실하라고 사람들을 다그쳤다. 그 소설

은 세 사람이 자살하면서 절정에 이른다. 자초한 죽음은 1911~1912년의 『죽음에 임해서』(У последней черты) 같은 아르츠바셰프의 후속작들 가운데 여러 작품의 주요 주제가 되었다. 그러나 아르츠바셰프에 관해 대중이 기억하는 것이라고는 삶에서 유일한 의미의 원천으로서 섹스에 심취하는 것뿐이었다.

투르게네프의 소설이 성애는 인간에게 "의지 발휘의 초점", "살려는 의지의 고갱이"를 제공하고 자살은 삶의 의미 없는 단조로움을 이겨내는 수단을 제공한다는 쇼펜하우어식 위안을 지친 1840년대 자유주의자에게 주었던 적이 있다.[71] 마찬가지로 — 제정 말기의 모든 주의(ism)들 가운데 혀를 가장 꼬이게 하는 — 아르츠바셰프주의(Арцыбашевщина)가 환멸을 느끼고 정치에 관심이 없는 다수 귀족계급을 위해 섹스와 자살의 숭배를 복권했다.

『사닌』보다 훨씬 더 대단한 것이 그리 알려지지 않은 성 페테르부르그의 교사 표도르 테테르니코프(Федор Тетерников, 솔로구브)가 10년 동안 소리 없이 써오던 『허접한 악마』였다. 이 책은 지그문트 프로이트(Sigmund Freud)의 성도착 보물상자를 섬세하고 확실하게 전시해준다. 소설 주인공의 이름 페레도노프(Передонов)는 꼬박 한 세대 동안 간교한 색욕의 상징이 되었다. 이 이름의 문자 그대로의 뜻은 "확 바뀐 돈(Don)[55]"이며, 솔로구브가 어릴 적부터 좋아한 책 『돈키호테』의 주인공을 가리킬지 모른다.[72] 그러나 그의 돈은 이상 세계가 아니라 소소한 수뢰와 호색, 즉 저속성(пошлость)의 세계를 추구한다. 그는 자기 학생들을 괴롭히고, 그들이 무릎을 꿇고 기도하는 모습을 보면서 성적 만족을 얻고, 자기가 우주에 보편적으로 품은 앙심 일부로서 자기의 아파트를 체계적으로 더럽힌 다

---

[55] 에스파냐에서 어른의 이름 앞에 붙이는 존칭.

음에 떠난다. 그의 환각과 편집증의 밑바탕에 있는 성도착이 관음증과 의상도착증, 그리고 — 다른 무엇보다도 — 동성애 기조가 깔린 어린 사샤 (Саша)와 류드밀라(Людмила) 사이의 연애를 부각하는 부수적 플롯으로 강조된다.

심지어 "순진무구한 청소년" 안에도 음탕한 타락이 있다는 주제는 솔로구브의 으스스한 단편소설의 — 그리고 그를 흉내 내서 쓰인 많은 단편소설의 — 변함없는 특징이다. 이 주제가 한 러시아인 이주자의 작품을 거쳐, 즉 블라디미르 나보코프(Владимир Набоков)의 『롤리타』(Лолита)에서 서방의 독자 대중에게 가장 극적이고도 효과적으로 제시된 것은 적절해 보인다. 그러나 솔로구브의 성도착 세계는 훨씬 더 미묘하고 심오하며, 사람들이 저속성(пошлость)의 헤어날 길 없는 세계에 더 보편적으로 얽혀 있음을 시사한다. 페레도노프는 그 소설에서 결코 저속한 타락의 원천이 아니라 그저 인간의 일반적 상태의 과장된 표현일 따름이다. 허접한 악마는 어디에나 다 있다. 한 사람의 몽상은 다른 사람의 행위이며 남자와 여자는 심지어 서로의 성에 얽혀 있기 때문에 환상의 끝이 어디고 성도착의 시작이 어딘지는 아무도 확신할 수 없다.

솔로구브는 자기의 『허접한 악마』가 굉장한 성공을 거둔 뒤 인간을 관능성과 범용성의 세계로부터 구원하려는 자기 나름의 돈키호테식 열망을 채울 목적으로 3부작을 쓰는 일에 나섰다. 고골과 달리 솔로구브는 『신곡』과 같은 작품을 쓰려는 자기의 시도를 끝마칠 수 있었다. 그러나 그의 시적 상상력의 「연옥편」과 「천국편」에는 『허접한 악마』의 특징이 었던 것과 똑같은 섹스 몰입을 다만 더 섬세한 형식으로 제공하는 경향이 있다.

1907년과 1911년 사이에 쓰인 그 3부작은, 비록 원제는 망자의 마력 (Навьи чары)이었더라도, 만들어지고 있는 전설(Творимая легенда)이라는 제목을 달고 있다. 그것은 비록 삶은 "천박하고 …… 어둠 속에서 허우적거리고 밋밋하고 범상할지라도" 시인은 "그것으로 매혹적이고 아름다운 것에 관한 나의 전설을 만들어낸다"는 유명한 선언으로 시작된다.[73]

　제1부 『핏방울』(Капли крови)에서 우리는 『허접한 악마』에 장소를 제공한 같은 도시에 있다. 그러나 이제 관심의 초점은 거기에서 살았던 신비한 시인 트리로도프(Триродов)에 있다. 성도착은 그의 시골 영지의 남근 모양 망루와 지하 통로에 투사된다. 그는 그 영지에서 "말없는 아이들"이 모여사는 으스스한 마을의 우두머리이지만 용감히 나서서 혁명 선동에 참여한다. 3부작의 제2부 『오르트루다 여왕』(Королева Ортруда)은 독자를 지중해의 한 섬에 있는 나긋나긋한 처녀들과 벌거벗은 사내아이들의 가상의 왕국으로 데려간다. 그 섬에는 언제라도 최종 분출을 할 기세인 화산이 있는데, 그 화산은 여왕을 죽이고 섹스의 오르가슴과 정치 혁명과 죽음의 뒤섞인 상징 구실을 한다. 마지막 제3부 『연기와 재』(Дым и пепел)에서는 트리로도프가 불타버린 그 지중해 왕국의 빈 제위를 넘겨받고자 러시아를 떠난다. 이렇듯 그 마법사 시인은 페레도노프 같은 이들과 허접한 악마의 실제 세계에서 벗어나 가상의 왕국이라는 비존재(非存在)로 감으로써 — 선과 악을 넘어서, (그의 이름인 "세 성(性)"이 시사하듯) 남성과 여성을 넘어서, (그의 이름을 "세 종(種)"으로 다르게 읽기로 시사되듯) 그의 개성의 다른 육화를 넘어서, 어쩌면 삶 자체를 넘어서 — 일종의 열반에 이른다.

　솔로구브는 만년에 쓴 이야기들 가운데 한 편인 『미래』(Будущие)에서 "욕망의 짙푸른 휘장을 뚫고 미래가 비치는 곳 …… 아직 태어나지 않은 이들이 평안하게 쉬고 있는 곳"을 말한다.[74] 이 행복한 곳에 있던 네 영혼이 갑자기 세상에 태어나고 싶은 욕망을 품고는, 저마다 다 기본 원소인 흙, 물, 불, 공기 가운데 어느 하나가 특히 좋다고 표현한다. 이어서 솔로구브는 어떻게 첫째 영혼이 광부가 되어 산 채로 파묻히고 둘째 영혼이 물에 빠져 죽고 셋째 영혼이 산 채로 불에 타고 넷째 영혼이 목매 달려 죽었는지를 이야기한다. 그는 끝에서 이렇게 묻는다.

오, 비존재라는 즐거운 곳이여, 네게서 왜 의지가 나왔을까![75]

그는 만년에 쓴 이야기들 가운데 한 편인 『태어나지 않은 이의 입맞춤』(Поцелуй нерождественного)에서 이 음울한 세계관에 일정한 서정미를 보탠다. 이야기는 톨스토이와 러시아의 다른 지식인들의 작품에서 진리를 삶에서 찾을 수 없다는 것을 읽고 낙담해버린 열다섯 살 먹은 한 사내아이가 자살하면서 시작한다. 그 사내아이의 미혼 이모는 사내아이의 어머니인 자기 자매를 위로하려고 나서지만, 태어나지 않은 제 아들에 관한 생각에 곧 사로잡힌다. 그 아들은 지난 짝사랑의 순전히 가공의 결실이었다. 그 여자가 자기 자매의 집 문 앞에서 홀로 흐느껴 우는 와중에 그 태어나지 않은 아들이 갑자기 그 여자에게 나타나서 입을 맞추고는 자기가 세상에 태어나는 고통을 겪지 않게 해주었다며 고마워한다. 그 여자는 집으로 들어간 다음 자기 자매가 갑자기 "슬픔에 지친 이들을 도울" 힘을 갖추고 "편안하고 행복한" 상태에 있는 모습을 본다.[76]

태어나지 않는 이의 행복을 가장 유창하게 설파한 사람은 자신을 "나는 여기가 따뜻하"니까 낳지 말아 달라고 부탁하는 자궁 속의 태아에 비기는 새로운 섹스 숭배의 고위사제 바실리 로자노프(Василий Розанов)였다.[77] 로자노프를 통해, 새로운 관능주의의 도스토옙스키적 기원이 가장 극적으로 추적될 수 있다. 로자노프는 도스토옙스키의 예전 애인이었던 아폴리나리야 수슬로바(Аполлинария Суслова)를 찾아내서 그와 결혼함으로써 이 연결고리에 일종의 물리적 직접성을 부여했고, 그가 1890년에 쓴 긴 논문 「도스토옙스키의 종교재판소장의 극시」(Легенда о великом инквизиторе Ф. М. Достоевского)로 도스토옙스키에 관한 새로운 철학적 관심을 불러일으켰다.

로자노프에게 도스토옙스키는 새로운 초이성적 자유, 즉 『지하 생활자의 수기』에서 처음으로 암시되었고 "종교재판소장의 극시"에서 최종적으로 전개된 해방의 선구자로 보였다. 로자노프는 (1880년대에 갖가지 새로운 판본으로 재간행되고 있던) 로바쳅스키의 비(非)유클리드 수학이 과학적 진리의 불확실성을 논증했다고,[78] 그리고 도스토옙스키의 작품들이 사회를 조직하려는 모든 과학적 시도의 오류를 보여주었다고 역설한다. 신도 현실도 이성만으로는 이해할 수 없다. 신과 현실을 재발견하는 유일한 길은 성적 경험을 통해서이다. 도스토옙스키에서는 전통적 그리스도교로 되돌아가는 위태로운 길이었던 직접성의 숭배가 로자노프에게는 그리스도가 아니라 디오니소스인 신에게 되돌아가는 길이 되었다. 로자노프의 "성적(性的) 초월주의"[79]는 신이라는 관념을 불임화해서 무신론으로 가는 길, 즉 성이 결여된 사상이라는 불가피한 태도를 초래한 금욕적이고 부자연스러운 그리스도교 전통 위에 고대 히브리인의 종교와 원시적인 다산성 숭배를 올려놓는다.

메레즈콥스키의 유명한 연재 논문 「톨스토이와 도스토옙스키」(Л. Толстой и Достоевский)에는 귀족적이고 도덕적인 톨스토이보다 현세적이고 고뇌하는 도스토옙스키를 대체로 더 선호하는 시각이 표현되었는데, 로자노프는 이 시각에 동조했다. 그러나 로자노프는 도스토옙스키가 일종의 그리스도교적 선견자라는 메레즈콥스키의 견해에 동의하지 않았다. 도스토옙스키를 혁신된 그리스도교의 예언자로, 『카라마조프 씨네 형제들』을 (고르키의 문구를 인용하면) "제5의 복음서"로 보는 이런 경향은 성 페테르부르그 종교·철학 협회(Религиозно-философское общество)[56]가 1907년에 "블라디미르 솔로비요프의 추억"에 헌정하며 창설되었을 때부터 1917년에 해체될 때까지 그 협회에서 우세했다. 그 견해는 종교·철학 협회의 가장 유명한 회원들 가운데 두 사람인 뱌체슬라프 이바노프와 니콜라이 베르댜예프가 도스토옙스키에 관해 쓴 뛰어난 비평서에서 지속되었다.

비록 그 뒤에 베르댜예프가 서방에서 더 유명해졌을지라도, 시간이 갈수록 더 중요해지는 사상가는 여러모로 이바노프였다. 베를린에서 테오도르 몸젠(Theodor Mommsen)을 스승으로 모셨고 "새로운 유기적 시대"가 머지않다는 니체 사상으로 전향하게 되었던 이바노프는 자기 동료들에게 자기와 함께 "사실적인 것에서 가장 사실적인 것으로" 뛰어들자고, 현재의 무미건조한 현실을 뒤에 남기고 새로운 비극적 감각을 가져올 미래로 떠나자고 권유했다. 이바노프는 성취 가능한 것이 아니라 그저 "아직 성취되지 않은 것을" 갈망한다고 역설했다.[80] "뱌체슬라프 대인(大人)"(Вячеслав Великолепный)은 성 페테르부르그의 타브리다 궁전 정원이 내려다보이는 자기의 아파트 8층 "망루"(Башня)에 모이는 새 사교 모임의 황태자이자 살롱 좌장이었다. 오전 두 시에 저녁 만찬이 제공될 때까지 절정에 이른 적이 드문 그 저녁 모임에 모여드는 재능 있고 논쟁을 좋아하는 사람의 수가 점점 늘어나자 그들을 다 받아들일 수 있도록 벽과 칸막이를 부숴버렸다.

어느 모로는 니체가 시대정신의 길라잡이였다. 이바노프가 니체의 학문 분야의 ─ 즉, 문헌학의 ─ 눈을 통해 고전고대라는 사라진 세계를 그리워하는 눈길로 바라보았고 다산성과 포도주의 신이자 연극과 합창의 수

---

56 철학자, 종교인, 신지학자, 문필가가 성 페테르부르그에서 결성한 협회. 로자노프, 메레즈콥스키, 베르댜예프, 프랑크, 스트루베가 주요 회원이었다. 비슷한 협회가 1905년부터 1908년까지 모스크바에도 있었다.

호신인 생기 넘치는 디오니소스의 신전을 참배했기 때문이다. 그러나 이바노프는 1904~1905년에 「니체와 디오니소스」(Ницше и Дионис)와 「디오니소스 종교」(Религия Диониса)와 「고난을 겪는 신의 헬라스 종교」(Эллинская религия страдающего бога)를 펴낸 초기 연구 시기부터 1921년에 바쿠에서 디오니소스에 관한 박사학위논문을 발표할 때까지[81] 디오니소스 숭배를 그리스도교의 선행 형태로 여기는 경향을 보였다. 그는 1925년에 망명한 뒤에 로마에서 살게 되었고 가톨릭 신자로 개종했다. 나중에 정교도 안에서 그리스도교를 변호하는 망명객이 된 베르댜예프는 러시아 혁명 이전 시절에 1906년의 『창조의 의미』(Смысл творчества) 같은 책들에서 니체에 더 가까웠다.

로자노프는 훨씬 더 나아가서, 디오니소스와 그리스도 사이에 기본 갈등이 있다고 역설했다. 로자노프는 종교·철학 협회에서 한 유명한 연설에서 예수를 결코 웃거나 결혼한 적이 없는 인물이라고 공격했고 억눌리지 않은 창조성과 관능성의 새로운 종교를 옹호했다.[82] 로자노프의 제안은 모든 도덕은 합리화이며 사람을 바보로 만드는 선악의 범주를 초월해서 살 용기를 지닌 새로운 유형의 초인이 필요하다는 니체의 주장으로 뒷받침되었다. 셰스토프의 『도스토옙스키와 니체: 비극의 철학』(Достоевский и Ницше: Философия трагедии)은 이 두 인물을 관능적이고 미학적인 모험의 새로운 삶을 위해 비극 정신이 도덕의 족쇄에서 풀려날 새 세상의 쌍둥이 예언자로 보았다.[83] 나중에 셰스토프는 자기의 『톨스토이 씨와 니체의 가르침 속의 선』(Добро в учении гр. Толстого и Ницше)에서 그 독일인을 백은시대 유미주의의 원수(怨讐)인 톨스토이와 대비하고자 했다.[84] 도스토옙스키를 그리스도보다는 니체와 동일시하는 경향은 셰스토프와 아아론 시테인베르그(Аарон Штейнберг)처럼 유대계 인사들 사이에서 특히 두드러졌다. 시테인베르그에게는 1921년에 그가 페테르부르그에서 한 연속 강연의 제목을 원용하자면 새로운 혁명적 "자유 체계"를 도스토옙스키에게서 보는 경향이 있었다.[85]

새로운 관능주의의 또 다른 주요 원천은 예술에서 원초주의로 되돌아가는 현상이었다. 칸딘스키는 영감을 얻으려고 옛 러시아의 루복(лубок),[57] 즉 민속 목판화로 눈길을 돌렸고 더 추상적이고 실험적인 구도로 가는 도중에 자기의 목판화집 「문자 없는 시」(Стихи без слов)를 1904년에 펴냈다. 말레비치도 원초주의 시기를 거쳤다. 미하일 라리오노프(Михаил Ларионов)가 그랬듯이 말이다. 라리오노프는 진정으로 독창적인 러시아 예술 양식을 찾으려는 필사적 노력의 하나로 민속적 주제와 단순한 형상과 일그러진 인체로 돌아섰다. 결국, 그는 회화의 바탕을 색의 선과 면보다는 "색의 광선"에 두려고 시도하는 "광선주의"[58]라는 순전히 추상적인 양식을 만들어냈다. 그러나 1905년 혁명 뒤의 실험적인 중간 시기에 라리오노프는 연작 「병사」(Солдат)에서 음란한 구호와 후속 연작 「매춘부」(Проститутка)에서 요염한 몸매에 관한 기발한 즉흥작처럼 도색적(桃色的) 제재를 회화에 도입하는 것을 옹호했다.[86] 일부러 충격을 주는 "당나귀 꼬리"(Ослиный хвост)[59]라는 이름을 가진 한 집단이 1912년 초에 이런, 그리고 다른 원초적이고 선정적인 그림을 모스크바에서 전시했다. 이 집단은 미술상의 아방가르드 안에서 "최초의 의식적 탈(脫)유럽"을 대표했다.[87] 원초주의를 거쳐 모더니즘적 혁신에 이르는 비슷한 움직임을

---

57 17세기 말엽부터 러시아 민중 사이에서 인기를 얻은 판화. 해학 넘치는 글귀가 들어 있었다.

58 미래주의에서 벗어나 추상화로 옮아가던 곤차로바가 모스크바에서 마리네티의 강연을 듣고 1912년에 선언한 미술 운동. 물체에서 반사된 빛의 교차로 얻어지는 공간적 형태에 관심을 두었다.

59 라리오노프, 곤차로바, 말레비치, 샤갈 등 입체미래주의의 영향을 받은 미술가 집단에 라리오노프가 붙인 이름. 1912년에 전시회를 열고 이듬해에 해체했다.

음악에서 찾아낼 수 있다. 스트라빈스키의 혁명적인 「봄의 제전」의 영감은 한 무리의 장로들이 봄과 다산성의 신을 달래려고 한 소녀가 춤을 추다가 죽는 것을 지켜보는 엄숙한 토착신앙 제례의 예상치 않은 에로틱한 환영으로 말미암아 떠올랐다.[88]

라리오노프는 그의 음란성 때문에 문학계 미래주의자들의 호감을 샀고, 그 미래주의자들은 그와 그의 친구들을 자기 작품의 삽화가로 썼다. 에로틱한 모티브와 유치한 표현 형식과 저속한 경구는 "미래주의" 유파의 화가들과 시인들에게 똑같이 공통적이었다. 제1차 세계대전 이전의 러시아에서 그들은 "기계의 미학"에 관심을 더 많이 가졌던 원조 미래주의자인 이탈리아계 프랑스인 필리포 토마소 마리네티(Filippo Tommaso Marinetti)보다 감각적이고 개인적인 것에 대체로 더 많이 심취했다. 러시아의 미래주의는 그것의 가장 유명한 선언문의 제목대로 "대중의 취향에 올려붙이는 따귀 한 대"였다. 오스카 와일드(Oscar Wilde)와 에드워드 7세 시대[60] 영국의 탐미주의자와 멋쟁이의 방식으로 러시아의 미래주의자는 뺨에 추상적인 기호를 그리고 단추 구멍에 무를 꽂고 거리에 나타나는 등 이상야릇한 옷차림새를 하고 즐거워했다. 1913~1914년의 미래주의 순회 여행을 조직한 화가 겸 시인 부를륙 형제는 그 운동의 자기중심적 생기발랄의 전형이었다. 직업 레슬링 선수인 블라디미르 부를륙(Владимир Бурлюк)은 가는 곳 어디서나 큼직한 저울추를 들고 다녔으며, 똑같이 거인인 형 다비드 부를륙은 "내가 부를륙"이라는 표를 이마에 붙이고 나타났다.

---

[60] 에드워드 7세(1841~1910년)가 영국 국왕으로 있던 1901년부터 1910년까지의 시대를 일컫는 표현. 국왕 스스로 유럽 대륙의 예술과 유행의 영향을 받아 멋을 부리는 엘리트의 유행을 주도했다.

스크랴빈의 프로메테우스적 선언에 견줄 수 있는 해방된 관능주의의 종합적 선언을 말할 수 있다면, 십중팔구 그것은 1913년 말엽에 제작된 미래주의 영화 「13번 카바레의 드라마」(Драма в кабаре № 13)일 것이다. 유아기 러시아 영화 산업의 관례였던 동떨어진 시간과 장소로 설정된 멜로드라마와 대조적으로 이 영화는 미래주의자의 삶에서 그냥 별다르지 않은 음란한 하루였다. 이 영화의 배우는 영화 산업, 그 영화 산업을 후원하는 사회, 세상 자체, 의미가 없는 한 세대를 또 다른 한 세대로 이어주는 섹스라는 주제 전체를 풍자하는 유난히 충격적인 방식으로 행동하는 예술가 ── 부를류 형제와 블라디미르 마야콥스키(Владимир Маяковский)와 라리오노프 ── 자신들이었다.

1913년 말엽까지 관능주의는 프로메테우스주의에게, 그리고 미래주의의 주관적 측면("자아미래주의"[61])은 더 냉정하고 형식적인 "입체미래주의"[62]에게 자리를 내주고 있었다. 말레비치는 새로운 것의 선구자여서, 제목이 적절하게도 프로메테우스적인 미래주의 오페라, 즉 「해에게 거둔 승리」(Победа над солнцем)의 입체파적인 무대장치와 의상을 디자인했다. 사람들이 판지와 철사로 된 의상을 입어서 "움직이는 기계"로 변모했다. 몇몇 배우는 홀소리로만, 다른 몇몇 배우는 닿소리로만 말하는 한편, "해에게 거둔 승리", 즉 세상의 전통 질서에 대한 모든 의존에서 벗어날 자유를 인간에게 주려는 노력의 하나로 눈부신 빛과 귀청을 찢는 소리가 극장을 뒤흔들었다.[89] 프로이트도 새로운 예술에 영향을 끼쳤다.

---

[61] 이고르 세베랴닌(Игорь Северянин, 1887~1941년) 등이 러시아 문학계의 미래주의 내부에서 주도한 1910년대의 문학 운동. 입체미래주의의 지나친 객관성을 비판하고 주관적 태도를 옹호했다.

[62] 러시아의 미래주의 미술가들이 입체파의 형식을 이탈리아 미래주의를 결합하면서 등장한 1910년대의 회화와 조각 분야의 유파.

다양한 배역이 다른 사람들이 아니라 한 사람의 다른 수준과 양상들을 표현하는 희곡이 쓰였다.[90]

말레비치는 1915년 12월에 열린 자기의 첫 절대주의 전시회에서 발표한 선언에서 이렇게 역설했다.

> 그림에서 자연의 부스러기와 마돈나, 그리고 부끄러움을 모르는 비너스들의 형상을 보는 의식의 습관이 없어졌을 때에야 비로소 우리는 순수 회화 작품을 볼 것이다.[91]

그러나 수줍음을 모르는 비너스들이 러시아 문화에서 완전히 사라지지는 않았다. 그들은 20세기의 위대한 러시아 소설가 가운데 한 사람인 이사악 바벨의 1916년 말엽 문단 데뷔를 지배했다.[92] 그가 자기가 찬양하는 프랑스 자연주의자의 방식으로 성적 유혹을 서술하자 정부 당국이 격분했다. 정부 당국은 국내에 없는 라리오노프에게 더는 퍼부을 수 없던 청교도적인 비난과 위협을 그 창의적인 오데사 출신 청년 작가에게 가했다. 그러나 호색 행위가 제국 정부 자체의 권력 최측근 집단 내부보다 더 확연한 곳은 그 어디에도 없었다. 황실은 악명 높은 라스푸틴의 손에 놀아났고, 이 "거룩한 악마"를 1916년 12월에 죽이는 데 성공한 궁정의 호적수들은 시베리아에서 온 그 놀라운 농민 성자보다 오히려 훨씬 더 방탕했다. 라스푸틴의 벗이자 피후견인인 알렉산드르 프로토포포프(Александр Протопопов) 내무대신은 많은 이가 시간(屍姦)을 일삼는 자라고 생각한 호색한이었다. (억센 라스푸틴에게 독약을 먹이고 총을 쏘고 그를 물에 빠뜨려 죽인 고위 귀족들인) 펠릭스 유수포프(Феликс Юсупов) 공과 드미트리 파블로비치(Дмитрий Павлович) 대공은 주색과 음모로 아주 유명했다.[93]

그러나 이 모든 인물이 한 해 안에 변화의 바람에 휩쓸려 날아갔다. 처음에는 두마의 자유주의적 개혁자들의 진보 블록에서 돌풍이, 그다음에는 전제정을 끝장낸 1917년 2월의 예기치 못한 태풍이, 마지막에는 볼셰비키의 10월 쿠데타가 불러일으킨 내전의 선풍이 불어왔다.

혁명과 내전으로 말미암아 러시아 작가들의 관심을 사적 영역에서 공적 영역으로 돌아섰고 그 시대의 세 번째 이념 조류인 종말론이 갑자기 모든 이념 조류 가운데 가장 적절해 보였다. "첫 번째 혁명의 연보라빛 세상"이 자기를 "소용돌이 속으로 끌고 들어갔다"고 이미 느낀 블록은 이제 자기가 더 앞서 쓴 시들에 나오는 에로틱하고 신비한 "모르는 여인"에서 요한계시록에 언급된 창녀들의 어머니를 보는 경향을 보였다.[94] 혁명과 내전의 불길이 정욕을 지져대서 없앴고, 청교도적인 볼셰비키는 일단 권력이 굳건해지자 정욕을 열심히 억눌렀다.

그렇지만 관능주의는 — 제정 말기의 다른 입장들과 마찬가지로 — 새로운 정권 아래서 곧바로 사라지지는 않았다. 한 작가는 혁명의 경험을 "쾌락에 부르르 떨기" 경험에 비겼다.[95] 1920년대 초엽의 한 탁월한 소비에트 소설에서는 한 귀족 아가씨가 지역 비밀경찰 대장이 됨으로써 자기의 성욕을 국가의 승인을 받은 가학증으로 전환하고는 "나에게 혁명은 …… 성기(性器)투성이"라고 자랑스레 선언한다.[96] 또 다른 소설에서는 한 보제가 겉으로는 혁명 세력에 가담하려고, 그러나 실제로는 마르파라는 창녀와 함께 제멋대로 살려고 성직을 버린다. 그 작가는 "그 보제 안에서 변화를 불러일으킨 것은 …… 마르크스주의가 아니라 마르파주의였다"고 빈정거리며 말한다.[97] 이 모든 것 가운데 가장 기억에 남는 것은 바벨의 러시아 혁명기 이야기인 1926년 작 『기병대』(Конармия), 그리고 오데사의 암흑가를 다루는 이듬해의 『오데사 이야기』(Одесские рассказы)에 있는 피카레스크식 관능주의와 아이러니 정신이다.

1919년에 형성된 "사상주의" 시 유파의 자유분방한 관능주의에는 유쾌하게 솔직한 비합리주의가 있었다. 그들은 문법을 "소탕"하고 원초적 뿌리와 도발적 이미지로 되돌아가려고 시도하면서 바딤 셰르셰네비치(Вадим Шершеневич)의 『2×2=5』와 아나톨리 마리엔고프(Анатолий Мариенгоф)의 『나는 영감(靈感)과 바람을 피운다』(Развратничаю с вдохновением) 같은 걸출한 작품을 내놓았다.[98] "사상주의" 유파가 1924년에 해체되고 셰르셰네비치가 업턴 싱클레어(Upton Sinclair)의 저작을 러시아어로 옮기는 지루한 작업에 전념하기에 앞서서 이 유파 지도자는 인텔리겐치야 사이에 아직도 널리 퍼져있던 반(反)진보적 관능주의를 찬양하는 다음과 같은 시를 여러 편 썼다.

> 서두르시오, 아가씨들이여, 여인들이여,
> 기적을 노래하는 이들과 사랑에 빠지시오.
> 우리는 당분간 마지막 틈새,
> 세상에서 진보가 메우지 못한 틈새라오![99]

그러나 볼셰비키 통치 초기에 관능주의에게 공식 후원자가 전혀 없지는 않았다. 실제로, 우크라이나인 장군의 재기 있는 딸이자 신생 볼셰비키 정권의 초대 공공복지 인민위원인 알렉산드라 콜론타이(Александра Коллонтай)에게 매우 현실적 의미에서 러시아 혁명에는 "성(性)이 스며들"어 있었다. 콜론타이는 『새로운 도덕과 노동계급』(Новая мораль и рабочий класс)을 펴낸 1919년과 소설집 『자유로운 사랑』(Свободная любовь)을 펴낸 1925년 사이에 새로운 사회에서 자유로운 사랑을 끊임없이 선전했다. 그러나 콜론타이는 사랑의 육체적 측면("날개 없는 에로스")을 사회적으로 창조적인 날개 달린 사랑, 즉 새로운 프롤레타리아 사회와의 일종의 정신적 합일을 추구하는 사랑으로 승화해야 한다고 주장했다.[100] 이렇듯, 보그다노프가 프롤레타리아트를 신으로 본 것과 똑같이, 콜론타이는 프롤레타리아트를 일종의 우주론적 성교 상대로 보았다. 콜론타이는 (그가 쓴 소설들 가운데 하나의 제목을 인용하면) "일벌의 사랑"을 선호했다. 여자는 반쯤은 누군지 모르는 아버지들에게서 아이들을 낳는 여왕벌이며, 그 아버지들의 참된 사랑은 생산 노동에 있다. 콜론타이가 지은 소설의 여성 등장인물 가운데 한 사람은 성교 그 자체에는, 유명한 은유로, 물 한 잔을 마시는 단순한 행위보다 더 큰 의미가 없다고 주장했다.[101]

콜론타이는 비록 순전히 현실적인 이유로 단혼제를 선호했을지라도 소비에트 시대 초기에 선포된 관대한 이혼법의 열렬한 옹호자였다. 콜론타이와 그의 부유한 핀란드인 어머니는 둘 다 이혼녀였다. 콜론타이 자신의 최고 연애는 틀림없이 그가 노동계급과 한 연애였다. 부유한 지식인인 콜론타이는 가장 엄격하게 프롤레타리아적인 볼셰비즘 분파, 즉 탈중앙집권화된 노동조합의 관리 체제로 새로운 국가 관료제의 커지는 권력과 싸우려고 애썼지만 실패했던 이른바 노동자 반대파(Рабочая оппоз-иция)[63]와 자신을 동일시했다. 노동자 반대파 운동의 다른 이들과 달리, 콜론타이는 그 운동이 1921년에 부정당한 뒤에도 요직에서 쫓겨나지 않았다. 콜론타이는 1923년부터 1945년까지 줄곧 고위 외교관으로 있었고, 그 기간 대부분을 자기가 아주 잘 아는 스칸디나비아 지역에서 (자유분방한 사랑의 영속적인 대중적 상징을 다루는 로레타 영(Loretta Young) 주연의 영화 「농부의 딸」(The Farmer's Daughter)[64]이라는 가장 유명한 작품

---

[63] 1920년에 소비에트 국가의 관료주의화와 중앙집권화를 비판하며 노동조합이 경제의 관리 주체가 되어야 한다고 주장한 러시아 공산당의 한 분파. 1921년에 열린 제10차 당대회에서 레닌과 격론을 벌인 뒤 힘을 잃었다.

[64] 부올리요키의 희곡을 각색해서 1947년에 상영된 미국 영화. 로레타 영이 워싱턴

의 원작자이며 또 다른 전투적 볼셰비키 페미니스트인 에스토니아 태생의 극작가 헬라 부올리요키(Hella Wuolijoki)와 더불어 러시아-핀란드 전쟁[65]을 끝내려고 협상하는 시도 같은 화려한 일화들에 관여하면서)[102] 보냈다. 콜론타이의 성 해방 옹호는 어느 모로는 스칸디나비아식 전망이 러시아 볼셰비즘이라는 음울한 청교도적 그림 안으로 묘하게 잠시 끼어들어 간 것이라고 말할 수 있다. 콜론타이가 볼셰비키당 안에서 1930년대의 숙청을 넘기고 목숨을 부지하는 유일한 주요 반대파 지도자였다는 사실은 러시아 혁명이 "날개 달린 에로스"라는 그의 이미지에 대한 향수가 노혁명가들 사이에 자취로 얼마간 남아있었다는 증거일 수 있었다.

그러나 볼셰비키의 기풍에는 에로스가 들어설 여지가 별로 없었다. 대중적 열정의 마지막 대축제는 1923년에 모스크바 예술극장에서 「카르멘시타와 병사」(Карменсита и солдат)라는 연극의 주목할 만한 상연이었을 법하다. 이 "서정적 비극"은 오로지 남자와 여자 사이의 격한 애증 관계에만 관심의 초점을 맞출 목적으로 비제의 「카르멘」을 독창적으로 개작한 것이었다. 고대 비극의 합창이 재도입되었고, 니체가 비제의 「카르멘」 악보 가장자리에, "아바네라"(Habanera)[66] 맞은편에 썼던 것, 즉 "그리스인이 상상한 에로스, 마성을 강하게 띤 길들지 않은 에로스"를 묘사하려는 노력의 하나로 그 오페라의 경박성이 제거되었다.[103]

에서 어려움을 딛고 국회의원이 되는 시골 아가씨 역을 연기해서 아카데미 여우주연상을 받았다.

[65] 레닌그라드 방어를 위한 소련의 국경선 변경 제안을 받아들이지 않은 핀란드를 소련이 1939년 11월 말에 침공하면서 두 나라 사이에 벌어진 전쟁. 핀란드는 소련의 공세를 잘 막아냈지만, 이듬해 3월에 조건을 받아들이고 강화를 맺었다. 겨울전쟁(Зимняя война)이라고도 한다.

[66] 비제의 오페라 「카르멘」의 주요 아리아. 아바네라는 원래는 쿠바의 무곡(舞曲)이었고, 「카르멘」을 비롯한 여러 악곡에서 사용되었다.

그 시대의 관능주의는 아주 내밀한 의미에서 악마적이었다. 관능주의로 돌아서기의 주도자인 솔로비요프는 만년에 소피야의 환영보다는 악마의 환영을 보기 시작했고, 자기의 마지막 저술들의 적그리스도에게 자기가 이상하게 이끌린다고 느꼈던 듯하다.[104] 솔로비요프가 죽은 뒤 몇 해 안에 그의 추종자 알렉산드르 블록이 우주에 조화를 가져다주는 "아름다운 여인"에 대한 예전의 신비주의적 숭상에서 "모르는 여인", 즉 도시의 술집이라는 밑바닥 세계 출신의 수수께끼 같은 창녀에 대한 시적 심취로 옮아갔다. 알렉산드르 도브롤류보프(Александр Добролюбов)라는 잘 기억되지 못한 인물이 사탄 숭배를 실제로 옹호했고, "죽음의 아름다움"을 찬양하는 시와 책자를 쓴 다음에는 금욕하며 자신을 괴롭히는 삶과 급진적인 분파교 설교로 돌아섰다.[105] 솔로구브의 문학 세계에는 악마가 어디에나 다 있으며, 그 세계에서 육욕의 유혹은 거의 변함없이 늘 사탄의 권능과 관련되어 있다.

가장 인기 있는 제정 말기 소설가들 가운데 한 사람인 알렉세이 레미조프(Алексей Ремизов)는 악마가 세상을 지배한다고 믿었다. 그는 러시아 시골의 일상어와 환상적 은유로 사탄을 묘사하다 보니 거의 악마 같은 인물로 보이게 되었다. 레미조프의 대중 망석중놀이 「악마의 공연」(Бесовское действие)은 일종의 사탄 신비극이었다. 그의 1921년 작 「불타는 러시아」(Огненная Россия)는 그 자신의 색다른 저작의 밑바탕을 이루는 이상한 이원론과 "보고보르체스트보"(богоборчество, 즉 "신과 싸우기")의 저자로서 도스토옙스키에게 찬사를 바쳤다. 츄를료니스는 해가 사실은 검다고 주장했다. 레오니드 안드레예프의 마지막 작품인 「사탄의 일기」(Дневник Сатаны)에서 저자는 심하게 타락한 세상에서 — 미국인 백만장자의 모습을 하고 — 자기의 기만과 승리를 기록하는 사탄과 동질감을 가진다.[106]

악마주의는 음악에서도 나타났다. 스크랴빈은 리스트의 음악에서, 그리고 관능적 쾌락에 보내는 자기의 찬미에서 일종의 악마 찬양을 찾아낸다고 고백했다. 악마는 회화 분야에서 가장 두드러진 정복을 이룩했다. 회화 분야에서 브루벨이라는 재능 있는 인물이 초기의 종교화에서 실험주의로, 레르몬토프의「악마」를 화폭에 표현하기에 집중하는 예술적 추구의 도중에 실험주의에서 번민과 정신이상으로 옮아갔다.[107]

브루벨은 자기가 더 이전에 그렸던 판[67]과 비슷한 형태로 앉아있는 모습의 초기 악마 묘사에서 시렁에 얹힌 것처럼 몸을 가로로 죽 뻗치고는 머리를 부자연스러운 각도로 곧추세운 채 겁에 질려 관람자를 빤히 쳐다보는 악마를 보여주는 마지막 그림으로 옮아갔다. 마치 악마가 자기의 하수인들, 즉 두루 갈채를 받은 한 예술가의 작품 앞에서 무지한 찬양을 보내며 늘 줄지어 서 있는 "사회의 기둥들"을 상대로 일종의 사탄적 최종 사열(査閱)을 하고 있었던 것처럼 보인다. 브루벨은 심지어 자기가 그린 악마가 공공 전람회에 내걸린 뒤에도 주기적으로 되돌아가 그것을 손질하고 마저 더 그림으로써 사회에 충격과 매혹을 둘 다 안겨 주었다. 이 세상에 남은 유일한 도피처는 정신병원에서 발견될 터였다. 브루벨은 1910년에 죽기 전 마지막 여러 해를 정신병원에서 보냈다. 브루벨의 뇌리에서 떠나지 않은 악마는, 물론, 유럽 곳곳에서 낭만주의 시대의 사상가들을 매혹했다. 어쨌든, 메피스토펠레스(Mephistopheles)[68] 없는 파우스트는 상상할 수 없었다. 잃어버린 낙원이나 되찾은 낙원에 관해 골똘히 생각하다가 낭만주의자는 밀턴의 사탄이 그의 신보다 어쩐지 더 믿음직하고 재미있음을 깨달았다. 낭만주의 철학자는 18세기 철학자의 기계론

---

[67] 산과 들에서 가축을 지키는 그리스 신화의 목신(牧神). 염소의 다리와 뿔을 가진 사람의 모습을 하고 있으며, 쾌활하고 음탕해서 님프와 여인을 즐겨 유혹했다.
[68] 중세의 파우스트 전설과 괴테의『파우스트』에서 지식과 권력으로 파우스트 박사를 유혹해서 그의 영혼을 사는 교활하고 악랄한 악마.

적 우주를 되살려내겠다고 결심하고는 손상된 신(神) 개념을 재정의하거나 복권하려고 시도하기보다는 생명력을 사탄과 동일시하기를 자주 선호했다.

그러나 사탄을 그림에 집어넣으려는 브루벨의 노력에는 이상한 러시아 특유의 무엇인가가 있다. 그것은 반세기 앞서 알렉산드르 이바노프가 러시아 회화에서 개시한 모색의 일종의 역(逆)이었다.[108] 이바노프의 경우에서처럼 브루벨의 노력은 지식 엘리트 전체의 공통된 관심과 기대가 모이는 일종의 초점이 되었다. 이바노프가 「사람들에게 나타나는 그리스도」를 묘사하려고 노력했던 것과 똑같이, 브루벨은 악마가 사람들에게 제 모습을 보이도록 만들려고 시도하고 있었다. 그러나 이바노프의 그리스도가 예술상 실패작인 반면에, 브루벨의 악마는 상대적으로 성공작이었다. 낭만주의는 낭만주의의 이콘을, 제정 말기 러시아의 관능주의자는 자기의 수호성자를 찾아냈다.

종말론

사탄의 존재감은 우울한 종말론적 심성으로 이어졌다. 시대의 셋째 핵심 특성인 종말론은, 여러모로, 다른 두 핵심 특성, 즉 프로메테우스주의와 관능주의 사이의 심리적 긴장이 해소되지 않아서 생긴 부산물이었다. 결국, 거창한 기대가 사소한 심취와 어떻게 조화될 수 있는가? 유토피아가 다가오고 있다는 지적인 믿음과 동시에 쾌락을 탐닉하는 개인의 행동이 어떻게 조화될 수 있는가? 그 두 행태를 견지하는 한 방법은 얼마간의 샤덴프로이데(Schdenfreude)[69]를 웬만큼 품고 묵시록적 변화가 머지않아 일어난다고, 오늘의 관능주의가 내일의 변혁을 미리 알려준다고 확신하는 것이었다. 댜길레프가 혁명이 일어난 1905년에 (타브리다 궁전에서 개최한 러시아 역사 초상화 3,000점의 전시회와 관련해서 한 건배사에서) 표현한 대로,

> 우리는 우리가 만들어내지만, 우리를 쓸어내 버리기도 하는 미지의 새 문화의 이름으로 이루어지는 결산과 결말의 가장 위대한 역사적 순간의 목격자입니다. 그래서 겁 없이 자신 있게 저는 아름다운 궁전의 허물어진 벽을 위해, 마찬가지로 새로운 미학자의 새로운 계명을 위해 술잔을 들어올립니다. 아무도 못 말리는 관능주의자로서 저는 다만 다가온 투쟁이 삶의 미학을 능욕하지 않기를, 그리고 죽음이 신의 부활만큼 아름답고 찬란하기를 바랄 뿐입니다.[109]

종말론의 더 분명한 둘째 근원은 대중의 종교적 심성이었다. 그것은 심지어 20세기 초엽의 대중문화의 대두에 이바지하고 공공연하게 비종교적인 사람들 가운데 많은 이에게도 영향을 미치는 경향을 보였다. 읽기와 쓰기가 이제는 원초적, 즉 농민적 배경을 가진 많은 이들의 보통 행위가 되어가고 있었고, 그들에게는 변화를 종말론적 용어로 이야기하는 것이 자연스러워 보였다.

미래주의자의 확연히 세속적인 선언에 예언과 순교의 이미지가 가득 차 있었다. 빠르게 미래주의자의 지도자가 된 시인 마야콥스키는 자신을 "열세 번째 사도"라고, 그리고 언젠가는 "창녀들이 자기가 죄 없음을 신께 보여주려고 두 손으로, 성물처럼, 들어 나를" 육신을 가진 "제관을 쓰지 않은 영혼의 차르"라고 일컬었다. 그의 낭랑한 운문은, 흘레브니코

---

69 남의 불행에 즐거워하는 심보를 뜻하는 독일어 낱말.

프의 순수한 음의 언어인 자움늬이 야격[70]과 마찬가지로, 교회의 원조 자움늬이 야격의 음악적, 즉 교회 종의 블라고베스트의 일부를 포착한다. "경축"의 종이 우상타파적인 그 시인이 음정에 맞지 않게 땡땡 울리는 귀에 거슬리는 종이라면, 그의 궁극적인 구원 보증은 결국은 일종의 "초이성의 신학"인 묵시의 언어로 표현된다. 최후의 낭만주의자인 그만이 "두 번째 대홍수"를 보려고 "불붙은 건물을 지나갈 것이다."[110] 미래주의 시인이 평범한 세상 너머에 가닿으려고 애쓰다가 일종의 피학적 종말론으로 이끌려갔다면, 추상화가는 순수한 형태와 색채의 새로운 미술을 추구하다가 같은 길을 따라가는 경향을 보였다. 칸딘스키는 자기가 발전하는 결정적 시기에, 즉 1912~1914년에 그림에서 계시록에 나오는 기사들과 최후의 심판이라는 주제로 거듭 되돌아갔고, 그 그림을 그리면서 천천히 구상미술의 세계에서 완전히 빠져나왔다.[111]

전쟁과 혁명이 일어난 이 10년 동안의 들뜬 문학에서 종말론이 점점 더 중심 주제가 되었다. 저자 사후에 간행된 적그리스도에 관한 솔로비요프의 짧은 이야기는 그리스도교가 궁극적으로 통합된다는 긍정적 미래상보다 아시아의 유럽 지배가 머지않았다는 그의 부정적 미래상에 대체로 관심을 더 많이 두는 여러 모방자가 나올 조짐이었다.

메레즈콥스키의 3부작 『그리스도와 적그리스도』(Христос и Антихристос)는 배교자 율리아누스 치세에 신들이 죽고 레오나르도 다빈치 시대에 그 신들이 되살아나고 표트르 대제 치세에 그리스도와 적그리스도의 마지막 싸움이 시작되어 러시아 땅에서 결판이 나리라는 원대한 역사적 장관을 제시했다.[112] 훨씬 더 흥미롭고 독창적인 것이 이름난 모스크바 수학자의 사색적인 아들인 보리스 부가예프(Борис Бугаев)의 종말론적 작

---

[70] 초이성 언어.

품이었는데, 부가예프는 주요한 상징주의 작가가 되었고 불교에서 신지학으로, 새로운 인본주의적 문화를 만들어내려는 오스트리아 철학자 루돌프 슈타이너(Rudolf Steiner)의 시도인 인지학(人智學)으로 옮아갔다.[113] 부가예프는 일찍부터 종교와 철학을 연구하다가 인텔리겐치야와 대중의 종교적 심성 사이에 있다고 느낀 내적 연계에 이끌리게 되었다. 그는 그리스도교를 러시아에 가져왔다고 하는 "가장 먼저 부름을 받은" 성자의 이름을 종말론의 색인 "흰색"을 가리키는 낱말과 합쳐서 안드레이 벨릐이[71]를 필명으로 삼았다. 이렇듯 벨릐이는 묵시의 소식을 러시아 백성에게 가져다준다는 자기 나름의 사명감을 상징하는 이름으로 자기 이름을 새로 정한 것이다. 그는 솔로비요프와 마찬가지로 유럽과 아시아가 러시아를 결전장으로 삼아 대결한다는 관점에서 문제를 보았다. 1904~1905년에 일본이 러시아를 이기는 동안 "다가오는 훈 족"에 관한 묵시록적인 글을 쓴 브류소프[114]와 마찬가지로, 벨릐이는 아시아가 거둔 이 뜻밖의 승리를 늘 염두에 두었고 3부작 대하소설 『동방인가, 서방인가』(Восток или Запад)에 착수했다. 제1부는 『은 비둘기』(Серебряный голубь)라는 제목의 큼직한 책 두 권으로 1910년에 나왔는데, 이 『은 비둘기』는 미친 채찍고행자 "성모"를 따르고자 한 모스크바 학생이 자기가 가진 세상 재산을 모조리 내줘버린다는 이야기였다. 그 학생은 하늘나라로 날아오를 수 있는 새가 튀쳐나올 불길을 거쳐 서방과 동방이 하나가 되는 온 세상의 부활을 추구하고 있다. 그 새는 분파교 전통의 "비둘기", 즉 러시아 신화의 불새였다. 자신을 불에 태워 제물로 바치는 구교도의 관행은 구원으로 가는 도중에 온 세상이 바야흐로 겪을 일의 예언적 선

---

[71] "가장 먼저 부름을 받은" 성자는 안드레아 사도이며, 안드레아의 슬라브어 이름이 안드레이이다. 흰색을 가리키는 러시아어 낱말은 벨릐이(белый)이다.

행 형태의 일종으로 표현된다.

　제1차 세계대전 발발과 엄청난 동부전선 사상자 수는 종말이 실제로 다가온다는 추가 증거를 벨릐이에게 제공하는 듯했다.『페테르부르그』(Петербург)라는 제목으로 1916년에 나온 3부작 제2부에는 전통적 형상의 왜곡과 다가오는 파국의 느낌이 훨씬 더 많이 출몰한다. 그는 그 재앙이 심정상 똑같이 니힐리즘적이고 "짐승의 ……, 즉 적그리스도의, 사탄의 나라"를 일으키려고 몰래 협력하는 "아버지와 아들, 혁명가와 반혁명가"로 말미암아 일어나고 있는 것을 본다.[115]

　혁명 발발은 벨릐이와 많은 다른 이에게 사람들을 적그리스도의 통치에서 구해내어 재림한 메시아의 통치로 넘겨줄 현세의 마지막 대투쟁의 시작으로 보였다. 블록이 「열둘」을 쓴 지 겨우 몇 달 뒤에 벨릐이가 유명한 러시아 혁명 찬가에서 "그리스도가 부활하셨도다"라고 썼다.[116] 거의 같은 때 그 시대 모든 대시인 가운데 가장 정통으로 토속적인 농민 시인 세르게이 예세닌(Сергей Есенин)이 러시아를 "새로운 나사렛"이라고 불렀다.[117] 또 다른 농민 시인 니콜라이 클류예프(Николай Клюев)는 1920년대 초엽의 걸출한 여러 작품, 즉 「해를 나르는 사람 찬가」(Песнь солнце-носца)와 「제4의 로마」(Четвертый Рим), 그리고 볼셰비키 지도자 레닌을 아바쿰에 비긴 「레닌」에서 러시아 혁명을 메시아적 구원의 전조로 환영했다.[118]

　새로운 혁명 체제는 오래지 않아 그리스도보다는 적그리스도와 동일시되었다. 블록의 「열둘」에서 그 혁명 지도자가 재림하는 그리스도와 동일시된 것은 단지 시험적이고 상징적이었고, 블록은 1921년에 환멸에 차서 죽었다. 베르댜예프, 메레즈콥스키, 칸딘스키, 레미조프, 그리고 다른 많은 이가 1922년까지 외국으로 영구 이주했고, 새 질서에 관해 슈펭글러 식의 음울한 어조로 글을 쓰기 시작했다.[119] 하층계급 출신이며 레닌과 가까운 고르키마저도 1922년 말엽에 외국으로 가서 오랫동안 머물렀다. 그의 이탈은 보통사람들에게, 그리고 그들이 러시아 혁명에 원래 품었던 크나큰 희망에 가장 가까운 바로 그 작가들에게 생긴 반감의 한 조짐일 따름이었다.

도시가 철도 열차와 함께 묵시의 상징이 되었다. 브류소프가 1903년에 쓴 묵시적 시「창백한 말」(Конь блед)이 블록에게 영감을 주어 1904년에「도시」(Город)라고 불리는 음울한 연작시의 첫 번째 시「최후의 날」(Последний день)을 쓰게 만들었다.[120] 현대 도시는 레오니드 안드레예프의 유명한 1908년 작 소설의 제목을 원용하면 "짐승의 저주", 또는 "인간의 마지막 저주", "작고 찌부러진 정육면체 영혼"을 가진 사람들이 사는 "입구는 많은데 출구는 없는" 미궁이었다.[121] 볼셰비즘은 사람들을 도시의 "강철 열(熱)"의, 그리고 아마겟돈과 "쇠와 땅"[122] 사이의 마지막 싸움으로 이끌고 있는 "전기 상승"[123]의 가장 극단적인 최종 산물일 뿐이었다. 사람들은 공장 굴뚝과 교회 쿠폴라 사이의 이 마니교적 전투의 단역 배우일 뿐이었다. 굴뚝은 신도의 양파꼴 돔을 땅에서 뜯어내겠다고 위협하는 짐승의 "붉은 손가락", 또는 최후의 심판을 알리려고 도시 위에 뻗쳐있는 나팔이 되었다.[124]

저주받은 도시 안에서는 "땅이 땅 같지 않다. …… 말이 땀투성이로 풀밭을 내달리듯 사탄이 땅을 내달리며 …… 무쇠발굽으로 땅을 두들기고 짓밟았다."[125] 계시록에 나오는 기사의 이미지가 "용의 열차", "깨끗한 들판의 무쇠 뱀", "입이 마른 개 달린 생물"로 도시의 저주를 시골과 지방으로 실어나르는 장갑 열차의 이미지와 뒤섞인다.

그대 보았는가,
호수의 안갯속으로 숨으며,
쇠 콧구멍으로 김을 내뿜으며,

열차가 무쇠 앞발로

달려가는 모습을?

그리고 그 열차 뒤로

죽어라 달리는 축제에서,

넓은 풀밭을,

가느다란 다리를 머리 쪽으로 뻗으며

갈기가 붉은 망아지가 내달리는 모습을?[126]

볼셰비키가 화려하게 꾸민 선전 열차를 이용하고 트로츠키가 내전 동안 사령부 장갑열차를 타고 전선을 거듭 돌아다니면서 열차라는 상징은 새로운 연상성(聯想性)을 얻었다. 이 시기에 관한 초기의 가장 호소력 있는 산문 서술 가운데에는 프세볼로드 이바노프(Всеволод Иванов)의 『14-69호 장갑열차』(Бронепоезд 14-69)와 보리스 필냑(Борис Пильняк)의 파노라마식 소설 『벌거벗은 해』(Голый год)의 한 장 「58호 열차」(Поезд № 58), 그리고 내전이 두 장갑열차 사이의, 즉 동쪽과 서쪽에서 이동해와서 러시아 한복판에서 숙명의 충돌로 내달리는 붉은 장갑열차와 하얀 장갑열차 사이의 야간 충돌로 묘사되는 니콜라이 니키틴(Николай Никитин)의 기억에 남는 단편소설 『밤』(Ночь)이 있다.[127]

백은시대의 공상적 작가들 가운데에서는 거의 유일하게 벨릐이만 새 질서에서 종말의 계시보다는 구원의 조짐을 본다고 고백하면서 1923년에 소련으로 영구 귀환했다. 그러나 그가 1913년과 1916년 사이에 쓴 3부작 『페테르부르그』의 제2부에서 반쯤 미친 어느 도시의 남녀들이 아무도 해체하거나 처리할 수 없는 폭탄이 들어있는 상자 하나로 마비된 종말론적 광경이 이미 제시되었던 적이 있다. 그의 — 『세례받은 중국인』(Крещенный китаец)과 『모스크바』(Москва) 같은 — 1920년대 문학 작품은 그리 성공적이지 못했다. 더 오래된 종교적 상징에 새로운 볼셰비키적 내용을 부여하려는 그의 시도는 그의 「그리스도께서 부활하셨네」(Христос воскрес) 보다 훨씬 더 엉성하다. 『페테르부르그』 이후에 가장 크게 성공한 그의 작품은 한 작은 아이의 유아기와 심지어 태어나기 전의 경험으로 되돌아가는 상상 여행을 함으로써 그 아이의 의식으로 들어가는 『코틱 레타예프』(Котик Летаев)였다. 이 세계는 그 시대 문단의 모든 종말론자 가운데 가장 위대한 인물인 바실리 로자노프가 이미 발견한 바 있다. 로자노프는 자기를 자궁 안에 머무르고 싶어 하는 태아로, 그리고 "그 세계의 젖가슴 어딘가에서 길을 잃은 어린이 로자노프"로 다양하게 상상했다.[128]

이 관능주의의 제1인자는 1919년에 죽기 바로 앞서 러시아 혁명으로 자기 주위에 일어난 혼돈에서 완전히 물러나 성 세르기 대수도원으로 갔고, 그곳에서 『우리 시대의 계시록』(Апокалипсис нашего времени)을 썼다. 그는 러시아 혁명이 인류 문명 전체에 계시록적 차원의 파국이라고 선언했다. 러시아 혁명은 혁명 선동의 결과가 아니라 그리스도교가 삶의 사회적 영역과 물리적 영역을 다루는 데 완전히 실패한 결과였다. 로자노프는 성 요한의 원조 계시록이 초기 그리스도교 교회의 고발장으로 쓰였다고 믿고는 자기의 새 계시록을 전쟁과 기근과 혁명의 와중에서 무기력하게 우두커니 서 있다가 볼셰비즘으로의 도피를 거의 불가피하게 만든 현대 교회의 고발장으로 구상했다. 로자노프는 교회가 이 동란기에 다시 나서서 지도력을 다시 발휘하기를 열망하고 있는 듯했다. 교회가 3세기 전의 대동란 시대 동안에 지도력을 발휘했고 새로운 로마노프 황조 아래서 17세기의 국가 부흥으로 이어졌던 적이 있다. 아주 어울리게도, 로자노프는 이 17세기의 대동란 시대 동안에 유일하게 외세의 지배 아래로 들어간 적이 없는 성 세르기 대수도원에서 『우리 시대의 계시록』을 썼다. 그는 (그의 최고 작품 한 편의 제목을 원용하면) "교회 담벼락 가까이

에서" 일어난 죽음 직전에 성사를 받았다.[129]

로자노프의 종교에서는, 베르댜예프가 지적한 대로, 말씀이 육신이 되기보다는 육신이 말씀이 되었다. 그의 견해는 그의 우상인 도스토옙스키가 창시했던 접지성(接地性, почвенность) 숭배의 진수였다. 그는 신학교 안보다 "암소 위에 올라타는 수소 안에" 신학이 더 많이 있다고 역설하고 "하느님은 다른 세계에서 씨를 가져와서 지구에 뿌리셨다"는 견해를 뒷받침하려고 도스토옙스키를 인용하면서 『우리 시대의 계시록』 끝 부근에서 "열정과 불로 되돌아가"자고 촉구했다.[130]

종말의 계시와 심판은 로자노프에게는 물리적 세계가 그랬던 것과 똑같이 직접적으로 느껴지는 실재였다. 그는 "영혼의 불멸"(그는 그러한 추상적 표현을 언제나 인용부호 안에 넣었다)을 믿을 수 없었지만, 가장 좋은 자기 친구의 "불그스레한 수염"이 사라지리라고 차마 믿지 못했다. 그는 심판의 날에 아무 말도 하지 않고 그저 흐느끼고 웃으면서 하느님 앞에 서 있는 자기 자신을 상상했다.

로자노프는 『우리 시대의 계시록』을 끝마치기 전인 1919년 초엽에 죽었지만, 다가올 종말에 관한 훨씬 더 주목할 만한 서술이 이듬해에 예브게니 자먀틴(Евгений Замятин)의 예언적 소설 『우리』(Мы)에서 이루어졌다. 예전에 해군 공학기술자이자 볼셰비키 당원이었던 자먀틴은 『우리』가 아직도 소련에서 간행되지 못할 만큼 다가올 전체주의를 너무도 예리한 통찰력을 지니고 묘사했다.[72] 이 소설의 무대는 지구가 신비한 "은혜로운 분" 한 사람과 획일적인 "율법표" 하나에 종속된 미래의 끔찍한 유토피아인 단일국(Единое Государство)이다. "율법표"는 열차시간표의 일종의 우주론적 확장판, 즉 "우리에게 전해진 고대 문헌의 기념비들

---

[72] 1988년에 드디어 소련에서도 간행되었다.

가운데 가장 위대한 것"이다. 선거일은 만장일치의 날이며, 질서는 전기 채찍으로 유지되고 증발하는 죽음이 최고의 제재이다.

화자(話者)인 주인공은 — 단일국의 모든 사람과 마찬가지로 — 이름보다는 번호(Д-503)로 알려졌다. 그러나 Д-503은 아직 인간으로 인정될 수 있는 존재이다. 실제로, 어느 모로는, 백은시대의 정제된 대표자이다. 그는 그 시대의 두 가지 지속적 태도인 프로메테우스주의와 관능주의의 결합체이다. 이 소설 속의 긴장은 그 두 태도 사이의 고유한 갈등에서 나온다. 그는 한편으로는 최고의 프로메테우스이다. "유리로 되어있고 전기로 움직이며 불을 내뿜는 「인테그랄」(ИНТЕГРАЛ) 호, 즉 "이성이라는 고마운 멍에 …… 수학적으로 오류가 없는 행복"을 다른 행성으로 보내서 "우주의 부정방정식을 적분할" 물체를 건조한 수학자이다. 그러나 동시에 Д-503은 И-330이라는 한 여인에게 비이성적 애착을 느껴 괴롭다. 그 여인을 보면, 현재의 수학적 조화와 달리, 순전히 개인적인 영감("알려지지 않은 형태의 간질")의 산물인 과거의 음악이 연상된다.

И-330은 Д-503을 이끌고 단일국의 녹색 장벽을 넘어 밖으로 나가 단일국이 세워지기 전에 일어난 200년 전쟁에서 살아남은 반(半)짐승 같은 존재인 메피(Мефи)가 사는 황야로 간다. 물론 메피는 최고의 관능주의자, 그 이름이 시사하는 대로 메피스토펠레스의 자식들이다. 그들의 세계에서 여자의 젖가슴은 식물의 새싹이 봄에 그렇듯 국가 제복을 뚫고 튀어나오고 불이 숭배되고 정신이상이 유일한 형태의 구원으로 옹호된다. 오직 메피만 "맨 마지막 숫자"가 있다고 믿는 "갈릴레이의 실수"를 저지르지 않았다.

일련의 초현실적 장면에서 Д-503은 단일국의 엔트로피에 대비되는 메피의 에너지 세계에 거의 승복한다. 그러나 이성에 대한 요구에 거슬러 무한하고 디오니소스적인 것을 고집하는 것은 불길하게도 소설 앞부분에서 총구를 손으로 막는 것에 비유된다. 이 이미지는 Д-503이 승복하기 시작하면서 계시록적 규모로 확대된다. "비이성의 힘"이 풀려나자 심판의 날이 다가온다. Д-503은 자살할 각오를 하지만, 마지막 순간에 신비롭게도 제정신을 차리게 된다. 그의 영혼을 제거하는 수술로 유한성과 이성의 힘에 대한 그의 믿음이 회복된다.

『우리』는 반(反)유토피아적인『멋진 신세계』(Brave New World)와『1984년』의 탁월한 선구자일 뿐만 아니라 제정 말기의 프로메테우스주의와 관능주의에 대한 본질적으로 반(反)그리스도교적인 심취의 절정이기도 하다.『우리』는 심지어 사탄 숭배자를 위한 일종의 사악한 성경이라고 불릴지도 모른다. 어쨌든 검은 미사[73]가 일정한 귀족 집단 안에서 최신 유행의 오락이 되었던 적이 있다. 흘레브니코프가 혼자서 "끝에서부터의 세상"을, 삶 자체를 "지옥에서 하는 놀이"에 지나지 않는다고 보지는 않았다.[131]

『우리』는 (장(章)이 아니라) "기록" 마흔 개로 나뉘어 있다. 마흔은 그리스도가 광야의 시험을 받은 날 수와 노아의 대홍수가 지속된 날수로 암시되는 숫자임이 거의 틀림없다.『우리』는 요한복음 1장의 사악한 패러디("나는 그저 낱말을 하나하나 베껴쓰고 있다. …… 우리는 무기에 앞서 말로 시험해본다")와 일종의 성모희보("최초의「인테그랄」호가 우주 공간으로 날아오를 위대한 역사적 시간이 머지않았다")로 시작하면서 복음서들의 연대기 형식으로 서술된다.『우리』는 수난을 당할 때의 예수와 나이가 같은 주인공의 초현실적인 모의(模擬) 수난, 책형, 강림, 부활로 끝난다. 이 사건들은 그리스도의 마지막 날들에 해당하는 마지막

---

[73] 가톨릭교회에서 성직자가 검은 옷을 입고 망자를 위해 행하는 미사를 뜻하지만, 때로는 교회 미사를 거꾸로 한 악마 숭배 의식을 일컫기도 한다.

"기록들"에서 일어난다. 벽이 예루살렘의 신전처럼 허물어진다. 그의 음부(陰府) 강림은 지하철도 화장실의 이미지를 통해 묘사된다. 거기서 그는 사탄적 패러디로 하느님 아버지의 오른편에 영광스럽게 앉은 그리스도의 이미지를 한 관능주의자들의 반신(反神)을 만난다. 화장실에서 물의 "보이지 않는 투명한 음악"이 흐르는 가운데 사탄이 왼쪽에 있는 좌변기에서 Д-503에게 다가온다. 그는 다정하게 한 번 어루만지며 자기를 소개하는데, 거대한 남근상(男根像)에 지나지 않음이 곧 드러난다. 남근상은 부자연스럽게 에로틱한 이 신(新)원시주의 시대의 진정한 신이다. 그의 "이웃"은 갑자기 "나에 관한 것"인듯 보이는 "알아보기 힘든 문장 같은 노란 주름살"이 있는 "이마 — 거대한 대머리 포물선"일 뿐이다. 이 괴상한 형상을 보고 Д-503은 자기가 오르가슴을 느낄 수 있으며 (И-330과 성교를 하려다 실패한 뒤 자기가 그것이라고 가정했던) "내동댕이쳐진 담배꽁초"가 아니라고 믿으며 마음을 놓는다.

> 당신을 이해합니다. 완전히 이해합니다. — 그가 말했다 — 그러나 어쨌든 진정하세요. 그럴 필요가 없어요. 모든 게 되돌아올 겁니다. 반드시 되돌아올 겁니다.[132]

그리고 나서 그는 Д-503이 "무한한 것은 없다"고 믿게 하려고 애썼다. 이 생각에 마음이 놓인 Д-503은 서둘러 화장지에 자기 연대기를 쓰는 일을 마치고 "고대인이 죽은 이를 묻은 구덩이 위에 십자가를 놓았듯이 내 글에 마침표를 찍으려고 했다." 마지막 마흔 번째 기록에서 그는 신비하게 부활하고 구원으로 가는 길이 그에게 제시된다. 또다시 이것은 신약성경에 있는 영광의 마지막 환영[74]의 일종의 패러디이다. 새 예루살렘의 벽은 "고압 전류가 흐르는 임시 벽"이다. 새 예루살렘의 종들은 거대한 종(Колокол) 하나인데, 고문실에 붙은 이름이 바로 그 종이다. 이가 희고 뾰족하며 눈이 검은 신비한 사람, 즉 백은시대의 관능적인 "모르는 여인"으로 사탄처럼 최종 변모한 사라진 마돈나가 그 종 안으로 이끌려 들어간다. 그 여인은 그 "종" 아래 놓이자 마치 푸시킨의 이야기와 차이콥스키의 오페라에 나오는 스페이드의 여왕과 브루벨의 그림에 나오는 악마처럼 Д-503을 쳐다본다. 그러나 이제 영혼이 제거된 Д-503에게 그 여인은 다른 세계에서 온 피조물이다. 대신에 그는 고개를 돌려 가스실이라는 정화소로 들어가는 "이성을 배신한 번호들"을 쳐다본다. 가스실은 "계단을 올라 은혜로운 분의 처형기계로 갈" 준비를 하는 그 번호들을 재적분할 것이다.

이 새로운 천국은 자먀틴에게는 지옥이었다. 그에게 그리스도교의 표상은 근본적으로는 인간의 기이감(奇異感)을 키우는 장치였다. 따라서 얼이 쏙 빠진 내전 직후에 『우리』의 저자는 막 일어났던 전례 없는 사건들을 묘사하려는 노력의 하나로 그리스도교의 상징에서 벗어나 그리스도교가 들어오기 이전의 원시 세계의 상징으로 돌아선다. 필냑이 돈호법을 써서 "촉촉한 어머니 대지"를 불렀다. 레오노프가 불에 타버린 공룡 화석 수집품을 낡은 질서가 끝났다는 상징으로 제시한 해인 1924년에 자먀틴은 『우리』에서 묘사된 미래로부터 자기의 유명한 소설 『동굴』(Пещера)에서 원시 시대라는 과거의 연상으로 돌아섰다. 내전 동안 석기시대 상태로 퇴행한 인간에 관한 그의 오싹한 묘사는 동사가 없는 다음과 같은 간단한 묘사로 시작된다.

---

74 신약성경 「요한계시록」 3장 12절, 21장 2절에 나오는 새 예루살렘에 관한 환영을 일컫는 표현.

빙하, 매머드, 황무지. 어쩐지 집을 닮은 한밤중의 검디검은 절벽, 그 절벽에 있는 동굴.[133]

"수세기 전 페테르부르그가 있던 절벽 사이를 어슬렁거리"는 "가장 매머드다운 매머드의 얼어붙은 울부짖음"을 피해 슬며시 숨어서 사람들은 동굴 안에서 먹을 것과 땔감을 찾아 서성인다. 그 동굴들 가운데 하나에서, 도끼 한 자루와 스크랴빈의 작품 제74번 사본 한 부 같은 상징적 물품 사이에서 문명인인 주인공이 "탐욕스러운 동굴 신, 무쇠 난로"에 반쯤 홀린 채 앉아있다. 괴이한 연속 장면 속에서, 주인공이 처음에 언급하는 그리스도교의 상징이 희미해져 사라지고 그는 실제로 석기시대인이 되어 자기의 새로운 신을 먹여살리기 위해 이웃사람에게서 물건을 빼앗고 글로 쓰인 모든 작품을 손에 잡히는 대로 불태운다. 그 이야기의 끝은 다음과 같다.

…… 모든 것은 하나의 거대한 동굴, 고요한 동굴과 다를 것이 없다. 끝없이 좁은 …… 얼어붙은 검은 바위. 그리고 바위에는 붉은빛이 새어 나오는 깊은 구멍이 있다. 그리고 그 구멍 안에서는 사람들이 불 옆에 웅크리고 앉아있다. …… 돌덩어리, 동굴, 웅크리고 앉아있는 사람들 위로 지나가는 가장 매머드다운 매머드 한 마리의 거대하고 고른 발걸음은 어느 누구에게도 들리지 않는다.

자먀틴은 1923년에 쓴 「문학과 혁명과 엔트로피에 관하여」(О литературе, революции и энтропии)에서 러시아를 접수하고 있던 그 "가장 매머드다운 매머드 한 마리의 거대하고 고른 발걸음"에 반대한다는 자기 뜻을 분명히 밝혔다.

혁명은 모든 곳에 있으며, 모든 것 안에 있다. 혁명은 끝이 없고, 마지막 혁명은 없으며, 마지막 숫자는 없다. 사회 혁명은 무수한 숫자 가운데 하나일 뿐이다. 혁명의 법칙은 사회적이지 않고 헤아릴 길 없이 더 크다. 우주론적이고 보편적인 법칙이다. ……[134]

그는 니체를 불러내어 변증법적 유물론이 "오늘의 진리가 내일에는 오류가 된다. …… 이 (유일한) 진리는 오직 굳센 이에게만 그렇다. …… 는 사실"을 직시할 수 없는 심약한 세대를 위한 이념적 "지팡이"가 되고 말았음을 보여준다. 사실주의는 오직 시대에 뒤떨어진 "진부한 유클리드 기하학"에나 어울리는 문학어였다. 참된 사실주의는 이제 "터무니없는 것"에 대한 감각을 요구한다.

그렇다. 평행선의 교차도 터무니없다. 그러나 표준적인 "진부한 유클리드 기하학"에서나 그렇다. 비유클리드 기하학에서는 그것이 공리이다. …… 오늘날의 문학과 평범한 일상의 관계는 비행기와 땅의 관계와 같다. 다음에 위로, 즉 일상에서 실존으로(от быта к бытию), 철학으로, 환상적인 것으로 비약하기 위한 활주로일 뿐이다.

자기가 보는 환영이 현실이라고 믿은 동굴 속 은자에 관한 에른스트 호프만의 이야기에서 이름을 딴 걸출한 새 문학 모임인 "세라피온 형제단"(Серапионовы Братья)[75]의 다른 이들과 함께 자먀틴은 환상적인 것의 세계로 뛰어들었다. 자먀틴의 후기 작품인 『아틸라』(Аттила)와 『홍수』(Нав-

---

[75] 다양한 양식의 글쓰기를 시도하는 러시아 청년 작가들이 독일 작가 에른스트 호프만의 작품 『제라피온 형제단』(Die Serapionsbrüder)의 제목과 그가 주도한 문인 집단 "제라피온 형제단"을 본떠 1921년에 페트로그라드에서 만든 모임.

одненне)의 제목에서 그대로 보일 수 있듯이, 대참사의 원시적 이미지가 그의 상상력에 들어앉아 가시지 않았다.[135] 자먀틴의 작업은 상상력 넘치는 백은시대뿐만 아니라 그 백은시대의 기폭제가 되었던 문화 발효의 세기에 보내는 일종의 고별사이다. 그는 "러시아 문학의 유일한 미래는 오직 그것의 과거"라고 침울하게 확신했다.[136] 그리고 그는 작가가 맡은 과업의 마지막 이미지, 즉 바다는 대참사의 상징이라는 주제의 애수 어린 되풀이를 뒤에 남겼다.[137] 자먀틴은 이 같은 시대에 작가는 폭풍우에 흔들리는 배의 돛대에 홀로 있는 망꾼과 같다고 주장한다. 망꾼은 평갑판원들의 시끌벅적한 소리가 미치지 않는 높은 곳에 아직도 있으며, 앞에 놓인 위험을 냉철하게 더 잘 살펴볼 수 있다. 그러나 그도 대기하고 있다가 이미 45도 각도로 기울고 있으며 모든 것을 삼키는 아홉 번째 파도라는 대참사에 곧 부딪칠지 모르는 인류라는 배와 함께 가라앉는다.

이 반(反)권위주의적 모더니스트에게 곧 침묵이 들이닥쳤다. 『우리』와 자먀틴의 다른 저작 다수가 외국에서만 간행될 수 있었고, 자먀틴도 1931년에 외국으로 갔으며 여섯 해 뒤 바벨과 필냑과 고르키, 그리고 다른 이들이 소련 안에서 죽어가던 바로 그때에 파리에서 죽었다. 수는 무한하고 혁명적 포부에는 끝이 없다는 자먀틴의 믿음은 고정 할당량과 5개년 계획에, 크레셴도는 침묵에, 전력화는 박멸에 자리를 내주고 있었다.

20세기의 첫 서른 해 동안의 문화적 격변을 요약하면서 — 프로메테우스주의와 관능주의와 종말론이라는 — 3대 조류가 러시아를 전통 안에 있는 정박지에서 더 멀찍이 내모는 데 도움이 되었다고 말할 수도 있다. 지식인들은 이 급류들 가운데 한 급류에서 다른 급류로 떠밀려갔고 안정된 항로를 정할 수 없었지만, 뒤를 돌아보며 낯익은 육표(陸標)를 찾기를 꺼렸다.

그 시대의 그 세 가지 태도는 각각 다 19세기의 고뇌하는 귀족 철학자들 사이에 이미 있던 사상의 연장이었다. 프로메테우스주의는 외부 세계를 지배할 권한이 신에게서 인간에게 넘어왔다고 밝혔고, 관능주의는 그 귀족 철학자들이 즉각적인 생리적 만족의 세계와 그 세계의 사악한 후원자에게 은밀히 매료되었음을 겉으로 드러냈고, 종말론은 구원을 믿을 수 없는 사람들이 괴로워하면서, 자주 피학적으로 유대교적 그리스도교 징벌 개념에 집착했음을 나타냈다.

러시아 사상의 첫 두 강조는 유럽의 전반적 추세가 동방에서 강화된 것으로 간주될 수 있다. 러시아의 프로메테우스주의에는 과학과 산업, 인간의 창의성이 성장하면서 새로운 창조적 전망이 열렸다는 많은 유럽인의 믿음이 반영되어 있었다. 이 믿음은 급성장하고 점점 세계주의화하는 도시가 여태껏 정적이었던 농민 제국에 새 가능성을 제공하는 듯한 동유럽에서 유난히 강했다.

관능주의는 나부대는 벼락출세자보다는 노쇠해가는 귀족의 신조, 산업 발달에서 세계가 안고 있는 문제의 해결보다는 증폭을 보는 이들의 신조인 경향이 있었다. 러시아의 관능주의는 앨저넌 스윈번(Algernon Swinburne), 오스카 와일드, 데이비드 허버트 로렌스(David Herbert Lawrence), 장 아르튀르 랭보(Jean-Arthur Rimbaud) 같은 이들 안에서 동시대에 일어난 성(性)과 비합리주의로의 전환과 밀접하게 연결되어 있었다. 그렇지만, 진부하더라도 데카당스라고 지칭되어 마땅한 몇몇 경우를 빼면, 러시아의 관능주의는 이 시기의 영국-프랑스 관능주의자의 관능주의보다 대체로 시각상 덜 선정적이고 강령상 덜 반(反)도덕적이었다. 러시아의 관능주의는 심미적 우울증의 기미를 띠었고, 노발리스와 쇼펜하우어, 그리고 바그너의 「트리스탄과 이졸데」의 독일철학 전통에 뿌리를 두었다. 그것은 채워지지 않는 형이상학적 갈망의 세계였는데, 이 세계에서 삶은 "영혼

의 병"이고 성 경험은 죽기 마련인 인간의 의지가 가장 잘 표현될 수단
이며 몸의 "죽음과 변용"은 육신으로 더럽혀진 영혼을 고치는 유일한
"약"이었다.[138]

그러나 아직은 낙관주의적인 제1차 세계대전 이전 유럽 세계에서 종
말론은 여러모로 더 특이하게도 러시아에 국한된 태도였다. 물론, 에밀
베르하렌(Émile Verhaeren) 같은 몇몇 서방 작가들이 현대의 "문어발 도
시"[76]의 대두에서 종말론적 의미를 보았고, 심지어 러디어드 키플링
(Rudyard Kipling) 같은 유럽의 제국주의 시대의 의기양양한 대변자 안에도
성경 티가 나는 비관주의의 저류가 있었다. 그러나 니콜라이 2세 통치기
러시아에서 발견되는 종말론적 문헌의 규모와 강도에 비길 만한 것은
유럽의 다른 어느 곳에도 없었다. 1904~1905년에 일본에게 당한 충격적
패배와 뒤이어 일어난 혁명은 엄청나게 많은 러시아인에게 자기가 알고
있었던 삶이 돌이킬 수 없이 끝나가고 있다는 느낌을 남겼다. 아시아가
대두하는 것부터 1910년에 핼리 혜성이 다시 나타난 것에 이르기까지
만사에서 종말론적 의미를 보려는 경향이 있었다.[139] 그런데도 종교에
서 기쁨이나 위안을 찾을 수 없으므로 창조적인 러시아 예술가는 성경
과 러시아 민간전승의 종말론 문헌들을 홀린 듯 쳐다보았다. 이 문헌들
은 러시아 작가들의 음울한 심리 상황에 들어맞았으며, 그들이 만들고
싶은 예술에 본보기도 제공했다. 계시록 이야기가 그들이 가 닿고 싶은
대상인 새로운 독자 대중에게 유달리 낯익었고 다른 한편으로 그들 자신
이 찬미하는 비전(秘傳)의 상징 언어 면에서 풍부했기 때문이다.

다른 방식에서처럼 종말론에서, 이 뒤숭숭한 시대의 문화는 때때로

---

[76] 벨기에의 시인 베르하렌은 1895년에 시집 『문어발 도시』(Les villes tentaculaires)
를 펴내어 현대 도시를 나라의 생명력을 빨아들이는 거대한 괴물로 묘사했다.

먼 과거로의 역행을, 즉 새 러시아의 서곡이라기보다는 옛 러시아의 대단원을 대표한다고 보인다. 예술가들은 앞을 향해서 세계를 뒤흔든 열흘[77]을 쳐다보기보다는 뒤를 향해서 세계를 창조한 이레의 비밀을 쳐다보고 있는 듯했다. 그들은 전기의 혜택이 아니라 원천을, 그리고 새로운 영화의 실사적(實寫的) 영웅성보다는 옛 이콘의 잃어버린 선과 색을 추구했다.

이렇듯 러시아의 프로메테우스주의에는 동시대 유럽의 낙관적이고 공리적인 과학주의보다는 더 옛날 러시아의 이단의 종교적 도취를 더 많이 닮은 유토피아적 강박과 시적(詩的) 환상의 요소가 있었다. 그런 이단으로는 사이비 과학인 『비밀의 비밀』을 가진 유대 추종자들, 남녀양성 구유와 신에 이르는 비전의 방법을 지닌 뵈메파 신비주의자들, 지상에 천국을 곧바로 실현하고자 하는 새로운 집단으로 전통적인 그리스도교를 대체하려고 시도하며 거듭 나타나는 분파교 예언자들이 있다.

관능주의와 종말론은 알렉산드르 2세와 알렉산드르 3세의 시대보다 이반 3세와 이반 4세의 시대를 더 생각나게 만드는 태도였다. 백은시대의 많은 이가 자기 자신의 퇴폐를 마지막 구원의 조짐으로 보기 일쑤인 것과 똑같이, 프스코프의 필로페이는 현재의 소돔 같은 실상과 "제3의 로마"의 임박한 승리 사이의 예언적 연계를 보았다. 그러나 솔로구브의 "연기와 재"에서 과연 무엇이 나올 것이었을까? 블록의 시에 나오는 수수께끼 같은 그리스도였을 것인가? 보리스 사빈코프(Борис Савинков)의, 또는 브류소프의 "창백한 말", 계시록의 기사들 가운데 가장 신비한 넷째 기사였을 것인가? 스트라빈스키와 발몬트의 "불새", 그리스도교 수

---

[77] 미국인 급진 저널리스트 존 리드(John Reed)의 저작 『세계를 뒤흔든 열흘』(The Ten Days That Shook the World)에서 비롯되어 10월혁명을 일컫는 표현.

용 이전 슬라브 신화의 멋진 불사조였을 것인가? 아니면 어쩌면 자먀틴의 "동굴"에 나오는 선사시대의 공룡뿐이었을 것인가?

러시아의 실험적 지식인들은 미래로 뛰어들려고 애쓰면 애쓸수록 거꾸로 과거로 흘러들어가는 경향을 보였다. 옛 주제와 은유가 — 햄릿의 상징 같은 — 새 옷을 걸치고 계속 되돌아왔다. 블록은 햄릿이라는 등장인물에 관한 글을 아주 많이 썼고 심지어 햄릿과 오필리아 사이의 장면을 연기해서 미래의 자기 아내에게 구애했다.[140] 1920년대 초엽에 그 연극은 극작가 안톤 체호프의 조카인 미하일 체호프(Михаил Чехов)가 멋지게 연기한 새로운 혁명 우화의 뼈대를 제공했다. 그 새 「햄릿」은 열정적이고 영웅적인 햄릿(과 그의 편인 호레이쇼(Horatio)와 오필리아)과 거만하고 억압적인 인물인 국왕(과 그의 편인 폴로니어스(Polonius)와 조신들) 사이의 일종의 마니교적 투쟁을 묘사했다.[141] 이 연극이 빛이 오기 전인 중세에 일어났음을 강조하려고 고딕풍 무대 장치가 사용되었다. 그리고 국왕의 세력은 어두운 옷을 입고 밉살스러운 표정을 짓는 반면에, 햄릿의 세력은 밝다. 유령은 — 혁명적 양심의 순결한 목소리로서 — 순수한 한 줄기 빛으로 표현된다.

갖가지 관점에서 러시아인은 빛의 성소로, 즉 신화에 나오는 그리스도교 수용 이전 동방의 태양신에게로 더듬거리며 되돌아가고 있다고 보였다. 콘스탄틴 발몬트(Константин Бальмонт)는 초기의 상징주의 시 가운데 가장 널리 인용된 시에서 "태양처럼 되자!"고 썼다. 레미조프의 1907년 작 『해가 가는 쪽으로』(Посолонь)는 동방 신화의 실제의 태양신과 가상의 태양신에 바치는 많은 찬가 가운데 하나일 뿐이다. 이듬해에 고르키의 『고백』은 "인민"이 "해의 주인"이라고 환호했다.[142] 1909년에 블록은 바다에서 잃어버린 지 오래된 배를 위한 자기의 상징적인 정박지를 모든 것을 삼키는, 차갑게 인정머리 없는 해에서 찾았다.

배에 타라, 머나먼 극지방으로 몰고 가라,
얼음으로 된 벽 안에서 ……
그리고 너는 한 지친 영혼을
더딘 추위의 떨림에 길들여라,
거기서 광선이 들이닥칠 때
여기서 영혼은 아무것도 필요하지 않도록.[143]

동일한 해의 상징이 흘레브니코프의 「파란 사슬」, 클류예프의 「해를 나르는 사람 찬가」, 마야콥스키의 「굉장한 모험」(Необычайное приключение) 같은 러시아 혁명 이후 초기 시에서 희열에 찬 신(新)이교적인 생명 긍정의 상징이 된다. 「굉장한 모험」에서 마야콥스키는 해에게 차(茶)를 대접하고 다음과 같은 말을 듣는다.

노래하세
쓰잘머리 없는 잡동사니 세상 속에서.
나는 나의 해를 따라붓겠네,
자네는 자네 해를 따라붓게,
시(詩)로 말일세.

그 "총열이 두 개인 해들"은 함께 "그늘의 벽, 밤의 감옥"을 깨고 스스로 다짐한다.

언제나 빛나겠다고,
어디서나 빛나겠다고,
마지막 날 밑바닥까지,
빛나겠다고 ─
그뿐일세![144]

마야콥스키는 소비에트 정권 초기에 성 페테르부르그 주식거래소 건물 계단에서 발표한 「미스테리야-부프」(Мистерия-буфф), 즉 새로운 질서를 신성화하는 유명한 희곡의 황홀한 마지막 찬가에서 고대의 태양신을 불러낸다.

> 우리 위에 있는 해, 해, 해 ……
> 해는 우리 해!
> 됐습니다! ……
> 새로운 놀이를 하세요!
> 동그라미 안으로!
> 해를 가지고 노세요.
> 해를 굴리세요.
> 해 놀이를 하세요![145]

물론, "미스테리"는 소리와 말과 냄새의 — 이상하게도 교회 예배의식을 생각나게 하는 듯한 — 스크랴빈의 혁명적인 미완성 교향곡의 제목이기도 했다. 교회 예배의식에서도 연극과 말과 음악이 이콘의 색과 훈향의 냄새와 뒤섞였다. 스크랴빈과 마야콥스키는, 각자 자기의 양식으로, 모든 사람이 오락이 아니라 구원이 목적인 공동 제의에 참여하는 새로운 유기적 사회를 위한 신비극을 쓰고 있었다. 그러나 그 신비극은 형식에서는 그리스도교적이었을지라도 내용에서는 여러모로 신비주의적이고 반쯤은 동양적이었다. 메이예르홀드는 현대에는 신비극이 없으며 "「프로메테우스」의 저자는 갠지스(Ganges) 강의 강변을 염원하고 있다"고 역설했다.[146] 흘레브니코프는 신비로운 아시아적 주제에 심취해서 자신을 "데르비시, 요기, 화성인 ……"[147]으로 일컫고, 블라디미르의 옛 슬라브식 이름인 "벨리미르"를 자기의 필명으로 골랐다. "지구(地球) 의장들"로 구성되는 "지구 정부"가 만들어낼 유토피아 사회의 전제조건으로서의 순수한 소리의 언어에 대한 그의 추구도 더 오래전의 슬라브 그리스도교 세계가 했던 추구와 얼마간 닮았다. 슬라브 그리스도교 세계에서도, 구원의 "공동 작업"인 예배의식은 사람의 목소리로 박자에 맞춰 읊조리다가 절정에 이르러 즐거이 종을 울리는 식으로 진행된다. 그 종 울리기는 순수한 "초이성 언어", 즉 다가올 세상의 거룩한 환희를 미리 보여주는 자움늬이 야즠이었다.

초(超)이성적인 비(非)문학 예술에 대한 강조 전체는 시각과 청각과 후각에 역점을 두는 옛 모스크바국 문화로의 회귀이다. 그러나 옛 러시아에서는 각각의 예술 매체에 공통의 초점을 제공하는 통합의 신앙과 그것의 한계를 받아들일 용의가 있었다. 현대 러시아에서는 블록과 흘레브니코프의 시가 음악 안으로 들어가려고 시도하고 있었다. 스크랴빈의 음악은 색채의 언어를, 칸딘스키의 색채는 음악의 언어를 풀어내려고 시도하고 있었다.

추상미술의 개척자인 칸딘스키는 어느 모로는 모스크바국의 미학에 가장 깊이 뿌리를 박고 있었다. 그는 예술을 위한 예술이 아니라 "예술에 있는 영적인 것"을 추구했고, 예전의 종교 미술에 있던 인간과 예술 사이의 친근 관계를 다시 만들어내서 나태한 방관주의를 끝내려고 시도했다. 그의 그림은 ─ 이콘 회화의 양대 근본 구성요소인 ─ 순수한 선과 색에 바탕을 두었다. 칸딘스키의 예술이 관심을 두는 것은 ─ 고대 이콘의 예술과 마찬가지로 ─ 외부 세계의 시각적 측면이 아니라 "영혼에 대한 직접적 호소만 남기고 모든 것을 음악처럼 정화한 …… 추상적인 음악의 아라베스크"였다.[148]

그러나 모든 소리 가운데 가장 추상적이고 정화된 것, 즉 가장 심한 "초이성" 언어는 침묵의 언어이다. 모든 색 가운데 가장 포괄적인 색은 모든 것을 포용하는 자궁인 흰색이다. 말레비치의 그림의 "하양 위의 하양", 그 "교향악적" 소설가가 자기 이름으로 고른 벨릐이인 것이다. 속박에서 풀려난 선(線)의 환상은 사람들을 공간의 무한성으로 이끈다. 프로메테우스적인 힘이 광포하게 발휘된 뒤에는 소멸에 대한 신비한 갈망이 자주 일어났다. 이 소멸 속의 완수로서의 바다를 흰색과 공간과 무한성이 대체했다.

러시아 문화는 한 세대 안에 권위주의적인 전통주의에서 자아미래주의로 옮아가면서 엄청난 "운문과 빛의 난장(亂場)"을 만들어냈다.[149] 그러나 모든 것이 과도한 상태로 치달았다. 무시무시한 1930년대 예술가 사회 대량 처단이 안드레이 벨릐이가 1934년에 햇볕을 과도하게 쬔 탓에 죽으면서 시작되었다는 것은 묘하게 상징적으로 보인다.

러시아는 아직은 완전히 자립적인 공업 강국이 아니었으며, 새 지도자들의 철학과 인민의 전통을 결합할 역량을 지닌 사회·정치 제도를 개발하지 못했다. "피라미드를 지으려고 파라오가 택한 방식"으로 사회주의를 건설한다는 무시무시한 결정이 1920년대 말엽에 내려졌다.[150] 1930년대에는 노동자가 새 공업단지로, 농민이 새 집단농장으로 무자비하게 내몰렸다. "운문과 빛의 난장"이 산문과 어둠에게 밀려났다. 이제는 스탈린의 "제2차 혁명"[78] 직후에 러시아 문화가 맞이한 운명에 주의를 돌려야 한다.

---

[78] 1920년대 말부터 1930년대 중엽까지 소련에서 공업화와 농업집산화가 급속도로 진행되면서 일어난 변화를 일컫는 표현.

19세기가 그리스도의 개성이 지닌 순전히 인간적인 측면에 점점 더 몰입했다는 점은 러시아에서 유난히 극적인 형태로 나타났다.

전통적 이콘 도상규범은, 말하자면, 그의 "선임자"인 세례자 요한의 얼굴에 아직도 알아볼 수 있는 번민의 흔적을 해소하면서 제위에 의기양양하게 앉아있는 평온하지만 힘찬 그리스도를 보여주었다. 세례자 요한은 이코노스타시스의 중앙 삼면화의 왼쪽 면에서 섬기는 자세로 예수 쪽으로 몸을 기울이는 모습이다. 이바노프가 오랫동안 공을 들여 그린 「사람들에게 나타나는 그리스도」(도판 16)에서 세례자 요한은 한복판에 있는 주요 인물이며, 머뭇거리는 그리스도는 전면에 있는 속인들보다 눈에 덜 띈다.

19세기 말에, 이바노프와 귀족의 러시아가 (그가 그 그림을 그린 장소인) 로마와 (그가 본받으려고 한 대상인) 라파엘로의 고전 세계와 이어주는 것으로 벼려내려고 애썼던 조금은 인위적인 연결고리가 조잡하고 비속한 사실주의에 자리를 내주었다. 따라서 니콜라이 게가 1891년에 그린 「그리스도의 책형」(도판 17)은 처절하고 순전히 인간적인 장면이다. 게의 벗 레프 톨스토이에게 감동을 주어 눈물을 흘리게 한 이 그림은 제위에 오르기는 고사하고 되살아날 기력조차 더는 없는 초라하고 지쳐 빠진 그리스도를 보여준다. 그 왼쪽에는 하느님 세상의 임박한 영광을 가리키는 이콘 도상규범 식의 세례자 요한이 더는 없고 도둑 한 사람만 있는데, 소스라치게 놀란 이 도둑의 표정은 신 없는 새로운 세상의 자기중심적 정서를 시사한다.

20세기에는 더 독한 것이 나타난다. 1922년에 볼셰비즘을 피해 고국을 등진 레핀은 그리스도의 십자가가 내려지고 늑대처럼 생긴 개 한 마리가 완전히 사라진 구세주의 피를 핥아먹는 가운데 도둑 두 사람만 있는 광경을 보여주는 그리스도의 책형을 그렸다.

〈도판 16〉「사람들에게 나타나는 그리스도」,
알렉산드르 이바노프, 1833~1857년.
(모스크바, 트레티야코프 국립미술관)

〈도판 17〉「그리스도의 책형」(Распятие),
니콜라이 게, 1891년.
(모스크바, 트레티야코프 국립미술관)

| 도판 | 브루벨과 악마

제국 말기 러시아에서 미하일 브루벨(1856~1910년)이 실험적 화가에게 준 영향은 거의 시인과 작곡가에게 준 영향만큼 컸다. 그는 나움 가보 (Naum Gabo)가 폴 세잔(Paul Cézanne)이 현대 서방 화가에게 준 충격에 비유한 충격을 실험적 작곡가에게 주었다. 교회의 프레스코화와 모자이크화를 복원하는 도제 수업을 받은 그는 곧 전통적인 종교적 소재에서 세속적인 아름다움의 신비로 전환했다. 초기에 그렸던 「햄릿과 오필리아」 (Гамлет и Офелия)에서 푸시킨의 시에 바치는 강렬한 삽화인 「예언자」에 이르기까지 브루벨은 어느 모로는 자기의 궁극적 주인공인 악마의 도도한 아름다움을 구현하는 낭만주의 판테온의 인물상들을 묘사하는 데에서 자기의 가장 위대한 능력을 발휘했다.

1885년에 최초의 스케치 한 점으로 시작하고 1890~1891년에 레르몬 토프의 「악마」 추모판에 삽화를 그려달라는 의뢰를 받고 영감을 얻은 브루벨은 악마를 갖가지 형태로 그렸고, 사탄 자체와의 "교령회"(交靈會)를 점점 더 자주 언급했다. 왼쪽에 있는 삽화 두 점은 기념비적인 유화 한 점을 통해 사탄을 묘사하려는 그의 처음이자 마지막 주요 노력을 보여준다. 「앉아있는 악마」(1890년, 도판 18)는 통상적인 미술상의 사실주의와 뚜렷하게 관계를 끊고 골똘히 생각에 잠긴 주인공을 백은시대에 내놓았다. 그 주인공은, 말하자면, 내세의 전통적인 「제위에 오른 그리스도」를 대체하고 있는 현세의 새로운 앉아있는 군주였다. 「누워있는 악마」(1902년, 도판 19, 가운데 일부)는 브루벨이 신경쇠약에 걸린 그 해에 완성되었다. 그 미술가는 「상냥한 성모」 이콘의 러시아 이형을 얼마간 생각나게 하는 방식으로 인물상을 잡아 늘여서 악마 나름의 정신적 고뇌를 시사하는 데 성공한다. 소용돌이치는 배경은 아르누보(art nouveau)[79]와 표현주의[80]의 영향을 드러내 주며, 더 앞서 그려진 「악마」의 더 정돈된 반쯤 입체파[81]적인 배경과 대비된다.

〈도판 18〉 「앉아있는 악마」(Демон сидящий), 미하일 브루벨, 1890년.
(모스크바, 트레티야코프 국립미술관)

〈도판 19〉 「누워있는 악마」(Демон поверженный), 미하일 브루벨, 1902년.
(모스크바, 트레티야코프 국립미술관)

---

[79] 1890년대와 1900년대에 서유럽과 미국에서 유행한 장식 양식. 식물을 모티브로 삼아 현란한 곡선을 즐겨 사용했다.

[80] 인상주의와 자연주의에 반발해서 객관적 사실보다 주관적 감정과 반응을 표현하는 데 중점을 두었던 20세기 초의 예술 사조.

[81] 물체를 기하학적 형태로 분해하고 주관에 따라 재구성한 다음 평면화하기를 즐겨한 20세기 초의 미술 유파.

〈도판 20〉 풍자잡지 『이스크라』의 표지 그림, 1891년 1월.

알렉산드르 2세 통치기 동안 인습타파적인 "신인들"이 기업가 부르주 아지의 커지는 힘을 보면서 품은 의심과 적의가 풍자잡지 『이스크라』 ("불꽃")의 표지 그림(도판 20)에 반영되어 있다. 단명한 이 잡지는 영국과 프랑스의 급진 언론에게서 정치 캐리커처라는 무기를 빌려서 미래의 소 비에트 정치선전원을 위한 길을 닦았다. 여기에 있는 표지 그림은 1861 년 초에 처음으로 도입되었다.

비비 꼬인 뱀에 "법에 대한, 개성과 소유의 권리에 대한 멸시 …… 전횡, 철권 제재 ……"라고 적혀있다. 사람의 행렬이 돈에서 노름과 알 코올과 "투기꾼"을 거쳐 굽실대는 뚱보 정의의 여신의 캐리커처 위에서 의기양양해 하는 말 탄 "독점"을 보여주는 장면으로 옮아간다. 그 정의 의 여신이 든 천칭은 "진실"보다 돈이 훨씬 더 무겁다는 것을 보여준다. 맨 오른쪽에는 그 타락한 체제의 최종 결실이 나타난다. 그 결실이란 대포를 들고 있는 크림 전쟁 이후의 새 국수주의 극렬분자, 나팔로 "개 방"을 불어대는 여자, 새로운 산업 질서를 제국 곳곳에 퍼뜨리고 있는 기관차를 미는 남자이다. 나중에 레닌이 자기가 1900년에 창간한 혁명적 볼셰비즘의 주간지의 표제로 같은 제목을 고른 것은 적절해 보인다.

▌도판 ▌말레비치의 "우주 공간의 미술"

말레비치의 「역학적 절대주의」(도판 21)는 제정 말기 러시아 미술의 실험 정신을 잘 예증한다. 이 그림은 그가 1913년에 구상해서 1915년에 한 선언문에서 천명했으며 전쟁과 혁명이 일어나는 동안 그러한 갖가지 회화의 본보기가 된 혁명적 양식의 전형적 산물이었다.

이 시대의 문화적 풍요와 양식상의 다양성은 스탈린 집권기에 "사회주의 리얼리즘"이 일반 규범이 되면서 사라졌다. 2차원 포스터 미술은 대개 사회주의 건설을, 그리고 점점 더 대러시아의 역사적 성공을 찬미하는 용도로만 이용되었다.

그러나 새로운 프롤레타리아 문화의 이상을 묘사하려는 더 상상력 넘치는 노력이 있었다. 그리고 (혁명 이전 시기부터의 가장 뛰어난 실험적 미술가 대다수와 달리) 말레비치는 1935년에 죽을 때까지 소비에트 연방에 머물면서, 새로운 대중문화라는 가루 반죽에 미술이라는 효모를 넣으려고 애썼다. 단순하고 반(半)추상적인 「갈퀴를 든 여인」(도판 22)의 다부지지만 얼굴이 없는 형태는 이상화된 "사회주의 노동 영웅"을 공식 소비에트 미술보다 예술상 더 분명하게 선언하며, 이 책에서 (그리고 여러모로 러시아 문화 이야기에서) 맨 처음에 나오는 삽화인 아이를 든 여인의 반(半)추상적인 종교적 이미지를 대체할 세속적 이콘이었다. 비잔티움에서 온 블라디미르의 "성모"가 아직도 모스크바의 트레티야코프 미술관에서 대중에게 보이는 반면에, 일하는 여인을 그린 철저하게 현대적인 이 러시아 회화 작품은 같은 미술관의 예비 전시물 보관소에 있다.

〈도판 21〉「역학적 절대주의」(Динамический супрематизм), 카지미르 말레비치.
(모스크바, 트레티야코프 국립미술관)

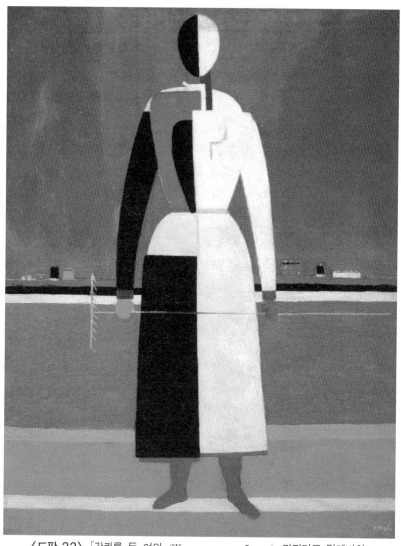

〈도판 22〉 「갈퀴를 든 여인」(Женщина с граблями), 카지미르 말레비치.
(모스크바, 트레티야코프 국립미술관)

02 소비에트 시대

문화 전통에서 일어난 단절이 새로운 사회 질서의 수립에 얼마나 깊이 내포되어 있는지는 1917년 이후 오랫동안 아주 확연하지는 않았다. 과거 문화와 — 프롤레트쿨트의 건신론적 도취를 통해서든, 아니면 스키타이인의 피학적 유라시아주의[1]를 통해서든 — 관계를 완전히 끊자는 갖가지 제안은 "전시 공산주의"(Военный коммунизм)[2]의 몽상적인 사회·경제 프로그램과 더불어 거부되었다. 1921년에 내전이 끝나고 신경제정책(Новая экономическая политика)[3]이 시작된 뒤에는 방임의 분위기가 더 많이 조성되었다. 1920년대 동안 몇몇 사람은 새 혁명국가 안에서 상당한 문화적 다양성이 용인되어야 한다고 생각하게 되었다.[1]

아마도 1920년대 초엽에 우세한 문학 집단이었을 이른바 동반작가들

---

1   1920년대에 러시아인 망명자 사회에서 일어난 정치 운동. 러시아 문명은 유럽에 속하지 않으며 10월혁명은 러시아 사회의 급격한 근대화에 대한 필연적 반동이라고 주장했다.
2   내전기인 1918~1921년에 공산주의 건설이라는 이념적 요인과 경제 붕괴에서 비롯된 현실적 요인이 함께 작용해서 기업 국유화와 화폐 폐지 등을 지향한 볼셰비키당의 강압 정책.
3   1921년에 제10차 공산당 대회에서 도입되어 1929년까지 지속된 정책. 곡물강제징발을 현물세로 대체하고 농민에게 잉여생산물의 시장 판매를 허용하고 중소기업을 탈국유화하는 것이 핵심이다. 줄여서 네프(НЭП)라고도 불린다.

(попутчики)[4]은 새로운 소비에트 국가를 받아들이면서도 그 이념을 완전히 믿기는 꺼림칙하다고 공언했다. 훨씬 더 이단적인 세라피온 형제단이 1921년에 형성되었으며, 러시아 혁명 이전에 문학계를 주도하던 인물 다수가 곧 돌아와서 저술 활동을 재개했다. 재능 있는 젊은 소설가 두 사람, 즉 알렉세이 톨스토이와 일리야 에렌부르그가 1923년에 망명지에서 되돌아와서 작품을 배출했는데, 그 작품에서는 그들이 훗날 쓰는 작품의 특징이 되는 스탈린에 대한 굴종의 기미가 그다지 보이지 않았다. 알렉세이 톨스토이는 농민 시인들의 반(反)도시・반(反)유토피아 사상을 자기 산문 저작에 집어넣었고, 특히 그의『하늘빛 도시들』(Голубые города)에서는 한 지식인 아나키스트가 새로 건설된 소비에트 도시에 불을 지른다.[2] 에렌부르그는 1920년대에 쓴 글들에 유대인 주제를 끼워넣었다. 1922년에 모스크바에서 창간된 이디시어 저널『슈트롬』(Strom, 흐름)은 유대인이 새로 독립한 폴란드에 흡수되고 외국으로 이주해서 유대인 인구가 줄었는데도 러시아가 독자적인 이디시어 문화에서 중심 역할을 유지하는 데 도움이 되었다. 더 유구한 히브리 문화도 새로 결성된 모스크바의 하비마(Habima) 극단[5]을 통해 목소리를 냈다. 이 극단은 "환상적 사실주의"의 저명한 주창자인 예브게니 바흐탄고프(Евгений Вахтангов)에게 곧 넘어갔다. 그가 1924년에 죽을 때까지 이 히브리 극단은 러시아 관객에게 색다른 매력을 발휘했다. 죽은 사람에게서 되돌아와 산 사람을 사로잡아 홀리는 ― 그 유명한 디북(Dybbuk)[6]이라는 ― 망령을 보여주는 익살맞지

---

[4] 10월혁명에 반대하지 않으면서도 공산주의를 적극적으로 지지하지 않은 러시아 작가들. 프롤레타리아 문학의 공격 대상이면서도 제휴 대상이었다.

[5] 20세기 초에 동유럽에서 결성된 히브리 연극단. 제1차 세계대전이 일어난 뒤에는 주로 러시아에서 활동하면서 인기를 끌었고, 1926년에 미국으로 건너갔다. 나중에는 이스라엘에 활동했다. 하비마는 히브리어로 무대라는 뜻이다.

만 쉽게 잊히지 않는 장면에서 고대의 영가가 현대의 연극 동작과 뒤섞였다.

> …… 황폐해지고 극도로 가난해졌으며 굶주림과 두려움, 혁명에 진이 빠진 모스크바의 모든 이가 인종이나 종교와 상관없이 …… 하비마 극단의 임시 가설 계단식 극장의 125개 좌석을 차지하려고 저녁마다 줄달음했다. 몰락한 귀족의 허영이 묻힌 묘지인 이 교외에서 숨쉬기를 갈망하는 예속된, 혁명들 가운데 가장 가차 없이 기계론적이고 가장 최근의 혁명을 막 겪고 살아남은 사람들이 자기들이 이해하지 못하는 대사(臺詞) 주위에 몰려들었다. …… 그 극단은 기원으로 되돌아가고 있었고 그들은 그 극단의 종교적 주술에 굴복하고 있었다. 신비주의와 태고의 혼돈과 군중의 동물 신(神). 혁명들의 비밀과 강력한 심연을 구성하는 이 모든 것이 「디북」[7]으로 표현되었고 모스크바를 덮쳤다.[3]

히브리 극단 하나가, 그것도 러시아 고유의 연극 자체가 활짝 꽃을 피울 때, 러시아 문화에 그토록 활기찬 자극을 줄 수 있었다는 것이 놀랍게 보일지 모른다. 그러나

> 어떤 예배용 찬송가에서는 각 행의 끝에 히브리어 낱말이 하나 붙는다. 신도는 그 낱말을 이해하지 못한다. 그러나 그 낱말의 음조를

---

[6] 유대 민담에 나오는 악령. 디북은 달라붙는다는 뜻을 시닌 히브리어에서 나온 낱말이며, 유대인은 큰 죄를 지은 자의 넋이 떠돌다가 사람에게 깃든다고 믿었다.
[7] 혼인을 앞두고 디북에 홀린 아가씨에 관한 세묜 안스키(Семен Анский, 1863~1920년)의 1914년 작 연극. 러시아에서는 바흐탄고프의 연출로 1922년에 상연되었다.

야릇하고 신비하게 바꿈으로써 알아듣기 쉬운 그리스도교 찬송가가 풍성해졌으며, 뜻 모를 그 히브리어 낱말은 신도의 심금을 울리고 뜻밖의 깊이를 준다. 이렇듯 하비마의 히브리 혼은 러시아의 혼에 작용했다.[4]

한편, 마야콥스키와 메이예르홀드의 공동 작업으로 1923년에 나오기 시작한 『레프』(ЛЕФ, "예술좌익전선"(Левый фронт искусств)[8])의 지면에서 대중의 관심을 얻으려고 계속 아우성을 치면서 미래주의가 더 세속적인 형태의 문화적 자극을 주었다. 당대의 삶을 풍자하는 더 오랜 전통을 오데사 출신의 단짝 일프와 페트로프(Ильф и Петров)[9], 미하일 조셴코 같은 촉망되는 신진 작가들이 되살려냈다. 러시아인 여배우와 우크라이나인 화가의 아들인 조셴코는 그의 작품이 1922년부터 1927년까지 100만 부 넘게 팔려서 1920년대에 애독자를 십중팔구 가장 많이 거느렸을 현대 소비에트 작가가 되었다.[5] 역사 분야에서는 예브게니 타를레(Евгений Тарле)와 세르게이 플라토노프(Сергей Платонов)처럼 마르크스주의자가 아닌 혁명 이전의 인물들이, 비록 그들의 저작 가운데 일부가 (그리고 문학계에서는 다수가) 베를린에서 출판되었을지라도, 러시아 국내에서 계속 활동했다. 러시아의 가장 위대한 작곡가들 가운데 한 사람인 세르게이 프로코피예프(Сергей Прокофьев)가 영주권을 얻으려고 1927년에 소련으로 되

---

8 마야콥스키의 주도로 1922년에 모스크바에서 결성되어 1928년까지 활동한 창작 예술인 단체. 혁명 예술의 진정하고도 유일한 대표를 자처했으며, 기관지 『레프』를 펴냈다.

9 일프와 페트로프(Ильф и Петров). 오데사 출신의 1920~1930년대 인기 해학작가인 일리야 파인질베르그(Илья Файнзильберг, 1897~1937년)와 예브게니 카타예프(Евгений Катаев, 1903~1942년)는 각각 일프와 페트로프라는 필명으로 함께 활동해서 '일프와 페트로프'라고 불렸다.

돌아왔고[10], 소련의 가장 유명한 산문 작가인 막심 고르키가 한 해 안에 그 뒤를 따랐다.

심지어 종교도 1920년대 중엽의 소련에서 새로 활기를 얻어가고 있는 듯했다. 새로 뽑힌 러시아 교회 총대주교[11]가 1926년에 감옥에서 풀려났다. 이듬해에 정권은 못마땅해 하며 그 총대주교와 그의 교회를 인정했고, 꼭두각시인 "생명교회"(Живая Церковь)[12]는 허락을 받아 사멸했다. 갖가지 종파가 — 특히, 새로 강화된 프로테스탄트 공동체("복음주의 그리스도침례교도")가 지역별로 조직해서 운영하는 공동체가 — 급속히 힘을 불렸다. 레닌의 비서인 블라디미르 본치-브루예비치(Владимир Бонч-Бруевич)는 러시아 분파교 역사가였고, 그 종파의 근면성과 생산성과 공동체 방식에는 사회주의 사회 건설에 이바지할 그 무엇이 있을지 모른다고 주장해서 조금은 성공을 거두었다.[6]

1920년대 문화의 비교적 방임적인 분위기는, 얼마간은, 일곱 해 동안의 대외 전쟁과 대내 전쟁의 직후에 정치를 공고하게 하고 경제를 재건하는 데 볼셰비키의 정신이 온통 팔려있던 사정의 결과였다. 또한, 얼마간은 소비에트 시대 초기의 유력 이념가들이 마르크스 문화 이론을 비교적 낙관주의적이고 인본주의적으로 독해한 결과이기도 했다. 그런 이념가로는 철학에서는 아브람 데보린(Абрам Деборин), 문학에서는 알렉산드르 보론스키(Александр Воронский)가 있었다.[7] 이 사람들은 새로운 문화가

---

[10] 프로코피예프는 1927년부터 연주회를 위해 소련을 방문하기 시작했고, 그가 소련에 영구 귀국한 해는 1936년이다.

[11] 세르기 1세(Сергий I, 1867~1944년).

[12] 정교 혁신을 추구하는 사제들이 볼셰비키 정권의 지원을 받으며 1922년에 러시아 정교회와 별도로 세운 조직. 혁신교회(Обновленческая церковь)라고도 하며, 평신도의 지지를 얻지 못했고 정식으로는 1946년에 해체되었다.

새로운 프롤레타리아 사회를 앞서기보다는 뒤따라야 한다고 역설했다. 마르크스와 볼셰비키 가운데 가장 뛰어난 마르크스 해석가인 니콜라이 부하린(Николай Бухарин)을 따라서 그들은 문학과 예술을 인간 문화의 토대보다는 상부구조 일부로 여겼다. 그러므로 예술은 사회와 경제의 심대한 변화가 일어난 뒤에야 비로소 변혁될 수 있었다. 한편, 예술에게는 과거의 문화에서 가장 좋은 것을 흡수해서 복잡한 이행기에 현실을 독립적으로 반영할 의무가 있었다. 이 입장의 실제 결과는 "즉각적인 사회주의"에 품었던 예전 희망의 신뢰를 떨어뜨리는 것이었다. 전통적인 대학교를 새로운 "강사와 학생과 문지기의 형제단"으로 대체한다거나 가족 제도를 "직장 직원이라는 새 가족"으로 대체한다는 이야기를 더는 진지하게 할 수 없었다.[8]

그러나 이처럼 통제가 느슨해지고 옛 방식으로 되돌아가는 것이 단지 일시적이라는 점이 차츰차츰 뚜렷해졌다. 레닌이 1924년 초에 죽을 무렵에 모든 출판물의 5분의 2쯤이 정부의 통제권 밖에 있었던 반면에, 세 해 뒤에는 10분의 1만 살아남았다.[9] 이념 통제 강화의 시작은 1924년에 이루어진 공산당 공식 이론지 『볼셰비키 당원』(Большевик)[13] 창간[10]과 새로운 사회에서 문학이 하는 역할에 관해 1924년과 1925년에 벌어진 일련의 당내 토론으로 거슬러 올라갈 수 있다. 비록 당이 문학을 세세하게 규제해야 한다는 극단주의적인 "초소에서"파[14]의 요구를 거부했을지라도, 당 결의문은 당이 "문학 전반"을 통제할 권리를 지닌다고 주장하고

---

[13] 1924년부터 발간된 소련 공산당 중앙위원회의 이론지. 1952년에 『공산주의자』(Коммунист)로 이름이 바뀌었다.

[14] 1923년부터 모스크바에서 격주로 간행된 프롤레타리아작가 연맹의 이론비평지 『초소에서』(На посту)를 중심으로 결성되어 형식주의나 미래주의 등 프롤레타리아적이지 않은 모든 유파에 반대한 문학비평가 집단. 러시아어로는 напостовцы 라고 불렸다.

"전 러시아 프롤레타리아작가 연맹"(Всероссийская ассоциация пролетарских писателей, ВАПП)[15]의 중앙집권화를 요구했다. 이 연맹은 점점 더 막강해지는 규제 강화 기관들의 사도전승에서 제1대 기관이었다. 같은 해인 1925년에 비슷한 단체 하나가 "음악 전선"으로 곧 불리게 될 것에서 형성되었는데, 그 집단이란 "청년 직업작곡가 협회"였다. 그리고 "과학적 무신론을 위한 전투"에서 새로운 돌격대가 구성되었는데, 그것은 악명 높은 "전투적무신론자동맹"(Союз воинствующих безбожников)[16]이었다. 1925년에 서로 몇 달 이내에 일어난 예세닌의 자살과 마야콥스키의 예술좌익전선 운동의 붕괴는 처음에는 러시아 혁명을 지지했던 바로 그 지식인들 일부와 새로운 체제 사이의 틈이 커지고 있다는 벌어지고 있다는 증거였다.

마야콥스키가 자살하고 개인 출판이 공식 폐지되고 스탈린이 제16차 공산당 대회에서 제1차 5개년 계획이 "전선 전체에 걸친 사회주의 대공세"로 확대되어야 한다고 포괄적으로 요구하면서 활기 넘치던 러시아 문화의 파괴가 1930년에 완결되었다.[11] 스탈린이 치료하는 성격의 숙청과 처방하는 성격의 불확실성이라는 기법을 도입하기 시작하자, 반대는 커녕 기권하는 대의원이 단 한 사람도 없었다. 정치적 혁명의 준비에서 당의 엄격한 지도보다는 "자연발생성"(스티히노스트(стихийность))에 의존하는 데 반대하는 고전적 레닌주의가 사회경제적 혁명을 준비하는 동안 "문화 전선"에서 "방임"(самотек)을 용인하는 데 반대하는 새로운 스탈린주의로 확장되었다.

소련 경제에 가능한 생산력에는 불가피한 제약이 있다고 주장한 온건

---

[15] 1920년 10월에 열린 프롤레타리아 작가 협의회에서 결성되어 이듬해에 수석 문학 단체로 계몽인민위원회의 인준을 받은 기구.
[16] 1925년에 결성되어 1947년까지 존속한 소련의 반(反)종교 대중 조직.

계획가들이 혁명 정신과 "변증법" 이해가 결여된 "기계론자"와 "유전학자"라는 욕을 먹었다. 농업 부문의 상대적 자유와 중공업과 경공업의 균형 발전의 사도인 부하린의 숙청과 함께 문화 영역의 상대적 자유와 균형을 옹호하는 사람들의 숙청이 일어났다. 따라서 문학 이론에서는 보론스키가, 철학에서는 데보린이 "멘셰비키화하는 관념론"(Меньшевиствующий идеализм)[17]이라며 비난당했으며 공개적으로 신념을 철회하도록 강요당했다. 마르크스주의 철학사상이 새로운 권위주의 국가의 발전에 저해되는 일은 허용되지 않을 터였다. 그리고 데보린과 그의 추종자들은 1930년에 『마르크스주의의 기치 아래』(Под Знаменем Марксизма)[18]의 지도부에서 몰려났다. 국가의 법은 부르주아의 "물신"이며 "법률적 세계관은 …… 낡은 세계의 잔재와 전통의 마지막 피난처"라는 1920년대의 지배적 관념이 "사회주의적 합법성"이라는 새로운 개념으로 대체되었다.[12] 1930년에 공산당 대회에서 스탈린은 프롤레타리아 독재가 가까운 미래에는 소멸하지 않을 것이며 소비에트 국가와 소비에트 법률의 권위가 강화되어야 할 것이라고 말했다. 레닌이 가장 애호한 신념들 가운데 한 신념이 지닌 이 모순이 "마르크스의 변증법을 완전히 반영하"는 "현존하는 중대한 모순"으로 선언되었다.[13] 1920년대에 "자유의지 교리 전체의 최고 해독제"[14]로 찬사를 받았던 심리결정론을 편 프로이트가 1930년에 열린 제1차 전연방 인간행동 대회에서는 "쉽게 집산화되고 행동에서 신속하고도 심원하게 변혁되는 사회적 '미정 상태'의 인간"의 가능성을 부정한다며 비난당했다.[15]

머뭇거리는 농민에게 가해지고 있던 것에 비견되는 집단 충격요법이 지식 엘리트에게 행사되고 있었다. 스탈린주의 테러의 이 첫 "프롤레타리아" 단계에서 문학 이론에서는 레오폴드 아베르바흐(Леопольд Авербах), 역사학에서는 미하일 포크롭스키(Михаил Покровский) 같은 인물이 다른 이들의 명성을 깎아내리는 데 이용된 뒤에 토사구팽(兎死狗烹) 격으로 당했다. 그 모든 것에서 비켜나서 스탈린은 인자한 아버지와 중도의 목소리, 그리고 "성공에 머리가 돈" 덜 자비로운 자기 부하들에게서 평범한 사람을 지켜주는 사람으로 자리매김되었다.[16] 대략 당이 문학에 관한 최초의 의결사항을 발표한 1928년 12월부터 두드러지게 프롤레타리아적이었던 문화 기관들이 폐지된 1932년 4월까지 지속된 이 러시아 문화의 "프롤레타리아적 에피소드"는 공업화와 농업 집산화를 강행해서 러시아 사회를 탈바꿈하려는 전례 없는 노력의 일부인 제1차 5개년 계획과 시기가 겹친다.

사회·경제적 변화 못지않게 그 시기의 문화적 변화는 러시아 역사에서 예전에 있던 그 어떤 것과도 — 심지어는 내전기의 병영 분위기와 격한 프롤레타리아성 강조와도 — 연관이 별로 없다. 프롤레타리아적 기원과 마르크스주의 신념이 중요성을 완전히 잃어가고 있었다. 실제로, 공산주의 이념을 다듬고 새로운 소비에트 국가를 세우는 일에서 핵심 역할을 해온 지식인 마르크스주의자들이 1930년대의 새로운 숙청에서 점점 더 으뜸가는 제물이 되었으며, 혁명적 평등주의를 주장하는 광신적 프롤레타리아가 "수평파"[19]와 좌편향이라고 비난당했다. 1920년대 말엽에 소비에트 국가는 심각한 위협을 받지 않았다. 1930년 무렵에 "자본주의가 포위"할

---

[19] 17세기 영국 내전 때 급진적 사회 개혁을 주장한 세력. 수평파(Levellers)라는 명칭은 재산의 균등화를 추구한다는 의미로 반대파가 붙인 이름이다.

위험은 서방이 불황에 빠진 탓에 더더욱 일어날 법하지 않은 허구가 되었다. 이 "제2차 혁명"의 목적은 ── 스탈린이 1931년에 그 유명한 연설에서 밝혔듯이 ── 소비에트 건설에 필요한 과학기술 기능을 획득하는 데 전념하는 "소비에트 신(新)인텔리겐치야"[17]를 만들어내는 것이었다. 신인텔리겐치야에 대한 요구는 구(舊)인텔리겐치야의 파괴나 과감한 개조를 요구했다. 구 인텔리겐치야 속에는 새로운 권위주의 국가의 건설에도 방해될지 모를 근본적 인도주의에 헌신하는 감성의 소유자들도 있었다. 과학기술 기능만으로는 충분하지 않았다. 당 지도자들에 대한 엄격한 복종이 요구되었다. 스탈린이 1935년에 툭 까놓고 표현한 대로, "간부가 모든 것을 결정"하며[18], 이상적인 간부는 독재자의 단련된 "강철" 같은 머슴이다. 이처럼 과감한 결론이 어떻게 내려졌는지를 이해하려면 볼셰비즘의 창립자이자 수호성자인 블라디미르 일리치 레닌이 남긴 유산을 되돌아보아야 한다. 바로 이 사람의 이름을 내걸고 스탈린이 러시아 사회의 모든 것을 전체주의식으로 손아귀에 꽉 틀어쥐었다. 레닌과 스탈린, 두 사람이 자기들이 다스리는 나라의 복합적 문화유산과 맺는 관계도 숙고해야 한다.

레닌의 유산

얼핏 보면, 레닌이라는 눈에 띄는 강력한 인물은 소외된 19세기 러시아 지식인의 유난히 강렬한 예에 지나지 않는 듯하다. 러시아 혁명 정서의 고전적 중심지인 볼가 지역에서 태어나고 교육을 받았으며 아버지보다 어머니와 더 친한 한 서생 집안에서 지방 소귀족의 일원으로 양육된 레닌은 면허를 딴 학식 있는 변호사였지만, 비합법 정치논객이었다가 혁명가가 된 것 이외에는 다른 어떤 직업도 사실상 가져본 적이 없다. 인텔리겐치야가 자기들이 핵심 역할을 수행할 새로운 질서에 품었지만 오랫동안 좌절된 희망이 옳았다는 근거를 레닌이 갑작스레 권좌에 오른 데에서 찾고 싶은 마음이 생긴다.

그러나 레닌은 거의 모든 19세기 러시아의 선배 지식인과 달랐다. 그리고 그가 진정으로 새로운 질서의 담지자로 보일 수 있었던 까닭은 그가 제정 말기의 지배적 지적 동향을 아주 멀리했기 때문이었다.

무엇보다도, 레닌은 확산의 시대에 특이한 외골수였다. 붕 떠 있는 공상가들 사이에서 레닌은 자기가 가진 관심의 초점을 전통적으로 인텔리겐치야의 생각에서 최우선 사항이 아니었던 목적, 즉 모든 것을 바쳐야 하는 단 하나의 목적인 권력 획득에 맞추었다. 이 목적에 전념한 덕분에 레닌은 자기 자신의 감정과 자기 동지들의 감정에 청교도적 규율을 확립할 수 있었다. 원기를 앗아가는 제정 말기의 강렬한 흥밋거리에 절대 빠져들지 않기에 레닌은 이 시기에 프로메테우스적 낙관론과 병적인 관능주의 사이에서 이리저리 왔다갔다 하지 않았다. 그는 인텔리겐치야의 내적 감정의 밀물과 썰물에 휘말리지 않으면서 인텔리겐치야가 불러 일으킨 기대감에 편승할 수 있었다.

레닌 안에서는 온갖 정서가 억제되었다. 레닌은 매우 냉정하고 금욕적인 태도의 소유자인지라 그는 인텔리겐치야의 전통적인 느슨한 동지애와는, 그리고 감정이 사고 과정의 불가분한 부분이라는 인텔리겐치야의 신념과는 꽤 멀찍이 떨어져 있었다. 레닌이 사랑한 어머니는 독일인이었고, 그의 외국 여행은 공업화되고 도시화된 선진 지역인 북유럽에 국한되어 있었다. 햇살과 포도주와 노래가 있는 남유럽은 레닌의 삭막한 삶에서 — 하나만 빼고는 — 별다른 역할을 하지 못했다.[19] 레닌은 심지어 1890년대 초엽에 마르크스주의자가 되기 전에도 귀족 인텔리겐치야의 모호성과 감상성과 — 다른 무엇보다도 — 무위(無爲)에 혐오감을 품었던 듯하다. 그는 혁명가인 자기 형이 1887년에 처형되어서 가슴 아파했으며, 곧 카잔에서 혁명 동아리들을 알게 되었다. 레닌은 1894년에 미래의 아내인 진중한 혁명가 나데즈다 크룹스카야(Надежда Крупская)에게 순교한 혁명가의 동생으로 자기를 소개했으며, 짧은 자전적 수기에서 자기 자신을 이런 식으로 밝혔다. 자식을 두지 않은 그의 이념적 결혼에 살가움이란 거의 없다.[20]

심지어 혁명적 지식인 사이에서도 레닌의 독설은 익숙한 형태의 화법과 크게 대비된다. 레닌 식 맹비난의 선례가 마르크스에 얼마간 존재한다. 그러나 톡톡 쏘아붙이는 그의 문체와 틀린 것을 언제나 자기의 반대자 탓으로 돌리는 행위는 자주 — 레닌이 어린 시절을 보낸 심비르스크-사마라(Самара)-카잔 지역에서 왕성한 — 농민 반도, 분리파, 분파교도의 투박한 광신행위에 더 가까워 보인다. 그의 문체는 19세기의 전통적 논쟁의 연장보다는 이반 뇌제와 아바쿰에서 보이는 예언과 언사의 강력한 혼합물로의 회귀로 보인다.

예전의 혁명 지도자들이 "그들과 우리"를 이야기할 때, 그들은 권력을 진리와, 관료 통치자를 사상의 세계에 있는 통치자와 대비하고 있었다. 그러나 레닌에게 "사상의 순수성"이란 "무기력"과 매한가지였다.[21] 힘은 권력을 필요로 하고, 권력은 진실이 "아니라 진정한 투쟁 구호"를 요구한다.[22] 도덕은 "관념론적" 기준이나 내면적 감정이 아니라 혁명적 편의의 변화무쌍한 명령에 바탕을 둘 터였다. 이렇듯 레닌은 과학적 사실(правда-истина)이라는 의미로든, 또는 도덕적 원칙(правда-справедливость)이라는 의미로든 진리(правда)에는 기본적으로 관심을 두지 않았다. 대신에 프라브다는 나날의 행동 지령이 실린 레닌의 신문 이름이 되었다. "저주받은 문제"가 시급한 당면 명령으로 대체되었다.

이 명령은 레닌의 가르침이 지닌 기본적이고 참신한 둘째 특성, 즉 조직에 대한 그의 강조 때문에 구속력을 지녔다. 규율 있는 위계적 비밀 조직의 전통은 — 비록 페스텔, 오가료프, 네차예프, 트카초프 같은 인물에게서 나온 자코뱅식 계획안에 관한 중대한 이론 저술이 있었을지라도 — 러시아의 혁명 전통에 뿌리를 깊이 내린 적이 없다. '인민의 의지' 안의 전업 혁명가들조차 규율이 없고 정치적으로 순진하고 공상적이었다. 그들의 가장 전문적인 구성원도 조직의 구성원이 아니라 "탈조직부"의 구성원이었다. 레닌의 새로운 개념에는 크게 개선된 경찰의 정탐 활동과 단속에 맞선 자기방어에 필요한 기법에서 어쩔 수 없이 비롯된 측면이 얼마간 있었다. 또한, 그 개념은 얼마간은 '인민의 의지'가 실패한 뒤로 혁명 방식을 꾸준히 재검토해온 결과이기도 했다. 더 전투적인 유형의 조직 아래서 통합하자는 생각이 점점 더 의제가 되었다. 볼셰비키 조직 사고에서 퍽 핵심적인 개념이 되는 "간부"라는 용어가 "선도" 집단의 능란한 활용이라는 개념과 함께 나란히 1880년대 말엽에 도입되었다.[23] 일신된 혁명적 인민주의의 주요 이론가이며 신생 사회주의자혁명가당(Партия социалистов-революционеров)[20]의 당수인 빅토르 체르노프(Виктор Чернов)도 혁명 운동이 반드시 통합되어 "우리에게는 사회민주주의자와 사회주의자혁명가가 아니라 …… 쪼개지지 않는 사회주의 단일정당이 있을 것"이라고 1901년에 역설했다.[24]

레닌의 마지막 조직 규율 정식은 "민주집중제"라는 정식이었다. 이에 따르면 맨 아래에서 맨 위로 옮아가는 당원 사이의 자유로운 토론에 바

---

[20] 인민주의 전통을 이어받아 1901년에 결성된 러시아의 자생적 사회주의 정당. 농민의 당을 표방하며 테러 전술로 전제정과 싸웠다. 1917년에 임시정부와 제휴했고 내전기에는 볼셰비키 정권과 싸웠다.

탕을 두고 결정이 내려졌다. 최종 결정은 당중앙위원회에서 내려졌고, 이 당중앙위원회의 제1간사가 절대적 중심이었다. 결정은 일단 내려지면 완전한 구속력을 지녔다. 이러한 체계는 필연적으로 "대체성"에 취약했다. 트로츠키가 애초부터 예견한 이 "대체성"으로 말미암아 "당 조직이 당 자체를 '대체'하고, 중앙위원회가 당 조직을 대체하고, 마침내 '독재자'가 중앙위원회 자체를 대체한다."[25]

다가오는 프롤레타리아 독재에 관한 마르크스의 이론을 다듬으면서 레닌은 그러한 지배 형태는 부르주아 국가 기구가 완전히 파괴된 뒤에야 비로소 나타나며 그런 다음에 완전한 공산주의로의 전환이 임박하면서 "소멸"[26]하겠지만 그 사이 동안에는 "어떠한 법에도 제한되지 않는" 권력[27]을 행사할 것이라고 역설했다.

레닌이 실제로 러시아에 가져온 것은 볼셰비키당 독재였다. 그의 "새로운 유형의 당"은 일단 권력을 잡자 더 낯익은 유럽식 명칭인 "사회당"이나 "사회민주당"과 구분하려고 "공산당"으로 이름을 바꿨다.[28]

이 당 안에서는 민주집중제의 기계적 법칙뿐만 아니라 번역하기 힘든 파르티노스트(партийность)라는 원칙으로도 관계가 활성화될 터였다. 이 "당 지향성", 또는 "당을 위한 희생 정신"은 모종의 헌신적 비밀 집단에서 새 삶을 찾으려는 종파적 욕구에 호소했다. 레닌은 체르늬솁스키의, 그리고 자기 형의 희생적 혁명 전통을 보존하고 발전시키면서 "혁명가 사이의 완전한 동지적 신뢰"를 계발하려고 애썼다.[29] 레닌은 — 자기가 1894년에 쓴 대로 — "유물론은 자체 안에, 말하자면 파르티노스트를 포함한다"는 것이 인식되지 않는 한 자신을 "유물론자"(심지어 변증법적 유물론자)로 부르기를 거부했다.[30]

지식인에게 레닌의 당 내부의 새로운 정신보다 훨씬 더 큰 호소력을 지닌 것은 지식인과 "인민"의 고전적 분리를 극복하겠다는 그 당의 약속이었다. 레닌은 자기의 당 안에서 "노동자와 지식인의 모든 구분이 완전히 사라져야 한다"고,[31] 그러나 한편으로 당은 그 시대의 다른 대중운동 밖에서 "블랑키주의"[21] 도당보다는 안에서 전위로 활동해야 한다고 역설했다. "블랑키주의"에서 벗어나려고 하다가 당이 "러시아 프롤레타리아의 '꽁무니'를 경외하며 쳐다보기"를 선호해서 혁명적 목적을 포기하는 "대중추수주의"(хвостизм)에 빠져서는 안 된다.[32] 실제로, "자연발생적" 운동은 중대한 정치적 변화를 일으키지 못할 것이다. 그런 변화에는 전략적인 조직과 규율이 요구된다. 레닌의 당은 지식인에게 대중의 참된 이익과 하나가 된다는 도취감, 대중 활동에 참여하기 위한 프로그램, 다가올 해방에서 대중과 함께한다는 전망을 주었다.

레닌이 1902년에 쓴 선언이자 제안인 『무엇을 할 것인가?』는 이 고전적 질문의 새 해답을 러시아에게 주었고, 그 해답으로 말미암아 1903년에 제2차 러시아 사회민주당 대회에서 레닌의 볼셰비키가 멘셰비키와 갈라섰다. 체르늬솁스키가 1863년에 쓴 『무엇을 할 것인가?』와 달리, 레닌의 『무엇을 할 것인가?』는 새로운 사회 질서를 묘사하지 않았다. 톨스토이가 1883년에 쓴 『무엇을 할 것인가?』와 달리, 레닌의 『무엇을 할 것인가?』는 개인의 도덕적 책임의 부활을 요구하지 않는다. 오히려 레닌은 편의의 윤리로 권력을 획득하는 데 전념하는 새로운 조직을 요구했다.

1905년 혁명 직후에 레닌은 전통적인 마르크스주의 교의에 일련의 기회주의적 수정을 가했다. 그 수정이란 혁명정당에서 빈농과 노동자의

---

21 대중과 괴리된 소수 음모가의 봉기로 부르주아 체제를 뒤엎고 사회주의를 건설하려고 시도한 프랑스 혁명가 루이 블랑키(Louis Blanqui, 1805~1881년)의 경향을 경멸조로 일컫는 용어.

결합(смычка)을 이룬다는 신인민주의적 발상,[33] 부르주아 혁명이 마르크스가 예견했던 긴 중간기 없이 프롤레타리아 혁명으로 "성장전화"(перер-астание)한다는 개념, 제국주의는 잔혹한 새로운 금융자본주의의 "최고 단계"이며 이 단계는 필연적으로 세계대전과 세계혁명으로 이어지고 있다는 발상[34]이었다.

레닌이 혼란한 운명의 해였던 1917년에 권력으로 가는 길을 따라 자기의 당을 이끌고 갈 때, 전제주의보다는 자유민주주의가 그의 주적(主敵)이었다. 레닌은 망명 중에, 그리고 4월에 스위스에서 러시아로 돌아갈 때 전제 국가인 독일의 도움을 받았다. 그는 차르 정부가 아니라 러시아의 민주적 임시정부를 뒤엎었다. 입헌민주당은 10월 25일의 쿠데타[22] 뒤에 레닌이 체포한 첫 정치적 경쟁자였다. 그리고 헌법제정회의는 1월에 딱 한 번 회의를 연 뒤 강제로 해산되었다. 레닌은 자유주의의 "의회 저능아"뿐만 아니라 사회주의적 소유 형태는 민주적 정치 제도가 발달한 선진 공업사회에 부과될 수 있을 뿐이라고 믿는 멘셰비키와 플레하노프 같은 더 정통적인 마르크스주의자도 거부했다.

볼셰비키가 권력의 획득과 유지에 성공하는 데 꼭 필요했던 전제조건 하나가 제1차 세계대전이었다. 이 전쟁은 낡은 러시아 제국에, 그리고 1917년에 러시아가 했던 짧은 민주주의 실험에 견뎌낼 수 없는 부담을 주었다. 유럽 열강들이 전시에 갈라서고 전쟁 이후에 힘이 빠진 탓에 레닌은 1918~1921년의 결정적 시기에 권력을 굳힐 수 있었다. 그러나 그러한 상황을 활용하는 레닌의 능력은 위기는 상황이 지닌 본성 일부라는 점과 혁명 정당이 하는 일은 혁명적 상황을 만들어내는 것이 아니라

---

22 1917년 10월 25일(그레고리우스 달력으로는 11월 7일)에 볼셰비키 세력이 무장봉기로 임시정부를 무너뜨린 사건을 보수적 시각에서 일컫는 표현.

그 혁명적 상황에 조직화된 지도력을 제공하는 것이라는 점을 그가 깨달은 데에서 비롯했다.

예언적인 전쟁 반대 덕분에 그는 전쟁에 진저리가 난 러시아 대중의 호감을 얻기에 좋은 위치에 놓였다. 레닌은 또 다른 세상에서 오는 진정한 대안의 아우라에 둘러싸여 핀란드 역에 도착해서 종전을 요구했고, "대포에 맞서 이콘을 들고"[35] 자기를 따르려는 모든 이에게 새 시대의 시작을 약속했다. 레닌 독재의 수립과 강화는 권력의 실체에 초점을 또렷하게 맞춘 재능 있는 한 전략가의 기회주의와 대담성을 보여주는 훌륭한 사례 연구이다. 볼셰비키의 권력 장악에 관한 상세한 이야기는 마땅히 정치사와 군사사에 속한다. 그러나 이 이야기에는 볼셰비키가, 비록 일부만 인식했을지라도, 러시아 인텔리겐치야의 급진적 전통에서 빌린 중대한 것 다수가 불가피하게 연관되어 있다. 볼셰비즘은 1917년 2월혁명 직전에 당원 2만 5천 명으로 이루어진 비교적 눈에 띄지 않는 한 혁명 정당에서 네 해가 지난 뒤 내전이 끝날 무렵에는 인구 1억 5천만 명으로 이루어진 한 제국의 확고한 지배 세력이 되는 길을 트면서 이 전통으로부터, 적어도 네 가지 중요한 방식으로, 득을 보았다.

러시아의 지적 전통에 진 가장 중요한 첫째 빚은 모든 것을 포괄하는 하나의 이념이 차르의 권위에 대한 모든 대안을 함께 묶어내야 한다는 신념이었다. 초기의 뵈메주의자, 마르탱주의자, 셸링주의자, 헤겔주의자, 푸리에주의자의 시대부터 러시아의 개혁가들에게는 점진적이기만 한 개혁안보다는 새로운 세계관을 내놓은 서방 사상가에게 이끌리는 경향이 있었다. 19세기 말엽에 낭만적 이념가에서 오귀스트 콩트와 허버트 스펜서(Herbert Spencer) 같은 포괄적인 사이비과학 이론가로 전환한 것은 볼셰비키가 마르크스로 돌아서는 길을 닦았다. 레닌의 엘리트주의적 개념들 가운데 여럿을 미리 보여준 외로운 자코뱅적 이론가인 트카초프가

1874년에 엥겔스에게 러시아에는 서방과 대조적으로 "인텔리겐치야 위주의 혁명 정당"이 필요하다는 편지를 써 보낸 적이 있다.[36] 그러한 당을 멘셰비키보다 레닌이 훨씬 더 제대로 내놓았다. 멘셰비키에게 마르크스는 다가오는 천년왕국을 위한 예언적 기원이라기보다는 현실적인 사회·경제적 변화를 위한 합리적 지침을 제공했다. 레닌은 1917년의 격동 속에서 여전히 메샨스트보의, 즉 속물성과 "일상사"에 빠져있다고 보이는 대다수 경쟁 집단보다 이데이노스트(идейность), 즉 "한 사상에 사로잡히기" 전통에 더 충실했다. 레닌 당의 이데이늬이(идейный)한, 즉 이념적인 특성은 1917년에 매우 필요한 재능 있는 지식인들을, 즉 트로츠키와 루나차르스키와 보그다노프 등과 같은 이른바 메즈라이온츼(межра-йонцы)23, 즉 "구간(區間)" 집단을 당의 대열에 더 많이 끌어들이는 데 도움이 되었다.

둘째로, 레닌은 보편적 구원을 약속하지만 러시아의 지도적 지위에 특별한 중요성을 부여하는 역사 이론을 매우 좋아하는 러시아의 성향에서 득을 보았다. 그러한 역사철학의 호소력은 러시아의 지적 전통의 변함없는 특징이었으며, 역사지향적 신학의 잠재의식적 영향력에 뿌리를 박고 있었다. 천년왕국이 머지않았다는 옛 믿음은 "황금시대는 우리 뒤가 아니라 앞에 있다"는 한 세기 동안의 설교로 말미암아 세속화되었다. 그리고 유토피아적 사고 유형에 푹 젖은 한 민족은 계급 없는 공산주의로의 이행이 임박했다는, 그리고 사이 좋은 군중이 거리에서 이따금 벌어지는 말다툼을 중재하는 방식으로 인간의 모든 문제가 해결될 참이라

---

23 1913년 11월에 성 페테르부르크에서 결성된 러시아 사회민주노동당의 소규모 분파. 볼셰비키와 멘셰비키 사이에서 중도 노선을 취하다가 1917년 여름에 볼셰비키당과 통합했다.

는 레닌의 주장에 이끌렸다.[37]

급진 이론가뿐만 아니라 보수 이론가도 러시아가 퇴락하는 서방을 이념적으로 되살려낼 운명을 타고났다는 신념을 선전했다. 그리고 지상의 유토피아가 머지않다는 급진적 신념은 그것을 부정하는 이들조차 자주 매혹했다. 도스토옙스키는, 급진주의에서 보수주의로 옮아가면서, 이 "멋진 몽상, 인류의 고상한 오해"가 지닌 유혹의 힘을 여전히 느꼈다.

> 황금시대는 여태껏 있었던 모든 꿈 가운데 가장 비현실적인 꿈. 하지만 그 꿈을 이루려고 사람들은 제 힘과 제 목숨을 모두 다 바쳤고, 그 꿈을 위해 예언자들은 죽고 죽임을 당했으며, 그 꿈이 없다면 사람들은 살고 싶어 하지 않으며 심지어는 죽을 수도 없다. ……[38]

이 꿈 때문에 사람들은 내전 동안 구질서의 반격에 저항하다 죽기를 마다치 않았다. 혼돈과 붕괴의 시대에는 가장 유토피아적인 미래상이 민중의 지지를 한데 모으기 위한 가장 현실적인 깃발을 제공할지 모른다.

러시아의 급진 사상이라는 고유의 전통에 진 빚의 셋째 영역은 "인민"이 도덕적 승인의 새로운 원천이라는 인민주의 신화를 볼셰비키가 도용한 데 있었다. 볼셰비키 쿠데타 바로 뒤에 새로운 체제의 적(敵)은 "인민의 적"이라는 비난을 받았고, 국가 부처는 "인민위원부"로 개칭되었다.[39] 약식 처형은 곧 "인민재판"으로 미화되었으며, 볼셰비키의 독재는 수출용으로 보기 좋게 "인민 민주주의"로 꾸며졌다.[40] "인민"이 새로운 사회 질서를 세우기 위한 선천적인 미덕을 지니고 있다는 막연한 호소력을 지닌 인민주의 신념은 볼셰비키에게 인민 해방의 어휘로 국가의 통제 수단을 위장할 기회를 제공했다. "인민"이 재생의 생명력이라는 이 신념이 널리 퍼져 있지 않았더라면, 볼셰비키는 자기들의 강압책이 도덕적으로 정당하다는 점을 러시아 인민과 자기 자신이 믿도록 만들기가 훨씬 더 힘들었을 것이다.

이전의 전통에서 빌린 마지막 차용물은 볼셰비키가 교묘히 가져다 쓴 발상, 즉 계급과 민족의 모든 구분이 모조리 제거된 새로운 형태의 헌신적 공동체로서의 "동아리"라는 발상이었다. 희생적인 "당파성"과 내부의 "자아비판" 같은 볼셰비키의 개념은 여러모로 18세기에 있었던 노비코프와 시바르츠의 첫 비밀 모임에서부터 비롯된 러시아 지식인 동아리의 특성이었다. 다양한 사회 집단들이 급진적 변혁에 헌신하는 한 동아리에서 공동의 단결과 목적을 찾을 수 있다는 생각은 몇몇 초기 프리메이슨 단체 안에 존재했으며, 비(非)귀족 인자와 소수민족 인자가 19세기 말엽에 러시아 지성 활동 주류 안으로 진입하면서 그 생각이 우세해졌다. 레닌은 근본적 사회 변화의 수단은 "노동자와 농민과 인텔리겐치야"의 동맹이리라는 인민주의자의 무척이나 비(非)마르크스주의적인 개념을 이론에서는 아닐지라도 실천에서는 받아들였다. "빈농"과 "중농(中農)"은 농촌의 프롤레타리아라고 말해졌고, "진보적" 지식인과 "피억압" 민족은 혁명 운동에 참여하라는 권유를 받았다.[41] 내전이 끝났을 때부터 몸이 쇠약해져 레닌이 죽을 때까지의 짧은 기간에, 그가 문화를 대하는 태도는 20세기의 전체주의 독재자의 태도라기보다는 서방화와 세속화에 열렬히 헌신하는 19세기 러시아의 급진주의자의 태도였다. 레닌은 단일한 새 "프롤레타리아 문화"를 만들어내려던 보그다노프의 내전기 노력에 대체로 공감하지 않았으며, 1921년에 더 느슨한 신경제정책이 시작된 뒤에는 갖가지 새 예술유파가 번성하도록 허용했다. 레닌은 예술의 아방가르드를 싫어했지만, 아방가르드의 작업을 위험하기보다는 불가해하다고, 체제전복적이기보다는 부적절하다고 보았다. 문화 면에서 그의 정신은 주로 기초 교육을 확대하고 더 오래된 문학 고전을 값싸게 대량 출판하는 데 쏠려 있었다. 본질적으로 그것은 빅토리아(Victoria) 시대²⁴식 공리(公利) 강조로 완화된 신인민주의 프로그램이었다.

인민주의적 복음주의의 요소는 노동계급의 역사 "의식"을 고취하라고 새 엘리트에게 한 레닌의 호소에, 그리고 새로운 저널로 시작하려는 그의 고집에 이미 나타나 있었다. 빅토리아 시대 기풍[25]의 요소는 선생님처럼 한 수 가르쳐준다는 그의 태도, 해학이 없는 그의 도덕적 청교도주의, 대중의 유치한 미신이나 지식인의 고상한 형이상학을 싫어하는 냉정한 태도에서 이미 뚜렷했다. 일단 권력을 잡자 레닌은 상상력이 한층 더 비약하려는 것을 막지는 않았지만 러시아 문화를 다시 지상으로 되돌려놓으려고 애썼다. 그는 상상력 넘치는 문학 창작 기법보다는 문자 해독률을 높이는 기술적 과업에 관심을 가졌다.[42]

레닌은 급진적인 지적 전통에서 이득을 얻었는데도, 그리고 그 전통과 내적으로 연계되어 있었는데도 그 전통의 파괴로 가는 길을 닦았다. 레닌은 러시아가 발전시키고 있었던 연계, 서방을 지향하는 정치·문화 실험과의 연계를 그저 단순히 끊지는 않았다. 억눌리고 고립을 강요당하는 시대는 러시아 문화에서 새삼스럽지 않았고, 민주주의는 많은 러시아인에게 비교적 최근의 낯선 개념이었다. 레닌에게 존재하는 심오하게 혁명적인 것은 인간 행위의 객관적 도덕률이 있다는 믿음을 의도적으로 버렸다는 것이다.

19세기에 몇몇 지엽적 예외가 있을 뿐, 러시아의 지식인은 벤담 식으로 사회적 효용을 계산해서든, 아니면 피히테 식으로 스스로 깨닫는 자아를 위한 신화적 목적을 만들어내서든, 도덕을 위한 완전히 새로운 기반을 찾으려는 모든 노력에 저항했다. 러시아의 급진주의자는 그리스도

---

24 대영제국의 전성기였던 빅토리아 여왕 재위 기간(1837~1901년)을 일컫는 표현.
25 근면, 절제, 정숙 등의 가치를 중시하던 빅토리아 시대 영국 사회의 도덕 기조.

의 윤리적 가르침을 소위 그리스도교적이라고 하는 한 사회의 타락한 관행과 나란히 놓고 비교하면서 종교 용어를 계속 사용하거나, 자기의 윤리적 열정을 선의 본성에, 또는 양심의 절대적 명령에 결부하는 데 관념론의 언어를 계속 사용했다.

그러나 레닌에게 도덕은 가차 없이 상대적이고 당의 편의에 좌우되는 것이 되었다. 그는 전통적 종교와 철학적 관념론뿐만 아니라 전통적인 세속적 인도주의에 들어있는 현실적 관념론까지 매도했다. 그의 운동은 자기의 대의를 허상이라는 비난에서 벗어나게 해주고 자기의 편의주의 윤리에서 일말의 변덕과 감상성을 말끔히 털어내 줄 과학적 이론에 바탕을 둘 터였다. 라브로프와 미하일롭스키 같은 인민주의자가 자기의 사이비과학적 진보 이론과 뒤섞은 도덕주의적 훈계는 "부르주아가 늘어놓는 미사여구"에 지나지 않았다. 현대의 혁명가에게 필요한 것은 과학이라는 탄력적인 갑옷이지, 전통이라는 의전용 군복이 아니었다.

물론, 현대 과학정신의 개방적인 귀납적 사고는 레닌에게 완전히 낯설었다. 그의 무자비한 정치적 기질에는 그런 사고를 아나키즘과 동일시하는 경향이 있었다. 그의 가장 긴 철학 논설문은 현대 과학의 철학적 함의에 가장 밀접한 관심을 두는 이들의 "경험비판론"을 논박하는 데 바쳐졌다.[43] 레닌의 행동주의 이념에서 도덕은 과학적 마르크스주의로부터 추론되었다. 학교장의 아들 레닌은 그 과학적 마르크스주의의 주요 교사였고, 법학생 레닌은 그 과학적 마르크스주의의 최종 재판관이었다. 결국, 논쟁은 해결되기보다는 차단될 터였다. 재판장(裁判長)은 혁명군의 우두머리이기도 했기 때문이다. 그리고 이 혁명군은 보통 군대가 아니라 유토피아를 과학적으로 확신하고 평화를 위해 무자비하게 싸우는 메시아적 부대였다.

이렇듯 스탈린 치하에서 나타나 만개한 전체주의의 유기적 근원은 레닌주의 이론에 있었다. 레닌주의 당의 행동을 판정하고 비판할 수 있는 외부 기준은 없었고, 레닌주의 당이 해결해야 하는 문제의 유형에는 한계가 설정되지 않았다. 레닌이 러시아 문학의 비평 전통과 얼마나 확고하게 관계를 끊었는지를 그가 1905년에 쓴 논문보다 더 생생하게 보여줄 수 있는 예는 없다. 이 논문에서 레닌은 문학의 당파성은 논하면서 이렇게 역설했다.

프롤레타리아트에게 문학 활동은 개인이나 집단의 돈벌이 수단일 수 없을 뿐만 아니라 결코 프롤레타리아트의 공동 활동과 별개인 개인 활동일 수도 없다. 당파성 없는 문학가를 물리쳐라! 초인 문학가를 물리쳐라! 문학 활동은 전체 프롤레타리아 활동의 일부가, 즉 노동계급 전체의 의식 있는 전위 전체가 가동하는 단일하고 거대한 사회민주주의라는 기계의 "톱니바퀴와 나사"가 되어야 한다. 문학 활동은 조직화되고 계획에 따라 이루어지고 통일된 사회민주당 작업의 구성 요소가 되어야 한다.[44]

레닌이 살아있을 때에는 당 안에 진정한 이견 세력과 논쟁이 있었다는 사실, 그에게는 당이 인간의 모든 삶을 통제하도록 만들 의도가 결코 없었다는 사실, 그가 개인적으로는 소박하게 살기를 좋아했고 바야흐로 새 시대의 동이 트고 있다고 진정으로 확신했다는 사실, 이 모든 것은 우선은 평전에 흥미로운 사항이다. 역사가에게 훨씬 더 중요한 것은 스탈린 치하 소비에트 사회의 전체주의가 레닌주의 교의의 (필연적 결과는 아니었을지라도) 논리적 결과였다는 사실이다.

모스크바국의 보복

그렇지만 문화사가에게 레닌의 짧은 통치는 어지러운 공위(空位) 기간 같은 것이었다. 스탈린 치하의 피와 쇠의 시대야말로 진정한 분수령이다. 스탈린은 1920년대 말엽에 일단 자기의 독재 권력이 탄탄하게 확립되자 혁명 이전 시기부터 1920년대까지 지속되었던 다양하고 세계주의적이고 실험적인 문화의 안티테제인 새로운 단일 문화를 러시아에 체계적으로 부과했다. 스탈린은 1928년에 제1차 5개년 계획이 시작될 때부터 1953년에 자기가 죽을 때까지 사반세기 동안 모든 창의적 사상가들을 "인간 영혼의 공학기술자"들로 바꾸려고 애썼다. 그들은 스탈린의 조립 라인에 따라 늘어서서 응원하는 이들일 터였다. 의도적으로 그들은 자기들에게 어떤 응원이 요구되는지를 확신하지 못하는 상태에 놓였고 더 앞 시기의 대다수 폭정에서 인간 존엄성의 마지막 도피처였던 침묵할 자유를 얻지 못했다.

이 모든 것에 레닌이 어떤 반응을 보였을지는 알기 힘들다. 레닌은 1922년에, 즉 내전이 끝난 뒤 한 해가 조금 더 지나서 첫 뇌졸중 발작을 일으켰고, 거의 한 해 동안 사실상 움직이지 못하다가 1924년 1월에 죽었다. 그는 전쟁과 위기의 시기에 혁명 정당을 위해 예전에 주창된 전체주의 원칙을 평시 사회에 얼마나 충실하게 적용할지를 분명하게 보여줄 시간을 결코 가지지 못했다. 문화 문제는 레닌의 관심사에서 늘 지엽적이었다. 레닌의 전망이 당에 쏠려 있었는데도 그는 당원이 아닌 지식인들 사이에서 친구를 많이 가지고 있었고 여러 해 동안 서방 사회와 접했고 19세기 러시아의 고전에 꽤 해박한 기초 지식을 지녔다. 물론 아이스킬로스, 단테, 셰익스피어, 괴테를 아는 마르크스에 견주면 주로 자기가 태어난 나라의 시민 시와 사실주의 산문에 푹 빠진 레닌의 지적 시야는 좁았다. 그러나 레닌의 시야는 스탈린의 시야에 견주면 여전히 넓었다. 그리고 적어도 레닌은 공개되지 않도록 오랫동안 압력을 받은 자기의 정치 유언장에서 자기 후계자의 "무례함"을 뒤늦게라도 경고했다는 공을 인정받아야 한다.[45]

캅카즈의 산악 지대에서 보잘것없는 구두수선공 집안에 태어나 고향인 그루지야의 신학교와 부족 전통 속에서 교육을 받은 스탈린은 레닌이나 다른 볼셰비키 지도자 대다수가 지닌 더 폭넓은 유럽적 시야를 조금도 공유하지 못했다. 얼굴이 얽고 덩치가 작은 이 인물은 러시아 인텔리겐트의 삶을 결코 알지 못했고, 심지어 20대 말까지 러시아어로 글을 쓸 줄도 몰랐으며, 러시아가 차지하고 있는 영토 밖에서는 ── 1906년과 1907년에 스웨덴과 영국에서 열린 당대회에 참가하는 짧은 여행 기간에, 그리고 민족 문제를 연구하려고 1912년과 1913년에 합스부르크 제국에서 ── 딱 넉 달을 지냈다.

스탈린이 찬양한다고 고백한 레닌의 자질은 ── 즉, "우는 소리를 내는 지식인에 대한 혐오, 자기의 힘에 대한 믿음, 승리에 대한 믿음"은 ── 그가 자기에게 불어넣으려고 시도한 자질이었다. 이 자질에 주변부 출신 어정뱅이의 강박적 국수주의, 깊이 배우지 못한 신학생의 스콜라철학식 교조주의, 바쿠(Баку)에 있는 세계 최대의 유전에서 보낸 견습 혁명가 시절에 이미 눈에 띄던 조직 음모에 대한 심취가 보태졌다.

스탈린의 유일한 신은 레닌이었다. 그러나 스탈린의 묘사에서 신은 사탄의 형상은 아닐지라도 짐승의 형상을 띤다. 스탈린은 레닌의 주장을 "사방팔방에서 너를 집게처럼 조이는 전능한 촉수"에 비유했다. 레닌이 적은 "패배하기는 했지만 절대 궤멸하지는 않았다"며 강박적으로 근심했으며 "이를 악문 채 매섭게 '동지들, 우는 소리를 내지 말게! ……'"라고 말하며 자기 친구들을 꾸짖었다는 말이 있었다.[46]

스탈린의 권위주의 통치 공식은 실험적이고 절충적이었다. 그 공식은 드잡이하는 볼셰비즘으로, 또는 레닌의 러시아식 대범성과 폭넓은 지력이 빠진 레닌주의로 묘사될 수도 있다. 권력과 조직에 심취했더라도 레닌은, 얼마간은, 볼가 강의 자식으로 남았다. 레닌에게는 자기에게 떠넘겨진 혁명적 사명이 있었고, 그는 자기의 혁명 이름을 러시아 내지의 대하천들 가운데 하나인 레나(Лена) 강[26]에서 따왔다.

대조적으로 스탈린은 사람을 끌어당기는 개인적 매력이라고는 조금도 없는 산악지대 출신 외부인이었으며, 어울리게도 러시아어 낱말 스탈(сталь)[27]에서 자기의 혁명 이름을 따왔다. 그의 최측근 동지는 — 그리고 그가 공식 국가수반으로 1930년대 내내 자기를 계승하도록 고른 사람은 훨씬 더 나아가서 — 문화 면에서 연상 작용을 많이 일으키는 스크랴빈이라는 성(姓)을 버리고 "망치"를 뜻하는 러시아어 낱말[28]에서 유래한 몰로토프(Молотов)라는 이름을 가졌다. 새로운 소비에트 문화의 무정한 무뚝뚝함과 과학기술에 대한 집념을 ("몰로토프의 돌 엉덩이(каменный зад Молотова)"에서 비롯된) "돌 엉덩이"로 흔히 알려진 무표정한 이 스탈린 시대의 관료배 망치보다 더 잘 보여주는 인물은 없다.

그러나 기괴하고 거대한 것에 열광하고 캅카즈식 음모가 횡행하기는 했어도 스탈린 시대는 짧은 레닌 시대의 문화보다 어느 모로는 러시아 문화에 뿌리를 더 깊게 두고 있었을지 모른다. 레닌은 성 페테르부르그의 급진 인텔리겐치야 전통으로부터 이득을 보았고 성 페테르부르그에서 잠시 공부했고 그곳에서 자기의 혁명을 시작했으며, 그 도시에 자기 이름을 줄 터였다. 레닌은 수도를 성 페테르부르그에서 모스크바로 옮겨

---

[26] 바이칼 호수 부근에서 발원해서 시베리아를 거쳐 북쪽으로 흐르는 길이 4,300km의 대하천.

[27] 강철.

[28] 몰로트(молот).

1918년 3월 12일에 모스크바의 크레믈에 맨 처음 들어갈 때 그답지 않게 들떠서 자기의 비서이자 동지인 사람에게 "여기서 노동자·농민 권력이 완전히 굳건해져야 한다네"라고 말했다.[47] 레닌은 그 수도 이전이 얼마나 영구적일지, 그리고 크레믈에서 이루어지는 권력의 공고화가 얼마나 광범위할지 그다지 생각하지 못했다. 레닌이 죽은 해에 이름이 레닌그라드로 새로 바뀐 예전의 수도에 홍수가 났다. 그것은 어쩌면 전통주의의 홍수가 나서 레닌주의 당에게서 혁명 정신을 쓸어내 버릴 참이라는 조짐이었다. 스탈린이 크레믈에 들어앉으면서 이 "유럽을 향한 창문"이 늘 상징해왔던 부단한 개혁주의와 비판적인 세계주의를 쓸어내고자 하면서, 드디어 모스크바가 성 페테르부르그에 앙갚음을 했다.

스탈린에게는 러시아의 과거에 둔 뿌리가 많았다. 포병을 과도하게 키운 대군에 대한 그의 몰두는 이반 뇌제로 거슬러 올라가는 기나긴 전통을 따른다. 외국 것을 미워하고 규율을 앞세우는 그의 교육관은 마그니츠키와 니콜라이 1세와 포베도노스체프를 생각나게 한다. 물질적 혁신과 전쟁 지원 기술에 그가 품은 열정은 표트르 대제와 여러 19세기 러시아 기업가를 흉내 내어 되풀이한다. 그러나 완전한 의미의 스탈린주의는 러시아사의 더 앞선 두 시기에, 즉 니힐리즘의 1860년대와 표트르 대제 이전 시기에 더 깊은 뿌리를 둔다고 보인다.

무엇보다도, 스탈린주의는 1860년대의 전투적 유물론으로의 의식적 퇴보로 보인다. 스탈린주의 문화에 긍정적 내용이 있는 한, 스탈린주의는 인민주의 시대의 관념론적 정신보다는 유물론적인 1860년대의 진보에 대한 금욕적 헌신에 뿌리박고 있다. 스탈린과 그의 측근 — 몰로토프와 흐루쇼프와 아나스타스 미코얀(Анастас Микоян) 등 — 몇 사람은 체르늬솁스키나 다른 여러 1860년대인처럼 주로 사제에게 교육을 받았으며, 다만 교리문답서를 도중에 바꿨을 따름이다. 스탈린이 이반 파블로프(Иван Павлов)와 트로핌 리센코(Трофим Лысенко)를 성자의 반열에 올려놓은 것으로써 입증되는 생리결정론과 환경결정론에 대한 그의 믿음에는 현직 과학자의 사고는 말할 것도 없고 엥겔스의 복잡한 이론보다는 피사레프의 논쟁적 편견이 더 많이 반영되어 있다. 즉각적인 사회적 효용이 없는 모든 예술 활동에 스탈린이 품은 의심에는 마르크스의 이론보다는 1860년대의 조잡한 미학 이론이 더 많이 반영되어 있다.

스탈린 시대의 — 사진 포스터, 사회주의 교향곡, 프로파간다 소설, 음절이 딱딱 끊어지는 시민 시 등 — 강요된 모든 예술 양식은 "이동전람파"의 사실주의, "막강 5인방"의 표제음악[29], 사회비판 소설, 네크라소프의 시 등 1860년대를 풍미했던 양식의 뒤틀린 통속화로 보인다. 오랫동안 사라졌던 양식이 이처럼 인위적으로 되살아나면서 백은시대 예술의 특징인 형식의 혁신이 억지로 종결되었다. 서정시, 풍자 산문, 실험 연극, 현대 회화와 현대 음악 같은 모든 표현 영역이 시들어버렸다.

그 뒤로 예술은 당의 검열뿐만 아니라 "사회주의 리얼리즘"이라는 알쏭달쏭한 요구에 종속될 터였다. 이 교의는 상호배타적인 두 성질, 즉 혁명적 열광과 객관적 현실 묘사를 요구했다. 사실상 그것은 작가를 자기에게 무엇이 요구되는지를 계속 분명하게 알지 못하는 상태에 두는 정식, 즉 앞질러 걱정해서 자기검열을 하는 기운 빠지는 현상을 부추겨 지식인의 자존심을 꺾어버리는 아주 귀중한 장치였다. 문학계 명사가 아니라 비밀경찰의 주요 인물이 처음으로 그 표현을 사용했다는 것은 적절해 보인다.[48] 문화 전선에서 스탈린을 돕는 부관인 안드레이 즈다노프(Андрей Жданов)가 1934년에 제1차 작가연맹 대회에서 공개적으로 선

---

[29] 제목과 줄거리로 곡의 내용을 알아낼 수 있고 그 내용이 문학이나 회화나 극의 성격을 띠는 음악.

언한 그 교의는 막심 고르키가 명목상의 대회 의장으로 참석하면서 얼마간 존중을 받았다. 고르키는 그 새 교의의 본보기로 내세워질 수 있는 위상을 가진 몇 안 되는 인물 가운데 한 사람이었다. 그에게는 평민 출신이라는 배경과 진정한 사회주의 신념, 그리고 제정 말기 러시아 사회에 관한 일련의 대하소설과 단편소설에서 개발된 자연스러운 사실주의 문체가 있었다.

사회주의 리얼리즘은 러시아 혁명 자체 못지않게 "그 자녀들을 내버릴" 터였다.[49] 두 해 뒤에 보리스 필냑과 이사악 바벨(Исаак Бабель) 같은 상상력 넘치는 작가들, 만델시탐과 같은 서정시인들, 메이예르홀드 같은 연극의 혁신가들을, 그리고 쇼스타코비치처럼 재능 있는 젊은 예술가들의 실험주의 성향도 휩쓸어간 테러가 횡행하는 와중에 아직도 미심쩍은 상황 속에서 고르키가 죽었다.

베리스모(verismo) 오페라[30]의 자주 다채롭고 기이한 확장 형태의「므첸스크 군의 맥베스 부인」은 쇼스타코비치가 레스코프의 음울한 소설로 만들어 낸 작품인데, 상연된 지 두 해 뒤인 1936년에 비난을 받았고 강제로 공연 금지되었다. 그때부터 거의 두 해 동안 숨죽이고 지낸 뒤 쇼스타코비치는 거의 기악(器樂)에만 손을 대서, (무소그르스키의 예비 작품[31]처럼) 고골의 글에 바탕을 두고 그가 1930년에 지은 첫 오페라「코」에 담겨있는 고유한 국민 악극의 약속을 어겼다. 고골의『노름꾼들』(Игроки)을 오페라로 만들려는 나중의, 즉 전시의 시도가 남긴 미완성 유작과

---

[30] 19세기 말과 20세기 초에 이탈리아에서 유행한 사실적 형식의 오페라. 신화나 전설이 아닌 일상의 사건을 소재로 삼아 인간의 내면을 표현했다. 베리스모는 이탈리아어로 진실주의란 뜻이다.

[31] 「호반쉬나」. 무소륵스키의 미완성작을 바탕 삼아 쇼스타코비치가 1958년에「호반쉬나」를 완성했다.

스탈린 사후의 (개작되고 제목이 「카테리나 이즈마일로바」(Катерина Измай лова)로 바뀐) 「므첸스크 군의 맥베스 부인」의 재공연은 무엇이 가능했을지를 알고 싶어 좀이 쑤시게 만드는 단서를 준다. 현대의 모든 러시아 작곡가 가운데 아마도 기예상 재능이 가장 뛰어나고 다재다능했을 프로코피예프의 충만한 가망성도 실현되지 않았다. 새로운 세기의 첫해에 아홉 살 꼬마였던 프로코피예프는 자기의 첫 완성작인 오페라 곡 「거인」(Великан)의 초안을 만들었다. 그리고 그가 매섭고 자주 풍자적인 주제의 애호와 결합된 순수한 "입체파" 양식을 빠르게 개발한 것은 창조적인 한 거인의 도래를 알리는 듯했다. 외국으로 떠났던 그 거인의 귀환은 이고르 스트라빈스키와 세르게이 라흐마니노프(Сергей Рахманинов), 그 밖의 다른 많은 이가 새 질서로부터 영구히 도주한 것을 어떤 식으로든 보상했을지 모른다. 어린이 교육(「페탸와 늑대」(Петя и волк)[32], 영웅을 위한 영화 음악(「알렉산드르 넵스키」), 그리고 음악 공연을 위한 "안전한" 문학 고전작품 개작(발레곡 「로미오와 줄리엣」(Ромео и Джульетта)과 오페라곡 「전쟁과 평화」) 등 다방면에 걸친 프로코피예프의 능력은 심지어 스탈린 시대에 예술가에게 강요된 표현 형식의 제약을 뚫고 빛났다. 러시아 음악의 이 거인은 즈다노프에게 비난받고 그의 부하들에게 시달리다가 음악의 발전을 그토록 저해한 스탈린이 죽기 딱 하루 전인 1953년 3월 4일에 죽었다.

즈다노프가 전후 시기에 "조국 없는 세계주의자" 숙청을 개시한 뒤 1948년에 의심쩍은 상황 속에서 죽었다. 1920년대의 위대한 풍자가들 가운데 마지막 풍자가인 미하일 조셴코의 말문이 닫혔다. 애국적 시인이

---

[32] 1936년에 어린이를 위한 곡을 지어달라는 의뢰를 받고 프로코피예프가 나흘 만에 완성한 교향곡. 작품 번호는 67, 연주 시간은 25분이다.

자 구밀료프의 미망인인 안나 아흐마토바(Анна Ахматова)가 비정치적 서정성 탓에 "요부이자 수녀"로 불렸다. 갈피를 못 잡는 한 공산당원 철학사가[33]가 서방의 사상가들을 충분한 논쟁적 조롱 없이 해설한다며 "이빠진 채식주의 전도자"라는 욕을 먹었다.[50] 물론, 독특한 프롤레타리아적 예술 형식의 추구도 백은시대의 귀족적 실험주의 못지않게 억눌렸다. 스탈린은 "사회주의 노동 영웅"을 찬양하는 멜로드라마 예술, 그리고 소브노브록(совноврок[34], 새로운 소비에트 로코코)과 — 푸시킨의 시구를 가지고 말장난을 한 표현인 — "염병 와중의 제국 양식"으로 다양하게 특징이 묘사되는 허세 어린 건축 양식을 일관되게 선호했다.[51]

스탈린주의 건축의 특이성은 우리를 1860년대의 유물론자는 말할 나위도 없고 레닌이 상상한 그 어떤 것과도 사뭇 다른 세계로 이끈다. 모스크바 지하철의 초대형 모자이크화, 공공건물의 쓸데없는 뾰족탑과 괴상한 장식, 연회실의 둔중한 샹들리에와 어두운 로비, 이 모든 것이 역사적 상상력을 이반 뇌제의 음침한 세계로 되돌려보낸다. 실제로, 스탈린 시대의 문화는 심지어는 성 페테르부르그에 기반을 둔 가장 조야한 단계의 급진주의보다는 옛 모스크바국과 더 밀접하게 연결되어 있다고 보인다. 물론, 1890년대에 산업이 빠르게 발전하는 더 앞 시기에서 큰 것을 선호하는 일정한 편향을 발견할 수 있고, 이 편향은 대단위 공장단지의 우세에서, 그리고 시베리아 횡단철도 건설에서 입증된다. 강제노동으로 서둘러 지은 대운하와 과시성 공공건물의 위용에서는 고전적인 동방 전제정의 기미도 엿보인다. 1930년대 초엽에 건설된 스탈린의 유명한 백해 운하[35]와 아주 비슷한 운하 건설 계획이 모스크바국 시대 말기에 알렉세이

---

[33] 게오르기 알렉산드로프(Георгий Александров, 1908~1961년).
[34] Советское новое рококо의 준말.

미하일로비치의 궁정에서 의제에 오른 적이 있다.[52] 소비에트 시대의 이 첫 대규모 강제노동 기획이 어떤 식으로든 모스크바국 시대에 예기되었다면, 소련의 새 수용소 단지들의 제1호가 들어설 곳으로 1920년대에 선정된 터는 옛 모스크바국의 영구적 상징들 가운데 하나인 솔로베츠크 수도원이었다. 이반 4세가 북극권 부근에 있는 이 황량한 섬의 수도원을 이념이 다른 자들을 가두어놓는 감옥으로 맨 처음으로 이용한 사람이었으며, 소비에트 정부는 — 수사들을 모조리 내쫓아서 — 그 수도원에 많은 정치범을 수용할 수 있었다.

옛 러시아의 문화가 1920년대에 들어서서도 얼마간 살아남아 있었다는 차분한 영웅적 증언이 그 군도에 갇힌 지식인들이 수용소 당국의 분명한 동의를 얻어 간행한 저작에서 제공된다. 1920년대 동안 우리는 "통합국가정치국(огпу)³⁶의 공식 지령에 따른 솔로베츠크 수용소 관리부서 기관지"인 월간 『솔로베츠크 군도』(Соловецкие острова)에서 식물상과 동물상과 역사 유물이 새로 발견되었고 새 박물관이 세워졌고 연극이 한 해 동안 234회 상연되었고 수감자와 붉은 군대 경비병과 수용소 관리부서 직원 사이에 19킬로미터 스키 경주가 벌어졌다는 기사를 읽는다. 기사 한 편은 동정심을 훤히 내비치며 이반 4세 치세에 솔로베츠크에 갇힌 최초의 수인인 아르테미를 "진리를 좇은 위인이면서 사상의 자유를 위한 투사"로 일컫는 글이다.[53]

때로는 대학교보다 스탈린 시대의 수용소에 학자가 더 많이 있는 듯

---

35 백해-발트 해 운하(Беломорско-Балтийский канал)의 준말(Беломорканал). 성 페테르부르그에서 아르한겔스크로 가는 4,000km의 해로를 227km로 단축하고자 1930년부터 1933년까지 강제수용소 재소자의 노동력을 이용해 발트 해와 백해를 이은 운하.

36 정식 명칭은 Объединенное государственное политическое управление. 1923년부터 1934년까지의 소련 비밀경찰 부서의 명칭.

했다. 그러나 솔로베츠가 초기에 누렸던 상대적 자유는 1930년대에는 유지되지 않을 터였다. 북방의 혹한만 스탈린의 수용소 제국의 변함없는 특징으로 남을 터였다. (『솔로베츠크 군도』간행이 멈춘 지 오래인 1934 ~1935년에) 솔로베츠크에서 나올 마지막 간행물이 그 군도에 있는 선사시대 유적의 발견과 수도원 방문객을 오랫동안 매혹했던 미답의 거대한 미로의 탐사를 알린다는 것은 으스스하게도 어울려 보인다.[54]

비쩍 마른 솔로베츠크 수인들이 꽁꽁 얼어붙은 그 카타콤베의 지도를 만들려고 밑으로 뛰어들고 있던 바로 그때, 다양한 형태의 강제 아래 일꾼 수천 명이 스탈린 시대의 모든 기념비적 건조물 가운데에서도 가장 컸던 모스크바 지하철을 만들려고 모스크바 자체의 밑으로 훨씬 더 깊이 뛰어들고 있었다. 제국 전역에서 당 관리들이 수도로 모여들어 어떤 선사시대 종교의 정체 모를 사제들처럼 현지 공화국에서 가져온 화려한 종유석과 석순을 이 거대한 공동 미로 안에 가져다 놓았다. 지하정당 숭배도 이때 본격적으로 시작되었다. 외국 공산당의 전통적인 이상주의적 지도자의 자리에 음험한 스탈린주의자, 즉 도마뱀처럼 어두운 곳에서 재빠르게 움직이고 카멜레온처럼 순식간에 빛깔을 바꾸는 능력을 갖춘 냉혈동물 부류의 인간이 들어섰다.

솔로베츠크에 갇혀 소리를 내지 못하는 죄수와 모스크바 크레믈에 자리 잡은 권위주의적 권력은 기묘하게 옛 모스크바국을 생각나게 하는 그림을 내놓는다. 여러모로, 스탈린 시대는 로마노프 시대 내내 그토록 많은 러시아인에게 여전히 "동시대"였던 표트르 대제 이전 시대의 완고한 비잔티움풍 의례를 생각나게 한다. 이콘과 훈향과 울리는 종소리의 자리에 레닌의 초상화와 싸구려 향수와 윙윙거리는 기계 소리가 들어섰다. 어디서나 들리던 기도문과 정교회 예배를 알리는 외침의 자리에 피할 길 없는 확성기나 라디오가 들어서서 최면을 걸듯 통계수치를 읊어대고 노동하라고 다그쳤다. 신자의 성찬예배나 "공동 작업"의 자리에는 과학적 무신론자들의 코뮌 건설이 들어섰다. 이교도가 사는 러시아 두메에 둔전병(屯田兵)과 함께 파견된 성직자와 선교사가 한때 했던 역할은 이제 "문화 군대의 병사"들에게 맡겨졌다. 그 병사들은 "문화 계주시합"을 위한 대중 집회를 마치고 출발해서 농촌으로 들어가 누가 공산주의와 농업 집산화에 찬성하는 개심자를 가능한 최단 기간에 가장 많이 확보할 수 있는지를 겨뤘다.[55]

모스크바국의 바보성자와 채찍고행자가 했던 역할과 비슷한 것을 "작업할당량을 초과 달성"하는 일에 금욕적으로 헌신하는 열혈 "사회주의 노동 영웅"이 수행했다. 이반 뇌제가 자기가 아끼던 바보성자를 시성하고 나중에 그의 이름을 딴 대성당을 지었던 것과 똑같이, 스탈린은 영웅적 피학성을 한바탕 발휘해서 일교대 시간에 (자기에게 할당된 작업량의 14배나 되는) 석탄 102톤을 캐낸 광부인 알렉세이 스타하노프(Алексей Стаханов)를 성자의 반열에 올리고 그를 중심으로 국민운동을 펼쳤다. "자발적 국채 매입 신청"이 새로운 교회에 헌신한다는 표시로 예전의 십일조를 대신했다. 연중 "돌격작업 기간"이 더 높은 대의의 이름으로 주기적으로 극기하는 시간으로 부활절 전의 대재 기간을 대신했다. 옛 전례문의 자구를 광신적으로 고수하는 일에서 정교회를 능가함으로써 하늘나라 문으로 뛰어들어가려고 한 열성적 구교도처럼 스타하노프 운동 참여자들은 생산할당량의 "돌격식 완수"(штурмовщина)로 천년왕국을 앞당기려고 했다. 이 생산할당량은 구교도가 성경을 대하는 식으로, 즉 생산 혁신을 담당한 관료가 낮춰 잡아도 안 되고 서방의 회의론자들의 비웃음을 사서도 안 되는 그 무엇으로서, 그리고 죽기살기로 해낸다면 구원을 얻을 프로그램으로서 대해졌다.

새로운 제3인터내셔널이 제3의 로마를 계승했으며, 제3의 로마에서처럼 제3인터내셔널에서 이상적 문화 표현은 모스크바에서 나오는 계시의 말씀에 호응해서 신자가 외치는 알릴루이야였다. 알릴루이쉭(аллилуй-щик, "지나치게 찬양하는 사람")이라는 용어가 스탈린 시대에 실제로 널리 사용되었다. 민심을 잃은 군주정을 뒤엎었던 러시아가 차르 체제의 원초적 신비성의 가장 원초적인 양상으로, 즉 크레믈에 계신 구원자 아버지이신 바튜시카가 고통받는 자식들을 지방의 탐관오리에게서 구해내시어 약속의 땅으로 인도하시리라는 식의 사고로 갑자기 되돌아갔다.

이렇듯 스탈린은 능란한 음모가이자 조직가였기 때문만이 아니라 평균적인 러시아인의 투박한 심성에 자기의 경쟁자들보다 더 가까웠기 때문에 레닌의 뒤를 이어 최고 독재자가 될 수 있었다. 스탈린은 — 유대인이나 폴란드인, 또는 발트 해 연안 지역 출신이 많은 — 대다수 다른 볼셰비키 지도자들과는 달리 오로지 교리문답식 정교 신학 교육만 받았다. 레닌의 장례식에서, 다른 볼셰비키 지도자들이 지식인 사회에서 흔하게 운위되는 열렬한 수사적 표현법으로 연설하고 있을 때, 스탈린은 호칭기도 같은 간곡한 권고와 함께 대중에게 더 익숙한 용어로 이렇게 연설했다.

> 우리 곁을 떠나시면서 레닌 동무는 우리에게 당원이라는 위대한 이름을 드높이고 순결하게 간직하라고 유언하셨습니다. 우리는 이 유훈을 성실히 수행하겠다고 레닌 동무 당신께 맹세합니다! ……
> 우리 곁을 떠나시면서 레닌 동무는 우리 당의 통일을 아주 소중히 간직하라고 유언하셨습니다. 우리는 이 유훈을 성실히 수행하겠다고 레닌 동무 당신께 맹세합니다![56]

그 신학생은 분명히 레닌주의라는 국교를 그 세계주의자보다 더 잘 만들어낼 수 있는 위치에 있었다. 그 신학생은 방부처리한 레닌의 유해를 대중의 경배를 받도록 키예프 동굴 수도원에 있는 성자 식으로 두 손을 포갠 채 눕혀놓고도 겸연쩍어하지 않았다. 순전히 프롤레타리아적 "구성주의" 건축 양식의 전형적 사례가 됨으로써 레닌과 새 질서를 찬양한 어색한 붉은 광장 레닌 능묘는 그 밑의 지하묘소와 그 위의 크레믈 성벽으로 대표되는 옛 질서를 더 열렬히 찬양하지 않으면 안 되었다. 스탈린은 그 단순한 건물을 순례자를 위한 성소와 축일에 주기적으로 자기 모습을 드러내 보여주는 장소로 바꾸었다. 레닌이 죽은 뒤 (독일인 과학자들을 초빙해서 레닌 두뇌의 현미경 사진을 수도 없이 많이 찍어서 다른 지도적 사상가들의 두개골을 얇게 썬 조각과 비교하는 연구를 하는) "세포구축학" 조사를 통해 레닌의 천재성 뒤에 있는 물질적 힘을 찾으려는 혁명적 지식인들의 프로메테우스적 노력과는 대조적으로, 스탈린은 레닌을 불멸의 존재로 만드는 전통적이고 신학적인 방식을 택했다.[57]

남은 삶 동안 스탈린은 자기가 레닌이 세운 교회를 받치고 있는 반석에 지나지 않는다고 주장했다. 그의 이론 저술은 늘 "레닌주의의 문제"에 관한 최신 사상으로서 제시되었다. 지난날의 레닌 이론이라는 이름으로 스탈린은 제 마음대로 레닌과 자기의 지난 언행에 어긋나는 언행을 했고 물론 레닌의 비우호적인 마지막 스탈린 평가를 감췄다.

신학 강론이라는 형식에 대러시아 애국주의라는 새 내용이 따라다녔다. 스탈린은 러시아의 민족 영웅을 1930년대에 모조리 다 복권했고 생산을 격려하고자 급료와 특권의 격차를 훨씬 더 키우는 정책을 도입했다. 교묘하게 마르크스주의적이고 사람 이름이 거의 나오지 않는 포크롭스키의 사회학식 역사서가 1932년에 그가 죽을 때까지 소비에트 역사서술을 지배했는데, 이 사회학식 역사서는 "참된 마르크스주의"로부터의 이탈로 "정체가 탄로"났다. "참된 마르크스주의"는 그 뒤로 표트르 대제와 수보로프 장군처럼 프롤레타리아적이지 않은 인물들을 찬양했다. 『시멘트』(Цемент)[37]와 『강철은 어떻게 단련되었는가』(Как закалялась сталь)[38]

같은 제1차 5개년 계획 시기의 강성 프롤레타리아 소설의 자리에 지난날의 러시아 전사들을 찬양하는 국수주의적인 소설과 영화의 새로운 물결이 들어섰다.

1930년대 말엽까지 스탈린은 "형식에서는 민족적이고 내용에서는 사회주의적"이라는 자기의 고전적 표현의 역이라고 할 수 있는 기묘한 새 대중문화를 만들어냈다. 러시아의 삶의 **형식**은 이제 확연하게 사회주의적이었다. 농업이 모두 집산화되었고 늘어나는 러시아의 모든 생산수단이 국가 소유와 중앙 계획 아래 놓였던 것이다. 그러나 스탈린 시대 전체에 걸친 사회주의화는 소비자에게 물질적 혜택을, 또는 평등의 증진이나 자유의 확대에 관심을 가진 사람들에게 정신적 혜택을 가져다주지 않았다. 새로운 대용 문화의 **내용**은 민족주의로 퇴행했다. 헌법과 법절차의 찬연한 거죽 밑에는 니콜라이 1세의 관제 민족주의의 가시지 않는 악영향과 이반 뇌제의 소름 끼치는 손길이 있었다. 스탈린이 자랑스레 선언한 "미래의 물결"은 더 면밀하게 분석해보면 과거로부터의 역류처럼 보인다. 성 요한 축일[39] 전날에 물속으로 가라앉은 키테즈 시에서 울려나오는 — 귀에 거슬리게 제멋대로 땡땡거리기만 하는 — 전설의 종소리처럼 갑자기 되돌아오는 유령의 목소리였다.

베드늬이(Бедный, "가난뱅이")[40]라는 이름으로 글을 썼으며 볼셰비키 시인

---

[37] 1925년에 나온 표도르 글라드코프(Федор Гладков, 1883~1958년)의 소설. 내전이 끝난 뒤 시멘트 공장으로 되돌아와 사회주의 건설에 참여하는 주인공의 이야기이며, 사회주의 리얼리즘의 대표작이다.

[38] 1936년에 단행본으로 출간된 니콜라이 오스트롭스키(Николай Островский, 1904~1936년)의 자전 소설. 사회주의 건설에 헌신하는 주인공의 일생을 다룬 사회주의 리얼리즘의 대표작이다.

[39] 구력 6월 24일.

[40] 소련의 시인(1883~1945년). 프리드보로프 대공의 사생아였고, 풍자 작가가 되었다. 러시아 혁명을 예찬하는 시를 써서 볼셰비키 정권의 총아가 되었다. 1936년에

가운데 가장 굴종적인 시인인 예핌 프리드보로프(Ефим Придворов, "궁산"(宮臣))조차 초기 러시아 서사시의 민중 영웅들을 우스꽝스럽게 묘사하는 "속류 마르크스주의적" 오류를 저지른 「용사들」(Богатыри) 탓에 궁정에서 쫓겨났다. 이듬해에는 푸시킨 사망 100주년, 보로디노(Бородино) 전투[41] 125주년, (「이반 수사닌」(Иван Сусанин)으로 제목을 바꿔서 이루어진) 글린카의 작품 「차르를 위한 목숨」의 재공연 등 순전히 애국적인 일련의 축제가 벌어졌다. 처음에는 일본의, 그다음에는 독일의 공포가 자라나자 사회주의적이기보다는 민족주의적인 호소에 기대는 스탈린의 경향에 속도가 붙었다. 총참모부(Генеральный штаб)와 전통적인 부대 명칭 다수가 1930년대 말엽에 다시 도입되었다.[42] 1941년에 독일이 러시아를 침공하기 바로 앞서 전투적무신론자동맹이 해체되었고, 그 바로 뒤에는 모스크바 총대주교와 제한된 종교협약이 맺어졌다. 서방의 많은 사람이 1943년에 공산주의 인터내셔널을 해체하는 전시 동맹국 소련의 제스처를 액면가로 받아들일 채비를 할 만큼 스탈린은 전통주의자가 되었다고 보인다.

그러나 러시아 전통과의 이 모든 연계에도 불구하고 스탈린 시대에는 이전의 어떤 것과도 함부로 견줘서는 안 될 산업 발전과 사회 변화가 일어났다. 러시아의 자유로운 창조적 문화를 파괴하려는 스탈린의 노력은 권위주의적인 선대 통치자들의 노력보다 더 철저했고, 그 노력의 대

민중 영웅을 비꼬는 오페라 「용사들」의 대본을 썼다가 공산당에서 축출되었다.

[41] 나폴레옹의 러시아 원정군과 쿠투조프 장군 예하 러시아군이 1812년 9월 7일(구력으로는 8월 26일)에 모스크바에서 서쪽으로 110km 떨어진 보로디노에서 벌인 전투.

[42] 제정 러시아 군대에서 최고사령부인 스탑카(Ставка)라는 조직과 정예 부대에 부여된 근위대(гвардия)라는 명칭이 1941년에 붉은 군대에서 부활했다.

상은 전례 없이 다양하고 세련되고 대중의 지지를 얻은 문화를 상대로 그런 노력이 개시되었다. 그는 자기의 캠페인에 현대 대중광고의 냉소적 조작 기법을 모두 동원해서 사람을 현혹하는 통계수치와 진실하지 않은 헌법 보장으로 겉을 꾸며 자기의 잔혹 행위를 가렸다.

그 모든 것 뒤에는 이루 말로 다할 수 없는 인간의 고통과 타락이 있었다. 더 잘 살고 싶고 전통적으로 자기들을 수탈해온 도시인에게서 벗어나고 싶다는 — 신경제정책 시기에 되살아난 — 농민의 소망은 농업을 집산화하겠다는 스탈린의 결의로 물거품이 되었다. 1930년대 초에 항의하는 농민이 곡물을 불태우고 가축을 도살하면서 인간계에서 비자연사(非自然死)의 연쇄 반응이 시작되었다. 농민이 "계급의 적" 쿨락, 이전배치된 강제 노동자, 또는 잘못된 계획이나 강제 곡물징발이 일으킨 인재성(人災性) 기근의 희생자로서 목숨을 잃었다. 이 공포를 농촌에서 영속화한 "좌익" 활동가들이 그다음으로 1930년대 중엽의 숙청에서 목숨을 잃었고, 그런 다음에는 대중을 달래서 최고위 도살자[43]의 안전을 확보하려고 처형자 자신들이 처형되었다.

죽음은 개인이나 수천 명 단위가 아니라 수백만 명 단위로 기록되었다. 농업집산화 초기 단계에서 도축된 가축이 1,000만 마리가 넘었고, 1930년대의 사회 격변에서 도살된 농민은 아마 500만 명일 것이다. 공산당 엘리트 신분이라고 해서 참화가 비켜가지 않았다. 1934년의 제17차 공산당 대회와 1939년의 제18차 공산당 대회 사이에 당중앙위원회 정위원 71명 가운데 55명, 후보위원 68명 가운데 60명이 사라졌기 때문이다. 실제로, 러시아 혁명을 일으키고 소비에트 국가를 세웠던 사람들 가운데 몇몇을 뺀 모든 이가 1930년대에 숙청되었다. 그리고 나서 히틀러와

---

[43] 스탈린.

전쟁의 끔찍한 고통이 찾아왔고, 그 와중에 러시아인 1,200만 명이 목숨을 잃었다.[44]

언제나 늘 스탈린은 창조적 문화의 심장부에 있는 상상의 비약과 형식과 사고의 실험을 수상쩍게 여겼다. 동유럽에서 대규모 유대인 사회는 지적 전통과 국제적 전망을 지닌 탓에 가장 수상쩍은 존재였다. 유대인 볼셰비키는 자기들의 혁명 이름을 빼앗기고 이름 없이 죽임을 당했는데, 그런 죽음은 얼마 지나지 않아 더 체계적이고 인종주의가 두드러지는 나치(Nazi) 독일의 전체주의 아래서 유대인 대중이 맞이할 운명이 되었다. 전체주의 시대의 최종 주제재현부는 이디시어 문화의 잔재와 제2차 세계대전의 여파 속에서 러시아에 나타난 서유럽에 관한 새로운 관심을 제거함으로써 "세계주의라는 궤양"을 없애버리려는 스탈린의 노력이었다.

스탈린이 세계 문화에 한 가장 중요한 이바지는 테러와 이완 사이를 번갈아 체계적으로 왔다갔다 하는 새로운 통치 기법을 완성한 데 있었다. 이 "인위적 변증법"에는 독재자에게 완전히 종속되어 있고 마음대로 다룰 수 있는 "무쇠 같은" 기구의 수립이, 그리고 "영구 숙청"을 면밀히 계산된 국가통치 도구로 만들겠다는 결의가 필요했다.[58] 참된 호모 소비에티쿠스(homo sovieticus)[45]는 마구 확장되는 독재자의 경찰과 정보기관의 과묵하고 규율이 선 전문 간부였다.[59] 고분고분하지 않은 죄수를 "꺾어버리"는 가장 간단한 방법들 가운데 하나가 번갈아서 훤히 불을 켰다가 완전히 캄캄하게 불을 끄는 것임을 알아낸 악명 높은 내무인민위원부

---

44 1980년대 이전에는 제2차 세계대전 기간에 소련의 민간인 1,200만 명, 군인 800만 명이 죽었다고 추산되었다. 오늘날에는 그 수가 각각 1,700만 명 이상, 1,100만 명 이상으로 추산된다.
45 '소비에트형 인간'의 라틴어 표현.

특수부의 기술자들과 똑같이, 스탈린의 하수인들은 웃음 짓기와 찌푸리기, 친선과 위협 사이를 끊임없이 번갈아 정신없이 왔다갔다 해서 바깥 세계를 헷갈리게 하여 무릎 꿇리려 들었다.

이 사회의 저 먼 꼭대기에 독재자가 홀로 서서, 분위기의 고양과 침체를 조절하고 집단적인 고통과 열등감에 오랫동안 익숙해진 국민의 피학적이고 외국 공포증적인 충동을 교묘히 자극했다. 보상이 제대로 이루어졌거나 휴지기가 주어져야 할 때마다, 크레믈 안에서 집단주의의 칼리굴라(Caligula)[46]가 미소를 지으며 갑자기 나타났다. 테러가 느슨할 때면, 심지어 희생자들도 테러를 하수인 한 사람이 일으킨 사태, 즉 1930년대에는 예좁쉬나(Ежовщина)[47]로, 1940년대에는 즈다놉쉬나(ждановщина)[48]로 언급하는 경향을 보였다.

말년에 스탈린은 줄곧 커지는 경찰 제국의 우두머리 니콜라이 예조프(Николай Ежов)의 후임이자 그루지야 동향인인 라브렌티 베리야(Лаврентий Берия), 자기의 개인 비서 알렉산드르 포스크료븨셰프(Александр Поскребышев), 채찍고행 종파 창시자의 이름을 가진 여위고 예전에 금욕적인 구교도 신자였던 미하일 수슬로프(Михаил Суслов)처럼 그림자 같은 인물을 자기 주위에 두었다.

1952년 성탄절 전날에 수슬로프가 이반 3세의 궁정에서 벌어졌던 마

---

[46] 로마 제국의 황제(12~41년). 본명은 가이우스 카이사르(Gaius Caesar). 대중의 환영을 받으며 37년에 제위에 올랐지만, 신을 자칭하며 재정을 허비하고 전횡을 일삼은 끝에 근위병에게 죽임을 당했다.

[47] 스탈린이 1937~1938년에 자행한 대숙청과 대규모 탄압. 숙청과 탄압을 수행한 실무자 예조프의 이름을 딴 표현이다.

[48] 제2차 세계대전 직후에 문화 영역에서 공산당의 통제권을 강화하고자 즈다노프가 주도한 예술 정책을 일컫는 표현. 당 노선에 따르지 않는 예술가들을 비난하고 탄압했고, 1952년까지 유지되었다.

녀사냥으로의 퇴행이기도 하고 새로운 대숙청의 확연한 전조이기도 한 새로운 비방전의 첫 신호를 울렸다. 신문 편집진이 경제 발전이라는 오랫동안 잊었던 문제에 관한 호된 자아비판을 제대로 하지 않는다는 수슬로프의 비난이 있은 뒤에 『프라브다』(Правда)[49]에 즈다노프를 비롯한 소련의 여러 지도자를 오진과 독약으로 암살한 혐의로 의사 아홉 명이 기소되었다는 성명서가 실렸다. 유대인이 대다수였으며 크레믈에 잠입했다고 하는 "독살자-의사"들을 대상으로 한 이 공세는 명백히 국가 안보의 수장 라브렌티 베리야와 그와 가까운 동료 게오르기 말렌코프(Георгий Маленков)를 겨냥한 것이었다. 그 두 사람은 스탈린의 부관들 가운데 가장 머리가 좋고 권력이 막강했으므로 희생양이 되기에 논리상 적격이었다. 스탈린 자신이 1953년 3월 5일에 죽는 바람에 운 좋게도 그들의 지위는 (비록 다만 잠깐이었을지라도) 보전되었다. 공산주의자가 아닌 한 사람이 살아있는 스탈린을 마지막으로 보았을 때, 스탈린은 붉은 잉크로 늑대를 그리고 있었다. 스탈린이 죽기 직전에 받았다고 공식 발표된 마지막 치료는 거머리를 써서 방혈하는 것이었다.[60]

살짝 웃고 있는 방부처리된 스탈린은 붉은 광장의 능묘 안에서 거의 10년 동안 레닌과 나란히 누워 있었다. 그 주검은 신중하게 배양된 무류성의 신화를, 달리 말하자면 소련의 정책이 일선에 있는 사람들에게 아무리 터무니없어 보일지라도 지휘소에는, 즉 평범한 경험과 범상한 의심의 공격을 받아도 꿈쩍하지 않는 크레믈 내부의 "마법 성채"에는 모든 것을 다 아는 지도자가 늘 있다는 생각을 머릿속에 떠오르게 해주는 으스스한 존재였다. 그 스탈린 신조를 연구한 한 학자가 쓴 대로,

---

[49] 1918년부터 1991년까지 간행된 소련공산당 중앙위원회 공식 기관지.

공산주의와 그 독창성의 힘은 사리사욕이 없는 투사와 동조자에게서 나온다. …… 그들의 공감과 신념은 멀리 떨어져 있는 내부 성채가, 악이 선으로, 사실이 신화로, 역사가 전설로, 러시아의 스텝이 낙원으로 확 바뀌는 그 마법 성채가 굳건히 버티고 있는 동안은 무너지지 않을 것이다.[61]

어디에나 다 있는 스탈린의 거대한 조각상은 러시아에 전능의 새 이미지를 제공했다. 그것은 비잔티움의 판토크라토르의 으스스한 패러디였다. 이 신의 이미지는 원조 성 소피아 대성당들의 중앙 돔에서 내려다보면서 러시아 문명의 이 원조 중심지들에서 축일에 모인 사람들에게 죄를 씻어내 주고 천국의 장관을 신비롭게 미리 맛보여 주었다. 이렇게 스탈린은 웃음을 띠고 내려다보면서 "문화·휴식 공원"이 제공하는 지상천국을 가슴 벅차게 미리 맛보려고 새로운 축일에 모인 사람들에게 죄를 씻어내는 권위와 거룩한 지혜를 확약해 주었다. 심리적 만족을 주는 특징을 많이 지닌 이 준(準)종교적 스탈린 신화는 쉽사리 떨쳐낼 수 없었다. 그의 주검이 1961년 말엽에 마침내 붉은 광장의 능묘에서 빼내졌을 때, 레닌과 알고 지냈으며 스탈린 치하에서 열일곱 해를 감옥에서 지낸 한 노부인[50]이 얼마간은 분파교 예언자처럼 이렇게 외쳤다.

오로지 제 가슴 속에 일리치가 있었고 어떻게 할지 그분께 조언을 구했기에 저는 살아남았습니다. (박수) 어제 저는 일리치께 조언을 구했는데, 그분은 마치 살아있는 사람처럼 제 앞에 서서 이렇게 말씀

---

[50] 도라 라주르키나(Дора Лазуркина, 1884~1974년). 브랸스크 지방에서 태어났고, 1902년에 볼셰비키 당원이 되었다. 10월혁명 때 페트로그라드에서 활약했고, 이후로는 당 교육기관과 감찰기관에서 일했다. 1937년에 숙청되어, 1953년까지 강제수용소에 갇혀지내다가 1956년에 복권되었다.

하셨습니다. 나는 당에 그토록 불행을 가져다준 스탈린 곁에 있다는 게 영 기분 나쁘다오. (길게 이어지는 우레 같은 박수)[62]

이장식(移葬式) 광경은 모스크바국 후기의 정치를 생각나게 한다. 그 여자의 권고가 "길게 이어지는 우레 같은 박수"라는 교송(交誦) 같은 반응을 불러일으키자 흐루쇼프는 제22차 공산당 대회의 연단에서 그 권고를 축성하며 인준한 것이다. 스탈린 이후 시기의 한 소련 지식인은 이렇게 썼다.

아, 만약 우리가 더 똑똑했더라면, 우리가 그분의 죽음을 기적으로 에워쌌더라면! 라디오에서 그분은 돌아가셨지만 하늘로 올라가서 그곳에서 신비하게 말없이 우리를 보고 계시다는 발표가 나왔다. 썩지 않는 그분의 유해 덕에 중풍환자와 정신질환자가 치유되었으리라. 그리고 자려고 누운 어린이가 창가에서 하늘나라 크레믈의 밝은 겨울 별을 보고 기도했으리라.[63]

스탈린 치하 러시아 문화의 개괄적 조망을 가장 잘 제공하는 것은 아마도 소비에트 시대 이전의 역사가 별로 없는 예술 매체인 영화의 발달일 것이다. 영화라는 예술 매체의 역사는 소비에트 시대보다 그리 더 오래되지 않았다. 1920년대와 1930년대에 소련 모든 곳에 생겨난 크고 작은 무수한 영화관은 소련 이전 시대의 교회에 해당하는 새로운 체제의 사물이었다. 영화관 안에서, 새 질서의 미리 정해진 의례가 ― 성공의 연대기와 지복의 약속이 ― 말 없는 대중에게 체계적으로 정기적으로 상영되었다. 그 대중이 즉각적인 물리적 필연성의 세계 너머 세상에 관해 품는 주된 이미지는 이제 움직이지 않는 이콘의 화벽(screen)보다는 움직이는 그림의 은막(screen)에서 비롯되었다. 소련의 공업처럼 영화 산업은 스탈린 시대에 영화를 대량으로 제작했고, 그 가운데에는 참으로 질 좋은 영화가 몇 편 있었다. 그러나 새로운 기법과 솜씨 좋은 예술가가 영화계에 많이 들어왔는데도 스탈린 시대의 영화는 러시아 문화사에서 퇴행적인 한 장을 대표한다. 스탈린 시대의 영화는 최선의 경우에는 러시아 혁명 이전 문화의 가장 국수주의적인 양상의 허세 어린 연장에 지나지 않는 것을 제공했고, 최악의 경우에는 세계의 가장 전도유망한 연극 전통들 가운데 하나를 도용하려 드는 괴물 같은 기술이었다.

이상주의적인 젊은 혁명가들이 이리저리 떠돌다가 러시아 혁명 기간에 유아기 러시아 영화 산업의 휑뎅그렁한 촬영장에 처음 들어설 때 희망은 드높았다. 새로운 사회 질서의 좋은 소식을 모든 사람에게 퍼뜨리는 데 더할 나위 없이 딱 알맞은 기술이 지닌 해방하는 힘과 긴밀하게 연계된 한 예술 매체가 여기 있었다. 또한 상대적으로 전인미답의 예술적 가능성의 세계, 즉 문화의 타불라 라사(tabula rasa)[51]가 여기 있었다. 1903년에 최초의 대중 영화관이 나타난 이후로 러시아 영화 산업은 그리 독특한 성격을 띠지 않았기 때문이다. 러시아 영화는 동화 속 나라 감상성과 신파식 해피엔딩을 만들어내는 데 주로 연관된 돈벌이 위주의 모방성 매체였다.

레닌의 1919년 8월 자 포고령으로 교육인민위원부 소관이 되었고 거의 모든 영화 예술인과 기술자가 나라 밖으로 빠져나가는 사태에 맞부닥친 소비에트 영화 산업은 현장 실습훈련의 주요 중심지와 현란한 실험의 격전장이 되었다.

---

[51] '아무것도 쓰이지 않은 판자(板子)'를 뜻하는 라틴어 표현. 외부의 대상 세계에 감각이 반응해서 어떤 관념이 새겨지기 이전의 정신 상태를 가리킨다. 일찍이 아리스토텔레스가 정신을 아무것도 쓰이지 않은 칠판에 비유했고, 로크도 백지에 비유했다.

비교적 느슨한 시기인 1920년대 초엽에 갖가지 새로운 양식이 나타났고, 뒤이어 영화 예술의 성격과 영화 예술과 새로운 사회 질서의 관계에 관한 토론이 활발하게 벌어졌다. 주목할 만한 "영화의 눈"(кино-оки)[52] 그룹이 잠시 번성했는데, 이 그룹은 다큐멘터리식 정확성과 엄밀한 시간순 배열에 광적으로 몰두했다. 전직이 건축가 겸 조각가인 레프 쿨레쇼프(Лев Кулешов)는 옥외 장면과 비(非)전문 배우들과 초대형 구도의 활용에서 선구자였다. 영상의 흐름을 표현주의적 형태나 추상적 형태로 분해하려는 산발적 시도가 이루어졌다.

그러나 소비에트 문화의 모든 분야에서처럼 스탈린이 1920년대 말엽에 절대 권력의 지위에 오르자 프로파간다식 공식 양식이 채택되었고 이로 말미암아 창조적 실험이 종식되었다. 그 새 양식은 아마도 혁명적 메시지와 사회주의 리얼리즘으로 불리게 된 사실주의 형식의 혼합물의 가장 좋은 예였을 것이다. 한편, 1930년대와 1940년대의 영화 소재는 스탈린 시대 러시아에서 국수주의적 전통주의로 쏠리는 추세가 점점 더 거세졌음을 생생하게 보여준다.

소련의 새로운 영화 양식의 뒤에는 많은 영향력이 있었다. 어느 모로 그 영화 양식은 후기 모스크바국에서 승리한 교회(Церковь Победоносный)의 영웅적 역사를 대중화했던 삽화 연대기(лицевая летопись)의 옛 전통으로 되돌아가기였다. 또한 그 영화 양식은 19세기에 발달했던 영웅 역사화와 초대형 전람회의 전통의 연속이자 통속화였다. 이런 전통에 흥분을 자아내는 전시 공산주의 시기에 비롯된 신형 혁명 신비극의 꿈이 보태졌

---

[52] 지가 베르토프를 비롯한 러시아 영화인들이 1919년에 결성해서 1920년대에 활동한 영화 유파. 스튜디오에서 전문 배우를 활용해서 촬영하는 영화를 거부했고, 인간의 눈보다 카메라가 현실을 더 정확하게 포착한다고 주장하며 현실 세계를 담은 뉴스릴을 주로 제작했다.

다. 러시아 역사의 7대 민중 혁명을 재현하려고 시도하는 일련의 공연에 수천 명이 참여하면서 대중 야외극 행사가 즉흥적으로 이루어졌다. 마야콥스키의 『미스테리야-부프』에는 8,000명이 참여했고, 겨울궁전 공격의 의례적 재현에 참여한 사람은 100,000명을 웃돌았다. 쥘 미슐레(Jules Michelet)는 프랑스 혁명이 사실은 1789년 7월 14일의 바스티유 요새 습격이 아니라 한 해 뒤에 그 사건의 상징적 재현으로 시작되었다고 말했다. 마찬가지로, — 해방의 상징으로서의 — 러시아 혁명은 1917년 10월의 소란한 사태가 아니라 생생한 야외극과 신화적 재현의 이 후속 장면에서 태어났다고 말할 수 있었다.

레닌의 후계자가 맡은 핵심적 영화 과제는 이 기념비적 신화를 은막으로 옮기는 것이었다. 혁명기의 "영화 열차"가 그 열차의 순회 화상 프로파간다와 더불어 붙박이 극장으로 대체되면서, 혁명 신화의 정형(定型)을 가지는 것이 필수불가결해졌다. 이것은 3대 영화로 제공되었다. 모두 다 볼셰비키 쿠데타 10주년 기념으로 제작되었으며 일종의 영웅 3부작을 이루는 이 3대 영화는 프세볼로드 푸돕킨(Всеволод Пудовкин)의 「성 페테르부르그의 종말」(Конец Санкт-Петербурга)과 세르게이 에이젠시테인(Сергей Эйзенштейн)의 「세계를 뒤흔든 열흘」(Десять дней, которые потрясли мир)과 보리스 바르네트(Борис Барнет)의 「10월혁명 시기의 모스크바」(Москва в Октябре)였다. (영화로는 3부작이 된) 알렉세이 톨스토이의 『고난의 행로』(Хождение по мукам)에서 제시된 똑같이 환상적인 파노라마식 내전 묘사와 더불어 이 영화들은 오랜 세월의 소망과 경외가 러시아에서 갑자기 실현되는 새로운 성육신의 신비를 러시아 대중을 위해 극화했다.

영화계의 러시아 혁명 이콘 화가들 가운데 푸돕킨과 에이젠시테인은 가장 잘 기억될 자격이 있는 인물이다. 이 두 사람은 실험적인 1920년대의 소산이면서 쿨레쇼프의 제자였다. 그들은 저마다 1926년에 가장 큰 성공을 거두었다. 그 성공이란 에이젠시테인의 「전함 포톰킨 호」(Броненосец Потемкин)와 고르키의 작품을 영화화한 푸돕킨의 「어머니」(Мать)였다. 두 사람은 저마다 그 뒤로 스탈린 시대 말엽에 — 에이젠시테인은 1948년에, 푸돕킨은 1953년에 — 죽어서야 끝날 기나긴 영화제작 경력을 쌓았다.

푸돕킨이 더 철저한 스탈린주의자였고 — 그 결과로 — 두 사람 가운데에서는 기억에 덜 남았다. 볼가 지역의 억세고 날쌘 아이인 그는 처음부터 자기의 에너지를 새 질서에 봉사하는 데 쏟고 싶어 했다. 그의 이론 저술은 기술 혁신을 교의 주입이라는 실용적 목적에 이용해야 한다고 강조했다. 그는 스타니슬랍스키의 사실주의 연기법을 더 실험적인 양식보다 선호했고 영화 편집자 겸 감독의 반(半)독재적 기능을 치켜세웠다.

그는 단순하고 강렬한 감정을 투영하는 능력을 갖추었는데도 점점 더 스탈린을 따라 기념비적 주제로 돌아섰다. 그의 가장 중요한 후기 작품인 「수보로프」(Суворов)와 「미닌과 포자르스키」(Минин и Пожарский)와 「나히모프 제독」(Адмирал Нахимов)에서는 러시아의 전통적인 애국적 주제가 혁명적 주제를 대체했다. 한편, 그는 자기의 이론 저술에서 통계학적 자축에 대한 열성을 스탈린식 심성의 특징인 의사(擬似) 마르크스주의 용어로 이렇게 과시했다.

> 배우 한 명이 무대에서는 수백 명 앞에서 연기하고 영화에서는 사실상 수백만 명 앞에서 연기한다. 새로운 종류의 흥분을 자아내는 양질 전화의 변증법적 사례가 바로 여기 있다.[64]

그는 "사회주의 리얼리즘은 …… 인민 그 자체만큼 불멸이며 영원히 젊고 무한하다"는 화끈한 신념을 품고 더 오랜 연극 전통에 일종의 벼락출세자의 경멸을 표현했다.[65]

에이젠시테인은 훨씬 더 복잡하고 흥미로운 인물이었다. 리가에서 태어나서 건축가 교육을 받은 그는 푸돕킨보다 1920년대의 실험 경향에 더 깊이 몰입했고 20세기 유럽 문화에 더 두루두루 정통했다. 그는 칸딘스키나 다른 이들의 영향을 받아서 선과 색이라는 기본 구성요소가 영적 특성을 저절로 시각예술 안으로 가져다 줄 수 있다고 믿었다. 그는 참된 예술은 "감각들의 동시화"에 영향을 미쳐야 한다는 믿음을 곧바로 루이 베르트랑 카스텔(Louis Bertrand Castel)과 에카르츠하우젠 같은 스크랴빈의 신비주의자 선배에게서 끌어냈다.[66] 그는 프롤레트쿨트의 구성주의 연극에 투신했으며 메이예르홀드 극단에서 미술 디자이너로 일한 다음에 획기적인 「전함 포툠킨 호」를 제작했다.

이 영화는 엄청난 규모의 출연진을 이용해서 1905년 혁명 동안 오데사에서 전함 「포툠킨」 호 승조원들이 일으킨 짧은 봉기를 시적(詩的) 파격어법과 영화 기법으로 묘사했다. 특별히 1905년 혁명 20주년 기념 영화 용으로 쓰인 시나리오에 바탕을 둔 「전함 포툠킨 호」는 오랜 옥외 대중연극 전통에 크게 기대어 완벽에 가까운 혁명적 영웅주의 우화를 만들어냈다. 어느 개인보다는 전함 자체가 주인공이었다. 전함 승조원들은 얼마 되지도 않는 자기들의 고기 배급을 갉아먹는 벌레들과 자기들의 영혼을 갉아먹는 사제와 관리에 맞서 투쟁하는 혁명적 환희의 의기양양하고 자연발생적인 합창단이었다. 이코노스타시스에서 제위에 앉은 그리스도 다음에 세례자 요한 "선임자"가 놓였던 것과 똑같이, 10월혁명보다 더 먼저 일어난 이 혁명은 러시아 혁명의 이콘 도상에서 존중받는 지위를 얻었다. 유모차가 엄마의 손아귀에서 풀려나 계단을 굴러내려가며 점점 더 빨라지고 그 뒤를 기계처럼 전진하는 비인간화된 차르군 병사들의 대형이 따라오는 유명한 시퀀스만큼 유아기 영화 산업의 역량을 그토록 탁월하게 정치적 목적에 활용한 장면은 지금껏 거의 없다.

푸돕킨과 달리 에이젠시테인은 1920년대 말엽과 1930년대 초엽에 사실주의적이지 않은 형식의 영화예술을 실험했고 그의 몇몇 시도에 대한 당국의 힐난을 불러일으켰다. 그러나 그는 푸돕킨처럼 결국은 1930년대에 더 통상적인 애국적 주제로 쏠리는 추세를 따랐다. 그의 「알렉산드르 넵스키」는 이 장르의 이정표였으며, 표트르 대제가 그토록 찬양한 그 유명한 무인 수사를 찬미했다. 그러나 한편으로 유명한 표트르 대제 찬양 영화가 19세기 화가들의 회화적 이미지를 그저 은막에 옮긴 데 비해, 에이젠시테인의 표트르 대제 수호성자 묘사는 표현주의 극문학에서 계속 빌렸음을 시사하는 기괴한 과장법의 요소를 들여왔다.

성 페테르부르그의 건설자이자 기술 혁신의 애호자인 표트르 대제가 스탈린 시대 초기의 자연스러운 주인공이었다면, 이반 4세라는 음침한 인물은 으스스하게도 모스크바국의 방식으로 되돌아가던 스탈린 후기에 여러모로 알맞은 주인공이었다. 따라서, 1930년대 말엽에, 에이젠시테인이 프로코피예프의 음악, 니콜라이 체르카소프(Николай Черкасов)의 연기, 가장 뛰어난 흑백·천연색 촬영기사들[53], 심지어 단역 연기를 맡는 푸돕킨의 봉사 등 일련의 비범한 재능을 짜 맞춰서 이반 뇌제의 대하 일대기를 연출하는 일에 나섰다.

그러나 이 작품은 그토록 유망했는데도 러시아 문화사에 숱하게 많은 미완성 3부작의 또 한 사례가 되었다. 제1부는 전쟁 기간에 알마-아타(Алма-Ата)[54]라는 머나먼 피난처에서 촬영되었고, 1945년 1월에 개봉된 뒤 곧바로 받은 스탈린 대상을 포함해서 각종 포상으로 상찬되었다. 그

---

[53] 안드레이 모스크빈(Андрей Москвин, 1901~1961년)과 에두아르드 티세(Эдуард Тиссэ, 1897~1961년).

[54] 중앙아시아 카자흐스탄의 도시 알마티(Алматы)의 소련 시절 명칭.

러나 제2부는 1946년 9월에 공산당 중앙위원회의 비난을 받았다. 제1부의 으스스한 소리와 그림자는 제2부에서는 희화화가 되었다. 제2부는 보야린의 음모를 묘사하면서 흑백 장면과 천연색 장면을 번갈아 넣었다. 음모가 가시지 않고 금방이라도 암살이 일어날 분위기가 현실에 너무나도 근접했고, 극도로 예민한 스탈린은 이반 뇌제와 그의 오프리치니나가 자행한 잔학 행위의 솔직한 묘사에서 자기 자신과 자기의 비밀경찰에 대한 은근한 비판을 보았던 듯하다. 따라서 그 3부작의 제2부는 에이젠시테인이 죽고 나서 10년, 스탈린이 죽고 나서 5년이 지난 1958년까지 대중에게 개봉되지 못했다. 제3부는 완성되지 못했다. 에이젠시테인은 그의 운명이 1930년대 초엽에 그랬듯 총애를 반쯤 잃은 비슷한 상태에서 죽었다.

　제2차 세계대전 이후 시대 초기의 영화는 집단농장원과 당 활동가 사이의 판에 박힌 이념적 로맨스에, 또는 「스탈린그라드 전투」(Сталинградская битва)와 「베를린 함락」(Падение Берлина) 같은 영화에서 스탈린 지도력의 전지(全知)와 소련군의 전능(全能)으로 관중을 홀리려는 시도에 주로 몰두했다. 사진을 체계적으로 조작하는 이 시대에 소련 영화는 영화 배급을 관리하는 소련 선전기관의 거듭되는 재편집 때문에 비유로뿐만 아니라 문자 그대로도 엉망진창이 되었다. 말년에 에이젠시테인이 불운한 「이반 뇌제」를 놔두고 제안된 대로 네로의 삶에 관한 연구에 매진하기를 곰곰 생각하고 있었다는 것은 그리 놀라운 일이 아니다.[67] 새로운 네로의 손에 순교당할 위험을 무릅쓰지 않는 인간 정신에 남아 있는 영예로운 소명은 없다고 보였다. 심지어 「스탈린그라드 전투」의 대본을 썼던 니콜라이 비르타(Николай Вирта)조차 1954년에야 비로소 간행된 스탈린 말기의 자기 희곡 「폼페이의 멸망」(Гибель Помпеева)에서 대참사가 머지않다고 암시하고 있었을지 모른다.

이반 뇌제처럼 스탈린의 광기에도 체계가 있었다. 이반 뇌제처럼 스탈린은 러시아 국가의 국력을, 그리고 그 국가에 대한 자기의 권위를 엄청나게 키웠다.[68] 운이 좋아서였든 신중하게 계획해서였든, 스탈린은 사반세기 만에 러시아를 세계의 대열강들 가운데 가장 뒤처진 열강의 지위에서 세계에 둘 뿐인 초열강의 하나로, 공업생산 면에서는 5~6위에서 2위로 끌어올렸다. 이것들은 스탈린이 — 그리고 20세기에 다른 많은 이가 — 성공을 재는 잣대였고, 이런 점에서 보면 스탈린은 성공했다. 그는 러시아인의 가공되지 않은 힘과 복잡한 심리를 가지고 인상적인 정치 기구를 빚어냈으며, 그 정치 기구를 매우 능란하게, 그리고 때때로 기억되는 것보다 더 유연하게 다루었다.[69] 심지어 문화 영역에서도 그는 실질적인 문맹 퇴치와 거창한 각종 문학고전 총서같이 겉으로는 대단한 성취를 거론할 수 있었다.

스탈린 시대의 기억을 넘어서서 지속됨 직한 유일한 공식 사회주의 리얼리즘은 스탈린 시대의 웅대한 변모와 폭력적 비인간성의 특성을 일부분 포착한 미하일 숄로호프(Михаил Шолохов) 소설의 사회주의 리얼리즘이다. 레닌의 혁명과 스탈린의 혁명은 각각 『고요한 돈 강』(Тихий Дон)과 『개척되는 처녀지』(Поднятая целина)에서 조금은 2차원적일지라도 설득력 있게 재서술된다. 그러나 지조 있게 충성스러운 (그리고 근본적으로 반(反)서방적이고 반(反)지성주의적인) 이 작가조차도 이 이야기들의 후편을 쓰려고 시도할 때 시달리고 방해를 받았다. 스탈린 시대 절정기에 그는 점점 더 자기 고향 우크라이나의 시골로 물러나 제목과 서술 문단에서 변함없는 자연의 이미지와 권위를 불러냈고, 흐루쇼프가 스탈린을 깎아내린 뒤에야 비로소 『개척되는 처녀지』를 빠진 부분 없이 펴냈으며 흐루쇼프가 몰락한 뒤에는 노벨상을 받는 세 번째 러시아 작가가 되었다.[70]

러시아 사상사가에게 스탈린 시대는 그 독재자의 개성과는 전혀 별도의 중요성을 지닌다. 스탈린 시대는 오랫동안 침묵해온 여러 힘이 갑자기 러시아의 문화생활에서 중요한 역할을 하게 되는 시기였기 때문이다. 스탈린의 기계화 쟁기가 땅거죽 밑을 파헤쳐서 피학적이고 국수주의적인 충동을 거죽에 더 가까이 들추자, 얼어붙은 하층토에서 배양되는 형태의 식물처럼 그 충동이 갑자기 움텄다.

한편 이 "제2차 혁명"으로 뒤엎어진 땅은 글 깨치기와 배우기에서 싹이 트는 새 곡물에 알맞았다. 스탈린은, 비록 인간계뿐만 아니라 (그가 리센코의 환경결정론을 신성시한 것이 드러내 주듯) 식물계를 관리할 무한한 권력이 자기에게 있다고 자만했을지라도, 자기가 그토록 체계적으로 갈아엎고 불태웠던 초지대에서 몇몇 예상치 못한 곡물과 마주쳤다. 정치·경제사가가 주로 레닌의 씨 뿌리기와 스탈린의 잡초 뽑기를 다뤄야 한다면, 문화사가는 그 땅의 더 깊은 문제를, 그리고 — 아무리 시험적일지라도 — 현재의 수확과 과거와 미래의 수확의 관계를 보아야 한다.

03 신선한 발효

볼셰비즘 아래서 러시아가 이룩한 성취의 전반적 성격은 오랫동안 분명했다. 도시화와 공업화가 가속되었고, 군사력의 원천이 극적으로 증가했으며, 중앙집권화된 통제가 과학적 이데올로기와 결합해서 러시아의 통치자들이 예전에 획득했던 것보다 더 강한 내부 규율을 달성했다. 잔혹하기는 했어도 능숙한 소비에트 연방 지도자들은 안으로부터의 선동을 통해서든, 아니면 밖으로부터의 전복을 통해서든 자기들의 권위에 가해지는 어떠한 정치적 도전도 물리칠 효과적 수단을 — 자기들의 혁명 경험을 이용해서 — 완성했다. 마침내 공산당 통치는 — 제2차 세계대전 동안 권좌에 있었고 그 뒤로는 중요한 물질적 성취를 이루었으므로 — 고통을 감내해온 러시아인에게는 러시아의 기나긴 역사적 경험에서 일시적 현상을 넘어서는 그 무엇으로 호의적인 인상을 주었다.

그러나 과두지배 통치자들의 계획과 성취는 언제나 복합적인 러시아사 기록의 일부일 뿐이었다. 러시아의 유산이 스탈린 치하에서 발달한 공식 문화에 여러 방식으로 영향을 준 것과 똑같이, 스탈린을 당황하게 만든 문제들도 이상하게 낯익어 보인다. 물론, 역사가는 과거가 현재와 어떻게 연관되는지를 결코 정확히는 알 수 없다. 원자력 시대의 전례 없는 문제들에 에워싸여 있을 때에는 특히나 그렇다. 역사가는 물려받은 예술·사고 양식이 권력 정치와 경제적 필요의 세계에 어떻게 영향을 미치는지도 정확히는 알 수 없다. 그러나 과거로부터 메아리처럼 울려 나오는 주제들을 짚어내는 것이 역사가의 의무이다. 스탈린 시대 말엽에는 그런 주제가 숱하게 많았다.

우선, 되풀이해서 나타나는 러시아 근대사의 주제인 전쟁이라는 자극이 있었다. 흥분감, 자기희생, 사회적 유동성 증대가 전통적으로 서방과의 새로운 접촉과 결합해서 근대 러시아에서 개혁 정서를 자극했다. 실제로, 중요한 전쟁 뒤에는 급진적 선동이 거의 반드시 일어났고, 귀환하는 참전 군인들이 그 선동에 가담했다. 나폴레옹 전쟁 뒤에는 데카브리스트가, 크림 전쟁 뒤에는 1860년대의 "새로운 사람들"이, 튀르크 전쟁 뒤에는 혁명적 인민주의자가, 러시아-일본 전쟁 뒤에는 1905년 혁명이, 제1차 세계대전 뒤에는 1917년의 2월혁명과 10월혁명이 있었다. 제2차 세계대전 동안 혼란이 일어나고 서방에 노출되었으니 비슷한 개혁 압력이 — 1930년대의 고난과 기만의 여파 속에서 — 나타나리라고 가정하는 것은 터무니없지 않았다. 실제로, 조국을 등지고 독일로 넘어간 러시아인이 많았다. 스탈린은 전시에 자기의 동맹이었던 서방국가와의 접촉을 제한하는 극단으로 치달았다. 전후 시기 초의 숙청과 거센 반(反)서방주의는, 대개, 모종의 정치적 자유주의화와 오랫동안 억눌렸던 소비욕으로 흘러가는 표류를 막으려는 노력이었다. 그 숙청과 반서방주의가 아니었더라면 그러한 표류를 막지 못했을 것이다.

1948~1949년의 주요 숙청이 소련 문헌에서 "레닌그라드 사건"(Ленинградское дело)으로 일컬어진다는 사실은 최근 소비에트 역사의 전통적인 둘째 특징, 즉 모스크바와 레닌그라드의 오랜 긴장의 재발을 입증한다. 모스크바국의 보복은 러시아 제국에서 으뜸가는 자리를 놓고 겨뤄온 해묵은 맞수를 불가피하게 겨냥해야 했다. 레닌그라드는 여전히 "유럽을

향한 창문"이었고, 전통적으로 레닌그라드 조직은 공산당 안에서 트로츠키와 지노비예프 시절부터 혁명적 이상주의와 자유분방한 국제주의 문화를 대표했다. 트로츠키와 지노비예프는 스탈린의 음모에 가장 먼저 당한 제물이었다. 그 두 사람의 후임자로 레닌그라드 당지부 우두머리가 되었던 세르게이 키로프가 피살되자 스탈린은 1930년대의 숙청을 개시했다. 이번에는 레닌그라드 당지부가 전후에 처단당하는 와중에 키로프의 후임자인 안드레이 즈다노프가 불가사의할 만큼 갑작스레 죽었다. 전쟁기에 거의 세 해 동안 봉쇄를 겪었던 레닌그라드는 영웅주의라는 확실한 자격증을 갖추고 재기했고, 그 영웅주의는 전후 소련에서 존경을 받았다. 레닌그라드는 예술과 지성이 발효할 뿐만 아니라 미래의 경제 발전에서 상대적으로 경공업을 강조하는 중심지가 되었다. 여전히 레닌그라드는, 차르 시대 성 페테르부르그 시절에 그랬듯, 모스크바에서 선호된 발전 형태보다는 서방의 발전 형태에 더 가까운 발전 형태의 중심이자 상징이었다.

거듭 나타나는 또 다른 주제는 스탈린의 후임자들이 맞부닥친 전제적 개혁주의의 딜레마였다. 예카테리나 대제와 알렉산드르 1세와 알렉산드르 2세가 그랬듯이, 스탈린의 후계자들은 억압적이고 권위주의적인 선임자의 뒤를 잇자마자 곧바로 전면적인 제1차 사면과 막연한 개혁 약속으로 대중의 열광을 다시 불러일으키려고 애썼다. 흐루쇼프는 말렌코프가 강제노동수용소 재소자들을 사면하고 "신항로"를 약속해서 맨 처음으로 모색한 노선을 넘겨받아서 새로운 연극조의 특성을 부여했다. 그러나 그 새 통치자는 곧 예카테리나 대제와 알렉산드르 1세와 알렉산드르 2세의 골치를 그토록 썩힌 고전적인 문제에 맞부닥쳤다. 어떻게 전제적 통치 기반을 위태롭게 만들지 않고서 개혁책을 도입할 수 있을까? 어떻게 반항을 부추기지 않고서 창의성을 되살려낼 수 있을까? 흐루쇼프는

1956년 2월에 스탈린을 비난한 직후에 헝가리와 폴란드, 그리고 자기 나라에서 푸가초프와 프랑스 혁명이 예카테리나 대제에게 준, 그리고 세묘놉스키 연대의 봉기와 1820년대 초엽에 유럽에서 일어난 혁명이 알렉산드르 1세에게 준, 그리고 1860년대의 이념적 소요와 암살 기도가 알렉산드르 2세에게 준 충격에 상당하는 것과 마주쳤다. 흐루쇼프는 자기가 부추겼던 솟구치는 기대의 혁명에 직면해서 자기 지위의 권위주의적 본질을 다시 내세우지 않으면 안 되었다. 지난날 그토록 자주 그랬듯이, 개혁주의 수사(修辭)가 수그러들고 탄압이 재개되었다.

그러나 1950년대 말엽과 1960년대 초엽에 개혁을 축소하라는 압력은 옛 러시아의 주제 하나가, 즉 두 세대의 갈등이 또 한 차례 다시 나타나면서 어느 정도는 반격을 당했다. 흐루쇼프는 자기 의사를 표명하는 젊은 세대와 좋은 관계를 맺어야 좋다는 것을 감지한 듯했다. 그 젊은 세대의 견해는 전쟁의 상흔을 안은 채로 살아남은 이들과 스탈린 시대의 혜택을 입은 관료들의 견해와는 사뭇 달랐다. 그 새로운 세대에게 스탈린의 제2차 혁명의 물질적 성취는 그들의 스탈린주의자 부모들에게 레닌의 제1차 혁명의 유토피아적 꿈이 그랬던 것만큼 아득한 옛일로 보였다. 오히려 그 새로운 세대는 전시의 노고에 따라다녔던 드높은 희망 속에서 자라났다. 그 세대는 교육을 더 잘 받은 세대였으며, 자기 세대의 기술적 재능과 스탈린의 전후 통치의 관료적 나태 및 정신병적 과도행위 사이의 괴리를 인식하고 있었다. 그 세대는 침묵하는 세대였지만, 정치적으로 불안정한 상태에 있던 흐루쇼프가 1956년에 자기들에게 기회를 주었을 때 말할 거리를 빠르게 찾아냈다. 훨씬 더 중요한 것은 그 새로운 세대가 1956년 말엽과 1957년에 필연적인 반동이 일어난 뒤 목소리를 계속 냈다는 점이다. 지난날 러시아의 창조적 시대에서 울려나오는 목소리가 들리기 시작했다. 그 목소리가 덜 소심했다. 아니면 적어도 겁을 덜 먹었다. 1960년대 초엽이 되자 몇 사람이 20대 초 사람들로 이루어지고 역사적으로 유서 깊은 용어인 "60년대인"으로 알려진 훨씬 더 급진적인 세대를 말하고 있었다.

자고보르(заговор), 즉 "음모"의 사상이 지배한 사반세기였던 스탈린의 시대가 드디어 끝나가고 있었다. 혁명적 편의주의라는 음모적 기호가 통치 체제 안으로 전이되었고, 스탈린 자신의 계략은 당을 망치는 트로츠키주의자, 소련을 포위하는 자본주의자, 흡혈귀 같은 티토주의자, 아니면 그냥 "무슨무슨 파"가 꾸미는 음모를 이야기해서 감춰졌다. 이 모든 세력이 소비에트 연방에 맞선 (비르타의 매우 반(反)미국적인 1948년 작 연극의 제목[1]을 원용하면) "망할 것들의 음모"에서 한데 뭉쳤다. 소비에트 연방 안에서는 스탈린의 부하들이 "보야린들의 책동"(боярская смута, 에이젠시테인의 「이반 뇌제」 제2부의 부제목)을 꾸미고 있을지 몰랐다. 심지어는 크레믈 안에도 독살 음모를 꾸미는 의사들이 암약할 가능성이 있었다.

일반대중으로부터 스탈린은 (환멸을 느낀 서구주의자인 뱌젬스키 공이 니콜라이 1세의 폭정 앞에서 러시아인이 보이는 정치적 수동성을 묘사하려고 1820년대에 맨 처음 쓴 표현인) 이른바 "침묵의 음모"[1]의 도움을 받았다. 프랑스로 이주했다가 숙청기에 러시아에서 스스로 목숨을 끊은 폴란드인 공산주의자 브루노 야센스키(Bruno Jasieński)는 (1956년에 스탈린이 격하된 뒤에야 비로소 간행된 그의 1930년대 주요 미완성 저작의 제목인) "무관심자의 음모"라는 훨씬 더 적확한 표현을 사용했다.[2]

스탈린이 죽은 뒤 극히 중요한 문제는 다음과 같았다. 무엇이 침묵의 음모와 무관심의 음모로 지탱되는 음모 통치의 해독제를 내놓을 수 있을까? 오데사 출신 해학작가들 가운데 짧은 전성기를 누린 마지막 인물인

---

1   Заговор обреченных.

유리 올레샤(Юрий Олеша)가 스탈린의 제2차 혁명 직야에 제시했던 또 하나의 음모 개념이 예언적인 실마리 하나를 내놓는다. 올레샤는 1927년에 쓴 소설 『질투』(Зависть)에서 구세계 지식인 몇 사람을 모아서 (그 소설을 개작한 연극의 제목[2]이 된) "감정의 음모"를 꾸몄다.[3] 자기들 주위에서 건설되고 있는 멋진 신세계를 질투하는 극히 쓸모없는 인간들인 올레샤의 "음모가들"은 혁명적인 원두당(圓頭黨, roundheads)[3] 가운데 엉뚱한 지식인 기사들이다(이들 가운데 한 사람의 이름은 카발레로프(Кавалеров)[4]이다). 그들은 구 인텔리겐치야의 상징인 햄릿이 무대에서 바야흐로 제거되려는 시대에 줏대가 없지만 여전히 위엄을 부리는 햄릿형 인간들이다.

올레샤의 소설에서 소비에트 권력의 완력은 두 인물로 표현된다. 한 사람은 축구 선수이며, 다른 한 사람은 새로운 사회를 위한 일종의 초대형 슈퍼마켓 체계를 만들려고 애쓰는 소시지 생산업자이다. 이 두 사람은 분명히 미래의 물결이며, 올레샤의 편력 기사들은 자기들의 음모를 유지하고자 공상의 세계로 도피하고 그 세계에서 모든 기계를 파괴할 기계를 만들고 그 기계에 "오필리아"(Офелия)라는 이름을 붙인다. 그러나 감정의 음모를 위한 이 사라진 마돈나는 자기가 이용당하도록 허용하지 않을 것이다. 오필리아를 죽인 것은 햄릿의 쌀쌀맞음이었다. 이제 옛 인텔리겐치야의 햄릿들이 되살려낸 오필리아는 — 기계보다는 그 인텔리겐치야를 상대로 — 복수심에 찬 여인으로 판명된다.

그러나 이 이야기의 순수 효과는 "음모"에 대한 동정을 불러일으켜서

---

[2] Заговор чувств.
[3] 1640년대의 영국내전 때 국왕에 맞서 의회를 지지한 세력. 머리카락을 기른 국왕 지지자들이 머리카락을 짧게 깎은 의회 지지자들을 놀리며 붙인 이름에서 비롯되었다.
[4] 기사라는 뜻의 러시아어 낱말인 카발레르(кавалер)에서 비롯한 이름.

새 질서에 대한 그 음모의 비(非)정치적 반대가 어떻게든 계속되리라는 인상을 남기는 것이다. 스탈린 이후 10년 동안의 사태는 올레샤의 기사들이 지켜낼 수 없었던 몇몇 감정의 사후 해명으로 여겨질 수 있다.

스탈린의 "평등자의 음모"(이름이 같은 바뵈프의 조직[5]을 찬양하는 에렌부르그의 1928년 작 소설[4]의 제목) 사반세기 뒤에 (에렌부르그가 1954년에 펴낸 소설의 제목을 원용하자면) "해빙"(解氷)의 시간이 왔다. 활짝 핀 러시아 문화에 된서리가 내려앉았고, 그 누구도 그러한 겨울 뒤에 무엇이 올지 확실히 알 수 없었다. 그러나 늙은 나뭇가지는 꺾이지 않고 살아남았으며, 새싹이 많이 텄다. 따라서 "살아남은 과거"가 남긴 고별사인 보리스 파스테르낙으로, 그리고 스탈린 이후 10년 동안 소련 젊은이들이 드높인 새로운 목소리 쪽으로 고개를 돌려야 한다.

파스테르낙이라는 주제재현부

파스테르낙이 러시아 문화에 준 역사적 충격이 무엇으로 판명되든, 그는 1960년에 죽기 전에 쓴 마지막 저작들에서 주목할 만한 인간적 고백을, 그리고 연구 대상이 될 자격을 갖추고 있는 옛 러시아 문화에 대한 감동적인 주제재현부를 내놓았다.

이 주제재현부는 한 시인의 주제재현부여야 한다는 기대가 아마도 있었을 것이다. 사람이 특별한 이유와 특정한 이유가 없어도 노래할 힘은

---

[5] Conjuration des Égaux. 1790년대 중엽에 프랑스 파리에서 바뵈프가 이끈 급진주의 비밀결사. "모든 재산을 평등하게 공유할 즐거움을 누릴 권리"와 1793년 자코뱅 헌법의 부활을 요구하며 1796년 5월 11일에 무장봉기를 일으킬 계획을 세웠지만, 봉기 하루 전에 지도부가 모조리 체포되었다.

타산과 기만과 영적 고립의 시대에 존엄성과 자존성으로 가는 그의 유일한 길을 제시할 법하다. 가장 순수하고 가장 음악적인 20세기 시인들 가운데 한 사람인 보리스 파스테르낙에게는 그 힘이 있었다. 그 힘 덕에 그는 닫힌 권위주의 사회의 옹호자들에게는 늘 수상쩍었던 들어본 적 없는 선율과 더 고상한 화음의 세계와 교감할 수 있었다. 플라톤은 자기의 공화국에서 시인을, 레닌은 자기 기억에서 「열정」의 음을 내쫓으려고 했다.

그러나 파스테르낙에게는 시가 전부였다. 시는 그저 당대의 정치·경제적 삶의 역경에 대한 위안의 한 형태이기보다는 모든 허위를 깨치고 참된 세계, 즉 나아가 인간과 장소와 사물의 고동치는 감각 세계에 이르는 길이었다. 파스테르낙은 그 세계를 추상적 구호와 신조와 통계의 참되지 못한 세계에 맞서 지키려고 애쓴다. 개인의 시는 참된 세계의 언어이며, 조직체의 산문은 참되지 못한 세계의 매체이다. 거들먹거리는 관료의 세기에 가장 인위적인 산문을 무더기로 생산하려고 기를 쓰는 나라에서 파스테르낙은 비타협적인 서정시인으로 남았다. 그가 헌신하는 대상은 — 그가 1917년 혁명기에 『삶은 나의 누이』(Сестра моя - жизнь)라는 제목으로 펴낸 시집부터 "살아있는"이라는 뜻의 이름을 가진 『의사 지바고』의 마지막 시까지 — 이념이 아니라 삶 자체였다.

어째서 그 삶의 시인이 목숨을 부지하도록 허용되었을까? 그는 눈감고 넘어가기에는 너무나도 잘 알려져 있었다. 그러나 오랫동안 침묵하고 본업에서 벗어나 번역에 몰두하면서도 파스테르낙은 시에서 자기가 고수하는 방침을 절대 내버리지도 않았고 비굴한 스탈린 송덕시와 집산화 찬양시를 써서 자기 자신과 타협하지도 않았다. 스탈린 스스로가 파스테르낙을 살려두기를 바랐거나 살려두는 데 동의했음이 틀림없다. 어쩌면 스탈린은 어느 모로는 옛 러시아의 이 순수한 시인 후손의 때 묻지 않은 자질에 감동했을 것이다. 아니면 스탈린은 시인을 "데르비시의 형제"[5]로 정의하는 그 사람에게서 어쩌면 어떤 은비학적 힘을 감지했을 것이다. 분명히 파스테르낙에게는 스탈린 시대 러시아의 예술 관행에 순응하지 않는 특이한 이력이 있었다. 그 이력은 1932년 11월에 스탈린의 두 번째 부인[6]이 수수께끼처럼 죽었을 때 스탈린에게 보낸 편지로 시작한다. 파스테르낙은 다른 주요 작가들이 제공하는 상투적인 위문편지에 서명하기를 거부하고 스탈린에게 보내는 편지를 따로 발표했다.

> 저는 동무들과 공감합니다. 전날 밤에 스탈린에 관해 깊이 줄곧 생각했습니다. 예술가로서는 처음입니다. 아침에 보도를 읽었습니다. 꼭 곁에서 살면서 본 것처럼 깜짝 놀랐습니다.[6]

까닭이야 무엇이든, 파스테르낙은 살아남아 러시아에 머물렀다. 스탈린이 죽은 뒤 첫 "해빙"이 오자 파스테르낙은 1954년 4월에 "산문 소설 『의사 지바고』에 나오는 시"라고 표현된 시 열 편을 발표했다. 심지어 이 첫 선언에도 아주 많은 것이 있었다. 그 시인이 자기의 처음이자 유일한 소설을 거의 다 마무리했다는 선언은 그가 새로운 종류의 일에 한동안 몰두했다는 뜻이기 때문에 기대를 꽤 많이 불러일으켰다. 그는 당대 러시아의 산문적 세계를 받아들였고, 명백히 당대 러시아가 알아들을 수 있는 말로 당대 러시아와 소통하겠다고 마침내 결심했다. 푸시킨이 자기의 『예브게니 오네긴』의 특징을 "운문 소설"로 묘사한 적이 있으므

---

6   나데즈다 알릴루예바(Надежда Аллилуева, 1901~1932년). 영어 원문에는 지은이의 착오로 "스탈린의 첫 번째 부인"으로 표기되어 있다. 스탈린은 1906년에 예카테리나 스바니드제(Екатерина Сванидзе)와 결혼했는데, 아내가 1907년에 티푸스로 숨지자 독신으로 지내다가 1919년에 알릴루예바와 결혼했다.

로, "산문 소설"이라는 설명은 파스테르낙이 옛 문학 주제를 변주해서 재연하기를 의도한다는 것을 나타냈다. 그 소설이 소련의 현실을 다루는 동시에 옛 러시아 문화의 몇몇 유산을 재현하리라는 생각이 『의사 지바고』는 "1903년부터 1929년까지의 시기를 포괄"하며 진리를 추구하고 "창조적이며 예술적인 기질을 지닌 지성인"을 다룰 것이라는 저자의 설명주에서 차분하게 진술되었다.[7]

소련이 거세게 이의를 제기하는데도 세 해 뒤에 외국에서 출판되고 그다음에 노벨상이 주어지고 저자가 강요를 받아 그 상을 거부해야 했던 이 작품을 보는 방식은 많다. 러시아의 스탈린주의자들과 외국의 선정주의자들은 그 작품을 일종의 반(反)혁명적 비방이라고 일컬었다. 문학 전문가들은 그 작품이 그의 시보다 뒤처진다고 평가하고 문학 점수표에 일종의 B+ 내지 A−를 매겨서 자기들의 비평 상의 냉정함을 과시했다. 은비학 연구자들은 그 작품을 일종의 땅에 묻힌 상징과 암시의 보물상자로 보았다.[8] 이 시끌시끌한 비평 뒤에는 자기를 제대로 표현하지 못하는 두 집단의 묵직한 그림자가 있다. 그 두 집단이란 러시아를 알지 못하고 그 작품을 읽고서 감동을 한 수백만 명과 그 작품을 볼 허락을 받지 못한 러시아 국내의 수백만 명이었다.

스탈린이 파스테르낙을 완전히 없애버리는 것을 허락하지 않으려고 했다면, 스탈린의 후계자들은 그가 마음대로 책을 펴내는 것을 허락하지 않으려고 했다. 파스테르낙은 좀스러운 핍박과 은밀한 위협에 에워싸인 채 강제로 고립되어 말년을 보냈다. 사실상, 소비에트 연방 안에서 "탈스탈린화" 동안에 이 온화한 시인보다 더 새되고 저속한 이구동성의 공식 비방을 받은 인물은 없다. 흐루쇼프 집권기 러시아의 무소불위 공산당 관료들에게 그는 "문학계의 속물 악당", "잘난체하는 탐미주의자이자 퇴폐주의자"였고, 돼지는 자기가 "먹고 …… 자는 곳은 결코 더럽히지 않"으니 대체로 "돼지만도 못했다."[9]

파스테르낙 비방전이 서툴고 당혹스러운데도 거세게 수행되어야 할 합당한 까닭이 있었다. 파스테르낙의 『의사 지바고』는 사실상 체제의 도덕적 기반에 도전장을 던졌기 때문이다. 파스테르낙은 작가가 예전에 스탈린에게 보냈던 응원을 비판하는 편한 길을 따라가기보다는 작가는 응원을 주도하는 자라는 개념 전체에 도전하고 있었다. 유리 지바고(Юрий Живаго)[7] 안에서 그는 삶을 외화(外化)하고 물화(物化)했던, 그리고 개개의 자아는 "사회적 집체의 이익"을 위해 희생되어야 한다는 변함없는 합리화를 받아들이는 거짓 활동가의 도덕적 우위에 도전장을 내밀었다.[10] 파스테르낙은 본질적으로 수동적인 수난자 한 사람을 만들어내고 그에게 믿음이 가는, 심지어는 마음을 끄는 내면의 삶을 주어서 2차원적인 "새로운 소비에트형 인간"의 대안을 내놓았다.

그의 소설을 소련에서 출간하기를 거절한 편집진[8]은 지바고가 내전에서 어느 편에 서지 않았다는 데, 그래서 반혁명이라는 낯익은 꼬리표를 그에게 붙일 수 없다는 데 특히 약이 오른 듯했다. 어쩌면 그는 반혁명가였다. 그러나 "반대의 혁명이 아니라 혁명의 반대"를 옹호한다는 더 심오한 의미에서만 그렇다. 파스테르낙은 사회 혁명의 참된 대안이었다. 딱지를 붙일 수도 매수할 수도 없었으므로 스탈린주의 활동가들은 이해할 수 없는 대안이었다. 심지어 굴욕을 당하면서도 파스테르낙은 자기 나라 사람들이 보기에 품격과 지조를 지켰다. 그는 자기를 괴롭히는 유

---

[7] 파스테르낙의 소설 『의사 지바고』의 남자 주인공.
[8] 파스테르낙은 1956년에 완성한 『의사 지바고』 원고를 『새 세상』, 『기치』(Знамя), 『문학 모스크바』(Литературная Москва)에 보냈지만, 각 저널 편집진은 작품이 사회주의 리얼리즘에 어긋나고 혁명을 부정한다며 게재를 거부하고 원고를 돌려보냈다. 결국 『의사 지바고』는 이듬해에 이탈리아에서 이탈리아어로 간행되었다. 러시아어본은 그 뒤 네덜란드, 영국, 미국에서 출간되었다.

치한 자들이 다그치는 대로 외국으로 도피하기를 거부했다. 그들은 파스테르낙이 그저 "당신의 자본주의 낙원의 즐거움"을 추구하고 있다고 비난했다. 파스테르낙은 노벨상 받기를 사양하는 편지에서 "저는 소련 문학을 위해 무엇인가를 했다고 제 가슴에 손을 얹고 말할 수 있습니다"라고 역설했다.[11] 그를 괴롭히는 자는 제 손을 가슴에 얹을 수도, 러시아 문학을 위해 무엇인가를 했다고 말할 수도 없음이 분명했다. 소련의 일급 작가 누구도 그 비방전에 따라다니는 공식 비난에 서명하지 않았다.

그를 비판하는 소련인도 그를 찬양하는 서방인도 그 책이 어느 모로는 혁명 이전 러시아의 재현, 즉 "잃어버린 문화에서"[12] 나온 목소리라는 데 동의한다. 실제로 공식 소비에트 문화와 어긋나고 오랫동안 침묵해온 주제가 의도적으로 내세워진다. 그러나 한편으로 그 책은 기본적으로 소비에트 시대의 기원과 발전을 다루며, 파스테르낙은 명백히 그 작품을 자기 나라에 대한 일종의 고백으로 보았다. 그는 『의사 지바고』를 완성한 뒤에 쓴 마지막 자전적 수기에서 그 소설을 거리낌 없이 "나의 가장 중요한 주요 작품, 내가 부끄러워하지 않고 책임을 지는 유일한 작품"으로 서술했다.[13]

『의사 지바고』의 위대성은 그 책을 둘러싸고 벌어진 사건에 있지 않고 하물며 그 소설 자체의 플롯에는 더더욱 있지 않고 오히려 저자가 3대 구성요소, 즉 러시아 혁명 이전 문학 전통의 재현, 러시아의 잠재의식에 있는 더 깊은 종교적·자연주의적 상징 체계의 재발견, 러시아 혁명과 러시아의 미래를 보는 새로운 관점을 결합하는 연금술에 있다.

러시아의 문학 전통을 재현하려는 시도는 곳곳에서 뚜렷하다. 그 작품은 우선 『예브게니 오네긴』을 생각나게 하는 방식으로 서술되고, 톨스토이의 『전쟁과 평화』처럼 구성되어 있어서 위대한 민족 서사시와 고독한 진리 추구의 상호연관된 이야기들을 말해주고 두 개의 에필로그로 마무리된다. 지바고 자체가 19세기 러시아 문학 양대 주요 유형의 결합이자 실현이었다. 그 두 전형은 오브바텔(обыватель), 즉 팔자소관인 불행을 하릴없이 지켜보는 "억눌린 보통 사람"과 리시니이 첼로벡(лишный человек), 즉 실제 행동을 할 능력이 없고 가족과 사회로부터 소외된 "잉여 귀족"이다. 러시아 문학의 과거로부터의 상징, 즉『죽은 혼』에 나오는 삼두마차와 안나 카레니나를 산산조각내는 기차가 살짝 다르게 재현된다. 도스토옙스키식·체호프식의 기다란 대화 단락이, 자주 내러티브를 희생하면서, 끼어 있다. 풍요롭고 복잡하지 않은 자연 세계와 인위적인 기계 세계 사이의 오랜 대립이 소설 곳곳에서 화답하듯 번갈아가며 나타난다. 지바고는 사람이 빽빽이 들어찬 전차에 신선한 공기를 들여오려고 애쓰다가 죽는다.

모든 것 위에 있는 것은 제정 러시아 말기의 문학적 상상력을 점점 더 사로잡은 생각, 즉 오로지 여자가, 오로지 어떤 이상하고 신비한 여성적 힘이 고뇌하는 지식인에게 구원으로 가는 길을 보여줄 수 있다는 믿음이다. 이것은 러시아 낭만주의의 사라진 마돈나, 즉 블록의 초기 시의 "아름다운 여인", 솔로비요프의 신지학의 "소피야", 올레샤의 환상적 작품의 "오필리아"였다. 도스토옙스키의 작품에서 자주 그렇듯, 특별한 예지력이 여자에게 주어진다. 파스테르낙의 신비한 구원의 여인은 정조를 빼앗겨버렸지만, 관능성과 영성의 혼합을 제공한다. 라라(Лара)[9]는 러시아, 삶, 시, 나무, 꾸미지 않은 소박함 등 많은 것을 나타낸다. 편력하는 지바고는 혁명기의 대사건 속에서 줄곧 라라를 찾는다. 그는 눈 덮인 시골에서 라라와 육체적 결합을 이룬다. 그리고 나서는, 라라가 죽음 저편에서 지바고를 애도하며 흐느끼고 그의 주검 위에 성호를 긋는 감동적

---

[9] 『의사 지바고』의 여주인공 라리사(Лариса)의 애칭.

인 마지막 장면이 있다. 다른 맥락에서라면 별것 아니라고 보일지 모르는 것이 성모가 자기 아들의 망가진 주검 앞에서 흐느끼는 피에타의 요소와 고조되는 음악이 이졸데가 죽어서 연인을 만날 때에야 비로소 화음을 쏟아내는 「사랑의 죽음」의 요소가 둘 다 들어있는 강력한 장면으로 갑자기 바뀌게 된다.

동일하게 아름다움과 고결함과 아리송한 깊이가 라라에게서 결합되어 있고, 러시아 문예 문화의 가장 위대한 성취의 배후에는 그 결합이 있다. 20세기 러시아의 멋진 신세계에서 라라는 그 문화의 운명을, 즉 실종과 이름 없는 죽음을 맞이해야 한다. 동방 교회의 신학자에게 그런 것처럼 파스테르낙에게는 자연의 모든 것이 성스러운 역사의 고통과 고난을 함께한다. 파스테르낙은 그의 무수한 이미지 가운데 하나를 통해 이 문화가 나쁜 사람의 손이 아니라 진실을 "분장"하고 "분식"(粉飾, лакировка)하는 바리새인의 손에 고난을 겪는다는 점을 짚는다. 심지어 봄의 도래조차 내전의 영향을 받는다.

> 순교자처럼 가시와 화살 같은 새싹을 여기저기 삐죽삐죽 내민 자작나무가 몸을 곧추세웠다. 자작나무에서 나는 냄새는 눈으로 어림할 수 있었다. 그 냄새는 반짝였다. 옻을 끓이는 데 쓰는 주정(酒精)의 냄새였다.

그러나 고통과 기만은 결국은 끝까지 가지 못한다. 그 책의 전반적인 구도가 종교적이기 때문이다. 그 작품에는 그리스도교 정교에서 비롯된 이미지가 흠뻑 배어있다. 사람들은 그 이미지가 파스테르낙의 어린 시절에 여러 겹 덧칠을 벗겨내고서야 재발견된 순수성을 지닌 이콘의 옛 이미지처럼 어떻게든 재발견되리라는 것을 감지한다. 지바고라는 이름은 부활절 예배의식과 요한네스 크리소스토무스의 성찬식 기도에서 따온 것이다. 사건들은 거듭해서 정교 달력과 연계되고, 지바고는 대재 기간에 파르티잔과 동행하고 잔학 행위를 경험한다. 사람들이 그리스도의 수난과 고통을 실제로 재경험한다는 오랜 분파교식 생각이 자주 암시되고, 러시아 역사의 혁명적 고난기가 그리스도의 책형과 그의 부활 사이에 일어난 그 무시무시한 일들과 어떤 식으로든 연계되어 있다는 생각이 시사된다.

도스토옙스키와 매우 많은 다른 이들에게처럼, 그리스도교의 기본 메시지가 바보처럼 보이는 이의 입에서 나온다. 그 메시지는 "신과 일"이다. 그 밖의 것은 사실상 중요하지 않다. 그러나 신과 일은 세속적 인텔리겐치야의 삶에서 사라져 버린 바로 그것이다. 파스테르낙은 현대 러시아 사상의 추상적인 윤리적 광신성을 비판하는 글에서 이렇게 쓴다. "여태껏 복음에서 가장 중요한 것은 도덕적인 격언과 교훈이라고 여겨졌다. 그러나 나에게 가장 중요한 것은 그리스도가 일상성의 관점에서 진리를 설명하면서 생활에서 나오는 잠언을 말한다는 점이다." 신약의 핵심 기적의 자연적 보편성, 즉 한 아기의 탄생은 구약의 핵심 기적의 민족주의적 멜로드라마, 즉 홍해(紅海) 통과와 대비된다. 『의사 지바고』 곳곳에서 파스테르낙의 종교적 감정은 추상적 사고보다는 이미지로 묘사된다. 그 자체로 『의사 지바고』는 말과 생각의 성 페테르부르그 문화보다 소리와 볼거리와 냄새의 모스크바 문화로 되돌아가기이다. 파스테르낙은 "이콘"을 가리키는 옛 낱말(오브라즈(образ))을 써서 시적 이미지를 서술했다. 그는 기적을 일으키는 그림이 "손으로 만들어지지 않은"으로 일컬어진 것과 비슷하게 그 시적 이미지를 "말로 이루어진 기적"[114]으로 정의했다. 성 페테르부르그와 서방보다는 모스크바와 깊은 두메가 『의사 지바고』에 미장센(mise-en-scène)을 제공한다. 파스테르낙에게 백은시대의 모스크바는 "성 페테르부르그를 훨씬 능가했다." 그리고 그는 거의 평생을 모스크바 부근에서 보냈다. "마흔 곱하기 마흔의 모스크바"[10]는 스크랴빈의 모스크바가 되었는데, 스크랴빈은 아마도 파스테르낙에게 영향을 끼친 모든 요소 가운데 가장 큰 요소였을 것이다.[15]

스크랴빈처럼 파스테르낙은 일종의 여러 예술의 융합에 영향을 주려고 시도했는데, 그 융합에서는 음악이 특별한 역할을 했다. 스크랴빈의 예술 추구에 관한 파스테르낙의 서술은 그 나름의 추구, 즉 "음악의 관점에서 주위의 외부 세계와, 그리고 사람들이 그때 살아가고 생각하고 느끼고 여행하고 옷을 입었던 방식과의 내적 일치"를 찾으려는 노력에도 들어맞는다.[16] 파스테르낙에게 스크랴빈의 작품은 단지 음악이 아니라 "러시아 문화의 축전, 축일"이었다.[17] 파스테르낙 자신의 작품은 중단된 그 축제를 속행하려는 시도이다. 라라의 믿음이 "내면의 음악"으로 묘사되는 것은, 그리고 『의사 지바고』의 산문 부분이 "이 거룩한 도시에…… 온 누리에서" 뿜어나오는 "들어본 적 없는 행복의 음악"으로 끝나는 것은 우연이 아니다. 그 뒤에 그 소설은 노래로 바뀌고, 사후에 출간된 유리 지바고의 시, 즉 파스테르낙의 가장 뇌리에 남는 몇몇 음악적인 시 몇 편으로 끝난다. 비록 그의 아버지는 화가이고 그는 철학도였을지라도, 파스테르낙 안에 있는 이미지와 생각에 특별한 마법을 부여하는 것은 아마도 피아니스트인 그의 어머니에게서 맨 처음 들은 음악 소리였을 것이다. 그의 죽음과 매장에 소련의 공식 언론의 산문 연설과 사설이 아니라 그 시인의 주검 가까이에서 파스테르낙의 집에 있는 작은 직립형 피아노를 땀에 흠뻑 젖을 때까지 연주하는 러시아의 가장 위대한 피아니스트이자 스크랴빈의 해석가인 스뱌토슬라프 리흐테르(Святослав Рихтер)의 순수 음악이 따랐다는 것은 어울려 보인다.

---

10 모스크바에 종탑이 1,600개나 있었다는 데에서 비롯된 표현.

파스테르낙의 소설 『의사 지바고』는 비록 톨스토이와 도스토옙스키의 소설만큼 높은 곳에 가닿지는 못할지라도 같은 방향으로 움직인다. 그들처럼 파스테르낙은 자기가 그 어떤 통상적 방법으로도 해소할 수 없는 종교적 관심사에 추동되었다. 말년에 그는 자신을 "거의 무신론자"로 묘사했고[18] 자기에게는 어떤 것이든 삶의 철학은 전혀 없다고 밝히고 그저 "특정한 경험이나 경향"만 있다고 털어놓았다. 그는 예술을 "성만찬(聖晚餐)과 어렴풋이 닮은 거룩한 자기 비움" 행위[19]로 보는, 그리고 그리스도를 본뜬 자발적인 수난에서 부활의 기적이 나오리라고 믿는 특별한 경향은 있다고 시인했다.

부활이 그 소설의 참 주제이다. 이 사실로 그는 톨스토이와 도스토옙스키, 그리고 밑에 숨어있는 정교 문화와 다시 한 번 더 연결된다. 그리스도를 따르던 이들은 그리스도의 부활 첫날에 그의 무덤에 갔을 때 "왜 살아있는 이를(지바고(Живаго)) 죽은 이들 가운데에서 찾느냐?"[20]는 질문을 받았다. 그 뒤로 그의 이름을 "올바로 찬양"하려는 모든 이는 "그리스도께서 부활하셨네! …… 정말로 부활하셨네"라고 외쳐야 했다. 죽음에서 새 생명이 나온다는 도스토옙스키의 마지막 고백인 『카라마조프 씨네 형제들』은 "밀 한 알이 땅에 떨어져 죽지 않으면 ……"이라는 제사(題辭)로 시작한다. 톨스토이의 마지막 소설에는 부활이라는 제목이 붙었다. 파스테르낙이 『의사 지바고』를 쓰고 있을 때 페레델키노(Переделкино)에 있는 파스테르낙의 다차(дача)¹¹ 벽에는 그의 아버지가 그린 『부활』의 원본 삽화들이 붙어 있었다.

파스테르낙의 소설 『의사 지바고』는 장례식으로 시작해서 수백 년이 심판을 받으러 "어둠에서 나와 흘러가"는 대상인 한 사람이 셋째 날에

---

¹¹ 러시아 도시민이 시 근교에 마련해두고 주로 휴일에 들러 지내는 집.

부활하면서 끝난다. 더욱이 파스테르낙은 러시아 땅에서 하느님이 죽음에서 새로운 종류의 생명을 가져오고 있을지 모른다고, 그리고 문화의 부활이 심지어 자기 자신과 지바고 같은 이들, 즉 옛 러시아의 혼란에 찬 관찰자이자 잉여인간들을 위한 혁명적 갈보리 언덕[12]의 끝에 있을지 모른다고 암시한다. 그들이 한 어떤 것도 구원을 얻지 못했다. 그러나 그들은 잘못하기는 했어도 따뜻하고 너그러운 자연계에게서, 그리고 그리스도 그분의 이미지에게서 얼마간 신비하게도 감동을 받았다. 이 두 초자연적인 힘이 지바고의 외로운 주검에 수렴된다. 형식적인 교회 장례식은 없을 터이고, 라라는 이미 그에게 작별을 고했다.

> 오직 꽃들이 노래가 불리지 않고 의식이 치러지지 않는 허전함을 채워주었다. 그 꽃들은 그저 피어서 향기를 풍기지 않고, 마치 합창하듯 빨리 썩으라고 재촉하며 마치 무엇인가를 완수한 양, 모든 것에 향기의 힘을 베풀면서 냄새를 뿜어내고 있었다.
> 식물계가 명계(冥界)의 가장 가까운 이웃임을 생각해내기란 아주 쉬운 일이다. 여기에, 땅의 채소 속에, 묘지의 나무 사이에, 묘판에서 움이 튼 꽃의 새싹 가운데 우리가 풀어보려고 애를 쓰는 탈바꿈의 신비와 생명의 수수께끼가 모여 있을 수도 있다. 마리아는 무덤에서 나오신 예수를 금방 알아보지 못하고 묘지를 걷고 있는 동산지기로 잘못 보았다.

러시아의 부활이 못지않게 강렬한 방식으로 암시된다. 사실, 문화사가에게는, 러시아 혁명을, 그리고 러시아의 미래를 보는 파스테르낙의 관점이 어쩌면 사적인 성취와 구원을 보는 그의 관점보다 훨씬 더 중요하

---

[12] 골고다 언덕의 라틴어 명칭.

다. 라라가 지바고와 친밀한데도 지바고의 영적 맞수인 혁명 활동가 스트렐니코프(Стрельников), 즉 "쏘는 이"[13]와 결혼하는 쪽을 택했다는 것이 의미심장하다. 옛 러시아의 영적 문화가, 상당한 정도로, 순수하고 새로운 미래상을 지녔던 초기의 러시아 혁명과 결합했기 때문이다.

스트렐니코프 이야기는 혁명 속으로 표류하기를 멋지게 응축해서 설명해준다. 그 모든 이야기는, 파스테르낙이 보기에, 안티포프(Антипов)라는 젊은이가 한 개인으로서 현실 세계에 감응하기를 멈추고 자기 주위에서 시끄럽게 울리는 추상적 구호, 이 경우에는 1914년의 전투 구호를 되뇌기 시작할 때 시작되었다. 안티포프는 이름을 파샤(Паша)로 새로 짓고 전쟁터로 나가 자욱한 포연(砲煙) 속에서 시야에서 사라지며, 그다음에는 스트렐니코프라는 이름으로 혁명 지도자라는 새로운 지위에 서서 나타난다. 이렇듯, 군더더기 없이 생생하게 파스테르낙은 혁명을 전쟁에, 그리고 전쟁을 개인적인 것과 구체적인 것에서 벗어나는 인간의 도피에 연계한다. 스트렐니코프는 혁명의 축소판이 된다. 추상적 사상에 열렬히 헌신하고 개인적으로는 철저히 순수하다. 그는 라라와 결혼하며, 파스테르낙은 스트렐니코프와 지바고 사이의 마지막 대화에서 라라의 선택이 — 따라서 러시아가 혁명에 애착을 품은 것이 — 잘못은 아니었다고 우리에게 확실하게 밝힌다. 스트렐니코프가 체현한 혁명은 인간사의 새 출발이라는 이름으로 극기의 순수성을 인간에게 제공했다. 러시아에서 이 충동을 파괴한 것은 반혁명이 아니라 혁명 자체의 파괴적 논리였다. 그러므로 스트렐니코프는 심지어 내전이 끝나기 전에 스스로 목숨을 끊는

---

[13] 『의사 지바고』의 여주인공 라리사의 남편 파벨 안티포프의 다른 이름. 스트렐니코프라는 이름은 '쏘다'는 뜻의 러시아어 동사 стрелять나 стрельнуть에서 비롯되었다.

다. 그에 관한 마지막 이미지는 그가 희생 제물로서 흘린 피의 이미지이다. 파스테르낙은 그 피를 러시아 민담의 자연주의적 이미지를 통해 그리스도의 피와 연결한다. 파스테르낙은 죽은 스트렐니코프를 그의 상처에서 흘러나와 "서리 맞은 마가목 열매처럼" 눈 위에 엉겨붙은 피를 통해 묘사하며, 따라서 예전에 불리던 인기 민요를 생각나게 한다. 그 민요에서 마가목은 자기 열매를 갈가마귀들에게 내주기보다는 자진해서 바람에 내던졌다.

비록 갈가마귀들이 러시아 혁명 직후에 권세를 얻어 옛 러시아의 영적 문화의 잔재를 실컷 즐겼을지라도, 파스테르낙은 그 갈가마귀들의 전성기가 지나가고 있다고 역설한다. 첫째 에필로그에서 사람들은 지바고와 라라는 죽었어도 딸 한 명이 남아 "말이 아직 순수하고 때 묻지 않은" 러시아의 두메 어딘가에 살고 있다는 것을 그리고 "전후(戰後) 시기에 자유의 조짐이 그 시기의 유일한 역사적 내용을 구성하면서 대기 속에 넘실댔다"는 것을 알아챈다. 파스테르낙은 『의사 지바고』 출판 준비가 되고 있을 때 한 서방 저널리스트와 대담을 하던 중에 그 똑같은 주제를 특유의 자연적인 이미지로 이렇게 표현했다.

> 선언과 소동과 흥분은 끝났습니다. 이제 다른 무엇이, 새로운 그 무엇이 자라나고 있어요. 그것은 풀이 자라듯 모르는 사이에 소리 없이 자라고 있지요. 그것은 열매가 크듯 자라고 있으며 젊은이 사이에서 자라고 있습니다. 이 시대에 본질적인 것은 새로운 자유가 태어나고 있다는 점이에요.[21]

그러나 파스테르낙의 "메시지"는 궁극적으로 그의 산문보다는 그의 시에서 발견되며, 그의 소설의 맨 마지막 에필로그가 운문 형식을 띠는 것은 타당하다. 톨스토이의 둘째 에필로그가 그의 역사철학의 선언, 즉 웅대한 소설에서 논쟁문으로 물러나기였던 반면에, 파스테르낙의 둘째 에필로그는 아름다운 소설에서 웅대한 시로 나아가기의 표시이다. 그 두 에필로그는 톨스토이의 『크로이처 소나타』(Крейцерова соната)와 베토벤의 「크로이처 소나타」(Die Kreutzersonate)[14]만큼 다르다. 파스테르낙은, 늘 그렇듯, 음악의 편이다.

모두 합쳐서 시 스물다섯 편이 있다. 동방 교회에서 성모 마리아를 찬미하는 데 흔히 쓰이는 한 묶음의 찬양시인 아카티스토스에서 빈번하게 사용되는 노래의 개수가 스물다섯이다. 파스테르낙의 그 시들은 하느님께 되돌아가는 길을 모색하는 한 인텔리겐트의 아카티스토스로 여겨질 수 있다.

그 한 묶음의 시 첫 부분에는 삶 자체에 관한 우유부단의 상징으로서 그토록 오랫동안 러시아의 상상력을 매혹해왔던 햄릿이 있다. 파스테르낙은 "햄릿의 문제"를 해결하기보다는 햄릿의 이미지를 바꾼다. 그는 셰익스피어 작품의 번역가로서 이 희곡과 가깝게 살았으며, 『의사 지바고』를 쓰기 여러 해 전에 햄릿은 허약한 인물이 아니라 고결한 인물이라고 주장한 적이 있다.

> 「햄릿」은 의지가 약한 한 인물의 연극이 아니라 의무와 극기의 연극이다. …… 햄릿은 그의 시대의 판관으로, 더 먼 시대의 머슴으로 뽑힌다.[22]

둘째 에필로그의 첫 시에서 파스테르낙은 자신을 햄릿 자체가 아니라 새 관객 앞에서 그 배역을 연기해야 하는 배우와 동일시한다. 그런 다음,

---

14 베토벤이 1802년에 지은 「바이올린 소나타 9번」의 속칭.

갑자기, 그 배우가 자기의 절망을 인정하고 그리스도가 한 말인 "아버지께서 바라신다면 제게서 이 잔을 거두소서"[123]를 갑자기 되뇌면서 새로운 차원을 띤다. 따라서 마지막 시의 주제인 겟세마네의 고뇌가 바로 그 첫 시에 들어간다.

> 나는 혼자고, 모든 게 바리새인 같은 위선에 빠져들고 있다.
> 산다는 게 들판을 건너가는 건 아니지.[15]

그 한 묶음의 시들은 흘러가는 계절과 자연 이미지의 세계를 거쳐 계속되는데, 성경에 있는 시 같은 구절과 여타 종교적 언사가 엮여 그 이미지를 짠다. 끝 부분에는 그리스도의 탄생과 어린 시절에 관한 시 여러 편, 그리스도를 동산지기로 잘못 알아본 마리아 막달레나에 관한 시 두 편, 마지막 시 「겟세마네 동산」(Гефсиманский сад)이 있다. 그의 믿음은 그의 시의 그리스도가 베드로에게 칼을 칼집에 도로 넣으라고 명하고 자기 잔을 죽 들이키겠다고 체념한 뒤에야 비로소 최종 확인된다. 이렇듯 파스테르낙은, 마지막 세 연(聯)에서, 한 수도원 연대기작가의 경건한 체념을 느끼며 다가올 고난에 관해 쓴다.

> 하지만 생명의 책은 모든 성물(聖物)보다 더 값진
> 대목에 이르렀다.
> 이제는 쓰인 대로 반드시 이루어진다.
> 쓰인 대로 이루어지리라, 아멘.

이 모든 것에는 의미가 있다. 인간의 유일한 잘못은 초기 "유대 추종

---

[15] 살다보면 온갖 어려움을 겪기 마련이라는 뜻의 러시아 속담.

자들"부터 볼셰비키까지 모든 이단의 잘못이었다. 그 잘못이란 감히 비밀을 풀어서 역사의 경로를 결정하겠다고 나대는 것이었다. 섭리의 역사의 충동적이고 예측 불가능한 속성을 시사하고자 유구한 불꽃의 상징이 소환된다. 그리고 십자가를 자원해서 걸머진다는 그리스도교 신자의 메시지가 암시된다.

> 그대는 세월의 흐름이 잠언과도 같고
> 흐르다가 불타오를 수 있음을 본다.
> 잠언의 무서운 위엄을 위해
> 나는 자발적인 고난 속에서 무덤으로 들어간다.

마지막 연에서 사람들은 사물을 유리를 통해 흐릿하게 보는 세상에서 나와 최종 목적지와 심판의 장소 쪽으로 옮아간다. 그는 바다에 있는 배 한 척이라는 고전적 이미지로 되돌아간다. 그에게 그 이미지는 그가 1917년에 쓴 시 「가만히 놓인 노(櫓)」(Сложа весла)에서 감각의 해방을 상징하는 구실을 했다. 그 시에서 배 한 척이 움직임 없이 서 있고 그 배에 탄 시인과 그의 연인은 뒤섞여 서로, 그리고 주위 자연과 일종의 유동적 일체가 된다.[24] 그러나 『의사 지바고』의 마지막 행에서 파스테르낙은 그 이미지를 더 오랜 종교적 틀로 돌려보낸다. 그는 바릐키노(Варыкино)[16]에서 라라와 잠시 결합한 그 시인의 개인 운명 저 너머에 또 다른 목적지가 있다고, 땀 흘려 일하는 민중이 그토록 오래도록 볼가 강 위쪽으로 끌고 간 모든 짐배가 사실은 러시아를 언젠가는 뭍에 둘러싸인 고립 상

---

[16] 소설 『의사 지바고』에서 지바고의 장인 알렉산드르 그로메코(Александр Громеко)의 별장이 있는 우랄 산맥의 마을. 지바고와 라라가 이곳에서 잠시 함께 지낸다.

태에서 이끌고 나와 그 너머 세상으로 데려갈 전설상의 배라고 말하고
있는 듯하다.

> 나는 무덤에 들어갔다가 사흘째에 되살아나리라.
> 그리고 강물에 뗏목이 흘러내려가듯
> 심판을 받으러 선단의 짐배처럼
> 수백 년 세월이 어둠에서 나와 내게로 흘러오리라.

   그것들은 기나긴 연대기의 마지막 행들, 즉 긴 일련의 이콘에 있는
마지막 이미지이다. 파스테르낙이 20세기에 분란과 갈등에 빠진 러시아
에 남긴 메시지는 존경받는 시베리아의 한 수좌대주교가 17세기의 동란
과 교회분열의 와중에 자기 신도에게 남긴 — 그리고 1965년 중엽에 모스크바
총대주교 공식 저널에 살며시 재수록된 — 다음과 같은 메시지와 아주 흡사하다.

> 그리스도교인이여! 해바라기가 변치 않는 사랑과 자연의 주일성(走日
> 性)에 따라 해를 좇아 어두컴컴한 낮에도 순환 운행을 다 해내는 것을
> 꼭 보십시오. 우리 삶의 길을 비추는 우리 해는 하느님의 의지입니
> 다. 하느님의 의지가 우리에게 삶의 길을 언제나 훤히 비춰주지는
> 않습니다. 밝은 낮과 어두컴컴한 낮이 자주 뒤섞입니다. 비가 오고
> 바람이 불고 폭풍우가 입니다. …… 하지만 우리가 하느님의 의지에
> 서 떨어지지 않고, 어두컴컴한 낮의 해바라기처럼, 불운과 불행의
> 날에도 안전한 영원의 항구로 인도해주시는 하느님의 의지의 "기압
> 계"와 "나침반"이 가리키는 대로 실수 없이 삶의 바다를 계속 항해
> 할 수 있을 만큼 우리 해, 즉 하느님의 의지를 향한 우리 사랑이 강하
> 기를 바라마지 않습니다.[25]

   이토록 더 심오한 미래상 때문에 "과학적 무신론"의 나라가 얄궂게도

20세기의 가장 장엄한 종교시를 파스테르낙을 통해 배출하는 것이 가능했다. 어쩌면 그의 『의사 지바고』는 다만 또 하나의 통렬한 체호프 식 작별인사, 즉 이미 진 해가 쓸쓸한 산꼭대기에서 내뿜는 마지막 저녁노을이다. 그러나 또한 『의사 지바고』는 어떤 새로운 자장(磁場)의 시작을, 즉 우주 시대의 빙빙 도는 나침반을 위한 일종의 예상치 못한 귀착점일지 모른다. 이제 우리는 그 시대로, 그리고 파스테르낙이 그토록 드높은 희망을 건 젊은 세대의 포부로 고개를 돌린다.

새로운 목소리

러시아의 창조적 삶의 미래에 중대한 문제는 제정 말기 문화로부터의 내부 망명객이 아니라 순전히 소비에트적인 젊은 세대에 관한, 즉 파스테르낙이 아니라 "새로운 무엇인가가 …… 자라고 있으며 …… 젊음 속에서 자라고 있다"는 그의 판단에 관한 것이다.

물론, 쑥쑥 성장하는 복잡한 한 현대국가의 한 세대 전체의 특징을 잡아내기란 극히 어려운 일이다. 분명히, 능력 있고 많은 경우에 재능 있는 숱한 사람이 국가와 당의 충직한 머슴으로서 이로운 경력을 누린다. 더 많은 사람은 ─ 어쩌면 젊은 세대 대다수마저도 ─ 소련의 과학과 기술의 성취에 진정한 긍지를, 그리고 새 질서 아래서 열렸던 기회에 얼마간의 고마움을 느낀다.

그러나 소련 안에서는 뚜렷하고도 예사롭지 않은 발효가 일어나고 있기도 했다. 이 발효는 35세 미만인 사람과 흔히 동일시된다. 비록 이 발효에 더 나이 많은 사람 다수가 참여하고 더 어린 사람이 많이 참여하지 않기는 하지만 말이다. 역사가에게 중대한 문제는 이 과정의 성격과 의의를 정하는 것, 즉 소련에서 현재 일어나는 발효가 러시아의 과거와 어떤 관련이 있는지, 그리고 러시아의 미래와는 어떤 관련이 있을런지를 말하는 것이다. 그 특성이 혼동을 일으키고 자주 모순적이기는 해도 소련에서 일어나는 젊은이들의 발효는 중요한 네 양상이나 수준으로 나뉠 수 있다.

가장 격이 떨어지는 첫째는 부정 일변도의 항의로 쏠리는 충동이다. 이 현실 불만족은 갖가지 방식으로, 즉 "불량배"(хулиган)의 폭력 범행, "날라리"(стиляга)[17]의 스타일과 의복의 현란한 혁신, 모든 교의에 대한 니보니초(нибониче, "하느님도 아니고 악마도 아니다"라는 러시아어 어구[18]의 재치 있는 줄임말)의 강박적 반대로 표출되었다.

적대적인 관변 언론은 "짧은 바지를 입는 니힐리스트"[26]를 신랄하게 운운했고, 현실이 마뜩잖은 러시아 젊은이들 가운데 가장 급진적인 이들은 "60년대인"이라는 용어를 썼다. 이렇듯 소련에 존재하는 의견의 양 극단은 딱 한 세기 전에 니콜라이 1세의 억압적 통치 뒤에 나타난 원조 니힐리스트이자 "60년대인"과 닮은 데가 있음을 보여준다. 물론, 알렉산드르 2세 치세의 젊은 니힐리스트에게 기백을 불어넣었던 공동체 사회 실험과 혁명 조직을 위한 기회가 한 세기 뒤에는 없었다. 그러나 박해당한다는 느낌과 새로운 해답의 필요성은 오히려 더 강했다.

확실히, 공산주의 체제는 그토록 많은 젊은이가 공식 문화에 품는 반감에 골치를 썩이기도 하고 크게 당황하기도 했다. 거대한 기구인 공산주의자청년동맹의 지도자들은 이제 레닌 시대 때보다 나이가 거의 열

---

[17] 복수 형태는 스틸랴기(стиляги). 1940년대 말엽과 1960년대 초엽 사이에 한껏 멋을 부린 요란한 옷차림을 즐기는 하위문화 집단에 속하는 소련 젊은이를 경멸조로 일컫은 표현.

[18] ни Бог ни черта.

살은 더 많았으며, 노장 볼셰비키는 젊은이가 따라가도록 자기들이 닦아 놓은 길에 보이는 무관심을 이해할 능력이 자기들에게 없음을 짜증을 내며 인정한다. 클리멘트 보로실로프(Климент Ворошилов)는 1957년 3월에 열린 공산주의자청년동맹 대회에서 연설하다가 거의 애처로운 심정으로 "하지만 있습니다. 여러분은 그것을 알고 있습니다. 저는 날라리가 아니라 양아치에 관해 말하고 있습니다"라고 불평했다. "그런 치들"에 대한 그의 유일한 처방은 "'그치들이 있어서는 안 된다'고 말하고 이런 면에서 모든 조치를 취하"는 것이었다.[27]

그러나 "그런 치들"은 계속 있었고 늘기까지 했다. 1962년 3월에 열린 다음 공산주의자청년동맹 대회에서 공산당 지도부의 태도는 동일하게 절망에 찬 것이었다. 새로운 공산당 엘리트의 양성을 도울 새로운 기숙 학교를 세우고 젊은이들이 "삶으로부터의 분리를 이겨내"도록 돕고자 고등학교와 대학 교육 사이에 의무노동 기간을 설정하면서 흐루쇼프는 젊은이의 끊임없는 니힐리즘과 "무위도식"을 거세게 비난했다.[28]

이렇게 공식적 이상에 계속 무관심하며 옷과 섹스와 범죄에서 무분별해 보일 만큼 진기한 것을 추구하는 것은, 물론, 탈인격화되고 도시화된 현대 사회에 대한 더 보편적인 반감의 일부분이다. 이 첫째 수준의 항의는 소련만의 현상이 아니라 선진 문명에 널리 퍼져있는 욕구의 유난히 거친 표출이었다. 그 욕구는 틀에 박힌 일상의 단조로움을 넘어서서 더 진정한 종류의 개인 경험으로 파고들어가려는 욕구였다.

젊은이의 발효에 긍정적인 둘째 양상은 러시아 해학의 부활이다. 희극 다운 희극은 스탈린 시대에 러시아에서 거의 다 사라져버렸다. 남은 것이라고는 독재자 스탈린 자신의 투박하고 야비한 언사뿐이었다. 그 언사는 주로 상스러운 인유(引喩)와 소수민족에게 가하는 고압적 모욕으로 이루어져 있었다. 제정의 탄압이 가장 극심했던 시기를 뺀 모든 시기에 번성했던 문예 풍자와 농민 해학의 풍성한 전통은 스탈린이 자기가 늙어가던 시기에 온갖 비판에 정신병자처럼 민감했던 탓에 심하게 망가졌다. 러시아인은 자기 나라의 체제를 공개적으로 비웃을 기회를 빼앗기자 점점 더 은밀하게 비꼬는 쪽으로 돌아섰다. 전통적으로 "러시아식 대범성"이라는 거침없는 흐름의 일부였던 해학의 물길이 이렇게 둑으로 막히자 심지어 오랫동안 지연되었던 스탈린의 마지막 당대회마저도 1952년에 새로운 고골과 살틔코프-쉐드린이 필요하다고 외쳐서 인정한 위험한 결과가 나타났다.[29] 러시아 해학의 복권은 흐루쇼프가 권좌에 오르면서 한층 더 촉진되었다. 그는 그 어떤 선대 러시아 공산주의 지도자보다도 더 좋은 유머 감각을 지녔고 익살스러운 스타일을 자기의 새로운 정치 기법으로 삼았다.

그러나 스탈린 이후 시대에 나타난 해학에는 심지어 개혁적인 공산당 지도자들마저도 선뜻 받아들일 수 있는 것보다 더 신랄한 데가 있었다. 가시 돋친 우화와 현란한 말장난은 미묘함과 재치, 그리고 허세에 대한 불경을 드러냈다. 이런 태도는 소련의 공식 문화와 또렷이 대비되었고 금세 바닥나는 인간 풍자에 신선한 소재를 제공했다.

그러나 소련 젊은이의 빈정거리는 태도에는 개인 생활과 직업에서 할 가치가 있는 일이 아직은 있다는 긍정적인 믿음이 대체로 깔렸었다. 비록 정치·행정 체제를 하룻밤 새에 바꿀 수는 없을지라도, 관료의 흰소리나 정치의 개입에서 벗어난 고결한 일을 통해 적어도 품위는 얻을 수 있다. 그러므로 해학은 허위에 찬 당국이 늘 두려워해 온 개혁의 열정뿐만 아니라 새로운 세대의 "잠행성 실용주의"와도 결합했다. 그 새로운 세대는 관의 기만과 나태의 바다에서 언젠가는 창조적인 고결성의 섬이 솟아나 넓어질 수 있다는 확신을 차츰차츰 키웠다.

1960년대 초엽 전형적인 우스갯소리 하나는 레닌 언덕(Ленинские горы)[19]

꼭대기에서 망원경으로 계급 없는 사회가 오는지 망을 보라고 모스크바로 불려온 한 집단농장원의 이야기였다. 그 집단농장원은 어느 날 그 한가로운 일을 하러 가는 길에 한 미국인과 마주쳤는데, 그 미국인은 그에게 뉴욕으로 가서 자유의 여신상에서 자본주의 체제의 다음 위기가 오는지 지켜보면 봉급을 세 배 올려주겠다고 제안했다. 그 집단농장원은 이렇게 대답한다. "조건은 매력적이지만, 임시직을 구하려고 평생직을 내버릴 수는 없지요."

이 이야기의 평범한 주인공의 원형은 대러시아의 민간 우화와 풍자 문학에 많다. 그러나 이상화된 페터 슐레밀(Peter Schlemihl)[20]과 그가 삶을 긍정하며 인간의 결점과 허위에 터뜨리는 웃음을 보면 그 주인공의 원형은 이디시 해학에도 있다. 실제로 이 우스갯소리는 메시아 기다리기에 관한 유대인의 오래된 우스갯소리의 변형이며, 어쩌면 러시아의 고유한 이디시 문화가 최근의 핍박자에게 은밀히 앙갚음할 기회를 노리는 교묘한 방식을 드러내 준다. 원자화된 소련 사회에 동화되고 반유대주의라는 수모를 끊임없이 견뎌내야 하던 유대인 공동체는 전체 러시아 문화에 신선한 풍자거리를 제공함으로써 튀지 않게 존재감을 계속 드러낸다.

이렇듯 20세기 중엽의 소련에서 이루어지는 이디시 해학의 이런 내부 망명[21]과 동화는 어느 모로는 19세기 말엽과 20세기 초엽에 유대인 이주민 공동체가 희극 분야에서 미국이라는 도가니에 했던 이바지를 재현하

---

[19] 오늘날 모스크바의 참새 언덕.

[20] 프랑스 태생의 독일 작가 아델베르트 폰 샤미소(Adelbert von Chamisso, 1781~1838년)의 1814년 작 소설 『페터 슐레밀의 놀라운 이야기』(Peter Schlemihls wunderbar Geschichte)의 주인공. 자기 그림자를 판 뒤 닥쳐온 어려움을 이겨내는 이 인물의 이형은 그 뒤 다른 여러 작가의 작품에서도 등장했다.

[21] 국가와 주류 사회에 반발하면서도 국외로 망명하기보다는 국내에 남아 내면세계에 몰입하는 경향을 문학계에서 일컫는 표현.

고 있다. 죽은 뒤에 젊은 세대의 우상이 되었던 풍자극작가 예브게니 시바르츠(Евгений Шварц)와 그의 작품을 상연하는 데 앞장선 사람인 니콜라이 아키모프(Иван Акимов)는 둘 다 유대인이다. 젊은 세대의 친(親)유대주의는 유대인이 문화의 새로운 발효에 이바지한 데 대한 감사의 표시일 뿐만 아니라 오랫동안 지속된 유대인 박해에 대한 새로운 동질감의 표현이다. 스탈린 이후 시대의 모든 반(半)이단적 문학작품 가운데 예브게니 옙투셴코(Евгений Евтушенко)가 유대인의 수난에 바치는 진솔한 송시 「바비 야르」(Бабий Яр)[22][30]가 젊은 세대 사이에서 십중팔구는 신선한 감각과 열망의 가장 중요한 단일 상징이 된 것은 전적으로 타당하다.

러시아 해학의 소생(蘇生)은 유대인과 마찬가지로 유구한 근동 문명의 소유자이며 오랜 세월 동안 핍박과 방랑과 상업상의 모험에서 축적된 민간전승을 보유한 아르메니야인 같은 다른 소수민족 집단들이 점점 더 동화되는 덕분에 촉진되기도 했다. 기분이 알딸딸해진 러시아인은 소련의 내부 사정에 관한 익살맞은 논평의 출처로 가상의 "아르메니야 라디오"(Армянское радио)[23]를 자주 끌어댄다. 그루지야인과 아르메니야인은 1960년대 초엽에 익살맞고 풍자적인 민중 가요를 개발하는 데 주요 역할을 했다.

젊은 세대의 더 심오하고 긍정적인 이상들 가운데 여럿이 발효의 셋째 양상, 즉 러시아 문학의 부활에서 표현된다. 제정 말기에는, 뭐니뭐니 해도, 문학이 인간과 사회에 관한 새로운 사상을 펼치는 주요 매체였다.

---

[22] 제2차 세계대전 때 나치 특별부대가 키예프 부근에 있는 골짜기 바비 야르에서 소련군 포로와 민간인을 10만 명 넘게 학살했다. 특히 1941년 9월 29~30일에는 33,771명이 한꺼번에 학살되었으며, 대다수가 유대인이었다. 1961년에 옙투셴코는 이 사건을 기리고 진상을 밝히는 시 「바비 야르」를 썼다.
[23] 소련 시민이 일상을 소재로 삼아 우스갯소리를 할 때 끌어대는 가상의 라디오 방송 프로그램. "예레반 라디오"라고도 한다.

스탈린 이후 10년 동안 이렇게 문학에서 사상을 찾으려는 시도는 (비록 세계 문학에는 꼭 그렇지는 않을지라도) 러시아의 발전에 퍽 중요한 현상이다.[31]

부분적으로, 그 새로운 문학은 그 이전의 문학이 지극히 빈약하므로 대단해 보인다. 심지어 잠재적으로라도 톨스토이나 도스토옙스키 같은 이가 없다는 점을 머릿속에 거듭 떠올리게 된다. 실제로 오늘날의 소련 작가 사이에서 톨스토이의 서사적 문체에, 그리고 심리와 종교에 대한 도스토옙스키의 심취에 가장 가까운 현재의 근사치는 각각 미하일 숄로호프의 소설과 레오니드 레오노프의 소설에서 찾아낼 수 있다. 두 사람은 떠오르는 세대에게는 명시적인 영향력을 별로 가지지 못한 나이 지긋하고 유별난 인물이었다. 그러나 새로운 이 문학 작품에는 그 나름의 신선함과 활력이 있다. 다른 무엇보다도 한 시베리아 농민 아낙의 정직성과 재치를 당국의 기계적 허위성과 대비해서 많은 논란의 대상이 된 블라디미르 포메란체프(Владимир Померанцев)의 시론 「문학에서의 진정성에 관하여」(Об искренности в литературе)가 스탈린이 죽은 직후에 발표된 이후로 죽 이른바 신(新)인민주의 문학의 조류가 솟구쳤다. 알렉산드르 야신(Александр Яшин)의 『지렛대』(Рычаги)와 유리 나기빈(Юрий Нагибин)의 『창문의 빛』(Свет в окне) 같은 단편소설이 부패한 관리와 청렴한 민중 사이의 대비를 부각했다.[32] 다니일 그라닌(Даниил Гранин)의 『자기 견해』(Собственное мнение)나 많은 논란의 대상이 된 블라디미르 두딘체프(Владимир Дудинцев)의 『빵만으로는 살지 못한다』(Не хлебом единым)[24]에서처럼, 때로는 공산당 관료와 대비되는 세력으로서 평범한 무직 대신에 이상주의적인 과학자 직원이 나온다. 때로는 작자의 논지가 시 「경계 신호」(Знак

---

[24] 구약성경 「신명기」 4장 4절과 신약성경 「누가복음」 8장 3절에 나오는 표현.

предупреждения)에서처럼 매우 솔직하게 드러난다. 이 시의 제목은 스탈린의 네로 식 대량학살의 절정기에 러시아 곳곳에 흩뿌려놓은 구호에 가하는 얄궂은 비평이다.[33]

1956년의 저항 문학은 소련의 한 강제수용소를 묘사한 알렉산드르 솔제니친(Александр Солженицын)의 『이반 데니소비치의 하루』(Один день Ивана Денисовича)와 집단농장의 삶을 통렬하게 묘사한 표도르 아브라모프(Федор Абрамов)의 『"새로운 삶"의 하루』(День в "Новой жизни")가 출간되면서 1962년에 뒤늦게 나타난 훨씬 더 거리낌 없고 매서운 사회비판의 전조일 뿐임이 판명되었다.

전반적으로 볼 때, 문체는 진부하지만 이념은 자극적인 소설이 스탈린이 죽은 이후로 소련에서 눈에 띄게 많이 나왔다. 한편, "서랍에 넣어둘 용도로", 또는 "영혼을 위해" 쓰여 소련 안에서 (무수한 서방 금서 해적판 사본과 이것의 개인 번역과 함께) 필사본이나 타자본으로 나도는 훨씬 더 대담한 문학의 기미가 나타나기 시작했다. 이 문학의 일부는 소련에서 불법으로 제작되어 유포되는 전단 크기의 신문 형태로 나타나며, 그 가운데 몇몇은 서방에서 간행되었다.

새로운 세대의 장단편 소설보다 훨씬 더 중요한 것은 모든 문예 형식들 가운데 가장 공적이지만 가장 사적이기도 한 두 가지 문예 형식, 즉 시 낭송과 연극의 예사롭지 않은 부활이다. 소련의 남녀가 공통 관심사에 관해 친한 러시아인과 직접 소통하는 이 두 매체는 같은 목표와 열망을 가지고 있다는 느낌을 불러일으키는 데 큰 몫을 했고, 그런 느낌은 젊은 세대에 활력을 불어넣게 되었다.

시 낭송회는 옙투셴코의 자석과도 같은 호소력과 그의 이름을 둘러싸고 생겨난 대논란 때문에 대중의 관심을 꽤 많이 끌었다. 1차 낭송회는 1960년에 「바비 야르」가 발표된 뒤에, 2차 낭송회는 외국 체류 동안 자전적 수기와 성찰이 간행된 뒤인 1963년에 있었다.

　무엇이든 옙투셴코가 쓴 것이 세계 대작 시선집(詩選集)에 들어갈지는 의문이다. 그러나 나이 서른 훨씬 전에 그에게는 자기 세대의 공인 대변인으로서 러시아 문화사의 중요한 한 자리가 확보되었다. 직설적이고 쉽게 이해되는 그의 저항과 자긍의 시들, 그의 잘생긴 외모, 여행에 대한, 그리고 사랑 자체에 대한 그의 소박한 사랑, 이 모든 것이 그를 일종의 낭만적 우상으로 만들었다. 수천 명이 예전에는 닫혀있던 문을 열어젖히고 제 길을 가면서 번갈아 관(官)의 사랑과 미움을 받는 그의 행적을 수천 명이 간접 경험으로 좇았다. 그러자 그는 그대로 자기가 감히 간행하지 못한 운문과 논평과 풍자를 자기의 시 낭송회에 모여든 수천 명과 함께 공유했다.

　그는 자기의 작품을 모아 소련에서 간행된 한 문집의 서시(序詩)에서 "사람들에겐 저마다 은밀한 개인 세계가 있다"고 썼다.[34] 옙투셴코는 "스탈린 후계자"들의 진부하고 칙칙한 세계에 맞서 다채롭고 자유분방한 세계의 수호자로 나타났다. 그의 시 「니힐리스트」(Нигилист)는 공식적인 사회에서 니힐리스트라는 경멸적인 딱지가 붙은 어떤 이에게 체제에 고분고분한 당대인보다 더 고귀한 인간적 행위를 할 힘이 있다고 말한다. 「해학」(Юмор)에 보내는 그의 송시는 이 기질에 폭정을 혼내는 힘이 있다고 찬양한다.

　그러나 옙투셴코가 지닌 호소력의 밑바탕에는 넘치는 젊음의 원기와 일반적인 저항 정신을 넘어서는 것이 있었다. 옙투셴코가 더 앞 시기의 러시아 전통의 공감대를 — 비록 거칠게, 그리고 어쩌면 무의식적으로라도 — 건드리며 심금을 울렸기 때문이다. 스탈린 사후 10년 동안 그는 원조 "돋보이는 10년"의 "격분한" 도덕적 영웅 벨린스키의 — 아무리 희미할지라도 — 환생이었다. 옙투셴코는 동시대인에게 영향을 미쳤다는 점뿐만 아니라 인간의 고통에 대한 합리화를 받아들이기를 거부했다는 점에서 벨린스키에 가까워 보인다. 「바비 야르」에서, 특히 옙투셴코가 낭송할 때, 감정의 절정은 안네 프랑크(Anne Frank)의 언급과 죄없이 고통을 겪는 아이의 이미지와 더불어 찾아온다. 그런 다음 그는 자연주의적 심상과 도덕주의적 결론으로 나아간다. 그의 분노는 — 관의 비난을 받은 그의 자전적 수기에 따르면 — 그가 스탈린의 장례식에서 군중이 아무 생각 없이 물밀 듯 몰려들지 못하도록 막을 적절한 권한을 위임받은 이가 없었다는 단순한 이유로 무력한 열 살짜리 소녀가 짓눌려 죽는 모습을 보았을 때 시작되었다.[35] 이 지점에서 옙투셴코는 그 같은 재능의 소유자라면 아주 쉽게 얻을 수 있었을 스탈린주의 주류 사회 입장권을 반납했다. 그 동기는 벨린스키가 헤겔의 이상적 세계 질서를 거부한 동기이며, 벨린스키의 분신 격인 이반 카라마조프가 어린이들이 죄 없이 고통을 겪기 때문에 하늘나라 입장권을 거절한 동기이다. 옛 러시아 인텔리겐치야의 가장 지속적인 유산은 옛 러시아의 유토피아적 몽상들 가운데 어느 것이 아니라 "우는 아이가 단 한 명도 없도록 만들겠다"는 이 열망에 있을지도 모른다. 도스토옙스키가 자기 공책에 진하게 밑줄을 친 이 문장이 적힌 페이지는 모스크바의 도스토옙스키 박물관에서 오랫동안 공개 전시되었으며, 옙투셴코의 내면적 이상을 거의 드러내 준다.

그러나 옙투셴코는, 물론, 시인이기도 하다. 어줍어하면서도 그렇다. 그가 자기 세대 안에서 해방의 애국적 목소리로서 취하는 입지는 폴란드에서는 미츠키에비치가, 헝가리에서는 페퇴피 샨도르(Petőfi Sándor)가, 핀란드에서는 요한 루네베리(Johan Runeberg)가 자기 민족의 표현되지 않은 열망을 운문으로 구체화할 수 있게 해준 19세기 동유럽 전통을 얼마간 생각나게 한다. 그러나 그가 시에서 자기의 참된 사표(師表)로 삼는 이들은 러시아인이다. 그들은 그가 자기의 본보기로 삼았던 20세기 초엽의

네 시인인 마야콥스키, 블록, 예세닌, 파스테르낙이다.[36]

엡투셴코는 자기 시의 목적을 러시아어를 시로 만들기, 즉 말을 아름다운 것으로, 그리고 인간의 삶에서 심지어 구원의 수단으로 바꾸는 데에서 블록과 파스테르낙이 하던 작업을 계속하기로 묘사했다.[37]

한동안 그의 작업은 정신이 번쩍 나도록 세계 "대중의 취향에 따귀를 올려붙이기"라는 마야콥스키 전통에 놓여있다고 보았다. 그러나 기질 면에서 십중팔구 그는 예세닌, 즉 그 네 시인 가운데 가장 덜 지성적인 농민 시인에 더 가까울 것이다. 엡투셴코의 첫 시는 스포츠라는 소재에 관한 것이었고, 그는 시인이 되기 전에는 실제로 직업 축구선수였다. 그는 시베리아 두메 출신이며, 소탈하고 거의 어린아이처럼 숨김없고 자신감에 넘치는 사람이다. 어쩌면 그런 까닭에 그의 허세와 정권을 위한 "궁정 시"가 그리 괘씸해 보이지 않으며, 비극적 결말의 가능성이 늘 가까이 있어 보인다. 그가 전해야 하는 메시지는 모스크바에서 자행되는 권력의 오용과 아직도 러시아의 깊숙한 내부에 있는 순수함 사이에 존재하는 오랜 대비이다. 그에게 그 순수함은 자기가 자란 시베리아의 소도시[25]이며 중요한 그의 첫 시의 제목인 "겨울 역"(Станция Зима)으로 구현된다. 그의 접근법은 시골 사내아이, 즉 삶에 충일한 장차 삶의 시인이 될 이의 접근법이지만, 그의 마지막 시구, 즉 그 소도시가 떠나가는 제 아들에게 고별사로 보내는 다음과 같은 "조언"은 그 내적 정수가 추출될 만큼 정제된 옛 러시아 인텔리겐치야의 메시지처럼 보인다.

얘야, 너한테 주어진 그 물음에
답을 주지 않았다고 슬퍼하지 말거라.

---

[25] 시베리아의 이르쿳스크 주에 있는 지마(Зима) 시.

찾아내거라, 보거라, 듣거라,

찾거라, 찾거라.

이 세상을 누비거라.

그래, 진실은 좋지만 행복은 더 좋지.

그렇긴 해도 진실 없이는 행복도 없단다.[38]

시 전선의 "화끈한 고발자"들 가운데 두 번째인 안드레이 보즈네센스키(Андрей Вознесенский)는 옙투셴코의 대담한 밑그림에 색을 칠하고 세부 묘사를 했다. 보즈네센스키가 더 뛰어난 시인임이 곧 드러났다. 그는 옙투셴코와 같은 해에 태어나기는 했어도 진지한 시 발표 활동은 다섯 해 더 늦게 시작했다. 1960년대 초엽에 그의 명성이 그토록 갑자기 옙투셴코의 명성과 쌍벽을 이루게 되었다는 사실은 젊은 세대가 더 세련화했다는 점과 젊은 세대가 러시아 지적 전통의 전통적 주제 및 역점에 차츰차츰 호응한다는 점을 둘 다 잘 보여준다.

1960년에 간행된 그의 첫 시집이 모자이크(Мозаика)라는 제목을 가졌고 대러시아의 정교 본산인 블라디미르[26]에서 간행되었다는 사실에는 무엇인지 좀 묘하게 어울리는 데가 있다. 보즈네센스키의 시는 시각 이미지의 모자이크를 음악적 음향의 흐름과 결합한다. 그는 옛 정교 문화의 일정한 진수를 초감각적 관념의 감각적 연상을 이용해서 재포착한다. 그는 백은시대 시 전통의 가장 참된 부활, 즉 당대의 많은 사상을 자기의 시 형식 안에 집어넣는 데 성공했던 파스테르낙의 공인된 사도이다.

그가 가장 좋아하는 시 「포물선의 담시」(Параболическая баллада)는 관의

---

[26] 12세기 초에 블라디미르 모노마흐가 세운 요새 도시로 출발한 블라디미르는 12세기 중엽에 러시아 국가의 정치적 중심이 되었고 1299년부터 1325년까지 러시아 정교회의 수좌대주교좌 소재지였다.

공격을 가장 많이 받는 대상 가운데 하나이기도 하다. 그 시는 그 참된 시인이 자기 견해를 내세우기 위해 이용해야 하는 "이솝 식 언어"의 변호이다. 그는 직접적으로 진술하지 않고 상징적이고 간접적으로 말해야 한다. 폴 고갱(Paul Gauguin)은 몽마르트르(Montmartre)[27]에서 내려감으로써가 아니라 남태평양으로 감으로써 루브르(Louvre) 박물관에 이르렀다.

> 울부짖는 그는 로켓처럼 가버렸다. ……
> 정문을 거치지 않고 그는 루브르에 들어갔다.
> 포물선으로
> 성이 나서
> 지붕을 뚫고서![39]

보즈네센스키 자신의 시적 "포물선"(1961년에 모스크바에서 간행된 그의 두 번째 시집의 제목)은 소련 관료가 용인할 수 있는 정도를 넘어섰다. 관변 비평가들에게서 "형식주의"라는 비난을 받은 그는 말의 마술을 부려서 그들에게서 포르말린과 훈향의 냄새가 난다고 비난한다(формали-змом…формалином…фимиамом). 그가 스탈린식 건축을 상대로 시로 쓴 간결한 다음과 같은 판결문에는 불의 계시록이 슬쩍 암시되어 있다.

> 건축이여, 잘 있거라!
> 활활 타거라
> 외양간을 사랑으로,

---

[27] 파리 북쪽에 있는 지역이었으며, 1860년에 파리 시에 편입되었고 파리에서 가장 고지대이다. 1860년대부터 예술가와 화가가 모여 활동하는 예술인 지구로 유명해졌다.

기록 보관소를 로코코 양식으로!

(……)

산다는 건 불타오르는 거야.[40]

보즈네센스키에게 시인의 직분은 예언이며, 청중의 반응은 "이제 막 키스를 받은 여인처럼 정신이 아득해"져 있는 "감정의 거의 관능적인 표현"이다.[41]

소련의 공식 문화의 청교도적 교훈주의와 이보다 더 다른 것은 있을 수 없었다. 1960년대 초엽의 작가 시 낭송회는 독창적 사상을 위한 마당이었고, 그 마당은 저절로 박수가 터지고 떠들썩하게 논평이 가해지면서 간간이 끊겼다. 이와는 대조적으로, 국가가 주관하는 허울 좋은 집회의 특징은 점점 더 독창성을 잃어가는 산문의 지속적 과용에 호응하는 의례적이고 율동적인 박수였다. 진정한 활력이 어디에 있는지에는 의심의 여지가 있을 수 없을 것이다. 비록 국가 주관 집회의 세력이, 1963년 전반기 동안 거센 비난으로 그랬듯이, 주기적으로 작가 시 낭송회를 침묵하도록 만드는 힘을 보유했을지라도 말이다. 다음 두 해 동안 옙투셴코와 보즈네센스키의 활동이 잦아드는 듯했다. 그러나 이 두 특별한 인물의 성쇠와 관계없이 젊은 세대는 제 나름의 구비전승[42]을 만들어내어, 몽골에게 점령되어 문학이 오랫동안 침묵하는 동안 더 옛날의 구비전승이 영웅적 행위의 기억을 살려두었던 것과 똑같이, 좋은 말과 용감한 행동의 기억을 간직했다.

못지않게 두드러진 것이 스탈린이 죽은 뒤에 대두한 새 연극과 스탈린 시대의 정형화된 소비에트 성공담 상연 사이의 대조이다. 스탈린주의 문학 형식과의 전면적인 첫 절연은 레오니드 조린(Леонид Зорин)의 연극 「손님들」(Гости)의 상연으로 1953년 말에, 사실상, 무대에서 일어났다. 에렌부르그의 소설 『해빙』(Оттепель)이 스탈린 이후 시기 문학의 부활에 핵심적 은유를 제공하고 포메란체프의 「문학에서의 진정성에 관하여」가 그 전투 구호를 제공했다면, 조린의 연극 「손님들」은 갈등이 대체 무엇인지를 극으로 보여주었다. 악명 높은 "의사들의 음모"에 바탕을 둔 「손님들」은 비밀경찰의 악행을 그것이 소비에트 체제 전체의 자연스러운 소산임을 시사하는 방식으로 묘사한다. 그 연극은 공식 언론의 혹독한 비판을 받았고 두 차례 상연된 뒤에 공연이 강제로 중단되었다.[43] 알렉산드르 코르네이축(Александр Корнейчук)의 「날개」(Крылья)가 흐루쇼프의 베리야 처단을 훨씬 더 영웅적이고 멜로드라마적으로 표현하기 위해 베리야라는 용을 거의 우스꽝스럽게 표현한 뒤에야 비로소 비밀경찰 악행 비판이 관의 승인을 얻었다. 흐루쇼프는 1955년 초에 「날개」 공연에 참석해 짐짓 박수를 쳐서 이 정식에 공식 승인의 도장을 찍었다. 그러나 조린의 더 사실주의적인 묘사가 던진 질문은 더는 공공연하게 직접 제기될 수 없다는 이유만으로 잊히지는 않았다.

소련 연극에 신선한 전망을 열어주는 데에서 거의 조린의 연극만큼 중요한 것이 마야콥스키의 「빈대」(Клоп)가 1954년에 엄청난 인기를 끌며 되살아난 것이었다. 러시아인은 마야콥스키의 솔직한 직접화법에 (그리고 외국 작가들 가운데 젊은 세대에게 아마도 가장 인기가 있었을 어니스트 헤밍웨이(Earnest Hemmingway)의 솔직한 직접화법에) 새로 접하면서 더 단순한 형태의 화법을 얻었다. 한편, 오랫동안 금지되었던 메이예르홀드의 무대연출을 새로 들여다보면서 새로운 세대의 머리에는 비(非)사실주의적 무대연출의 표현 가능성이 떠올랐다. 사회주의 리얼리즘을 무대에 투사하는 공인된 방식이 되었던 스타니슬랍스키 연기법의 조금은 빈약하고 과시적인 도식화가 이제 도전자를 맞이했다. 대중은 고를 기회가 주어지는 한 공산당 안의 기득권자들에게는 확연히 당황스럽게도 새로운 공연물을 보는 쪽을 당당하게 택했다.

더 현대적인 무대연출 기법은 1955년에 니콜라이 오흘롭코프(Николай Охлопков)가 새로 한「햄릿」상연에서 입증되었다. 오흘롭코프는 완전히 새로운「햄릿」을 상연한다는 자기 스승 메이예르홀드의 꿈을 실현하고자 그의 기법을 되살려내고 있다고 보였다. 스탈린 시대의 연극과 가장 완전히 관계를 끊은 극단 운영자는「햄릿」의 "형식주의적" 무대연출로 1930년대 초엽에 스탈린과 맞부딪쳤던 적이 있는 니콜라이 아키모프였다.[44]

스탈린 시대의 연극계 관료와는 달리, 아키모프는 현대적 예술가이면서 독자적 철학자이다. 새로운 연극에 관한 그의 개념에 중심이 되는 것은 연극과 영화의 구분이 중요하다는 것이다. 스탈린 시대에 연극과 영화는 광택 없는 같은 동전의 양쪽 면인 경향이 있었다. 연극에는 두 가지 핵심적 이유로 문화 발전에서 수행할 독특한 역할이 있다. 첫째, 연극에는 그가 "유형성"(有形性, материальность)이라고 일컫는 것, 즉 진짜 사람, 사물, 색채로만 전달될 수 있는 물적 직접성의 감각이 있다. 이 직접성의 감각을 개발하지 못하는 주된 이유는 18세기의 "기계적" 무대의 관행에 보수적으로 집착하고 현대인을 위한 "전기적"(電氣的) 무대를 대담하게 실험하기를 꺼리기 때문이다.

연극을 영화와 구분하는 데에서 훨씬 더 중요한 둘째 요인은 관객의 참여라는 사실이다. 연극에서는 필연적으로 "극장의 활기찬 두 절반 — 무대와 객석 — 사이에서 끊임없이 대화가 오간다. …… 영화 관객에게 허용되는 유일하고 빈약한 대화는 영화 상영기사가 제 할 일을 제대로 해내지 못할 경우에만 일어난다."[45] 레닌그라드 연극계의 또 다른 두드러지고 실험적인 극단 운영자인 게오르기 톱스토노고프(Георгий Товстоногов)는 "무대 위의, 그리고 가능한 한, 객석의 긴장된 정적"을 자아낼 독특한 가능성을 언급함으로써 활기찬 연기자와 활기찬 관객 사이에 이루어지

는 대화가 중요하다고 지적한 적이 있다.[46]

아키모프는 바로 그러한 효과를 시바르츠의 연극 「그림자」(Тень)를 기억에 남을 만큼 인상적으로 연출하면서 일으킬 수 있었다. 제 그림자를 잃어버린 남자에 관한 한스 크리스티안 안데르센(Hans Christian Andersen)의 우화[28]를 바탕으로 삼은 작품이면서 아키모프가 무대연출을 한 시바르츠의 연극은 색채, 경쾌함, 웃음, 환상이 있는 공연물이다. 따라서 스탈린 시대 소련 연극의 정반대이다. 이 연극의 한가운데에 배역표에는 "학자"로 나와 있지만 연극에서는 흐리스티안-테오도르(Христиан-Теодор)[29]로 알려진 한 외로운 이상주의자가 있다. 그가 안경을 잃어버리고 안경 없이 더 잘 보인다는 것을 깨달으면서 전통적 사실주의가 초장부터 도전을 받는다. 흐리스티안-테오도르가 제 그림자를 잃어버리고 그 그림자가 시바르츠의 대다수 연극이 일어나는 곳인 환상의 나라를 다스리는 통치자가 되면서 관객은 여러 가지 무대 기교에 속아 넘어가서 무엇이 진짜인지 확신하지 못하게 된다. 절정을 이루는 재판 장면에서 유령 같은 그 새 통치자는 자기가 한때 그림자일 때 그 그림자의 주인이었던 그 몽상적인 이상주의자를 재판에 회부한다. 흐리스티안-테오도르에게 마지막으로 남은 가장 좋은 벗이었던 의사 한 사람이 비난과 배반의 전체 합창에 가담하는 극적인 순간에 "객석에 정적이 전기처럼" 벅차게 흐른다. 맥락은 반쯤 희극적이지만, 효과는 웃다가 눈물이 왈칵 나는 효과를 넘어선다. 그것은 일종의 카타르시스이다. 비극에 같이 연루되어 있다는 느낌, 그 비극이 다시 일어나서는 안 된다는 말 없는 결단의 느낌인 것이다. 시바르츠의 우화에 나오는 등장인물은 사회주의 리얼리즘 연극의

---

[28] 안데르센이 1847년 4월에 발표한 우화 「그림자」(Skyggen).
[29] 흐리스티안은 그리스도교인, 테오도르는 신의 선물이라는 뜻이다.

나무 인형보다 훨씬 더 사실주의적이다. 그 등장인물들이 하는 악행의 동기와 합리화는 심리학적으로 설득력이 있으며, 소련의 일상생활의 타락과 타협을 재료 삼아 능숙하게 구성된다. 그 의사는 재판 장면에서 흐리스티안-테오도르를 직접 비난하지 않고 (도스토옙스키의 소설에 나오는 백치의 그리스도 같은 설교를 듣는 이들처럼) 그가 제정신이 아니라고 선언할 따름이다. 시바르츠의 다른 연극과 마찬가지로 이 연극에서도 교훈은 위압적이지 않고 함축적이다. 관객은 — 연기자와 관객 사이에 생기 찬 대화가 계속된다면 — 메시지가 그 공연에서 살아있는 역동적 힘이었던 것과 똑같이 틀림없이 관객의 삶에서 살아있는 힘이 되리라고 느끼게 된다. 아키모프의 마음은 그 메시지를 다르게 표현한 다음과 같은 짧은 단락에서 가장 정확하게 나타난다.

> 지금 이 시대는 창조적 원칙이 기생적 원칙과, 생겨나는 것이 썩어 없어지는 것과, 산 것이 죽은 것과, 또는 시바르츠가 자기 언어로 표현한 대로 사람이 그림자와 벌이는 투쟁이라는 기조 아래 흘러가고 있다.[47]

최근에 나온 시바르츠의 다른 연극 두 편은 훨씬 더 매서운 정치적 메시지를 전한다. 「벌거벗은 임금님」(Голый король)에서는 임금님의 새 옷에 관한 안데르센의 우화가 스탈린 시대 동안 만연되어 있던 침묵의 음모에 대한 재치 있는 풍자로 바뀐다. 「용」(Дракон)에서는 포악한 용을 죽인 자 (다시 말해서, 스탈린을 폭로하는 흐루쇼프파)가 러시아 성자전의 이상화된 성 게오르기이기보다는 그저 또 다른 폭군임이 판명된다.[48]

주목할 만한 이 알레고리들은, 젊은 세대 사이에서 인기를 누리기는 해도, 아직은 대체로 더 나이 많은 사람들의 작품이다. 스탈린 시대에 우화와 전설에는 치명적인 문제를 이야기할 때 쓰이는 머나먼 장소와 새로운 "이솝 식" 언어를 제공하는 유용성이 있었다. 다른 구세대 작가들은 진지한 생각을 비교적 안전하게 논의할 수 있는 매체로 동화나 "동양 우화"를 이용했다. 정평 있는 동화 작가이면서 1952년에 당시로서는 대담했던 우의적 풍자문 「가재」(Раки)의 저자인 세르게이 미할코프(Сергей Михалков)는 전설적인 칸 아흐마트에 관한 신랄하기 짝이 없는 시적 우화를 썼다. 이 잔인한 외팔이 군주는 자기 초상화를 원했지만, 자기를 외팔이로 그린 화가를 국가모독죄로 죽였고, 자기를 팔이 둘 달린 사람으로 표현한 두 번째 화가는 현실을 "분칠"한다며 죽였다. 세 번째 화가는 그 무시무시한 칸을 측면으로 그려서 대단히 스탈린적인 이 상황에서 살아남을 열쇠를 찾아냈다.[49]

우화극(寓話劇)의 대가 시바르츠는 자기의 거의 모든 희곡을 스탈린 시대 동안 썼다. 알만한 일이지만 독재자 스탈린이 죽고 난 뒤에도 그의 연극이 널리 상연되지 않았을지라도 말이다. 시바르츠는 주로 영화와 — 소련 사회에 대한 이솝 식 논평을 할 또 다른 표현수단을 그에게 준 — 인형극의 대본을 써서 먹고 살았다. 그의 우화 세계는 20세기 초엽 러시아의 문화에 활기를 불어넣었던 "음악 정신"의 활력을 유지하려는 노력의 하나로 러시아 민담과 이디시어 연극에서 비롯된 요소를 그가 좋아하는 안데르센의 이야기와 결합했다. 1925년에 나온 그의 첫 저서 『낡은 발랄라이카 이야기』(Рассказ старой балалайки)는 자기 음악에 맞는 가사를 찾는 발랄라이카의 이야기였다. 그의 극작가 경력 전체는 한 풍부한 문화의 약해지기는 해도 아직은 소리가 사라지지 않은 음악에 맞는 가사를 제공하려는 시도로 여겨질 수 있다.

스탈린 이후 연극계의 두드러진 새 특징은 극장 상연목록에서 당대의 주제에 관한 문제극이 더 오래된 러시아 고전과 프로파간다용 멜로드라마를 밀어내는 데 점점 더 성공했다는 점이다. 예를 들어, 스탈린 시대 말엽에는 오스트롭스키와 고르키가 가장 자주 상연되는 극작가인 경향이 있었다. 그러나 1960년대 초엽에 그들의 작품이 상연된 횟수는 스탈린이 살아있던 마지막 해에 모스크바에서 상연된 횟수의 10분의 1에 못 미쳤다.[50]

스탈린 사망 직후에 조린의 「손님들」이 혹독한 공식 비평을 받자 포부를 지닌 극작가들은 더 에둘러서, 그러나 동시에 더 다방면으로 소련 사회를 비판하게 되었다.[51] 재능 있는 젊은 인기 극작가 알렉산드르 볼로딘(Александр Володин)은 「공장의 아가씨」(Фабричная девчонка)에서 한 공산주의자청년동맹원을 조롱하고, 「다섯 번의 저녁」(Пять вечеров)에서 (아마도 강제노동수용소로 끌려가서) 오랜 세월 동안 없었던 탓에 깨진 옛 사랑을 영웅적이지 않은 친숙한 어투로 이야기한다. 새로운 제재의 실질적인 일람표가 연극 「만사는 사람 하기 나름」(Все остается людям)에 들어 있다. 이 작품에서는 한 사람이 절망한 나머지 스스로 목숨을 끊으며, 과학자와 사제가 무대 위에서 대화를 계속하는데 몇몇 진지한 쟁점에서 사제가 이긴다.

조린의 1962년 작 새 연극 「모스크바 시간으로는」(По московскому времени)은 구식 당료 한 사람과 탈스탈린화를 극한까지 밀고 나가고 싶어 하는 젊은 개혁가 한 사람을 나란히 마주 세우는데, 이 대비는 오늘날의 특징이다. 그 개혁가는 그 영감이 "도시는 아니고, 그의 이름을 바꿀 수 없"으므로 떠나가야 한다고 판단한다. 같은 해에 나온 또 다른 연극 「적보다 더 위험한」(Опаснее врага)은 착한 노동자와 못된 관료의 이 마주 세우기를 익살맞은 거의 고골 식 플롯으로 다듬는다. 아주 적절하게도 아키모프가 연출한 그 연극은 요구르트를 연구하는 한 지방 연구소에서 못된 당 지도자들과 착한 과학연구원들 사이에 벌어지는 재치 싸움을 묘사한다. 관리자들은 모스크바가 소련에서 멍청이를 없애는 새 캠페인을 개시할 참이라는 (결국은 거짓으로 판명된) 소문을 듣고서 이 멍청이 꼬리표를 하급자에게 붙이려고 무진 애를 쓰다가 데이먼 러니언(A. Damon Runyon)의 이야기 한 편을 살짝 생각나게 하는 일련의 일화 뒤에 과학연구원들에게 속아넘어간다. 바실리 악쇼노프(Василий Аксенов)의 1965년 작 「상시판매」(Всегда в продаже)는 결말과 풍자적 독설 면에서 더 앞서 나온 이런 연극들보다 더 창의적으로 공상적이면서도 더 매섭게 현대적이며, 앞으로 나올 더 흥미로운 연극의 선구자일지 모른다.

현대의 주제를 다루는 새로운 연극은 소련에서 얻을 수 있는 가장 뛰어난 오락과 가장 효과적인 몇몇 사회비판을 둘 다 확실하게 제공한다. 연극이 한때 사회의 교육적·도덕적 힘으로서 지녔던 특성을 극장에서 복원한다는 실러와 기타 많은 이의 오랜 꿈은 서방의 전위 연극보다 소련의 이 새로운 연극들에서, 사실상, 더 많이 실현되는 듯하다. 그러나 소련의 모든 극장 상연에 관(官)의 승낙을 얻으려고 여전히 애를 써야 한다는 점을 고려하면, 연극이 — 톱스토고노프의 표현대로 — "공공 의식을 드높이는" 구실을 할 날은 십중팔구 아직도 머나멀다. 연극은 "외과 수술과 매한가지일 터여서, 외과 의사의 손에서처럼 배우의 손에서 사람의 심장이나 두뇌가 틀림없이 부르르 떨 것이다."[52]

새로운 연극과 시처럼 새로운 영화는 러시아 문화의 "중단된 혁신"을 생생하게 보여준다. 최근의 소련 영화는 1920년대의 조숙한 유아기의 창조적 활력을 얼마간 되찾았을 뿐만 아니라 치우치지 않은 인간애와 심리적 내성(內省)의 새로운 차원을 보탰다.

이 영화 르네상스의 돋보이는 영화들 가운데 다수가 젊은 세대에게 가장 큰 의미를 지니는 사건, 즉 (소련에서 제2차 세계대전을 일컫는 표현인) 대조국전쟁(Великая Отечественная война)을 다루었다. 스탈린 시대 말엽의 많은 전쟁 영화가 소련의 영광스러운 승리와 독재자 스탈린의 현명한 지도력을 강조한 반면에, 새로운 전쟁 영화는 모든 전쟁 가운데 가장 파괴적이었던 이 전쟁이 러시아의 보통사람에게 준 충격에 초점을 맞춘다. 미하일 칼라토조프(Михаил Калатозов)의 1957년 작 「학이 날아간다」(Летят журавли)를 시발점으로 삼아 러시아 영화는 전쟁을 건설적 목적이라고는 찾아보려야 찾아볼 수 없는 것으로 묘사하기 시작했다. 전쟁은 사적인 가족 관계의 세계로 밀치고 들어온 불청객이 되었다. 그 사적인 세계는 갑자기 "새로운 소비에트형 인간"의 공적인 세계보다 어쨌든 더 현실적이고 매력적으로 보였다. "한 인간의 운명"은 숄로호프의 동명 단편소설을 개작해서 1959년에 제작된 영화[30]에서 최종적인 승리나 패배만큼 중요해 보이게 된다. 이듬해에는 그리고리 추흐라이(Григорий Чухрай)의 대작 영화 가운데 첫 영화 「한 병사의 발라드」(Баллада о солдате)가 나왔다. 추흐라이는 우연한 영웅적 행위로 짧은 휴가를 얻고 나서 부대로 되돌아와 죽음을 맞이하는 순진무구하고 어린 한 러시아군 병사를 완전히 프로파간다를 배제하고 뛰어난 촬영 기법으로 가슴이 저밀 만큼 꾸밈없이 묘사한다. 1961년에 모스크바에서 개봉되었을 때 찬동의 감정을 내보이는 계기를 제공한 추흐라이의 「맑은 하늘」(Чистое небо)은 소련군 전쟁 포로들의 명예와 고통을 전후 시기에 그들을 의심하고 모욕한 체제의 잔혹성과 대비한다. 가장 대담하게 기법을 혁신하는 동시에 가장 감동적으로 전쟁을 고발하는 영화는 1962년에 나와 부모를 잃은 한 어린이의 비극적인 이야기 속에 다큐멘터리 발췌 기록물과 나란히 꿈 장면을 잇달아 집어넣은 「이반의 어린 시절」(Иваново детство)이다.

이렇게 영화에서 개인이 품은 대의의 본성보다 그 개인의 고결성이

---

[30] 영화감독 세르게이 본다르축(Сергей Бондарчук, 1920~1994년)의 「한 인간의 운명」(Судьба человека).

강조되면서 러시아 내전을 표현하는 전통적 방식이 바뀌기도 했다. 헐리우드(Hollywood)가 멜로드라마식 서부영화에 — 얼마간은 단조로움을 깨야 할 필요 때문에, 그리고 얼마간은 뒤늦은 정의감 때문에 — "착한 인디언"을 집어넣었던 것과 똑같이, 소련 영화는 반혁명 백위군 안에서 인간애의 자취를, 심지어는 고결성까지 찾아내기 시작했다. 실제로, 두루 칭찬을 받은 최근의 러시아 내전 영화 두 편, 즉 추흐라이의 1956년 작 「마흔한 번째」(Сорок первый)와 블라디미르 페틴(Владимир Фетин)의 1960년 작 「망아지」(Жеребенок)에서 관객의 동정심은 결국은 한 백위군 장교 쪽으로 기울어진다.

끝으로, 영화제작자들이 19세기에 러시아 인텔리겐치야를 특히 매혹했던 고전으로 되돌아가는 데 주목하는 것은 흥미롭다. 이렇듯 그리고리 코진체프(Григорий Козинцев)가 1956년의 감상적인 「돈키호테」에서 1964년에 영화로 각색된 「햄릿」으로 옮아갔다. 코진체프는 거의 딱 한 세기 전의 투르게네프의 「햄릿과 돈키호테」와는 대조적으로 돈키호테를 심리장애를 가진 비극적 인물로 묘사했고 햄릿에게는 그 어떤 고요한 고결성을 부여했다. (대본으로 쓰인 「햄릿」의 번역자인) 파스테르낙처럼 코진체프는 투르게네프가 (그리고 스탈린 시대의 2급 비평가들이) 햄릿에게 퍼부은 상징적 오명을 그에게서 벗겨내고 있다고 보았다. 자주 어리둥절해 할지라도 흥미를 느끼는 관객에게 소련의 새로운 연극 전체가 전달하고 있는 메시지는 기본적으로 햄릿이 충성스럽지만 2차원적인 호레이쇼에게 전한 다음과 같은 메시지이다. "하늘과 땅에는 자네의 철학에서 상상이 되는 것보다 더 많은 것이 있다네."[53]

한편, 현 세대와 구 인텔리겐치야의 "햄릿주의" 사이의 덜 유쾌한 유사점 하나, 즉 목표의 혼동과 불확정성을 짚어야 공정하다. 젊은 세대는 자기들이 무엇을 받아들이는지보다는 자기들이 무엇에 반대하는지를 훨씬 더 확실히 알고 있었으며, 그들의 작품 대다수는 점점 더 정교해지는 문학비평 기준에 대면 기법상 대단하지는 않다. 그러나 그 추구의 열망과 인기의 진정성을 부정할 수는 없다. 아브람 테르츠(Абрам Терц)[31]가 주장하는 대로, 그들의 예술에는 "목표 대신에 가설들"이 있다. 그 같은 가설들의 실험장은 문학비평이라는 온실이 아니라 삶이라는 넓은 원형 경기장에 있다. 비평가들의 평론보다 — 창조적 문화에 관한 아키모프의 끊임없는 대화에 참여하는 필수불가결한 두 번째 존재인 — 관객의 삶에서 이끌어낸 반응이 중요도를 가늠하는 더 정확한 잣대이다. 점점 더, 소련의 새로운 상연물은 마지막에 막을 내린 뒤 곧바로 예술가들이 관객과 연극의 성격과 의의를 토론하는 활기차고 자주 시끌시끌한 "의견교환" 모임으로 활력을 얻는다.[54]

새로운 문학 "가설들"은 문학보다는 다른 예술 매체에서 영감을 끌어낸다고 보이는 경우가 잦다. 그러나, 백은시대의 새로운 문학을 위한 영감의 숨은 원천이 음악이었던 반면에, 지금은 지배적 매체가 시각 예술인 경향이 있다. 아키모프는 재능 있는 화가이다. 건축가 교육을 받은 보즈네센스키는 이렇게 선언했다.

> 나는 작가가 문학계 선배와 가까운 것이 그리 좋다고 생각하지 않는다. "근친 교배"를 하면 퇴화하기 마련이다. 나는 바이런보다는 루블료프와 후앙 미로(Joan Miró)에게서, 그리고 나중에는 르 코르뷔지에(Le Corbusier)에게서 더 많은 것을 얻었다.[55]

회화의 중요성은 소련에서 비공식적으로 그려지는 실험적 유화의 수

---

[31] 시냡스키가 정권을 탄압을 피하고자 신원을 숨기고 창작을 하면서 1959년부터 쓴 필명. 1965년에 붙잡혀 강제수용소에 갇힌 시냡스키는 1971년에 출소했고 1973년에 서방으로 망명했다.

가 많고 때로는 작품성이 뛰어나다는 데 있기보다는 오히려 시각 예술이 재능이 가장 뛰어난 신진 작가들도 이루려고 애쓰고 있는 것을 하려고, 즉 현실 세계를 객관적으로 묘사하려고 애쓴다는 사실에 있다. 제정 말기의 프로메테우스적 몽상가들은 물질적 세계에서 완전히 떠나고자 했고, 음악의 세계로 도피했다. 음악은 모든 예술 가운데 가장 비물질적인 예술이며 사람이 외계 공간의 새로운 언어를 탐색하는 데에서 찾기를 바랄 수 있는 유일한 길라잡이였다. 그러나 실리만 따지는 "쇠붙이를 먹고 사는 자들"[56]이 쇠붙이 물건을 우주로 밀어 보냈던 스탈린 이후 시대에 창조적 상상력은 도로 땅으로 움직여서 러시아의 현실을 한 번 더 포착하려고 시도했다. 이렇듯 러시아 젊은이들은 길 안내를 찾아서 시각 예술로 돌아서지만 본능적으로 통상적 사실주의자 너머로 고대 러시아와 현대 서방의 "더 현실적인" 예술 쪽을 바라본다. 이런 까닭에 보즈네센스키는 루블료프를 미로와 르 코르뷔지에와 나란히 놓으며, 전쟁에 반대하는 그의 힘찬 시는 "나는 고야!"로 시작하면서 고야의 이름을 가지고 말재간을 부려서[32] 그의 그림을 서술한다.[57] 불안하고 자주 괴기스럽기까지 하며 예술상의 모더니즘을 예언한 이 에스파냐인은 테르츠가 새로운 예술, 즉 "우리 시대의 정신에 가장 딱 들어맞는 …… 변화무쌍한 환영적 예술"로 향하는 길잡이로 천거하는 이들의 짧은 명단에도 들어있다.[58]

호프만, 도스토옙스키, 고야, 샤갈, 그리고 최고의 사회주의 리얼리스트 마야콥스키, 다른 많은 사실주의자와 비(非)사실주의자의 과장된

---

[32] 어릴 때 아버지에게서 받은 고야의 동판화집에서 영감을 얻어 1959년에 발표한 시 「고야」(Гойя)에서 보즈네센스키는 rope, голос, голод, горло처럼 화가의 이름 고야와 비슷한 낱말을 잇달아 배열해서 전쟁의 공포를 표현한다.

상상력이여, 앞뒤가 맞지 않는 환상의 도움을 얻어 진실을 표현하는
법을 우리에게 가르쳐 주소서![59]

아키모프는 러시아의 이콘, 오노레 도미에(Honoré Daumier), 빈센트 반 고흐
(Vincent van Gogh), 전후(戰後) 이탈리아 영화[33]에서 비롯된 회화적 이미지가
자기의 연극 개념에 영향을 미쳤다고 말한다.[60] 세르게이 유트케비치
(Сергей Юткевич)는 미래의 이상적 소련 영화를 "와토(Watteau) 스타일과 고
야 스타일의 종합"으로 이야기한다.[61]

소련의 최근 단편소설들 가운데 가장 주목할 만한 작품인 유리 카자
코프(Юрий Казаков)의 『아담과 하와』(Адам и Ева)는 한 외딴 섬으로 가는
젊은 화가와 아가씨의 이야기이다. 그것은 예술의 진실을 찾아 에덴동산
으로 되돌아가기의 일종이다. 그러나 그 화가는 자기가 표상하는 소련의
젊은이들만큼이나 현실에 안주하지 않는다. 그는 자신을 "사상 없는 예
언자"로 본다. 그러나 한 외딴 교회에서 그는 "대지와 바다와 사람의
참된 삶"을 재발견하는 일종의 환상을 본다. 그는 종탑을 타고 올라가
위에 있는 하늘에서 "헤아릴 길 없이 엄청나게 많은 주위의 물이 반사된
빛으로 번쩍이는 …… 다른 하늘"을 내려다본다.[62] 마지막 장면에서 그
는 이상하고 기괴하게 하얀 북쪽 빛의 한가운데에서 배를 타고 바다 너
머로 떠나간다.

사람들에게는 배 한 척이 정해진 목적지 없이 바다에 있는 이미지가
다시 남는다. 그러나 사람들은 국영 여행사무국의 공인 여정 안내서에는
그 목적지가 나와 있지 않은 것이 분명하다고 느낀다. 사람들은 다섯

---

[33] 제2차 세계대전이 끝난 뒤부터 1950년대 중엽까지 이탈리아에서는 현실에서 도
피하는 이상주의에서 벗어나 현실을 다큐멘터리처럼 객관적으로 표현한 「무방비
도시」와 「자전거 도둑」 등 신사실주의(neorealismo) 영화가 많이 나왔다.

해 앞서 『프라브다』 사설[34]이 "소련의 모든 문학계·예술계 일꾼들에게" 했던 다음과 같은 말로 한 중년 공산당 당료가 자기를 꾸짖는 모습을 상상할 수 있다.

> 사회주의 리얼리즘 기법을 내팽개치는 이는 배를 "자유롭게" 이끌고자 공해로 나서며 나침반을 배 밖으로 내던지는 불길한 선장과 다를 바 없는 자이다.[63]

카자코프의 단편소설의 제목과 표상은 문화 부활의 가장 놀라운 넷째 양상, 즉 종교에 대한 관심의 부활을 생생하게 보여주는 한 사례일 뿐이다.

물론, 종교의 부활이 눈에 확 띄게 진행되고 있지는 않다. 교회에 정기적으로 나가는 사람은 여전히 주로 여자와 노인이다. 그러나 정교회의 예배 의식에는 지속적인 열정이 있으며, 이 때문에 사람들이 꾸준히 정교회에 이끌려와서 세례와 부활절 예배에 잠시라도 나타난다.[64] 교회에서 올리는 결혼식의 매력이 커지자 정권은 어쩔 도리 없이 교회의 모든 주요 표상물(음악과 꽃, 그리고 엄숙한 실내 장식)을 무신론 국가의 비(非)교회 공인 의식에 제공할 용도로 그 나름의 기괴한 "결혼 궁전"을 세워야 했다. 스탈린 이후 시대에 성직자 양성 교육을 받으려는 사람의 수가 늘어나자 멀거나 가난해서, 또는 관료의 방해 탓에 훈련을 받지 못했을지 모를 이에게 편의를 제공할 통신 교육 과정까지 도입되기에 이르렀다. 신학 지망생은 특별히 선정된 공산주의자청년동맹 위원회와 사전 심의를 해야 한다는 의무 규정을 중심으로 만들어진 박해 프로그램

---

[34] 1957년 1월 8일 자 『프라브다』 사설 "Всем работнткам литературы и искусства Советской Украины".

이 급증하면서 소련 당국은 "학생을 대상으로 광범위한 개별 작업"을 한 결과로 1959년 이후로는 신학교 수가 급감했다고 씁쓸하게 만족해하며 보고할 수는 있었다.[65]

그러나 무신론을 선전하던 초기에 루나차르스키가 거듭 종교를 못에 빗댄 "못은 세게 치면 칠수록 나무에 더 깊이 박힌다"는 오래된 비유는 아직도 얼마간 타당해 보인다. 끊이지 않는 과도한 무신론 전도 행위는 ─ 즉, 교회 예배를 시끄럽게 방해하고, 종교를 버리고는 선정적인 폭로 문건을 펴내는 행태는 ─ 젊은 세대 안에서 아직은 우세한 무신론자와 불가지론자 사이에서조차도 동정심을 불러일으키는 구실을 한다.

아버지와 아들 사이의 고전적 갈등이 얄궂게 거꾸로 되어서 이제는 젊은 세대가 체제에 순응하며 무신론자가 된 부모에게 충격을 주는 방편으로서 종교에 대한 관심을 되찾는 일이 잦다. 러시아 젊은이는 당의 천편일률적인 과학적 무신론 강의를 비웃고 방해하기를 유난히 좋아하는 듯하다. 그런 강의의 수는 1958년에 세 배쯤 늘었다. 소련의 유머 잡지 『크로코딜』(Крокодил)[35]에 실린 한 인기 만평은 반(反)종교 강사 또 한 사람이 자기들의 구역으로 돌아오라고 기도하는 신도를 보여준다.[66]

더 깊은 수준에서, 완고한 신앙심으로 아이들의 이념 훈육을 망치고 있는 늙은 농민 여인에 관한 우스갯소리가 젊은 세대 사이에서 자주 이야기된다. 공산당 수석 선전원 한 사람이 모스크바에서 먼 길을 무릅쓰고 불려와서 그 여인에게 첨단 기술로 도해를 보여주며 창조의 물질적 기원과 진화 법칙에 관한 강연을 해주었다. 그 늙은 여인은 과학적 무신론의 논박할 수 없는 타당성을 확실하게 논증할 목적을 가진 이 멋진

---

[35] 1922년에 창간되어 정치와 세태를 풍자한 소련의 잡지. 스탈린 시대에도 풍자를 멈추지 않았다.

강연을 몰두해서 듣고는 맨 끝에 고개를 끄덕이며 이렇게 말한다. "그래요, 동무, 정말 대단합니다. 내가 생각했던 것보다 더 대단한데요. 주님의 사역이요."

종교에 관한 새로운 관심은 그저 우발적인 호기심이 아니다. 그 관심은 우선 스탈린 격하의 여파 속에서 젊은이들 사이에 소리 없이 진행되고 있었던 러시아 과거의 재검토에서 생겨난다. 종교 예술에 지금 매겨지는 높은 가격, 도스토옙스키 소설의 연극 상연, 구교도의 삶에 관한 파벨 멜니코프-페체르스키(Павел Мельников-Печерский)의 이야기, 오랫동안 금지된 림스키-코르사코프의 「보이지 않는 도시 키테즈」(Невидимый град Китеж)[36]의 공연, 이 모든 것이 이 "과거의 잔재"를 재발견하는 일에 젊은이들이 보이는 예사롭지 않은 관심과 상통한다. 새로운 관심 공동체가 1950년대에 젊은이들과 늙은이들 사이에서 발달하기 시작해서 중년의 "스탈린의 상속인들"이 위축되었다.

솔제니친이 『이반 데니소비치의 하루』에서 담화체를 써서, 스탈린 시대에 겪은 고통을 폭로한 그 선구적 작품은 아바쿰이 더 앞선 시기에 담화체를 썼기에 그의 가슴 저미는 자서전이 지니게 된 것과 다르지 않은 일깨우는 힘을 얻었다. 그런 뒤에 솔제니친은 위안을 찾아 그 수석사제보다 더 조용히, 그러나 그 못지않게 열렬히 옛 러시아 교회의 모습으로 눈길을 돌렸다. 그가 찾을 수 있는 위안은 다음과 같은 위안이었다.

중부 러시아의 시골 길을 지나가면서 너는 마음을 푸근하게 해주는

---

[36] 림스키-코르사코프가 1905년에 완성해서 1907년에 초연된 오페라. 키테즈 시에 관한 전설과 무롬의 성 페브로니야 전설을 합쳐 만들어진 작품이며, 더 정확한 제목은 「보이지 않는 도시 키테즈와 페브로니야 아씨에 관한 이야기」(Сказание о невидимом граде Китеже и деве Февронии)이다.

시골 풍경의 비밀이 어디에 있는지를 이해하기 시작한다.

　비밀은 교회에 있다. …… 우아하고 반듯하고 뾰족한 종루로 이엉과 판자의 일상성 위로 올라선 …… 교회들은 …… 마을에서 뚝 떨어져 있고 서로 보이지 않으며, 같은 하늘로 치솟아있다. ……

　사람들은 언제나 욕심쟁이였고 툭하면 심술쟁이였다. 하지만 저녁 종소리가 마을 위에, 들판 위에, 숲 위로 울려퍼졌다. 저녁 종소리를 듣노라면 하찮은 세속사에서 벗어나 시간과 생각을 영원성에 바쳐야 한다는 생각이 들었다. 우리에게는 오직 오래된 선율 하나로만 간직된 이 종소리는 사람들을 네발짐승으로 떨어지지 않도록 들어올렸다.[67]

　아무튼, 종교적 사고는 현대 소련 안에서 따분함에서 벗어나려고 애쓰는 꽤 많은 젊은이에게 상상력의 새 영역을 활짝 열어주었다. 스탈린 이후 시대 문학에는 정교의 유산에서 빌린 주제와 이미지가 들어있고, 그 수가 늘고 있다. 두딘체프의 소설『빵만으로는 살지 못한다』에서처럼 성경식 제목이 자주 이용된다. 자기 그림자와 다투는 이상주의자 주인공의 이름은 흐리스티안-테오도르(Христиан-Теодор)[37]이며 그의 곁에 홀로 머무는 아가씨가 안눈치아타(Аннунциата)[38]로 불리는「그림자」에서처럼, 이름은 상징적 가치를 자주 지닌다. (제목이 "횃불"(Светоч)인)「만사는 사람 하기 나름」의 원본에서는 정교 사제가 희화화된 반동분자가 아니라 사람을 섬기려고 그리스도교에 귀의한 — 수학자이자 전쟁 영웅인 — 이상적 소비에트형 인간으로 나온다. 심지어는 그러한 세부사항이 검열관에게 걸려 삭제된 뒤에도, 수정본에 나오는 그 사제는 여전히 얼마간

---

[37] 흐리스티안은 그리스도교인, 테오도르는 신의 선물이라는 뜻이다.
[38] 가브리엘 천사가 동정녀 마리아에게 예수를 잉태했음을 알려준 성모희보를 뜻하는 라틴어 낱말 안눈시아시오(Annuntiatio)에서 비롯된 이름.

품위를 지니고 자기의 믿음을 용케도 설명해낸다. 그는 무신론자 과학자의 전통적인 반(反)종교 논거를 애써 반박하지 않고 "젊은이들은 당신이 주지 못할 답을 찾고 있소"라고 주장해 더 깊은 수준에서 반격한다.[68]

바로 이 현상 탓에, 실질적인 종교적 신념이 어느 정도이든 상관없이, 종교에 관한 관심이 정권에게는 실로 당황스럽게도 되살아난다. "갖가지 좋은 무신론 서적을 더 많이!"[69] 요청하면서 공산당 관리들은 겉으로는 소련에 있는 종파들을 폭로할 용도로 나온 문헌 대다수가 그 연구 대상에 동조적이기까지는 않을지라도 공평무사하게 객관적이라고 불평한다. 이 불평은 맞다. 그 종파들의 색다른 삶과 믿음은 관료적 무신론의 무미건조한 세계보다 소련 젊은이들의 몽환적이고 가설적인 세계와 더 잘 통한다. 이렇듯 종파 종교는 젊은이들에게 분리파의 극단적 신념이나 정교회보다 훨씬 더 큰 호소력을 지니는 듯하다. 공산주의 언론은 여호와의 증인[39]과 제7일 안식일 예수 재림교[40]처럼 열성적이지만 실체를 좀처럼 알기 힘든 종파에 끊임없이 불만을 터뜨린다. 이 종파들은 더 앞 시기에 나타난 형태의 종말론적 분파교들과 여러모로 비슷하다. 그 분파교들도 새로운 형태의 서방 종교를 유구한 토착 전통에 접붙였다.[70]

침례교도는 대도시에서, 그리고 교육받은 젊은이 사이에서 영향력을 지니기 때문에 훨씬 더 중요하다. ("젖 먹는 사람들" 같은) 더 경건주의적이고 덜 종말론적인 토착 분파교도의 일부가 침례교도의 대열 안으로 들어가는 경향을 보였다. 공산주의 언론은 젊은이들이 공산주의자청년 동맹에서 탈퇴해 흔히 "밥토몰"(баптомол)[41]로 알려진 침례교 청년단체에

---

[39] 19세기 중후반에 미국 펜실베이니아 주에서 나온 그리스도교 종파. 예수를 하느님과 동격으로 보지 않고 삼위일체나 지옥을 인정하지 않으며 군입대를 거부한다.

[40] 19세기에 미국 동북부에서 나온 그리스도교 종파. 그리스도 재림이 임박했다고 믿고 주간의 첫째 날이 아닌 제7일을 안식일로 엄수한다.

가입한다고 거듭 언급했다.[71] 1962년에 열린 공산주의자청년동맹 대회에서 엄청난 보조를 받는 이 초대형 조직의 우두머리가 박해당하고 궁핍한 청년 침례교도의 열정과 헌신을 본받으라고 동맹원에게 공개적으로 촉구했다.

침례교도의 성경식 단순성과 열렬한 경건성은 60만 명을 웃도는 실제 성인 신도에게 영향을 주었다. 침례교 신자는 니콜라이 두보프(Николай Дубов)의 단편소설 『준엄한 시험』(Жесткая проба)에서 긍정적인 주요 등장인물로, 그리고 『이반 데니소비치의 하루』에서는 훌륭한 2급 등장인물로 나온다. 그토록 단순해진 형태의 그리스도교로 개종하는 일이 교육받은 수많은 사람 사이에서 일어났다. 소련의 주요 교육 저널마저도 대학 교육을 받은 한 여교사의 유창한 신앙고백을 (긴 반박문, 그리고 그 여교사가 1959년에 일자리를 잃었다는 언짢은 설명주 하나와 함께) 실었다.

> 얼마 전에 나는 몇몇 사람이 종교를 어떻게 버렸는지에 관한 글을 신문에서 읽었습니다. …… 내가 어떻게 그리스도교 신자가 되었는지, 어쩌다가 어떤 동기로 하느님을 믿게 되었는지에 관한 글을 써서 신문에 실을 수 있을까요? …… 나는 다음과 같은 의문의 답이 필요하다고 느낍니다. "인간의 고통은 어디에서 비롯되는가?", "인간은 왜 사는가?", "참된 행복은 어디에 있는가?" 나는 인도 철학을 철저하게 공부했고, 복음서 등을 공부했습니다. 이렇게 한 끝에 나는 종교만이, 그리스도에 대한 믿음만이 인간의 삶에 의미를 주고 인간의 영혼에 온기와 광명을 주리라는 결론에 이르렀습니다. 종교로 제어

---

41 공산주의자청년동맹의 약칭인 콤소몰(Комсомол)에 빗대어 침례교 청년단체를 일컬은 표현.

되지 않는 과학은 지금 붕괴로 치닫기 때문에 과학은 종교에 종속되어야 합니다. ······[72]

이 단편적인 발췌문을 가지고 그 여교사가, 만약 교회나 종파에 속해 있다면, 어떤 교회나 종파에 속하는지를 말하기란, 1963년 초에 미국 대사관에서 망명을 요청했지만 뜻을 이루지 못한 러시아인 그리스도교 신자 서른두 명의 정확한 교리 지향을 정하기가 어려운 것과 똑같이, 불가능하다. 분명한 것은 러시아에 신원 불명의 그리스도교 신자가 아직도 많다는 점, 그리고 진정으로 독실한 가족들이 모든 형태의 박해 가운데에서도 자녀를 가정에서 강제로 빼앗기는 등의 가장 잔혹한 박해에 자주 직면한다는 점이다.

흐루쇼프 시대의 발효는 그저 주변부 지식인들의 일시적인, 비록 궁극적으로야 의미가 없지는 않을지라도 실패할 운명을 타고난 소요로 표현될지도 모른다. 틀림없이 그 젊은 반항아들은 자기들이 무엇을 선호하는지보다는 자기들이 무엇에 반대하는지를 더 확실하게 알고 있다. 더욱이 그들은 어떤 유의미한 정치적 의미로도 혁명가가 아니었다. 체제에게는 일당 통치를 유지하고 반대파를 해체할 능력이 있기 때문에 대안적 정치·사회 조직 형태를 생각하는 것은 비현실적이라는 분위기가 있었다. 어쨌든, 소련의 젊은 세대는 ── 헝가리와 폴란드 같은 다른 공산주의 국가의 젊은 세대와는 대조적으로 ── 대개 공산주의를 외세의 지배와 연계하지 않고 자국사의 불가역적 일부로 여겼다. 러시아가 공산주의의 깃발 아래에서 러시아 역사상 전례 없는 열강의 지위에 올랐다는 사실로 말미암아 공산주의는 덜 혐오스럽게 보이게 되었다. 재능을 가진 자를 활용하고 그에게 보상할 능력을 지닌 한 국가의 경영 구조에 재능 있는 젊은이가 가담하도록 만들 온갖 유인 동기가 있기 때문에, 문화 소요는 어떤 관찰자들에게는 성장하는 한 공업 사회의 주변부에서 자유분방한 비주류가 지나가다 벌이는 덧없는 소동에 지나지 않는다고 보였다.

그러나 소련 지도부에게 지성의 발효는 가장 큰 걱정거리였다. 예술과 지성에 관련된 일에 — 그 같은 문제에는 명백히 개인적 관심이 없는 투박한 인물인 — 흐루쇼프가 시간과 정력을 엄청나게 많이 소비한 것은 적어도 부분적으로는 불안정한 전제적 통치자가 권력의 실체에 가시지 않는 근심을 품고 있다는 관점에서 설명되어야 한다. 소련 지도자들은 옛일이 되어가는 자기들의 혁명 운동이 발생하고 성장하는 데에서 인텔리겐치야가 엄청난 역할을 했다는 생생한 기억을 지니고 있다. 그들은 레닌주의 정부가 — 아무리 "자유주의화", 또는 "탈스탈린화"했더라도 — 궁극적으로는 한 이념에 바탕을 두고 있다는 점도 알고 있다. 전체주의 국가에서 정치권력의 바탕은 민주주의 사회에서 주기적으로 시행되는 대중 선거나 종교가 축성을 해주는 더 전통적인 권위주의적 통치 형태의 세습 승계가 아니다. 소련 공산주의 통치의 공언된 이론적 근거는 여전히 "필연의 영역에서 자유의 영역으로" 막 넘어가는 역사 과정의 전위를 대표한다는 공산당의 형이상학적 자임이었다. 비록 소련이 그 이념적 자임을 내버리고 그저 방임적 다원주의 문화를 가진 또 하나의 강국이 될 수 있을지라도, (나치 독일의 역사가 입증하듯) 그러한 발전이 꼭 교육과 번영 증대의 결과라고 가정할 까닭은 없다.

그렇지만 스탈린 이후 시대의 발효가 끝났거나 지나가는 일화이기보다는 새로운 그 무엇의 시작일지 모른다고 믿을 만한 까닭이 적어도 네 가지 있다. 첫째는 발효에 연루된 사람이 다수라는 점이다. 러시아 역사에서 예전의 이념적 소요는 전체 대중으로부터 비교적 고립되어 쟁점을 토론하는 소수에 늘 한정되었다. 미하일롭스키의 『조국 수기』보다는 카트코프의 국수주의적인 『러시아 통보』를, 『예술 세계』보다는 선정적인 삽화 잡지 『니바』를 읽는 사람이 더 많았다. 그러나 1960년대의 소련에서는 이념 논쟁이 발행 부수가 가장 많은 저널에서 — 그리고 글을 읽고 쓰는 기초 능력을 갖추고 이념 용어에 웬만큼 익숙한 대중 사이에서 — 벌어졌다. 여러 문제에 관한 엄밀한 노선이 불분명하거나 시행되지 않은 상태에 있을 때에 공산당의 커뮤니케이션기구 독점은 점점 더 중요성을 잃어가는 듯했다.

흐루쇼프가 1956년에 스탈린을 격하하자 일이 어디서 어떻게 잘못되었는지를 묻는 비판적 질문의 판도라 상자가 열렸다. 그 분란이 1930년대 중반에 스탈린 "개인숭배"로, 그리고 그가 당을 상대로 자행한 숙청으로 시작되었다며 성마르게 특정한 사람을 탓하는 설명은 그 질문에 해답을 주지 않았고, 또는 충직한 레닌주의자가 추구하고 있는 그런 유의 "심오한 마르크스주의적 분석"마저도 제시해주지 않았다. 어떤 이는 분명하게 강제 농업집산화를 치명적 이탈로 보며, 다른 이는 전체주의적 당 개념과 두 혁명을 하나로 압축한다는 레닌주의 개념 전체를 탓한다. 함부로 입에 올릴 수 없는 정치 문제를 지난 역사의 용어로 토론하는 "이솝" 식 전통이 되살아났다. 역사를 공부하는 학생의 수가 1950년대 말엽과 1960년대 초엽에 많이 늘어난 것은 사실상 젊은 세대 사이에서 공적 사건에 관한 관심이 더 활발해졌음을 말해준다.

공산당은 1963년 초여름에 열린 당중앙위원회 특별 회의에서 오로지 이념 문제와 문화 문제만 다루었다. (심지어 이따금 일어나는 파업을 포함해서) 공업 부문과 농업 부문의 소요라는 지표는 젊은 지식인들의 모호한 욕구와 커지는 기대가 러시아 내부에서 예전에 지적 발효가 일어났던 그 어느 시기보다도 기층 노동자와 농민의 태도와 십중팔구 더 긴밀히 상통한다는 사실을 가리킨다.

연루된 사람의 수보다 훨씬 더 중요한 것은 이 소요가 소련의 건설

자체에 반드시 필요한 그 무엇, 즉 서방과의 접촉 확대와 교육 확산의 산물이라는 사실이다. 비록 공산주의 지도부의 **의도**는 분명히 소련의 역량 개발에서 여행과 교육을 보조 무기로 활용하는 것일지라도, 그 정책의 **효과**는 더 큰 파문을 일으킬지 모른다. 제정 말기의 위대한 역사가 바실리 클류쳅스키(Василий Ключевский)는 그 경우를 17세기에 서방과의 접촉이 확대되면서 러시아 문화에 생겨난 효과에 관한 자기의 고전적 연구에서 이렇게 잘 표현했다.

> 우리는 외래 문화의 기술적 결실이 토착 문화의 정신적 바탕, 뿌리와 연관될 수 없고 연관되어서도 안 된다는 점을 인정할 것이다. 그러나 사람들이 외래 문화의 결실을 빌려 쓸 때 그 외래 문화의 뿌리를 알고 싶어 하는 마음을 억누르도록 만들 수 있을까?[73]

오늘날의 소련에게 그 답변은 분명히 아니오이다. 서방의 — 미술, 음악, 스포츠, 생활방식 등 — 모든 문물에 관한 호기심은 왕성하고 피할 수 없다.

소련 지도자들이 소련의 교육 체계와 문화 교류 제안서에서 빼놓지 않고 과학과 기술을 강조하자 서방의 몇몇 관찰자는 "새로운 문맹"[74]을 걱정하게 되었다. "새로운 문맹"이란 사람들이 비판적으로 생각하는 법을 일절 배우지 못한 채 읽는 법을, 심지어는 어려운 기술 과제를 수행하는 법을 배우는 데 성공하는 것이다. 그러나 기술과 이념을 밀폐실에 가두어놓기란 어려운 일이다. 건축 같은 분야에서는 특히 그렇다. 지나치게 화려하고 비용이 많이 드는 초대형 건축물에 치중하는 기념비주의는 스탈린의 후임자들은 그것을 없애려고 안달복달인 스탈린 시대의 상징이 되었다. 더 저렴하고 더 청결한 건설 방식을 연구하려고 사절단을 서방에 보냄으로써, 정권은 건축을 지역 환경과 가정의 필요에 맞추고 미학적 판단의 문제를 관료의 손에서 떼어낼 가능성에 관한 호기심을

무심코 자극했다.[75]

1956년 2월에 제20차 소련 공산당 대회가 열린 뒤 벌어진 반(反)스탈린 캠페인에서 "편향과 과도"에 최초로 가해진 중요한 비난은 한 과학 실험실에서 일어났다.[76] 마르크스주의는 비록 19세기 과학적 사고의 논리적 소산이었을지라도 20세기 과학의 더 복잡미묘한 사상계에는 들어맞지 않는다는 명제가 과학 훈련을 받은 젊은 러시아인 사이에서 호응을 얻는다. 모든 젊은 시인 가운데 기법상 가장 세련되고 이념상 가장 이단적인 보즈네센스키는 분명히 과학자들 사이에서 자기의 팬이 가장 많다고 말한다. 그의 말에 따르면, 자연 현상의 복잡성과 난해성을 가장 섬세하게 다루는 이들이 예술에 나타나는 동일한 이 특성에 공감한다.[77] 옙투셴코는 "달구지" 시대의 예술은 우주 시대의 삶과 양립 불가능하다고 역설함으로써 동일한 주장을 한다.[78]

새로운 세대의 문학상 주인공이 대개 동시대인에게서 오해를 사고 소련 체제에게서 박해는 아닐지라도 괴롭힘을 당하는 고독한 과학자로 나오는 경우가 점점 더 잦다. 그들이 전하고 있다고 보이는 메시지가 두딘체프의 『빵만으로는 살지 못한다』에 나오는 "사람이 일단 생각하기 시작했다면, 그에게서는 자유를 앗아갈 수 없다"는 고독한 발명가의 메시지인 경우가 점점 더 잦다.

만약, 그럴 공산이 커 보이는데, 과학 훈련을 받고 실용을 지향하는 인물이 소련 내부의 변화를 압박하는 일에서 점점 더 중요해지는 역할을 한다면, 지난날 지식인 운동의 자멸적 유토피아주의의 일부 요소는 사라질 법하다. 은근한 실용주의는 멀찍이 떨어져 있는 관찰자에게는 화끈한 현상으로 보이지 않을지 모른다. 그러나 이것은 크나큰 기대가 그토록 자주 새로운 폭정과 절망에 꺾여 사라지는 꼴을 보아온 이들에게 의미 있는 개혁을 추구하다가 환멸을 느끼지 않을 방비책을 제공할 법하다.

젊은이들의 발효를 진지하게 받아들여야 할 훨씬 더 심오한 셋째 이유는 러시아인이 20세기에 겪었던 엄청난 고통에서 어떤 의미를 찾아내야 할 심리적 필요성이다. 최근 반세기에 — 혁명, 내전, 강제 이주, 숙청, 양차 세계대전에서 — 아마도 4천만 명이 인위적 방법으로 목숨을 잃었을 것이다. 이 모든 고통을 정당화하는 논지였던 공산주의 무오류(無誤謬) 신화는 이제 죽었다. 세계 공산주의의 가톨릭 교황 식 권위는 흐루쇼프의 신성 모독 행위로 허물어졌다. 아니면 어쩌면 베이징으로 넘어갔을 것이다. 어떻든 러시아인은 더는 그토록 오랫동안 팽배했던 경외심과 수동성을 지니고 자국 지도부를 대하지 않는다.

보통 사람은 스탈린 시대의 신화적 역사서술을 대신할 믿을 만한 러시아 현대사 서술을 아직도 찾는다. 이렇듯 설명 찾기는 지속된다. 그것은 연대기에 뿌리가 있고 헤겔과 마르크스와 레닌이 세속화한 믿음, 즉 역사에는 인식 가능한 법칙과 의미가 있다는 믿음으로 유지된다. 그 설명 찾기의 배후에는 고난은 헛되지 않았고, 그리고 통계라는 위안과 이념이라는 진정제를 넘어서는 더 좋은 무엇인가가 — 우주에서처럼 땅 위에서도 — 실제로 생겨나고 있다고 느끼고 싶은 마음이 있다. 러시아인은 최근에 공산주의의 기치 아래 일하고 고생했기 때문에 자신을 공산주의자로 계속 부르는 이가 많다. 그러나 옙투셴코는 매우 비(非)레닌주의적으로 공산주의를 "러시아 인민의 본질"이 되었기 때문에 존중을 받을 만한, 그리고 "진실이 대통령인 나라"에서만 권력을 잡을 자격을 지닌 "혁명 사상의 품위"로 정의한다는 점에서 전형적이다.[79]

품위와 진실은 러시아 역사의 더 어두운 몇몇 페이지를 깨끗이 인정하기를 요구한다. 젊은 세대는 지난 러시아 역사의 반유대주의를 보상하는 방법으로 일종의 친유대주의를 수용했던 것과 똑같이 이반 3세부터 스탈린에 이르는 러시아 정복자들에게 주기적으로 강탈과 강제 이주를 당해서 예민한 러시아인의 가슴을 오랫동안 아프게 한 발트 해 연안의 소국들[42]에게 동정적인 태도를 보였다. "발트 해 연안 사람"이라는 용어는 성기 스탈린 시대에 시베리아 수인(囚人)의 동의어로 쓰였다. 최근의 소련 문학에는 고통받은 이 지역을 찬양하고 사실상 이상화하는 경향이 있었다. 에스토니아인이 특히 존중된다. 양차 세계대전 사이에 짧은 기간 독립해 있는 동안 민주주의에 성실하고 충실했기에 에스토니아인은 동질적 문화를 가진 북쪽의 이웃민족 핀란드인이 받은 찬양에 견줄 수 있는 찬양을 받았다. 『이반 데니소비치의 하루』의 주인공은 그 주제에 특별히 한 문단을 이렇게 할애한다.

글쎄, 사람들은 민족이 별 게 아니라고 말한다. 어떤 민족에나 나쁜 사람은 다 있다는 말이 있다. 그런데 슈호프(Шухов)[43]가 아는 한 나쁜 에스토니아 사람을 만난 적이 없다.[80]

제롬 샐린저(Jerome D. Salinger)의 작품처럼 바실리 악쇼노프의 『별나라행 차표』(Звездный билет)에 나오는 네 청소년의 반항은 에스토니아의 수도이자 발트 해 연안지대 동부의 서방지향적 쾌활성의 전통적 중심인 탈린(Tallinn)으로 도피하려는 계획으로 표현되어 이야기된다.[81]

품위와 진실이 점점 더 존중된다는 것은 당 기관원들이 주기적으로 벌이는 비방전이 점점 더 지지를 얻지 못한다는 것으로도 가늠될 수 있다. 젊은 작가들은 정권이 번갈아 쓰는 물질적 유인이나 편파적 처벌에 완전히 매수되지도 완전히 겁을 먹지도 않을 법해 보인다. 일리야 에렌

---

[42] 에스토니아, 리투아니아, 라트비아.
[43] 소설 『이반 데니소비치의 하루』에서 제2차 세계대전 때 독일군에게 사로잡힌 경력 때문에 간첩이라는 누명을 쓰고 강제수용소에 갇힌 평범한 러시아 남자로 나오는 주인공.

부르그 같은 이념 변화의 민감한 풍향계는 주저하지 않고 젊은 세대와 운명 공동체가 되었다. (2급, 3급 투사와 나란히) "1급 투사"라는 용어가 일종의 도덕적 귀족 비공식 인증서로 도입되었다. 그리고 옙투셴코는 "훗날 사람들은 단순한 정직함이 용기라고 불린 우리 시대에 놀라리라"고 적었다.[82] 흐루쇼프조차 자기를 "스탈린의 상속인들"에 맞서 젊은이의 기대를 후원하는 사람으로 내세워야 한다고 느꼈다. 그의 승인을 얻어 『프라브다』에서 "스탈린의 상속인들"이 같은 제목의 옙투셴코의 시[44]로 맹공을 당했다. 흐루쇼프의 후임자들은, 적어도 처음에는, 이견을 지닌 젊은 지식인들에게 비록 옹호는 아닐지라도 경의의 자세를 취하면서, 흐루쇼프 시대의 자의적 간섭이 중지되리라고 그들에게 장담하고 "교양성"(интеллигентность)의 참된 벗을 자처하려고 애썼다. 이 용어는 인텔리겐치야에서 파생된 규범적 용어의 기다란 대열의 맨 끝에 1965년 느지막이 들어섰지만, "인민성(народность)이나 당성(партийность)과 절대 대립하지 않는다"[83]고 공식 선언되었을 때 러시아인들로 하여금 20세기 말엽에 그들이 찾는 새 세상으로 그들을 인도하기보다는 19세기의 억압적인 "관제 국민성"을 구성하는 세 "이즘"(ism)을 머릿속에 떠올리게 할 공산이 더 커 보였다.

지금 일어나는 지성의 발효가 미래의 함의를 지닌다고 역설하는 연관된 넷째 이유는 그 발효가 소련의 현실뿐만 아니라 러시아의 전통에 뿌리를 둔다는 사실이다. 젊은 세대와 긍정적 이상을 향한 젊은 세대의 추구를 보면 볼수록, 젊은 세대가 (이제는 자주 "선조"로 일컬어지는) 스탈린주의적인 자기 부모와 대립할[84]뿐만 아니라 자기들의 조부모와 이어주는 새로운 연계 고리를 여러 방식으로 찾고 있음이 더 많이 감지

---

[44] Наследники Сталина.

된다. 요컨대, 젊은 세대는 스탈린주의의 어두운 그림자가 드리워진 시대에 정치와 예술의 두 영역에서 새로운 풍요에 막 다가가고 있던 몇몇 문화를 재발견하고 있다.

옛 민담 형태로 쓰여 소련의 한 청년 잡지에 실린 짧은 시에서 소련의 한 젊은 시인은 스탈린이 깎아내린 서방화의 상징을 복권하려고 시도해서 그 상징에서 레닌의 이름과 혁명의 상징까지도 떼어낸다. 그 시는 이렇다.

> 우리한테 피테르[45]에 관해 말해주게나,
> 우리는 피테르를 아직 본 적이 없잖은가
> 우리 모두가 "영화쟁이"를 청한 지 벌써 오래라네.
> 멋지게 버림받은 여인들에 관한
> 영화는 가져오지 말라고 하네.
> 이사악 대성당에 관한 영화를,
> "청동의 기사"에 관한, 그 요새에 관한
> 거대한 피테르의 모든 것에 관한
> 영화를 가져오라고 하네.[85]

물론, 테러가 자행되고 엄한 검열과 통제가 지속된 한 세대의 치명적 효과를 완전히 가늠하는 것은 불가능하며, 얕잡아보는 것은 위험할 것이다. "도덕의 회복"[86]은 긴 과정일지 모른다. "소비에트 문화의 침묵"은 가장 간교하게도 자기검열을 교묘히 부추긴다. 소련의 소설가 다니일 그라닌이 제목이 의미심장하게도 "자기 견해"인 (그리고 당 관료의 혹독한 비판을 받은) 1956년 작 단편소설에서 썼듯이,

---

45 이 시가 쓰일 때에는 레닌그라드로 불렸던 성 페테르부르그의 별칭.

침묵은 가장 편리한 형태의 거짓말이다. 침묵은 양심에 거스르지 않는 법을 알며, 자기 견해를 간직할 의뭉한 권리를 남겨둔다. 언젠가는 자기 견해를 말할 수 있어. 다만 지금은 아니지.[87]

그러나 침묵에 긍정적 측면도 있을 수 있다. 그것은 말없이 고통을 당했던 이들이 때때로 얻게 되는 깊이와 순수함이다. 이 자질은 자유분방하고 말 많은 서방에서 찾아내기가 자주 어렵지만, 긴 기간 침묵하고 속세에서 물러나 있는 훈련을 받은 수도원 장로에게 그토록 오랫동안 특별한 권위를 부여한 사람들에게는 더 낯익을지 모른다.

윌리엄 예이츠(William Yeats)는 "기나긴 침묵 뒤에 하는 말, 그게 옳다"고 썼다.[88] 그토록 오랫동안 침묵하며 살도록 강요당해온 이들이 어쩌면 세련되고 표현력이 좋아 보이는 외부의 여러 작가보다 더 완전하게 단순한 말하기의 즐거움을 재발견하거나 인간의 진정한 소통의 신비를 간파했을지 모른다. 현대 소련의 영화감독들 가운데 가장 뛰어난 영화감독 한 사람은 경건하게 "음악은 정적 속에서 태어났다"고 쓴다.[89] 그리고 젊은 시인들 가운데 가장 뛰어난 한 사람은 생생하게 이렇게 썼다.

말은 쓸모없다. 영화 필름처럼 말은 불분명하다.
영화는 정적 속에서 나를 뒤흔든다. ……
강렬한 감각의 바탕은 침묵.
고통은 말이 없다. 음악은 말이 없다.[90]

젊은 예술가들 가운데 그토록 많은 이가 파스테르낙에게 보내는 존경의 밑바탕은 자기 말의 고결함을 지켜내려는 그의 성실함, 그리고 부활이 "말이 아직 순수한" 지역에서 이루어지리라는 그의 믿음이다.

젊은 작가들 가운데 가장 열렬하고 헌신적인 이는 거룩한 행위, 즉 기쁨에 차올라 소리 높여 노래로 불릴 수 있도록 말씀 기록하기로서의 글쓰기의 옛 수도원식 의미를 재포착했다고 보인다. 그들 가운데 어떤 이는 복음서의 말씀이 구 인텔리겐차의 "말, 말, 말"과 신인텔리겐치야의 끝없는 구호의 해독제를 내놓을지 모른다고 시사하고 있다고 보이기까지 한다. 한 시인은 이콘을 그리는 위대한 수사 루블료프를 기리며 이렇게 썼다.

그는 무릎을 꿇었어,
태초에 있었던
말씀 앞에서.[91]

나아가서 그는 루블료프가 "노동 원리를 담당하는 목동이 아니라 그냥 구세주"에게서 구원과 영감을 얻었다는 점을 짚는다.

물론, 흐루쇼프 시대의 발효가 얼마나 깊이 있고 오래 갈 수 있을지를 알아낼 길은, 또는 젊은 세대가 공식 체제의 유리한 경력과 물질적 번영의 증대로 유혹될 때 개혁을 어떤 식으로 얼마나 촉구할지를 가늠할 길은 없다. 최근에 소련에는 수위가 한 집단농장의 뒷마당에서 나무껍질 신발을 신은 그리스도가 성모 마리아에게 이렇게 말하는 모습을 본다는 이야기가 있다. "우리는 여러 방법으로 사람들을 시험해 보았습니다. 전쟁과 기근으로요. …… 우리는 이제 풍작으로 사람들을 시험해야 합니다."[92] 아마 풍작이 두어 차례 들면 소요는 사라질 것이며 러시아 문화의 못다 이룬 포부는 일종의 아쉬운 기억으로만 명맥을 유지할 것이다. 만물은 변하며, 앞으로 세대에게 무엇이 중요할지 알 수 없다는 것이 역사의 최종적 매력이자 궁극적 신비이다. 예언자를 자처하지 않는 역사가가 할 수 있는 일이라고는 어쩌면 역사 과정 자체에 관한, 그리고 역사가가 앞선 여러 장에 대한 몇몇 마지막 실마리를 찾아서 살펴보았던 역사 과정의 일부에 관한 두어 가지 마지막 성찰을 하는 것뿐이리라.

04 러시아 역사의 아이러니

역사의 복잡다단성을 이해하는 어떤 방도를 찾을 때 아이러니 개념이 얼마간 매력을 지닌다. 아이러니 감각은 사람을 19세기 역사주의[1]의 총체적 설명과 오늘날의 대다수 사상의 총체적 부조리 사이의 어딘가로 이끈다. 라인홀드 니부어(Reinhold Niebuhr)는 자기의 저서 『미국 역사의 아이러니』(Irony of American History)에서 아이러니를 "겉보기에는 우연인데 더 면밀하게 살펴보면 단지 우연이 아님이 드러나는 삶의 부조리"[1]로 정의했다. 아이러니는 사람이 그 부조리에 얼마간 책임이 있다는 점에서 비애와 다르고, 그 부조리 속에 숨겨진 관계가 있다는 점에서 희극과 다르며, 그 부조리를 구성하는 가차 없는 숙명의 거미줄이 없다는 점에서 비극과 다르다.

아이러니는 비록 위안을 주지는 않을지라도 희망 어린 개념이다. 인간은 완전히 부조리한 세상에 있는 무기력한 피조물이 아니다. 인간은 아이러니한 상황에 부닥쳐서 무엇인가를 할 수 있지만, 그 상황의 아이러니한 성격을 알게 되고 불일치를 총체적 설명으로 감추고 싶은 유혹을

---

[1] 모든 진리와 가치가 고정불변이라는 인식을 깨고 모든 것이 역사적으로 생성되었으며 인간, 사물, 제도가 동질적이고 객관적인 시간의 흐름에 따라 발전한다고 주장하는 역사철학의 한 조류. 19세기 후반에 나타났다.

피하는 경우에만 그렇다. 아이러니의 시각은 역사가 인간의 포부를 적대시하지 않으면서 인간의 허세를 비웃는다고 주장한다. 그 아이러니의 시각은 인간에게 환상 없는 희망을 줄 수 있다.[2]

역사에 적용되면, 아이러니는 역사 과정에는 합리적 의미가 있다고, 그러나 인간은 — 참여자로서 — 그 의미를 결코 완전히는 간파할 수 없다고 시사한다. 겉으로는 부조리로 보이는 것은 헤겔이 "이성의 간계"라고 부른 것의 일부이다. 비록 우리가 역사를 너무 늦게 이해하는 경향이 있을지라도 역사는 이해 가능하다. "미네르바의 부엉이는 어둑어둑해질 무렵에야 비로소 날기 시작한다."[3] 아이러니하게도, 그러나 무의미하지는 않게도 역사의 흐름은 늘 그것을 이해하는 인간의 능력을 딱 한 굽이만 앞지르는 듯하다. 인류 역사에서 불연속적 (또는 "변증법적") 변화를 일으키는 더 심오한 힘들을 고려하지 않은 채 자신만만하게 현재의 추세를 미래에 투사하는 이들은 오늘날 힘들의 균형을 평형, 또는 심지어 영구적 해결이라고 말한다. 그러나 그러한 변화는 일어나며, 당대의 합리적 합의와 동떨어져 고립된 사상가들을 제외하고는 아무도 예견하지 못하는 방식으로 아주 느닷없이 자주 일어난다. 1917년의 양대 혁명, 신경제정책으로의 갑작스러운 전환, 스탈린의 제2차 혁명, 나치 독일과 소련의 불가침 조약, 제2차 세계대전 이후 스탈린주의 절정기의 정신이상, 폭군 스탈린이 죽은 뒤 갑자기 이루어진 해빙 등, 최근의 러시아 역사에는 그러한 단절적 변화가 가득하다.

근대 러시아 역사의 급격한 굴곡을 훑어보노라면 아이러니하다는 느낌이 강해진다. 모스크바국 시대에 러시아의 배타성과 운명의 가장 극단적인 선언은 서방화가 가장 급속히 진행되고 있던 바로 그 시대에 — 이반 뇌제와 알렉세이 미하일로비치의 치세에 — 나왔다. 실제로, 러시아의 특별한 운명을 역설할 책임을 진 이념가는 이반 뇌제 치세의 '그리스 사람' 막심과 이반 페레스베토프처럼, 그리고 알렉세이 미하일로비치 치세의 시메온 폴로츠키와 이노켄티 기젤처럼 서방식 교육을 받은 인물이었던 경우가 잦다. 모스크바국 통치자들은 서방 문물 차용과 서방 혐오가 동시에 늘어나는 자가당착을 스스로에게 감추었다. 옛 러시아의 역사적 신학에 내재한 허세 어린 자임은 서방과 처음에 접촉하면서 제거되기보다는 오히려 강화되었다. 이반 뇌제와 구교도의 정신병적 외국 혐오증은 지속적인 대중적 호소력을 지녔으며, 근대 대중문화에 토대를 제공했다. 19세기 말엽의 동물학적 민족주의자들과 20세기의 변증법적 유물론자들은 과학의 권위를 빌어 그 문화의 거죽을 멋있게 꾸몄다.

이 같은 상황에서, 제정 러시아의 개혁자 차르들은 자기의 이력에 아이러니가 가득 차 있음을 깨달았다. 이론상으로는 유럽의 다른 주권자보다 더 자유롭게 (그리스어 낱말 아우토크라테스(autokratēs)와 러시아어 낱말 사모데르자비예(самодержавие)의 문자 그대로의 뜻인) "제 자신의 힘"으로만 통치하는 그들은 명목상으로는 예속된 신민의 미신에 자기들이 예속되어 있음을 거듭 깨달았다. 자유와 관용을 허용하니 비록 방종은 아닐지라도 고마워할 줄 모르는 반응을 보이는 결과가 자주 나타났다. "라스콜은 표트르 대제의 통치 초기에 누렸던 것과 같은 자유를 누린 적이 없지만, …… 이 시대만큼 광신적이었던 적도 없다."[4] 귀족 지식인들의 환심을 사고자 선대의 그 어느 황제보다도 더 많은 일을 한 예카테리나 대제는 그들의 이념적 적개심을 산 첫 황제였다. 러시아에서 인류 해방에 관한 끝없는 토론을 개시한 예카테리나 대제는 사회를 군사화하고 농민을 예속 신분에 고정하려고 선대의 그 어느 전제군주보다도 십중팔구 더 많은 일을 했을 것이다. 19세기에 개혁자 차르의 인기는 실제 성취에 반비례해서 오르내리는 경향을 보였다. 놀라울 만큼 거의 아무것도 성취하지 못했고 말년에는 심지어 니콜라이 1세 치하의 통치보다 훨씬 더 억압적이고 반동적인 통치를 수립한 알렉산드르 1세는 두루두루 사랑을 받았다. 반면에 통치 첫 10년 동안 엄청나게 많은 것을 성취한 알렉산드르 2세는 그 10년이 끝날 무렵에 — 결국 한 차례는 성공하고야 마는 여러 시도 가운데 첫 번째였던 — 시해 시도라는 보답을 받았다. 혁명 전통의 많은 아이러니 가운데에는 특권을 얻기보다는 잃게 될 귀족 지식인의 거듭되는 참여가 있다. 모스크바 총독을 지냈던 한 반동적인 인물은 숨을 거두는 자리에서 데카브리스트 봉기가 일어났다는 것을 알았을 때 이렇게 물었다. "나는 권리를 얻으려고 프랑스 혁명을 일으키는 프랑스 부르주아를 이해할 수 있어. 하지만 권리를 잃어버리려고 혁명을 일으키는 러시아 귀족을 어떻게 이해해야 할까?"[5]

혁명이 승리하자 아이러니가 한 무더기 새로 생겨났다. 1917년 2월에 순전히 자연발생적으로 시작되어 민주주의 세력들의 광범위한 연합으로 수호되는 혁명이 반대 세력들 가운데 가장 보잘것없고 가장 전체주의적인 세력, 그리고 차르 체제를 끝내는 데에서 거의 아무런 역할을 하지 못했던 세력이 획책한 쿠데타로 말미암아 물거품이 된 것이 아이러니이다. 공산주의가 서방의 공업 국가가 아니라 동방의 농업 국가에서, 그리고 다른 무엇보다도 마르크스와 엥겔스가 특히 싫어하고 믿지 않은 러시아에서 권력을 잡은 것, 그리고 경제결정론을 그토록 역설한 이념이 공상적 호소에, 그리고 레닌 개인의 지도력에 그토록 철저히 의존했다는 것이 아이러니이다. 권력을 잡은 혁명이 그 혁명을 일으킨 이들을 말살한 것, 그리고 성 페테르부르그에서 볼셰비키의 쿠데타에 진정한 풀뿌리 지지를 보냈던 바로 그 최초의 인자들("노동자 반대파"의 프롤레타리아 지도자들과 크론시타트(Кронштадт)[2]의 해군 병사들) 가운데 다수가 1920~

---

2 핀란드 만에서 성 페테르부르그 서쪽 30km 지점에 있는 러시아 해군기지. 성 페

1921년에 볼셰비키가 네 해 전에 부추겨서 요구하도록 했던 개혁과 거의 똑같은 개혁을 촉구했다는 이유로 그 새로운 체제의 손에 최초로 잔혹하게 제거되었다는 것이 아이러니이다.

민주주의가 가장 완벽하게 부정되는 사례들 가운데 하나가 겉보기에는 모범적인 1936년 민주주의 헌법을 러시아가 공식 채택하고 있던 바로 그때에 일어났다는 것이 아이러니이며, 스탈린주의가 창조적 예술을 상대로 벌인 전쟁이 러시아가 창조적 모더니즘의 제일선에 있던 바로 그때에 일어났다는 것이 아이러니이며, 인민이 조금도 영향을 줄 수 없는 탄압 기구의 이름에 "인민"이라는 말이 붙었다는 것이 아이러니다.

소련이 대다수 사람이 생각하기에 해내지 못할 분야에서, 즉 독일을 물리치고 우주를 정복하는 데에서 성공했다는 것이 아이러니이다. 소련 지도자들이 거의 모든 사람이 생각하기에 저절로 성공할 분야에서, 즉 자국 젊은이에게 교의를 주입하는 일에서 실패한 것이 어쩌면 가장 큰 아이러니이다. 크나큰 아이러니는 — 소련의 모든 세대 가운데 가장 큰 특권을 누리고 교의를 주입 받은, 그리고 전쟁에 참여한 이들과는 달리 바깥세상에 살짝이라도 접하지 못한 — 러시아의 전후 세대가 공산주의 사회의 공식 기풍으로부터 가장 소원하다는 것이다. 공산주의 지도자들이 젊은이의 발효를 "과거의 잔재"로 일컫는 한층 더 한 아이러니가, 그리고 부분적 개혁이 고마워하며 말없이 따르기보다는 더 심하게 선동하기로 이어지는 더 낯익은 아이러니가 있다.

이 주목할 만한 상황에는 서방인 관찰자에게 아이러니한 의미가 있다. 서방인은 인간이 천성적으로 진실과 자유를 염원한다는 수사학적 공식

테르부르그를 지키는 함대의 주둔지였으며, 이 함대의 병사들은 1917년에 볼셰비키를 지지했지만 1921년 2월에는 볼셰비키에 반대하는 봉기를 일으켰다.

신념을 지니고 있으면서도 그러한 이상이 소련에서 강한 호소력을 지니리라고 예상하기를 이상하게 주저했다. (그리고 그러리라고 인정하는 데 굼떴다.) 전제정이 근본적 변화를 일으키지 않고 점진적으로 계속 교정되리라고 가정하는 흐루쇼프 시대 말기의 경향은 직전 과거의 추세를 미래에 투사하기였다. 소련이 (그리고 어쩌면 미국도) 스탈린식 전체주의와 서방 민주주의 사이 어딘가의 위치를 향해 자연스럽게 진화하고 있다는 은근한 믿음도 자주 있었다.[6] 물론, 이러한 균형 잡힌 결론은 옳다고 입증될지도 모르지만, 절제와 합리성이라는 고전적 개념을 소화 흡수했던 적이 단 한 번도 없는 사회에서는 이성에서 모든 간계를 제거하고 아리스토텔레스 황금률의 놀라운 승리를 대표할 것이다.

문화사는 순수한 예언을 내놓을 수 없지만, 민족 유산의 중요성과 지금 일어나고 있는 발효의 활력을 역설해야 한다. 이 발효는 동방의 정치 조작자나 서방 정치학자의 컴퓨터로 풀릴 수 있는 수학 방정식 인수와 같지 않다. 오늘날 소련에서 일어나는 발효는 불타버린 들판에 나타나는 미정(未定)의 초목과 더 비슷하다. 그 초목이 오래된 뿌리에서 생겨나는지, 아니면 어딘가에서 날아온 새 씨앗에서 생겨나는지 분간할 수는 없다. 풍경이 근본적으로 바뀔지는 시간만이 말해줄 것이다. 그러나 그 초목의 출현은 땅이 기름지다는 표시이다. 설령 그 초목은 죽을지라도 그 초목의 잎들은 언젠가는 더 굳센 미래를 키워낼 거름흙이 될지 모른다.

앞으로 성장의 결정적 조건은 스탈린 이후 시대의 비교적 평온한 국제 환경의 지속일 것이다. 동방이나 서방에서 온 먹구름이 계속 끼어있으면 서늘해지는 효과가 일어날 수도 있을 것이다. 생명을 북돋는 외부로부터의 영향에 늘 호응했던 한 문화에서는, 그리고 상호의존성이 점점 더 커지는 한 세계에서는 이웃나라에서 신선한 생명력이 솟구쳐 퍼지면 성장이 크게 촉진될 수도 있을 것이다. 폴란드와 헝가리 같은 서부 국경의 전통적인 적이 러시아의 세력권 안으로 흡수되면서 이 국가들이 소리를 내지 못하는 의도된 효과가 아니라 첨가된 서방지향성 효모가 소련의 영역 안으로 더 도입되는 아이러니한 효과가 이미 일어났다. 서방과의 접촉 증가나 서방 내부의 이념적 활력의 부활이 소련의 향후 발전에 얼마나 중요할지는 확언할 수 없다.

소련이 저절로 민주주의로 차츰차츰 진화한다는 소망 섞인 기대는 스탈린 치하에서 민주주의를 위한 혁명이 일어난다는 기대만큼이나 가망이 없다. 한 문화 안에 있는 여러 힘은 다른 힘의 목적에 이바지하려고 존재하지 않는다. 자유주의적 의회민주주의라는 익숙한 제도 형태는 많은 러시아인에게 아직은 쉽사리 이해되지 않는다. 그러나 러시아는 인간의 자유와 영적 소생에 대한 자국민의 억누르기 힘든 요구를 들어줄, 지금은 동방도 서방도 예견하지 못하는 새로운 사회 양식과 예술 양식을 개발할 법도 하다. 만약 서방이 소통할 진정한 무엇인가를 가지고 있고 그것을 할 어떤 직접적이고 겸허한 방법을 가지고 있다면, 서방은 이 과정에서 거의 틀림없이 핵심 역할을 할 수도 있을 것이다. 서방에 ─ 그리고 특히 미국에 ─ 관한 호기심이 소련의 젊은이 사이보다 더 강한 곳은 그 어디에도 없기 때문이다. 긍정적 목표와 새로운 접근법을 목마르게 추구하면서 어떤 지침을 열렬히 찾고 있으며 현실이 마뜩잖은 소련 젊은이 사이보다 더 예민하게 서방에 영적 생명력이 없다는 데에 실망하는 곳은 어디에도 없다. 미국의 속물성이 러시아의 일부 젊은이로 하여금 러시아의 전통과 현대 소련의 현실이 거부하도록 부추기는 공산주의 이념과 망설이며 동행하도록 만든다면, 그것은 무시무시한 곱절의 아이러니일 것이다.

「만사는 사람 하기 나름」에서 한 등장인물이 다른 등장인물에게 조용히 경의를 표하면서 "그는 정직함을 추구하는 사람"이라고 말한다. 이것은 소련의 젊은 세대의 특징묘사가 될 법도 하다. 그 추구는 아직 미완이며, 희망은 실현되지 않았으며, 때로는 문화의 부활 전체는 일종의 덧없는 신기루로 보인다. 그러나 역사에서는 모든 것이 결국은 미완이므로, 현실 자체의 문제에 아이러니한 마지막 전망을 도입하는 것이 좋을지 모른다.

스탈린주의 허위의 절정기에, 알렉세이 톨스토이의 『고난의 행로』에 나오는 반(半)공식적 러시아 혁명 묘사에서 한 바보가 — 수천 명의 고통으로부터 억지로 끄집어낸 — 성 페테르부르그라는 대도시 자체가 갑자기 사라져버린 신기루일 따름이었다는 꿈을 꾼다. 소련의 건설이라는 환각이 우리에게 소련의 역사에 관한 가장 현실적인 것으로 보인다는 것은 본질적으로 유물론적인 우리 현실관의 반영에 지나지 않을지 모른다. 다른 한편으로, 늘 러시아인은 칼데론의 「삶은 꿈이야」(La vida es sueño)와 셰익스피어의 「폭풍우」(The Tempest) 같은 작품에 나오는 아이러니한 현실관을 기막히게 잘 감지하는 공상적이고도 이념적인 민족이었다. 스탈린주의라는 폭풍우를 헤치며 살아온 이들만이, 프로스페로(Prospero)[3]처럼, 그것을 "환영의 바탕 없는 구조"로 여기고, "구름 위로 솟은 탑, 멋진 궁전, 장엄한 사원"에서 "실체 없는 빛바랜 볼거리"만을 보고, 인간은 사실상 "꿈을 구성하는 그따위 재료"[4]라는 프로스페로의 마지막 확언에서 새로운 의미를 찾아낼 수 있을지 모른다.

테르츠는 젊은 세대가 "신의 변용 앞에서 …… 신의 창자 연동, 두뇌 주름의 엄청난 대변동" 앞에서 "환희"를 느낀다고 말한 적이 있다.[7] 실

---

[3] 셰익스피어의 작품 「폭풍우」에서 밀라노를 다스리는 마법사였지만 아우의 간계에 빠져 권력을 잃은 뒤 외딴 섬에서 딸과 함께 사는 주인공.
[4] 「폭풍우」 4막 1장에 나오는 프로스페로의 대사.

제로, 하느님이 "무신론적"인 동방의 어딘가에서 유배 중이라면, 그리고 침묵과 고난의 와중에서 생겨난 문화가 말 많고 잘 먹은 서방의 문화보다 더 대단하다고 판명된다면 아이러니할 것이다. 그러나 이것이 어쩌면 자유의 아이러니이다. 자유를 가지지 못한 이들은 자유를 소중히 여기고 자유를 가진 이들은 자유를 함부로 여기는 경향이 있다. 여기에 창조적 문화의 영속적 아이러니도 있다. 창조적 문화는 스스로를 더 큰 세계에 열어놓는 개인의 고통스러운 자기부정을 통해 생겨난다. 오늘날 소련에서 참된 창조성은 자발적 고통, 즉 파스테르낙의 표현으로는 "성만찬과 어렴풋이 닮은 거룩한 자기 비움"의 시도에 연루되어 있다.

그러한 역할은 그 헌신적 예술가의 수도생활식 개념에 가까워 보인다. 그리고 소련 안에서 이 헌신의 짐을 계속 짊어지는 한, 비록 교회의 신앙은 아닐지라도 적어도 그리스도가 부활한다는 교회의 핵심적 믿음이 그 역할을 지탱할 공산이 크다. 부활은 레프 톨스토이의 마지막 소설의 제목이었고, 도스토옙스키와 파스테르낙의 주제였다. 오로지 부활에서만 신이 인간으로 위장하는 희극적 부조리나 인간이 신의 권위에 반항하는 비극적 부조리가 어떤 최후의 아이러니한 의미를 띤다. 오로지 부활, 즉 예견할 수 없는 "신의 변용"에서만 러시아 사상의 포부가 실현 가능하지 않고 더 높은 이상이 러시아의 현실에서 거듭 거부되는 상황에서 의미가 궁극적으로 생겨날 수 있었다.

부활이 일어나리라고 그 누구도 말할 수 없다. 심지어는 그토록 자주 포부가 성과를 넘어서고 고뇌가 성취를 망치는 한 문화의 역사에서 어떤 의미가 발견되리라고 그 누구도 확신할 수 없다. 문화사가가 할 일이라고는 그렇지 않았다면 빈약했을 재고 목록에서 구해낼 수 있는 위대한 소설, 빛나는 이콘, 멋진 음악과 건축물에 주(註)를 다는 것밖에 없을지 모른다.

거듭해서, 러시아인은 천천히 성장하고 깊이 이해하는 중간 과정을 거치지 않은 채 다른 문명의 최종 산물을 얻으려고 시도해왔다. 러시아는 비잔티움의 유산을 통째로 얻으면서도 정연한 철학 담론이라는 비잔티움의 전통은 흡수하지 않았다. 귀족 계급은 프랑스 문화의 언어와 양식을 받아들이면서도 프랑스의 비판 정신은 받아들이지 않았고, 이상화된 분파교 공동체 및 농민 공동체와 연대하려고 다양하게 노력하면서도 이 비귀족 인자들의 노력이나 신앙은 공유하지 않았다. 급진 인텔리겐치야는 19세기 서방의 과학을 신성시하면서도 과학의 진보를 가능하게 만들었던 자유로운 비판의 분위기는 재현하지 않았다. "저주받은 문제"의 탐구는 학술원이나 심지어는 시장 터가 아니라 은비학 동아리와 "이솝식" 저널에서 이루어졌다. 심지어 고골과 이바노프도 햇볕이 내리쬐는 지중해 고전주의의 중심지로 도피하면서도 독일 낭만주의의, 숲과 호수의, 어두컴컴한 북쪽 겨울의 밤 세계에서 벗어날 수 없었다.

전성기 스탈린주의는 일종의 응보(應報)를 제공했다. 러시아는 비잔티움의 경건함이나 아름다움이 없는 비잔티움의 허례허식에게, 그리고 서방 탐구의 자유 없는 서방의 과학주의에게 지배되는 처지에 갑자기 놓였다. 끔찍한 절정, 즉 숙청기의 "청소"(чистка)에서 총체적 부조리를, 또는 전례 없는 새로운 형태의 전체주의 논리를 보고 싶은 마음이 생긴다. 그러나 문화사가에게는 전성기 스탈린주의라는 공포가 러시아의 유산에 대한 우연한 관입(貫入)이나 러시아의 유산의 필연적 부산물로 보이지 않을지 모른다. 문화사가가 아이러니의 관점을 택한다면, 그는 그 청소가 의도된 것보다 훨씬 더 깊은 일종의 정화로 이어졌다는, 즉 죄 없이 겪는 고통이 새로운 성취의 가능성을 만들어냈다는 결론마저 내릴지 모른다.

스탈린은 추상적 사변을 열망하고 지상낙원을 갈망하는 러시아 사상가들의 고질병을 고쳐버렸을지 모른다. 스탈린 이후 세대의 큰 특징은 구체적이고 실질적인 것을 추구하려는 욕구인데, 이런 욕구는 러시아가 덜 거창하지만 더 탄탄한 문화를 만들어내는 데 도움이 될지 모른다. 정치 제도와 예술 표현에서는 수확이 오랫동안 늦춰질지 모른다. 그러나 창조성의 뿌리는 러시아에 깊이 박혀 있고 흙은 기름지다. 미래에 어떤 초목이 나타나든, 그 초목은 이전 시대의 금세 시드는 꽃과 인위적 이식 물보다 더 영속적일 것이다. 자임의 시대에는, 이성의 간계가 들키지 않게 소리 없이 부활해야 할 지 모른다. 그러나 서방의 관찰자들은 톨스토이와 도스토옙스키를 배출했고 최근에 고통을 그토록 많이 겪은 한 나라에 거만한 어른처럼 굴어서는 안 된다. 포장된 완제품이 즉시 배달될 줄 알았던 참을성 없는 구경꾼은 "열매가 익듯 익어가는, 풀이 자라듯 자라나는" 과정을 재발견해야 할지 모른다. 새로운 발견의 경로는 보즈네센스키의 콜럼버스의 경로처럼 포물선일 법도 하다.

퍼뜩 감이 떠올라
나는 그 해안으로 향한다. ……
그대는 인도를
　찾으려다
아메리카를
　찾으리라![8]

죽음에서 생명이 생기고 폭정에서 자유가 생기는 것은 아이러니요 역설이며, 어쩌면 지나친 소망이다. 초목이 아직 다 자라지 않은, 배 한 척이 바다에서 꼼짝하지 않고 가만히 있는 현실로 되돌아가야 한다. 여러 폭풍우 가운데 마지막 폭풍우가 지나가지 않았을지 모른다. 우리는 아직도 미란다(Miranda)[5]의 "멋진 신세계"에 있을지 모르며, 프로스페로의 전망은 아직 시야에 없을지 모른다. 이 세대는 다만, 옙투셴코가 표현한 대로, "다른 사람들이 저편 기슭으로 건너갈 수 있도록 다리 노릇을 하려고 강에 뛰어든 나폴레옹군 기병대원들과 같"[9]을지 모른다.

그러나 심지어 여기에도 저편 기슭의 이미지가 있다. 나폴레옹 군대의 멜로드라마적 연상은 아무래도 시들해진다. 오히려 러시아 내륙에 있는 저 긴 강들 가운데 어느 한 강의 한복판에 남겨졌다는 느낌이 든다. 강을 가로지르는 다리도, 장래의 항행자를 위한 확실한 수로도(水路圖)도 없다. 원주민은 멀찍이 떨어져서 지켜보는 이들에게는 자주 어리석어 보이는 갈지자로 강을 따라 아직도 움직인다. 그러나 더 가까워질수록, 어떤 내적인 힘, 즉 "삶을 숨은 모래톱과 바위 사이로 강의 구불구불한 하상(河床)을 따라가는 움직임으로 보는 이들의 고유한 특성인 온화한 평정"[10]이 더 많이 눈에 띈다. 더 깊은 곳의 흐름이 이 강 위에 있는 사람들을 강굽이와 모래톱에서 천천히 끌어내 더 드넓은 바다로 보내고 있을지 모른다는 느낌이 든다. 최근 시대의 "험난한 항행"[11]도, 눈에 보이지는 않지만 앞에 놓여있는 게 틀림없는 암초도, 그들이 오랫동안 찾았지만 아직 찾아내지 못한 목적지, 즉 "다른 해안"에 가 닿지 못하도록 막지 못하리라는 느낌이 든다.

---

5 「폭풍우」의 주인공 프로스페로의 딸. 섬에 표류한 나폴리 왕자와 사랑에 빠져 결국 결혼하게 된다.

이 전거문헌 목록에서는 학술 자료의 상대밀도를 될 수 있는 대로 높이 유지하고
자 기술적으로 간결하게 하는 여러 가지 방법이 쓰였다. 처음 나올 때에만 서지사항
을 줄이지 않고 표시하고, 모든 제목은 원어로만 표시하고, 저자 이름의 머리글자는
대개 하나만 표기하며, 내부 상호대조는 없다. 파리에서 간행된 모든 프랑스어 저작
이나 베를린에서 간행된 독일어 저작의 출판지는 표기되지 않으며, П.는 성 페테르부
르그를, Л.은 레닌그라드를, M.은 모스크바를, NY는 뉴욕을 가리킨다. 이밖에 한 개
이상의 낱말로 된 정기간행본과 기본 전거문헌에 다음과 같은 약어가 사용된다.

ААЭ	*Акты собранные···археографической экспедицией*
АИ	*Акты исторические*
БВ	*Богословский вестник*
БЕ	*Брокгауз и Ефрон: Энциклопедический словарь*, К. Арсеньев, В. Шеваков, ред., 1890~1907, в 43 т., 86 кн.
БЗ	*Библиографические записки*
БЛ	*Библиографическая летопись*
БСЭ(1)	*Большая Советская Энциклопедия*, 1-е изд., О. Шмидт, ред., 1926~1947, в 66 т.
БСЭ(2)	*Большая Советская Энциклопедия*, 2-е изд., С. Вавилов, ред., 1950~1958, в 51 т.
ВАН	*Вестник Академии наук*
ВВ	*Византийский временник*
ВДЛ	*Временник Демидовского юридического лицея* (야로슬라블)
ВЕ	*Вестник Европы*
ВИ	*Вопросы истории*
ВИМК	*Вестник истории мировой культуры*
ВЛ	*Вопросы литературы*
ВР	*Вера и разум* (하르코프)
ВсВ	*Всемирный вестник*
ВФ	*Вопросы философии*
ВФПс	*Вопросы философии и психологии*
Гр	*Энциклопедический словарь, Гранат*, 7-е изд., В. Железнов, ред., 1910~1938, в 34 т.
ДАН	*Доклады Академии наук*
ДНР	*Древная и новая Россия*

ДРВ	*Древная российская вивлиофика*
ЕИИ	*Ежегодник института истории искусств*
ЖМНП	*Журнал Министерства народного просвещения*
ЖС	*Живая старина*
ЖЧО	*Журнал Императорскаго человеколюбивого общества*
ЗИАН	*Записки Императорской Академии наук*
ЗОР	*Записки отдела рукописей Всесоюзной библиотеки имени В. И. Ленина*
ЗПУ	*Записки историко-филологическаго факультета Императорскаго С-Петербургскаго университета*
ЗРВИ	*Зборник радова Византолошкого института* (베오그라드)
ЗРИОП	*Записки Русского исторического общества в Праге*
ЗРНИБ	*Записки Русского научного института в Белграде*
ИА	*Исторический архив*
ИАН(Г)	*Известия Академии наук СССР, Отделение гуманитарных наук*
ИАН(И)	*Известия Академии наук СССР, Серия истории и филологии*
ИАН(Л)	*Известия Академии наук СССР, Отделение литературы и языка*
ИАН(О)	*Известия Академии наук СССР, Отделение общественных наук*
ИАН(Р)	*Известия Академии наук СССР, Отделение русского языка и словесности*
ИВ	*Исторический вестник*
ИЖ	*Исторический журнал*
ИЗ	*Исторические записки*
ИЛ	*Историческая летопись*
ИМ	*Историк-Марксист*
ИС	*Исторический сборник*
ИСР	*История СССР*
ИЯс	*Известия Академии наук СССР, отделение русского языка и словесности*
КЗ	*Красная звезда*
КЗ(Я)	*Краеведческие записки* (야로슬라블)
КиС	*Каторга и ссылка*
КП	*Комсомольская правда*
КС	*Киевская старина*
КУИ	*Киевские университетские исвестия*
ЛА	*Литературный архив*
ЛГ	*Литературная газета*
ЛЗАК	*Летопись занятий археографической комиссии*

ЛЭ	*Литературная энциклопедия*, 1-е изд., В. Фриче, ред., 1929~1939, в 10 т.
МБ	*Мир Божий*
МГ	*Минувшие годы*
МК	*Молодой коммунист*
МО	*Миссионерское обозрение*
МС	*Миссионерский сборник*
НЖ	*Новый журнал* (뉴욕)
НЗК	*Наукові записки праці науково-дослідчої катедри історії евройської культури* (하르코프)
НИС	*Новгородский исторический сборник*
НК	*Новые книги*
НМ	*Новый мир*
ОЗ	*Отчественные записки*
Оч	*Очерки истории СССР*

(1) *Первобытно-общинный строй и древнейшие государства на территории СССР*, П. Третьяков, ред., 1956;

(2) *Кризис рабовладельческой системы и зарождение феодализма на территории СССР III-IX вв.*, Б. Рыбаков, ред., 1958;

(3, 4) *Период феодализма IX-XV вв. в двух частях*, И. Б. Греков, ред., 1953;

(5) *Период феодализма, конец XV в. − начало XVII в.*, А. Насонов, ред., 1955;

(6) *Период феодализма, XVII в.*, А. Ховосельский, ред., 1955;

(7) *Период феодализма, Россия в первой четврти XVIII в.*, Б. Кафенгауз, ред., 1954;

(8) *Период феодализма, Россия во второй четврти XVIII в.*, А. Баранович, ред., 1957;

(9) *Период феодализма, Россия во второй половине XVIII в.*, А. Баранович, ред., 1956;

(10) *Конец XVIII − первая четверь XIX в.*, С. Окунь, ред., 1956.

ПДЛ	*Памятники древнерусской литературы*
ПДП	*Памятники древней письменности*
ПДПИ	*Памятники древней письменности и искусства*
ПЗМ	*Под знаменем марксизма*
ПО	*Православное обозрение*
ПРП	*Памятники русского права*
ПС	*Православный собеседник*
ПСЗ	*Полное собрание законов*

ПСРЛ	*Полное собрание русских летописей*
ПСС	(인용된 저자의) *Полное собрание сочинений*
РА	*Русский архив*
РБ	*Русское богатство*
РБС	*Русский биографический словарь*, П., 1896~1918, в 25 т.
РВ	*Русский вестник*
РЛ	*Радянське литературо-знавство* (키예프)
РМ	*Русская мысль*
РМГ	*Русская музыкальная газета*
РР	*Русская речь*
РС	*Русская старина*
РУ	*Радянська Украина* (하르코프)
РФ	*Русский фольклор: Материалы и исследования*
РФе	*Российский феатр*
СА	*Советская археология*
СЗ	*Современные Записки* (파리)
СИИ	*Сообщения института истории искусств, Академия наук*
СК	*Советская культура*
СкС	*Скандинавский Сборник* (탈린)
СЛ	*Советская литература*
СМ	*Советская музыка*
СМАЭ	*Сборник музея антропологии и этнографии*
СН	*Старина и новизна*
СРИО	*Сборник русского исторического общества*
СРИП	*Сборник русского института в Праге*
СС	(인용된 저자의) *Собрание сочинений*
ССРЛЯ	*Словарь современного русского литературного языка*, В. Чернышев, ред., М.-Л., 1950~1958, в 7 т.
СХО	*Сборник Харьковского историко-филологического общества*
СЯС	*Сборник отделения русского языка и словесности Академии наук*
ТВО	*Труды восточнаго отделения русскаго археологическаго общества*
ТГИМ	*Труды государственного исторического музея*
ТИАИ	*Труды историко-архивного института*
ТИИЕ	*Труды института истории естествознания и техники*
ТКИЗ	*Труды комиссии по истории знания*
ТКДА	*Труды Киевской духовной академии*
ТКФ	*Труды карельского филиала Академии наук СССР* (페트로자보드스크)

ТОДЛ	*Труды отдела древнерусской литературы*
ТСРЯ	*Толковый словарь русского языка*, Д. Ушаков, ред., М., 1934~1940, в 4 т.
УГ	*Учительская газета*
УЗАОН	*Ученые Записки Академии общественных наук при Центральном Комитете ВКП(б)*
УЗИАН	*Ученые Записки второго отделения Императорской Академии наук*
УЗКУ	*Ученые Записки Казанского университета*
УЗЛГУ	*Ученые Записки Ленинградского государственного университета*
УЗМГУ	*Ученые Записки Московского государственного университета*
УЗРАНИОН	*Ученые Записки: Российская ассоциация научно-исследовательских институтов общественных наук. Институт истории*
УЗЮУ	*Ученые Записки императорскаго Юрьевскаго университета*
Х Чт	*Христианское чтение*
Чт	*Чтения общества истории и древностей Московского университета*
ЯЛ	*Язык и литература*

AB	*Analecta Bollandiana* (브뤼셀)
AESC	*Annales Economies-Sociétés-Civilizations*
AHR	*American Historical Review*
AHRF	*Annales historiques de la révolution française*
AIOS	*Annuaire de l'institut de philologie et d'histoire orientales et slaves* (브뤼셀)
AK	*Archiv für Kulturgeschichte* (베를린-라이프치히)
AMH	*Annals of Medical History*
AQC	*Ars Quatuor Coronatorum* (런던)
AR	*Archiv für Reformationsgeschichte* (라이프치히)
ASR	*American Slavic and East European Review* (1963년에 *Slavic Review*로 개칭)
BNYL	*Bulletin of the New York Public Library*
BRP	*Bibliothèque russe et polonaise*
BS	*Byzantinoslavica*
CA	*Communist Affairs* (로스앤젤레스(Los Angeles))
CDSP	*Current Digest of the Soviet Press*
CH	*Church History*

ChC	*Christian Century*
CMR	*Cahiers du monde russe et soviétique*
CS	*Le Contrat social*
CSP	*Canadian Slavonic Papers* (토론토(Toronto))
CSS	*California Slavic Studies*
DOP	*Dumbarton Oaks Papers*
DR	*Deutsche Rundschau*
ECQ	*Eastern Churches Quarterly* (램스게이트(Ramsgate))
EHR	*English Historical Review*
ER	*Eastern Review* (클라겐푸르트(Klagenfurt))
ESR	*Études slaves et roumaines* (부다페스트(Budapest))
ESS	*Encyclopedia of the Social Sciences*, E. Seligman, ed., 1930~1935, 15 v.
FA	*Foreign Affairs*
FOG	*Forschungen zur osteuropäischen Geschichte*
GBA	*Gazette des beaux-arts*
HJ	*Historisches Jahrbuch* (뮌헨), *Görres-gesellschaft zur Pflege der Wissenschaft im katholischen Deutschland* (본(Bonn))
HSS	*Harvard Slavic Studies*
HT	*Historisk Tidskrift* (스톡홀름)
IJSL	*International Journal of Slavic Linguistics and Poetics* (헤이그)
JAH	*Journal of American Society of Architectural History*
JGO	*Jahrbücher für Geschichte Osteuropas* (브레슬라우/브로추아프, 뮌헨)
JHI	*Journal of the History of Ideas*
JHR	*Journal de l'histoire des religions*
JKGS	*Jahrbücher für Kultur und Geschichte der Slaven*
JMH	*Journal of Modern History*
JWI	*Journal of the Warburg and Courtauld Institute*
KH	*Kwartalnik Historyczny* (바르샤바)
KR	*Kenyon Review*
MAV	*Mémoires de l'académie de Vaucluse* (아비뇽)
MF	*Mercure de France*
MGH	*Monumenta Germaniae*
ML	*Music and Letters*
MQ	*Musical Quarterly*
NG	*National Geographic*
NL	*New Leader*
NS	*New Statesman and Nation*
NYT	*New York Times*
OC	*Orientalia Chistiana Analecta* (로마)

OCP	*Orientalia Christiana Periodica* (로마)
OSP	*Oxford Slavonic Papers*
PMLA	*Publication of the Modern Language Associaton of America*
PP	*Past and Present*
PR	*Partisan Review*
RBPh	*Revue belge de philologie et d'histoire*
RDM	*Revue des deux mondes*
RES	*Revue des études slaves*
REW	*Rußisches etymologisches Wörterbuch*, M. Vasmer, hrgb., Heidelberg, 1953~1958, 3 Bd.
RH	*Revue historique*
RHL	*Revue d'histoire littéraire de la France*
RHMC	*Revue d'histoire moderne et contemporaine*
RHR	*Revue de l'histoire des religions*
RiS	*Ricerche Slavistiche* (로마)
RLC	*Revue de littérature comparée*
ROJ	*Russian Orthodox Journal*
RoS	*Romanoslavica* (부쿠레슈티(Bucureşti))
RP	*Review of Politics* (인디애나 주, 사우스 벤드(South Bend, Indiana))
RPSR	*Research Program on the USSR* (등사본 시리즈, 뉴욕)
RR	*Russian Review*
RSH	*Revue de synthèse historique*
RSMP	*Revue des travaux de l'académie des sciences, morales et politiques*
SAP	*St. Anthony's Papers*
ScS	*Scandoslavica* (코펜하겐)
SEEJ	*Slavic and East European Journal* (인디애나)
SEER	*Slavonic and East European Review* (런던)
SEES	*Slavic and East European Studies* (몬트리얼(Montreal))
SKP	*Annales et comptes rendus, Seminarium Kondakovianum* (프라하)
SKST	*Suomen Kirkkohistoriallisen Seuran Toimituksia* (헬싱키)
SO	*Slavia Orientalis* (바르샤바)
SR	*Soviet Review*
SSt	*Soviet Studies* (옥스퍼드)
Su	*Soviet Survey* (1961년에 *Survey*로 개칭)
SUN	*Skriffter utgitt av det Norske Videnskaps-Akademi* (II Hist.-filos. Klasse, 오슬로Oslo)
SVQ	*St. Vladimir's Seminary Quarterly*
SW	(인용된 저자의) *Selected Works*
TC	*The XX-th Century* (상하이(上海))
TH	*The Third Hour* (뉴욕)

TRHS	*Transactions of the Royal Historical Society* (런던)
VSP	*Veröffentlichungen der slavistischen Arbeitsgemeinschaft an der Deutschen Universität in Prag*
WMR	*World Marxist Review*
WP	*World Politics*
WSJ	*Wiener Slawistisches Jahrbuch*
ZFS	*Zeitschrift für Slawistik*
ZOG	*Zeitschrift für osteuropäische Geschichte*
ZSPh	*Zeitschrift für Slavische Philologie* (라이프치히)

입문 성격의 이 참고문헌 목록은 특별히 지적 자극을 주거나 학술 가치를 지니는, 그리고 본문의 여러 부분과 연관된 기본 저작의 목록이다. 더 한정된 관심사의 저술은 해당 부분의 후주에서 언급된다.

이 참고문헌 목록은 포괄적이라고 할 수 없으며, 각 주제별로 기재된 문헌의 수가 그 주제의 고유한 중요성에 꼭 들어맞지는 않는다. 그렇기보다는 쉽게 구할 수 있고 매우 포괄적인 다른 참고문헌 목록이 있을 경우에 독자에게 그 목록을 참조하도록 유도하려는 시도이다.

1. 개설적인 문화사와 사상사

П. Милюков, *Очерки по истории русской культуры*, Paris, 1930~1937, исправ. изд., в 3 т.는 참고문헌이 잘 되어 있고 종교와 문학과 예술을 한 권에 하나씩 연대순으로 다루는 포괄적인 책이다. 이 미완성 저작의 제1권 제2부("선사 시대부터 역사 시대까지")는 죽기 바로 앞서 밀류코프가 마무리한 수고를 가지고 H. Андреев가 편집한 판('s Gravenhage, 1964)으로 최근에 맨 처음 간행되었다. 주가 달리지 않은 영어 축약판이 *Outlines of Russian Culture*, NY, 1962, 3 v.(염가보급판)이다. В. Рязановский, *Обзор русской культуры*, NY, 1947~1948, 3 части в 2 т.는 밀류코프의 책보다는 덜 충실하지만, 상이한 문화 분야들을 상호연결하는 데에서는 더 낫다. Г. Вернадский, *Звенья русской культуры*, Ann Arbor, 1962 (1938년 판의 재간행본)은 문화에 속하는 현상을 밀류코프의 책보다 더 폭넓게 살펴보지만, 15세기 중엽까지만 다룬다. Р. Иванов-Разумник, *История русской общественной мысли*, П., 1918, 5-е исправ. и доп. изд., в 8 т.; Д. Овсянико-Куликовский, *История русской интеллигенции*, М., 1907; (염가보급판도 있는) N. Berdiaev, *The Russian Idea*, NY, 1948; Berdiaev, *The Origin of Russian Communism*, Ann Arbor, 1960(염가보급판); T. Masaryk, *The Spirit of Russia*, NY, 1955, 2 v., rev. ed. 이 모든 저작은 19세기의 문학과 논쟁에 주로 반영된 러시아의 사회사상과 철학사상을 호의적으로 다룬다. W. Weidlé, *Russia: Absent and Present*, NY, 1961(염가보급판)은 시각예술에서 자주 논거를 끌어오는 도발적이고 인상기적인 논구이다. S. Volkonsky, *Pictures of Russian History and Russian Literature*, Boston-NY, 1898은 비록 피상적일지라도 가독성이 좋은 연구이며 초기 시대 부분에

서, 그리고 독일어 자료를 활용한다는 점에서 뛰어나다. 근대 러시아 사회사상에 관한 가장 좋은 마르크스주의적 논고는 (Г. Плеханов, *Сочинения*, М.-Л., 1925, 2-е изд., XX-XXII에 수록된) Плеханов, *История русской общественной мысли*, П., 1918이다. 이 책은 원래 기획된 일곱 권 가운데 세 권일 뿐이며, 라디쉐프에 이르러 이야기가 끝난다. 제20권의 긴 서지학 논문과 표트르 대제 이전 러시아에 관한 논구는 18세기 초중엽을 다루는 몇몇 절의 등사판 영어 번역인 Plekhanov, *History of Russian Social Thought*, NY, 1938에는 완전히 빠져있다. 또한 19세기의 주제에 관한 비평 논고 Плеханов, *Очерки по история русской общественной мысли XIX века*, П., 1923을 볼 것. Плеханов, *Сочинения*, М.-Л., 1926, XXIII에 있는 자료도 있다. 마르크스주의의 관점보다 그리스도교 사회주의의 관점이 더 많이 반영된 초기 소비에트 러시아의 또 다른 흥미로운 해석이 В. Сиповский, *Этапы русской мысли*, Петроград, 1924이다. Ш. Левин을 편집 책임자로 삼아 1917년까지를 망라하는 한 권짜리 연구서 *История русской культуры*가 1966년 초엽에 간행되면 소련의 최신 연구서가 제공될 것이다.[1] 대체로 밀류코프를 논박하려는 의도로 이루어진 소비에트 러시아 초기의 허술한 마르크스 주의적 해석이 М. Покровский, *Очерки истории русской культуры*, М., 1914~1918, в 2 т.이다. Г. Васецкий и др., *Очерки по истории философской и общественно-политической мысли народов СССР*, М., 1955~1956, в 2 частях는 덜 알려진 비(非)러시아 소련 지역의 근대 사상을 논한다는 점에서 값지다.

Г. Флоровский, *Пути русского богославия*, Paris, 1937(복사판, 1963)은 종교사상을 더 폭넓은 사회문화 발전과 연계하며, 희귀한 정기간행 참고도서가 여럿 들어있는 풍부한 참고문헌 목록이 달려있다. V. Zenkovsky, *A History of Russian Philosophy*, NY, 1953, 2 v.는 비록 Zenkovsky의 러시아어 원작 *История русской философии*, Paris, 1948~1950, в 2 т.에서처럼 증거 문서가 빠짐없이 제시되어 있지는 않을지라도 Н. Лосский가 쓴 같은 제목의 저작(NY, 1951)보다 더 좋은 정교 입장의 논고이다.

초기 러시아의 사상과 문화에 관해서는 А. Щапов, *Сочинения*, П., 1906, II에 있는 "Общий взгляд на историю интеллектуальнаго развития в России"와 "Историческия условия интеллектуальнаго развития в России"를 볼 것. Д. Лихачев, *Культура русского народа X-XVII вв.*, М.-Л., 1961과 А. Сахаров и А. Муравьев, *Очерки русской культуры IX-XVII вв.*, М., 1962도 볼 것.

---

[1] Ш. Левин, ред., *Краткий очерк истории русской культуры с древнейших времен до 1917 года*, Л., 1967.

자료집 Е. Бобров, *философия в России*, Казань, 1899~1901, в 6 т., 그리고 더 해석 위주인 Г. Шпет, *Очерк развития русской философии*, Петроград, 1922는 주로 18세기 말엽과 19세기 초엽을 다룬다. А. Введенский, "Судьбы философии в России", *ВФПс*, 1898, март-апрель은 러시아에서 공식적 철학 연구가 마주친 진통을 다룬 (모스크바에서 1898년에 별도로 재간행된, 그리고 А. Введенский, *Философские очерки*, Praha, 1924에 수록된) 유용한 저술이다. М. Филиппов, *Судьбы русской философии*, П., 1904와 D. Chizevsky, *Narisi z istorii filosofii na Ukraini*, Praha, 1931도 유용하다. Е. Радлов, *Очерк истории русской философии*, Петроград, 1920, 2-е исправ. изд.는 비판적인 러시아 철학사 저작 문헌목록이 달린 유용하고 간결한 연구서이다. 소련에서 새로 나온 *Философская энциклопедия*도 볼 것. 이 저작의 제1~3권은 모스크바에서 1960~1964년에 간행되었는데, 철학 전반뿐만 아니라 러시아 철학에 관한 논문이 많이 들어있다. O. Lourié, *La Philosophie russe contemporaine*, 1902는 이제는 잊혀진 여러 사조가 들어있는 유용한 개설서이다. A. Koyré, *Études sur l'histoire de la penseé philosophique en Russie*, 1950은 매우 유용한 논문집이다. P. Pascal, "Les grands courants de la penseé russe contemporaine", *CMR*, 1962, janvier-mars, 5~89는 최근 100년을 간결하지만 포괄적으로 다룬다.

Н. Арсеньев, *Из русской культурной и творческой традиции*, Frankfurt/M., 1959는 러시아의 역사에서 가족의 연대와 공동체 전통이 지닌 중요성을 강조하는 일련의 논문이다. A. Jensen, *Rysk Kulturhistoria*, Stockholm, 1908, 3 v.과 L. Schinitzky, *El pensamiento Ruso en la filosofia y en la literatura*, Buenos Aires, 1946은 각각의 언어에 한정된 더 좁은 독자층을 넘어서는 관심을 받을 만하다. 독일계 라트비아인 사회학자 W. Schubart의 *Russia and Western Man*, NY, 1950은 러시아 민족성의 특징을 규명하려고 시도하는 많은 문헌 가운데 가장 뛰어난 저서의 하나이다. 이 장르에서는 덜 사변적인 W. Miller, *Russians as People*, NY, 1961(염가 보급판)과 농민의 제도와 사고방식이 현대의, 특히 소비에트 시기의 러시아 문화에 미친 영향을 탐구하는 N. Vakar, *The Taproot of Soviet Society*, NY, 1962도 유용하다.

2. 교회

А. Карташев, *Очерки по истории русской церкви*, Paris, 1959, в 2 т.는 충실한 참고문헌 목록이 달린 정교회 연구서이다. 마카리(Макарий) 모스크바 수좌 대주교인 М. Булгаков는 19세기 중엽까지는 가장 상세하고 포괄적인 역사서였던 *История русской церкви*, Ann Arbor, 1963, в 12 т.(2판의 재간행복사본)을 썼다.

그러나 이 책은 초기 시대를 위해서는 (각 권이 2개 절로 이루어진) E. Голубинский, *История русской церкви*, М., 1880~1916, в 2 т., 2-е пересмотр. и расшир. изд.로, 그 뒷 시기를 위해서는 A. Доброклонский, *Руководство по истории русской церкви*, Рязань-М., 1883~1893, в 4 т.로, 그리고 I. Smolitsch, *Geshchichte der rußischen Kirche, 1700~1917*, Leiden-Köln, 1964의 풍성한 제1권으로 보완되어야 한다. П. Знаменский, *Руководство к русской церковной истории*, Казань, 1886은 탁월한 약사이며, 여러모로 그 주제에 관한 최고의 입문서이다. G. Fedotov, "Religious Backgrounds of Russian Culture", *CH*, 1943, March, 35~51도 볼 것.

로마가톨릭 측의 평가 가운데에서 (원래는 1948년에 토리노Torino에서 이탈리아어로 간행된) A. Ammann, *Abriss der ostslawenischen Kirchengeschichte*, Wien, 1950이 가장 학술적인 논구이다. J. Danzas, *The Russian Church*, London, 1936은 특히 종파의 역할에 관해 기지가 번뜩인다. N. Brian-Chaninov, *The Russian Church*, NY, 1930에는 좋은 절(節), 특히 가톨릭 신앙으로 개종한 러시아인이 쓴 가톨릭-정교 관계에 관한 훌륭한 절이 여럿 들어있다. A. Palmieri, *La chiesa russa*, Firenze, 1908도 여전히 유용하며, 긴 연구서 H. Gomez, *La iglesia rusa. Su historia y su dogmatica*, Madrid, 1948도 있다. 프로테스탄트 신자가 쓴 역사서 가운데에는 각각 루터교회 신자와 영국국교회 신자가 호의를 품고 쓴 저서 E. Benz, *The Eastern Orthodox Church: Its Thought and Life*, NY, 1963(염가보급판)과 R. French, *The Eastern Orthodox Church*, London, 1951을 볼 것. A. Oakley, *The Orthodox Liturgy*, London-NY, 1958도 볼 것. 정교 신자인 학자들의 개설서로는 P. Evdokimov, *L'Orthodoxie*, Neuchâtel-Paris, 1959; S. Bulgakov, *L'Orthodoxie*, 1932; T. Ware, *The Orthodox Church*, Baltimore, 1963(염가보급판)이 있다. V. Никольский, *История русской церкви*, М., 1930은 마르크스주의적 역사서를 쓰려는 진지한 유일한 노력이다. A. Pawłowski, *Idea Kościola w ujęciu Rosyjskiej Teologji i Historjozofji*, Warszawa, 1935는 러시아의 교회 개념의 역사에 관한 연구서이며 참고문헌 목록이 뛰어나다.

가장 충실한 러시아 분파교 연구서는 K. Grass, *Die rußischen Sekten*, Leipzig, 1907, 2 Bd.이지만, C. Маргаритов, *История русских мистических и рационалистических сект*, Симферополь, 1914, 4-е исправ. изд.가 더 간결하고 분석적이다. (Маргаритов의 책처럼 주로 분파교도를 논박할 의도로 쓰인 연구서 이지만 일부는 Grass가 구할 수 없던 유용한 자료와 참고도서가 들어있는) T. Буткевич, *Обзор русских сект и их толков*, П., 1915, 2-е изд.도 볼 것. F. Conybeare, *Russian Dissenters*, NY, 1962(염가보급판)은 상세하지만 조금 비역사적이고 구식이다. S. Bolshakoff, *Russian Nonconformity*, Philadelphia, 1950은 영어로 된 유용한 입문서이다. C. Зеньковский가 준비하는 것[2]이 있기는 해도 분리파나

구교도의 전통에 관한 포괄적 역사서는 없다. 구할 수 있는 가장 충실한 (그리고 참고 문헌 목록이 훌륭한) 논고는 П. Смирнов, *История русского старообрядчества*, П., 1895, 2-е исправ. изд.이다. 짧은 입문서로는 К. Плотников, *История русского раскола старообрядчества*, П., 1914; 교회분열 초기에 관한 가장 좋은 분석으로는 П. Смирнов, *Внутренние вопросы в расколе в XVII веке*, П., 1898과 П. Смирнов, *Споры и разделения в русском расколе в первой четверти XVIII в.*, П., 1905를 볼 것. Смирнов의 다른 연구단행본과 논문, 그리고 В. Дружнин 소장 자료에 바탕을 두고 1917년까지 다루는 자료 목록 *Раскол и сектантство*, П., 1932에 있는 (상당수가 분리파 스스로가 등사하거나 비밀리에 간행한) 다른 자료도 볼 것. 이 주제에 관한 방대한 자료 다수가 Ф. Сахаров, *Литература истории и обличения русского раскола*, Тамбов, 1887, П., 1892~1900, в 3 т.에 인용되어 있다. 구교도 전통이 러시아 문화에 (특히 19세기 문학에) 미친 영향은 V. Pleyer, *Das rußische Altgläubigentum: Geschichte, Darstellung in der Literature*, München, 1961에서, 러시아 종교사상 전반에 미친 영향은 (주 없는 등사판인) В. Рябушинский, *Старообрядчество и русское религиозное чувство*, Joinville le Pont, 1936에서 평가된다. 정교 측의 역사서 Г. Стрельбицкий, *История русского раскола*, Одесса, 1898, 3-е изд.도 볼 것.

러시아 종교 생활과 서방 종교 생활의 상호작용은 L. Boissard, *L'Église de Russie*, 1867, 2 t.에서 강조된다. 초기 프로테스탄티즘과의 (그리고 전반적으로 유럽과의) 관계는 Д. Цветаев, *Протестантство и протестанты в России до эпохи преобразовании*, М., 1890과 И. Соколов, *Отношение протестантизма к России в XVI и XVII веках*, М., 1880에서, 가톨릭교회와의 관계는 예수회 학자의 기념비적 저작 P. Pierling, *La Russie et le Saint-Siège*, 1901~1912, 5 t.와 동유럽 학자의 학구적이지만 치우친 저작 E. Winter, *Rußland und das Papsttum*, 1960~1961, 2 Bd.에서 속속들이 다루어진다. 러시아 서부의 교회에 관해서는 И. Чистович, *Очерк истории западно-русской церкви*, П., 1882~1884, в 2 т., 우크라이나 교회, 그리고 이 교회가 러시아 교회에 미친 전반적 영향에 관해서는 내용이 풍부한 대형 저작 К. Харлампович, *Малороссийское влияние на великорусскую церквную жизнь*, Казань, 1914를 볼 것.

러시아 수도원에 관해서는 오래되었지만 아직도 기본 역사서인 П. Казанский, *История православнаго монашества на востоке*, М., 1854~1856, 2 части,

---

[2] С. Зеньковский, *Русское старообрядчество: Духовные движения XVII в.*, München, 1970.

그리고 (성 세르기 대수도원 설립까지만 다루는) П. Казанский, *История православнаго русскаго монашества*, М., 1855; 또한 유용한 참고문헌 목록이 달린 I. Smolitsch, *Rußische Mönchtum*, Würzburg, 1953; I. Smolitsch, *Leben und Lehre der Starzen*, Köln, 1952; Rouët de Journel, *Monachisme et monastères russes*, 1952; 그리고 Л. Денисов, *Прославные монастыри Российской империи*, П., 1910에서 전체 일람표와 해설을 볼 것.

성자에 관해서는 Н. Барусков, *Источники русской агиографии*, П., 1892; В. Васильев, "История канонизации русских святых", *Чт*, 1893, кн. 3, ч. 3, 1~256; Е. Голубинский, *История канонизации святых в русской церкви*, М., 1903; В. Ключевский, *Древнерусския жития святых как исторический источник*, М., 1871; P. Peeters, "La Canonisation des Saints dans l'Église russe", *AB*, XXXIII, 1914, 380~420; Г. Федотов, *Святые древней Руси*, Paris, 1931; I. von Kologrivov, *Essai sur la sainteté en Russie*, Bruges, 1953; E. Behr-Sigel, *Prière et sainteté dans l'Église russe, suivi d'un essai sur le rôle du monachisme dans la vie spirituelle du peuple russe*, 1950을 볼 것.

영어로는 유용한 러시아의 영성서 문선 G. Fedotov, *A Treasury of Russian Spirituality*, NY, 1948; 대중적 연구서 Constantin de Grunwald, *Saints of Russia*, London, 1960; N. Gorodetzky, *The Humiliated Christ in Modern Russian Literature*, London, 1938이 있다. Robert Payne, *The Holy Fire: The Story of the Eastern Church*, Ldonon, 1958은 러시아 정교 사상의 발전에서 핵심 역할을 한 초기의 동방 교부에 관한 (영어 참고문헌 목록이 있는) 좋은 대중적 입문을 제공한다. N. Zernov, *Eastern Christendom*, London, 1961은 러시아의 그리스도교를 더 넓은 맥락 속에 끼워넣으며 좋은 영어 참고문헌 목록을 제공한다. 매우 소중한 비잔티움적 배경 연구가 H. Beck, *Kirche und theologische Literatur im Byzantinischen Reich*, München, 1959에서 이루어진다.

교회법에 관해서는 Г. Розенкампф, *Обозрение Кормчей книги в историческом виде*, П., 1839, 2-е исправ. изд.; Н. Калачов, *О значении кормчей в системе древнего русскаго права*, М., 1850; Н. Никольский, "К вопросу о западном влиянии на древнерусское церковное право", *БЛ*, III, 1917; 유용한 참고문헌 목록이 달린 М. Красножен, *Краткий очерк церковнаго права*, Тарту, 1900; 비(非)정교 신자의 지위와 역할을 탐구한 Красножен, *Иноверцы на Руси*, Тарту, 1903, 3-е исправ. изд.를 볼 것. 최근에 작고한 니콜라이 모스크바 수좌대주교의 박사학위논문, Н. Ярушевич, *Церковный суд в России до издания Соборного Уложения Алексея Михайловича*, П., 1917도 볼 것.

잘 구성된 교리 연구로는 F. Gavin, *Some Aspects of Contemporary Greek*

Orthodox Thought, Milwaukee-London, 1923을 볼 것. 더 최근의 연구는 Iōannēs Karmirēs, *Ta Dogmatika kai Symbolika Mnēmeia tēs orthodoxou katholikēs ekklēsias*, Athens, 1952~1953, 2 v., (제2판, 1960년)에 들어있다. 교리문답서와 교리서에 관한 러시아 교회의 저작은 무오류 교리 선언문의 지위를 누리지 않으며, 한 시대의 특정한 관심사와 특성을 자주 반영한다. 꽤 최근의 간결한 논구는 Д. Соколов, *Краткое учение о богослужении православной церкви*, П., 1915, 37-е изд.와 И. Жилов, *Православное-христианское катехизисное учение*, Тарту, 1919, 3-е исправ. изд.이다. 영어로 된 더 긴 교리문답과 더 짧은 교리문답으로는 다른 기본 문서와 함께 R. Blackmore, *The Doctrine of the Russian Chruch*, London, 1845를 볼 것. S. Salaville, *An Introduction to the Study of Eastern Liturgies*, London, 1938과 모스크바 총대주교구 공식 간행물 *The Russian Orthodox Church Organization, Situation, Activity*, M., 1958도 볼 것. 비판적인 러시아 신비주의 연구로는 V. Yankevich, "Les Thèmas mystiques dans la pensée russe contemporaine", in *Mélanges publiés en l'honneur de M. Paul Boyer*, 1925를 볼 것.

3. 정치사상의 발전

M. Kovalevsky, *Russian Political Institutions*, Chicago, 1902는 유용한 개설적 논고를 제공해주지만, 세부사항에서 늘 믿을 만하지는 않다. 또 다른 짧은 입문서는 S. Utechin, *Russian Political Thought*, NY, 1963(염가보급판)이다. M. Cherniavsky, *Tsar and People*, New Haven, Conn., 1961은 오랜 세월에 걸친 차르 체제의 이미지에 관한 비록 조금은 역사적으로 흐릿한 논구이기는 할지라도 기지가 번뜩이고 박식하다. 혁명가였다가 반동가가 된 이의 저작 Leo Tikhomirov, *Russia, Political and Social*, London, 1888, 2 v.도 흥미롭다.

압도적으로 정치적인 문제에 관한 유용한 논집은 E. Simmons, ed., *Continuity and Change in Russian and Soviet Social Thought,* Cambridge, Mass., 1955; C. Black, ed., *The Transformation of Russian Society*, Cambridge, Mass., 1960; 러시아 인텔리겐치야에 관해 R. Pipes가 편집한 *Daedalus*, 1960, Summer, 「러시아 인텔리겐치야」호(號); J. Curtiss, ed., *Essays in Russian and Soviet History in Honor of Geriod Tanquary Robinson*, NY, 1963; M. Karpovich 고희 기념호 *HSS*, IV, 1957에서 찾을 수 있다. В. Альтман, ред., *Из истории социально-политических идей*, M., 1955; R. Tucker, *The Soviet Political Mind*, NY, 1963(염가보급판); (*FA*에서 추려 펴낸 논문들인) P. Mosely, ed., *The Soviet Union, 1922~1962: A Foreign Affairs Reader*, NY, 1963(염가보급판)도 볼 것.

더 초기 시대에 관해서는 М. Шахматов, *Опыты по истории древнерусских политических идей*, Praha, 1927; В. Вальденберг, *Древнерусские учения о пределах царской власти: Очерки русской политической литературы от Владимира Святого до конца XVII века*, П., 1916; М. Приселков와 L. Goetz와 М. Дьяконов의 저서와 논문, 특히 각각 이들의 연구서인 *Очерки по церковно-политической истории Киевской Руси X-XII вв.*, П., 1913; *Staat und Kirche in Altrußland*, 988~1240, 1908; (독일어판으로도 구할 수 있는) *Очерки общества и государственного строя древней Руси*, П., 1912, 4-е изд.를 볼 것. 특이한 해석으로는 В. Алексеев, *Народовластие в древней Руси*, Ростов-на-Дону, 1904를 볼 것. 비록 억지일 때가 없지는 않을지라도 훗날의 "사회평론" 논쟁 전통이 키예프 시대의 문학과 모스크바 시대의 문학에서 비롯되었다고 해석하려는 박식한 시도에 관해서는 각각 И. Будовниц, *Общественно-политическая мысль древней Руси*, М., 1960과 *Русская публицистика, XVI века*, М.-Л., 1947을 볼 것. 표트르 대제 이전 러시아의 정치 개념이 서방에서보다 러시아에서 더 "대범"하고 더 자비로웠음을 입증하려는, 비록 이따금 공상적일지라도 기지가 번뜩이는 "유라시아적" 시도로는 М. Шахматов, "Опыт истории государственных идеалов в России", *Евразийский временник*, Paris, III, 55~80; IV, 268~304를 볼 것. 표트르 대제 이전 시대 정부의 구조에 관해서는 В. Строев, *Очерки государства московскаго перед реформами*, Ростов-на-Дону, 1903; 또한 짧은 С. Веселовский, *Приказный строй управления Московского Государства*, Киев, 1912; A. Lappo-Danilevsky, "L'Idée de l'état et son évolution en Russie depuis les troubles du XVIIe siècle jusqu'aux réformes du XVIIIe", in P. Vinogradoff, ed., *Essays in Legal Theory*, Oxford, 1913, 356~383을 볼 것. Г. де Воллан, *История общественных и революционных движентй в связи с культурным развитием русскаго государства*, М.-П., 1913~1916은 18세기 중엽까지를 다룬다.

제정기에 관해서는 S. Zezas, *Études historiques sur la legislation russe, ancienne et moderne*, 1862; 뛰어난 А. Блок, *Политическая литература в России и о России*, Warszawa, 1884; С. Сватиков, *Общественное движение в России 1700~1895*, Ann Arbor, 1963(재간행본)을 볼 것. 러시아 법률의 발전과 합리화의 진전은 (특히 18세기 부분이 훌륭한) И. Дитятин, *Статьи по истории русского права*, П., 1895; В. Сергеевич, *Лекции и исследования по древней истории русского права*, П., 1910; А. Филиппов, *Учебник истории русского права*, Тарту, 1912, 4-е исправ. изд.; L. Schultz, *Rußische Rechtsgeschichte von den Anfängen bis zur Gegenwart*, Lahr, 1951; (법치국가 전통을 강조하는) V. Leontovich, *Geschichte des Liberalismus in Rußland*, Frankfurt/M., 1957에서 논의된다. H.

Dorosh, *Russian Constitutionalism*, NY, 1944는 초기의 베체 전통부터 1905년 혁명까지의 유용한 짧은 연구이다. S. Kucherow, *Courts, Lawyers, and Trials under the Last Three Tsars*, NY, 1953과 M. Szeftel, "The Form of Government of the Russian Empire Prior to the Constitutional Reforms of 1905~1906", in Curtiss, ed., *Essays in Russian and Soviet History*, 105~110도 볼 것.

4. 세속적 계몽

유용한 개설 입문서는 Lappo-Danilevsky, "The Development of Science Learning in Russia", in J. Duff, ed., *Russian Realities and Problems*, Cambridge, 1917, 153~229이다. 교육의 역사에 관해서는 W. Johnson, *Russia's Educational Heritage*, Pittsburgh, 1950; N. Hans, *Russian Educational Policy, 1701~1917*, London, 1931; V. Simkhovich, "History of the School in Russia", *Educational Review*, 1907, March; (예카테리나 대제부터 스탈린까지의 교육 이론에 관해서는) L. Forese, *Ideengeschichtliche Triebkräfte der rußischen und sowjetischen Pädagogik*, Heidelberg, 1956을 볼 것. П. Каптерев, *История русской педагогии*, П., 1915, 2-е пересмотр. и доп. изд.도 볼 것. С. Рождественнский, *Очерки по истории систем народного просвещения в России в XVIII-XIX веках*, П., 1912, I은 Рождественнский가 쓰거나 엮은 수많은 러시아 교육사 연구서 가운데 가장 상세하다.

러시아의 거의 모든 주요 고등교육 기구, 협회, 신학교의 유용한 역사서가 있다. 전반적인 사상과 문화에는 다음 연구가 특히 유용하다. П. Пекарский, *История Императорской Академии Наук*, П., 1870~1873, в 2 т.; М. Сухомлинов, *История Российской Академии*, П., 1874~1888, в 8 т.; В. Григорьев, *Императорский С. Петербургский университет в течение первых пятидесяти лет его существования*, П., 1870; С. Шевырев, *История Императорского Московского университета, 1755~1855*, М., 1855; N. Koulabko-Koretzky, *Aperçu historique des travaux de la société impériale libre économique, 1765~1897*, П., 1897; С. Рождественнский, *Исторический обзор деятельности Министерства народного просвещения, 1802~1902*, П., 1902; А. Яхонтов, *Исторический очерк Императорского Александровского Лицея*, Paris, 1936; Н. Загоскин, *История Императорского Казанского университета за первыя сто лет его существования, 1804~1904*, Казань, 1902~1906, в 4 т.; Е. Петухов, *Императорский Юрьевский, бывший Дерптский, университета за сто лет его существования (1802~1902)*, Тарту, 1902; 1917년까지 다루는 K.

Островитянов, *История Академии наук СССР*, М., 1958~1964, в 2 т.

대학교의 더 폭넓은 문화적 역할에 관해서는 В. Иконников, "Русские университеты в связи с ходом общественного образования", *ВЕ*, 1876, сентябрь, 161~206; октябрь, 492~550; ноябрь, 73~132; 그리고 마르크스주의적 관점으로는 М. Тихомиров, ред., *История Московского университета*, М., 1955, в 2 т.을 볼 것.

교육 발전의 덜 연구된 측면을 다루는 유용한 러시아어 저작은 (초등학교와 중등학교에 관해서는) Н. Константинов и В. Струминский, *Очерки по истории начального образования в России*, М., 1953, 2-е изд.; (여성 교육에 관해서는) Е. Лихачева, *Материалы для истории женского образования в России (1086~1856)*, П., 1899; (표트르 대제 이전 시대의 문자 해득과 교육에 관해서는) Ф. Успенский, *Очерки по истории византийской образованности на Руси*, П., 1892; А. Соболевский, *Образованность Московской Руси XV-XVII вв.*, П., 1892; А. Архангельский, *Образование и литература в Московском Государстве конца XV-XVII вв.*, Казань, 1898~1901, в 3 т.이다. 19세기 이전 러시아의 금서에 들어있는 더 세속적인 인간관은 М. Соколов, *Очерки истории психологических воззрений в России в XI-XVIII веках*, М., 1963에서 상세하게 논의된다.

러시아의 과학적 태도의 느린 발달에 관해서는 A. Vucinich, *Science in Russian Culture: A History to 1860*, Stanford, 1962에서 문서가 많이 들어있는 사회학 위주의 역사가 제공된다. Н. Фигуровский и др., ред., *История естествознания в России*, М., 1957~1962, I (3 в 4 т.); 더 기초적인 논구 В. Кузнецов, *Очерки истории русской науки*, М.-Л., 1940; 유용한 기술사 В. Данилевский, *Русская техника*, М., 1948, 2-е исправ. изд.도 쓸모있다. Т. Райнов, *Наука в России XI-XVII веков*, М.-Л., 1940은 초기 시대의 고전적 논고이다. A. Petrunkevich, "Russia's Contribution to Science", *Transactions of the Connecticut Academy of Sciences*, XXIII, 1920, 611~641; A. Zvorikin, "Inventions and Scientific Ideas in Russia: Eighteenth-Nineteenth Centuries", in G. Métraux & F. Crouzet, eds., *The Nineteenth Century World*, NY, 1963(염가보급판), 254~279도 볼 것.

소비에트 러시아 이전 시기 세속 사상의 다른 양상에 관해서는 J. Hecker, *Russian Sociology*, NY, 1915; J. Normano, *The Spirit of Russian Economics*, NY, 1944; 주로 중농학파와 고전학파의 영향을 다루는 В. Святловский, *История экономических идей в России*, П., 1923, I(제1권 외의 다른 권은 간행되지 않았다); *История русской экономической мысли*, М. (А. Пашков, ред., т. I в 2 части, 1955~1958은 1861년까지를, А. Пашков и Н. Цаголов, ред., т. II в 2 части, 1959~1960은 1890년대까지를 다룬다)을 볼 것. J. Letiche, ed., *A History of Russian*

Economic Thought, Berkeley-Los Angeles, 1964(9세기부터 18세기까지를 다루는 Пашков의 저작 제1권 제1부에는 부적절한 번역이 잦다).

다음 자료를 연이어 읽으면 오랫동안의 언론과 기타 대중 계몽 매체를 개관할 수도 있다. A. Poppé, "Dans la Russie médiévale, Xe-XIIIe siècles: Écriture et culture", *AESC*, 1961, janvier-février, 12~35; A. Карпов, *Азбуковники или алфавиты иностранных речей по спискам соловецкой библиотеки*, Казань, 1877; Н. Лисовский, *Периодическая печать в России, 1703~1903*, П., 1903; E. Kluge, *Die rußische revolutionäre Presse*, Zürich, 1948; B. Розенберг, *Из истории русской печати*, Praha, 1924; Н. Энгельгардт, *Очерк истории русской цензуры в связи с развитием печати (1703~1903)*, П., 1904; B. Евгеньев-Максимов를 주편집자로 삼아 펴낸 공저이며 18세기와 19세기 초엽을 다루는 제1권만 나온 B. Евгеньев-Максимов и др., *Очерки по истории русской журналистики и критики*, Л., 1950. 더 기초적인 저작 A. Западов, ред., *История русской журналистики XVIII-XIX веков*, М., 1963도 볼 것.

역사서술에 관해서는 Д. Лихачев, *Русские летописи и их культурно-историческое значение*, М.-Л., 1947; Л. Черепнин, *Русская историография до XIX века курс лекции*, М., 1957; (러시아 역사가들의 여러 미간행 논문을 활용하는) C. Пештич, *Русская историография XVIII века*, Л., 1961~1965, в 2 т.; (19세기 말엽과 20세기 초엽을 다루는 제2권이 특히 유용한) B. Астахов, *Курс лекции по русской историографии*, Харьков, 1959~1962, в 2 т.; П. Милюков, *Главныя течения русской исторической мысли*, П., 1913, 3-е изд.; 성 페테르부르그 신학원 교수의 저작 M. Коялович, *История русского самосознания по историческим памятникам и научным сочинениям*, П., 1901, 3-е изд.; 19세기의 관점에 관한 연구 Н. Кареев, *Философия истории в истории литературы*, П., 1912를 볼 것.

다음 자료도 볼 것. 방대한 편찬물 B. Иконников, *Опыт русской историографии*, Киев, 1891~1908, 2 т. в 4-х; (성기 스탈린 시대에 혹독하게 비판받은) 포괄적 논고 Н. Рубинштейн, *Русская историография*, М., 1941; (덜 알려진 18세기 인물들과 19세기의 비非대러시아인 역사가들에 관한 유용한 논의인) A. Mazour, *Modern Russian Historiography*, Princeton, 1958, 2d corr. ed.; I. Gapanovich, *Russian Historiography Outside of Russia*, Peiping, 1935; 1917년 혁명까지만 다루는 M. Тихомиров, ред., *Очерки истории исторической науки в СССР*, М., 1955~1963, в 3 т. M. Тихомиров가 편집한 제1권이 M. Нечкина가 편집한 제2권과 제3권보다 더 좋다. C. Black, ed., *Rewriting Russian History*, NY, 1962(염가보급판)에는 소련 역사가들을 비판하는 이 논문집의 초판에 대한 소련측

비판의 번역이 들어있다. 유용하고 놀랄 만큼 가독성이 좋은 러시아사 사료 편람이 (M. Тихомиров가 편집한 제1권은 18세기 말까지를, C. C. Никитин이 편집한 제2권은 1890년대까지를 다루는) *Источиковедение истории СССР*, М., 1940, в 2 т.이다.

5. 문예 문화

N. Gudzy, *History of Early Russian Literature*, NY, 1949, 또는 D. Chizevsky, *History of Russian Literature, from the Eleventh Century to the End of the Baroque*, 's Gravenhage, 1960, 또는 R. Picchio, *Storia della letteratura russa antica*, Milano, 1959; (1881년까지는) D. Mirsky, *A History of Russian Literature*, NY, 1958 (염가보급판)과 D. Mirsky, *Contemporary Russian Literature, 1881~1925*, NY, 1926; 그리고 V. Alexandrova, *A History of Soviet Literature, 1917~1962, or from Gorky to Evtushenko*, NY, 1963(염가보급판)을 연이어 읽으면 러시아 문학을 잘 개관할 수 있다. 또한 소비에트 시기에 관해서는 S. Struve, *Soviet Russian Literature, 1917~1950*, Norman, Oklahoma, 1951과 L. Labedz & M. Hayward, eds., *Literature and Revolution in Soviet Russia, 1917~1962*, Oxford, 1963을 볼 것. N. Nilsson, *Sovjetrysk litteratur 1917~1947*, Stockholm, 1948도 볼 것. 포괄적 해석이 A. Stender-Petersen, *Den russiske litteraturs historie*, Copenhagen, 1952, 3 v.(독일어판 München, 1957, 2 Bd.도 있다); E. Lo Gatto, *Storia della letteratura russa*, Firenze, 1950, 4a ed.; E. Lo Gatto, *L'estetica e la poetica in Russia*, Firenze, 1947에서 제시된다. 비록 인용은 없을지라도 중요한 인물과 논제를 간결하게 다룬 논고를 W. Harkins, *Dictionary of Russian Literature*, Paterson, NJ., 1959(염가보급판)에서 찾아볼 수도 있다.

근대 시기의 다양한 양상은 Л. Майков, *Очерки из истории русской литературы XVII и XVIII вв.*, П., 1896; Д. Благой, *История русской литературы XVIII века*, М., 1945(수정되어 1960년에 나온 4판도 있다)에서 더할나위 없이 잘 다루어진다. (Ann Arbor에서 1948년에 재간행된) Д. Овсянико-Куликовский, *История русской литературы XIX века*, М., 1908~1911, в 5 т.은 풍부한 논집이다. А. Скабичевский, *История новейшей русской литературы 1848~1892*, П., 1897, 3-е исправ. изд.는 인민주의자 비평가가 러시아 소설 황금시대의 문학에 관해 쓴 상상력 넘치는 역사서이다; P. Kropotkin, *Ideals and Realities in Russian Literature*, NY, 1916; П. Берков, *Введение в изучение истории литературы XVIII века*, Л., 1964는 문학사 서술의 둘도 없이 유용한

사례이며 1960년대 초엽까지 비평적 평가가 변하는 모양을 매혹적으로 생생하게 보여준다.

Г. Струве, *Русская литература в изгнании: Опыт исторического обзора зарубежной литературы*, NY, 1956은 망명 문학을 다룬다. N. Brian-Chaninov, *La Tragédie des lettres russes*, 1938; 최근에 소련에서 나온 *История русской литературы*, М.-Л., 1941~1956, 10 томов в 13도 볼 것. В. Городецкий, ред., *История русской критики*, Л., 1958, в 2 т.는 더 먼저 나온 저작인 В. Полянский и А. Луначарский, ред., *Очерки по истории русской критики*, М., 1929~1931, в 3 т.이나 И. Иванов, *История русской критики*, П., 1898~1900, 4 части в 2 т.보다 덜 흥미롭다.

부정기로 나오는 문집과 선집에 관한 자료로는 도판이 풍부하게 들어간 연구서 Н. Смирнов-Сокольский, *Русские литературные альманахи и сборники XVIII-XIX вв.*, М., 1964를 볼 것. 또한 출판의 역사에 관한 자료와 문헌목록의 대다수가 도화집 *400 лет русского книгопечатания*, М., 1964, в 2 т.에 들어있다. 제1권은 소비에트 러시아 이전 시대를, 제2권은 소비에트 러시아 시대를 다룬다.

정평 있는 편람과 백과사전 외에, 알파벳 앞 부분에 있는 글자 항목들만 좋은 Венгеров, *Критико-библиографический словарь русских писателей и ученых*, П., 1889~1904, в 6 т.(П., 1915~1916, 2-е изд. в 2 т.)에서 근대 문학인들의 매우 유용한 서지학 자료를 찾을 수 있다. Н. Рубакин, *Среди книг*, М., 1911~1915, в 3 т.는 주제별로 배열된 논의와 인용 면에서 뛰어나다. 정기간행물 정보는 А. Мезьер, *Словарный указатель по книговедению*, М.-Л., 1931~1933, в 2 т.에 있다. Н. Здобнов, *История русской библиографии до начала XX века*, М., 1955, 3-е изд.도 볼 것.

러시아어의 역사를 다루는 많은 책 가운데 특히 폭넓은 참고문헌 목록이 있는 Л. Черепнин, *Русская палеография*, М., 1956; 두루두루 살펴보는 В. Виноградов, *Очерки по истории русского литературного языка XVII-XIX вв.*, Leiden, 1949; Н. Дурново, *Очерки истории русского языка*, 's Gravenhage, 1959(모스크바에서 나온 1924년 판의 재간행본); Г. Винокур, *Избранные работы по русскому языку*, М., 1959를 볼 것.

구술 전통과 민간전승에 관해서는 Yu. Sokolov, *Russian Folklore*, NY, 1950; А. Афанасьев, *Народныя русския сказки и легенды*, Berlin, 1922, в 2 т.; W. Ralston, *Russian Folk-Tales*, London, 1873; L. Magnus, *Russian Folk-Tales*, London, 1915; (R. Jakobson이 주석을 단) *Russian Fairy Tales*, NY, 1945; В. Даль, *Пословицы русского народа*, М., 1957; И. Иллюстров, *Жизнь русского народа в его пословицах и поговорках*, М., 1915, 3-е изд. (특히 참고문헌 10~39); Б.

Путилов, ред., *Пословицы поговорки загадки в рукописных сборниках XVIII-XX веков*, М.-Л., 1961; *Русские народные пословицы, поговорки, загадки и детский фольклор*, М., 1957을 엮어내기도 했던 B. Аникин이 쓴 머리말이 달린 Д. Садовников, *Загадки русского народа*, М., 1959(원래는 П., 1876)을 볼 것. 분석이 있는 영어 선집으로는 A. Guershoon, *Russian Proverbs*, London, 1941을 볼 것. 또한, 유용한 참고문헌 목록이 달린 M. Сперанский, *Русская устная словесность*, М., 1917도 볼 것. M. Сперанский, *История древней русской литературы*, М., 1914, 2-е пересмотр. изд.; A. Пыпин, *История русской этнографии*, П., 1890~1892; A. Пыпин, *История русской литературы*, П., 1898~1889, в 4 т.; 그리고 민간전승이 18세기와 19세기의 러시아 문화에 준 전반적 영향에 관해서는 증거 문서를 빠짐없이 제시하는 M. Азадовский, *История русской фольклористики*, М., 1958을 볼 것. B. Адрианова-Перетц 등의 편집진 아래 공동 작업으로 만들어지고 10세기부터 20세기 초엽까지를 다루는 저작 *Русское народное поэтическое творчество*, М., 1953~1956, 2 тома в трех도 볼 것. D. Zelenin, *Rußische (Ostslavische) Volkskunde*, Berlin-Leipzig, 1927; Д. Зеленин, *Библиографический указатель русской этнографической литературы о внешнем быте народов России 1700~1910 гг.*, П., 1913도 볼 것. M. Полторацкая, *Русский фольклор*, NY, 1964도 볼 것.

6. 예술

조형예술에 관해서는 G. Hamilton, *The Art and Architecture of Russia*, London, 1954가 도판과 주해가 잘 되어 있는 혁명 이전기 연구서이다. T. Rice, *A Concise History of Russian Art*, NY, 1963(염가보급판)도 볼 것. 중요한 러시아 미술사 도해 도서가 세 권 있는데, 셋 다 제목이 『러시아 미술사』이다. И. Грабарь, ред., *История русского искусства*, М., 1910~1915, в 6 т.는 오래되었지만 아직도 유용한 저서이며, 더 대중적인 두 권짜리 저작 Н. Машковцев, ред., *История русского искусства*, М., 1957~1960에는 뛰어난 참고문헌 목록이 있으며, 더 상세한 공저이고 И. Грабарь와 B. Кеменов와 B. Лазарев로 이루어진 편집위원회의 저작이며 아홉 권이 나와 있는 *История русского искусства*, М., 1953~1963의 1~8권은 19세기의 첫 3분의 1까지를, 11~12권은 1917~1941년을 다룬다. 다른 유용한 연구서 두 권이 E. Lo Gatto, *Gli artisti in Russia*, Roma, 1934~1943, 3 v.와 유용한 용어 설명이 달린 L. Réau, *L'Art russe*, 1921~1922, 2 v.이다.

회화에 관해서는 기본서가 Н. Кондаков, *Русская икона*, Praha, 1928~1933, в 4 т.; 이 책의 축약판인 *The Russian Icon*, Oxford, 1927; 다른 데에서는 구할 수 없을 도판이 많이 들어있는 유용하고 거의 경건할 때가 많은 한 동독 학자의 역사서 인 K. Onasch, *Ikonen*, Gütersloh, 1961; 이콘의 역사적·예술적 분류에 관한 도판 도서이며 참고문헌이 철저한 B. Антонова и Н. Мнева, *Каталог древнерусской живописи*, M., 1963, в 2 т.이며, 모두 다 도해 도서이다. E. Овчинникова, *Портрет в русской искусстве XVII века*, M., 1955와 E. Голлербах, *Портретная живопись в России XVIII века*, М.-П., 1923에서 러시아의 근대 초상화의 기원이 추적된다. A. Benois, *The Russian School of Painting*, NY, 1916은 비록 인상기 수준일지라도 기지가 번뜩이는 논구이다. 사실주의 전통을 강조하는 G. Lukomsky, *History of Modern Russian Painting (1840~1940)*, London, 1945; V. Fiala, *Die rußische realistische Malerei des 19. Jahrhunderts*, Praha, 1953도 있다. 민중 식각판화에 관해서는 기념비적 저서 Д. Ровинский, *Русския народныя картинки*, П., 1881, в 5 т. (2-е изд., П., 1900)을 볼 것. 건축에 관해서는 A. Voyce, *Russian Architecture: Trends in Nationalism and Modernism*, NY, 1948; Н. Бурнов и др., *История русской архитектуры*, М., 1956, 2-е исправ. и доп. изд.를 볼 것. 장식 공예와 농민 공예에 관해서는 각각 G. Lukomsky, *L'Art decoratif russe*, 1928과 A. Некрасов, *Русское народное искусство*, М., 1924를 볼 것. E. Голлербах, *История грабюры и литографии в России*, М.-П., 1923; A. Сидоров, *Древнерусская книжная грабюра*, М., 1951; A. Некрасов, *Древнерусское изобразительное искусство*, М., 1937; 초기의 목판화부터 볼셰비키 혁명 직전 까지를 다루는 Г. Стернин, *Очерки русской сатирческой графики*, М., 1964를 볼 것. 최근의 고고학에 관해서는 (1961년에 NY에서 축약된 염가보급판으로도 나온) M. Mongait, *Archeology in the USSR*, М., 1959를 볼 것. 문장과 상징의 역사에 관해서는 E. Каменцева и Н. Устюгов, *Русская сфрагистика и геральдика*, М., 1963을 볼 것. 또한, 미술의 전반적인 문화적 영향에 관해서는 M. Alpatov, *Russian Impact on Art*, NY, 1950와 O. Wuff, *Die neurußische Kunst im Rahmen der Kulturentwicklung Rußlands von Peter dem Großen bis zur Revolution*, Augsburg, 1932를 볼 것.

러시아 음악에 관해서는 R. Leonard, *A History of Russian Music*, NY, 1957이 입문을 제공하고, 근대 이전 시기의 음악에서는 Н. Финдейзон, *Очерки по истории музыки в России с древнейших времен до конца XVIII века*, М.-Л., 1928~1929, в 2 т.로, 근대의 음악에서는 R. Mooser, *Annales de la musique et des musiciens en Russie au XVIII* siècle*, Geneva, 1948~1951, 3 t.; G. Abraham & M. Calvocoressi, *Masters of Russian Music*, NY, 1944; G. Abraham, *On Russian Music: Critical and Historical Studies*, NY, 1939; B. Asaf'ev, *Russian Music from the*

Beginnng of the Nineteenth Century, Ann Arbor, 1953으로 보완되어야 한다. 모스크바 예술원이 간행했고 풍부한 참고문헌 목록이 달린 러시아 혁명 이전 음악에 관한 역사서 *История русской музыки*, М., 1957~1960, в 3 т.와 유용한 개설연구서 T. Ливанов, M. Пекелис и T. Попова, ред., *История русской музыки*, М.-Л., 1940, в 2 т.도 볼 것.

음악 공연에 관해서는 B. Чешихин, *История русской оперы*, Ann Arbor, 1953(П., 1905, 2-е пересмотр. изд.의 재간행본)과 A. Гозенпуд, *Музыкальный театр в России: От истоков до Глинки*, Л., 1959; R. Hofmann, *Un siècle d'opéra russe (de Glinka à Stravinsky)*, 1946을 볼 것. 발레에 관해서는 (아쉽게도 증거 문서를 제시하지 않는) S. Lifar, *A History of Russian Ballet from Its Origins to the Present Day*, London, 1954; A. Плещеев, *Наш балет, 1673~1896*, П., 1896; (*НК*, 1964, № 9, 44에 공지된) Ю. Бахрушин, *История русского балета*, М., 1964를 볼 것.

연극에 관해서는 R. Fülöp-Miller & J. Gregor, *The Russian Theatre: Its Character and History*, Philadelphia, 1930; B. Varneke, *History of the Russian Theatre, Seventeenth through Nineteenth Century*, NY, 1951; M. Slonim, *Russian Theater from the Empire to the Soviets*, Riverside, NJ., 1961을 볼 것. 가장 좋은 단일 연구는 십중팔구 — 도판과 참고문헌이 풍부한 — E. Lo Gatto, *Storia del teatro russo*, Firenze, 1952, 2 v.일 것이다. N. Evreinov, *Histoire de la théâtre russe*, 1947은 20세기의 러시아인 극작가가 쓴 유용하고 짧은 연구서이다. B. Всеволодский, *История русского театра*, М.-Л., 1929, в 2 т.와 공저인 Г. Бердников и др., ред., *Русские драматурги XVIII-XIX вв.*, М.-Л., 1959~1962, в 3 т.도 볼 것. П. Берков, *Русская народная драма, XVII-XX веков*, М., 1953은 민중 연극에 관한 극히 소중한 문건과 주석을 제공한다. H. Смирнова, *Советский театр кукол, 1918~1932*, М., 1963, 41 ff.와 특히 주 68은 소비에트 시기뿐만 아니라 초기 인형극의 역사와 참고문헌을 제공한다. B. Перетц, *Кукольный театр на руси*, П., 1895는 더 흥미롭다.

7. 유럽과의 연계

관심사가 폭넓고 이 낯익은 주제를 흔한 인상기 수준보다 더 깊이 파고드는 저술로는 G. Alexinsky, *La Russie et l'Europe*, 1917; 훌륭한 참고문헌 목록이 달린 D. Groh, *Rußland und das Selbstverständnis Europas*, Neuweid, 1961; Groh와 D. Chizevsky가 편집한 문선 *Europa und Rußland*, Darmstadt, 1959; A. von Schelting,

Rußland und Europa im rußischen Geschichtsdenken, Bern, 1948; (러시아어 문서와 프랑스어 문서가 함께 들어있는) R. Pletnev, *Entretiens sur la littérature russe des XVIIIe et XIXe siècles*, Montreal, 1964; V. Zenkovsky, *Russian Thinkers and Europe*, Ann Arbor, 1953; H. Roberts, "Russia and the West: A Comparison and Contrast", *ASR*, 1964, March, 1~13과 M. Raeff와 M. Szeftel의 비평 논문들; E. Шмурло, "Восток и запад в русской истории", *УЗЮУ*, 1985, № 3, 1~37; E. H. Carr, "'Russia and Europe' as a Theme of Russian History", in R. Pares & A. Taylor, eds., *Essays Presented to Sir Lewis Namier*, NY, 1956이 있다. Keller, *East Minus West =Zero*, NY, 1962에는 서방이 러시아에서 행사한 영향에 관한 꽤 많은 양의 정보와 흥미로운 약간의 문화지도(66, 181, 219)가 있지만, 늘 정확하지는 않으며 러시아 나름의 고유한 성취를 극소화하려는 열망이 지나치고 증거 문서의 제시가 엄정하지 않다는 흠이 있다. Л. Карсавин, *Восток, Запад и русская идея*, П., 1922는 러시아 문화의 반(反)유럽적 성격을 강조하는 상반된 "유라시아적" 입장의 훌륭한 표명이다. 신선한 자료가 S. Pushkarev, "Russia and the West: Ideological and Personal Contacts before 1917", *RR*, 1965, April, 138~164에 있다. В. Бартольд, "Восток и русская наука", *PM*, VIII, 1915도 있다.

표트르 대제 이전 시대의 서방인 여행자들이 모은 풍부한 러시아 관련 문헌에 대한 비판적 편람이 F. Adelung, *Kritisch-literärische Übersicht der Reisenden in Rußland bis 1700*, П., 1846, 2 Bd.; В. Ключевский, *Сказания иностранцев о Московском Государстве*, П., 1918; В. Кордт, *Чужоземни подорожни по схидний Европи до 1700 року*, Київ, 1926; T. Arne, *Europa upptäcker Ryssland*, Stockholm, 1944; I. Lubimenko, "Le Rôle comparatif des différents peuples dans la découverte et la description de la Russie", *RSH*, 1929, décembre, 37~56; Л. Рущинский, *Религиозный быт русских по сведениям иностранных писателей XVI и XVII веков*, *Чт*, 1871, кн. 111, ч. 1, 1~338 (그리고 M., 1871)이다. 표트르 대제 이후에 나온 여행자들의 설명 수천 건 가운데 특히 유용한 것이 P. Putnam이 편찬한 인상기 모음인 *Seven Britons in Imperial Russia (1698~1812)*, Princeton, 1952이다.

개별 국가가 러시아의 발전에 준 영향을 폭넓게 다루는 좋은 연구단행본으로는 다음의 자료들이 있다. 18세기 말엽과 19세기 초엽의 주로 군인과 궁정인의 접촉을 다룬 L. Pingaud, *Les Français en Russie et les Russes en France*, 1896; 특히 1631년까지의 러시아-네덜란드 관계에 관한 입문서 В. Кордт, *Донесения посланников республики соединенных Нидерландов при русском дворе*, П., 1902; J. Scheltema, *Rusland en de Nederlanden, beschouwd in derzelver wederkeerige betrekkingen*, Amsterdam, 1817~1819; 풍부한 참고문헌 목록이 달린 A. Флоровский,

Чехи и восточные славяне: Очерки по истории чешско-русских отношений (X-XVIII вв.), Praha, 1935~1947, в 2 т.; 16세기 말부터 19세기 초까지는 A. Steuart, *Scottish Influences in Russian History*, Glasgow, 1913; M. Anderson, *Britain's Discovery of Russia, 1553~1815*, NY, 1958; 로모노소프부터 멜델레예프까지는 M. Радовский, *Из истории англо-русских научных связей*, M., 1961; M. Laserson, *The American Impact on Russia: Diplomatic and Ideological, 1784~1917*, NY, 1950; D. Hecht, *Russian Radicals Look to America, 1825~1894*, Cambridge, Mass., 1947; 유용한 참고문헌 목록이 있는 A. Babey, *Americans in Russia, 1776~1917*, NY, 1938; A. Cronia, "The Italian Contribution to Slav Cultural Life", *ER*, 1948, October-November, 3~21; Cronia, *La consoscenza del mondo slavo in Italia: Bilancio storico-bibliografico di un millennio*, Padova, 1958; (다른 데에서 인용되지 않은 짧은 연구가 많이 들어있는 참고문헌 목록이 있는) M. J. Fucilla & J. Carrière, *Italian Criticism of Russian Literature*, Columbus, Ohio, 1938; M. Тихомиров, "Исторические связи русского народа с южными славянами с древнейших времен до половины XVII века", в кн.: *Славянский сборник*, M., 1947, 125~201; К. Григорьян, "Из истории русско-армянских культурных связей X-XVII веков", *ТОДЛ*, IX, 1953, 323~336; A. Шепелева, "К истории связей Грузии с Россией в X-XVII веках", IX, 1953, 297~322; 그 뒤 시대를 보완할 3. Авалов, *Присоединение Грузии к России*, П., 1902; K. Forstreuter, *Preußen und Rußland von den Anfängen des Deutschen Ordens bis zu Peter dem Großen*, Göttingen-Berlin-Frankfurt/M., 1955. J. Badalić, ed., *Hrvatska Svjedočanstva o Rusiji*, Zagreb, 1945.

문학의 영향력을 전체 문화 발전과 연계하는 주목할 만한 연구는 다음과 같다. Г. Потанин, *Восточные мотивы в средневековом европейском эпосе*, M., 1899; 내용이 풍부하고 기지가 번뜩이는 A. Веселовский, *Западное влияние в новой русской литературе*, M., 1916, 5-е доп. изд.; 문학에서 폴란드, 프랑스, 영국, 독일과 맺은 연계를 다루고 좋은 참고문헌 목록을 제공하는 A. Rogalski, *Rosja-Europa*, Warszawa, 1960; E. Haumant, *La Culture française en Russie 1700~1900*, 1910 (2d corr. ed., 1913); E. Simmons, *English Literature and Culture in Russia (1553~1840)*, Cambridge, Mass., 1935; V. Kiparsky, *Norden i den ryska skönlitteraturen*, Helsinki, 1947; D. Chizevsky, *Aus zwei Welten: Beiträge zur Geschichte der slavischwestlichen literärischen Beziehungen*, 's Gravenhage, 1956; M. Алексеев, *Очерки из истории англо-русских литературных отношений (XI-XVII вв.)*, Л., 1937; M. Алексеев, *Очерки истории испано-русских литературных отнощений XVI-XIX вв.*, Л. 1963. 외국이 러시아 회화에 미친

폭넓은 영향은 비록 조금은 주마간산 격일지라도 A. Грищенко, *О связях русской живописи с Византией и Западом XIII-XX вв.*, М., 1913에서 연구되었다. 서방이 러시아 시에 준 영향에 관해서는 И. Созонович, *К вопросу о западном влиянии на славянскую и русскую поэзию*, Warszawa, 1878을 볼 것. В. Королюк, ред., *Славяно-германские отношения*, М., 1964는 풍부한 참고문헌 목록이 달린 논문집이다. 이것은 Королюк이 러시아가 서방에 인접한 슬라브계 국가와 게르만계 국가와 맺은 연계에 관해 쓰거나 엮은 일련의 최근 연구서 가운데 하나이다.

표트르 대제 이전 시기 서방의 영향에 관한 중요한 개설적 연구서는 다음과 같다. С. Платонов, *Москва и запад в XVI и XVII веках*, Berlin, 1926; (В. Ключевский, *Очерки и речи*, П., 1918, 373~453에도 있는) Ключевский, "Западное влияние и церковный раскол в России XVII в.: Историко-психологический очерк", *ВФПс*, январь-февраль; A. Brückner, *Die Europäisierung Rußlands*, Gotha, 1888; A. Зимин и В. Пашуто, ред., *Международные связи России до XVII в.: Сборник статей*, М., 1961; P. Berkov, "Ostslavische Studenten and deutschen Hochschulen in der vorpetrinischen Zeit", *ZSPh*, XXX, 2, 1962, 351~374; G. Stökl, "Rußland und Europa vor Peter dem Großen", *HZ*, 1957, Dezember, 531~554.

8. 일반 역사서와 명문집

개설적 역사서 가운데 (1780년을 종결점으로 삼고) 세부사항에서 아직도 가장 풍부한 저작이 1851년에 제1권이 나온 세르게이 솔로비요프의 29권짜리 *История России с древнейших времен*이다. 첫 전집판은 1893~1895년에 나왔다. 이 저작은 지금 Л. Черепнин을 주편집자 삼아 주석을 보태서 15권으로 재간행되고 있으며, 첫 24개 절이 모스크바에서 1956~1964년에 (12권으로) 나왔다. В. Ключевский, "Курс русской истории", в кн.: *Сочинения*, М., 1956~1958, I~V(이 전집에는 유용한 주가 있으며, 제5권은 더 앞서 나온 러시아어 판의 제5권보다 더 좋다)는 사회분석에서 솔로비요프보다 더 깊이 파고들며, 알렉산드르 2세 통치기까지 이어진다. 영어 번역본 *A History of Russia*, NY, 1911~1931, 5 v.는 믿을 만하지 않다. S. Platonov, *Histoire de la Russie des origins à 1918*, 1929는 비록 조금은 전통적인 이야기식 구성을 따를지라도 십중팔구 가장 좋은 한 권짜리 역사서일 것이다. (영어로 된 Platonov, *History of Russia*, NY, 1929는 더 초보적인 다른 논고이다.) 영어로 된 여러 단권 종합역사서 가운데에서 N. Riasanovsky, *A History of Russia*, Oxford, 1963이 문화 문제에는 아마도 가장 충실할 것이다. B. Sumner, *Survey of Russian*

History, London, 1947, 2d rev. ed.에 정보가 가장 많이, 그리고 문서가 가장 풍부하게 들어있다. M. Florinsky, *Russia: A History and an Interpretation*, NY, 1953, 2 v.; 기지가 번뜩이는 D. Mirsky, *Russia: A Social History*, London, 1931; J. Mavor, *An Economic History of Russia*, NY, 1925, 2 v., 2d ed.도 볼 것. 증거 문서를 빠짐없이 제시하는 J. Blum, *Lord and Peasant in Russia from the Ninth to the Nineteenth Century*, Princeton, 1961 (NY, 1964, 염가보급판)은 사회사에 무척 소중하다. R. Kerner, *The Urge to the Sea: The Course of Russian History*, Berkeley-Los Angeles, 1942에서는 하천 운송로가 매우 중시된다. M. Pokrovsky, *History of Russia from the Earliest Times to the Rise of Commercial Capitalism*, NY, 1931과 E. Stählin, *La Russie des origines à la naissance de Pierre le Grand*, 1946은 동일한 주제를 각각 극단적인 마르크스주의적 관점과 통상적인 보수적 관점에서 보는 대조적인 한 권짜리 연구를 제공한다. (둘 다 원래는 각각 러시아어와 독일어로 된 더 긴 저작의 축약판이다.) 더 뒷 시기에 관해서는 상반된 관점이 Stählin, *Geschichte Rußlands von den Anfängen bis zur Gegenwart*, Belin, 1923~1939, 특히 총4권 가운데 제2권, 제3권, 제4권, 그리고 Pokrovsky, *Brief History of Russia*, NY, 1933, 2 v.에서 다시 대조될 수도 있다. (비록 아쉽게도 증거 문서를 제시하지 않을지라도) 간결하고 비판적인 것이 P. Kovalevsky, *Manuel d'historie russe*, 1948이다.

다음 저술도 유용하다. 초기 시대는 지금까지 1~4권이 나온 G. Vernardsky & M. Karpovich, *A History of Russia*에서 다루어졌는데, 이 네 권(I. *Ancient Russia*, 1943; II. *Kievan Russia*, 1948; III. *The Mongols and Russia*, 1953; IV. *Russia at the Dawn of the Modern Age*, 1959) 모두 다 Vernardsky가 증거 문서를 빠짐없이 제시하며 썼고 New Haven에서 간행되었다. 제정기의 국내 발전에 관해서는 망명객들이 공동으로 펴낸 역사서인 P. Miliukov, C. Seignobos & L. Eisenmann, eds., *Histoire de la Russie*, 1932~1933, 3 t.; A. Leroy-Beaulieu, *The Empire of the Tsars and the Russians*, NY, 1989, 3 v.; A. Kornilov, *Modern Russian History*, 1916~1917, 2 v.을 볼 것. 찾아보기와 보충지도와 함께 유용한 정보가 지금까지 소련의 역사 시리즈 Оч에서 나온 책에 있는 고르지 않고 대체로 상상력이 떨어지는 원문과 뒤섞여있다.

문화와 이념의 발달이라는 주제에 관해서는 Е. Шмурло, *История России*, München, 1922가 유용하다. Е. Шмурло, *Kurs русской истории*, Praha, 1931~1935, в 3 т.; W. Walsh, *Russia and the Soviet Union*, Ann Arbor, 1958도 유용하다. 근대 시기에 관해서는 (풍부한 참고문헌 목록이 달린) S. Pushkarev, *The Emergence of Modern Russia 1801~1917*, NY, 1963이 유용하다.

유용한 역사지도는 (중등학교용으로 제작된) *Атлас истории СССР*, M., 1955, в 2 частях에서 구할 수 있다. 소중하기 이를 데 없는 일련의 도판이 (H.

Полонская의 해설이 달린) М. Довнар-Запольский, ред., *Историко-культурный атлас по русской истории*, Киев, 1913~1914, 2-е изд., в 3 т.에 있다. 도판이 있는 *Atlas historique et culturel de la Russie et du Monde Slave*, Bruxelles, 1961(독일어판, München, 1964)도 볼 것. M. Florinsky, *Encyclopedia of Russia and the Soviet Union*, NY, 1961은 영어로 된 가장 포괄적인 최신 참고서이다.

연관된 여러 주요 분야의 기본 역사서는 다음과 같다. 훌륭한 참고문헌 목록이 달린 A. Vasiliev, *History of the Byzantine Empire*, Madison, Wis., 1958, 2 v.(염가보급판); G. Ostrogorsky, *History of the Byzantine State*, New Brunswick, NJ., 1957; W. Reddaway et al., eds., *Cambridge History of Poland*, Cambridge, 1941, 2 v.; М. Любавский, *История Литвы*, М., 1911; W. Allen, *The Ukraine: A History*, Cambridge, 1941; 더 민족주의적인 관점에서 본 M. Hrushevsky, *A History of the Ukraine*, New Haven, 1941(1911년 판의 번역본)이다. S. Dubnov, *History of the Jews in Russia and Poland, from the Earliest Times until the Present Day*, Philadelphia, 1916~1920, 3 v.은 문화 문제에서 Ю. Гессен, *История еврейского народа в России*, Л., 1925~1927, 2-е изд., в 2 т.로 유용하게 보완될 수 있다. (Гессен의 제1권은 좋은 참고문헌 목록이 있고 더 앞 시대를 더 충실하게 다룬 초판, П., 1914를 참조하면서 보아야 한다.)

다음과 같은 여러 영어 문선에서 러시아의 사상과 문예에 포괄적으로 직접 접할 수 있다. 좋은 머리말이 있고 유용한 S. Zenkovsky, *Medieval Russia's Epics, Chronicles and Tales*, NY, 1963(염가보급판); L. Wiener, *Anthology of Russian Literature from the Earliest Period to the Present Time*, NY-London, 1902~1903, 2 v.; H. Kohn, *The Mind of Modern Russia*, NY, 1962(염가보급판); B. Guerney, *The Portable Russian Reader*, NY, 1961(염가보급판); J. Cournos, *A Treasury of Russian Humor*, NY, 1943; G. Noyes, ed., *Masterpieces of the Russian Drama*, NY, 1933; A. Yarmolinsky, *A Treasury of Great Russian Short Stories, Pushkin to Gorky*, NY, 1944; 또한 Yarmolinsky, *A Treasury of Russian Verse*, NY, 1949; (좋은 머리말이 달린 제1권은 1790년부터 1890년까지, 제2권은 현재까지 다루는) F. Reeve, ed., *An Anthology of Russian Plays*, NY, 1961, 2 v.(염가보급판). T. Anderson, *Masters of Russian Marxism*, NY, 1963(염가보급판)은 인정받는 인물과 비난받는 인물을 모두 내놓는다. N. von Bubnoff, *Rußische Religionsphilosophen: Dokumente*, Heidelberg, 1956에는 사변적 신학 사상 논집인 A. Schmemann, *Ultimate Questions: An Anthology of Modern Russian Religious Thought*, NY, 1965가 그러하듯 흥미롭고 접하기가 자주 어려운 19세기와 20세기의 철학 저술이 들어있다. 18세기 말엽 이후의 러시아 철학사상의 종합적 문선이 J. Edie와 J. Scanlan과 M. Zeldin이 G. Kline과 협력해서 공동 편집한 세 권짜리 저작 *Russian Philosophy*, Chicago, 1965이다. 주로 러시아

서부에서 비롯된 더 앞 시대의 철학에 관해서는 16세기부터 19세기 초엽까지를 다루고 참고문헌 목록과 주석이 달린 유용한 문선 В. Сербент, ред., *Из истории философской и общественно-политической мысли Белоруссии*, Минск, 1962를 볼 것.

1차 사료와 2차 사료가 섞여있는 자료집 가운데 I. Spector & M. Spector, *Readings in Russian History and Culture*, Boston, 1965; M. Blinoff, *Life and Thought in Old Russia*, University Park, Pa., 1961; S. Harcave, *Readings in Russian History*, NY, 1962, 2 v.(염가보급판); W. Walsh, *Readings in Russian History*, Syracuse, NY, 1950; 모든 자료집 가운데 가장 포괄적인 T. Riha, *Readings in Russian Civilization*, Chicago, 1964, 3 v.(염가보급판); 그 "저주받은 문제"들에 관해서는 C. Жаба, *Русские мыслители о России и человечестве*, Paris, 1954를 볼 것.

이 연구서에서 특별히 활용된 러시아어 문선은 다음의 다섯 권이다. Н. Гудзий, *Хрестоматия по древней русской литературе XI~XVIII веков*, М., 1955; А. Алферов и А. Грузинский, *Русская литература XVIII века: Хрестоматия*, М., 1908, 2-е исправ. и доп. изд.; 러시아어 일상숙어의 유래에 관한 짧은 논문들이 실려있는 유용한 일상숙어 선집 Н. Ашукин и М. Ашукина, *Крылатые слова*, 1960, 2-е доп. изд.; A. Stender-Petersen, *Anthology of Old Russian Literature*, NY, 1954; 노래집 И. Розанов, *Русские песни*, М., 1952.

V. 새로운 해안으로

[1] Д. Соколов, *Краткое учение о богослужении православной церкви*, 7. 물론 "교회 본당"(неф)이라는 용어는 "배의"(naval)라는 낱말과 같은 뿌리에서 유래한다. 그리고 러시아 교회는 "배처럼 길쭉한 모양으로" 지어진다고 분명하게 말해진다(Соколов, 7). J. Strzygowski(*Early Church Art in Northern Europe*, 특히 154~160)에 따르면, 배의 용골은 초기 스칸디나비아 건축의 편자 모양 뾰족아치의 모델이었다. 어쨌든 노브고로드를 통해 들어온 스칸디나비아의 영향력이 상당한 정도였음을 인정한다면, 이것이 러시아의 목조 건축에 이런 모양이 도입된 것을, 그리고 어쩌면 심지어 양파꼴 돔이 도입된 것까지도 설명해줄 법하다.

　　동서방 그리스도교 세계에 있는 바다와 배의 상징의 풍성한 초기 역사가 H. Rahner, *Symbole der Kirche*, Salzburg, 1964, 특히 239 ff.에 아주 잘 요약되어 있다. 키예프 시대에 이루어진 이 상징의 발달은 А. Адрианова-Перетц, *Очерк поэтического стиля древней Руси*, М.-Л., 1947, 45~50에서 잘 다루어진다.

[2] 순례에 관한 논의와 설명을 В. Немирович-Данченко, *Соловки*, П., 1904, 11~20, 72~75에서 볼 것. 이 책은 모스크바 예술극장의 유명 무대감독이자 공동 설립자인 블라디미르 네미로비치-단첸코의 형인 바실리의 저작이다.

[3] N. Arsen'ev, "Studies in Russian Religious Life", *Irénikon*, 1959, Winter, 21~22.

[4] Avvakum, *Life*, 44~45; Sévérac, *La Secte russe des Hommes-de-Dieu*, 236.

[5] "Вода-девица/ Река-кормилица!/ …Вот тебе подарок:/ Белопарусный кораблик!" Б. Шергин, *Поморщина-Корабельщина*, М., 1947, 106에 있는 "배의 탄생"에 관한 절에서 재인용. 6과 서사시 *Братанна*, 32~33도 볼 것.

[6] Lo Gatto, *Storia del teatro russo*, I, 21~23; П. Берков, *РФ*, IV, 1959, 332~333과 거기에 인용된 문헌.

[7] 마그니츠키의 말. Сухомлинов, *Исследования и статьи по русской литературе и просвещению*, I, 219에서 재인용. 17세기 말엽에 리후드 형제는 로마가톨릭의 영향 탓에 러시아 교회가 바다 한 가운데에서 표류하게 되었다고 보았다. В. Виноградов, *Очерки по истории русского литературного языка*, 10을 볼 것. 초기의 구교도 저술에서 똑같은 은유가 같은 시기에 사용되는 것에 관해서는 Я. Барсков, *Памятники первых лет русскаго старообрядчества*, П., 1912, 265를 볼 것.

[8] Семевский, "Декабристы масоны", *МГ*, 1908, май-июнь, 425에서 재인용.

[9] Lang, *The First Russian Radical*, 250~251에서 재인용.

[10] Лунин, *Сочинения и письма*, 17. 그는 "가톨릭교회라는 배"를 사람이 다른 이의 도움을 받지 않고서는 "결코 억누르지 못할" 의심의 바다에서 헤어날 유일한 구원으로 제시했다.

[11] 투르게네프의 「문학과 세상의 기억」(Литературные и житейские воспоминания)의 첫부분에서. R. Freeborn, *Turgenev: A Study*, Oxford, 1960, 5에서 재인용. 또한 단순함의 "대양" 속으로 가라앉고 싶은 벨린스키의 염원에 관해서는 Белинский, *ПСС*, XI, 293과 비교할 것.

[12] Georges Florovsky, "The Historical Premonitions of Tiutchev", *SEER*, 1924, December, 특히 340. 1848년 혁명에 대한 튜체프의 다른 예언적 성찰에 관해서는 Kohn, *The Mind of Modern Russia*, 94~103, 그리고 *CH*, XXII, 1917, 278~283에 있는 그의 편지를 볼 것.

[13] (M. Budberg가 번역한) A. Herzen, *From the Other Shore*, London, 1956, 3. 배를 타고 이 세계에서 저 세계로 이동하고 있다는 — 게르첸의 이 저작에 그토록 핵심적인 — 느낌은 재능과 학식을 갖춘 한 세기 뒤의 또 다른 망명객 블라디미르 나보코프가 쓴 비슷한 제목의 회고록 *Другие берега*, NY, 1954(영어판 제목은 *Conclusive Evidence*)에도 나타나 있다.

[14] "…à l'Église militante doit succéder au dernier jour une Église triomphante, et le système des contradictions sociales m'apparaît comme un pont magique jeté sur le fleuve de l'oubli." *Oeuvres complètes*, 1923, II, 413에 있는 푸르동의 『경제적 모순의 체계, 또는 빈곤의 철학』(Système des contradictions économiques, ou philosophie de la misère)의 마지막 행들.

[15] 블라디미르 스타소프에게 보낸 1872년의 편지와 1875년의 편지에서. O. von Riesemann, *Moussorgsky*, New York, 1929, 105, 248에서 재인용.

[16] "Ой, ребята, плохо дело!/ Нашы барка на мель села./ Царь наш белый кормщик пьяный!/ Он завел нас на мель прямо …/ Подбавим барке ходу./ покидает господь в воду." Б. Итенберг, "Начало массового 'хождения в народ'", *ИЗ*, LXIX, 1961, 160과 주 88에 수록된 인민주의자 선동가 알렉산드르 이반친-피사레프(Александр Иванчин-Писарев)의 운문.

[17] *Purgatorio*, Canto I, 1~3. "Per correr miglior acqua alza le vele/ omai la navicella del mio ingegno,/ che lascia retro a sè mar sì crudele."

[18] *Paradiso*, Canto II, 1, 4~7. "O, voi che siete in piccioletta barca,/ …tornate a riveder li vostri liti:/ Non vi mettete in pelago; chè forse,/ L'acqua ch'io prendo, giammai non si corse."

[19] 이 장르를 대중화한 전형적 인물인 바실리 본랴를랴르스키(Василий Вонлярляр-ский)에 관해서는 A. Скабичевский, *История новейшей русской литературы 1848~1908*, П., 1909, 7-е испр. изд., 15~16을 볼 것. 19세기 초엽에 이루어진 바다의 탐사와 개통에 관해서는 A. Берг, "Очерк истории русской географиче-ской науки", *ТКИЗ*, 1929, № 4, 44~47을 볼 것.

[20] 레르몬토프가 한 시의 영어 제사로 사용한 문구(*ПСС*, М.-Л., 1947, II, 401); 푸시킨의 시구 "자유로운 바다여, 안녕"은 19세기 러시아에서 일어난 바다 풍경 그림의 유행을 도판과 함께 자세히 논의하는 유용한 연구서 N. Барсамов, *Море в русской живописи*, Симферополь, 1959에서 제사로 쓰인다.

바다의 이 두 상징적 의미는 고대 러시아 문학에서도 발견할 수 있다. "푸른 바다"는 초기의 서사시에서 로맨스의 함축적 의미를 띠며, "해의 누이"로서의 바다는 민담에서 정화의 원천이다. 뒤의 의미는 아득한 그 옛날 뭍과 바다 사이의 우주론적 대화에서 특히 극적이다. 그 대화에서는 거룩한 교회가 바다에서 생겨난다. M. Алексеев, "'Прение земли и моря' в древнерусской письменно-сти", в кн.: *Проблемы общественно-политической истории России и сляв-анских стран*, 31~43; 특히 42, "대양의 바다 한 가운데에서/ 교회가 나왔다,/ ……그 교회에서,/ ……하늘나라 여왕이 나왔다. ……"(Посреди моря океанск-ого/ Выходила церковь соборная,/ …Из той церкви из соборной,/ …Выходила царица небесная …)을 볼 것.

[21] *Memoirs of the Empress Catherine II*, NY, 1859에 달린 게르첸의 1858년자 머릿말, 14에서.

[22] В. Стасов, *Избранные сочинения*, М., 1937, I, 193.

[23] Михайловский, *Сочинения*, П., 1896, III, 707. 그러나 "같은 그 인민을 위해 내가 얻어내는 데 성공한 진리와 이상의 불꽃을 간직하"겠다는 미하일롭스키의 그답지 않은 결의에 주목할 것. Billington, *Mikhailovsky and Russian Populism*, 94~98에서 나의 "비판적 인민주의" 특징 서술을 볼 것.

[24] "…Erinnrung schmilzt in kühler Schattenflut." Novalis, *Schriften*, Stuttgart, 1960, 2-te ergänzte Ausgabe (P. Kluckhohn & R. Samuel, hrsg.), I, 142.

노발리스의 작품에 나오는 죽음의 묘사에서 물의 이미지가 차지하는 중요성은 Bruce Haywood, *Novalis: The Veil of Imagery*, Cambridge, Mass., 1959, 62~64에서 강조되며, 그 중요성은 루트비히 티크와 클레멘스 브렌타노(Clemens Brentano)와 하인리히 하이네 등에서도 같은 정도로 두드러진다. 이들이 러시아에서 행사한 영향은 충실히 평가된 적이 한 차례도 없지만, 튜체프의 밤의 찬가와 은비학적 우주론과 더불어 그의 시작(詩作)에서, 그리고 야곱코프의 시작에서 가장 분명히 나타난다. D. Stremooukhoff, *La Poesie et l'ideologie de*

Tiouttchev, 47~60; D. Chizhevsky, "Tjutĉev und die deutsche Romantik", *ZSPh*, 1927, IV, 299~322; 그리고 모든 것 가운데 가장 뛰어난 S. Frank, "Das kosmische Gefühl in Tjutčev's Dichtung", *ZSPh*, III, 1926, 20~58을 볼 것.

[25] 쇼펜하우어가 투르게네프에게 준 충만한 영향에 관해서는 A. Walicki, *Osobowość a Historia*, Warszawa, 1959, 278~354.

[26] (G. Gardner가 번역한) I. Turgenev, *On the Eve*, London, 1950(염가보급판), 223~224. 옐레나는 베네치아에서 봄철 베네치아의 멋진 서술과 상징적인「라 트라비아타」(La Traviata) 공연 다음에 이 꿈을 꾼다.

바그너는 투르게네프가『그 전날 밤』을 쓰고 있던 1859년의 바로 그 몇 달 동안 자기가 작업을 하고 있던 곳인 이 도시의 소리에서「트리스탄」의 영감을 일부 얻었다고 주장한다(Wagner, *My Life*, NY, 1911, II, 특히 697~699). 물론, 그 뒤에 베네치아는 토마스 만(Thomas Mann)의『베네치아에서의 죽음』(Der Tod in Venedig)에서뿐만 아니라 마르셀 프루스트(Marcel Proust)와 헨리 제임스(Henry James)와 엘리엇(T. S. Eliot) 등의 작품에서도 차츰차츰 시들고 죽어가는 아름다움의 일종의 상징이 되었다.

겉으로는 달라 보이는 이 인물들 사이에 있는 또 다른 묘한 유사성은 1830년 대 말엽에 발트 해 동부에서 거의 같은 시기에 서쪽으로 여행하다가 폭풍우를 만나 마음에 상처를 입었다는 데 있다. 바그너 폭풍우가 한차례 휘몰아치는 동안 감동을 깊이 받고「방랑하는 네덜란드인」(Der fliegende Holländer)을 짓고 음울한 쇼펜하우어식 비관론에 빠져들기 시작한 것(*My Life*, I, 198~202)과 똑같이, 투르게네프는 배를 타고 있다가 불이 나는 동안 스스로 목숨을 끊을 생각을 처음 했다(I. Turgenev, *Literary Reminiscences*, 304).

[27] "Vull morir en pèlag d'amour." M. Schmidt, "Thomas Aquinas and Raymundus Lullus", *CH*, 1960, June, 126에서 재인용.

[28] "è la sua volontate è nostra pace;/ ella è quel mare, al qual tutto si move", *Paradiso*, Canto III, 85~86. 또한 이 주제의 전형적인 낭만적 반향으로는 노발리스의 *Henry of Ofterdingen*, 220~221을 볼 것. 뭍에 에워싸인 몽골인 사이에서 "최고의"와 "만인의"을 가리키는 낱말(달라이)에 "대양"이라는 뜻도 있었다. 18세기 말엽의 러시아 은비학자들은 인간의 모든 생각을 "그리스도의 신성한 대양"으로 흘려보내자고 주창했다. *О четырех реках рая*, 레닌그라드 살틔코프-쉐드린 도서관 수고 보관소, Q III, 175, 7.

[29] (Constance Garnett이 번역한) Chekhov, *Love and Other Stories*, London, 1922, 67, 46~47.

[30] 이 믿음이 세계 곳곳에 있다는 John Frazer의 긴 논의는 러시아를 뺀 거의 모든 지역을 망라한다. "The Great Flood", in John Frazer, *Folklore in the Old*

Testment, London, 1918, I, 104~361을 볼 것. Мельгунов, *Религиозно-обществ енные движения*, 119도 볼 것.

[31] George Posener, "La Légende egyptienne de lq mer insatiable", *AIOS*, XIII, 1955, 461~478과 A. Палладий, *Обозрение пермскаго раскола*, П., 1863, 128~129, 132~133을 볼 것.

[32] Барсамов, *Море в русской живописи*, 70에서 재인용. 아이바좁스키에 관한 논의(52~73)와 그가 그린 가장 유명한 그림들의 도판(책 맨 앞의 그림, 그리고 쪽 번호를 매기지 않고 책 끝에 실은 복제화 가운데 여섯 번째 그림과 일곱 번째 그림)도 볼 것. 더 상세한 설명과 그 밖의 복제화는 Барсамов, *Иван Констант-инович Айвазовский*, M., 1963에서 볼 것. 바다에서 일어나는 파국적 사건에 이끌리는 병적 낭만성에 관한 논의와 그 예증은 T. Boase, "Shipwrecks in English Romantic Painting", *JWI*, XXI, 1958, 332~346에서 볼 것.

[33] 특히 영화라는 수단으로 에이젠시테인은 자기의 가장 좋은 특작영화 가운데 하나를 「포툠킨」 호의 낭만화된 공훈에 바쳤다. 그와 푸돕킨의 영웅적 러시아 혁명 묘사는 「아브로라」 호의 활약에 두드러진 지위를 부여한다. 「아브로라」 호는 이제는 일종의 대형 러시아 혁명 기념물로 레닌그라드에 영구 정박해 있다. 러시아 군함의 초기 역사와 군함이 러시아의 사고에 준 충격에 관한 유용한 배경 정보를 얻으려면 E. Квашин-Самарин, *Морская идея в русской земле*, П., 1912를 볼 것. 더 중요한 표트르 대제 이후 시기에 관해서는 안타깝게도 이 책에 견줄 저작이 없다. Б. Зверев, *Страницы русской морской летописи*, M., 1960이 크림 전쟁에 이르는 해군의 역사를 간결히 다룬 좋은 최근 연구이다.

13세기 이전에 러시아인이 한 초기 항해 활동에 관한 흥미로운 설명으로 B. Мавродин, *Начало мореходства на Руси*, Л., 1949를 볼 것. B. Мавродин은 "배"를 뜻하는 그리스어 낱말 카라보스(κάραβος)의 어원이 러시아어의 코라블(к орабль)이라고 주장한다(130 ff.). A. Meillet는 이 낱말을 "그리스어에 들어온 가장 오래된 슬라브어 차입어 가운데 하나"로 여긴다. "De quelques mots relatifs à la navigation", *RES*, VII, 1927, 7.

뭍에 에워싸여 있는 모스크바를 사실상 "다섯 바다의 항구"라고, 시베리아를 가로지르는 육상 팽창을 하천을 넘거나 타고 내려가서 바다로 향하려는 러시아의 팽창 충동의 또 다른 측면일 뿐이라고 표현하는 자극적인 전반적 러시아사 해석으로는 R. Kerner, *Urge to the Sea*를 볼 것. Stanisław Rożniecki는 러시아의 서사시 전통을 바다에 강하게 집착하는 스칸디나비아 사가(saga)[3]의 사실상의

---

[3] 중세에 북유럽에서 발달한 산문 문학을 통틀어 일컫는 말.

번안으로 간주하면서 반대 방향의 오류를 범하는 듯하다. 그의 *Varøgiske minder*, 그리고 그의 입장에 대한 재진술과 부분적 논박인 A. Stender-Petersen, *Varangica*, 233, 217~240을 볼 것.

[34] O. Мандельштам, "О собеседнике", *CC*, NY, 1955, 322. 이 중요한 인물에 관해서는 C. Brown, ed. & intr., *The Prose of Osip Mandelstam*, Princeton, NJ., 1965를 볼 것.

01. 사회사상으로 돌아서기

[1] 스탄케비치에게 보낸 1839년 10월 2일 자 편지, Белинский, *ПСС*, XI, 387.

[2] 체르늬솁스키의 사촌이자 러시아 사회사상사 연대기 작성을 시도한 첫 인물 가운데 한 사람인 알렉산드르 픠핀은 벤담의 영향력을 더 앞선 시기의 더 현실적인 형태의 개혁적 사고의 주요 상징으로 보았고, 신성동맹이 출현하고 알렉산드르 1세의 마음이 더 신비주의화하면서 일어난 벤담의 "추락"을 픠핀 자신은 그리 동조하지 않은 더 공상적인 새 유형의 사회사상으로 향하는 중대 전환점으로 보았다. *Очерки литературы и общественности при Александре I*, 1~109, 418을 볼 것.

1840년대부터 1880년대까지의 시기에 관한 F. Venturi의 소중하기 이를 데 없는 기본 연구서(*Roots of Revolution*, NY, 1960)는 그 시기의 사회·경제사상과 혁명 조직에 관한, 그리고 여기서는 상세히 다루어지지 않은 체르늬솁스키 같은 급진적 인물들에 관한 풍부한 정보와 값진 증거자료를 제공한다. 그 저서에 있는 Isaiah Berlin의 유용한 머리말과 *RR*, 1961, July, 254~258에 있는 나의 서평도 볼 것.

인민주의 운동의 확산 효과에 관한 새로운 세부사항을 제공해주는 (Billington, *Mikhailovsky and Russian Populism*이나 F. Venturi, *Roots of Revolution*의 참고문헌 목록에 들어있지 않은) 최근의 저작으로는 Р. Филипов, *Первый этап "Хождения в народ"*, Петрозаводск, 1960; Б. Итенберг, "Хождение"가 있다. 문학에서 인 반향에 관해서는 J. Lothe, *Gleb Ivanovič Uspenskij et le populisme russe*, Leiden, 1963; K. Sanine, *Les Annales de la patrie et la diffusion de la pensée française en Russie, 1868~1884*, 1955; Sanine, *Saltykov-Chtchédrine: Sa vie et ses oeuvres*, 1955; M. Теплинский, "О Народничестве 'Отечественных записок' (1868~1884)", *РЛ*, 1964, № 2, 55~70을 볼 것. 혁명적 인민주의에 관해서는 저자 사후에 간행된 논문집 Б. Козьмин, *Из истории революционной мысли в России*, M., 1961; 이 저작에 관한 역사서술적 서평인

A. Gleason, *Kritika*, 1964~1965, Winter, 25~40; (소련의 시인 알렉산드르 트바르돕스키(Александр Твардовский)의 딸인) B. Твардовская의 석사학위 논문에서 제시된 조금은 미화된 묘사인 *Возникноведение революционной организации "Народная воля" (1879~1881 гг.)*, M., 1960; 같은 주제로 C. Волк가 1965년에 제출한 (1965년 1월에 레닌그라드에서 원고 형태로 본) 더 철저하고 비판적인 박사학위 논문도 볼 것.

학자들 사이에서는 인민주의 운동의 성격을 놓고 동의가 이루어지지 않는다. Venturi 같은 몇몇 학자는 1840년 말엽부터 1880년 초엽까지의 거의 모든 급진 운동을 포함시킨다. 다른 몇몇 학자는 그 용어를 훨씬 더 좁게 정의하려고 시도해 왔다. 나로드닉과 나로드니체스트보라는 용어의 복잡한 용법에 관한 최근의 연구로는 Б. Козьмин, "'Народник' и 'народничество'", *ВЛ*, 1957, № 9, 116~135; R. Pipes, "*Narodnichestvo*: A Semantic Inquiry", *ASR*, 1964, September, 441~458을 볼 것. '토지와 자유' 두 번째 조직을 만든 활동가들은 피억압 대중 자체의 힘과 이상을 믿는 새로운 태도의 특성을 나타내고자 1870년대 후반기에 이 용어들에 처음으로 고정된 용법을 부여했다. 그러나 인민의 힘이 변혁을 일으킨다는, 그리고 나로드늬이(народный)라는 꼬리표를 단 모든 방식에는 신성화하는 성질이 있다는 신념은 한동안 이미 존재했었다. 토지와 자유(Земля и воля), 인민 속으로 (В народ)라는 구호는 — 이 운동에 관한 소련의 주요 연구자인 Ш. Левин(*Общественное движение в России в 60~70-е годы XIX века*, M., 1958, 386~387, 주 4)에 따르면, 심지어 나로드늬과 나로드니체스트보라는 용어까지 — 1860년대에 사용되었다. 1870년대 초엽의 대중 운동을 가리키려고 사용된 용어인 '인민 속으로 가기'(хождение в народ)는 문자 그대로는 인민에게 가는 "행렬"이나 "순례"를 뜻했다. 더 나중의 혁명가들이 "나로드닉으로 전향하기"를 말할 때, 그들은 이미 존재하고 있던 한 입장을 자기 나름의 목적을 위해 택하는 것을 염두에 둔다.

혁명가들의 선전책자와 더불어 합법 언론을 읽어보고 나는 1860년대 말엽에 (반드시 그럴 필요는 없을지라도) 마땅히 인민주의라고 불릴 수 있는 꽤 응집력 있는 급진적 항의 전통이 러시아 안에 생겨났다는 결론을 내리게 되었다. 그것은 러시아 사회의 급진적 변혁에 전념하는 반(反)권위주의 운동이었다. 그 운동은 성 페테르부르크에서 각지로 부챗살처럼 퍼져나가고 있던 학생들이 주로 이끌었고, 관의 억압에 맞서는 공동의 도덕적 이상주의와 연대감으로 활력을 얻었다. "인텔리겐치야"라는 용어가 1860년대 말엽에 도입된 것, 그리고 같은 시기에 낙관적인 (본질적으로 콩트주의적인) 새 역사철학이, 그리고 "인민"의 요구와 숨은 힘과 직접 하나가 되고 싶은 더 행동주의적인 (본질적으로 프루동주의적인) 열망이 빠르게 퍼져나간 것, 이 모든 것이 하나로 모여들어, 혁명적 자코뱅주의와 (자유민주주의적인 것이든 사회민주주의적인 것이든) 민주적 개량주의, 이 두 주의와는 구분되는 좌파 성향의 이념적 정체성을 — 프루동과 같은 내적 모순이 있고 조직이 부족했는데도 — 적어도 19세기 말까지는 유지하는 하나의 운동을 만들어냈다. 나로드니체스트보라는 용어의 의미가 1880년대에 격렬한 논쟁의 대상이 되었고 1890년대에 마르크스주의자가 그 의미를 서방화에 반대하는 경제적 신조로 좁히고 왜곡했다는 사실은 제정 러시아 말기에 급진 운동을 주도하겠다는 진지한 포부를 가진 모든 이가 정의(定義)를 통해 병합하든지, 아니면 희화화를 통해 깎아내리든지 해야 했던 — 비록 조금은 헷갈릴지라도 — 매우 실질적인 전통이 있었음을 나타낸다.

[3] "…между нами должна быть прямота, без всякой политики." 여러모로 범슬라브주의의 정신적 아버지인 슬로바키아인 문헌학자 파벨 샤파르직(Pavel J. Šafařík)의 정원에 있는 동안 한 세르비아인 방문객이 치조프에게 한 말. И. Козьменко, "Дневник Ф. В. Чижова 'Путешествие по славянским землям' как источник", в кн.: Славянский архив, М., 1958, 211에서 재인용.

[4] N. Turgenev, La Russie et les russes, 1847, II, 376; 그리고 368~377; I, 174, 520~538; III, 49~50, 115~124. 1849년에 파리에서 1,000부가 간행된 이반 골로빈(Иван Головин)의 「러시아 인민의 교리문답」(Catechism of the Russian People)은 교리문답 형식을 갖추고 노브고로드를 이상화하니 한결 더 과거로부터의 목소리이기도 하다. 그러나 이것은 차르의(Царский) 러시아와 인민의(Народный) 러시아를 구분하려고 시도하니 인민주의 사고에 서 있는 문서이기도 하다. "Первая революционная брошура русской эмиграции", Звенья, 1932, I, 195~217; Venturi, Roots of Revolution, 727~728, 주 120을 볼 것. 공유파에 관해서는 Маргаритов, История русских мистических и рационалистических сект, 138을 볼 것.

[5] 스탄케비치에게 보낸 1839년 10월 2일 자 편지: "Тоска о нормальности", ПСС, XI, 387.

[6] I. Franko, "Taras Shevchenko", SEER, 1924, June, 110~116을 볼 것.

[7] К. Пажитнов, Развитие социалистических идей в России от Пестеля до группы "Освобождение труда", П., 1924, I, 71~76.

[8] Бенгеров, БЕ, XXXV, 374에서 재인용. Майков, СС, Киев, 1903, в 2 т.와 (알려지지 않은 사실을 많이 드러내주는 발레리안 마이코프 Критические опыты, П., 1901, в 2 т.에 머리말로 달린) 그의 동생 레오니드 마이코프(Леонид Майков)의 평전적 연구도 볼 것. 마이코프를 벨린스키와 게르첸의 수준으로 "격상"하려는 А. 레비토프의 노골적 시도("Передовая экономическая мысль России 40-х годов XIX века и ее значение в экономической науке", Ученые записки Ростовского н/Д финансово-экономического института, II, Ростов-на-Дону, 1948, 25)는 История русской экономической мысли, I, ч. 2, 263에서 공격을 받는다.

[9] Семевский, *Из истории общественных идей*, 27~35; Scheibert, *Von Bakunin zu Lenin*, 281~314; Сакулин, *Русская литература и социализм*, 288~312.

[10] Семевский, *Из истории общественных идей*, 59~67.

[11] А. Долинин, "Достоевский среди Петрашевцев", *Звенья*, VI, 512 ff. В. Семевский, "Петрашевцы Дуров, Пальм, Достоевский и Плещеев", *ГМ*, 1915, *No.No.* 11, 12.

[12] Пажитнов, *Развитие социалистических идей в России*, 57에서 인용되고 논의된 신탁(оракул)이라는 수록어 항목에서. 55~70도 볼 것. Venturi가 다루지 않은 몇 안 되는 주제 가운데 하나인 성 키릴로스 · 메토디오스 형제단이 지닌 견해의 특징은 J. Sydoruk, "Ideology of Cyrillo-Methodius and Its Origin", *Slavistica*, 1954, № 19, 168~183에서 그리스도교 연방주의로 묘사된다.

[13] Пажитнов, *Развитие социалистических идей в России*, 66에서 재인용. "자유주의적" 헌법과 "민주주의적" 대의체 사이에 있다고 가정된 차이가 페트라솁스키 동아리의 강령 문구 "헌법은 내줄 수 있지만,/ 젬스카야 두마는 거머쥐어야 한다"(Конституцию могут дать,/ по земскую думу надо взять)에서 강조된다. *Звенья*, II, 449.

[14] Белинский, *ПСС*, XII, 66.

[15] "정치적 자유 없이, 권리의 평등 없이 운영되는 사회주의는 권위주의적 공산주의로 급속히 타락할 것이다." 게르첸(1868년), *ПСС и писем*, П., 1923, XX, 132. "공산주의는 …… 근본적으로 부정적이며, 사람들이 뉘우치지 않는다면 비바람을 몰고 오는, 그리고 벼락이 충전된 구름이 하느님의 심판처럼 어리석은 우리 사회 체제를 파괴할 것이다." *ПСС и писем*, III, 319 (Venturi, *Roots of Revolution*, 17에 있는 유용한 논의 사이에 있는 인용문을 저자가 조금 고쳐서).

[16] Н. Кириллов, ред., *Карманный Словарь иностранных слов вошедших в состав русского языка*, П., 1846, 52; 또한 133~134를 볼 것. 결코 완성되지 못한 이 사전 제2권은 주로 페트라솁스키의 저작이었고, 제1권(П., 1845)은 В. Майков와 Р. Штрандман의 저작이었다.

[17] Пажитнов, *Развитие социалистических идей в России*, 107, 주 1에서 재인용.

[18] А. Нифонтов, *1848 год в России*, М.-Л., 1931, 64~68, 76. 통계수치는 더 적지만 통찰력은 더 큰 연구로는 I. Berlin, "Russia and 1848", *SEER*, 1948, April을 볼 것.

[19] Белинский, *ПСС*, XII, 216. "유럽성"(европейство)이라는 용어에 관해서는 Сакулин, *Русская литература и социализм*, 222, 주 1; 그리고 Ковалевский, "Философское понимание судеб русскаго прошлаго мыслителями и писателями", 168에 논의되어 있는 키레옙스키의 1837년 용법을 볼 것.

[20] Нифонтов, *1848 год в России*, 68.

[21] 나중에 미국으로 이주해서 존 터친(John Turchin)이라는 이름으로 남북전쟁에서 싸웠고 앨라배마(Alabama)에서 잔혹하다는 평판을 얻은 저자 이반 투르차니노프(Иван Турчанинов)에 관해서는 "Герцен и Огарев I", *ЛН, 1953*, II, 591~592를; 또한 J. Fenimore Cooper의 영향에 관해서는 I, 704~705를 볼 것. 바쿠닌의 다양한 연방 계획안에 관해서는 Hepner, *Bakounine et le panslavisme révolutionnaire*, 201 ff.을 볼 것. 미국식 사고가 러시아의 급진주의에 준 전반적 영향에 관해서는 Hecht, *Russian Radicals Look to America*를 볼 것.

[22] Герцен, "Америка и Россия", *Колокол*, № 228, 1 октября 1866, 1861~1862. 이 사상은 바쿠닌도 발전시켰다. Yu. Semyonov, *Siberia: Its Conquest and Development*, Baltimore, 1954, 281~282를 볼 것.

　　1860년대 성 페테르부르그의 고참 혁명선동가 니콜라이 야드린체프(Николай Ядринцев)가 시베리아로 이주했고, 시베리아에서 급진적 지역 연방제의 옹호자가 되었다. 이렇게 되면서 야드린체프는 — 다른 무엇보다도 — 시베리아를 러시아에서 분리하고 미국과 비슷한 연방공화국으로 발전시키자고 제안하게 되었다. 그의 논문 "История одного странствия: Из Сибири в Архангельскую губернию по этапу", *ОЗ*, 1871, № 12, 특히 215~216을 볼 것. 그의 문필 활동의 다른 측면에 관해서는 Venturi, *Roots of Revolution*, 318 ff.; М. Лемке, *Николай Михайлович Ядринцев*, П., 1904. 특히 96 ff.을 볼 것. 노비코프는 러시아의 혁신을 위한 정치적 기지로 작은 공화국 하나를 시베리아나 그 근처에 세운다는 생각을 훨씬 더 먼저 품었던 듯하다. *РС*, 1877, апрель, 658을 볼 것.

[23] 살틔코프-쉐드린의 「브루신」(Брусин). Venturi, *Roots of Revolution*, 79~80에서 재인용.

[24] G. Florovsky, "The Historical Premonitions of Tiutchev", 340 그리고 ff.에서 재인용.

[25] 미하일 포고딘. Riasanovsky, *Nicholas I*, 166에서 재인용.

[26] Ф. Чижов, *Паровыя машины, история, описание и приложение их*, П., 1838; *БЕ*, LXXVI, 821~822; *РБС*, XXII, 376~381; 그리고 특히 *Сборник в память столетия со дня рождения Федора Васильевича Чижова*, Кострома, 1911, 49 ff.에 있는 А. Либерман의 소략한 전기를 볼 것.

　　말년에 치조프는 또 다른 철도 건설업자인 사바 마몬토프의 가까운 벗이 되었다. 마몬토프도 예술의 후원자가 되어 러시아 고유의 민족 예술의 이상을 20세기까지 영속시켰다. 치조프는 자기가 태어난 나라에 대한 예언적 고백이 분명히 담겨 있을 열아홉 권 분량의 방대한 일기를 자기가 죽은 뒤 마흔 해가 지날 때까지는 "간행하거나 다른 사람이 읽어서는 안 된다"는 특별 지시사항을 달고 마몬토프에게 맡겼다. *Отчет московскаго публичнаго и румянцевскаго музеев за 1876~1878 г.*, М., 1879, 98. 혁명이 일어난 해인 1917년의 그 운명적 기념일까지 이 글에 관한 상당한 관심이 지속되었다. 그러나 *Книжный угол*, П., 1918, № 2, 23에서 표명된 출간 계획은 소비에트 러시아 당국이 그 대단한 저널을 강제로 폐간하면서 좌절되었으며, 1961년이나 1965년에 나는 레닌그라드나 모스크바에서 그것에 관한 문서나 정보의 그 어떤 흔적도 찾을 수 없었다.

[27] *Странник*, 1872, декабрь, 98~99에 있는 미하일 드렉슬레르(Михаил Дрекслер) 리가 신학교 교장의 말. 이름이 알려지지 않은 한 농민 작가가 심지어 최초의 철도가 건설되기 전인 1835년에도 비슷한 우려를 표명했다. М. Коваленский, *Хрестоматия по русской истории*, М.-П., 1923, IV, 77~78을 볼 것.

[28] П. Вяземский, *ПСС*, П., 1879, II, 353; Белинский, *ПСС*, XI, 325. 그 외 지역의 문학에 나타난 비슷한 두려움으로는 M. Brightfield, "The Coming of the Railroad to Early Victorian England as Viewed by the Novels of the Period", *Technology and Culture*, 1962, Winter, 45~72; O. Handlin, "Man and Magic: Encounters with the Machine", *The American Scholar*, 1964, Summer, 408~419; L. Marx, *The Machine in the Garden: Technology and the Pastoral Ideal in America*, Oxford, 1964를 볼 것. 러시아 사회에서 문학적 상징과 혁명적 힘으로서의 철도에 관한 모종의 논의가 M. Альтман, "Железная дорога в творстве Л. Н. Толстого", *Славия*, XXXIV, 2, 1962, 251~259에 있다.

[29] E. Barrault, "La Russie et ses chemins de fer", *RDM*, 1 mai 1857, 179, 176, 208. 또한 G. Weill, *L'École Saint-Simonienne*, 1896, 245와 Keller, *East Minus West = Zero*, 162~164를 볼 것.

[30] П. Щеголев, "К биографии Н. И. Кибальчича", 57에서 재인용. 농민 승객의 곤경에 관한 설명으로는 풍자잡지 『이스크라』, 1861년 5월 26일 자 호, 281~282에 있으며 널리 읽힌 「진보 사회면」을 볼 것.

[31] Venturi, *Roots of Revolution*, 157에서 (저자가 조금 고쳐서) 재인용.

[32] Писарев, *Избранные Сочинения*, М., 1934, I, 228. 대체로 적대적인 비평가인 니콜라이 스트라호프(Николай Страхов)도 1858~1863년의 이른바 "허공의 혁명"(воздушная революция)의 중요성을 인식했다. *Борьба с Западом нашей литературе*, П., 1882, I, 48.

개개 선동가에 관한 Venturi의 책이나 다른 연구서들에서 제시된 개설적인 소요 묘사에 덧붙여 젊은이들의 우상타파 행위에 대한 반발의 심도와 열정(C. Moser, *Antinihilism in the Russian Novel of the 1860's*, Den Haag, 1964를 볼 것)을, 그리고 페트라솁스키 동아리가 젊은 급진주의자들의 활동을 실제로 예기한 정도를 강조할 필요가 남아있다. 페트라솁스키 동아리가 포이어바흐에 품은 관심은 제대로 평가를 받지 못했는데, 이 관심은 "60년대인"이 더 조잡한 나중의 독일 유물론자 세대로 돌아서는 것을 예기해준다. 과학 교육을 통해 사회를 근본적으로 혁신한다는 피사레프의 이상은 여러모로 페트라솁스키의 대중 계몽 프로그램의 연장에 지나지 않는다. 페트라솁스키 동아리는 바자로프의 2+2 이미지를 같은 정도로 교조적이고 공리적인 의미로 이용했다(*Дело Петрашевцев*, М.-Л., 1951, III, 441~442). 체르늬솁스키와 그의 동지들이 도입한 독특한 "좌파의 검열"은 더 먼저 있었던 집단의 계획에서 분명히 구상되어 있었다(*Дело Петраш-евцев*, М.-Л., 1941, II, 185~186). 페트라솁스키 동아리는 곧 나올 Francis Bartholomew의 프린스턴 대학 박사학위 논문[4]에서 상세히 분석될 것이다.

[33] Venturi, *Roots of Revolution*, 159에서 (저자가 조금 고쳐서) 재인용. 게르첸의 『콜로콜』이 받은 이 익명의 「지방에서 보낸 편지」(Письмо из провинции)를 쓴 사람이 체르늬솁스키인지는 전혀 확실하지 않다. 도브롤류보프나 또 다른 동지가 썼을지 모른다. *Ibid.*, 744~745, 주 94, 95를 볼 것. И. Нович, *Жизнь Черн-ышевского*, М., 1939, 207~208도 볼 것.

[34] 세체노프부터 노벨상 수상자 이반 파블로프(Иван Павлов)에 이르는 이 학파의 발전이 (더불어 이 학파가 소비에트 이념에 편입되어 속화되는 과정이) W. Gantt, "Russian Physiology and Pathology", in R. Chrisman, ed., *Soviet Science*, Washington, D.C., 1952, 11 ff.에 짧게 약술되어 있다. B. Babkin, "Sechenov and Pavlov", *RR*, 1946, Spring, 24~35도 볼 것.

1870년대에 세체노프와 실증주의 역사가 카벨린 사이에 벌어진 논쟁은 (1860년대 초엽의 체르늬솁스키와 팜필 유르케비치(Памфил Юркевич)의 논쟁으로 시작된) 유물론자와 관념론자 사이에 벌어진 일련의 장기 논쟁의 절정이면서 전통적 관념론뿐만 아니라 비판적 실증주의에 레닌주의가 가한 반대 공세의 선행 형태이기도 했다. 이 논쟁에 관한 소련의 서술은 심지어는 유물론자 측의 자잘한 양보를 감추는 수준에 이를 만큼 편파적이며, Флоровский, *Пути русско го богославия*; V. Zenkovsky, *A History of Russian Philosophy*; 특히 А. Волынс кий(Флекснер), *Русские критики: Литературные очерки*, П., 1896에서 제시된 강한 반(反)유물론적 설명을 읽어야 균형이 잡힐지 모른다.

[35] *БСЕ(1)*, XXVIII, 609에서 재인용. 나는 전거가 없는 이 인용구를 피사레프의 저술에서 찾아낼 수 없었다(Billington, "The Intelligentsia and the Religion of Humanity", 812, 주 12). A. Pollard도 다른 판을 찾고 있지는 않았다. Pollard는

---

[4] Francis Bartholomew, "The Petrashevskii Circle" (Princeton University, Ph.D. dissertation, 1969).

"The Russian Intelligentsia: The Mind of Russia"에서 그 낱말이 더 뒤에 사용된 예를 추적해서 그 낱말이 보보릐킨의 소설에서 처음으로 쓰였다는 주장에 — 소련의 거의 모든 참고 도서에서 무비판적으로 되풀이되는 기원설에 — 중대한 의문을 제기했다. 나는 최초 사용자를 보브리킨으로 보이게 만드는 근거를 그가 (1904년 11월 5일 자 강의에서) "마흔 해쯤 전인 1866년에 나의 비평서 가운데 하나에서" 인텔리겐치야라는 용어뿐만 아니라 인텔리겐트와 인텔리겐트닉이도 처음으로 사용했다고 한 명시적인 주장에서 찾아냈다. *PM*, 1904, № 12, 쪽 번호가 새로 매겨진 두 번째 부분, 80~81. 나는 그런 최초의 용례를 전혀 찾아낼 수 없었다. 그러나 설령 그것이 있더라도 그가 제시하는 일자는 악사코프가 인텔리겐치야라는 용어를 쓴 일자보다 적어도 다섯 해는 더 늦다. 인텔렉투알늬이에 관해서는 *Карманный словарь*, 83을 볼 것.

[36] *Колокол*, № 187, 1864년 7월 15일 자 호, 1534.

[37] Н. Шелгунов, *Сочинения*, П., 1904, I, 19. 니콜라이 셸구노프는 (1883년에 쓴) 자기의 회고록에서 만약 세상의 모든 공후와 지주와 장군이 사라진다면 세상이 고통을 얼마나 조금 겪을지를, 그러나 누군가가 갑자기 "나라의 문인과 과학자와 …… 인텔리겐치야"를 빼앗아간다면 얼마나 끔찍할지를 이야기하는 생시몽의 (1809년의 『비유』(parabole)에 나오는) 그 유명한 문구에서 직접 영감을 얻어 1861~1862년 겨울 동안에 「젊은 세대에게」(К молодому поколению)라는 선언문을 썼다고 설명한다(*Воспоминания*, М.-П., 1923, 33). 셸구노프는 (*ibid.*, 287~302에 수록된) 자기의 선언문을 생시몽의 추종자들과 그의 사도 콩트의 특성인 신성한 엘리트 지도부를 제공하기 위해 부와 특권을 내버리라고 젊은 세대에게 권유하는 글로 여겼다.

　콩트의 영향에 관해서는 Billington, "The Intelligentsia and the Religion of Humanity", 813~815와 주에 인용된 저작 외에 М. Ковалевский, "Страница из истории нашего общения с западной философией", *BE*, 1915, № 6, 157~168을 볼 것.

[38] Шелгунов, 1868, август, в кн.: *Сочинения*, I, 279~280.

[39] *Колокол*, № 110, 1861년 11월 1일 자 호. 파지트노프, *Развитие*, 116에서 재인용.

[40] Я. Абрамов, *Наши воскресныя школы: Их прошлое и настоящее*, П., 1900, 특히 6~24. 또한 *JMH*, 1965, June.

[41] Шелгунов, *Воспоминания*, Л., 1923, 292.

[42] Т. Полнер, "Н. В. Чайковский и богочеловечество", в кн.: *Николай Васильевич Чайковский: Религиозныя и общественныя искания*, Paris, 1929, 97~166.

[43] A. Yarmolinsky, *Road to Revolution: A Century of Russian Radicalism*, NY, 1959,

247~249.

[44] Энгельгардт, *Очерк истории русской цензуры*, 279에서 재인용. 치조프는 오래전에 비슷한 맥락에서 미츠키에비치에게 "여러 호칭 가운데 내가 가진 칭호는 딱 하나라네. 나는 러시아인이야"(Je n'ai qu'un titre des titres — Je suis russe)라고 단언했다. *Сборник Чижова*, 24. 그 폴란드 시인이 (얼마간은 예전에 자기의 벗이었던 러시아인들 사이에 있는 그런 국수주의에 반발해서) 펼친 메시아적 민족주의는 치조프의 벗인 민족주의 시인 니콜라이 야쥐코프가 펼친 민족주의와 묘하게 비슷하다. В. Смирнов, *Жизнь и поэзия Н. М. Языкова*, Пермь, 1900 을 볼 것.

[45] M. Petrovich, "Ľudovít Štúr and Russian Panslavism", *Journal of Central European Affairs*, 1952, April, 1~19에서 논의된 Ľudovít Štúr, *Das Slawenthum und die Welt der Zukunft*; 또한 Petrovich, *The Emergence of Russian Panslavism*, 1856~1870, NY, 1956, 241~254, 특히 248.

콘스탄티노플 꿈의 중요성은 F. Fadner, *Seventy Years of Pan-Slavism in Russia: Karazin to Danilevsky, 1800~1870*, Washington, D.C., 1962와 (레온티예프와 도스토옙스키와 특별히 연계해서) Л. Козловский, "Мечты о Царьграде", *ГМ*, 1915, № 2, 88~116; № 11, 44~74에서 강조된다.

[46] 최근에 오가료프가 점점 더 많이 주목받는 것에 관해서는 Scheibert, *Von Bakunin zu Lenin*, 222~231과 S. Utechin, "Who Taught Lenin?", *Twentieth Century*, 1960, July, 8~16을 볼 것. M. Karpovich도 파리 코뮌의 충격을 강조하면서, 통념과 달리 1870년대 혁명가 이상의 인물로 묘사한다. Karpovich, "P. L. Lavrov and Russian Socialism", *CSS*, II, 1963, 21~38.

[47] 『교리문답』의 주요 문단은 Venturi, *Roots of Revolution*, 365~367에 수록되어 있다. 733, 주 24에서 추가 인용문헌은 볼 것.

[48] Б. Козьмин, *Ткачев и революционное движение 1860-х годов*, М., 1922, 156 에서 재인용.

[49] (레프 데이치Лев Дейч가 머리말을 쓴) *Дело первого марта 1881 г.*, П., 1906, 6~7.

02. 인민주의 예술의 고뇌

[1] Гаршин, *Сочинения*, 209.

[2] *Ibid.*, 71~88. 또한, 회화에 관한 그의 논문들을 305~354에서, 그리고 그 논문들에 관한 논의를 Gorlin, "The Interrelation of Painting and Literature in Russia"에서

볼 것. 가르신은 드레스덴 화랑의 또 다른 그림에 있는 세례자 요한에 흔히 비유되었다. П. Заболотский, "В. М. Гаршин и его литературная деятельность", *ТКДА*, 1908, июль, 491~492를 볼 것. 가장 좋은 비판적 연구로는 Г. Бялый, *В. М. Гаршин и его литературная борьба восьмидесятых годов*, М.-Л., 1937을 볼 것. L. Stenborg, "V. M. Garšin och den historiskpolitiska bakgrunden till hans författarskap", in *Studia Slavica Gunnaro Gunnarsson Sexagenario Dedicata*, Uppsala, 1960, 107~118도 볼 것. 타르시스의 저작 영어판으로는 *Ward 7: An Autobiogrphical Novel*, NY, 1965를 볼 것.

[3] Гаршин, *Сочинения*, 357~358.

[4] O. von Riesemann, *Moussorgsky*, 99. 또한, M. Calvocoressi, *Modest Mussorgsky: His Life and Works*, London, 1956(또한, 훨씬 더 짧은 Calvocoressi, *Mussorgsky*, London, 1946, reprint, NY, 1962, 염가보급판); Leyda & Bertensson, *Musorgsky Reader*; 유용한 논문집 Ю. Келдыш и В. Яковлев, ред., *М. П. Мусоргский: К пятидесятилетию со дня смерти, 1881~1931*, М., 1932를 볼 것. 근간 연구서 Г. Хубов, *М. П. Мусоргский: Жизнь и творчество*[5]에 새 자료가 있을 가망이 있다. 예브게니 옙투셴코는 "무대가 무소릅스키에게 장악되었다"고 환호한 적이 있다. "Prologue", *Saturday Evening Post*, August 10~17, 1964, 62.

그 "막강 5인방"의 각 일원에 대한 탁월한 입문으로는 Calvocoressi & Abraham, *Masters of Russian Music*를 볼 것. 무대 낭독용 운문의 자연스러운 운율에 바탕을 두고 발전하는 새로운 사실주의 오페라로 가는 길을 트는 데에서 조금 더 오래된 작곡가 다르고믜즈스키가 (특히 아리아가 없고 선율이 좋지 않으며 그가 죽은 뒤인 1872년에 초연된 그의 오페라 「석상 손님」Каменный гость이) 지닌 기법상의 중요성에 관해서는 Чешихин, *История русской оперы*, 219~220을 볼 것. 무소릅스키를 새로이 통찰하고 러시아가 전반적으로 단화음에 심취했음을 강조하는 특이한 러시아 국민음악 분석으로는 И. Лапшин, *Жудожественное творчество*, П., 1922, 특히 86, 191, 218, 그리고 207~208의 계산을 볼 것.

[5] von Riesemann, 105, 9에서 재인용.

[6] Calvocoressi, *Modest Mussorgsky*, 1946, 147.

[7] von Riesemann, 9에서 재인용.

[8] 그러나 오스트롭스키는 — 그보다는 급이 낮은 극작가인 피셈스키가 같은 시기에 농민의 삶을 알맞은 소재로 만드는 데 일조한 것과 똑같이 — 모스크바 상인 계급과 지방의 벽

5　Георгий Хубов, *Мусоргский*, М., 1969.

촌(глушь)을 알맞은 희곡의 소재로 삼은 첫 극작가가 됨으로써 연극상의 사실주의의 범위를 넓혔다. С. Тимофеев, *Влияние Шекспира на русскую драму*, 98 ff.을 볼 것. 또한, 오스트롭스키는 문학상의 새로운 인물 유형, 즉 고집이 세고 변덕이 심한 폭군을 창조하고 사모두르(самодур)[6]라는 용어를 만들어내어 대중화했다.

[9] A. Benois, *The Russian School of Painting*, NY, 1916, 131.

[10] Calvocoressi & Abraham, *Masters of Russian Music*, 183에서 재인용.

[11] Calvocoressi, *Modest Mussorgsky*, 1956, 160에서 재인용. 오페라「보리스 고두노프」원판에서 이 한탄은 보리스 고두노프가 죽기에 앞서 성 바실리 대성당 앞 장면의 끝에 놓인다. 크로믜이 숲 장면의 모든 구성요소 가운데 오직 바보성자의 구성요소만 성 바실리의 장면에서 제거된다. 성 바실리 대성당 장면은 두 번째 각색에서 생략되었지만, 오늘날의 공연에서는 대개 일부나 전체가 다시 들어간다. 크로믜이 숲 장면에서 그 밖의 모든 것이 첨가되고 이 장면으로 오페라를 끝맺는다고 결정되면서 오페라에 다른 맥락이 부과되고, 돌아오는 예언자의 지위가 그 바보성자에게 주어진다. Victor Beliaev, *Musorgsky's "Boris Godunov" and Its New Version*, Oxford, 1928, 49~59를 볼 것. 푸시킨의 원작과의 비교에 관해서는 G. Abraham, "Mussorgsky's 'Boris' and Pushkin's", *ML*, 1945, January, 31~38을 볼 것.

[12] "…слезы горкие,/ Плачь, плачь душа православная!/ Скоро враг придет и настанет тьма,/ Темень темная, непроглядная./ Горе, горе Руси!/ Плачь, плачь, русский люд,/ Голодный люд!" М. Мусоргский, *Борис Годунов*, М., 1958, 102.

[13] von Riesemann, 9.

[14] Venturi, *Roots of Revolution*, 350~351.

[15] 발레리얀 페레베르제프(ВалерьянÆvøэ Переверзев). V. Alexandrova, "Dostoevsky Returns", *NL*, 1956, February 27, 19~20에서 재인용.

[16] 에렌부르그의 『둘째 날』(Второй день). Alexandrova, *A History of Soviet Literature*, 19~20에서 재인용. R. Jackson, *Dostoevsky's Underground Man in Russian Literature*, 's Gravenhage, 1958, 192~200에서 이 소설에 관한 논의도 볼 것. 비평적 평가의 변동에 관해서는 V. Seduro, *Dostoevski in Russian Literary Criticism, 1846~1956*, NY, 1957을 볼 것. В. Шкловский, *За и против: Заметки о Достоевском*, М., 1957도 볼 것.

---

[6] 남을 업신여기고 제멋대로 구는 변덕쟁이 옹고집을 일컫는 낱말.

[17] 아폴론 마이코프에게 보낸 1868년 12월 11/23일 자 편지, (E. Mayne이 번역한) *Letters of Fyodor Michailovitch Dostoevsky to His Family and Friends*, NY, 1915, 158.

[18] 기지가 번뜩이는 Vyacheslav Ivanov, *Freedom and the Tragic Life: A Study in Dostoevsky*, NY, 1952(또한, 염가보급판), 49~50에 있는 뱌체슬라프 이바노프의 표현. 도스토옙스키에 관한 서적은 매우 많고 얼마간 겹친다. 좋은 기본 연구서는 E. Simmons, *Dostoevsky: The Making of a Novelist*, NY, 1940; E. H. Carr, *Dostoevsky, 1821~1881: A New Biography*, NY, 1931; R. Payne, *Dostoevsky: A Human Portrait*, NY, 1961이다. N. Berdiaev, *Dostoevsky*, NY, 1957과 유용한 논문집 R. Wellek, ed., *Dostoevsky*, Englewood Cliffs, NJ., 1962(염가보급판)도 볼 것. D. Merezhkovsky, *Tolstoy as Man and Artist with an Essay on Dostoievsky*, NY, 1902와 G. Steiner, *Tolstoy or Dostoevsky: An Essay in the Old Criticism*, NY, 1959(또한 염가보급판)은 흥미를 자아내는 그 두 위인의 비교이다. 앞의 책은 그 두 사람의 대조적 종교관을 강조하고, 뒤의 책은 그 두 사람이 각각 서사시와 희곡이라는 유럽의 상이한 문학 전통과 맺은 관계를 강조한다. 발자크와 고딕 소설[7]이 도스토옙스키에 미친 영향을 강조하는 Л. Гроссман, *Поэтика Достоевского*, М., 1925, 그리고 D. Fanger, *Dostoevsky and Romantic Realism: A Study of Dostoevsky in Relation to Balzac, Dickens, and Gogol*, Cambridge, Mass., 1965 도 볼 것.

방대한 회고록 자료의 소개, 유용한 토론과 참고문헌 목록이 K. Мочульский, *Достоевский: Жизнь и творчество*, Paris, 1947에 (1963년에 나온 프랑스어 판에도) 들어있다. A. Долинин이 모은 아주 소중한 도스토옙스키 관련 회고록 자료집이 *Ф. М. Достоевский в воспоминаниях современников*, М., 1964, в 2 т.이다. 그의 사상의 체계적 목록이 안토니(Антоний) 키예프·갈리츠키 수좌 대주교가 엮은 *Словарь к творениям Достоевскаго*, София, 1921에 들어있다. 도스토옙스키 작품 인명사전이 *О Достоевском: Сборник под редакцией А. Л. Бема*, Praha, 1933, II에 들어있다. 최근의 비평 저술들에 관한 훌륭한 논의로 도스토옙스키의 초기 활동에 집중해서 그 "저주받은 문제"들에 관한 도스토옙스키의 견해를 분석한 글이 R. Przybylski, *Dostojewski i "Przeklęte Problemy"*, Warszawa, 1964이다.

---

[7] 성채나 수도원 등 중세의 분위기를 배경으로 불가사의한 초자연적 사건이 일어나는 기괴한 이야기로 공포와 신비감을 불러일으키는 데 주안점을 두는 유럽 낭만주의 소설 양식.

[19] Zenkovsky, *A History of Russian Philosophy*, I, 402에서 재인용. 또한, 400~432에서 유용한 대지주의 논의를 볼 것. 이 인용은 자료가 더 풍부하게 제시된 Zenkovsky의 저작 러시아어 원본에서조차 출처가 정확히 밝혀져 있지 않다.

도스토옙스키는 자기의 1861년 작품들에서 공동의 땅에 뿌리를 함께 둔다는 비유적 이미지를 인위적 구분과 추상적 고려사항에 바탕을 둔 별개의 계급들과 이해관계라는 유럽적 사고와 나란히 놓고 비교한다. 이 입장에 당대의 급진주의자들과 소련의 작가들이 가한 비판이 У. Гуральник, "'Современник' в борьбе с журналами Достоевского", *ИАН(Л)*, IX, 1950, 265~285에 나와 있다. G. Gibian, "Dostoevsky's Use of Russian Folklore", in A. Lord, ed., *Slavic Folklore: A Symposium*, Philadelphia, 1956, 41~55도 볼 것.

대지주의자의 입장을 유창하게 옹호한 사람이 비평가이자 시인인 아폴론 그리고리예프였다. 그는 1860년대 초엽에 도스토옙스키와 친했으며 오스트롭스키의 희곡을 러시아의 현실에 뿌리를 둔 살아있는 새 예술의 가장 좋은 본보기로 여겼다. 그의 불행한 삶에 관한 여러 회고를 R. Matlaw, ed., *My Literary and Moral Waderings*, NY, 1962(염가보급판)에서 볼 것.

[20] 도스토옙스키가 자기 형제에게 보낸 출처 미상의 편지에서. Carr, *Dostoevsky, 1821~1881*, 43~44. 이 주장은 그 전형적 인물이 적어도 호프만만큼은 오래되었으므로 지나친 주장이다.

[21] "Записки из подполья", в кн.: *CC*, M., 1956, IV, 136.

[22] *Letters*, 158, 그리고 157~171.

[23] *Ibid.*, 158.

[24] *Ibid.*, 214. 도스토옙스키는 (스트라호프가 한) 이 특징 묘사에 유난히 즐거워했다.

[25] Е. Коншина, *Записные тетради Достоевского*, M., 1935, 61, 또한 244. 그 소설에 나오는 등장인물의 실물 등가물에 관해서는, 이 작품 외에, 소련의 신판 도스토옙스키 저작집에 달린 주해 Достоевский, *CC*, M., 1957, VII, 707~757을 볼 것.

『악령』에 관해서는 R. Blackmur, "In the Birdcage", *HR*, 1948, Spring, 7~28; P. Rahv, "Dostoevsky and Politics", *PR*, 1938, July, 25~36; Feud와 Komarovich가 쓴 특히 유용한 논문들이 있는 Virginia Woolf와 S. Koteliansky의 『스타브로긴의 고백』(Исповеди Ставрогина) 번역판 *Stavrogin's Confession*, NY, 1947을 볼 것.

『악령』과 도스토옙스키의 다른 작품들에서 따온 이후의 인용문은 Constance Garnett의 번역판에서 따와 이따금 조금 고친 것이다.

[26] 이 장면의 예언적 특성은 도스토옙스키의 성 페테르부르그 슈티글리츠(Stieglitz) 제지공장 파업 묘사에 관한 논의에서 빠져있다. *CC*, VII, 750~751. 그렇지 않았

더라면 유용한 논의였을 것이다.

[27] Carr, *Dostoevsky*, 281~282에서 재인용.

[28] De Maistre, *Considérations sur la France*, in *Oeuvres*, I, 157.

[29] 실러가 젊은 도스토옙스키에게 미친 영향은 M. Алексеев, "О драматических опытах Достоевского", в кн.: Л. Гроссман, ред., *Творчество Достоевского*, Одесса, 1921, 41~62, 특히 43~46과 R. Przybylski, "F. M. Dostojewskiego Młodzieńcze Opowiadania o Marzeniu", *SO*, VIII, 1959, 특히 3~17에서 확인된다. (한 학교 친구가 실러의 「돈 카를로스」와 다른 희곡을 도스토옙스키에게 읽어주어서 그가 그 극작가를 알게 해주었다.) 실러가 『카라마조프 씨네 형제들』에 준 영향은 D. Chizhevsky, "Schiller und die Brüder Karamazov", *ZSPh*, VI, 1929, 1~42에서 세밀한 텍스트 연구로 확인된다.

『카라마조프 씨네 형제들』에 관해서는 V. Komarovich, *Die Urgestalt der Brüder Karamasoff*, München, 1928과 R. Matlaw, *The Brothers Karamzov: Novelistic Techniques*, 's Gravenhage, 1957도 볼 것. "종교재판소장의 극시"에 표현된 그리스도의 이미지에 대한 가톨릭의 흥미로운 비평으로는 R. Guardini, *Religiöse Gestalten in Dostojewskijs Werk*, München, 1947, 113~162를 볼 것. 또 다른 관점의 비평으로는 K. Onasch, *Dostojewski als Verführer*, Zürich, 1961을 볼 것.

[30] *The Aesthetic Letters, Essays and the Philosophical Letters of Schiller*, Boston, 1845, 366.

[31] Достоевский, *CC*, IV, 160~161. 또한, *ibid.*, 283~432에 있는 도스토옙스키의 단편소설 『노름꾼』(Игрок)과 603~607에 있는 주해를 볼 것.

[32] à Kempis, *Of the Imitation of Christ*, NY, 1957, 78. 도스토옙스키는 이 책 한 권을 자기 서재에 소장했고 이 책의 영향을 직접 받았을지 모른다. M. Альтман, "Гоголевские традиции в творчество Достоевского", *Славия*, XXX, 1961, 459를 볼 것.

[33] Carr, *Dostoevsky*, 157.

[34] 「환희에 부쳐」. "Ode to Joy", in *The Poems and Ballads of Schiller*, London-Edinburgh, 1844, I, 169.

03. 저무는 세기의 새로운 전망

[1] N. Mashkovtsev, *Vasily Surikov: His Life and Work*, M., [1960?], 33. 이바노프의 종교·미술 추구가 수리코프에, 그리고 러시아 특유의 예술을 만들어내려는 노

력 전체에 끼친 예사롭지 않은 영향에도 주목할 것(*ibid.*, 15~18).

이 절에 대한 상세한 참고문헌은 Billington, *Mikhailovsky and Russian Populism*에서 이미 이용된 자료이니만큼 대체로 되풀이되지 않을 것이다. Venturi, *Roots of Revolution*이 끝나는 시기인 1881년에 시작해서 1905년 혁명 직전에 종결되는 매우 소중한 새 혁명운동사로는 V. Zilli, *La rivoluzione russa del 1905*. vol. 1: *La formazione dei partiti politici*, Napoli, 1963을 볼 것(기획된 제2권은 1905년 혁명 자체를 다룰 것이다). 새 번역판인 T. Dan, *The Origins of Bolshevism*, NY, 1964도 유용하다.

[2] 제2막에 나오는 이고르의 독백에서, 특히 "Ты одна голубка, лада…/ В терему твоем высоком,/ в даль глаза ты проглядела"와 "О дайте, дайте мне свободу"라는 대사를 볼 것. 보로딘의 경력의 음악적 측면과 화학-의학적 측면에 관한 짧은 입문으로는 각각 Calvocoressi & Abraham, *Masters of Russian Music*, 155~177과 F. Sunderman, "Alexander Porfirovich Borodin", *AMH*, 1938, September, 445~453을 볼 것.

[3] 작가 K. Паустовский의 짧고 뛰어난 연구서 *Исаак Левитан*, М.-Л., 1961을 볼 것.

[4] E. Simmons, *Leo Tolstoy*, Boston, 1946, 337에서 재인용; 그리고 H. Гусев, *Летопись жизни и творчества Льва Николаевича Толстого, 1828~1890*, М., 1958, 537.

[5] "'Моя литературная судьба': Автобиография Константина Леонтьева", *ЛН*, XXII~XXIV, 1935, 465~466.

[6] N. Berdyaev, *The Bourgeois Mind*, NY, 1934, 12에서 재인용. (베르댜예프의 더 좋은 연구서 가운데 하나를 H. Iswolsky가 번역한 간행 일자 미상의 프랑스어판인) Berdiaev, *Constantin Leontieff, un penseur religieux Russe du dix-neuvième siècle*(참고문헌, 343~350)도 볼 것. 짧은 논고들인 R. Hare, *Pioneers of Russian Social Thought*, NY, 1964(염가보급판), 323~357과 G. Ivask, "Konstantin Leont'ev's Fiction", *ASR*, 1961, December, 622~629도 있다.

[7] *Автография*, 436.

[8] C. Pobedonostsev, *Reflections of a Russian Statesman*, London, 1898, 5.

[9] *Ibid.*, 29. 번역으로는 R. Byrnes, "Pobedonostsev's Conception of the Good Society: An Analysis of His Thought after 1880", *RP*, 1951, April, 169~190: "Dostoevsky and Pobedonostsev", in Curtiss, ed., *Essays in Russian and Soviet History*, 85~102; J. de Proyart, "Le Haut-Procureur du Saint-Synode Constantin Pobedonoscev et 'le coup d'état' du 29 avril 1881", *CMR*, 1962, juillet-septembre, 408~458을 볼 것.

[10] Merezhkovsky, *Tolstoy as Man and Artist with an Essay on Dostoievsky*와 G. Steiner, *Tolstoy or Dostoevsky*. 이 고전적 병치의 더 통속적인 소련판은 톨스토이의 "행동"의 세계와 도스토옙스키의 "말"의 세계를 대비한다. Б. Брусов, "Толстой и Достоевский", *ВЛ*, 1964, июль, 66~92.

[11] В. Докучаев, *К учению о зонах природы: Горизонтальные и вертикальные почвенные зоны*, П., 1899, 5.

[12] *Ibid.* 도쿠차예프와 그의 지적 영향력에 관한 유용한 자료로는 *Труды почвенного института имени В. В. Докучаева*, II, Л., 1927, 289~347에 있는 1924년 3월 30일 자 추모 대회의 발표문을 볼 것. 특히 *ibid.*, 318~320에서 그가 자연철학과 연관되었다는 증거를 볼 것. 그가 쓴 저작의 소련판 *Избранные Сочинения: Русский чернозем*, М., 1948, в 3 т.이 있다. 도쿠차예프의 영향에 관한 짧은 논의가 J. Joffe, "Russian Contributions to Soil Science", in R. Christman, ed., *Soviet Science*, Washington D. C., 1952에 있다.

[13] *Труды···Доукучаева*, 318 ff. "식물사회학"은 Г. Морозов, *Учение о лесе*, П., 1912에서 가장 잘 설명되어 있고, 제정 러시아 말기의 산림학 저널 *Лесной журнал*에서 유력했다.

[14] 톨스토이와 러시아 분파교의 연계에 관해서는 J. Bienstock, *Tolstoy et les Doukhobors*, 1902; Н. Рейнхардт, *Необыкновенная личность*, Казань, 1889; Л. Никифоров, "Сютаев и Толстой", *ГМ*, 1914, № 1, 142~158; O. Lourié, *La Philosophie de Tolstoï*, 1899, 특히 56~61을 볼 것. 톨스토이가 서방의 프로테스탄트에 품은 상당한 관심에 관해서는 F. Philipp, *Tolstoj und der Protestantismus,* Giessen, 1960을 볼 것. 톨스토이의 사상은 아마 러시아 제국의 다른 어떤 지역보다도 프로테스탄트 지역인 핀란드에서 더 유행했을 것이다. (A. Nokkala, "Tolstoilaisuus Suomessa", *SKST*, LIX, 1958, 78~176을 볼 것.) 그의 철학의 발전에 관해서는 N. Weisbein, *L'Évolution religieuse de Tolstoï*, 1960을 볼 것. 많은 개괄적 연구서 가운데에서 최근의 기다란 저작인 В. Шкловский, *Лев Толстой*, М., 1963을 볼 것.

[15] A. Kaplan, *Gandhi et Tolstoï (Les sources d'une filiation spirituelle)*, 1948; K. Nag, *Tolstoy and Gandhi*, Patna, 1950. 또한 D. Bodde, *Tolstoy and China*, Princeton, 1950; P. Biryukov, *Tolstoi und der Orient*, Zürich, 1925를 볼 것.

또한, 비록 일본 문학에 (특히 후타바테이 시메이(二葉亭四迷)의 1887~1889년의 『뜬구름』(浮雲)에) 영향을 미친 가장 중요한 문학작품이 처음에는 곤차로프의 『오블로모프』였을지라도, 일본인은 톨스토이를 찬양하고 방문했다. 러시아 문학은 음울한 기조를 띠었기에 근대 일본에서 모든 유럽 문학 가운데 십중팔구 가장 큰 영향력을 지니게 되었다. S. Shigeki, "The Influence of Russian

Literature in Japan", *Japan Quarterly*, 1960, July-September, 343~349를 볼 것.

[16] Н. Гусев, *Летопись жизни и творчества Льва Николаевича Толстого, 1891~1910*, М., 1960, 836.

[17] *Ibid.*, 255~256.

[18] "혁명가가 저지르는 살인과 경찰관이 저지르는 살인 사이에 차이가 있습니까?" 라는 질문을 받았을 때 톨스토이는 이렇게 대답했다. "고양이똥과 개똥 사이만큼 의 차이가 있습니다. 하지만 나는 고양이똥 냄새나 개똥 냄새나 다 좋아하지 않 습니다." Simmons, *Leo Tolstoy*, 651.

[19] 톨스토이가 아내에게 마지막으로 보낸 1910년 10월 31일 자 편지, Гусев, *Летопись*, 826.

[20] Зуммер, "Система библейских композиций А. А. Иванова", 408.

[21] 더 정교한 소련의 최근 분석은 전통적인 마르크스주의 계급 분석을 지나치게 맹종해서 생긴 빈틈 가운데 몇몇을 메우기 시작했다. Л. Эрман, "Состав интеллигенции в России в конце XIX и начале XX в.", *ИСР*, 1963, № 1, 161~177 은 세기의 전환기에 노동계급의 일부에서는 교육 정도가 고르지는 않았지만 놀 랄 만큼 높아서 "반(半)지식인"(полуинтеллигент)이라는 범주를 널리 쓰이게 되었음을 보여준다. (레닌이 사용하고 Hugh Seton-Wastson 같은 현대의 서방학 자들이 — 필시 원래의 용법과는 별도로 — 재도입했던) 이 용어는 이디시어 용법에 서 유래했을지 모른다.

[22] 특히 입센에게서 착상을 얻어 베르댜예프는 부르주아 개인주의를 일종의 도덕적 식인풍습으로 묘사했다. J. Sheldon, "Berdyaev and Ibsen", *SEER*, 1959, December, 32~58을 볼 것. N. Nilsson, *Ibsen in Rußland*, Stockholm, 1958도 볼 것.

[23] 러시아 근대화의 결정적 단계인 비테의 재임기에 관해서는 T. von Laue, *Sergei Witte and the Industrialization of Russia*, NY, 1963을 볼 것. 1890년대 러시아 경제의 — 러시아사에서 여러모로 가장 눈부신 — 급성장은 A. Gerschenkron, "Problems and Patterns of Russian Economic Develoment", in C. Black, *The Transformation of Russian Society*, 47~55에서 논의된다. 그러나 거셴크론은 이어 서 (대출 은행, 상업에서 자행되던 전횡의 종식, 대(對)정부 종속의 감소 등) "러 시아 산업화의 서방화"는 더 뒤에야, 즉 1906년과 1914년 사이에나 이루어졌다 는 점을 지적한다. 이 논문 외에도 "Economic Development in Russian Intellectual History of the Ninteenth Century"라는 흥미로운 연구가 Gershenkron, *Economic Backwardness in Historical Perspective*, Cambridge, Mass., 1962, 152~187에 수록되어 있다. 기반이 광범위한 러시아 입헌자유주의 운동의 발전에 서 1890년대가 하나의 전환점으로서 지니는 중요성이 George Fischer, *Russian*

Liberalism: From Gentry to Intelligentsia, Cambridge, Mass., 1958에서 강조된다. 여기서 논의되는 자유주의 운동의 다양한 구성요소에 관한 세부사항을 이 책의 본문과 참고문헌에서 더 많이 찾아볼 수 있다.

[24] В. Безобразов, *Государство и общество: Управление, самоуправление и судебная власть*, П., 1882, xxii, 231과 ff.; 487과 ff., 특히 496, 543~545. 또한 *PA*, 1889, № 12, 502.

[25] 그라놉스키에 관해서 Грановский, *Сочинения*, M., 1866, в 2 т.은 И. Ивашин, "Рукопись публичных лекций Т. Н. Грановского", *ИЖ*, 1945, № 1~2, 81~84 에 있는 논의와 인용 자료로 보완되어야 한다. 역사에 관한 비판적이고 비교적인 사고를 발전시키는 데에서 그라놉스키가 차지하는 중요성은 유용한 논문 В. Буз-ескул, "Всеобщая история и ее представители в России в XIX и начале XX века", *ТКИЗ*, Л., 1928. № 7, 특히 43~58에서 강조된다. 그가 제정 말기의 온건 개혁가들에게 준 영향에 관해서는 (1963년에 Ann Arbor에서 재간행된) Милюков, *Из истории русской интеллигенция*, П., 1902/1903, 2-е изд., 325~326; 탁월 한 장문의 논문 K. Кавелин, "Историческое миросозерцание Грановского", *CC*, П., 1912, II, 1~66; 또한 P. Vinogradoff, "T. N. Granovsky", *RM*, 1893, № 4를 볼 것. 그라놉스키는 (마땅히 그의 이념적 상속인으로 간주될 수 있는 자유주 의자 교수들인 카벨린과 비노그라도프와 마찬가지로) Fischer의 책에서 언급되지 않는다. 참고문헌 목록에 그들의 저작 가운데 어떤 것도 들어 있지 않다. 들어 있었더라면 퍽 충실했을 것이다.

[26] 보통은 자유주의자로 여겨지지 않는 많은 입헌 개혁가를 포함하는 러시아의 이 전통에 관한 개괄적 역사서로는 Leontovich, *Geschichte des Liberalismus in Rußland*를 볼 것. 개혁기 초기의 카벨린과 치체린의 사상에 관해서는 В. Розенталь, "Первое открытое выступление русских либералов в 1855~1856", *ИСР*, 1958, № 2, 113~130을 볼 것. 많은 정부 인사를 포함한 이런저런 2급 유명인들은 Н. Сладкевич, *Очерки истории общественной мысли России в конце 50-х и начале 60-х годов XX века*, Л., 1962, 87 ff.에서 논의된다. 1866년에 카벨린이 자기를 공격하는 급진주의자들에게 가한 예리한 비평이 *ИА*, V, 1950, 326~341 에 수록되어 있다.

[27] T. Riha, "Miliukov and the Progressive Bloc in 1915: A Study in Last-Chance Politics", *JMH*, 1960, January, 16~24. 밀류코프는 1905년 혁명 직전과 직후에 영어로 러시아 자유주의의 특징을 설명하는 글, 즉 "Present Tendencies of Russian Liberalism", *Atlantic Monthly*, 1905, March, 404~414와 "The Case of the Second Duma", *The Contemporary Review*, 1907, October, 457~467을 썼다. Miliukov, "The Influence of English Political Thought in Russia", *SEER*, 1926,

December, 258~270은 밀의 영향을 꽤 많이 다룬다.

급진 자유주의와 온건 자유주의 사이의 끊임없는 갈등에 관한 뛰어난 특징 묘사로는 M. Karpovich, "Two Concepts of Liberalism: Miliukov and Maklakov", in Simmons ed., *Continuity and Change*, 129~143을 볼 것. J. Walkin, *The Rise of Democracy in Pre-Revolutionary Russia: Political and Social Institutions under the Last Three Tsars*, NY, 1962도 볼 것.

또한 Woodrow Wilson, *Государство: Прошлое и настоящее конститу-ционных учреждений*, M., 1905에 달린 M. Ковалевский의 머리말을 볼 것.

[28] "Взгляд на юридический быт древней России", в кн.: Кавелин, *Сочинения*, M., 1859, I, 378.

[29] E. Марков, "Талмудизм в журналистике", *PPe*, 1879, январь, 29. 러시아의 사회주의를 진정한 사회 운동이나 정치 운동보다는 인텔리겐치야 안의 "불안의 증후"로 분석하는 A. Гладовский, "Социализм на западе Европы и в России", *PPe*, 1879, февраль, 140~159; 그리고 특히 март, 76~116도 볼 것.

[30] Марков, "Талмудизм в журналистике", 261.

[31] Марков, "Книжка и жизнь", *PPe*, 1879, март, 216. "Московская школа в лит-ературе", *PPe*, 1880, апрель, 특히 326~330.

[32] Марков, "Книжка и жизнь", 225.

[33] Марков, "Литературная хандра", *PPe*, 1879, февраль, 247; 또한 235, 246, 247~249.

[34] *Ibid.*, 257.

[35] *Ibid.*, 260.

[36] Марков, "У Голгофы", *PPe*, 1881, апрель, 191.

[37] 크로포트킨에 관해서는 예찬 조의 전기 George Woodcock & Ivan Avakumovich, *The Anarchist Prince: A Biographical Study of Peter Kropotkin*, London-NY, 1950와 참고문헌 목록(445~448)을 볼 것. 또한, 그의 이념에 사용된 과학 개념에 관해서는 James Rogers가 1956년에 하버드 대학에 제출한 미간행 박사학위논문[8]을 볼 것.

아나키즘은 19세기 유럽의 정치사상에 러시아가 한 가장 독창적인 — 어쩌면 유일한 — 이바지였다. 크로포트킨의 사상이 프루동에게서 비롯되었다는 사실과

---

[8] James Rogers, "Prince Peter Kropotkin, Scientist and Anarchist: A Biographical Study of Science and Politics in Russian History" (Harvard University, Ph.D. dissertation, 1956).

이 시기 동안 이루어진 아나키즘의 전반적인 초기 발전에 관해서는 Max Nettlau, *Der Anarchismus von Proudhon zu Kropotkin: Seine historische Entwicklung in den Jahren 1859~1880*, Berlin, 1927을 볼 것. Nettlau, *Bibliographie de l'anarchie*, Bruxelles, 1897; M. Nomad, *Aspects of Revolt*, NY, 1961(염가보급판); J. Joll, *The Anarchists*, Boston, 1965도 볼 것.

바쿠닌의 더 전투적인 아나키즘에 관해서는 (이미 인용된 평전 외에) Александр Боровой, ред., *Михаилу Бакунину, 1876~1926: Очерки истории анархического движения в России*, М., 1926; G. Maximoff, ed., *The Political Philosophy of Bakunn: Scientific Anarchism*, Glencoe, Ill., 1953; E. Pyziur, *The Doctrine of Anarchism of Michael A. Bakunin*, Milwaukee, Wisc., 1955를 볼 것. 톨스토이의 종교적 아나키즘의 고결성은 적대적일 수밖에 없는 소련의 비평가들 사이에서조차 일정한 인정을 받고 있다. В. Асмус, "Мирозрение Толстого", *ЛН*, LXIX, 1961, 58~76을 볼 것.

[38] 소콜로프에 관해서는, 그리고 프루동이 인민주의에 미친 영향에 관해서는 Billington, *Mikhailovsky and Russian Populism*, 특히 129~132, 188, 주 3을, 또한 Venturi, *Roots of Revolution*, 328~329를 볼 것. R. Labry, *Herzen et Proudhon*, 1928. 그리스도교 사상이 프루동에게 준 영향은 그가 마르크스와 벌인 논쟁에 관한 프랑스 예수회 단원의 예리한 연구서 H. de Lubac, *The Un-Marxian Socialist*, NY, 1948에서 강조된다.

[39] 마르크스가 자술리치에게 보낸 1881년 3월 8일 자 편지, *Народная Воля в документах и воспоминаниях*, М., 1935, 240~241.

[40] 엥겔스가 자술리치에게 보낸 1890년 4월 3일 자 편지, *Пролетарская революция*, 1929, № 2, 53.

[41] G. Plekhanov, "Socialism and the Political Struggle", in Plekhanov, *Selected Philosophical Works*, Moscow, 1960, I, 57~58에 달린 머리말에서는 그 문구가 모두 이탤릭체로 되어 있다.

[42] *Ibid.*, 65.

[43] Плеханов, *Сочинения*, М.-П., 1923, 2-е изд., IV, 248. 프랑스어 번역본(Ghent, 1917)과 영어 번역본(Minneapolis, nd)이 있다. 이 저작은 (그의 중요한 저작 *Role of the Individual in History*, NY, 1940[염가보급판]과 마찬가지로) S. Baron, *Plekhanov: The Father of Russian Marxism*, Stanford, Cal., 1963에서 논의되지 않는다. Baron의 이 저서는 대체로 플레하노프의 정치경제관의 발전과 혁명 논쟁에 초점을 맞추고, 더 순수한 이념 문제와 문화 문제에 관한 그의 수많은 저술에는 단지 지나가면서 주의를 기울일 뿐이다.

[44] Plekhanov, *In Defense of Materialism*, London, 1947, 73.

[45] *Ibid.*, 220.

[46] *Works*, 396~398(저자가 조금 고쳐서).

[47] "Programme of the Social-Democratic Emancipation of Labour Group", (1884) in *Works*, I, 400~401. 독일 사회민주당이 권력을 온전히 잡을 수 있는 정도로 노동자의 문화 수준과 정치의식을 올리기 위해 "완전한 **민주** 국가"를 쟁취할 — 이 시기의 독일 사회민주주의의 특징인 — 직접적 필요성에 대한 강조에도 주의할 것.

[48] 19세기 말엽 러시아에서 리스트와 독일 경제사상이 준 영향이 Normano, *The Spirit of Russian Economics*, 64~81과 참고문헌(158~160)에서 논의되어 있다.

[49] O. Писаржевский, *Дмитрий Иванович Менделеев: Его жизнь и деятельность*, M., 1954(염가보급판)을 볼 것. 실용적 성향을 지녔고 대체로 보수적인 이 민족주의자가 경제와 교육에서 다방면으로 벌인 활동은 곧 나올 비벌리 암그렌(Beverly Almgren) 여사의 브라운(Brown) 대학 박사학위 논문에서 다루어진다.[9]

[50] 1880년대와 1890년대의 경제 발전을 놓고 급진 진영에서 벌어진 논쟁에 관한 분석과 문헌목록을 A. Mendel, *Dilemmas of Progress in Tsarist Russia: Legal Marxism and Legal Populism*, Cambridge, Mass., 1961에서 볼 것. "합법적 마르크스주의"에 관해서는 R. Kindersley, *The First Russian Revisionists: A Study of "Legal Marxism" in Russia*, Oxford, 1962를, 사회민주주의 운동에 관해서는 R. Pipes, *Social Democracy and the St. Petersburg Labor Movement, 1885~1897*, Cambridge, Mass., 1963과 J. Keep, *The Rise of Social Democracy in Russia 1898~1907*, Oxford, 1963; 더불어 L. Haimson, *The Russian Marxists and the Origins of Bolshevism*, Cambridge, Mass., 1955를 볼 것.

[51] (스트루베 전기 증보판을 준비하고 있는) Pipes의 비판적 서문이 곁들여져 있는 독일어 원문의 프랑스어 번역으로는 *Cahiers de l'institut de science économique appliquée*, 1962, septembre, 105~156을 볼 것.

[52] Струве, "Интеллигенция и революция", в кн.: *Вехи*, M., 1910, 5-е изд., 156~174. 스트루베의 두 저작인 *На разные темы*, П., 1902(1893년부터의 논문)과 *Patriotica*, П., 1911(1905년부터의 논문)에서 그가 가졌던 관심사의 범위를 얼마간 알아낼 수 있다. 그는 외국에 있는 동안 갖가지 주제에 관해 계속 글을 썼으며, *SEER*, 1934, January, 347~367에서 자유주의자 로디체프(Федор Родичев)와 가진 접촉을, 그리고 *SEER*, 1934, April, 373~395; July, 66~84에서 레닌과 가진 접촉을 회고적 관점에서 술회했다.

---

[9] Beverly Almgren, "Mendeleev: The Third Service, 1834~1882" (Ph.D. dissertation, Brown University, 1968).

[53] Baron, *Plekhanov*, 341~354에 있는 설명을 볼 것. 그리고 이 책에서 언급된 자료 외에 E. H. Carr, *Studies in Revolution*, London, 1950, 105~119에 플레하노프에 관한 짧고 유용한 논구가 있다.

[54] S. Frank가 정리하고 머리말을 쓴 *A Solovyov Anthology*, London, 1950, 10. 이 뛰어난 문선에는 영어판 솔로비요프 작품 저작목록이 있다. 솔로비요프의 종교 사상에 관한 해설이 달린 솔로비요프 전기로는 K. Мочульский, *Владимир Соловьев: Жизнь и учение*, Paris, 1936과 Stremooukhouf, *Vladimir Soloviev et son oeuvre messianique*, Strasbourg, 1935가 있다. 그의 사회사상은 W. Chrzanowski(프리부르(Fribourg) 대학, 1911년)와 Z. David(하버드 대학, 1960년) 의 미간행 박사학위논문 두 편에서 더 충실하게 부각되고 그의 철학 관념에 연계 된다. 그가 20세기 초엽의 사상과 문화에 미친 영향은 Berdiaev, *Dream and Reality: An Essay in Autobiography*, London, 1950와 N. Lossky, "The Successors of Vladimir Solovyev", *SEER*, 1924, June, 92~105에서 논의된다.

[55] *A Solovyov Anthology*, 10.

[56] *Ibid.*, 35.

[57] *Ibid.*, 38.

[58] *Ibid.*, 14.

[59] 콩트가 솔로비요프에게 준 영향에 관해서는 Billington, "The Intelligentsia and the Religion of Humanity", 814, 주 22에 인용된 저작을 볼 것. *A Solovyov Anthology*, 51~59에 있는 그의 1898년 콩트 탄생 100주년 연설문도 볼 것.

[60] *A Solovyov Anthology*, 104.

[61] *Ibid.*, 122~123. 유대인을 대하는 인텔리겐치야 내의 갖가지 태도는 P. Berline, "Russian Religious Philosophers and the Jews", *Jewish Social Studies*, 1947, October, 271~318에서 날카롭게 논의된다. 1880년대의 포그롬에, 그리고 심지어 는 유대인 지정 거주지구 안에서도 농촌 지역에 정주하는 것을 막는 새로운 금지 령에 직면하면서 유대인 사회는 더 복잡한 도시 문화의 주요 영역 안으로 점점 더 이끌려 들어갔다. 한편, 시오니즘(사실 오늘날 이스라엘의 키부츠kibbutz는 대개는 옵쉬나에 관한 인민주의적 관념에 물든 러시아 유대인들의 산물이다)에 관한, 그리고 최초의 이디시어 극단이 모스크바에 세워진 1878년부터 이디시어 문학의 3대 거장으로 인정된 모이헤르-스포림 멘델레(Мойхер-Сфорим Менделе) 와 이츠혹-레이부시 페레츠(Ицхок-Лейбуш Перетц)와 숄롬 알레이헴(Шолом Алейхем)이 볼셰비키의 권력 장악 직전에 거의 같은 시기에 죽음을 맞이할 때까 지 전에 없이 융성한 고유한 이디시어 문화의 발전에 관한 관심이 꽤 컸다.

　　　다른 한편, 많은 유대인이 자기의 에너지를 러시아 제국의 전반적인 창조 활동과 개혁 선동에 투입하는 경향을 보였다. 제1대 두마의 유대인 의원이 12명이었고, 부자 유대인은 자유주의 운동의 중요한 후원자였다. 유대인 철도업자 이반 블리오흐(Иван Блиох)는 1898년에 펴낸 자기의 저서 『미래의 전쟁』(Будущая война, 영어판 *The Future of War in Its Technical, Economic and Political Relations*, Boston, 1914)에서 모든 미래 전쟁의 참화를 음울하게 묘사했고, 헤이 그에 국제사법재판소를 설치하는 일에 주도적 역할을 하도록 니콜라이 2세를 설득하는 일을 도왔다. 러시아의 유대인이 개시한 또 다른 국제주의 시도는 인공의 만국공용어를 만들려는 모든 시도 가운데 가장 크게 성공한 언어인 에스페란토(Esperanto)였다. 에스페란토는 라자루스 자멘호프(Lazarus Zamenhof)가 이디시어의 한 형태를 만국공용어의 바탕으로 삼으려는 시도를 먼저 한 차례 한 뒤 1878년과 1887년 사이에 완성했다. J. Raisin, "The Jewish Contribution to the Progress of Russia", 특히 May, 939~951을 볼 것.

1897년에 조직된 유대인 노동자 분드는 러시아 사회민주당의 형성을 주도한 조직 세력 가운데 하나였다. 분드의 지도자들은 시온주의, 그리고 다양한 민족들의 정당에 자율권을 주기를 거부하는 중앙집권적인 사회민주주의자들, 양자에 저항했다(K. Pinson, "Arkady Kremer, Vladimir Medem, and the Ideology of the Jewish 'Bund'", *Jewish Social Studies*, 1945, July, 233~264를 볼 것; 곧 나올 A. Pollack의 프린스턴 대학 박사학위 논문도 볼 것). 유대인이 이후의 사회민주당 운동의 볼셰비키 진영에 — 그리고 멘셰비키 진영에는 훨씬 더 — 광범위하게 (그리고 그보다는 못해도 인민주의적인 사회주의자혁명가당 전통에) 참여한 것에 관한 연구와 참고자료로는 L. Schapiro, "The Role of the Jews"를 볼 것.

[62] 세기 전환기에 일어난 범아시아주의의 성장에 관해서는 E. Sarkisyanz, "Russian Attitudes toward Asia", *RR*, 1954, October, 245~254를 볼 것. Н. Сетницкий, *Русские мыслители о Китае*, Харбин, 1926도 볼 것.

[63] *A Solovyov Anthology*, 236.

[64] *Ibid.*, 247~278. E. Benz는 솔로비요프의 계시록적 사고의 상당 부분이 융-슈틸링의 영향을 받았다는 것을 보여주었다. 게오르기 플로롭스키는 단테가 솔로비요프의 더 긍정적인 에큐메니즘적 전망에 상당한 영향을 주었다고 주장한다. G. Florovsky, "Vladimir Soloviev and Dante: The Problem of Christian Empire", in *For Roman Jakobson: Essays on the Occasion of His Sixtieth Birthday*, Den Haag, 1956, 152~160을 볼 것.

VI. 위태로운 거상

01. 크레셴도

[1] N. Evreinov, *Histoire de la théâtre russe*, 14. "전하"에 관한 사회주의자혁명가당 지도자 빅토르 체르노프의 불평은 그의 *The Great Russian Revolution*, New Haven, 1936, 445에, 즉 대체로 기지가 번뜩이는 마지막 장 「러시아 혁명의 정신」(The Spirit of the Russian Revolution)에 담겨있다. 1920년 12월 22일에 소브나르콤(Совнарком)[10]에 보고하면서 레닌이 "소비에트 권력 더하기 전국의 전력화"라는 표현을 처음 사용한 듯하다. Ленин, *Сочинения*, Л., 1950, 4-e изд., XXXI, 484를 볼 것. 이 정의는 공식 소비에트 이념 교본인 O Kuusinen, ed., *Fundamentals of Marxism-Leninism*, M., 1961, 799에서 되풀이된다.

[2] A. Blok, *The Spirit of Music*, London, 1946, 5.

[3] W. Grohmann, *Wassily Kandinsky: Life and Work*, London, 1959, 87. N. Vorob'ev, *M. K. Čiurlionis: Der Litauische Maler und Musiker*, Kaunas-Leipzig, 1938, 32 ff. 미칼로유스 츄를료니스(*ibid.*, 65 ff.)와 상징주의 시인이자 번역가인 또 다른 리투아니아인 유르기스 발트루샤이티스(Jurgis Baltrušaitis)가 러시아 안에서 누리는 영향력은 러시아 문화의 세계주의가 점점 더 강해져서 발트 해 연안 지역 가운데 가장 서방적이고 독일지향적인 이 지역 출신의 주요 인사들을 이제 러시아 문화의 궤도 안으로 데려올 수 있다는 증거이다.

[4] R. Poggioli, *The Poets of Russia, 1890~1930*, Cambridge, Mass., 1960, 262에서 재인용. 흘레브니코프와 러시아 미래주의의 독창성에 관해서는 V. Markov, *The Longer Poems of Velimir Khlebnikov*, Berkeley-Los Angeles, 1962를 볼 것.

[5] 벨릐이의 음악적 문체와 1902년과 1909년 사이에 쓰인 "교향곡" 네 편에 관해서는 O. Maslenikov, *The Frenzied Poets: Andrey Biely and the Russian Symbolists*, Berkeley, 1952, 70 ff을 볼 것. 부를륙에 관해서는 C. Gray, *The Russian Experiment in Art, 1863~1922*, London, 1962, 94~107, 195를 볼 것.

[6] Meierhold, "The Booth", *The Drama*, 1917, August, 447. 원조 "5인조", 또는 "막강 5인방"의 펜에서 나올 마지막 오페라인 림스키-코르사코프의 (1906~1907년에 만들어져 그가 죽은 뒤에야 비로소 상연된) 「황금 수탉」(Coq d'Or)은 가수들은 한쪽에서 움직이지 않고 연기는 무용수들만 하는 식으로 연출되었다. A. Bakshy, *The Path of the Modern Russian Stage*, London, 1916, 85~88을 볼 것. 그 음악의

---

[10] 내각에 해당하는 초기 소비에트 러시아의 정부 기관 Совет народных комиссаров 의 약칭. 각 인민위원부의 수장들로 구성되고 레닌이 의장을 맡았다.

색채성은 그의 더 앞선 작품의 비교적 통상적인 화음으로부터의 특이한 이탈이 기도 했다.

댜길레프가 "언어가 아니라 동작이 참되다"라는 현대 무용의 통찰력을 유럽 문화에 투사함으로써 아인슈타인을 위한 길을 닦는 데 도움을 준 "고전수학 르네상스의 세례자 요한"이라는 꽤 흥미로운 생각에 관해서는 F. Kermode, "Poet and Dancer before Diaghilev", *PR*, 1961, January-February, 48~65를 볼 것.

[7] А. Богданов, *О пролетарской культуре*, М., 1921. 성기 스탈린 시대 동안 제시된 보그다노프의 이 생각에 대한 뒤틀리고 해학이라고는 없는 비판으로는 А. Щеглов, *Борьба Ленина против Богдановской ревизии Марксизма*, М., 1937, 203~206을 볼 것.

[8] M. Gorky, *Days with Lenin*, NY, 1932, 52.

[9] E. Friedell, *A Cultural History of the Modern Age*, II, 381에서 재인용.

[10] Friedell이 *ibid.*, 380, 382에서 사용한 표현.

[11] I. Stravinsky, *The Poetics of Music in the Form of Six Lessons*, NY, 1956(염가보급판), 109.

[12] D. Mirsky, "The Eurasian Movement", *SEER*, 1927, December, 312; 그리고 Л. Карсавин, 316~317에서 따온 인용. Карсавин의 입장은 — 볼셰비즘에 대한 매혹과 유기적인 사회 이미지에 대한 미학적·생리학적 애호, 양자와 연루되어 — 초기의 이상주의적인 파시즘적 조합주의 개념과 유사점이 있다. 유라시아 운동은 유라시아 평원 위에 나타나는 인간 현상과 자연 현상 사이의 내적 연속성에 관한 도쿠차예프식 사고의 영향을 받았고, 나치즘(Nazism)의 초기 "룬"(Rune) 단계에서 나치즘을 사로잡은 동일한 문헌학적 신비주의의 영향도 많이 받았다.

"유라시아" 운동 동조자들이 교향악의 은유를 더 고상하게 쓴 한 용례가 "우리의 현재 세계에는 미래 세계의 빛과 소리의 교향악을 보여주는 숱한 증표가 들어있다"는 예브게니 트루베츠코이(Евгений Трубецкой)의 주장에 있다. N. Lossky in *SEER*, 1924, June, 95에서 재인용. B. Ishboldin, "The Eurasian Movement", *RR*, 1946, Spring, 64~73도 볼 것.

[13] Gray, *The Russian Experiment in Art*, 308을 볼 것.

[14] Makovsky, "Nicolas Gumilev", 190 ff.에서 재인용되고 논의된.

[15] Stravinsky, *The Poetics of Music*, 121에서 재인용.

[16] *FA*, 1957, October, 1~24에서 소련 문화의 성취와 가능성을 분석한 I. Berlin의 글 제목.

[17] Stravinsky, *The Poetics of Music*, 111. 또한 J. Sullivan, *Beethoven: His Spiritual Development*, NY, 1949, 77을 볼 것. 프로메테우스 신화의 중요성에 관해서는 M. Gorky, *Literary Portraits*, Moscow, nd[1959?], 217을 볼 것. *ЛЭ*, IX, 314~320

도 볼 것. 소련에서 가장 최근에 나온 마르크스의 대중적 평전은 (*НК*, 1963, №
25, запись 239에 설명된) "프로메테우스"라는 제목의 낭만화된 3부작 Серебря-
кова, *Прометей*, М., 1963, в 3 т.이다. 또한 아이스킬로스의 『사슬에 묶인 프로
메테우스』가 *Прометей прикованный*, М., 1956로 15만 부 간행되었을 때, 이
작품에 부여된 이념적 중요성에 주목할 것.

[18] *Sub Specie Aeternitatis*, П., 1907, 397에 수록된 1906년 논문.

[19] *Смысл творчества*, М., 1916, 220, 또한 7. 베르댜예프는 이것을 자기의 "가장
영감 어린" 저작으로 여겼고(Бердяев, *Самопознание: Опыт философской
автобиографии*, Paris, 1949, 229~237), 이 저작에 "인간을 변호하는 시도"라는
부제를 붙였다. 이 두 저작은 각각 *The Meaning of the Creative Act*, London,
1955(염가보급판)과 *Dream and Reality*, London, 1950으로 번역되었다. 자전적
저작 *Dream and Reality*는 비록 영어본이 러시아어 원본의 의미를 자주 왜곡할지
라도 논의 대상이 되는 시기에는 특별한 가치를 지닌다.

[20] Gray, *The Russian Experiment in Art*, 93~94; R. Clough, *Futurism: The Story
of a Modern Art Movement*, NY, 1961; G. Lehrmann, *De Marinetti à Maiakovski*,
Zürich, 1942; Н. Харджиев, "Маяковский и живопись", в кн.: *Маяковский:
Материалы и исследования*, М., 1940.

[21] Gorlin, "The Interrelation of Painting and Literature in Russia", 146~147에서 재인
용.

[22] *Ibid.*에서 재인용.

[23] "Не слышно шуму городского,/ За Невской башней тишина,/ Горит полночная
звезда." *Русские песни* (сост. Розанов), 347. 이 노래의 바탕은 표도르 글린카
(Федор Глинка)의 시이다. 살짝 바뀐 또 다른 형태를 Блок, *Сочинения*, М.,
1955, I, 774에서 볼 것.

[24] "И больше нет городового −/ Гуляй, ребята, без вина!" Блок, *Сочинения*,
I, 531을 볼 것. 블록은 앞 문장에서 전치사를 над로 바꾸기도 한다.

[25] M. Cooper, "Scriabin's Mystical Beliefs", *ML*, XVI, 1935, 111에서 재인용. 1880
년대에 시작되어 화학자 알렉산드르 부틀레로프(Александр Бутлеров)와 생물
학자 니콜라이 바그네르(Николай Вагнер) 같은 과학자들에게까지 영향을 주던
강신술 모임과 심령술의 대유행에 관해서는 *БЕ*, LXI, 224~246에 있는 기본 설명
이 (처음에는 영국의 심령술사 프랭크 포드모어(Frank Podmore)가 쓴 저작들의
러시아어 번역본에 부록으로 간행된) M. Петрово-Солово-Перовский, *Очерки
из истории спиритического движения в России*, П., 1905로 보완되어야 한
다.

[26] Cooper, "Scriabin's Mystical Beliefs", 110에서 재인용.

[27] *Ibid.*, 112에서 재인용.

[28] Stravinsky, *The Poetics of Music*, 107.

[29] Calvocoressi & Abraham, *Masters of Russian Music*, 472~473.

[30] Б. Асафьев, *Скрябин: Опыт характеристики*, П.-Berlin, 1923, 44~48. 바그너가 스크랴빈에게 준 영향에 관해서는 Л. Сабанеев, *Скрябин*, П., 1923, 189 ff. 백은시대 동안 바그너가 누린 인기에 관해서는 F. Reeve, *Aleksandr Blok: Between Image and Idea*, NY, 1962, 33; Blok, *The Spirit of Music*, 58~70; В. Иванов, "Вагнер и Дионисово действо", *Весы*, 1905, № 2, 13~16; Н. Финдейзен, "Вагнер в России", *РМГ*, 1903, № 35, 755~769를 볼 것. 「로엔그린」(Loengrin)의 음악은 칸딘스키가 음악에서 색채의 가능성을 통감하도록 거들었다 (Grohmann, *Wassily Kandinsky*, 31). 「발퀴레」의 마법의 불 음악은 에이젠시테인에게 영감을 주어 자기 영화의 음악과 색채를 통합하는 방법을 고안하도록 거들었다(E. Nazaikinsky & Yury Rap, "Music in Color", *USSR*, 1963, February, 47).

[31] M. Bill, *Wassily Kandinsky*, Boston, 1951, 163~164에서 재인용.

[32] Kandinsky, *On the Spiritual in Art*, NY, 1946, 43.

[33] *Ibid.*, 39~78; W. Grohmann, *Wassily Kandinsky*, 78, 87.

[34] 일반적 서술로는 A. Swan, *Scriabin*, London, 1923, 97~111을 볼 것. *А. Н. Скрябин: Сборник к 25-летию со дня смерти*, М.-Л., 1940; B. Schlözer, *A. Skrjabin*, Berlin, 1923; Gerald Abraham, "Alexander Scriabin", in Calvocoressi & Abraham, *Masters of Russian Music*, 450~498을 볼 것. 그리고 스크랴빈을 맨 처음으로 "음악적 광기를 특수한 종류의 계획으로, 심지어는 이론으로 환원"한 "조리 있는 편집증 환자"로 보는 부정적 해석으로는 Сабанеев, *Скрябин*, 46을 볼 것. 소리와 맛뿐만 아니라 색과 소리의 균형을 맞추는 비례표가 18세기에 논의되었다(D. Schier, *Louis Bertrand Castel, Anti-Newtonian Scientist*, Cedar Rapids, Iowa, 1941, 133~196을 볼 것). 그 뒤 1865년에 파리의 한 향수 제조업자가 냄새의 옥타브를 고안했다(S. Piesse, *Des Odeurs, des parfums et des cosmetiques*, 1865). 몇몇 다른 선구적 현대음악 작품의 악보에는 색채의 반주가 곳곳에 기입되었다(아르놀트 쇤베르크(Arnold Schönberg)의 1913년 작품 「운명의 손」(Die glückliche Hand)). 스크랴빈의 체계는 가장 완전히 발전하고 이념상 과시적인 노력이다. 그의 체계는 철저히 연구되었던 적이 없지만, 더 최근의 중요한 연구에 P. Dickenmann, *Die Entwicklung der Harmonik bei A. Skrjabin*, Bern, 1935와 В. Берков, "Некоторые вопросы гармонии Скрябина", *СМ*, 1959, июнь, 90~96이 포함된다. 그 문제에 관한 에이젠시테인의 관심과 최근 소련에서 일어나는 관심의 증표에 관해서는 Nazaikinsky & Rap, "Music in Color", 46~47을 볼 것.

[35] Grohmann, *Wassily Kandinsky*, 86, 98에서 재인용.

[36] С. Г. Лазутин, *Русская частушка: Вопросы происхождения и формирования жанра*, Воронеж, 1960은 차스투시카 양식이 19세기 말엽에야 발달했음을 설득력 있게 입증한다. 특히 249~252를 볼 것.

[37] 제정 말기에 러시아 예술의 독특한 새 전통을 세우는 데에서 마몬토프 동아리가 발휘한 주도권에 관해서는 Gray, *The Russian Experiment in Art*, 9~34를 볼 것. 마몬토프가 음악계와 맺은 연계에 관해서는 А. Соловцов, *Жизнь и творчество Н. А. Римского-Корсакова*, М.-Л., 1963을 볼 것.

[38] 1959년 10~11월에 런던에서 열린 말레비치 회화 전시회의 프로그램 *Kasimir Malevich*, London, 1959에 C. Gray가 쓴 머리말, 7에서 재인용.

[39] 이 용어들을 쓰는 선언문. *Ibid.*, 12, 14~15에서 재인용. 말레비치에 관해서는 Gray, *Experiment*, 128 ff.도 볼 것. 그리고 거기에서 언급된 저작 외에 David Sylvester, "Kasimir Malevich", *Encounter*, 1960, May, 48~52를 볼 것. 말레비치 작품의 추가 도판으로는 E. Penkula, "Malewitsch's Oeuvre geborgen", *Das Kunstwerk*, 1958, April, 3~16. P. Bucarelli, intr., *Casimir Malevic*, Roma, 1959; Malevich, *The Non-objective World*, Chicago, 1959.

[40] Gray, *Kasimir Malevich*, 12.

[41] 니콜라이 푸닌(Николай Пунин). Gray, *Kasimir Malevich*, 7에서 재인용.

[42] *Бог не скинут: Искусство, церковь, фабрика*, Витебск, 1920~1922. Gray, *Kasimir Malevich*, 15에서 재인용.

[43] А. Космодемьянский, *Константин Эдуардович Циолковский*, М., 1956, 95. (1877~1878년 러시아-튀르크 전쟁까지 거슬러 올라가는) 로켓 공학의 이전 역사에 관해서는 *ibid.*, 49 ff.를 볼 것. Z. Kopal, "Soviet Astronomy", *Su*, 1961, January-March, 65~67도 볼 것. 니콜라이 표도로프가 청년기 치올콥스키의 발전에 준 직접적 영향에 관해서는 В. Шкловский, "Жили-были···", *Знамя*, 1963, февраль, 177~178을 볼 것.

[44] 타틀린에 관해서는 Gray, *The Russian Experiment in Art*, 40~48, 250을 볼 것. 플라니틔에 관해서는 Gray, *Kasimir Malevich*에 있는 도판 T, V, X를 볼 것.

[45] Shestov, *All Things Are Possible*, NY, 1920, 241. 본명인 슈바르츠만(И. Л. Шварцман)으로 간행된 *Апофеоз беспочвенности: Опыт адогматического мышления*, П., 1905의 번역판 제목. 대체로 주목을 받지 못한 이 인물의 초기에 관해서는 B. Schlözer, "Un Penseur russe: Léon Chestov", *MF* (159), 1922, 82~115와 D. Strotmann, "Le Credo de Léon Chestov", *Irénikon*, XVI, 1937, 22~37을 볼 것.

[46] 도화집 Gray, *The Russian Experiment in Art*, 도판 223~234.

[47] 그 작품에 있는 긴 사이비과학적 여담이 그 문제에 천착하려는 진지한 시도인지 (그때에는 그런 시도였다고 널리 이야기되었다), 아니면 그 시대의 과학만능주의를 은근히 비꼬는 풍자인지는 매우 모호하다. 그 주제에 관한 메치니코프의 생각에 관해서는 Mechnikov, *Essais optimistes*, 1907을 볼 것.

"불사파"(Бессмертники)[11]라고 불린 한 종파는 이 시기 동안 베르댜예프를 비롯한 많은 지식인을 매혹했고(Berdiaev, *Dream and Reality*, 196 ff.), 생명 연장에 관한 이 관심은 소련에서 주요 연구 주제로 남았다. 스탈린 시대에 관해서는 노년 문제에 "통계학적으로, 형이상학적으로 다가가는" 서방의 접근법에 반대하는 올가 레페신스카야(Ольга Лепешинская)가 쓴 「장수로 가는 길에서」("На путях к долголетию", *Известия*, 2 декабря 1952, 3; *CDSP*, January 10, 1953, 24~25)를 볼 것. 레페신스카야는 자기의 소다 처방과 목욕 처방으로 아흔 살까지 살아서 자기의 접근법을 잘 설파했다. (*NYT*, October 4, 1963에 실린 레페신스카야 부고 기사를 볼 것.) 더 최근에 나온 Л. Леонтьев, *Старость оступает*, Алма-Ата, 1963도 볼 것.

이 주제에 관해서 러시아 혁명 이전과 이후 러시아에서 (그리고 망명 사회에서) 나온 다른 자료와 전반적 논구로는 P. Wiles, "On Physical Immortality", *Su*, 1965, July, 125~143; October, 142~161을 볼 것. 톨스토이가 죽기 바로 앞서 1909년 5월에 죽음과 불사의 문제를 논의하려고 톨스토이와 메치니코프 사이에 이루어진 회담은 "보편 문학과 보편 과학의 두 군주, 레프 1세와 일리야 1세" 사이에 죽음의 힘에 맞선 일종의 우주론적 전쟁위원회로 널리 여겨졌다. "카이저와 차르가 (같은 시기에 회담하고 있던) 황실 요트 「시탄다르트」(Штандарт) 호가 아니라 야스나야 폴랴나가 러시아에서 무대의 중심을 차지했다." 허먼 번스타인(Herman Bernstein). Wiles, 145에서 재인용.

[48] 표트르 우스펜스키의 사상은 그가 망명한 뒤에는 구르지예프(Gurdjieff)[12] 연구소로 알려진 공동체를 통해 런던에서, 그리고 런던 폭격 때부터 그가 1947년에 죽을 때까지는 뉴욕에서 보급되었다. P. Uspensky, *Tertium Organum: A Key to*

---

11 1880년대에 바실리 파시코프가 이끄는 "신인 종파"에서 파생된 종파. 부활파(Воскренники)라고도 한다. 영원히 살 수 있다고 믿으면 죽지 않을 수 있다는 가르침을 폈다.

12 정식 명칭은 '인간의 조화로운 발달을 위한 연구소'. 구르지예프가 1919년에 트빌리시(Тбилиси)에 세웠다가 1922년에 프랑스의 퐁텐블로(Fontainebleau)에 다시 세운 연구소. 회원들은 구도자처럼 생활하면서 가끔 연회를 열어 독서와 사색과 대화를 했다. 저명인사들이 가입해서 유명해졌다.

the Enigmas of the World, NY, 1934와 A New Model of the Universe: Principles of the Psychological Method in Its Application to Problems of Science, Religion and Art, NY, 1943, 그리고 1921~1947년 동안의 가장 중요한 그의 대담과 대답의 일부가 담겨있는 그의 사후출간작 The Fourth Way: A Record of Talks and Answers to Questions Based on the Teaching of G. I. Gurdjief, NY, 1957을 볼 것.

[49] The Fourth Way, 97~104.

[50] 특히 "구신론자"가 "신그리스도교"에 가하는 공격을 В. Базаров(В. Руднев의 가명), "Личность и любовь в свете новаго религиозного сознания", *Литературный распад: Критический сборник*, П., 1908, кн. 1, 213~230; "Христиане третьего завета и строители башни вавилонской", *Литературный распад*, П., 1909, кн. 2, 5~38에서 볼 것.

[51] Горький, *Исповедь*, Berlin, 1908, 196. 독일어본을 W. Harvey가 영어로 옮긴 번역판인 A Confession, London, 1910이 있다. 다음 자료도 볼 것. В. Боцяновский, *Богоискатели*, П., 1911; 유용한 항목 "Богоискательство и Богостроительство", *ЛЭ*, I, 538; Н. Минский(Н. Виленкин의 가명), *Религия будущего: Философские разговоры*, П., 1905; Луначарский, *Религия и социализм*, П., 1908~1911, в 2 т.; Lunacharski, *Three Plays of A V Lunacharski: Faust and The City, Vasilisa the Wise, The Magi*, London, 1923; 중요한 논집 *Очерки философии коллективизма*, П., 1909에 실려 있고 축약된 번역으로 Gorky, *Literature and Life: A Selection from the Writings of Maxim Gorky*, London, 1946, 112~125에 실려 있는 Горький, "Разрушение личности". "구신론자"라는 용어는 폭군 같은 목사를 죽였다고 교회의 파문을 당하고 외딴 산속에서 "신이 없는" 공동체를 위한 완전히 새로운 종교를 추구하다가 결국은 그 종교를 찾아내는 프로메테우스 같은 고행자 주인 공을 묘사한 오스트리아의 인기 소설가 페터 로제거(Peter Rosegger)의 (원래는 1883년에 간행된) 『구신자』(Der Gottsucher)에서 따온 것이다. H. Sorg, *Rosegger's Religion: A Critical Study of His Works*, Washington, D. C., 1938, 53 ff.을 볼 것.

[52] 바로노프(Г. А. Баронов). Blok, *The Spirit of Music*, 34에서 재인용.

[53] *Исповедь*, 196.

[54] (1906년에 처음 간행되었고 1923년에 하르코프에서 재간행된) *О пролетарской этике*, М., 1918, 38. 이것과 그다음의 주석은 1958년 11월 18일에 하버드 대학 러시아 연구소에서 열린 세미나에서 George Kline이 이용하고 그가 번역한 자료 에서 따온 것이다.

[55] "Перед лицом рока: К философии трагедии", в кн.: *Образование*, П., XII,

1903, 58.

[56] *Three Plays*, 132.

[57] *Ibid.*, 134.

[58] *Ibid.*, 339. 중요한 무엇인가를 알려주는 루나차르스키의 짧은 머리말, xi~xiii도 볼 것.

[59] 보그다노프에 관해서는 *ЛЭ*, I, 526~530과 *БСЭ(1)*, VI 574~582에 있는 항목들; 그 자신의 주요 저작 *Основые элементы историческаго взгляда на природу*, 1899; *Познание с исторической точки зрения*, 1901; *Из психологии общества: Сборник*, 1904; *Всеобщая организационная наука (тектология)*, часть 1~3, 1913, 1917, 1922(마지막 제3부는 제1부와 제2부를 포함한 채로 베를린에서 간행되었다); *Философия живаго опыта*, 1928을 볼 것. 보그다노프의 견해의 비판적 논구로는 Н. Карев, "Тектология или диалектика", *ПЗМ*, 1926, *NoNo.* 1, 2, 3을 볼 것. 프롤레트쿨트의 철학에 관해서는 A. Lunacharsky, *Self-education of the Workers: The Cultural Task of the Struggling Proletariat*, London, 1919를 볼 것.

[60] *Красная звезда*, П., 1908; *Инженер Менни*, М., 1923.

[61] Max Nomad, *Aspects of Revolt*, NY, 1961(염가보급판), 116~117에서 논의된다. S. Utechin, "Philosophy and Society: Alexander Bogdanov", in L. Labedz, ed., *Revisionism: Essays on the History of Marxist Ideas*, NY, 1962, 117~125도 볼 것.

[62] А. Крайский, *Улыбки солнца*, П., 1919; 그리고 *ЛЭ*, V, 538에 있는 그에 관한 항목.

[63] *ЛЭ*, V, 501~502에 있는 우주론에 관한 항목에서 대장간 시인 블라디미르 키릴로프(Владимир Кириллов)와 미하일 게라시모프(Михаил Герасимов)에게서 각각 따온 인용문.

[64] 마하이스키의 견해, 그리고 그 견해와 다른 유럽 사상가들의 관계에 관한 유용한 논의를 Nomad, *Aspects of Revolt*, 96~117에서 볼 것. 또한, Edmund Wilson의 머리말, V. Calveton, ed., *The Making of Society: An Outline of Sociology*, NY, 1931, 427~436에 있는 『지식 노동자』 발췌문, 그의 견해를 러시아의 중심부로는 퍼지지 못한 시베리아 이론의 일종으로 보는 소련의 초기 특징묘사(*БСЭ(1)* XIII, 64~66)도 볼 것. 다른 사상가들에 관해서는 Nomad의 저작 외에도 H. Stuart Hughes, *Consciousness and Society: The Reorientation of European Social Thought, 1890~1930*, NY, 1958(그리고 염가보급판); E. A. Shil의 유용한 머리말이 달린 Georges Sorel, *Reflections on Violence*, NY, 1961(염가보급판)을 볼 것.

[65] Trotsky, *Literature and Revolution*, NY, 1957, 256. 이 시기 동안 트로츠키의 문화

관에 관해서는 I. Deutscher, *The Prophet Unarmed*, London, 1959, 164~200에 있는 탁월한 절 「정치만으로는 살지 못한다」(Not by Politics Alone…)를 볼 것.

[66] "Синие оковы", в кн.: Хлебников, *Собрание произведений*, Л., 1930, I, 286~287. 이 작품은 V. Markov, *The Longer Poems of Velimir Khlebnikov*, 194~198에서 논의된다.

[67] 알프레트 쿠빈(Alfred Kubin)에 관해서는 Grohmann, *Wassily Kandinsky*, 62~67, 87을 볼 것.

[68] Достоевский, *CC*, IV, 165.

[69] М. Кузмин, *Крылья: Повесть*, М., 1907. 당국이 그의 작품을 압수하려고 시도하는 바람에 그의 인기가 올라갔다. В. Иванов, "Veneris Figurae, стихи", *Весы*, 1907, январь, 16.

[70] (P. Pinkerton이 번역한) *Sanine*, NY, 1931. (A. Field이 번역하고 E. Simmons가 머리말을 쓴) *The Petty Demon*, NY, 1962.

[71] 쇼펜하우어에서 따온 인용구와 그가 투르게네프에게 영향을 주었다는 증거에 관해서는 A. Walicki, "Turgenev and Schopenhauer", *OSP*, X, 1962, 12를 볼 것. T. Seltzer, "Michael Artzybashev", *The Drama*, 1916, February, 1~12는 막스 슈티르너가 아르츠바셰프에게 준 영향을 지적한다(12).

[72] 『돈키호테』가 솔로구브에게 준 영향은 Замятин, *Лица*, NY, 1955에 있는 자먀틴의 뛰어난 평론에서 강조되며, John Curnos가 번역했고 *The Drama*, 1916, August, 346~384에 실려있으며 유용한 논문 John Cournos, "Fedor Sologub as Dramatist", *ibid.*, 329~345 앞에 있는 솔로구브의 희곡 「죽음의 승리」(Победа смерти)에서 훨씬 더 뚜렷하게 나타난다. Sidney Hyman의 뛰어난 『허접한 악마』 평론으로는 *NL*, 1962, September 3, 19~20을 볼 것.

[73] Сологуб, *CC*, П., 1913, XVIII, 3. 그 「전설」의 개요와 A. Field의 논의를 *SEEJ*, 1961, Winter, 341~349에서 볼 것. 더 상세한 텍스트 분석으로 J. Holthusen, *Fedor Sologubs Roman-Trilogie*, 's Gravenhage, 1960이 있다.

[74] F. Sologub, *The Sweet-Scented Name and Other Fairy Tales, Fables and Stories*, London, 1915, 155.

[75] *Ibid.*, 156.

[76] *Ibid.*, 134.

[77] Poggioli, *The Phoenix and the Spider: A Book of Essays about Some Russian Writers and Their View of the Self*, 173. 또한, 로자노프에 관한 좋은 기본 문헌 목록이 들어있는 Poggioli의 논문은 따로 *Rozanov*, NY, 1962로 재간행되어 있다.

[78] В. Розанов, *Легенда о Великом инквизиторе Ф. М. Достоевскаго*, П., 1906, (3-изд.), 81~83.

[79] Poggioli가 *The Phoenix and the Spider*, 162에서 사용한 용어.

[80] Maslenikov, *The Frenzied Poets*, 202에서 재인용.

[81] *Весы*, 1904, *No.No.* 5, 17~30; *Новый путь*, 1904, *No.No.* 1~3, 5, 8, 9; *Вопросы жизни*, 1905, №. 6~7; *Дионис и прадионисийство*, Баку, 1923. 또한 Л. Шестов, "Вячеслав Великолепный", *РМ*, 1916, *No.No.* 10, 80~111을 볼 것.

[82] Розанов, *Избранное*, 95~108.

[83] Л. Шестов, *Достоевский и Ницше: Философия трагедии*, П., 1903 (또한 독일어판, Köln, 1924). 이 두 인물을 비교하는 다른 저작이 1903년에 많이 간행 되었다. 예를 들어, М. Хейсин, "Достоевский и Ницше", *МБ*, 1903, июнь, 119~141과 А. Н. Смирнов 사제의 적대적인 연구서 *Достоевский и Ницше*, Казань, 1903을 볼 것. 니체의 영향은 블록에게 결정적이었다. 블록은 문화는 본래 음악적이며 세상은 "물화된 음악"에 지나지 않는다는 생각을 특히 니체의 『비극의 탄생』에서 물려받았다. R. Labry, "Alexandre Blok et Nietzsche", *RES*, XXVII, 1951, 특히 204~205를, *ЛЭ*, VIII, 105~108도 볼 것. 니체에 관해 벨릐이 가 쓴 일련의 논문을 *Весы*, 1908, *No.No.* 7, 8, 10에서 볼 것.

[84] *Добро в учении гр. Толстого и Ф. Ницше*, Berlin, 1923. 나중에 셰스토프는 파리 망명기 동안 키에르케고르를 대중화하고 그의 저작을 번역한 주요 러시아 인이 되었다. Шестов, *Киргегард и экзистенциальная философия (Глас вопиющаго в пустыне)*, Paris, 1939를 볼 것.

[85] А. З. Штейнберг, *Система свободы Ф. М. Достоевского*, Berlin, 1923.

[86] Gray, *The Russian Experiment in Art*, 90 ff.와 도판 73~74.

[87] *Ibid.*, 121 ff.

[88] Stravinsky, *Stravinsky: An Autobiograghy*, NY, 1936, 47.

[89] 이 상연물에 관한 지금까지 간행되지 않은 설명으로는 Gray, *The Russian Experiment in Art*, 308을 볼 것. *Ibid.*, 99와 「13번 카바레의 드라마」 도판 75; Poggioli, *The Poets of Russia*, 238~249도 볼 것. A. Ripellino, *Majakovskij e il teatro russo d'avanguardia*, Torino, 1959도 볼 것. 솔로구브는 자기의 「내게 예 배」(Литургия мне)에서 "자아미래주의자"들이 번성하고 있던 같은 시기에 일 종의 "자기 관능주의"를 제안한다. Сиповский, *Этапы русской мысли*, 109를 볼 것.

[90] 예를 들어, N. Evreinov, *The Theatre of the Soul: A Monodrama in One Act*, London, 1915, tr. by M. Potapenko & C. St. John을 볼 것.

[91] Gray, *The Russian Experiment in Art*, 193에서 재인용.

[92] И. Бабель, "Мама, Римма и Алла: Илья Исаакович и Маргарита Прокофьевна", *Летопись*, 1916, ноябрь, 32~44.

[93] René Fülöp-Miller, *Rasputin: The Holy Devil*, NY, 1928, 345와 절 전체, 321~368.

[94] Блок, *Дневник Ал. Блока (1911~1913)*, Л., 1928, II, 72; Maslenikov, *The Frenzied Poets*, 164~165; 신약성경 「요한계시록」, 12장 1~6절.

[95] 두드킨(А. Дудкин).[13] J. Catteau, "A Propos de la littérature fantastique: André Belyj, héritier de Gogol et de Dostoïevski", *CMR*, 1962, juillet-septembre, 372에 서 재인용. 연보라빛은 스크랴빈의 계획안에서 "프로메테우스적"인 색이었으며, 대개 백은시대의 탐미주의자가 좋아하는 색이었다.

[96] Пильняк, *Иван-да-Марья*, 1921. Mirsky, *Contemporary Russian Literature*, 309 에서 재인용.

[97] Замятин, "Икс", в кн.: *Нечестивые рассказы*, 1926. A. M. van der Eng-Liedmeir, *Soviet Literary Characters*, 's Gravenhage, 1959, 76에서 재인용.

[98] *2×2=5*, М., 1920; *Развратничаю с вдохновением*, М., 1921. 이 운동은 스스로 가 필시 에즈라 파운드(Ezra Pound)와 윈덤 루이스(Wyndham Lewis)의 영국 사 상주의에서 발전해 나왔다고 본 듯하다.

[99] В. Шершеневич, *Эстрадная архитектоника*, М., 1920. V. Zavalishin, *Early Soviet Writers*, NY, 1958, 135에서 재인용.

[100] 영어와 기타 서방국가 언어로 간행된 콜론타이의 수많은 저작에서 추린 발췌문 과 그 저작의 목록이 들어있고 콜론타이의 견해를 다룬 짧은 논구로 T. Anderson, *Masters of Russian Marxism*, 163~189를 볼 것. 현재의 논의에서 거론되는 논문 들은 А. Коллонтай, *Новая мораль и рабочий класс*, М., 1918; *Революция нравов чувств и революция*, М.-Л., 1923에 있는 (그리고 *Свободная любовь*, Рига, 1925에도 있는) "Любовь пчел трудовых"; 그리고 "Дорогу крылатому Эросу!", *Молодая гвардия*, 1923, № 3이다. *ЛЭ*, V, 384~385에 인용된 비평 문헌, 특히 Финоген Буднев, "Половая революция", *На посту*, 1924, № 1도 볼 것.

[101] 위에서 언급된 『일벌의 사랑』(Любовь пчел трудовых)에 있는 단편 「삼대의 사랑」(Любовь трех поколений)에, 그리고 Kollontai, *A Great Love*, NY, 1929 에도 나오는 딸이 이 유명한 이론을 확장한다. 이 단편작으로 일어난 논란에 관 해서는 L. Luke, "Marxian Woman: Soviet Variants", in E. Simmons, ed., *Through the Glass of Soviet Literature*, NY, 1961(염가보급판), 34 ff.을 볼 것

[102] Max Jakobson, *The Diplomacy of the Winter War*, Cambridge, Mass., 1961, 203~217, 272.

---

[13] 벨릐이의 소설 『페테르부르그』에 테러리스트 혁명가로 나오는 등장인물.

[103] O. Sayler, *Inside the Moscow Art Theatre*, NY, 1925, 112에서 재인용. 책의 한 절인 "Spanish Passion‐ and Russian", 106~124에서 이 상연물에 관한 논의와 삽화를 볼 것.

[104] Мочульский, *Владимир Соловьев*, 247 ff.

[105] *ЛЭ*, III, 321~322; Maslenikov, *The Frenzied Poets*, 25 ff.

[106] Ремизов, *Огненная Россия*, Ревель/Tallinn, 1921, 특히 71. 레미조프에 관한 간결한 논의는 Harkins, *Dictionary of Russian Literature*, 332~334에, 더 충실한 논의와 참고문헌은 *ЛЭ*, IX, 606~609에 있다. Vorob'ev, *M. K. Čiurlionis*, 82 ff. 허먼 번스타인의 유용한 머리말이 달린 L. Andreev, *Satan's Diary*, NY, 1920. 이 저작은 안드레예프가 1919년에 핀란드에서 죽기 바로 며칠 전에 탈고되었다. 초창기의 볼셰비키가 영감을 얻고자 현대 공업사회의 본보기로 미국을 바라본 것과 똑같이, 안드레예프 같은 보수주의자들은 미국을 물질만능주의를 옮기는 보균자로 보는 경향을 보였다. 같은 맥락에서 (노벨상을 받은 망명 작가이며 안 드레예프처럼 본디 사실주의 산문의 대가인) 이반 부닌(Иван Бунин)의『샌프란 시스코에서 온 신사』(Господин из Сан-Франциско)를 볼 것. 아마 나보코프의 『롤리타』도 보아야 할 것이다. 안드레예프의 사상에 관한 J. Woodward(*CSP*, VI, 1964, 59~79)와 H. Peltier-Zamoyska(*CMR*, 1963, juillet-septembre, 205~229)의 최근 논의도 볼 것.

[107] С. Яремич, *Врубель, Михаил Александрович: Его жизнь и творчество*, M., 1911; (편지와 회고록 등이 들어있는 문집) Яремич, *Врубель*, Л.-M., 1963; C. Gray, *The Russian Experiment in Art*, 18~21.

[108] 이바노프의 그림에 관한 비평적 의견도 극적으로 바뀌었다. 이동전람파가 이바 노프의 작품을 숭배하는 태도(Н. Машковцев, *Суриков*, 1960, 15~18)를 (다른 무엇보다도) 이바노프의 작품「사람들에게 나타나는 그리스도」의 제목을 "사람 들에게 가려 빛을 잃는 그리스도"(Затримение Христа народом)로 바꿔야 한다 고 제안하는 로자노프의 비판적인 반(反)인민주의적 태도("Александр Алексан- дрович Иванов", *Золотое руно*, 1906, ноябрь-декабрь, 3~6)와 대비할 것.

[109] A. Haskell, *Diaghileff: His Artistic and Private Life*, NY, 1935, 137에서 재인용. S. Lifar, *Serge Diaghilev, His Life, His Work, His Legend: An Intimate Biography*, NY, 1940, 111~117도 볼 것.

[110] 인용문과 논의를 V. Erlich, "The Dead Hand of the Future: The Predicament of Vladimir Mayakovsky", *ASR*, 1962, September, 433~440에서 볼 것. 또한, 솔로 구브의 문집『성당의 종소리』(Соборный благовест)의 제목에 주목할 것.

[111] Grohmann, *Wassily Kandinsky*, 404~405에 있는 그림을 볼 것. 유대인 지정 거주 지구가 해제되면서 생긴 심리적 동요 효과와 인물 그림에 반대하는 유대인의

유서 깊은 감정 등, 유대 문화의 영향도 제정 말기 문화의 종말론에 이바지했다. É. Szittya, *Soutine et son temps*, 1955, 13~22를 볼 것.

[112] (영어 번역본으로 모두 구할 수 있는) 그 3부작 안에서 특히 『표트르와 알렉세이』(Петр и Алексей)의 후기를 볼 것. C. H. Bedford, "Dmitry Merezhkovsky, the Intelligentsia and the Revolution of 1905", *CSP*, III, 1959도 볼 것. 혁명 진영의 위기도 사회주의자혁명가 보리스 사빈코프가 프세볼로드 롭신(Всеволод Ропшин)이라는 가명으로 1905년에 펴낸 (영어판으로는 1917년에 더블린에서 나온) 작품 『창백한 말』(Конь бледный)의 444~461에서 일종의 묵시적 사건으로 표현된다. 혁명에 관한 사빈코프의 다른 유명한 혁명담 『없던 것』(То, чего не было, 영어 번역본은 *What Never Happened*, NY, 1917)은 "햄릿 문제"의 새로운 논의를 촉진했다. Е. Колтоновская, "Быть или не быть?", *РМ*, 1913, № 6, 24~40을 볼 것.

[113] 벨릐이에 관해서는 Maslenikov, *The Frenzied Poets* 외에 K. Mochulsky, *Andrei Bely*, Paris, 1955와 *ЛЭ*, I, 422~429를 볼 것.

[114] "Грядущие гунны", в кн.: Брюсов, *Стихотворения и поэмы*, Л., 1961, 278~279. (R. Poggioli, "Qualis Artifex Pereo! or Barbarism and Decadence", in *Harvard Library Bulletin*, XIII, 1959, Winter, 135~159에서 분석되고) 인류의 완전한 파멸을 묘사하는 그의 1904년 작 희곡 「지구」(Земля)와 미래의 유토피아 도시에 마침내 다가온 종말을 이야기하는 V. Bryusov, *Republic of the Southern Cross*, London, 1918도 종말론적 기조에 있다.

[115] Bely, *Petersburg*, NY, 1959를 볼 것. 그의 초기작 "Апокалипсис в русской поэзии", *Весы*, 1905, № 4, 11~28도 볼 것.

[116] Белый, "Христос воскрес", *Стихотворения*, Berlin, 1923, 347~371.

[117] 문집 *Сергей Есенин*, М., 1958, 107~109에 있는 "Певучий зов". 논의 P. Pascal, "Esenine, Poète de la campagne russe", *OSP*, II, 1951, 55~71을 볼 것.

[118] 모든 작품은 Н. Клюев, *ПСС*, NY, 1954, в 2 т.에 들어있다. 「해를 나르는 사람 찬가」는 I, 381~383에, 「제4의 로마」는 II, 85~90에, 「레닌」은 I, 414~423에 있다.

[119] 예를 들어, 베르댜예프가 외국으로 이주하기 전에 러시아에서 펴낸 마지막 두 책인 *Конец ренессанса*, П., 1922와 *Освальд Шпенглер и закат Европы*, М., 1922를 볼 것.

[120] Reeve, *Aleksandr Blok*, 102~104; Блок, *Сочинения*, I, 102~103.

[121] Л. Андреев, "Проклятие зверя", *ПСС*, П., 1913, VIII, 144, 114.

[122] Клюев, *Песнь солнценосца*, Berlin, 1920의 부제.

[123] Есенин, "Сорокоуст", (1920) в кн.: *Сергей Есенин*, 154~156.

[124] С. Клычков, *Последный Лель*, Харьков, 1927. *ЛЭ*, V, 323에서 재인용. 그리고 В. Хлебников, "Журавль". Марков, *Хлебников*, 63에서 재인용.

[125] "Город, город, под тобой и земля не похожа на землю⋯Убил, утрамбовал ее сатана чугунным копытом, укатал железной спиной, катаясь по ней, как катается лошадь по лугу в мыле⋯" С. Клычков, *Последний Лель*. *ЛЭ*, V, 323에서 재인용.

[126] "Видели ли вы,/ как бежит по степям,/ В туманах озерных кроясь,/ Железной ноздрей храпя,/ На лапах чугунных поезд?/ А за ним/ по большой траве,/ Как на празднике отчаянных гонок,/ Тонкие ноги закидывая к голове,/ Скачет красногривый жеребенок?" Есенин, "Сорокоуст", (1920) в кн.: *Сергей Есенин*, 155.

[127] В. Иванов, *Бронепоезд № 14~69*, М., 1922 (*Armoured Train 14~69*, London, 1933); В. Пильняк, *Голый год*, М.-П., 1923 (2-е пересмот. изд.,초판은 1920년); *The Naked Year*, NY, 1928, 특히 제5장 「죽음」, 233과 ff.; 연감 *Круг*, М.-П., 1923에 있는 Н. Никитин, "Ночь."

[128] Poggioli, *The Phoenix and the Spider*, 173에서 재인용.

[129] В. Розанов, *Около церковных стен*, П., 1906, в 2 т.

[130] 로자노프의 묵시록을 조금 축약한 판이며 V. Pozner와 B. Schlözer가 번역하고 Schlözer의 유용한 머리말이 달린 *L'Apocalypse de notre temps précédé de Esseulement*, 1930, 277, 173~281에서 재인용.

[131] V. Markov, *The Longer Poems of Velimir Khlebnikov*, 27에서 논의된 흘레브니코프의 희곡 「끝에서부터의 세상」(Мирсконца); (흘레브니코프와 알렉세이 크루초니흐(Алексей Крученых)가 공저자이며 1912년과 1913년에 차례로 펴낸) 시 「지옥에서 하는 놀이」(Игра в аду)는 Markov, 83~86에서 더 길게 논의된다.

[132] Замятин, *Мы*, NY, 1952, 197. (G. Zilbourg가 번역한) *We*, NY, 1959(염가보급판)으로도 구할 수 있다. M. Hayward, "Pilnyak and Zamyatin: Tragedies of the Twenties", *Su*, 1961, April-June, 85~91과 D. Richards, *Zamyatin: A Soviet Heretic*, NY, 1962도 볼 것.

[133] Замятин, "Пещера", in G. Struve, *Russian Stories*, NY, 1961(염가보급판), 292 (영어 번역문이 러시아어 원문과 유용한 설명주의 맞은편에 있다). Пильняк, "Машины и волки", (1923~1924) *СС*, М.-Л., 1930, II; "Мать сыра-земля", (1927) *СС*, 1929, III, 17~75; P. Wilson, "Boris Pilnyak", *Su*, 1963, January, 134~142. (1922년에 쓰였고 수정판으로 보이는 1924년 모스크바판에 수록된) Леонов, "Конец мелкого человека", в кн.: *СС*, М., 1960, I, 197~273. 필냑이 옛 러시아에 품은 관심은 그의 초기 저작에서 우세했다. В. Ковалев, *Творчество Леонида*

Леонова, М.-Л., 1962, 38~42에 있는 레오노프 초기 시절 분석으로 판단컨대, 레오노프가 지속해서 개인적 관심을 품었던 인물인 아바쿰의 저작에서 추린 발췌문이 있는 작품을 포함해서 이 시기에 나온 레오노프 중요한 미간행 작품들이 존재한다. 자먀틴의 『우리』가 올더스 헉슬리(Aldous Huxley)의 『멋진 신세계』를 예기한다면, 그의 『동굴』도 어느 모로는 『원숭이와 본질』(Ape and Essence)을 예기한다.

[134] E. Замятин, *Лица*, 249. 이 논문은 247~256에 수록되어 있으며, 이제는 영어 번역판으로 W. Vickery, *PR*, 1961, № 3~4, 372~378에서 구해 볼 수 있다.

[135] 1928년에 운문으로 주요 부분이 탈고되었지만 간행되지는 않은 『아틸라』에 관해서는 알렉세이 레미조프가 쓴 자먀틴 부고 "Стоять — негасимою свечою", *СЗ*, LXIV, 1937, 특히 429; *Наводнение*, Л., 1930을 볼 것. W. Edgerton, "The Serapion Brothers: An Early Soviet Controversy", *ASR*, 1949, February, 47~64와 자먀틴이 스탈린에게 써보냈고 *Лица*, 280에 있는 1931년 6월 자 편지도 볼 것.

　(상당 정도로 자먀틴이 그랬듯이) 마르크스-레닌주의에 전혀 관심이 없는 사람 사이에서조차 퍼져 있었던 종말론을 보여주는 러시아 혁명 직후 시기의 다른 문학 작품으로는 필냑의 1919년 작 소설 『천 년』(Тысяча лет, *СС*, 7~14)과 С. Григорьев, *Пророки и предтечи последнего завета: Имажинисты Есенин, Кусиков, Мариенгоф*, М., 1921을 볼 것.

[136] *Лица*, 8. 유명한 논문 "Я боюсь", *Дом искусств*, 1920, № 1에서 재인용.

[137] *Лица*, 251~252.

[138] 바그너는 자기의 「트리스탄과 이졸데」에 나오는 "사랑의 죽음"을 하나의 페어클레룽(Verklärung, 변용)으로 일컬었다. 죽음과 변용(Tod und Verklärung)은 리하르트 슈트라우스(Richard Strauss)의 가장 다채로운 음시 가운데 하나의 제목과 주제가 되었다.

[139] 예를 들어, Reeve, *Aleksandr Blok*, 162~163에서 논의된 블록의 「살별」(Комета)을 볼 것. Д. Савятский, *Страшный суд как астральная аллегория (Историко астрономический экскурс в область христиаской иконографии)*, П., 1911, 47~48.

[140] Reeve, *Aleksandr Blok*, 42~44. 또한 A. Kuprin, "Hamlet", in *A Slav Soul*, London, 1916, 72~93을 볼 것.

[141] 이 공연물들에 관한 설명과 도판을 Sayler, *Inside the Moscow Art Theatre*, 165~172에서 볼 것. 라에르테스(Laertes)[14]와 왕비는, 겉보기에는, 두 진영 사이

---

[14] 「햄릿」에서 오필리아의 오빠로 나오는 등장인물.

에서 동요하는 것으로 묘사되었다. 연기하는 배역의 성격 전체에 감정적으로 푹 빠져들어야 한다는 체호프의 연기 철학에 관해서는 *To the Actor: On the Technique of Acting*, NY, 1953을 볼 것. 그리고 (C. Leonard가 수집하고 편집한) *To the Director and Playwright*, NY, 1963도 볼 것.

[142] Горький, *Исповедь*, Berlin, 1908, 196. К. Бальмонт, *Будет как солнце*, 1903; А. Ремизов, *Посолонь*, 1907.

[143] "Бери свой челн, плыви на дальний полюс/ В станах из льда···/ И к вздраг- иваньям немедленного хлада/ усталую ты душу приучи,/ Чтоб было *здесь* ей ничего не нодо,/ Когда *оттуда* ринутся лучи." Блок, *СС*, М.-Л., 1960, III, 189.

[144] "···вспоем/ у мира в сером хламе./ Я буду солнце лить свое,/ А ты-свое стихами/ ···Светить всегда,/ светить везде,/ до дней последних донца, светить − / и никаких гвоздей!" Maiakovsky, *The Bedbug, and Selected Poetry*, NY, 1960, 142~143(맞은편에 있는 러시아어 원문을 바탕으로).

[145] "А над нами солнце, солнце, и солнце./ ···Солнце − наше солнце!/ Довольно! ···./ Игру новую играйте! В круг!/ Солнцем играйте. Солнце катайте. Играйте в солнце!" Маяковский, *ПСС*, М., 1956, II, 240. 이 찬가는 1920~1921년에 쓰였고 제3인터내셔널의 한 회의에서 발표된 더 노골적인 프로파간다용 「미스 테리야-부프」 두 번째 판에서는 빠져 있다. 그러나 거기에서 공산당 지도부는 "세상의 사원 속 태양 숭배자들"(солнцепоклонники у мира в храме, *ibid.*, 354) 로 일컬어진다. 「미스테리야-부프」 두 번째 판의 영어 번역으로는 Noyes, ed., *Masterpieces of the Russian Drama*, 801~881에 있는 Noyes와 A. Kaun의 번역을 볼 것. *Собрание произведений*, I, 285~286에서 "해를 깨우리라"는 흘레브니코 프의 결의도 볼 것. 그리고 「푸른 사슬」의 끝, 즉 "물결 철썩이는, 계속 철썩이는 푸른 소리/ 푸른 섬광 속에서 온 세상이 사라졌다"(Зеленый плеск и переплеск − / И в синий блеск весь мир исчез), *ibid.*, 303에서 열반과도 같이 공간에서 이루어지는 소멸이라는 황홀한 암시도 볼 것.

[146] Meierhold, "The Booth", *The Drama*, 1917, May, 205.

[147] Markov, *The Longer Poems of Velimir Khlebnikov*, 16에서 재인용.

[148] Roger Fry, "Russian Icon Painting from the Western-European Point of View", in Farbman, ed., *Masterpieces*, 58, 38. 또한 G. Mathew, "The Harmony of Colors"(in Mathew, *Byzantine Aesthetics*, London, 1963, 142~161)의 탁월한 부분 을 볼 것. 이 글의 주장은 자주 칸딘스키의 예술상의 "영성"과 두드러지게 유사 해 보인다.

[149] Maiakovsky, *The Bedbug*, 142~143.

[150] B. Souvarine, *Stalin: A Critical Survey of Bolshevism*, NY, 1939, 259~260에서는 다르게 바꿔 표현된 멘셰비키 당원 라파일 아브라모비치(Рафаил Абрамович)의 강제 공업화 프로그램 특징 묘사.

02. 소비에트 시대

[1] 소비에트 시대 초기의 수많은 문학 유파에 관해서는 G. Struve, *Soviet Literature*; Zavalishin, *Early Soviet Writers*; H. Ermolaev, *Soviet Literary Theories 1917~1934*, Berkeley-Los Angeles, 1963에서 관련 부분을 볼 것. 스탈린 이전 소련의 연구서 두 권인 П. Коган, *Литература великого десятилетия*, М.-Л., 1927과 В. Полонский(В. Гусин의 가명), *Очерки литературного движения революционной эпохи*, М.-Л., 1929 (2-е изд.)도 볼 것. 개략적 연구인 M. Hayward, "Soviet Literature 1917~1961", *PR*, 1961, May-June, 333~362도 볼 것.

[2] А. Толстой, *ПСС*, М., 1947, V에 있는 "Голубые города" (1925년).

[3] 유용한 자료집 *Le Théâtre Juif dans le monde*, 1931, 70~71에 있는 N. Gourfinkel, "Habima et le kamerny juif". 1920년대의 문화 환경에 관한 추가 논의로 Gourfinkel, *Le Théâtre russe contemporain*, 1931도 볼 것. 특히 눈에 보이는 듯 선한 오데사 묘사로 Gourfinkel, *Naisssance d'un monde*, 1953, 9~25도 볼 것.
　　에렌부르그의 초기 작품 가운데에서 격동하는 유럽에서 정처 없이 떠도는 한 유대인에 관한 (1927~1928년에 파리에서 쓰인) 이야기 *The Stormy Life of Lasik Roitschwantz*, NY, 1960을 볼 것. 동유럽 이디시 문화의 마지막 융성과 이디시 문화가 소비에트 문학 전체에 남긴 유산에 관해서는 E. Schulman, "Die Sowjetische-Yiddische Literatur, 1918~1948", in *The Jewish Book Annual*, IX, 1950~1951을 볼 것. C. Szmeruk, "Soviet Jewish Literature: The Last Phase", *Su*, 1961, April~June, 71~77; 그리고 (그 "마지막 국면" 이후 이디시 문화 활동의 분출에 관해서) *NL*, 1963, February 4, 6~7을 볼 것.

[4] Gourfinkel, "Habima et le kamerny juif", 71. 1909~1910년에 백러시아에서 창단된 하비마 극단은 1916년에 모스크바에서 다시 만들어져 10년 동안 꾸준히 공연했고, 1926년에 러시아를 떠나 결국은 이스라엘에 영구 정착했다.

[5] V. von Wiren, "Zoshchenko in Retrospect", *RR*, 1962, October, 348~361, 특히 353. (소중하기 이를 데 없는 아카데미아Academia 출판사 판 조쉔코 초기 작품집인) Зощенко, *Статьи и материалы*, Л., 1928도 볼 것. H. McLean, ed. & intr., *Nervous People, and Other Satires*, NY, 1963도 볼 것. 일프와 페트로프에 관해서는 M. Friedelberg가 쓴 머리말이 달린 Ilf and Petrov, *Twelve Chairs*, NY,

1961(염가보급판)을 볼 것.

[6] W. Kolarz, *Religion in the Soviet Union*, London, 1961, 287~291. 또한 Бонч-Бруевич, *Из мира сектантов: Сборник статей*, М., 1922를 볼 것. 주목을 받지 못했던 이 대단한 인물의 충실한 전기는 *Владимир Дмитриевич Бонч-Бруевич*, М., 1958에 달린 Г. Петровский의 머리말로 제공된다.

[7] E. Brown, "Voronsky and Pereval", *Su*, 1961, April~June, 92~98; R. Ahlberg, "Forgotten Philosopher: The Work of Abram Deborin", *Su*, 1961, July~September, 79~89.

[8] 초기의 몇몇 급진적 교육개혁 계획안에 관해서는 *Народный комиссариат прос-вещения 1917~1920: Краткий отчет*, М., 1920을 볼 것.

[9] А. И. Назаров, *Очерки истории советского книгоиздательства*, М., 1962에 나오는 수치. 옥스퍼드 대학 성 앤터니 칼리지(St. Antony College)에서 1957년 7월에 열린 "소련 사회의 변화"에 관한 학술대회에서 발표된 M. Hayward, "Potentialities for Freedom", 2쪽, 주 2에서 재인용. 이념상의 전환점으로서 1920년 중엽이 지니는 중요성에 관해서는 이 시기에 관한, 그리고 부하린과 (펠릭스 제르진스키Феликс Дзержинский처럼 의외의 동지들도 소속된) 볼셰비키 "우익 반대파"의 결정적인 기반 상실에 관한 유용한 분석을 볼 것. N. Valentinov, *CS*, 1962, novembre-décembre; 1963, janvier-février, mars-avril를 볼 것. Souvarine, *Stalin*과 R. Daniels, *The Conscience of the Revolution: Communist Opposition in Soviet Russia*, Cambridge, Mass., 1960도 볼 것.

[10] 이 저널의 창간이 지닌 중요성과 이 저널이 해야 할 역할에 관한 초기 논쟁의 중요성이 P. Sorlin, "La Crise du parti communiste bolchevik et les débuts du 'Bol'ševik' (avril 1924 ~ avril 1925)", *RHMC*, 1962, avril-juin, 81~110에서 강조된다.

[11] 제16차 소련 공산당 대회에서 스탈린이 1930년 6월 27일에 한 보고. Stalin, *Works*, Moscow, 1955, XII, 314. 또한 394의 주 36을 볼 것. 1920년대 시인들의 사망에 관한 고전적 추모사로는 Р. Якобсон, "О поколении, растратившем своих поэтов", в кн.: *Смерть Владимира Маяковского*, Berlin, 1931을 볼 것.

[12] П. Стучка, "Три этапа советского права", *Революция права*, 1927, № 4, 7. G. Kline, "Socialist Legality and Communist Ethics", *NLF*, VIII, 1963, 24에서 재인용. 또한 23, 주 6에 인용된 저작들과 J. Hazard, ed., *Soviet Legal Philosophy*, Cambridge, Mass., 1961에 있는 소련 법학자 저술 발췌문을 볼 것. 1929~1930년에 시작된 통계학자와 과학자의 숙청에 관해서는 L. Labedz, "How Free Is Soviet Science", *Commentary*, 1958, June을 볼 것.

[13] Stalin, *Works*, XII, 380~381 (저자가 조금 고쳐서).

[14] А. Залкинд, *Очерки-культуры революционного времени*, М., 1924, 59. R. Bauer, *The New Man in Soviet Psychology*, Cambridge, Mass., 1959, 73에서 재인용.

아론 잘킨드(Арон Залкинд)는 공산당 선동선전국과 1920년대 소련에서 성행한 아동학 관련 대회와 저널을 조직하는 업무에서 활동한 공산당 소속 주요 교육이론가였다(Bauer, 85). 1930년대에 나타난 프로이트에 대한 반발은 1904년에 노벨상을 받았고 1936년까지 생존한 이반 파블로프의 결정론 학파의 유행으로 되돌아갔다는 표시였다. Bauer의 저작 외에도 J. Wortis, *Soviet Psychiatry*, Baltimore, 1950, 72~81; B. Simon, ed., *Psychology in the Soviet Union*, Stanford, 1957; Х. Коштоянц, *Очерки по истории физиологии в России*, М.-Л., 1946; *Русская физиологическая школа и ее роль развитии мировой науки*, М., 1948을 볼 것. 파블로프 스스로는 자기가 초기에 견지한 생리결정론이 소비에트 공식 교의가 되고 있던 바로 그때, 얄궂게도, 그것을 넘어서고 있었다는 증거에 관해서는 Н. Нижальский, "Эволюция Павлова", *НЖ*, LXV, 1961, 248~254를 볼 것.

[15] 또한 잘킨드의 발언을 Bauer, *The New Man in Soviet Psychology*, 99에서 재인용. 새 노선에 따르려는 잘킨드의 노력은 그가 1930년대 중엽에 틀림없이 숙청의 제물로 사라졌기 때문에 성공하지 못한 듯하다.

[16] Stalin, *Works*, XII, 197~205. 1930년 3월 2일 자 연설. 이 시기 동안 포크롭스키와 아베르바흐가 각자 자기의 지적 영역에서 누린 권세에 관해서는 각각 P. Aron, "M. N. Pokrovskii and the Impact of the First Five-Year Plan on Soviet Historiography", in Curtiss, ed., *Essays in Russian and Soviet History*, 283~302와 E. Brown, *The Proletarian Episode in Russian Literature*, 1928~1932, NY, 1953을 볼 것.

[17] Stalin, *Works*, XIII, 67~75. "소비에트 신인텔리겐치야"라는 실제 표현은 더 뒤에 쓰이게 되었지만, 그 착상은 여기에 뚜렷하게 들어있다. 기술 훈련을 받은 모든 지식인을 선별적으로 존중하는 태도를 제16차 당대회 보고서에 나타난 반(反)지식인적 태도(*Works*, XII, 311)와 대조해볼 것.

[18] Stalin, *Leninism*, London, 1940, 490. 1935년 5월 4일 자 연설.

[19] 여러 언어를 구사하는 프랑스의 급진적 페미니스트 이네사 아르만드(Инесса Арманд)와 레닌의 다정한 관계에 관해서는 L. Fischer, *The Life of Lenin*, NY, 1964; S. Possony, *Lenin: The Compulsive Revolutionary*, Chicago, 1964, 118 ff.; B. Wolfe, "Lenin and Inessa Armand", *ASR*, 1963, March, 96~114를 볼 것. 그가 아르만드와 맺은 관계는 레닌에 관한 소련의 역사서술을 지배해온 철저한 감정

억제와 청교도적 사명감이라는 이미지를 얼마간 허물어뜨린다. 이네사 아르만드 자신의 삶에 관해서는 한 프랑스 공산주의자의 찬양 일변도 서술인 J. Fréville, *Inessa Armand: Une grande figure de la révolution russe*, 1957을 볼 것. 레닌의 삶에 나타나는 감성적 측면에 관한 다른 몇몇 언급이 H. Валентинов, *Встречи с Лениным*, NY, 1953에 있다.

[20] 지향점이 바뀐 성 충동이 레닌 내면의 발전에서 중요한 역할을 하고 억제된 동성애가 볼셰비즘의 공격적 남성성의 한 원인이 되었을 가능성을 N. Leites가 제시하고 D. Bell이 "Ten Theories in Search of Reality", in Bell, *The End of Ideology: On the Exhaustion of Political Ideas in the Fifties*, NY, 1962, 2d rev. ed., 326~337에서 간결하게 논의한다.

[21] Lenin, "What the 'Friends of the People' Are and How They Fight the Social Democrats", (1894) *SW*, London, 1939, XI, 635.

[22] *Ibid.*, 606.

[23] 이 "볼가 마르크스주의"와 레닌이 이것과 초기에 한 접촉에 관해서는 S. Utechin, "The 'Preparatory Trend' in the 1880's", *SAP*, 12, 1962, 7~22. 레닌주의의 비(非)마르크스주의적 자코뱅 기원에 관해서는 S. Utechin, "Who Taught Lenin?" *The Twentieth Century*, 1960, July, 8~16에서 흥미로운데 무시된 레닌주의의 선행 형태가 오가료프에 있다는 점이 지적된다. M. Karopovich, "A Forerunner of Lenin: P. N. Tkachev", *RP*, 6, 1944, 346~350에서는 트카초프가 지목된다. V. Varlamov, "Bakunin and the Jacobins and Blanquists as Evaluated by Soviet Historiography", *RPSR*, 79, 1955는 소련 역사가들이 혼란을 많이 겪은 뒤 우여곡절 끝에 레닌주의와 더 앞 시기 자코뱅 사이의 모든 연계를 부정하는 현재의 노선에 어떻게 안착했는지를 보여준다.

[24] *Накануне*, 1901, февраль. Mosely, ed., *Soviet Union*, 1922~1962, 26~32에 있는 체르노프의 탁월하고 간결한 레닌 정치 부고도 볼 것.

[25] Л. Троцкий, *Наши политические задачи*, Geneva, 1904, 54에 있는 "프롤레타리아트에 대한 독재"라는 제목의 마지막 절에서. I. Deutscher, *The Prophet Armed: Trotsky 1879~1921*, NY, 1954, 90에서 재인용.

[26] 1917년의 쿠데타 직전에 쓰인 『국가와 혁명』에서 주로("소멸"을 다루는 핵심 구절은 Lenin, *SW*, Moscow, 1951, Part I, 213~220, 284~292에 있다). 국가 소멸 개념에 관한 최근의 논의로는 "국가의 소멸"이라는 논제 아래 *Su*, 1961, October, 63~69에 실린 논문 세 편을 볼 것. Ленин, *Сочинения*, M., 1962, 5-е изд., XXXIII에 있는 주와 논의도 볼 것.

프롤레타리아 독재 개념은 마르크스가 1876년에 『고타강령 비판』에서 상세히 다듬었고 레닌이 「프롤레타리아트와 농민의 혁명적 민주주의 독재」라는 제목의 논문(Ленин, *Сочинения*, М., 1962, 5-е изд., X, 20~31)에서 재정의했다. 1917년 이전에 레닌이 쓴 그 용어의 용법은 R. Carew-Hunt, *A Guide to Communist Jargon*, NY, 1957, 62~65에 있는 프롤레타리아 독재 개념 논의에서 간과된다. 이 논의는 그렇지 않았더라면 유용했을 것이다.

[27] Lenin, *The Proletarian Revolution and the Renegade Kautsky* (1918), in *SW*, London, 1937, VII, 123. 여기서 레닌은 일반적인 "독재"를 언급하고 있지만, 그 특징 묘사는 심지어 그가 옹호하고 있는 신성화된 형태에조차 적용되어야 한다.

[28] 레닌이 — 19세기에 널리 쓰였지만 19세기 말엽과 20세기 초엽에는 시류에 맞지 않아 사실상 잊혀진 — 이 용어를 되살려낸 시기는 1915년에 부하린과 함께 단명한 저널 『공산주의자』를 펴낼 때인 듯하다. 1918년 3월에 새 이름을 공식 채택한 것은 레닌이 "개량주의적" 사회민주주의 전통과 돌이킬 수 없이 갈라섰음을 극적으로 표현하는 수단이었다. 그리고 코민테른에 가입해 있는 모든 당은 회원 조건으로서 "공산당"이라는 명칭을 (1920년의 제2차 코민테른 대회까지) 채택하라는 요구를 받았다. 이것은 그 당들이 제2인터내셔널 전통을 부인한다는 확연한 과시였다.

[29] Lenin, *What Is to Be Done?* (1902), NY, nd(염가보급판), 131. S. Utechin이 쓴 유용한 머리말이 달린 새 번역판(Oxford, 1963)도 볼 것.

[30] Ленин, *Сочинения*, М., 1935, 3-е изд., I, 276에 있는 스트루베 비판에서.

[31] *What Is to Be Done?* 105~106. 사용된 용어는 직역하면 "일소되다"인 스티랏차(стираться)이다. 비록 나중에 소련 시절에 이루어진 억지 해석 탓에, 그리고 심지어는 혁명적 인텔리겐치야의 사상을 "노동자 운동의 자연발생적 성장과 매우 별개로" — 소베르셴노(совершенно), 즉 "완전히" 대신에 매우라는 약한 낱말을 사용하고 있다(*SW*, II, 53) — 발전하는 것으로 언급하는 『무엇을 할 것인가?』의 공식 소비에트 번역에 있는 미묘한 차이 탓에 요점이 조금 흐려질지라도, 레닌은 인텔리겐치야로부터의 지도를 노동자에게 제공하는 것의 중요성을 충분히 인식했다(E. H. Carr, *The Bolshevik Revolution*, London, I, 16~17에 있는 논의를 볼 것).

[32] *What Is To Be Done?*, 101.

[33] *Two Tactics of Social Democracy in the Democratic Revolution* (1905) in *SW*, III, 293~302. 이 저작은 『무엇을 할 것인가?』가 사회혁명의 발전에서 "자연발생성"에 반대하는 것만큼 거세게 "대중추수주의"에 반대했다. 『무엇을 할 것인가?』는 여기서 논의되는 유명한 저작뿐 아니라 덜 유명한 많은 소책자의 제목이기도 했다. 예를 들어, В. Базанов, "Александр Ливанов и его трактат 'Что делать?'" *РЛ*, 1963, № 3, 109~138을 볼 것.

[34] 하나의 혁명이 다른 또 하나의 혁명으로 "성장전화"한다는 이론은 동유럽에서 혁명을 제대로 이끌 부르주아지의 역량에 관한 오데사 태생의 독일사회민주당원

알렉산드르 겔판드(Александр Гельфанд, 파르부스Парвус)의 비관론에서 유래
한 듯하며, 1904~1905년의 혁명적 위기 동안 트로츠키의 저술에서 결정적으로
정교해졌고 1917년의 초기 몇 달 동안 레닌에게서 뒤늦었지만 열렬한 인정을
얻었다.

독점 금융자본주의의 성장을 통해 제국주의가 발달한다는 레닌의 분석
(*Imperialism, the Highest Stage of Capitalism*, 1916, in *SW*, V, 3~122)은 주로
서방의 경제학자(루돌프 힐퍼딩Rudolf Hilferding, 존 홉슨John Hobson)에게서 비
롯되었다. 자본주의 지도자들은 그저 "쿠폰을 잘라 쓰기"만 하면서 대중을 전쟁
으로 이끌지만 무의식적으로 식민지 피억압 민족이 서방의 프롤레타리아트와 함
께 나란히 혁명적 역할을 할 혁명적 구원이 세계에 일어나도록 만들 "짐승"이라
는 의사(擬似)계시록적 개념은 대체로 로자 룩셈부르크(Rosa Luxemburg)에게
서 비롯되었으며, 1920년의 제2차 코민테른 대회에서 채택된 민족 문제와 식민
지 문제에 관한 테제 안에 편입되었다.

[35] 『프라브다』 1917년 4월호 논설 제목. Ленин, *Сочинения*, M., 1962, 5-е изд.,
XXXI, 304.

[36] P. Tkachev, *Offener Brief an Herrn Friedrich Engles*, Zürich, 1874. (지은이가
조금 고쳐서 "интеллигентная"를 "인텔리겐치야의"가 아니라 "인텔리겐치야 위
주의"로 옮겨서) G. Plekhanov, "Our Differences" (1884) in *Works*, 179에서 재인
용. 레닌이 플레하노프와 갈라선 원인 가운데 하나가 이 저작과 그 뒤의 저작에
서 플레하노프가 트카초프를 상대로 취한 거의 철저한 반대 입장이었다.

[37] Lenin, *SW*, VII, 3~112 (특히 43~54와 78~94).

[38] 도스토옙스키의 『미성년』에 나오는 안드레이 베르실로프(Андрей Версилов)[15]
의 (그리고 『악령』에 나오는 스타브로긴의 고백에서 다른 형태로 되풀이되는)
꿈으로부터. (두 작품은 모두 다 드레스덴 화랑에 있는 클로드 로랭의 「아키스와
갈라테이아」에서 영감을 얻었다.)

[39] Billington, "The Intelligentsia and the Religion of Humanity", 818~819와
Billington, "The Bolshevik Debt to Russian Populism", *Occidente*, 1956,
July~August, 319~328을 볼 것.

[40] "인민의 적"이라는 용어가 소비에트 연방에서 널리 쓰이게 되기 거의 40년 전에
"인민의 의지"의 공식 간행물이 그 용어를 썼던 것과 똑같이, "인민민주주의"라
는 용어는 소비에트 제국에서 쓰이기 40년 이상 전인 1903년의 제2차 사회민주

---

[15] 도스토옙스키의 소설 『미성년』에서 주인공 아르카디 돌고루키(Аркадий Долгор-
укий)의 아버지로 나오는 등장인물.

당 대회의 공식 기록에 들어있다. 나중에 레닌의 개인 비서가 되는 본치-브루예비치는 주목을 받지 못한 대단한 연설 「러시아의 교회 분열과 분파교」에서 러시아 제국의 핍박받은 이견 종파와 공동 행동을 하자고 주장하면서 그 용어를 사용했다. 인민주의자 못지않게 볼셰비키도 이 이견 종파를 동맹자로 끌어들일 수 있다고 생각했고, 이 캠페인을 지원하기 위해 특별한 사회민주당 저널 『새벽』(Рассвет)을 창간할 권한을 본치-브루예비치에게 주었다. 본치-브루예비치는 그 이견 세력의 특징을 "부르주아 민주주의"와 관계를 끊는 데 관심을 가진 "인민민주주의 인자"로 규정했고 사회민주당이 "인민민주주의를 이루는 수백만 명의 정치 의식의 성장"을 지원할 수 있다고 주장했다. (*Рассвет*, Geneva, 1905, № 6~7, 173에 있는 그의 대회 보고서 원문에서.) 그 저널은 몇 호밖에 나오지 않았지만, 그 캠페인에 관한 낙관적 보고서가 여럿 있었다(№ 3, 72~78).

본치-브루예비치는 핀란드에서 오랫동안 살았고 (1917년에는 레닌에게 피난처를 제공했으며) 코민테른 이념가이자 오랫동안 핀란드 공산주의의 망명 지도자였던 오토 쿠우시넨(Otto Kuusinen)을 알았다. 쿠우시넨은 1944년의 핀란드 공산당 강령에서 "프롤레타리아 독재"에 대한 인정된 대안으로 널리 쓰이도록 "인민민주주의"라는 용어를 도입했다. 이 용례는 (본치-브루예비치의 용례와 마찬가지로) 제2차 세계대전 이후 "인민민주주의" 개념 연구에서 간과된다. 그렇지 않았더라면 유용했을 그런 연구로는 (이 용어가 "1945년에야 비로소 나타났다"고 분명하게 단언하는) M. H. Fabry, *Théorie des democraties populaires*, 1950, 11과 (더 시험적으로 1945년의 유고슬라비아 용례로까지 추적하는) Z. Brzezinski, *The Soviet Bloc: Unity and Conflict*, NY, 1961, rev. ed., 25, 그리고 G. Skilling, "People's Democracy and Socialist Revolution: A Case Study in Communist Scholarship", *SSt*, 1951, July, October가 있다.

[41] 공산주의 이념가들이 대개 인텔리겐치야가 별개의 계급이나 계급 이해관계를 넘어서는 집단임을 계속 부인하는 동안에 인텔리겐치야는 사실상 노동자와 농민과 더불어 "진보적 인류"라는 제3의 범주가 되어 있었다. 이 점은 망치를 든 남자와 낫을 든 두 번째 남자와 함께 나란히 책을 들고 있는 남자를 보여주는 포스터에서 알 수 있다. 1952년의 제19차 당대회에서 채택된 소련 공산당의 정의는 "노동계급, 근로 농민, 근로 인텔리겐치야의 사람들로 조직되고 생각이 같은 공산주의자들의 자발적인 전투 동맹"(*For a Lasting Peace! For a People's Democracy!*, August 23, 1952, 3)이다. 흐루쇼프는 자기의 집권기 동안 "근로하는"(трудовая)이라는 수식형용사 없이 "노동자, 농민, 인텔리겐치야"라는 3대 용어를 사용했다 (예를 들어, 그가 루마니아의 그리비차 로셰Grivița Roșie 공장에서 1962년 6월 19일에 한 연설을 볼 것). 때때로 (B. Платковский, *Коммунист*, 1962, № 15, 28~29에서처럼) "인민 인텔리겐치야"라는 용어도 불려 나온다.

[42] 레닌이 가장 좋아한 러시아 소설가가 러시아 사회사상의 황금시대인 1860년대와 1870년대의 혁명적 인물을 비교적 사실주의적으로 묘사해주었던 투르게네프였지, 같은 시기의 자기 작품을 종교적 관심사와 철학적 관심사로 채운 도스토옙스키나 톨스토이가 아니었다는 점에 주목할 것. L. Fischer, *The Life of Lenin*, 특히 499~500을 볼 것. 레닌은 학생 시절에 투르게네프의 작품을 끊임없이 읽었고, 투르게네프 작품의 독일어 번역본을 이용해서 독일어를 공부했다(*ibid.*, 19, 34).

[43] 혁명가 사이에 환멸이 널리 퍼져있던 시기 동안 1908년에 처음 간행되었고 *SW*, London, 1939, XI, 89~409에 수록된 레닌의 과장된 독설 『유물론과 경험비판론』을 볼 것.

[44] "Партийная организация и партийная литература", в кн.: Ленин, *Сочинения*, 5-е изд., XII, 100~101. 당이 일단 권력을 잡고 나서 레닌이 "당 문학" 이외의 어떤 것을 생각했는지를 놓고 논란이 상당하다. M. Hayward("Potentialities for Freedom", 2)와 R. Hankin(in Simmons, ed., *Continuity and Change*, 445~446)은 레닌이 이 "당 문학" 개념이 — 스탈린 치하의 소비에트 연방에서 흔히 그랬던 것처럼 — 확장되어 모든 문학을 포함하는 것을 보고 언짢아하지 않으리라고 생각하는 듯하다. 반면에 E. Simmons("The Origins of Literary Control", *Su*, 1961, April~June, 78~82)는 이 교의를 순수문학에 적용할 의도가 레닌에게는 결코 없었다고 시사한다.

혁명 목표의 달성이 레닌 당의 행위가 판단될 수 있는 외부 기준을 제공한다고 때때로 주장된다. 그러나 이 목표는 당 자체가 끊임없이 재해석할 여지를 남기지 않을 만큼 충분히 명확하게는 정의되지 않았고, 따라서 당의 행위에 효과적인 외부 억제를 제공할 수 없었다. 더 확실한 레닌 옹호론은 공산주의 아래서 목적을 위해 수단을 희생하는 사람이 다른 어떤 체제 아래서 수단을 위해 언제나 목적을 희생하는 사람보다 도덕적으로 더 상대론적이지 않을지 모른다는 주장에 있다.

[45] 원문은 B. Wolfe, *Khrushchev and Stalin's Ghost*, NY, 1957, 261~263에 있다.

[46] *Works*, Moscow, 1953, VI, 47, 59, 58.

[47] В. Бонч-Бруевич, *Переезд Советского правительства из Петрограда в Москву*, М., 1926, 19에서 재인용. 이 이전(移轉)에 관한 본치-브루예비치의 설명에는 "페테르부르그 시대"의 종결과 "모스크바 시대"의 시작에 관한 조짐이 가득하다. 1918년 초엽에 레닌이 새로운 망치와 낫 문장에서 칼을 뺐다고 말하는 В. Бонч-Бруевич, *В. И. Ленин в Петрограде и в Москве, 1917~1920*, М., 1956, 19~21도 볼 것.

[48] 이때까지 『이즈베스티야』의 편집인이자 주요 당조직가였던 이반 그론스키(Иван Гронский). Herman Ermolaev, "The Emergence and the Early Evolution of

Socialist Realism (1932~1934)", *CSS*, 2, 1963, 141 ff.을 볼 것.

[49] 공산주의자였던 한 독일인의 유용한 연구서의 제목. Wolfgang Leonhart, *Die Revolution entläst ihre Kinder*, Köln, 1950 (영어판 C. Woodhouse, tr., *Child of the Revolution*, London, 1957).

[50] Andrew Zhdanov, *Lectures on Literature, Philosophy and Music*, NY, 1950.

[51] "Стиль ампир во время чумы." 이 표현은 푸시킨의 "Пир во время чумы", 즉 "염병 와중의 잔치"와 비슷하므로 "기근 와중의 축제"를 시사한다. 소브노브 록은 G. Kline의 표어이다. 철저한 건축양식 규제책이 1934년 10월에 최종적으로 채택되면서 자주 인식되는 것보다 (실제 성취에서는 아닐지라도 도면에서는) 더 인상적이었던 실험의 전통이 종식되었다. 삽화가 많이 들어있는 V. De Feo, *URSS Architettura 1917~1936*, Roma, 1963, 특히 72ff.에 있는 논의를 볼 것.

[52] В. Г. Гейман, "Проект Волго-Беломорского канала в XVII в.", *ИС*, 1934, № 1, 253~268을 볼 것.

[53] *Соловецкие острова* (III, № 2~3), 1926, февраль-май, 121에 있는 솔로베츠크 수도원에 관한 A. Приклонской의 역사 수기에서. 다른 활동에 관해서 *Соловецкие острова*, 1926, май-июнь, апрельская хроника 1926 г.도 볼 것. 정치범이 예배에 참여하는 장소였던 작디작은 감방에 관한 Приклонской의 묘사는 *Соловецкое общество краеведения*, Соловки, 1927, 44에 있는 그의 역사 연구에서 볼 것. 1920년대 초엽에 솔로베츠크에서 "수용소와 이렇게 저렇게 연관된" 이들이 운영하는 학술 모임과 학술 활동에 관해서는 (통합국가정치국이 인쇄한 간행물인) *Отчет Соловецкого отделения Архангельского общества краеведения за 1924~1926 году*, Соловецк, 1927을 볼 것.

[54] *Историко-археографические памятники соловецкого архипелага (I, регистрационное обследование)*, 1934, 2; *(II, описание зданий)*, 1935. 특히 이 자료의 뒷부분에는 "생산을 위한 천연자원의 활용이라는 화급한 문제"을 언급함으로써 그 활동이 포기된 까닭이 암시되어 있다. 솔로베츠크와 스탈린 시대 감옥 제국의 발달에 관해서는 D. Dallin & B. Nikolaevsky, *Forced Labor in Soviet Russia*, New Haven, Conn., 1947을 볼 것.

[55] 문화 계주시합(культурная эстафета)에 관한 열광적 서술로는 S. Afanasiev, "Cultural Movement of the Masses", *Soviet Culture Bulletin*, 1931, July, 11~14를 볼 것.

[56] Stalin, *Works*, Moscow, 1953, VI, 47, 48(저자가 조금 고쳐서); 그리고 1924년 1월 26일에 제2차 전연방 소비에트 대회에서 한 연설 전체(*ibid.*, 47~53). 그는 불신의 바다에 둘러싸인 신앙의 보루라는 교회의 보수적인 전통적 이미지를 불러내기도 했다(*ibid.*, 51).

[57] 레닌의 뇌를 연구할 특별 연구소가 세워지고 레닌의 뇌가 약 31,000개의 조각으로 잘게 썰린 이 희한한 에피소드에 관해서는 S. Posony, *Lenin: The Compulsive Revolutionary*, London, 1965, 362~375에 있는 절 "…and Transfiguration"을 볼 것.

[58] O. Utis(Isaiah Berlin)의 분석 "Generalissimo Stalin and the Art of Government", *FA*, 1952를 볼 것.

Z. Brzezinski, *The Permanent Purge: Politics in Soviet Totalitarianism*, Cambridge, Mass., 1956에서 빈발하는 숙청은 전체주의적 지배를 위한 불가피한 보조 기제로 여겨진다. H. Arendt(*Origins of Totalitarianism*, NY, 1951)가 제안한 나치와 소비에트의 지배와 선행 전제주의 형태 사이의 내적 동일성을 정교하게 다듬는 체계적 연구서인 *Totalitarian Dictatorship and Autocracy*, Cambridge, Mass., 1956에서 Brzezinski는 C. Friedrich와 함께 그 전체주의적 지배를 기본적으로 새로운 유형의 지배로 분석했다.

스탈린 시대의 더 큰 특성을 제시하고 "단일 정당의 비호 하의 혁명적 대중 운동 체제"에 관한 더 전반적이고 포괄적인 분석 모델을 제공하는 연구로는 R. Tucker, *The Soviet Political Mind: Studies in Stalinism and Post-Stalin Change*, NY, 1963, 특히 3~19를 볼 것. 숙청에 관한 그럴듯한 (대부분 전체주의적 타산이라는 요소를 덜 강조하는 경향을 보이는) 각종 설명틀에 관해서는 F. Beck & W. Godin[둘 다 가명], *Russian Purge and the Extraction of Confession*, NY, 1951을 볼 것. A. Orlov, *The Secret History of Stalin's Crimes*, NY, 1953도 볼 것.

[59] A. Dulles, *The Craft of Intelligence*, NY, 1963, 95에서 소련 첩보장교 특징 묘사를 볼 것. 볼셰비키가 나중에 러시아 제정 정부 비밀경찰의 관행에 때때로 얼마만큼 의존했는지를 보여주는 증거로는 경찰의 주요 인물 가운데 한 사람인 파벨 쿠를로프(Павел Курлов) 장군의 개인 회고록 P. Kurlov, *Das Ende des rußischen Kaisertums* (저자 사후에 베를린에서 간행), 1920, 특히 154 ff.을 볼 것.

[60] W. Leonhard, *The Kremlin Since Stalin*, NY, 1962(염가보급판), 43~53; 또한 H. Salisbury, *American in Russia*, NY, 1955, 154. 물론 12월 24일은 정교회 달력에 따르면 성탄절 전야가 아니었다.

거머리가 적어도 두 차례 이용되었다. *NYT*, March 5, 1953, 2; March 6, 1953, 10에 있는 공식 의료보고서를 볼 것.

[61] J. Monnerot, *The Sociology of Communism*, London, 1953, 254.

[62] L. Gruliow, ed., *Current Soviet Policies*, IV, NY, 1962, 215~216에 있는 대회 의사록에서 재인용.

[63] A. Tertz(정체가 밝혀지지 않은 소련 저자의 가명), "On Socialist Realism", *Su*, 1959, July~September, 13.

[64] V. Pudovkin, *Film Technique and Film Acting*, NY, 1960(염가보급판), 293.

[65] H. Hoffmann, "Revival of the Cinema", *Su*, 1963, January, 102에서 재인용. 실험적인 러시아 영화 초창기에 관한 탁월한 설명으로는 В. Шкловский, "Жили-были", *Знамя*, 1962, № 12, 171~186, 그리고 P. Blake & M. Hayward, eds., *Dissonant Voices in Soviet Literature*, NY, 1962, 20~28에 있는 그의 더 철학적인 논문을 볼 것. D. MacDonald, *The Soviet Cinema*, London, 1938과 Р. Соболев, *Люди и фильмы русского дореволюционного кино*, М., 1961도 볼 것.

[66] S. Eisenstein, *The Film Sense*, NY, 1942, 특히 절 「감각들의 동시화」(Synchronization of Senses), 69~109; 또한 「색채와 의미」(Color and Meaning), 115~153, 참고문헌 88, 그리고 Eisenstein, "One Path to Colour: An Autobioraphical Fragment", *Sight and Sound*, 1961, Spring, 84~86, 102를 볼 것.

[67] Z. ben Shlomo, "The Soviet Cinema", *Su*, 1959, July~September, 70. 또한 *NL*, December 7, 1946에 수록된 에이젠시테인의 반성문; 그리고 M. Seton, *Sergei M. Eisenstein: A Biography*, NY, 1952; Sergei Eisenstein, *Film Form and the Film Scene*, NY, 1957(염가보급판)을 볼 것. 에이젠시테인의 「이반 뇌제」의 시나리오 전체가 이제는 사진과 그림 여러 장과 함께 간행되어 있다. S. Eisenstein, *Ivan the Terrible*, London, 1963.

「스탈린그라드 전투」는 사진을 보는 듯한 사실주의(이것을 찍다가 죽은 촬영기사들의 명단이 배우 명단과 나란히 도입부에 흘러나왔다)와 일종의 이콘도상적 스탈린 지도력 찬양의 드문 결합이다. (이 영화가 탈스탈린화 시기 동안 상영 목록에서 빠진 뒤에 영화의 존재를 알려주는 유일한 자료인) 각본의 일부는 연대기 양식으로 쓰여 있다. Н. Вирта, *Сталинградская битва*, М., 1947, 특히 5 ff.을 볼 것.

전후 스탈린 시대의 프로파간다 미술은 초기 교회 미술로의 거의 완전한 회귀였다. *Искусство*, 1952, март-апрель, 31~33에 있는 "삼면화"「평화의 적」(Враги мира)에서 (한쪽에는 동정녀 마리아가 있고 다른 한쪽에는 "세례자" 요한이 있는 제위의 주님을 보여주는) 이코노스타시스 가운데 그림의 왜곡을 볼 것.

모스크바 지하철 콤소몰스카야(Комсомольская) 역에 붙은 모자이크화는 소련의 승리를 양식화된 이콘 방식으로 표현했고, 따라서 스탈린 이후 시대의 역사 다시 쓰기에 숱한 문제가 생겼다. 1958년에 한 소련 관리는 나치 독일에게 승리를 거둔 뒤에 크레믈 앞에서 러시아 군대를 사열하는 소련 지도자의 모자이크화 한복판에서 스탈린의 인물상을 없애지 않은 까닭은 스탈린이 아닌 다른 어떤 이가 사실상 주님과 같은 가운데 위치에 있을 만한 사람인지를 아직은 누구도 확신하지 못했기 때문에, 그리고 (사열하는 줄 중간에서 베리야와 말렌코프와 몰로토프가 이미 제거되어버려서) 군대를 사열하는 이가 아무도 없는 그림을 날마다 수천 명에게 보여주는 것이 터무니없어 보일 것이기 때문이라고 설명했다. 이 모자이크화는 1965년 1월에 판자로 완전히 가려졌고 곧 레닌의 대형 모자이크화로 대체되었다.

[68] 스탈린이 이반 4세에게 느낀 동질감에 관해서는 Tucker, *The Soviet Political Mind*, 37~38, 44~45를 볼 것. 이 문헌에서, 그리고 이 책의 앞에서 이반 4세에 관해 이루어진 논의에서 인용된 저작 외에도 공산당 이론지에서 이반 4세를 복권하는 중요한 논문인 С. Бахрушин, "Иван грозный", *Большевик*, 1943, № 13, 48~61도 볼 것. 돌이켜 역사로 들어가는 행보를 한 결과로, 공을 들여 합리화된 스탈린의 "능동 방어" 정책이 대륙의 초토화한 내지로 적을 꾀어 들여 드넓은 지역을 이용해서 괴롭히는 스키타이인의 전술과 동일시되었다. А. Мишулин, "О военном искусстве скифов", *ИЖ*, 1943, № 8~9, 64~69를 볼 것. K. Mehnert, "Stalin the Historian", *TC*, 1944, October, 173~188도 볼 것.

소련의 더 최근의 이반 4세관에 관해서는 E. Delimars, "Déstalinisation d'Ivan le terrible", *CS*, 1965, janvier-février, 9~20을 볼 것. 더 전반적으로는 S. Roberts, *Soviet Historical Drama: Its Role in the Development of a National Mythology*, Leiden, 1965도 볼 것.

[69] 그가 전후에 펼친 외교 정책의 교묘함은 자주 잊혀지는데, 이 교묘함을 생생하게 보여주는 논의로는 M. Shulman, *Stalin's Foreign Policy Reappraised*, Cambridge, Mass., 1963을 볼 것.

[70] 숄로호프의 『고요한 돈 강』(영어 제목 And Quiet Flows the Don, The Don Flows Home to the Sea)은 1928년부터 1940년까지 네 부분으로 나뉘어 간행되었다. 『개척되는 처녀지』(영어 제목 Seeds of Tomorrow, Harvest on the Don)는 두 권으로 1932년에, 그리고 1955~1960년에 시리즈로 간행되었다. 그의 작품에 관한 소련의 유용한 연구서는 И. Лежнев, *Путь Шолохова: Творческая биография*, М., 1958이지만, 숄로호프의 작품들의 복잡한 텍스트 변천과 『개척되는 처녀지』 제2권 발간의 장기 지연에 얽힌 압력과 변화는 추적해야 할 주제로 남아있다.

03. 신선한 발효

[1] "침묵의 음모"(Заговор молчания)에 관해서는 П. Вяземский, *ПСС*, П., 1878, I, xlv.

[2] B. Jasieński(Б. Ясенский), *Избранные произведения*, М., 1957, I에 있는 (그리

고 *HM*, 1956, *NoNo.* 5, 6, 7에도 있는) Jasieński, "Заговор равнвдушных."

[3] 이 이야기는 Олеша, *Избранные сочинения*, M., 1956에 수록되어 있다. B. Перцов 의 머리말도 볼 것.

[4] И. Эренбург, *Заговор равных*, Berlin, 1928. 1789년의 첫 정치혁명을 넘어서는 평등주의적 사회혁명의 개념 전체는 얼마간은 바뵈프의 "평등자의 음모"에서 비롯된다. J. Talmon, *Origins of Totalitarian Democracy*, NY, 1960(염가보급판) 을 볼 것.

[5] 푸시킨에게서 빌려오고 M. Коряков, "Термометр России у Пастернака", *НЖ*, LV, 1958, 141에서 인용된 특징 묘사.

[6] *ЛГ*, 17 ноября 1932에 나오는 편지 두 통의 원문과 논의를 Коряков, "Термометр России у Пастернака", 139~141에서 볼 것. 스탈린 시대의 파스테르낙에 관한 다른 정보로는 R. Payne, *The Three Worlds of Boris Pasternak*, NY, 1961, 146~167을 볼 것. R. Conquest, *Courage of Genius — the Pasternak Affair: A Documentary Report on Its Literary and Political Significance*, London, 1961도 볼 것. 『의사 지바고』 출간 거부 행위를 해명하려고 『새 세상』(Новый мир)[16] 편집진이 1956년 9월에 썼다는 편지가 *ЛГ*, 25 октября 1958에 게재되었고 *CDSP*, December 3, 1958, 6~11, 32에 번역되어 있다.

[7] *Знамя*, 1954, апрель, 92.

[8] 소설 『의사 지바고』와 그 번역에 관한 언어학적 허세에 대한 E. Wilson의 날카로 운 평가를 "Doctor Life and His Guardian Angel", *The New Yorker*, November 15, 1958, 213~238에서 볼 것. 또한, 상징에 관한 그의 탐구를 "Legend and Symbol in *Doctor Zhivago*", in *Encounter*, 1959, June, 5~16에서, 그리고 A. Gershenkron의 공감 어린 분석과 상징의 "달걀 찾기 놀이"[17]에 대한 재미있는 질책을 "Notes on Doctor Zhivago", in *Economic Backwardness in Historical Perspective*, 341~352에서 볼 것.

[9] *ЛГ*, 25 октября 1958, 1 ноября 1958; *Правда*, 30 октября 1958; (공산주의자청 년동맹 총회 수석간사로서 동맹 창립 40주년에 한) B. Семячастный의 1958년 10월 29일 자 전국 텔레비전 방송 연설에서.

[10] 『의사 지바고』의 공동 번역자인 Max Hayward는 지바고라는 등장인물을 고골의

---

[16] 1925년부터 모스크바에서 간행된 문학 잡지. 공산당 노선을 따르는 산문을 주로 실었지만, 1960년대부터는 체제 비판적인 글도 싣기 시작했다.

[17] 집 안팎 여기저기에 숨겨놓은 크고 작은 달걀이나 달걀 모양 사탕을 찾아내는 놀이.

『외투』에 나오는 짓눌린 서기의 인물상에서부터 비롯되는 러시아 문학의 소극적 "방관자"(обыватель)의 전통과 결부한다. *Encounter*, 1958, May, 38~48.

[11] 『프라브다』와 『이즈베스티야』의 1958년 11월 2일 자 호에 실린 흐루쇼프에게 보내는 그의 편지 원문, 그리고 『프라브다』 1958년 11월 6일 자 호에 실린 『프라브다』 편집자에게 보내는 두 번째 편지.

[12] S. Hampshire의 『의사 지바고』 비평 기사의 부제목. *Encounter*, 1958, November, 3~5.

[13] Pasternak, *An Essay in Autobiography*, London, 1959, 119. *Doctor Zhivago*, NY, ⓒ 1958 by Pantheon Books, tr. by M. Hayward & M. Harari에서 (이따금 살짝 고쳐서) 따온 인용문. 이 작품은 러시아어 원문으로 된 염가보급판(Ann Arbor, 1959)으로도 구할 수 있다.

[14] Пастернак, *Повесть*, Л., 1934, 83.

[15] Pasternak, *An Essay in Autobiography*, 39~51.

[16] *Ibid.*, 50.

[17] *Ibid.*, 51.

[18] G. Ruge, "A Visit to Pasternak", *Encounter*, 1958, March, 22~25에서 재인용. 파스테르낙 장례식 세부사항에 관해서는 P. Johnson, "Death of a Writer", *Harper's*, 1961, May, 140~146을 볼 것.

[19] 파스테르낙이 1959년 초에 영어로 써보낸 미간행 편지에 들어있는 다음과 같은 생각. "제 경험이나 경향의 주요 정신은(철학이랄 게 제겐 없으니 말입니다) 예술을, 창조적인 구현과 영감을 성만찬과 어렴풋이 닮은 거룩한 자기 비움의 시도로 이해하기, 그리고 우리 문화의 회화적 측면, 유럽 역사의 인물상과 이미지가 예수 그리스도와 어떤 관계를 맺고 있고 어느 모로는 일종의 예수 그리스도 모방이라는 점, 복음서가 저술의 영역에서 사실주의라고 불리는 것의 토대라는 점을 이해하기입니다. ……"

[20] 신약성경 「누가복음」 24장 5절.

[21] Ruge, "A Visit to Pasternak", 24. 다른 유용한 파스테르낙 인용에 관해서는 N. Nilsson, "We Are the Guests of Existence", *Reporter*, November 27, 1958을 볼 것.

[22] Pasternak, "Some Remarks by a Translator of Shakespeare", *Soviet Literature*, 1946, September, 51~56.

[23] 신약성경 「누가복음」 22장 42절. 파르테르낙이 예전에 Pasternak, "Some Remarks by a Translator of Shakespeare", 52에서 겟세마네의 그리스도와 햄릿을 결부했던 적이 있다.

[24] 이 시 「가만히 놓인 노」는 소련의 파스테르낙 작품집 신판 *Стихотворения и*

поэмы, M, 1961, 55에 수록되어 있고, N. Nilsson이 *ScS*, V, 1959, 180~198에서 이 시를 (『의사 지바고』의 「햄릿」과 함께) 잘 분석한다. 또 다른 분석으로는 D. Obolensky, "The Poems of Doctor Zhivago", *SEER*, 1961, December, 123~135를 볼 것.

[25] 추모 기사 A. Просвирнин, "Свят. Иоанн, митрополит Тобольский и всея Сибири: К 250-летию со дня кончины", *Журнал Московской патриархии*, 1965, № 6, 74에서 재인용.

[26] *КП*, 21 июля 1961. 겉으로는 소란해 보인 1957년 3월의 소련작가협회 모스크바 지부 회의에서 안드레이 투르코프(Андрей Турков)는 "니힐리스트"라는 용어를 자랑스러운 급진적 호칭으로 옹호했다(*ЛГ*, 19 марта 1957, 1, 3에 있는 설명). 이 용어 및 다른 용어의 후속 용례는 뮌헨에 있는 소련연구소가 1962년 7월에 펴낸 심포지엄 자료집 「들끓는 젊음」에서 소련 언론에서 추린 풍부한 도판과 함께 논의되었다. 레프 카실(Лев Кассиль)이 가장 두드러지게 사용했던 용어인 니보니초는 비록 십중팔구 그 용어의 기원은 아닐지라도 선례가 발레리 브류소 프의 1902년 작 시 "확고부동한 진리를/ 나는 오래전부터 믿지 않아/ …… 주님 도, 악마도/ 나는 찬양하고 싶어"(Неколебимой истине/ Не верю я давно/ … И Господа, и Дьявола/ Хочу прославить я)에 있다. *Стихотворения и поэмы*, Л., 1961, 229.

세대 개념에 관해서는 Ortega y Gasset, *Man and Crisis*, NY, 1962, 30~84에 서 역사적 세대와 계보적 세대의 구분을 볼 것. K. Mehnert는 "Stalin's Grandchildren", *TC*, 1944, July, 1~18에서 젊은이들이 이미 전쟁 말기에 들끓고 있었다는 믿음을 내놓았다. 스탈린 이후 러시아의 세대 문제를 다루는 많은 논문 가운데 특히 L. Haimson, "Three Generations of the Soviet Intelligentsia", *FA*, 1959, January, 235~246과 M. Fainsod, "Soviet Youth and the Problem of the Generations", *Proceedings of the American Philosophical Society*, 1964, October, 429~436, 그리고 이 논문에서 인용된 저작들을 볼 것.

1961년 12월 하순의 전연방 이념 작업 협의회에서 소련 지도자들은 "겨울궁 전으로 쳐들어가고 아무르 강의 콤소몰스크(Комсомольск-на-Амуре)를 세우고 파시즘을 쳐부순 이들과 서먹서먹하고 맞서는 이른바 '제4의 세대'의 존재를 입 증하려는 현재의 시도"에 놀라움과 분노를 표출했다. *XXII съезд КПСС и вопросы идеологической работы*, М., 1962, 145에 있는 세르게이 파블로프 (Сергей Павлов)의 발언.

[27] 이에 관한 언급, 그리고 그 공산주의자청년동맹 의결문 자체, *CDSP*, April 17, 1957, 16~18. 또한 R. Fisher, *Pattern for Soviet Youth: A Study of the Congresses of the Komsomol*, 1918~1954, NY, 1959와 A. Kassof, *The Soviet Youth Program:*

Regimentation and Rebellion, Cambridge, Mass., 1965를 볼 것.

[28] *CDSP*, May 16, 1962, 12~15. 1965년 8월 29일에 세르게이 파블로프 공산주의자 청년동맹 수석간사는 쿨투르니체스트보(культурничество, 비정치적 문화활동)의 위험을 언급했다.

[29] *CDSP*, November 8, 1952, 44~45.

[30] *ЛГ*, 19 сентября 1961에 처음 실렸고, G. Reavey, *Evergreen Review*, 1962, January~February, 57~59에 번역되어 있다.

[31] *ASR*, 1964, September, 405~440에서 V. Erlich, "Post-Stalin Trends in Russian Literature", 그리고 같이 수록된 G. Gibian과 M. Hayward의 논문들을 Erlich의 답변과 함께 볼 것.

[32] 이 단편소설들은 내용이 풍부하고 비판을 심하게 받은 문집 *Литературная Москва*, M., 1956, II, 502~513; 396~403에 있으며, H. McLean과 W. Vickery가 편집하고 머리말을 쓴 문선 *The Year of Protest 1956*, NY, 1961(염가보급판), 193~208, 224~233에 번역되어 있다.

[33] 야콥 아킴(Яков Аким)의 「경계 신호」는 *День поэзии*, 1956, 95에 있다. 그라닌의 「자기 견해」(*HM*, август 1956)는 McLean & Vickery, *The Year of Protest 1956*, 255~269에 나온다. (문서와 분석이 둘 다 들어있는) P. Johnson, *Khrushchev and the Arts: The Politics of Soviet Culture 1962~1964*, Cambridge, Mass., 1965, 그리고 미하일로 미하일로프(Mihajlo Mihajlov)라는 예리한 유고슬라비아인의 생생한 체험기 M. Mihajlov, "Moscow Summmer 1964", *NL*, 1965, March 29, June 7도 볼 것.

　　스탈린이 죽은 이후에 소련에서 간행되었고 이념상 흥미로운 단편 문학작품의 다른 깔끔한 영어판 문집에는 T. Whitney, *The New Writing in Russia*, Ann Arbor, 1964; *Odyssey*, 1962, December, 9~182; *Encounter*, 1963, April, 27~90; (그러나 더 앞 시기 소련의 이단아들이 대체로 우세한 저작인) P. Blake & M. Hayward, eds., *Dissonant Voices in Soviet Literature*가 포함된다. *Тарусские страницы: Литературно-художественный иллюстрированный сборник*, Калуга, 1961(영어본: A. Field, ed., *Pages from Tarussa*, Boston, 1963)도 (얼마간은 널리 논의되고 흔하게 입수 가능해지고 있는 지방 문집이라는 드문 사례 가운데 하나라는 이유에서) 매우 흥미롭다. 소련의 더 최근 저술들은 P. Blake & M. Hayward, eds., *Half-way to the Moon: New Writing from Russia*, NY, 1965(염가보급판)에 있다.

　　최근의 소련 문학에 관한 많은 논의와 분석 가운데 *Su*, 1963, January; *Haper's*, 1961, May; *Atlantic Monthly*, 1960, June; *Problems of Communism*, 1961, May~June, 1~31에 있는 논의와 분석을 볼 것. 니콜라이 가브릴로프(Николай

Гаврилов)라는 가명을 쓰는 소련의 한 유명작가의 비관적일지라도 흥미진진한 평가인 Nikolai Gavrilov, "Letter from a Soviet Writer", *NL*, December 9, 1963, 14~18도 볼 것. 주석과 주해가 많이 달린 흐루쇼프의 1963년 3월 8일 자 문화 관련 연설문 *Khrushchev on Culture* (*Encounter* Pamphlet № 9), London, 1963도 볼 것. 노스웨스턴(Northwestern) 대학 간행물 *Tri-Quarterly*, 1965, Spring 특별호 "Creativity in the Soviet Union"에 있는 번역문과 논문을 둘 다 볼 것.

이 분야에서 나타난 소련 정책의 동요에 관한 R. Blum의 긴 체험기("Freeze and Thaw: The Artists in Russia", *The New Yorker*, 1965, August 28, September 4, September 11)는 문학예술뿐만 아니라 시각예술도 다루며 다른 많은 이보다 조금은 덜 희망적인 전망을 제시한다.

[34] "У каждой все особое, свое,/ …У каждого — свои тайны личный мир." Евту шенко, *Нежность*, М., 1962, 5.

[35] Evtushenko, "Precocious Autobiography", *Saturday Evening Post*, August 10~August 17, 1963, 62, 64. G. Reavey의 「해학」 번역이 "To Humor", *Encounter*, 1963, April, 89~90에 있다.

[36] *Su*, 1963, January, 29.

[37] 1958년 9월에 모스크바에서 작가 당사자와 가진 인터뷰에서. 작가는 — 이후에 여행과 기자회견을 하는 동안 많이 펼치지 못하거나 자기 시에서 밝히지는 않았을지라도 — 내버리지는 않았던 일련의 생각을 제시했다.

[38] McLean & Vickery, *The Year of Protest 1956*, 131에 있는 기다란 발췌문에서 (저자가 조금 고쳐서) 재인용. 원래는 1953~1956년에 쓰여서 *Октябрь*, 1956, октябрь에 실렸다.

[39] P. Forgues, "The Young Poets", *Su*, 1963, January, 37에서 재인용. W. H. Auden 의 「포물선 발라드」 번역은 *Encounter*, 1963, April, 52에서 볼 것.

[40] (*Encounter*, 1963, April, 31에서 P. Blake가 논의한) 보즈네센스키의 「공사장의 저녁」(Вечер на стройке), *ibid*, 70; 보즈네센스키의 「건축 대학의 불」(Пожар в Архитектурном институте). Forgues, "The Young Poets", 40에서 재인용. (전 문 번역은 *Encounter*, 1963, April, 54에 있다.)

[41] *Encounter*, 1963, April, 32에서 P. Blake가 재인용.

[42] 잦아들었다는 결론은 P. Forgues, "Russian Poetry 1963~1965", *Su*, 1965, July, 54~70에서 이루어진 논의에서, 그리고 *Юность*, 1965, апрель, 26~67에 실린 옙투셴코의 「브라트스크 수력발전소」(Братская ГЭС)의 낭독회에서, 그뿐만 아 니라 1965년 1월에 옙투셴코의 그 장시에서 골라낸 부분에 쇼스타코비치가 곡을 붙인 멜로드라마적 혁명 발라드 「스텐카 라진의 처형」(Казнь Степана Разина) 의 공연에 필자가 직접 참석한 경험에서 나온다. 구비 민간전승의 익살맞은 한

사례는 (1965년에) 인기가 있었고 널리 유포된 「단지 살탄 이야기만은 아닌 차르 이야기」(Сказка о царе — только не Салтане)이다. 이것은 푸시킨의 시[18]를 개작한 것이므로 구전되도록 쉽게 기억되는 풍자 2행연구(二行聯句)를 통해 최근의 소련 정치사의 비공인 해석을 제공한다.

[43] 문화부가 한 비난에 관해서는 *CK*, 5 июня 1954를 볼 것. 그 연극 대본의 원문은 *Театр*, 1954, февраль에서 볼 것.

[44] 오흘롭코프의 「햄릿」에 관해서는 B. Malnick, "The Soviet Theatre", *SSt*, 1958, January, 251~252를, 아키모프의 「햄릿」에 관해서는 J. Macleod, *The New Soviet Theatre*, London, 1943, 160~163을 볼 것. 아키모프는 사실주의의 아성인 모스크바 예술극장을 "정신박약자를 위한 유치원"으로 일컫는 만용을 부리기까지 했다 (*ibid.*, 158).

[45] Н. Акимов, *О театре*, М.-Л., 1962, 178.

[46] "New Solutions for the Theatre", *SR*, 1962, March, 47.

[47] Н. Акимов, *О театре*, 242. 「그림자」에 관한 아키모프의 이 논고는 그 연극이 짧게 처음 상연된 때인 1940년에 쓰였다. 이 연극을 각색해서 1953년에 제작된 영화에 관해서는 *ibid.*, 271~272를 볼 것. 시바르츠의 주요 극작품 스물다섯 편 가운데 「그림자」와 기타 극작품 아홉 편의 대본은 C. Цимбал의 머리말이 달려서 *Евгений Шварц*, Л., 1960로 간행된 판본을 볼 것. F. Reeve가 번역한 영어본은 Reeve, ed., *An Anthology of Russian Plays*, II, 381~458에서 볼 것. 아키모프의 「그림자」 상연에 관한, 그리고 소련의 다른 현대 공연물에 관한 소견은 1961년 초엽에 소련에서 3주 동안 했던 연극 관람에 바탕을 두고 있다.

[48] 놀랄 만큼 호의적인 소련의 『용』 비평으로는 *Литература и жизнь*, 1 июля 1962를 볼 것.

[49] McLean & Vickery, *The Year of Protest 1956*, 120~121에 번역된 Михалков, "Три портрета", *Литературная Москва*, II, 528~529.

세르게이 미할코프는 새로운 소련 국가의 공동 작사자였으며 성기(盛期) 스탈린 시대의 외국인혐오증적 희곡을 여러 편 썼다. François de Liencourt, "The Repertoire of the Fifties", *Su*, 1963, January, 60.

아동소설 가운데 가장 독특한 이야기 하나로는 Lev Kassil, "The Tale of the Three Master Craftsmen", in Hayward & Blake, eds., *Dissonant Voices in Soviet Literature*, 137~155를 볼 것. 이야기의 배경 설정은 때때로 너무 이솝 우화식이어서 거의 이해 불가능하다. 예를 들어, V. Dudintsev, "New Year's Fable",

---

[18] 「차르 살탄 이야기」(Сказка о царе Салтане).

Encounter, 1960, July, 6~19를 볼 것.

[50] De Liencourt, "The Repertoire of the Fifties", 61 ff.

[51] 새로운 연극의 프로그램 요구는 *ЛГ*, 15 октября 1953과 (*Литературная Москва*, II에서 가져온) A. Kron, "A Writer's Notes", in McLean & Vickery, *The Year of Protest 1956*, 164~190에 주가 달려 언급되어 있다. 소련의 새로운 연극에 관한 전반적 논의로는 De Liencourt, "The Repertoire of the Fifties" 외에 A. Campbell, "Plays and Playwrights"와 M. Frankland, "The Current Season"을 볼 것. 두 편 다 *Su*, 1963, January에 있다.

[52] *SR*, 1962, March, 47. 톱스토노고프의 더 최근의 착상에 관해서는 E. de Mauny, "Current Trends in the Soviet Theatre", *Su*, 1965, October, 73~80을 볼 것. 이 논문과 *University* (Princeton, NJ.), 1965, December에 있는 나의 논문은 1964~1965년 시즌 상연작들을 논의한다.

[53] 소련이 우주 진출에서 이룬 업적에 관한 최근 논문인 A. Чижевский, "Эффект Циолковского", *НМ*, 1963, № 3, 201~207은 적절하게도 이 인용문으로 시작한다. 똑같은 탐구 정신에 서 있는 것이 *День поэзии*, 1956, 197에 있는 B. Масс와 M. Червинский의 짧은 글이다. 이 글은 바자로프의 2+2＝4와 도스토옙스키의 2+2＝5의 옆에 제목 "2+2＝?"을 나란히 놓는다.

　　논의된 영화 대다수는 서방에서 널리 상영되고 비평을 받았다. 다른 동유럽 국가의 영화도 살펴보는 뛰어난 개괄적 검토로는 H. Hoffmann, "Revival of the Cinema", 102~111을 볼 것. 추흐라이는 *Известия*, 9 июля 1961에서 무척 포괄적인 자기의 예술 철학을 논의한다. 햄릿이라는 등장인물에 관한 코진체프의 고양된 개념이 A. Аникст и А. Штейн, ред., *Шекспировский сборник*, M., 1961, 134~161에서 설명되어 있다. (각 논문의 극히 짧고 자주 부정확한 영어 요약문이 달린) 이 논집의 대부분은 「햄릿」논의에 할애되어 있다. 러시아 연극계의 햄릿 역 연기 전통에 관한 오늘날의 햄릿 주연 배우 M. Астангов의 논의(162~165)와 독백에 관한 Д. Урнов의 심리 분석(173~184)이 특히 흥미롭다.

[54] 지은이는 「만사는 사람 하기 나름」이 1961년 3월에 레닌그라드에서 공연된 뒤에 열린 그런 모임을 지켜보았는데, 소비에트 이념을 존중하지 않는다며 그 연극을 비판하려던 첫 발언자는 말 그대로 제 자리로 돌아가 앉으라는 비아냥 섞인 고함을 들었다.

[55] *Su*, 1963, January, 28. 도판이 들어있는 치우치지 않은 평가로는 A. Besançon, "Soviet Painting: Tradition and Experiment", *Su*, 1963, January, 83~93을 볼 것. 1962년 12월에 모스크바에서 열렸던 유명한 추상미술 전시회에 관한 결코 낙관적이지는 않을지라도 기백 있는 비평으로는 R. Etiemble, "Pictures from an Exhibition", *Su*, 1963, July, 5~18을 볼 것. 흐루쇼프가 모스크바에서 열린 한 현

대미술 전시회를 방문했다가 이 같은 실험주의에 퍼부은 유명한 꾸지람에 관해서는 *Encounter*, 1963, April, 102~103을 볼 것.

[56] 이 용어는 1961년 1월에 흐루쇼프가 "나라에 쇠붙이를 될 수 있는 대로 더 많이 주려고 욕심을 부린" 신스탈린주의자들이 정도에 맞지 않게 중공업을 강조한다고 비판한 데에서 비롯되었다. S. Ploss, *Conflict and Decision-Making in Soviet Russia*, Princeton, 1965, 212에서 재인용.

[57] *Encounter*, 1963, April, 3에 논의되어 있다.

[58] *Su*, 1959, July~September, 13.

[59] *Ibid.*

[60] Акимов, *O meampe*, 341. 추흐라이는 이탈리아 영화를 훨씬 더 아낌없이 칭찬했다(G. Chukhrai, "Art and the Individual", *WMR*, 1963, January, 38~44를 볼 것). 1963년의 모스크바 영화제에서 페데리코 펠리니(Federico Fellini)의 「8 ½」에게 1등상이 주어져 이 애착이 한층 더 강조되었다.

이탈리아 양식(특히 미켈란젤로 안토니오니Michelangelo Antonioni의 대담)이 소련 영화에 가장 성공적으로 이전된 예는 아마도 고참 제작자 미하일 롬(Михаил Ромм)의 작품일 것이다. 1962년에 카를로비 바리(Karlovy Vary) 영화제에서 대상을 받은 그의 작품 「한 해의 아흐레」(Девять дней одного года, 원제는 「나는 알려지지 않은 곳으로 간다」(Иду в незнаемое))는, 그 자신의 증언으로는 스탈린식 사실주의의 옹호자로서의 긴 이력 뒤에 "모든 것을 버리고 다시 하는 새 출발"을 의미했다(Hoffmann, "Revival of the Cinema", 102~103을 볼 것). 롬은 1962년 말엽에 영화·연극 활동가 공개회의에서 문화적 자유를 더 많이 부여하고 반유대주의를 종식해 달라는 (소련 안에서 타자본으로 널리 나돌았고, 1962년 12월 17일에 흐루쇼프가 지식인들과 만난 자리에서 옙투셴코가 그와 주고받은 유명한 언쟁과 더불어 *Commentary*, 1963, December, 433~437에 수록된) 중요한 탄원서를 작성하기도 했다.

[61] С. Юткевич, *Контрапункт режиссера*, М., 1960, 29.

[62] Yu. Kazakov, "Adam and Eve", *Encounter*, 1963, April, 46, 49.

[63] *Правда* (또한 *Известия*), 8 января 1957. *CDSP*, February 13, 1957, 32에서 재인용.

[64] 정교회의 상황과 생존력에 관한 정통한 견해의 범위는 동방교회사 전문가인 네덜란드인 가톨릭 신자 P. Hendrix의 "Ecclesia triumphans", *de Waagschaal*, Amsterdam, 4 mars 1961과 스칸디나비아인 프로테스탄트 A. Gustafson의 *Die Katakombenkirche*, Stuttgart, 1957에 나타나는 조금 장기적인 전망일지라도 매우 낙관적인 판단에서 시작해서 러시아의 종교 생활을 장기간 연구해온 두 미국인의 저술인 D. Lowrie, "Every Child an Atheist", *ChC*, June 12, 1963, 776~777과

P. Anderson, "The Orthodox Church in Soviet Russia", *FA*, 1961, January, 299~311에 나타나는 더 신중을 기하는 낙관적 평가를 거쳐서 J. Lawrence의 글 ("The USSR: The Weight of the Past", *ChC*, June 6, 1962), 그리고 P. Blake, "Russian Orthodoxy: A Captive Splendor", *Life*, September 14, 1959, 102~113과 이 글에 첨부된 C. Capa의 사진과 Capa가 쓴 "Alliance with the Unholy", *ibid.*, 114, 121~126에 나타나는 더 비관적인 판단에 이른다.

소련의 교회-국가 관계의 역사로는 J. Curtiss, *The Russian Church and the Soviet State, 1917~1950*, Boston, 1953을 볼 것. 종교의 생존력이라는 포괄적 문제에 관해서는 그리스도교의 분파와 종파를 포함한 모든 주요 종교에 관한 유용한 탐구인 W. Kolarz, *Religion in the Soviet Union*, London, 1961을 볼 것. M. Bach, *God and the Soviets*, NY, 1958과 H. Berman, "The Russian Orthodox Church", *Harvard Alumni Bulletin*, November 26, 1962는 섬세하고 호의적인 평가이다. Kolarz(71~72)의 연구와는 다른 종교에 관한 공식 입장의 연구로는 "Khrushchev on Religion in the USSR", *CA*, 1962, December, 5~6을 볼 것. 종교 문제를 다루는 데에서 정권이 겪는 어려움에 관해서는 K. Alexandrov, "The Struggle for the Minds of the Young", in *Youth in Ferment*, 57~67을 볼 것. 소중하기 이를 데 없는 소련 시민의 증언과 통찰력 있는 분석으로는 1964년 3월에 파리에서 조직된 항의 집회의 의사록 일지 *Ésprit: Situation des chrétiens en Union Soviétique*을 볼 것.

[65] 공산당 간행물에서 쓰이는 공식적 완곡어구, *SR*, 1961, July, 49~50. 1959년의 교회 개수를 1962년에 국가가 제시한 교회 개수와 비교해보면, 기능을 유지하고 있는 교회와 사제와 수도원의 수가 이 짧은 기간에 반쯤으로 줄었다고 보인다. *Ésprit: Situation des chrétiens en Union Soviétique*, 29 février 1960

[66] (Kolarz, *Religion in the Soviet Union*, 20 맞은편에 실려있는) 1960년 2월 29일자 『크로코딜』 표지. "주님이 우리에게 이 강사를 보내셨지, 지식협회[19]가 보내지 않았어"라고 말하며 고마워하는 신자들을 보여주는 만평(*Крокодил*, 20 мая 1963), 그리고 더 앞 시기의 러시아 작가들이 종교에 빠졌다는 사실을 들먹여서 이런 강사 한 사람을 쩔쩔매게 한 보로네즈의 학생들에 관한 의도하지 않은 우스꽝스러운 설명(*КП*, 10 мая 1957)도 볼 것. 그리스도교 전통이 현재의 발효와 소련의 장래 발전에 계속 중요하다고 전반적으로 강조하는 미하일로 미하일로프는 성 세르기 대수도원 안에 무신론 박물관 한 채가 떡하니 들어선 꼴을 보노라

---

[19] 계몽과 지식 보급을 목적으로 1947년 7월에 만들어진 소련의 관변단체. 정식 명칭은 전연방지식협회(Всесоюзное общество «Знание»).

면 "극도의 불쾌감뿐만 아니라 그 앞에서 비록 난생처음일지라도 십자성호를 대놓고 긋고 싶은 마음이 든다"고 지적한다. *NL*, 1965, June 7, 5. 또한, Kolarz, *Religion in the Soviet Union*, 16; *Éspirit: Situation des chrétiens en Union Soviétique*, II, 1965를 볼 것.

[67] A. Solzhenitsyn, "Along the Oka", *Encounter*, 1965, March, 8~9. 이 수기와 이 호에 수록된 기타 단편 수기들은 소련에서 간행되지 않았다. 그리스도교 전통이 러시아 작가들에게 계속 영감을 주었다는 덜 전통적이지만 더 구체적이고 예언적인 증거가 소련에서 간행되지 않은 또 다른 일련의 미완성 단편 원고 A. Tertz, "Thought Unaware", *NL*, 1965, July 19, 16~26에 나타나 있다. 이 글에는 테르츠의 작품을 고찰하는 A. Field의 머리말(9~15)이 달려 있다.

[68] *СК*, 10 марта 1959에서 이 희곡의 비평을 볼 것. 사무일 알료신(Самуил Алешин)이 쓴 이 희곡은 내가 아는 바로는 간행된 적이 없다. 내 소견은 1961년 3월에 레닌그라드에서 내가 본 연극 공연에, 그리고 출연진과 주로 학생으로 이루어진 관객 사이에서 이루어져 좋은 정보를 많이 드러낸 의견 교환에 바탕을 두고 있다. 논란을 일으킨 알료신의 희곡 가운데 또 다른 희곡 「병실」(Палата)은 골목대장 스탈린주의자 한 사람이 지배하는 병실에서 환자 네 사람이 보낸 열하루에 관한 이야기이다. *NYT*, November 29, 1962; 런던의 *Times*, April 19, 1963을 볼 것.

[69] 이 제목으로 *МК*, 1957, март, 118~121에 실려있는 С. Худяков의 논문을 볼 것.

[70] 소련의 프로테스탄트 겸 종파 그리스도교의 이 세계 전체가 Kolarz, 245~371에서 탁월하게 다루어진다. 소련에 있는 그 종파들의 생존력을 보여주는 추가 증거로는 시베리아 학술원이 설치한 특별위원회의 간행물 *Вопросы теории и практики научного атеизма* (вып. 2), Нобосибирск, 1961에 실린 여러 논문과 *РУ*, 11 апреля 1959, 1면 사설을 볼 것. E. & S. Dunn, "Religion as an Instrument of Cultural Change: The Problem of the Sects in the Soviet Union", *ASR*, 1964, September, 459~478도 볼 것.

[71] С. Худяков. Maurice Hindus, *House without a Roof: Russia after Forty-three Years of Revolution*, NY, 1961, 130과 이 책의 「침례교도의 승리」(Triumph of the Baptists)라는 장 전체 119~136를 볼 것.

[72] *УГ*, 17 марта 1960, 2.

[73] Ключевский, "Западное влияние", 145.

[74] 내가 아는 한, 고(故) R. Blackmur가 만들어낸 문구.

[75] 그러나 건축양식의 변화에서 계속되는 문화 지체에 관해서는 Richard West, "Moscow Skyline", *NS*, June 28, 1963을 볼 것.

[76] *Правда*, 5 апреля 1956의 사설을 볼 것.

[77] *Encounter*, 1963, April, 28에서 재인용.

[78] 「로켓과 달구지」(Ракеты и телеги). *Su*, 1963, January, 42에서 재인용.

[79] *Su*, 1963, January, 29에 있는 작가 설문에 대한 옙투셴코의 답.

[80] A. Solzhenitsyn (tr. by M. Hayward & R. Hingley), *One Day in the Life of Ivan Denisovich*, NY, 1963, (염가보급판), 56.

[81] В. Аксенов, "Билет звездами", *Юность*, 1961, август.

[82] "사람들은 나한테 말하지. 넌 용감한 사람이라고"(Мне говорят — ты смелый человек). M. Kalb가 번역하고 논의한 옙투셴코의 시 「말하기」(*NL*, 1963, May 27, 21)의 행을 필자가 조금 고쳐서. 스탈린 시대 이후에 쓰인 에렌부르그의 회고록은 폭넓은 유럽적 맥락에 놓인 풍부한 문화사를 제공한다. I. Ehrenburg, *People and Life, 1891~1921*, NY, 1962; *Memoirs, 1921~1941*, Cleveland, 1963; *The War: 1941~1945*, Cleveland, 1965; 또한 I. Ehrenburg, *Chekhov, Stendhal, and Other Essays*, NY, 1963을 볼 것.

[83] 『프라브다』 1965년 9월 19일 자 호 사설 「우리의 인민 인텔리겐치야」(Наша народная интеллигенция)에서. 『프라브다』 1965년 9월 9일 자 호에 A. Румянцев가 쓴 「소비에트 인텔리겐치야의 창조적 노동의 당 정신」(Партийный дух творческого труда советской интеллигенции)을 볼 것(*CDSP*, September 29, 1965, 3~6). 「스탈린의 상속인들」(Наследники Сталина)은 『프라브다』 1962년 10월 21일 자 호에 실렸다. *Saturday Evening Post*, August 10~17, 1963, 60에 G. Reavey의 번역이 실려 있다.

[84] *Известия*, 11 ноября 1960. 바실리 악쇼노프는 폴란드에서 보즈네센스키와 함께 A. Perlowski와 한 흥미로운 대담에서 젊은 세대와 스탈린 세대 사이의 갈등에는 더 오래된 "혁명" 세대와의 동질감이 연루되어 있다고 밝혔다. "Pokolenie XX zjazdu", *Polityka*, 2 marzec 1963.

[85] *Юность*, 1960, № 8에 있는 E. Кучинский의 운문.

[86] Н. Губко가 솔제니친의 『이반 데니소비치의 하루』에 관한 평론 "Человек побеждает", *Звезда*, 1963, № 3, 213~215에서 이용한 게르첸의 문구.

[87] *HM*, 1956, август에서. McLean & Vickery, *Year*, 265에 있는 번역.

[88] *The Collected Poems of W. B. Yeats*, NY, 1940, 304.

[89] Юткевич, *Контрапункт режиссера*, 13.

[90] *Su*, 1963, January, 45에 있는 E. Vinokurov의 작품에서 재인용. 바로 이 영적 심도에서 옙투셴코는 실질적 의의를 지닌 인물로서 시야에서 물러나 사라진다. *Нежность*, 185에 있는 "대양의 음악 같은/ 혁명의 음악./ 음악을 모든 것을 할 수 있다./ 음악은 용기이며,/ 모차르트처럼 영감에 차 있다./ 카스트로는 음악에 올라타 있다"(Музыка революции/ как музыка океана./ Музыка все может./ Музыка — это мужество,/ и вдохновенный как Моцарт,/ Кастро / на гребне

музыки)같은 운문에서는 사상도 음악 소리도 별로 존중되지 않는다.

[91] Б. Слуцкий, "К дискусии об Андрее Рублеве", *Юность*, 1962, № 2, 41. 이것을 Пильняк, *CC*, I, 97~103에 있는 필냑의 루블료프 찬양과 비교할 것.

소련의 1964년판 파스테르낙 시 전집의 긴 머리말을 쓴 저명한 비평가 안드레이 시냡스키(Андрей Синявский)는 고르키가 1894년에 내놓은 시인 개념을 찬동하며 인용하면서, 강렬한 풍자문을 냉정한 순수예술이나 꿈꾸는 듯한 감상적 서정성 위에 놓고 찬양했다. 시냡스키가 되풀이한 것과 같은 행동에 나서라는 고르키의 외침은 (종소리와 "헌신 행위"와 함께) 옛 모스크바국의 메아리, 그리고 시냡스키 자신의 시대에 용감한 목소리를 내려는 새로운 시도, 둘 다로 보인다. 그 목소리는 다음과 같다. "위업, 위업이 필요해! 나바트 종처럼 울려서 모든 것을 놀라게 하고, 흔들어 앞으로 가라고 떠밀 그런 말이 필요해.(Нужны подвиги, подвиги! Нужны такие слова, которые бы звучали, как колокол набата, тревожили все и, сотрясая, токали вперед.)" А. Синявский, "Горький — сатирик", в кн.: Б. Михайловский и Э. Тагер, ред., *О художественном мастерстве М. Горького: Сборник статей*, М., 1960, 133. (Горький, "Об одном поэте", *CC*, М., 1949, I, 335에서.) 이 논문집에서 미하일롭스키의 서두 논문 "Из этюдов о романтизме раннего Горького: Юмор и его связь с литературной традицией"와 (시냡스키가 테르츠라는 가명으로 서방에서 간행된 저작들의 저자라는 혐의로 소련에서 체포되어 기소된 뒤) *NL*, November 8, 1965, 10~17에 그의 비평문의 견본 번역과 함께 실린 A. Field의 시냡스키 관련 논문도 볼 것.

[92] 1961년에 한 소련 시민이 내게 말해준 이야기이다. 그는 이것이 주라블료프(Т. Журавлев)의 이야기책에 나와 있다고 했는데, 나는 그 이야기의 출처를 찾아낼 수 없었다.

04. 러시아 역사의 아이러니

[1] R. Niebuhr, *The Irony of American History*, London, 1952, x와 ix~xi.

[2] 니부어의 저작 외에도 "이상을 깨지 않고서 전설을 알아챌" 필요에 관한 C. V. Woodward의 의견을 "The Irony of Southern History", *Journal of Southern History*, 1953, February, 19에서 볼 것. 프루동을 위한 "참 자유"이며 "사랑과 소박"의 윤리를 위한 최상의 토대로서의 아이러니에 관해서는 V. Jankélévitch, *L'Ironie ou la bonne conscience*, 1940, 수정확장 2판, 특히 167~168을 볼 것. 현대 문학의 "급진적 아이러니"에 관해서는 R. P. Warren, "The Veins of Irony", *Princeton Alumni Weekly*, 1963, September 24, 18~20을 볼 것. 역사를 만든 이들

이 역사에 관해 쓰는 이들보다 더 서슴없이 아이러니한 전망에 자주 다가선다. 예를 들어, 나폴레옹이 자기 이력에 관해 한 대단하고 아이러니한 특징묘사를 그의 *Journal secret de Napoléon Bonaparte*, 202에서 볼 것.

아이러니한 볼셰비키 혁명관에 관해서는 곧 『세계 정치』(World Politics) 1966년 4월호에 실릴 나의 역사서술 관련 논문[20]을 볼 것.

[3] 헤겔의 이 유명한 문구는 그의 「법철학 요강」(Grundlinien der Philosophie des Rechts)의 머리말 끝 부분(G. Helgel, *Sämtliche Werke*, Stuttgart, 1928, VII, 37)에서 나온다.

[4] H. Сахаров, "Старорусская партия", *Странник*, 1882, январь, 33.

[5] 표도르 로스톱친 백작. Tikhomirov, *Russia, Political and Social*, II, 15에서 재인용. 이 유명한 발언은 다음과 같은 다른 형태로도 있다. "지금까지 혁명은 중요한 나라가 되고 싶어 하는 구두 직공들이 일으켰는데, 여기서는 중요한 나라들이 구두 직공과 평등해지고자 혁명을 일으키려고 들었지." A. Кизеветтер, *Исторические отклики*, M., 1915, 100.

[6] 수렴 가능성에 정치학자 두 사람, 즉 브레진스키와 새뮤얼 헌팅턴(Samuel Huntington)이 거세게 이의를 제기했다. 두 학자는 점진적으로 변화한다고 해서 반드시 두 체제가 합치지는 않으리라고 주장한다(*Political Power: USA/USSR*, NY, 1964).

[7] Tertz, "On Socialist Realism", *Su*, 1959, September, 2~13.

[8] Вознесенский, "Треугольная груша", *Знамя*, 1962, апрель. 이 시는 *Odyssey*, 1962, December, 140~149에 러시아어로 수록되었고, 러시아어 원문 맞은편에는 N. Bienstock의 번역문이 있다.

[9] *Le Monde*, 14 février 1963에 있는 옙투셴코와의 대담. 옙투셴코의 경우에 자주 그렇듯이, 그 장면은 완전히 가공은 아닐지라도 낭만화된 장면이다.

[10] (작가 코롤렌코의 특징을 묘사하는) Gorky, *Literary Portraits*, 188.

[11] 제정 러시아, 소비에트 연방, 나치 독일에게 번갈아가며 추적을 당한 한 경제학자가 20세기 러시아에 관해 쓴 사적인 이야기의 제목이자 널리 쓰이던 은유: W. Woytinsky, *Stormy Passage*, NY, 1961.

---

[20] J. Billington, "Six Views of the Russian Revolution", *WP*, October 1959~July 1966, 452~473.

‖ 러시아(루스) 군주 계보 ‖ 류릭 조

1. 숫자는 재위기간을 나타낸다.
2. 류릭 조의 유리 들고루키는 키예프 대공이 아니라 블라디미르 대공위를, 다니일(모스크바)부터는 모스크바 대공의 재위기간을 나타낸다.

```
류릭 862~882
  │
올레그
882~912/22
  │
이고르  =  올가
913경~945    945~964(섭정)
       │
  스바토슬라프 945경~972/3
       │
  ┌────────────────┴────────────────┐
야로폴크 973경~978경          블라디미르 980경~1015
                    │
  ┌──────────┬──────────┬──────────┬──────────┬──────────┐
스바토폴크  (폴로츠크의)  야로슬라프   보리스      글레브     (트무토로칸의)
1015~1019  이쟈슬라프 1001死 1019~1054  ?~1015   984?~1015  므스티슬라프 1024~1036
              │          │          │                        │
        브랴치슬라프   이자슬라프  스바토슬라프              프세볼로드
        1001~1044    1054, 69, 76 1073~1076              1078~1093
              │          │          │                        │
        프세슬라프    스바토폴크    올레그(1115死)         블라디미르 모노마흐
        1044~1101    1093~1113                            1113~1125
              │          │                    │              │
  ┌──────────┘   ┌──────┴──────┐     아로폴크          유리 들고루키
스바토슬라프    므스티슬라프       아로폴크   1132~1139    (블라디미르 수즈달의)1120경~1157
(1164死)       1125~1132                                        │
  │                │                                            │
┌─┴──────┐  ┌──────┴──────┐            ┌──────────┬──────────┬──────────┐
이고르  프세블로드 프세블로드  이자슬라프   안드레이 보골륩스키  미하일     프세볼로드
(1102死)(1195死) (1138死)  1146~49, 50~54  1157~1174   1174~1176 (볼쇼예 그네즈도)
                                                                1176~1212
                                                                    │
                      ┌──────────┬──────────┬──────────┐
                    콘스탄틴      유리        아로슬라프   스바토슬라프
                    1216~1218  1212~16, 19~38 1238~1246  1246~1252
                                   │
            ┌──────────┬──────────┬──────────┐
          안드레이    알렉산드르 넵스키  아로슬라프   (코스트로마의) 바실리
          1249~1252  1252~1263   (트베리의)1263~1271  1272~1276
                          │
  ┌──────────────┬──────────────┬──────────────┐
(페레야슬라블의) 드미트리  안드레이      (모스크바의)      미하일
1276~1254       1281~83, 93~1307 다니일 1283~1303   1304~1318
                                    │              │
                        ┌──────────┴──────────┐  알렉산드르
                      유리          이반 1세 칼리타  (1339死)
                      1303~1325    1325~1341        │
                                      │          미하일
                          ┌──────────┴──────────┐ (1347死)
                       세묜 고르듸이        이반 2세
                       1341~1353        1353~1359
                                           │
                              드미트리 돈스코이 1359~1389
                                           │
                          ┌──────────────┴──────────────┐
                        바실리 1세              (갈리치의) 유리
                        1339~1425              (1434死)
                           │                       │
                        바실리 2세          ┌──────┴──────┐
                        1425~1462      바실리 코소이   드미트리 셰먀카
                           │           (1448死)      (1453死)
                        이반 3세
                        1462~1505
                           │
              ┌───────────┬───────────┐
            바실리 3세   유리 드미트로프 공  안드레이 스타리차
            1505~1533   (1536死)       (1537死)
               │                          │
            이반 4세(뇌제)              블라디미르
            1533~1584(1547 이후 황제)   (1570死)
               │
  ┌───────────┬───────────┐
이반        표도르        드미트리
(1582死)   1594~1598    (1591死)
```

▌러시아 황조 계보 ▌로마노프 조

1. 숫자는 재위기간을 나타낸다.

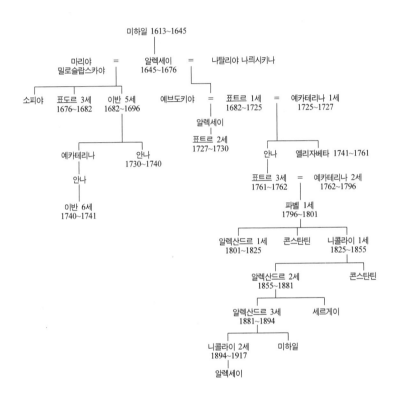

▌인물 설명 ▐

- 가르신, 프세볼로드 (Всеволод Гаршин). 러시아의 작가(1855~1888년). 부유한 군인의 아들로 태어났으며, 20대 초에 러시아-튀르크 전쟁에 참전했다. 이 경험을 살려 군인을 소재로 삼은 단편소설을 써서 단편문학 유행을 선도했지만, 망상에 사로잡혀 자살했다.

- 가보, 나움 (Naum Gabo). 러시아 태생의 조각가(1890~1977년). 브랸스크의 유대인 집안에서 태어났고, 뮌헨에서 공부하면서 전위예술가들과 사귀었다. 러시아 혁명이 일어난 뒤 모스크바로 돌아가 구성주의 운동에 참여했지만, 자기 예술을 이해하지 못하는 정권에 실망하고 서방으로 갔다. 1946년에 미국에 정착했다.

- 간디 (Gandhi). 인도의 독립운동가(1869~1948년). 벵골에서 힌두 관리의 아들로 태어났다. 영국에서 법학을 배운 뒤 남아프리카에서 민권운동가가 되었다. 1915년에 귀국해서 비폭력 · 불복종 운동으로 영국에 저항했다. 제2차 세계대전 뒤 독립국가 건설을 이끌다가 암살당했다.

- 게, 니콜라이 (Николай Ге). 러시아의 미술가(1831~1894년). 키예프 대학과 성 페테르부르그 대학에서 수학을 전공했고, 1850년부터 예술원에서 미술을 배웠다. 이탈리아 유학을 했고, 유럽 각지에서 전시회를 열었다.

- 게라시모프, 미하일 (Михаил Герасимов). 러시아의 시인(1889~1939년). 사마라 지방의 노동자 가정에 태어났고, 어릴 때부터 철도 직원으로 일했다. 혁명 운동을 하면서 시를 썼고 외국에서 볼셰비키 지도자들과 사귀었다. 프롤레트쿨트 지도자였고, 영향력 있는 노동계급 시인이었다. 네프에 실망해서 공산당을 떠났고 강제 수용소에서 숨졌다.

- 게르첸, 알렉산드르 (Александр Герцен). 러시아의 사상가(1812~1870년). 13세에 데카브리스트 처형에 충격을 받고 전제정과 투쟁하겠다고 결심했다. 모스크바 대학을 마친 뒤 여러 차례 유형에 처했고, 풀려난 뒤 문필 활동에 전념하다 1847년에 파리로, 1852년에 런던으로 갔다. 러시아의 사회사상과 혁명 사상의 발전에 크게 이바지했다.

- 게오르게, 슈테판 (Stefan George). 독일의 시인(1868~1933년). 독일 동부에서 태어났지만, 유럽을 돌아다니며 예술가와 사귀었다. 상징주의의 영향을 받았고 자연

주의적이고 예술지상주의적인 서정시를 써서 독일 시문학을 되살려냈다. 말년에는 나치의 회유를 물리치고 은둔했다.

■ 게오르기, 성 (Святой Георгий). 그리스도교의 순교자(?~303년). 디오클레티아누스 로마 황제의 박해를 받아 참수되었다. 나쁜 용을 물리친 성자로 추앙되며, 미술에서는 갑옷을 입고 용과 싸우는 기사로 그려진다.

■ 고갱, 폴 (Paul Gauguin). 프랑스의 화가(1848~1903년). 선원으로 일하다가 그림을 그리기 시작했다. 후기 인상파에 속한 화가였고, 고흐와 같이 지내기도 했다. 1891년에 남태평양의 타히티 섬으로 가서 왕성하게 작품 활동을 했다. 1901년에 도미니카로 이주했다.

■ 고르키, 막심 (Максим Горький). 러시아의 작가(1868~1936년). 니즈니 노브고로드에서 태어났고, 어려서 부모를 여의고 독학으로 공부했다. 하층민을 생생히 묘사해서 프롤레타리아 문학을 선도했다. 볼셰비키와 가까웠지만, 10월혁명 뒤에는 거리를 두었다. 유럽에서 지내다가 1928년에 소련으로 돌아가 작가연맹을 이끌었다.

■ 고야, 프란시스코 (Francisco Goya). 에스파냐의 화가(1746~1828년). 마드리드에서 본격적으로 미술을 배워 1798년에 궁정 수석화가가 되었다. 1790년대 중엽까지는 사치와 환락의 덧없음을 화폭에 담았고, 중병을 앓고 나폴레옹의 침공에서 비롯된 참상을 겪은 뒤에는 냉엄한 현실을 그렸다.

■ 곤차로프, 이반 (Иван Гончаров). 러시아의 작가(1812~1891년). 상인 가정에 태어났고, 모스크바 대학을 졸업했다. 관리로 오래 일했고, 1850년대 중엽에 일본까지 여행을 했다. 귀족 사회와 발흥하는 자본주의가 공존하는 러시아의 사회 변화를 반영하는 소설을 많이 썼다. 『오블로모프』가 대표작이다.

■ 골랴톱스키, 요안니키 (Иоанникий Голятовский). 우크라이나의 성직자(1620?~1688년). 우크라이나 북서부에서 태어났고, 키예프-모길라 학술원에서 배웠다. 1650년에 수사가 되었고 키예프에서 수사학을 가르쳤다. 1658년부터 1668년까지 키예프-모길라 학술원 원장이었고, 그 뒤에는 수도원장으로 활동했다. 가톨릭과 유대교에 반대하는 저서를 남겼다.

■ 골로빈, 이반 (Иван Головин). 러시아의 군인(1816~1890년). 러시아의 군인 겸 외교관이었고, 서유럽에서 살면서 러시아의 실정을 비판한 자유주의자였다. 전제정을 비판하다가 프랑스에서 쫓겨나 영국과 미국을 전전했다.

■ 골리췬, 드미트리 (Дмитрий Д. Голицын). 러시아 출신의 종교인(1770~1840년). 헤이그에서 러시아 대사의 아들로 태어났고, 독일인 어머니의 영향으로 가톨릭

환경에서 자라났다. 1792년에 오스트리아 군대에 복무하려다가 외국인인 탓에 실패했고, 1792년에 미국으로 건너갔다. 미국에서 가톨릭 포교에 힘썼다.

■ 골리친, 드미트리 (Дмитрий М. Голицын). 러시아의 위정자(1665~1737년). 표트르 대제를 섬겼으나, 귀족의 특권을 제한하는 전제정에 반대하다가 미움을 사면서 부침을 겪었다. 안나 여제의 즉위를 도왔지만, 전제정에 반대하는 이념의 소유자로 체포되어 종신형을 선고받았다.

■ 골리친, 바실리 (Василий В. Голицын). 러시아의 위정자(1643~1714년). 훌륭한 교육을 받고 서유럽 문화에 정통했으며, 30대부터 여러 공직을 맡았다. 애인인 소피야 알렉세예브나가 섭정이 되면서 권세를 얻었고 주로 외교 분야에서 활동했다. 소피야가 권력을 잃자 유배되어 죽었다.

■ 골리친, 알렉산드르 (Александр Голицын). 러시아의 위정자(1773~1844년). 알렉산드르 1세 치세에 신성종무원과 교육부의 수장을 지냈다. 예카테리나 대제 시대의 전형적인 자유사상가였고, 종교에 흥미를 품고나서는 신비주의 경향을 띠었고 성서공회 회장으로 활동했다. 반대파의 공격을 받아 1824년에 직위에서 밀려났다.

■ 괴테, 요한 볼프강 폰 (Johann Wolfgang von Goethe). 독일의 대문호(1749~1832년). 명문가에서 태어났고, 라이프치히 대학에서 법을 공부했지만 예술을 더 좋아했다. 질풍노도 시대를 대표하는 작가로 성장했고, 1780년대 말엽에 이탈리아 여행을 한 뒤 고전주의 예술을 지향했다. 인류애에 입각한 대작을 남겨 전유럽에서 존경을 받았다.

■ 구스타부스 3세 (Gustav III). 스웨덴의 국왕(1746~1792년). 1771년에 즉위해서 이듬해에 헌법을 채택하고 계몽 전제군주로 나라를 다스렸다. 러시아와 싸워 승리를 거두었지만, 극장에서 암살당했다.

■ 그라놉스키, 티모페이 (Тимофей Грановский). 러시아의 역사학자(1813~1855년). 모스크바 대학과 베를린 대학에서 공부하며 랑케의 영향을 많이 받았다. 서유럽 역사가 러시아 역사보다 우월하다고 생각했으며, 모스크바 대학 교수로서 1839년부터 러시아인으로는 처음으로 서유럽 중세사를 강의해서 인기를 끌었다.

■ 그라닌, 다니일 (Даниил Гранин). 소련의 작가(1919년~). 사라토프 지방에서 태어났고, 레닌그라드 기술전문학교 학생 시절부터 글을 쓰기 시작했다. 졸업 뒤 연구소 기사로 근무하면서 소설을 썼고, 경직된 관료를 비꼬는 작품으로 주목을 받았다. 1978년에 소연방 국가상을 받았다.

■ 그론스키, 이반 (Иван Гронский). 소련의 문필가(1894~1985년). 10월혁명과 내전 때 볼셰비키 당원으로 활약했다. 붉은 교수 연구소에서 경제학을 공부한 뒤 『이즈베스티야』와 『붉은 니바』의 편집장으로 일했다. 스탈린의 측근이었는데도 1938년에 강제수용소에 갇혔다. 스탈린이 죽은 뒤 풀려나 복권되었다.

■ 그리고로비치, 드미트리 (Дмитрий Григорович). 러시아의 작가(1822~1899년). 러시아인 지주와 프랑스인 혁명가의 딸 사이에서 태어났으며, 성 페테르부르그에서 도스토옙스키와 함께 공부했다. 벨린스키의 영향을 받아 비판적 사실주의에 입각해서 민중의 삶을 소재로 글을 썼고, 농노제의 실상에 관한 관심을 불러일으켰다.

■ 그리고리예프, 아폴론 (Аполлон Григорьев). 러시아의 문필가(1822~1864년). 모스크바에서 태어났고, 모스크바 대학에 다니며 낭만주의자가 되었다. 문예지를 펴내고 시를 쓰고 평론을 했다. 차츰차츰 낭만주의를 버리고 민족주의 성향을 보였다.

■ 글라주노프, 알렉산드르 (Александр Глазунов). 러시아의 작곡가(1865~1936년). 어릴 때부터 림스키-코르사코프의 제자였고, 국민음악파의 계승자로 교향악을 주로 작곡했다. 러시아 혁명 이후로도 레닌드라드의 음악원 원장으로 있다가 1928년에 서방으로 망명했다.

■ 글린카, 미하일 (Михаил Глинка). 러시아의 음악가(1804~1857년). 관리였지만, 요양차 유럽 여행을 하다 베를린에서 음악을 배우기 시작했다. 귀국해서는 문학가들과 사귀며 오페라를 작곡했다. 유럽을 자주 돌아다녔고, 에스파냐에서 소재를 수집했다. 러시아 국민 음악파에 큰 영향을 주었다.

■ 글린카, 표도르 (Федор Глинка). 러시아의 문학가(1786~1880년). 스몰렌스크 지방에서 태어났고, 군사 교육을 받았다. 나폴레옹 전쟁에 참전했고, 문학에 뜻을 두고 창작을 했다. 데카브리스트 운동에 연루되었다는 의심을 산 뒤 영지로 은퇴했다.

■ 기젤, 이노켄티 (Иннокентий Гизель). 우크라이나의 성직자(1600년경~1683년). 인노첸츠 기젤(Innozenz Giesel)이라는 이름으로 프로이센에서 태어났으며, 정교 신자가 되었다. 키예프 학술원 원장을 지내고 1656년에 키예프 동굴 수도원장에 임명되었다. 우크라이나와 러시아의 통합을 지지했다고 알려져 있다.

■ 나기빈, 유리 (Юрий Нагибин). 소련의 작가(1920~1994년). 반혁명분자의 유복자로 모스크바에서 태어났고, 의대를 다니다가 1948년에 단편소설을 발표했다.

1950~1960년대에 농촌을 소재로 한 소설을 잇달아 내놓아 단편 작가로 입지를 굳혔다. 사후에 파격적인 성애가 묘사된 미발표 작품이 간행되어 재평가를 받았다.

■ 나보코프, 블라디미르 (Владимир Набоков). 러시아의 태생의 작가(1899~1977년). 성 페테르부르그에서 태어났고, 혁명으로 전재산을 잃고 1919년에 서유럽으로 이주했다. 케임브리지 대학을 마친 뒤 러시아어와 영어로 시와 소설을 쓰고 평론을 했다. 1940년에 미국으로 건너가 미국 국적을 얻었고, 1955년에 소설『롤리타』로 이목을 끌었다.

■ 나폴레옹 보나파르트(Napoléon Bonaparte). 프랑스의 통치자(1769~1821년). 코르시카에서 태어났고, 파리의 사관학교에 들어갔다. 프랑스 혁명으로 출세할 기회를 얻었고, 젊은 나이에 장군이 되었다. 1799년에 쿠데타로 통령이 되었고, 1804년에 황제가 되었다. 유럽을 석권했지만, 1812년에 러시아 원정에서 패한 뒤 몰락했다.

■ 네스테로프, 미하일 (Михаил Нестеров). 러시아의 화가(1862~1942년). 우파(Уфа)에서 태어났고, 황립예술원에서 공부했다. 이동전람파에 가담했고, 종교적 상징주의의 대표자가 되어 종교화를 그렸다. 독실한 정교 신자여서 볼셰비키 정권을 지지하지 않았지만, 러시아를 떠나지 않았다.

■ 네차예프, 세르게이 (Сергей Нечаев). 러시아의 혁명가(1847~1882년). 농노의 아들로 태어나 혁명가가 되었다. 혁명 운동을 주도하다 스위스로 망명했다. 1869년에 모스크바로 돌아와 비밀 테러단체를 조직했다. 단원 가운데 한 사람을 잔혹하게 살해했는데, 이 사건은 도스토옙스키의 작품『악령』의 소재가 되었다.

■ 네크라소프, 니콜라이 (Николай Некрасов). 러시아의 문필가(1821~1878년). 성 페테르부르그 대학에서 공부할 때부터 시집을 펴냈다. 고통받는 농민을 주제로 글을 많이 썼으며, 급진 저널의 발행인으로 활동했다.

■ 노발리스 (Novalis). 독일의 문학가(1772~1801년). 귀족 가문에서 태어나 경건주의 교육을 받았으며, 대학에서 당대의 지식인들과 사귀었다. 낭만주의 문예 활동을 했으나, 폐결핵으로 요절했다.

■ 노비코프, 니콜라이 (Николай Новиков). 러시아의 문필가(1744~1818년). 교육과 문화를 북돋고자 학교와 도서관을 세웠고, 프리메이슨의 영향을 받아 출판사를 운영해서 자유로운 사고를 고취했다. 전제정을 비판해서 체포되었고, 1796년에 사면을 받았지만 문필 활동은 하지 못했다.

■ 니부어, 라인홀드 (Reinhold Niebuhr). 미국의 신학자(1892~1971년). 독일계 목사 가정에 태어났고, 예일 대학 신학부를 마친 뒤 목사가 되었다. 1928년부터는 대학에서 종교 철학과 윤리학을 가르쳤다. 산업 사회의 문제를 폭로하고 사회당 활동

에 참여했다. 자유주의 신학을 비판하면서 그리스도교 사회 윤리를 확립하려고 노력했다.

■ 니진스키, 바츨라프 (Вацлав Нижинский). 러시아의 무용가(1890~1950년). 키예프에서 폴란드인 가정에 태어났고, 성 페테르부르그의 황립무용학교를 졸업했다. 댜길레프가 1909년에 파리에서 창단한 러시아 발레단의 무용가로 성공했고, 1911년부터는 창작까지 했다. 세계 순회공연 도중에 정신병에 시달리다가 숨졌다.

■ 니체, 프리드리히 (Friedrich Nietzsche). 독일의 철학자(1844~1900년). 본 대학과 라이프치히 대학에서 인문학을 배웠고, 1869년에 바젤 대학교수가 되었다. 그리스도교 윤리를 노예의 도덕으로 간주하고 강자의 도덕을 찬미하면서 그 구현자를 초인(超人)이라고 불렀다. 실존주의의 선구자로 평가된다.

■ 니콜라이 1세 (Николай I). 러시아의 황제(1796~1855년). 파벨 1세의 셋째 아들이었고, 형 알렉산드르 1세가 죽자 1825년에 데카브리스트 봉기를 진압하고 제위에 올랐다. 내정과 외교에서 반동적 입장을 취했고, 중앙아시아로 진출했다. 크림전쟁에서 패전의 위기에 몰린 상황에서 숨졌다.

■ 니콜라이 2세. 러시아의 황제(1868~1918년). 알렉산드르 3세의 아들이었고, 1894년에 즉위했다. 전제정을 유지하려고 애썼지만, 1917년 2월혁명이 일어나자 퇴위했다. 1918년에 혁명 정권과 반혁명 사이에 내전이 일어나자 볼셰비키의 손에 가족과 함께 처형되었다.

■ 니키틴, 니콜라이 (Николай Никитин). 소련의 작가(1895~1963년). 철도원 가정에 태어났고, 성 페테르부르그 대학에서 철학을 공부했다. 내전 때 붉은 군대에서 복무했다. 1921년부터 글쓰기에 나섰고, 세라피온 형제단의 일원이었다. 희곡, 영화 대본, 소설 등 다양한 작품을 썼다.

■ 다니엘손, 니콜라이 (Николай Даниельсон). 러시아의 경제학자(1844~1918년). 모스크바의 상인 가정에 태어났고, 인민주의에 동조해서 경제학을 연구했다. 1872년에 마르크스의 『자본』을 러시아어로 처음 번역했지만, 러시아에서 자본주의가 발전할 가능성을 부정했다. 정치 활동은 하지 않았다.

■ 다닐렙스키, 니콜라이 (Николай Данилевский). 러시아의 학자(1822~1865년). 성 페테르부르그 대학을 졸업하고 페트라솁스키 사건에 연루되어 체포된 뒤 수도에서 추방되었다. 역사는 상이한 문명의 연속이며 각 문명에는 그 자체로 존중해야 할 고유한 문화유산이 있다고 주장했다.

■ 다르고믜즈스키, 알렉산드르 (Александр Даргомыжский). 러시아의 작곡가(1813~1869년). 툴라의 지주 가문에 태어났고, 성 페테르부르그에서 교육을 받았

다. 관리로 일하며 작곡을 하다가 글린카를 만난 뒤 음악에 전념했다. 1867년에 음악협회 회장이 되어 국민음악파를 지원했다. 글린카와 국민음악파를 잇는 다리 역할을 한 음악가였다.

■ 댜길레프, 세르게이 (Сергей Дягилев). 러시아의 작곡가(1872~1929년). 성 페테르부르그에서 법을 공부하다 음악가가 되었다. 1908년에 파리에서 오페라 「보리스 고두노프」를 공연한 뒤 발레단을 조직해서 세계 각지에서 공연했다.

■ 데보린, 아브람 (Абрам Деборин). 러시아의 철학자(1881~1863년). 1903년에 볼셰비키 당원이 되었지만, 1917년까지는 멘셰비키 당원이었다. 러시아 혁명이 일어나자 다시 볼셰비키 당원이 되었고, 마르크스주의 이론가로 명성을 얻었다. 1930년대 초에 비판을 받고 한직으로 밀려났다.

■ 데이먼 러니언, 앨프리드 (Alfred Damon Runyon). 미국의 작가(1884~1946년). 10대에 군인으로 필리핀에서 복무한 뒤 민완 기자로 이름을 알렸다. 뉴욕에서 활동하며 노름꾼, 떠돌이, 흥행주 등 인간 군상을 현란한 문체로 그린 단편으로 인기를 끌었다.

■ 데이치, 레프 (Лев Дейч). 러시아의 혁명가(1855~1941년). 우크라이나 유대인 상인 가정에 태어났고, 인민주의 조직에서 활동했다. 1883년에 제네바에서 노동해방단을 만들었고, 이듬해 러시아로 송환되어 13년 징역을 살았다. 1901년에 탈출해서 러시아사회민주노동당 창립에 참여했다. 그 뒤 멘셰비키의 일원으로 활동했다.

■ 도미에, 오노레 (Honoré Daumier). 프랑스의 미술가(1808~1879년). 감금형을 받을 만큼 날카롭게 사회 모순을 풍자하는 석판화를 제작했다. 1848년 이후에는 수채화와 유채화에 주력했다. 하층민의 애환을 작품 소재로 삼았다.

■ 도브롤류보프, 니콜라이 (Николай Добролюбов). 러시아의 문필가(1836~1861년). 사제의 아들로 태어나 유명한 비평가가 되었다. 체르늬셉스키와 피사레프와 함께 『당대인』에서 활동하며 제정을 비판하고 급진주의적 관점에서 문예 비평을 했다.

■ 도브롤류보프, 알렉산드르 (Александр Добролюбов). 러시아의 시인(1876~1945년). 바르샤바에서 태어났고, 성 페테르부르그 대학을 다녔다. 마약을 하고 죽음을 숭배하는 등 방탕하게 살다가 1898년부터는 종교에 심취했다. 그가 쓴 상징주의 시를 친구들이 발간했다. 캅카즈에서 종파를 이끌고 중앙아시아에서 유목민 생활을 하는 등 기행을 일삼았다.

- 도스토옙스키, 표도르 (Фёдор Достоевский). 러시아의 소설가(1821~1881년). 모스크바에서 태어났고, 성 페테르부르그에서 학교를 다녔다. 20대 후반부터 소설을 써서 문단의 주목을 받았다. 1849년에 페트라솁스키 사건에 연루되어 유배형을 받았고, 풀려난 뒤 대작을 잇달아 발표해서 러시아의 문호가 되었다.
- 도쿠차예프, 바실리 (Василий Докучаев). 러시아의 과학자(1846~1903년). 스몰렌스크에서 태어났고, 성 페테르부르그 대학에서 배운 뒤 모교 교수가 되었다. 러시아의 토양을 연구해서 토양학의 선구자가 되었으며, 그가 창안한 독특한 개념은 서방에서도 주목을 받았다.
- 두딘체프, 블라디미르 (Владимир Дудинцев). 소련의 작가(1918~1998년). 하르코프 지방에서 태어났고, 아버지는 반혁명분자로 처형되었다. 제2차 세계대전 참전용사였고, 종전 뒤 기자로 활동하다가 등단했다. 해빙기에 소설 『빵만으로는 살지 못한다』로 관심을 끌었지만, 정권의 비판을 받았다. 1988년에 소연방 국가상을 받았다.
- 두보프, 니콜라이 (Николай Дубов). 소련의 작가(1910~1983년). 옴스크의 노동자 가정에 태어났고, 여러 직업을 전전했다. 1940년대 후반에 등단해서 인기를 끌었다. 1950년대에는 청년 문학에 주력했다. 1970년에 소연방 국가상을 받았다.
- 뒤러, 알브레히트 (Albrecht Dürer). 독일의 미술가(1471~1528년). 뉘른베르크에서 태어났고, 목판 기술을 배웠다. 20대 중반에 공방을 차리고 동판화를 만들기 시작한 이래 독일 르네상스 미술을 대표하는 작품을 많이 배출했다.
- 드 메스트르, 그자비에 (Xavier de Maistre). 프랑스 태생의 군인(1763~1852년). 사르데냐의 해군사관으로 근무하던 중 프랑스 혁명이 일어나자, 혁명에 반대해서 러시아에 망명한 다음 러시아군 장군이 되었다. 문학 작품도 여러 편 남겼다.
- 드렉슬레르, 미하일 (Михаил Дрекслер). 러시아의 성직자(1840~1885년). 리보니아의 농민 가정에 태어났고, 리가 신학교와 모스크바 신학원에서 공부했다. 발트 해 연안 지대에서 인정받는 정교회 성직자가 되었고, 1870년대에 리가 신학교 교장을 지냈다. 그 뒤에는 프스코프 신학교에서 일했다.
- 드미트리 (Лжедмитрий). 폴란드인 가짜 드미트리. 러시아의 군주 참칭자(1581~1606년). 본명은 그리고리 오트레피예프(Григорий Отрепьев). 참칭자 드미트리라고도 한다. 차르 고두노프가 죽은 뒤 혼란을 틈타 자기가 이반 4세의 아들 드미트리라고 주장하며 폴란드의 지원을 받아 1605년에 제위에 올랐지만, 민심을 잃은 뒤 군중에게 죽임을 당했다.

■ 드미트리 파블로비치 (Дмитрий Павлович). 러시아의 황족(1891~1941년). 알렉산드르 2세의 손자, 니콜라이 2세의 사촌이었다. 1913년 겨울에 유수포프 공과 사귀었고, 수많은 여인과 염문을 뿌렸다. 유수포프 공과 공모해서 라스푸틴을 죽였고, 10월혁명 뒤에 런던으로 도피했다.

■ 라 아르프, 프레데릭-세자르 드 (Frédéric-César de la Harpe). 스위스의 정치 지도자(1754~1838년). 1784년부터 러시아에서 황위 계승자인 알렉산드르와 콘스탄틴의 개인교사로 일했다. 고향 보(Vaud)의 독립을 위해 노력했고, 1798년에 세워진 스위스 공화정부에 들어가 활동했다. 제자였던 알렉산드르 1세에게서 1814년에 보의 독립에 관한 약속을 얻어냈다.

■ 라디쉐프, 알렉산드르 (Александр Радищев). 러시아의 문필가(1749~1802년). 귀족 출신이며 독일에서 법학을 배웠다. 전제정과 농노제를 비판해서 예카테리나 대제의 노여움을 사서 유배되었다. 1801년에 알렉산드르 1세의 사면을 받아 개혁 입법 활동을 하다가 자살했다.

■ 라리오노프, 미하일 (Михаил Ларионов). 러시아의 미술가(1881~1964년). 오데사 지방에서 태어났고, 모스크바에서 그림을 배우면서 나탈리야 곤차로바(Наталья Гончарова, 1881~1962년)를 만나 평생 동지가 되었다. 1906년에 프랑스를 방문한 뒤 새 양식을 추구했고, 1910년대 전반기에 광선주의 운동을 주도했다. 무대 미술가로도 활동했다.

■ 라므네, 위그-펠리시테 (Hugues-Félicité Lamennais). 프랑스의 사상가(1782~1854년). 브르타뉴의 명문가에서 태어났고, 신학교를 나와 1816년에 사제가 되었다. 1830년 혁명기에 민주주의와 정교분리를 지지하며 교회와 대립했고 파문까지 당했다. 1848년 혁명 때 의회 위원이 되었으나, 나폴레옹 3세의 쿠데타가 일어나자 은퇴했다.

■ 라브로프, 표트르 (Петр Лавров). 러시아의 사상가(1823~1900년). 지주의 아들로 태어나 포병학교를 졸업하고 군사학교에서 수학을 가르쳤다. 30대 중반부터 혁명 조직에서 활동하다가 1867년에 파리로 도피했다. 파리 코뮌에서 활약한 뒤 런던에서 마르크스와 사귀었다. 그의 저술과 활동은 러시아 혁명 운동의 기반을 닦았다.

■ 라스푸틴, 그리고리 (Григорий Распутин). 러시아의 종교인(1869~1916년). 시베리아에서 태어났고, 소수 종파와 접하면서 추종자를 얻었다. 1903년에 수도로 가서 혈우병을 앓는 황태자를 고쳐서 황제 부부의 신임을 얻었다. 그 뒤 국정에 개입하고 권세를 휘두르다가 암살당했다.

■ 라파엘로 (Raffaello). 이탈리아의 미술가(1483~1520년). 우르비노에서 화가의 아들로 태어났고, 페루지노에게 미술을 배웠다. 피렌체, 로마, 바티칸에서 활동하며 명성을 쌓았다. 르네상스를 대표하는 미술가로 추앙된다.

■ 라파터, 요한 카스파르 (Johann Kaspar Lavater). 스위스의 신학자(1741~1801년). 취리히에서 태어나 28세에 신품성사를 받았다. 독일에서 뛰어난 언설로 인기인이 되었다. 저술을 많이 남겼으며, 골상학의 대가로 논란을 일으켰다.

■ 라흐마니노프, 세르게이 (Сергей Рахманинов). 러시아 출신의 음악가(1873~1943년). 노브고로드에서 태어났고, 학생 시절부터 작곡을 했다. 탁월한 피아노 연주자였고 지휘까지 했다. 러시아 혁명 뒤에 미국으로 망명해서 연주와 작곡에 전념했다. 제2차 세계대전 때 소련을 도왔고 귀국 준비를 하다가 숨겼다.

■ 랭보, 장 아르튀르 (Jean-Arthur Rimbaud). 프랑스의 시인(1854~1891년). 조숙한 천재여서 10대 중반부터 뛰어난 시를 썼다. 파리 코뮌에 참여했고, 폴 베를렌(Paul Verlaine, 1844-1896년)의 동성 연인이 되어 기존 가치에 반항하는 시를 썼다. 19세에 절필하고 세계를 돌아다녔다.

■ 레닌, 블라디미르 일리치 (Владимир Ильич Ленин). 러시아의 혁명가(1870~1924년). 심비르스크에서 태어났고, 성 페테르부르그 대학에서 법을 배웠다. 마르크스주의자가 되어 활동하다 체포되었고, 유배 중에 망명했다. 1917년 혁명이 일어나자 귀국해서 볼셰비키를 이끌고 권력을 장악했고, 내전기에는 반혁명 세력에 맞서 혁명 정부를 지켜냈다.

■ 레르몬토프, 미하일 (Михаил Лермонтов). 러시아의 시인(1814~1841년). 군인 가정에 태어났고, 모스크바 대학에서 공부했다. 사회 모순에 반발하고 비판적 사실주의에 입각해 하층민의 실상을 묘사한 시와 소설을 썼으며, 저널 간행에도 수완을 보였다. 옛 친구와 결투를 벌이다가 숨겼다.

■ 레리흐, 니콜라이 (Николай Рерих). 러시아의 예술가(1874~1947년). 서방에는 니콜라스 뢰리히(Nicholas Roerich)로 알려져 있다. 성 페테르부르그에서 태어났고, 예술원에서 공부했고 발레 뤼스의 무대 미술가가 되었다. 1920년에 미국으로 이주했고 고위 인사들과 교류했다. 고비 사막을 탐사하고 아시아 정치에도 관여했다.

■ 레미조프, 알렉세이 (Алексей Ремизов). 러시아의 작가(1877~1957년). 모스크바 상인 가정에 태어났고, 모스크바 대학을 다녔다. 정치 활동을 하다가 8년의 감금과 유형을 경험했다. 민간전승에 심취했고, 중세 민담을 모방한 기괴한 작품을 발표

했다. 1921년에 유럽으로 이주했고, 러시아인 모더니즘 작가로 유럽 문단의 관심을 모았다.

■ 레비탄, 이사악 (Исаак Левитан). 러시아의 화가(1860~1900년). 리투아니아에서 태어났고 모스크바와 파리에서 그림을 배웠다. 1891년에 이동전람파에 가담해서 사실주의 회화에 전념했고, 말년에는 각지를 돌아다니며 풍경을 그렸다.

■ 레스코프, 니콜라이 (Николай Лесков). 러시아의 작가(1831~1895년). 러시아에 진출한 영국 회사에 들어가 러시아 곳곳을 돌아다닌 경험을 소재로 글을 썼다. 내놓은 작품들이 인기를 끌어 최고의 이야기꾼이라는 찬사를 들었다.

■ 레오나르도, 다빈치 (Leonardo da Vinci). 이탈리아의 예술가(1452~1519년). 피렌체 부근의 빈치에서 공증인의 서자로 태어났다. 피렌체와 밀라노에서 활동하면서 기예에서 만능의 재능을 발휘했고, 르네상스를 대표하는 예술가로 15세기 르네상스 미술을 완성했다는 평가를 받는다.

■ 레오노바, 다리야 (Дарья Леонова). 러시아의 가수(1829?~1896년). 트베르 지방에서 태어났고 성 페테르부르그에서 공부했다. 1852년에 오페라 가수로 데뷔해서 인기를 끌었고, 성 페테르부르그와 모스크바에서 활동했다. 1873년부터는 무소륵스키와 함께 지방 순회공연을 했다.

■ 레오파르디, 자코모 (Giacomo Leopardi). 이탈리아의 시인(1798~1837년). 엄격한 가톨릭 가정에 태어났고, 어려서부터 문학에 재능을 보였다. 질병에 시달리면서도 염세적인 시를 많이 써서 낭만주의 이전 이탈리아의 대표 시인이 되었다.

■ 레온티예프, 콘스탄틴 (Константин Леонтьев). 러시아의 사상가(1831~1891년). 모스크바 대학에서 의학을 배운 뒤 외교관으로 근무하다가 한때 아토스 산에 들어가기도 했다. 1870년대에 검열관으로 근무하면서 보수적인 문예비평 활동을 하고 도스토옙스키와 논쟁을 벌였다. 만년에는 정교 수사가 되었다.

■ 레이테른, 미하일 (Михаил Рейтерн). 러시아의 위정자(1820~1890년). 차르스코예 셀로 전문학교에서 공부했고, 관리가 되었다. 여러 부서를 거쳐 1862년 1월에 재무장관이 되었다. 공업을 일으키고 재정을 튼튼히 했다.

■ 레페신스카야, 올가 (Ольга Лепешинская). 러시아의 생물학자(1871~1963년). 치료사였고, 1898년에 사회민주당원이 되었다. 혁명 정권이 들어선 뒤에는 의학 연구소에서 일했다. 생명 현상을 연구하면서 자연발생성 등 사이비 이론을 주장했지만, 당 지도부의 지지를 받아 권위를 누리며 스탈린 상까지 받았다.

■ 레포르트, 프란츠 (Франц Лефорт). 러시아의 제독(1656~1699년). 스위스의 상인 가정에 태어나 프랑스와 네덜란드에서 군인 경력을 쌓았고, 1675년에 러시아로 갔다. 차츰 주목을 받아 표트르와 친해졌고 그의 총애를 샀다.

■ 레핀, 일리야 (Илья Репин). 러시아의 화가(1844~1930년). 성 페테르부르그 예술 원에서 공부했고, 프랑스와 이탈리아에서 유학한 다음 귀국해서 이동전람파의 일원으로 활동했다. 제정 러시아의 사회 모순을 화폭에 담았고, 19세기 러시아 미술의 대표자로 평가된다.

■ 로디체프, 표도르 (Федор Родичев). 러시아의 정치가(1854~1933년). 귀족 가문 에 태어났고 성 페테르부르그 대학에서 공부했다. 트베르 주 젬스트보 의원과 귀 족단장이 되었고 젬스트보 자유주의 활동의 기수로 활약했다. 입헌민주당 창당에 이바지했고 두마 의원이 되었다. 내전기에 망명했다.

■ 로랭, 클로드 (Claude Lorrain). 프랑스 태생의 화가(1600~1682년). 젊어서 이탈리 아에서 그림을 배웠다. 로마에서 화가로 이름을 얻어 교황과 추기경, 군주들의 애호를 받았다. 로마의 유적이 담긴 풍경화를 많이 그렸다.

■ 로렌스, 데이비드 허버트 (David Herbert Lawrence). 영국의 작가(1885~1939년). 유럽과 세계 각지를 돌아다니면서 시를 쓰고 평론 활동을 했다. 당시 사회가 받아 들이기 힘든 노골적 성애 묘사가 들어간 소설을 써서 발매 금지 처분을 받았다.

■ 로바쳅스키, 니콜라이 (Николай Лобачевский). 러시아의 수학자(1792~1856년). 가난한 관리의 아들로 태어나, 카잔 대학에서 공부하고 모교 교수가 되었다. 1826 년부터 1846년까지 총장을 지내면서 카잔 대학을 되살려냈고, 전공 분야인 수학 에서도 뛰어난 업적을 쌓았다.

■ 로베스피에르, 막스밀리앵 드 (Maximilien de Robespierre). 프랑스의 혁명가 (1758~1794년). 고향 아라스(Arras)에서 변호사로 일하다가 1789년에 삼부회 의원 으로 당선되었다. 프랑스 혁명이 일어나자 자코뱅 당원이 되어 급진파를 이끌었다. 1793년부터 공포정치를 주도하며 반대파를 마구 처형했다. 이듬해 권력을 잃고 단두대에서 목숨을 잃었다.

■ 로스톱친, 표도르 (Федор Ростопчин). 러시아의 위정자(1763~1826년). 파벨 1세 의 부관으로 근무하다가 해임된 뒤 알렉산드르 1세의 이모 예카테리나가 후원하 는 애국 동아리에서 활동했다. 예카테리나의 추천으로 차르에게 소개되었고, 1812 년에 모스크바 사령관 겸 총독에 임명되었다. 빈 회의에 참석했다가 차르의 총애 를 잃고 귀국하지 못했다.

■ 로자노프, 바실리 (Василий Розанов). 러시아의 작가(1856~1919년). 모스크바 대학에서 역사학을 배웠다. 아폴리나리야 수슬로바와 결혼했고 도스토옙스키를 연구했으며, 그리스도교의 금욕주의를 비판했다. 반유대주의 성향을 보이고 보수 저널에 글을 쓰면서도 1905년 혁명을 지지했다. 말년에는 정교회를 받아들였다.

■ 로제거, 페터 (Peter Rosegger). 오스트리아의 작가(1843~1918년). 빈농 가정에 태어났고, 재단사 도제로 곳곳을 돌아다녔다. 이 경험을 살려 글을 쓰기 시작했다. 농민 생활을 주제로 향토색이 짙은 소설을 주로 썼다.

■ 롬, 미하일 (Михаил Ромм). 소련의 영화감독(1901~1971년). 시베리아에서 태어났고, 내전기에 붉은 군대에 입대했다. 정부의 지원을 받아 예술가가 되었고, 1928년에 영화이론을 연구하면서 영화계에 발을 디뎠다. 1940년대부터 영화감독으로 이름을 떨쳤고 스탈린 상을 다섯 차례 받았다.

■ 루나차르스키, 아나톨리 (Анатолий Луначарский). 러시아의 혁명가(1875~1933년). 혁명 활동을 하다가 1898년에 국외 추방되었고 볼셰비키 당원이 되었다. 볼셰비키 정부의 교육인민위원이 되어 예술을 후원했다.

■ 루네베리, 요한 (Johan Runeberg). 핀란드의 시인(1804~1877년). 대학에서 고전어를 배웠고, 대학에서 강의를 하다가 1857년부터 시 쓰기에 전념했다. 스웨덴어로 핀란드 민족주의를 고취하는 시를 써서 핀란드 독립에 이바지했다.

■ 루닌, 미하일 (Михаил Лунин). 러시아의 혁명가(1787~1845년). 성 페테르부르그의 귀족 가문에 태어났고, 군인이 되어 나폴레옹 전쟁에서 싸웠다. 서유럽에서 지내며 생시몽과 사귀고 가톨릭 신자가 되었다. 데카브리스트 조직을 이끌었고, 봉기 실패 뒤에 유형에 처해졌다. 유형지에서 비밀 문건을 간행하다가 체포되어 옥사했다.

■ 루블료프, 안드레이 (Андрей Рублев). 러시아의 이콘 화가(1370~1430년). 성 세르기 대수도원의 수사였으며, 이콘과 프레스코화를 많이 그렸다. 특히 「구약의 삼위일체」는 러시아의 최고 걸작으로 꼽히는 러시아 고유의 이콘이다.

■ 루빈시테인, 안톤 (Антон Рубинштейн). 러시아의 음악가(1829~1894년). 어려서부터 피아노를 배워 유럽에서 연주회를 열었다. 1948년에 귀국해서 오페라 작곡을 시작했다. 1875년에 지은 오페라 「악마」가 대표작이다.

■ 루소, 장-자크 (Jean-Jacques Rousseau). 프랑스의 사상가(1712~1778년). 제네바의 시계공의 아들로 태어나 어렵게 살며 고학했다. 1742년에 파리로 가서 지식인과 사귀며 논쟁을 벌이고 뛰어난 논설을 발표해서 주목을 받았다. 그의 계몽사상은 프랑스 혁명의 사상적 기반이 되었다.

- 룩셈부르크, 로자 (Rosa Luxemburg). 폴란드 출신의 사회주의자(1871~1924년). 고등학생 때부터 혁명 활동을 하다가 1889년에 스위스로 망명했고, 취리히 대학에서 박사 학위를 받았다. 1898년부터 독일 사회민주당에서 이론가로 활동했다. 1918년 말에 독일의 급진 분파를 지휘하며 혁명을 일으키다가 우익 세력에게 살해되었다.

- 르 코르뷔지에 (Le Corbusier). 프랑스의 예술가(1887~1965년). 스위스의 시골에서 태어났고, 미술에 소질을 보였고 건축을 독학했다. 1917년부터 파리에서 활동했고, 집합주택을 구상하고 합리성과 기능성을 중시하는 건축물을 설계해서 현대 건축이론을 정립했다.

- 리센코, 트로핌 (Трофим Лысенко). 소련의 농생물학자(1898~1976년). 우크라이나에서 태어났고, 농업과 원예를 연구하는 기관에서 근무했다. 가을밀을 봄에 심을 수 있도록 해준다는 춘화처리법을 연구했다. 스탈린 시대에 학계의 권력자가 되어 비과학적인 유전학 이론을 폈다. 스탈린이 죽은 뒤 몰락했다.

- 리스트, 프란츠 (Franz Liszt). 헝가리의 음악가(1811~1886년). 헝가리 이름은 리시트 페렌츠(Liszt Ferenc). 어려서부터 음악에 재능을 보였고, 유럽 각지에서 피아노 연주회를 가졌다. 1840년대부터는 작곡에 전념해서 뛰어난 피아노곡과 교향시를 남겼다. 만년에는 종교에 심취했다.

- 리스트, 프리드리히 (Friedrich List). 독일의 경제학자(1789~1846년). 독학해서 관리로 일했고, 1817년에 교수가 되었다. 상공업 발전을 추구하는 자유주의자로 활동하다가 탄압을 받고 미국으로 망명했다. 자유무역을 비판하고 보호무역을 옹호해서 후발국의 경제 발전을 도모했다.

- 리시츠키, 라자르 (Лазарь Лисицкий). 러시아 미술가(1890~1941년). 스몰렌스크의 유대인 가정에 태어났다. 독일에서 공학을 배운 뒤 1919년에 귀국해서 구성주의를 주도했다. 예술관에서 혁명 정부와 갈등을 빚자 독일로 이주했다. 1920년대 말에 귀국해서 혁신적 기법을 계속 고안했다.

- 리흐테르, 스뱌토슬라프 (Святослав Рихтер). 소련의 음악가(1915~1997년). 어려서 피아노 연주를 혼자 깨우쳤고, 18세에 오데사 오페라 극단에서연주를 하고 20세에 연주자로 데뷔했다. 모스크바 음악원에서 피아노 연주 솜씨를 키웠고, 1949년에 스탈린 상을 받았다. 해외 순회 연주를 다니며 피아니스트로 이름을 떨치기도 했다.

- 림스키-코르사코프, 니콜라이 (Николай Римский-Корсаков). 러시아의 음악가(1844~1908년). 티흐빈에서 태어났고, 해군사관학교를 졸업하고 장교가 되었다.

발라키례프와 사귄 뒤 작곡에 나섰고, 성 페테르부르크 음악원 교수가 되었다. 1905년 혁명 때 학생 편에 서다가 정권의 미움을 사서 교수직을 잃었다.

■ 마그니츠키, 레온티 (Леонтий Магницкий). 러시아의 수학교육가(1669~1739년). 모스크바에서 고등교육을 받은 뒤 모스크바 수학·항해 학교에서 1701년부터 평생 동안 산수와 기하학과 삼각법을 가르쳤고, 1716년에는 소속 기관의 교장이 되었다. 그가 쓴『산수』는 18세기 중엽까지 수학 교과서로 쓰였다.

■ 마그니츠키, 미하일 (Михаил Магницкий). 러시아의 위정자(1778~1855년). 모스크바 대학을 마친 뒤 외국에서 외교관으로 일했다. 1803년에 귀국한 뒤로 스페란스키와 가까웠고, 그가 몰락한 뒤 아락체예프의 환심을 사서 지방 관리로 근무했다. 1819년에 카잔 대학을 감찰해서 자율권을 빼앗았다. 1826년에 국고 횡령으로 해임되었다.

■ 마라, 장-폴 (Jean-Paul Marat). 프랑스의 혁명가(1743~1793년). 의사이자 문필가였으며, 프랑스 혁명에서 파리 서민의 사랑을 받으며 급진파인 산악당을 이끌었다. 지롱드당 지지자에게 암살된 뒤 혁명의 순교자로 추앙되었다.

■ 마르코프, 예브게니 (Евгений Марков). 러시아의 문필가(1835~1903년). 쿠르스크 지방의 귀족 가문에서 태어났고, 툴라 지방에서 교육자로 활동하면서 교육개혁과 지방 행정에 관여했다. 전문가로 인정받아 중앙 기구에 발탁되기도 했다. 유라시아 대륙 곳곳을 여행했고, 1858년부터 문필 작업에 몰두하면서 저널에 글을 실었다.

■ 마르크스, 카를 (Karl Marx). 독일의 사상가(1818~1883년). 그리스도교로 개종한 유대인 가정에 태어났고, 철학을 공부했다. 프로이센 정부를 비판하는 신문을 발행하다 탄압을 받고 망명해서 프랑스와 영국에서 공산주의 이론가로 활동했다. 인터내셔널을 이끌며 바쿠닌의 아나키즘과 경쟁했고, 필생의 저작『자본』을 남겼다.

■ 마리 앙투아네트 (Marie-Antoinette). 프랑스의 왕비(1755~1793년). 오스트리아의 공주로 1770년에 프랑스의 루이 16세와 결혼했다. 좋은 평판을 얻지 못했고, 프랑스 혁명이 일어난 뒤에도 혁명을 적대시하다가 남편을 뒤따라 처형되었다.

■ 마리네티, 필리포 토마소 (Filippo Tommaso Marinetti). 프랑스의 작가(1876~1944년). 이집트에서 태어났고, 제네바 대학에서 법을 배웠다. 프랑스어와 이탈리아어로 작품을 썼고, 1909년에 과거의 전통에서 벗어나 일체의 해방을 추구한다는 미래주의 선언을 했다. 문학계는 물론 미술계에서 큰 호응을 얻었다.

- 마리엔고프, 아나톨리 (Анатолий Мариенгоф). 러시아의 작가(1897~1962년). 니즈니 노브고로드의 귀족 가문에 태어났다. 1918년부터 작가로 활동했고, 예세 닌과 함께 지내며 1920년대에 시집을 10권 넘게 펴냈다. 1920년대 후반에 쓴 소설 이 비판을 받자, 소설보다 희곡과 라디오 방송 대본을 주로 썼다.

- 마몬토프, 사바 (Савва Мамонтов). 러시아의 기업가(1841~1918년). 1870년에 모스크바 북쪽의 영지에 예술가를 불러모아 예술인 공동체를 세웠다. 샬랴핀을 발탁해 오페라의 발전에 이바지했고 작곡가를 후원했다.

- 마야콥스키, 블라디미르 (Владимир Маяковский). 러시아의 시인(1893~1930년). 그루지야에서 태어났고, 모스크바로 이주했다. 볼셰비키 당원으로 활동하다가 여 러 차례 체포되었다. 시인 겸 화가로 예술계에 등장해 미래주의를 이끌었다. 러시 아 혁명을 찬양했지만, 소외를 못이기고 권총으로 자살했다.

- 마이코프, 레오니드 (Леонид Майков). 러시아의 학자(1839~1900년). 화가 니콜 라이 마이코프의 막내 아들이었고, 성 페테르부르그 대학을 다녔다. 재무부 등 정부 기관에서 일했고, 1868년에 고고학 연구소 교수가 되었다. 문학사에도 조예 가 깊었고, 1893년에 러시아 학술원 부원장이 되었다.

- 마이코프, 발레리안 (Валериан Майков). 러시아의 문필가(1823~1847년). 화가 니콜라이 마이코프의 둘째 아들, 시인 아폴론 마이코프의 아우였다. 성 페테르부 르그 대학을 마친 뒤 요양차 유럽에서 지내면서 폭넓게 학문을 공부했다. 귀국해 서 저널을 간행하고 비평 활동을 하다가 급사했다.

- 마이코프, 아폴론 (Аполлон Н. Майков). 러시아의 시인(1821~1897년). 화가 니 콜라이 마이코프의 맏아들이었고, 어릴 때부터 시를 썼다. 목가적인 시를 쓰다가 나중에는 종교적인 시를 썼고 그리스사를 다루는 예술지상주의자로 변모했다.

- 마하이스키, 얀-바추아프 (Jan Wacław Machajski). 폴란드의 아나키스트(1866~ 1926년). 학생 때 폴란드 민족주의자였다가 곧 국제주의적 사회주의자가 되었고, 1892년에 시베리아 유형에 처해졌다. 지식인과 노동자의 계급 이익이 상충하며 노동계급은 지식인의 지배를 경계해야 한다고 주장했다. 1917년 이후에는 정치 활동을 하지 않았다.

- 막심, '그리스 사람' (Максим Грек). 정교 성직자(1480?~1556년). 속명은 미하일 트리볼리스. 그리스의 아르타에서 태어났고, 파리와 이탈리아에서 인문주의자들 과 교류했다. 모스크바에서 종교 문헌을 러시아어로 번역하는 작업을 지휘했다. 정쟁에 휘말려 수도원에 스무 해 동안 갇혀 지내면서도 저술을 멈추지 않았다.

■ 만, 토마스 (Thomas Mann). 독일의 작가(1875~1955년). 뤼벡의 상인 가정에서 태어났다. 1894년에 첫 소설을 쓴 뒤 잇달아 대작을 펴내서 1929년에 노벨상을 받았다. 나치즘에 반대했고, 1938년에 미국에 정착했다.

■ 만델시탐, 오시프 (Осип Мандельштам). 러시아의 문학가(1891~1938년). 성 페테르부르크의 유대인 가정에 태어났고, 고향과 프랑스, 독일에서 공부했다. 1913년에 첫 시집을 펴냈고, 러시아 상징주의의 신비주의와 추상성을 배격하고 명확성과 간결성을 강조했다. 스탈린 시대에 모진 탄압을 받았고, 작품 발간이 금지되었다.

■ 말레비치, 카지미르 (Казимир Малевич). 러시아의 화가(1878~1935년). 키예프의 폴란드인 부부에게서 태어났고, 키예프 예술학교에서 미술을 배웠다. 1905년부터 전시회를 열었으며, 추상 미술을 선도했다. 러시아 혁명 뒤에도 활동을 지속했지만, 공산당이 추상 미술을 배척하는 정책을 편 탓에 잊혀진 인물이 되었다.

■ 말렌코프, 게오르기 (Георгий Маленков). 소련의 위정자(1902~1988년). 오렌부르크에서 태어났고, 1920년에 공산당원이 되었다. 스탈린의 신임을 받는 당료로 요직을 두루 거쳤고, 스탈린이 죽은 뒤 국가수반이 되었다. 이후 권력 투쟁에서 밀려나 한직을 떠돌았다.

■ 메레즈콥스키, 드미트리 (Дмитрий Мережковский). 러시아의 문학가(186~1941년). 우크라이나의 귀족 가문에서 태어났고, 성 페테르부르그 대학에서 역사와 어학을 공부했다. 1888년에 첫 시집을 냈고 시, 소설, 비평 분야에서 활약했으며, 기피우스와 결혼했다. 볼셰비키 정부에 반대했고 1920년에 망명해서 파리에 정착했다.

■ 메르시에, 루이스-세바스티앵 (Louis-Sébastien Mercier). 프랑스의 작가(1740~1814년). 외교관의 아들로 튀르크에서 태어났고, 어려서 파리로 와서 어머니의 살롱에서 프랑스의 지성들과 사귀었다. 희곡과 소설을 썼으며, 낭만주의 운동의 선두에 서서 고전주의를 공격했다.

■ 메이예르홀드, 프세볼로드 (Всеволод Мейерхольд). 러시아의 연극인(1874~1940년). 모스크바 연극학교에서 연기와 연출을 배웠고, 전통에서 벗어나 실험적인 연극 이론을 주창했다. 볼셰비키 정권 아래서 중요한 연출가가 되었지만, 1938년에 체포되어 숙청되었다.

■ 메치니코프, 일리야 (Илья Мечников). 러시아의 생물학자(1845~1916년). 하르코프 태생의 유대인이었으며, 하르코프 대학을 마친 뒤 20대 중반에 오데사 대학 교수가 되었다. 이탈리아와 프랑스의 연구소에서 식세포를 연구해서 1908년에

노벨상을 받았다. 말년에는 유산균으로 인간의 수명을 연장할 수 있다며 유산균 연구에 전념했다.

■ 메토디오스 (Methodius). 동로마 제국의 관리(820~885년). 군정관과 수도원장을 지낸 뒤 863년에 황제의 명을 받아 아우 키릴로스와 함께 슬라브인에게 그리스도 교를 전했다. 아우가 죽은 뒤에는 모라비아와 파노니아의 대주교가 되었다.

■ 멘델레, 모이헤르-스포림 (Мойхер-Сфорим Менделе). 유대인 작가(1835~1917 년). 민스크 지방에서 태어났고, 고학을 하면서 학문을 익혔다. 풍자 작가로 출발 해서 활발한 문필 활동을 했고, 현대 이디시어 문학과 히브리어 문학의 기반을 닦았다.

■ 멘델레예바, 류보프 (Любовь Менделеева, 1881~1939년). 화학자 멘델레예프의 딸이었으며, 1903년에 블록과 결혼했다. 배우였으며, 적지 않은 예술가와 염문을 뿌렸다. 발레의 역사를 연구하기도 했다.

■ 멘델레예프, 드미트리 (Дмитрий Менделеев). 러시아의 화학자(1834~1907년). 토볼스크 부근에서 태어났고, 성 페테르부르그와 독일에서 과학을 연구했다. 1867 년에 성 페테르부르그 대학 화학교수가 되었고, 주기율을 발견했다. 진보적 정치 관을 품어서 정부와 갈등을 빚기도 했다.

■ 멜니코프-페체르스키, 파벨 (Павел Мельников-Печерский). 러시아의 작가 (1818~1883년). 니즈니 노브고로드의 귀족 가문에 태어났고 카잔 대학을 다녔다. 작가로 1839년에 데뷔했고, 내무부 관리로서 구교도를 탄압하다가 교회분열사를 연구한 뒤에는 관용을 주장했다. 1866년에 은퇴해서 모스크바와 고향에서 안드레 이 페체르스키라는 필명으로 저술에 열중했다.

■ 모로조바, 페오도시야 (Феодосия Морозова). 러시아의 귀족부인(1632~1675년). 귀족 프로코피 소코브닌(Прокофий Соковнин)의 딸이었고, 모스크바의 실권자 이자 최대 갑부인 보리스 모로조프의 아우 글레브와 1649년에 결혼해서 1662년에 사별했다. 니콘의 개혁에 반대하고 아바쿰을 따르다가 1671년 11월에 수도원에 갇혔고, 굶어죽었다.

■ 모로조프, 이반 (Иван Морозов). 러시아의 기업가(1871~1921년). 모스크바에 기 반을 둔 모로조프 가문의 일원으로 섬유공장을 운영해서 거부가 되었다. 그가 수 집한 프랑스 회화 작품은 러시아 혁명 뒤 국가 소유가 되었다.

■ 몰로토프, 뱌체슬라프 (Вячеслав Молотов). 소련의 위정자(1890~1986년). 1906 년에 볼셰비키 당원이 되어 여러 차례 체포되었다. 러시아 혁명 이후 당 조직에서

활동했고, 스탈린을 가까이에서 도왔다. 1930년대에는 소련 최고인민의원회 의장으로 정부 수반의 역할을 했고, 1940년대 이후로는 외교관으로 활동했다.

- 몸젠, 테오도르 (Theodor Mommsen). 독일의 학자(1817~1903년). 킬(Kiel) 대학에서 법학을 전공했고, 라이프치히 대학 교수가 되었다. 1849년에 작센에서 일어난 봉기에 참여했다가 해직되었다. 1854년부터 로마사 연구에 정진해서 대작을 썼다. 1902년에 노벨상을 받았다.

- 무소륵스키, 모데스트 (Модест Мусоргский). 러시아의 음악가(1839~1881년). 군인의 길을 걷다 음악가가 되어 러시아의 역사와 설화를 소재로 곡을 썼다. 「보리스 고두노프」가 대표작이다. 가난에 시달리다 알코올 중독으로 숨졌다.

- 뮐러, 게르하르트 프리드리히 (Gerhard Friedrich Müller). 독일 태생의 학자(1705~1783년). 러시아어로는 게르하르드 밀레르(Герхард Миллер)나 표도르 밀레르(Федор Миллер). 성 페테르부르크에 초빙되어 학술원 공동창립자가 되었고, 시베리아를 탐사했다. 사료를 이용해서 러시아사를 서술했으며, 러시아의 초기 역사에서 게르만인의 역할을 강조했다.

- 미닌, 쿠즈마 (Кузьма Минин). 러시아의 상인(?~1616년). 니즈니 노브고로드의 고기를 거래하는 상인이었다. 대동란 시대에 고향에서 의병을 일으켜 1612년에 포자르스키 공과 함께 모스크바에서 폴란드 군대를 물리쳤다. 이듬해에 공훈을 인정받아 귀족이 되었다.

- 미로, 후앙 (Joan Miró). 에스파냐의 미술가(1893~1983년). 바로셀로나에서 태어났고, 미술을 배워 1918년에 첫 개인전을 열었다. 고향과 프랑스를 오가며 초현실주의에 입각한 창작 활동을 했다. 단순한 형태와 밝은 색채가 조화를 이루는 독특한 조형 감각의 소유자로 이름을 떨쳤다.

- 미슐레, 쥘 (Jules Michelet). 프랑스의 역사가(1798~1867년). 고학을 해서 21세에 박사가 된 뒤 국립고문서보존소에 근무했다. 교수가 되었으나 1852년에 나폴레옹 3세의 친위 쿠데타 때 파리에서 쫓겨난 뒤 반동 세력에 저항하는 민중의 입장에선 역사서를 쓰는 일에 몰두했다.

- 미츠키에비치, 아담 (Adam Mickiewicz). 폴란드의 시인(1798~1855년). 빌뉴스 대학생 때 혁명 조직에 가담했고, 조국 독립을 염원하는 애국적 낭만시를 써서 가장 위대한 폴란드 시인이라는 평판을 얻었다. 유럽을 돌아다니며 러시아 제국에 저항하다가 병사했다.

- 미켈란젤로 (Michelangelo). 이탈리아의 미술가(1475~1564년). 어려서부터 미술에 재능을 보였고 피렌체의 통치자 로렌초 데 메디치(Lorenzo de Medici, 1449~

1492년)의 후원 아래 인문학자들과 교류했다. 20대 후반부터 예술가로 이름을 떨쳤고, 회화와 조각과 건축에서 대작을 완성했다. 르네상스의 대표 예술가로 손꼽힌다.

■ 미코얀, 아나스타스 (Анастас Микоян). 소련의 위정자(1895~1978년). 아르메니야에서 태어났고 신학교를 다녔다. 볼셰비키 당원이 되어 캅카즈 지역에서 혁명 활동을 했다. 1923년에 당중앙위원이 되었고 스탈린을 지지했다. 무역 문제를 전담했으며, 정부의 요직을 두루 거쳤다. 스탈린이 죽은 뒤에도 권력을 유지했다.

■ 미하일롭스키, 니콜라이 (Николай Михайловский). 러시아의 비평가(1842~1904년). 귀족 출신의 광산 기술자였으나, 1860년부터 문학비평가로 활동했다. 혁명 활동에 직접 나서지는 않았지만, 인민주의의 확산에 이바지했다.

■ 미할코프, 세르게이 (Сергей Михалков). 러시아의 작가(1913~2009년). 모스크바의 명문가 출신 시인으로 1930년대에 인기를 끌었고 우화, 희곡, 아동문학 등 다양한 장르의 글을 썼다. 1944년에는 소련 국가, 2000년에는 러시아 연방국가의 가사를 지었다. 영화감독인 니키타 미할코프와 안드레이 콘찰롭스키의 아버지이기도 하다.

■ 미헬스, 로베르트 (Robert Michels). 독일의 학자(1876~1936년). 귀족 가문에서 태어났고, 서유럽에서 공부했다. 스위스와 이탈리아의 대학에서 교수로 있으면서 독일과 이탈리아의 사회주의 운동에 참여했다. 1912년에 펴낸『현대 민주주의 정당사회학』에서 과두제의 철칙 이론을 정립했다. 말년에는 파시즘에 경도되었다.

■ 밀류코프, 파벨 (Павел Милюков). 러시아의 정치가(1859~1943년). 모스크바에서 태어났고, 모스크바 대학을 마쳤다. 역사학자로서 강의를 하면서도 자유주의자로서 입헌민주당을 창립해서 주도했다. 2월혁명 뒤 임시정부 외무장관이 되었지만, 대중 시위에 밀려 사퇴했다. 10월혁명 뒤에 프랑스로 망명해서 볼셰비키 반대 운동을 벌였다.

■ 밀류틴, 블라디미르 (Владимир А. Милютин). 러시아의 학자(1826~1855년). 성페테르부르그 대학에서 공부했고, 1850년에 모교 교수가 되었다. 명강의로 인기를 끌었고, 지리학회에서 활동했다. 연구에 몰두해 건강을 해치고 우울증이 겹쳐 자살했다.

■ 밀턴, 존 (John Milton). 영국의 시인(1608~1674년). 중산계급 가문에서 태어났고, 케임브리지 대학 시절부터 시에 재능을 보여 결국 성직자가 아닌 시인을 길을

걸었다. 청교도 혁명과 공화정을 옹호했다. 왕정복고기에 처형을 면했고 『실락원』을 비롯한 대작을 남겼다.

■ 바그너, 리하르트 (Richard Wagner). 독일의 음악가(1813~1883년). 어려서 피아노를 배웠고 라이프치히 대학에서 음악과 철학을 공부했다. 오페라 작곡으로 이름을 떨쳤다. 난해한 작품으로 여겨진 베토벤의 「9번 교향곡」을 지휘해서 그 곡의 진가를 널리 알렸다. 혁명 운동에 관여해서 탄압을 받기도 했다.

■ 바그네르, 니콜라이 (Николай Вагнер). 러시아의 과학자(1829~1907년). 페름 지방에서 태어났고, 카잔 대학에서 공부했다. 동물학을 전공해서 모교와 성 페테르부르그 대학의 교수가 되었다. 1847년부터 심령술에 빠졌고 심령술을 비판하는 지식인과 논쟁을 벌였다.

■ 바르네트, 보리스 (Борис Барнет). 소련의 영화인(1902~1965년). 모스크바의 유대인 가정에 태어났고, 내전기에 붉은 군대에 들어갔다. 1927년에 영화감독으로 첫 작품을 내놓았고, 1930년대에 손꼽히는 영화제작자가 되었다. 1948년에 스탈린 상을 받았다.

■ 바벨, 이사악 (Исаак Бабель). 소련의 작가(1894~1940년). 오데사의 유대인 가정에 태어났고, 내전기에 붉은 군대 기병대에서 복무했다. 1923년부터 작품을 발표해서 1920년대 문단의 대표 작가가 되었지만, 숙청되었다.

■ 바뵈프, 프랑수아-노엘 (François-Noël Babeuf). 프랑스의 혁명가(1760~1797년). 토지측량기사로 일하다가 봉건 체제에 혐오를 느끼고 체제 개혁을 주장하는 문필 활동에 나섰다. 프랑스 혁명기에 정치에 뛰어들었다. 자코뱅이 몰락한 뒤 비밀결사를 조직해서 자코뱅 헌법을 되살려내려고 봉기 계획을 세우다가 붙잡혀 처형되었다.

■ 바이런, 조지 고든 (George Gordon Byron). 영국의 시인(1788~1824년). 런던에서 태어나 스코틀랜드에서 자랐다. 케임브리지 대학생 때부터 시집을 펴냈고, 사교계의 총아가 되었다. 그리스 독립전쟁에 자원해서 싸우다가 급사했다. 낭만주의 시 문학의 대표자였다.

■ 바쿠닌, 미하일 (Михаил Бакунин). 러시아 출신의 혁명가(1814~1876년). 귀족 가문에 태어나 포병학교를 졸업한 뒤 군인이 되었고, 스무 살에 모스크바로 가서 급진주의자들과 사귀었다. 1840년에 서유럽으로 가서 아나키스트가 되어 유럽에서 혁명 운동을 지도했고 마르크스와 대립했다.

■ 바흐탄고프, 예브게니 (Евгений Вахтангов). 러시아의 연극인(1883~1922년). 스타니슬랍스키의 제자였고, 모스크바 예술극단 배우 겸 연출가로 활동했다. 러시아

혁명 뒤에 이색적인 연극을 연출해서 주목을 끌었고, 하비마 극단 수석연출가로도 활약했다.

■ 박스트, 레온 (Леон Бакст). 러시아의 미술가(1866~1924년). 성 페테르부르그에 서 미술을 공부했고 화가로 활동했다. 1900년부터 무대 디자인을 시작했고, 러시 아의 주요 극장은 물론이고 서방의 유명 극장의 무대 디자이너로 활약했다. 나중 에 파리에 정착했다.

■ 반 고흐, 빈센트 (Vincent van Gogh). 네덜란드의 화가(1853~1890년). 목사 가정 에 태어났고, 하층민 사이에서 전도사로 일했지만 성공하지 못했다. 1880년에 화 가가 되기로 마음먹고 왕성하게 그림을 그렸지만 생계 유지가 어려워 어렵게 지냈 다. 신경쇠약으로 자살했다.

■ 발라키레프, 밀리 (Милий Балакирев). 러시아의 음악가(1837~1910년). 가난한 귀족의 아들로 태어났고, 모스크바에서 음악 교육을 받았다. 1855년에 성 페테르 부르그에서 예술 혁신 운동을 벌였고, 러시아 민요의 화성화에 이바지했다. 1870 년대에 주위 사람과 사이가 틀어져 외톨이가 되었고, 말년에는 은둔 생활을 했다.

■ 발몬트, 콘스탄틴 (Константин Бальмонт). 러시아의 시인(1867~1943년). 초기 상징주의의 중심 인물로 탐미주의 시를 썼다. 세계를 돌아다니며 이국 정서가 넘 치는 작품을 남겼다. 1921년에 망명해서 유럽에서 창작 활동을 지속했다.

■ 발자크, 오노레 드 (Honoré de Balzac). 프랑스의 작가(1799~1850년). 학생 때부터 작가가 되려고 희곡을 썼지만, 주목을 받지 못했다. 소설을 쓰면서 1830년대부터 인기를 끌었고, 부르주아지를 긍정적으로 묘사했다. 나폴레옹 숭배자였고, 사실 주의의 선구자였다.

■ 발트루샤이티스, 유르기스 (Jurgis Baltrušaitis). 리투아니아의 시인(1873~1944년). 농민 가정에 태어났고, 모스크바 대학에서 공부했다. 리투아니아어와 러시아어로 시를 쓰며 상징주의 운동에 참여했고, 러시아의 저명 문인들과 교류했다. 리투아 니아 독립에 힘썼으며, 독립한 리투아니아의 외교관으로 활동했다.

■ 뱌젬스키, 표트르 (Петр Вяземский). 러시아의 문필가(1792~1878년). 1808년에 첫 시집을 펴냈고, 반동사상이나 전제정을 비판하는 평론 활동을 했다. 정부의 탄압을 받았지만, 나중에는 정부 관리로 일했다.

■ 버넘, 제임스 (James Burnham). 미국의 학자(1905~1987년). 시카고에서 태어났고 영국 유학을 했다. 1932년에 뉴욕 대학 철학교수가 되었다. 1930년대에 트로츠키 주의 운동에 참여하다가 1940년에 관계를 끊었다. 1940년에 『경영 혁명』(The Managerial Revolution)을 펴내 경영혁명 이론을 주창했다.

- 버클, 헨리 (Henry Buckle). 영국의 역사가(1821~1862년). 병약해서 정규 교육을 받지 못했지만 학문을 즐겼다. 문명의 역사를 쓰겠다고 서른 살에 마음먹고 영국과 유럽 대륙을 오가며 연구한 끝에 1861년에 『영국문명사』를 완성했다. 중근동을 여행하다가 열병으로 숨졌다.
- 번스타인, 허먼 (Herman Bernstein). 미국의 문필가(1876~1935년). 러시아의 서쪽 국경도시 블라디슬라보프(Владиславов)의 유대인 가정에 태어났고, 1893년에 미국으로 이주했다. 유수한 신문에 기고했고, 특파원으로 유럽에서 활동했다. 톨스토이와 트로츠키 등 세계 각국의 명사와 인터뷰를 했고, 러시아 문학을 영어로 번역했다.
- 베누아, 알렉산드르 (Александр Бенуа). 러시아의 예술가(1870~1960년). 성 페테르부르그에서 태어났고, 러시아의 전통 민속예술과 서유럽의 신경향을 결합하려고 애썼다. 무대미술가로 이름을 얻었고, 포킨과 함께 현대 발레의 발전에 이바지했다. 1926년에 파리로 망명했고, 무대미술가와 삽화가로 활동했다.
- 베레샤긴, 바실리 (Василий Верещагин). 러시아의 화가(1842~1904년). 성 페테르부르그와 파리에서 그림을 배웠다. 중요한 전쟁에 보도 화가로 참여해서 전쟁화를 많이 그렸고, 큰 인기를 누렸다. 러시아-일본 전쟁 때 뤼순 항에서 숨졌다.
- 베르길리우스 (Vergilius). 고대 로마의 시인(기원전 70~19년). 로마에서 공부하며 법률가가 되려다가 곧 문학에 전념했다. 내전이 끝나고 안정기에 접어든 제국 초기에 대표작인 서사시 「아이네이스」(Aeneis) 등 기교 면에서 완벽에 가까운 작품을 배출해서 시성(詩聖)으로 추앙되었다.
- 베르나르, 클로드 (Claude Bernard). 프랑스의 생리학자(1813~1878년). 약제사 도제로 일하다가 의학의 길로 들어섰다. 1852년부터 대학 교수가 되어 실험 연구를 수행했다. 생리학 전체의 토대가 되는 일반 생리학을 창시했고, 실험 생리학의 방법론을 제시했다.
- 베르댜예프, 니콜라이 (Николай Бердяев). 러시아의 사상가(1874~1948년). 키예프의 귀족 가문에서 태어났고, 키예프 대학에 들어가서 혁명 활동을 하다 유형에 처했다. 1920년에 모스크바 대학 철학교수가 되었지만, 볼셰비키의 탄압을 받아 1922년에 망명했고 프랑스에 정착했다. 러시아의 사상과 혁명에 관한 연구서를 많이 썼다.
- 베르하렌, 에밀 (Émile Verhaeren). 벨기에의 시인(1855~1916년). 대학에서 법학을 공부했지만, 문학으로 전향했다. 사회 문제에 관심을 가졌고, 기계 문명을 혐오했지만, 나중에는 과학을 긍정했다.

- 베른슈타인, 에두아르트 (Eduard Bernstein). 독일의 사회주의자(1850~1932년). 유대인 철도기관사의 아들이었고, 1872년에 독일사회민주당에 가입했다. 마르크스주의 이론가로 이름을 얻었고, 혁명보다는 점진적 개혁을 통해 사회주의를 달성한다는 수정주의의 대표자가 되었다. 1919년에 바이마르 공화국에서 장관으로 입각했다.
- 베리야, 라브렌티 (Лаврентий Берия). 소련의 위정자(1899~1953년). 그루지야의 빈농 가정에 태어났고, 학생 때부터 혁명 운동에 참여했다. 1917년에 볼셰비키 당원이 되었고, 스탈린의 신임을 얻어 비밀경찰 수장 등의 요직을 두루 거치며 권력을 휘둘렀다. 스탈린이 죽은 뒤 권력 투쟁에서 밀려나 처형당했다.
- 베조브라조프, 블라디미르 (Владимир Безобразов). 러시아의 학자(1828~1889년). 귀족 가문에 태어났고, 차르스코예 셀로 전문학교를 우등생으로 졸업했다. 여러 정부 부서를 거쳤고, 학계에서도 활동하면서 성 페테르부르그 학술원 회원이 되었다.
- 벤담, 제레미 (Jeremy Bentham). 영국의 사상가(1748~1832년). 옥스퍼드 대학에서 법을 배웠고, 블랙스톤의 『영국법 주해』를 비판하는 책을 써서 유명해졌다. 1785년에 러시아를 방문했다. 최대 다수의 최대 행복이라는 원칙을 내세우는 공리주의를 주창했고, 민주주의의 신봉자로 정치 개혁에 앞장섰다.
- 벨릐이, 안드레이 (Андрей Белый). 러시아의 시인(1880~1934년). 본명은 보리스 부가예프. 솔로비요프의 영향을 받았고, 1902년에 첫 시를 발표한 이후 혁신적 문체와 특이한 운율을 실험하며 상징주의를 주도했다. 1913년에 스위스의 인지학자 모임에 들어갔고, 러시아 혁명을 환영했다.
- 벨린스키, 비사리온 (Виссарион Белинский). 러시아의 평론가(1811~1848년). 모스크바 대학에서 퇴학당한 뒤 비평가가 되었다. 문학은 이론이 아닌 현실에 바탕을 두어야 한다고 주장했으며, 푸시킨이나 도스토옙스키를 호평해서 입지를 굳혀주었다. 평론가로 큰 영향력을 행사했고, 급진주의 인텔리겐치야의 선두 주자가 되었다.
- 보그다노프, 알렉산드르 (Александр Богданов). 러시아의 사회주의자(1873~1928년). 백러시아 출신이었고, 모스크바 의대생으로 혁명 활동에 연루되어 체포되었다. 하르코프 의대를 마친 뒤 볼셰비키 당원이 되었다. 철학 문제에서 레닌과 대립했고, 러시아 혁명 뒤에 프롤레트쿨트를 주도했다. 자기에게 수혈 실험을 하다가 숨졌다.

■ 보니파티예프, 스테판 (Стефан Вонифатьев). 러시아의 성직자(?~1656년). 1665년에 요시프 총대주교의 후원으로 모스크바 성모희보 대성당의 수석사제가 되었다. 차르 알렉세이 미하일로비치의 고해신부였고, 열성신도회를 주도했다. 유력한 총대주교 후보였지만, 총대주교는 되지 못했다. 니콘의 개혁을 지지했다.

■ 보로딘, 알렉산드르 (Александр Бородин). 러시아의 음악가(1833~1887년). 그루지야 귀족의 사생아로 태어났다. 성 페테르부르그 의학원에서 화학을 배운 뒤 유학을 다녀와 화학교수가 되었다. 여가에 작곡을 하면서 국민음악파의 걸작을 많이 만들었다.

■ 보로실로프, 클리멘트 (Климент Ворошилов). 소련의 위정자(1881~1969년). 1903년에 볼셰비키 당원이 되었으며, 내전기에 반혁명에 맞서 차리친 방어전을 수행하다가 스탈린과 가까워졌다. 1925년에 국방인민위원이 되었다. 제2차 세계대전 이후에도 정부 요직에 남아 활동하다가 1960년에 은퇴했다.

■ 보론스키, 알렉산드르 (Александр Воронский). 러시아의 문학비평가(1884~1837년). 탐보프 지방에서 태어났고, 탐보프 신학원에서 공부하다가 볼셰비키 당원이 되었다. 러시아 혁명 뒤에는 주로 문학지 간행에 주력했다. 스탈린에 반대하다가 1920년대 말부터 탄압을 받았고 결국 처형당했다.

■ 보보리킨, 표트르 (Петр Боборыкин). 러시아의 문필가(1836~1921년). 지주 가문에 태어났고, 카잔 대학과 타르투 대학에서 공부했다. 1860년에 극작가로 등단한 뒤 문학계와 언론계에서 활약했다. 인텔리겐치야 개념을 일반화하는 데 큰 역할을 했다.

■ 보즈네센스키, 안드레이 (Андрей Вознесенский). 소련의 작가(1933~2010년). 모스크바에서 태어났고, 제2차 세계대전기에 우랄로 소개되었다. 모스크바 건축학교를 다녔고, 파스테르낙의 격려에 힘입어 1958년에 시인으로 등단했다. 옙투셴코와 함께 스탈린 이후 시대의 러시아 시문학을 이끌었다.

■ 본랴를랴르스키, 바실리 (Василий Вонлярлярский). 러시아의 작가(1814~1853년). 스몰렌스크의 귀족 가문에서 태어났고, 군사학교에서 공부하면서 레르몬토프와 사귀었다. 소설을 많이 썼지만, 병사한 뒤에야 발표되었다.

■ 본치-브루예비치, 블라디미르 (Владимир Бонч-Бруевич). 소련의 정치가(1873~1955년). 모스크바의 폴란드계 토지측량사 가정에 태어났다. 학생 때부터 혁명활동에 나섰고 1896년에 스위스로 망명했다. 10월혁명 직후 여러 해 동안 레닌의 비서로 일했고, 혁명과 종교의 역사를 연구했다. 만년에는 레닌그라드의 종교사 박물관 관장을 지냈다.

- 볼로딘, 알렉산드르 (Александр Володин). 소련의 작가(1919~2001년). 본명은 립시츠(Лифшиц). 민스크(Минск)에서 태어났고, 모스크바의 극예술학교에서 공부했다. 1949년에 공산당에 가입했고, 1950년대부터 서민의 애환과 심리를 잘 묘사한 희곡과 영화대본을 발표했다.
- 뵈메, 야콥 (Jakob Böhme). 독일의 신비주의자(1575~1624년). 종교개혁이 일어난 뒤 각종 교파가 논쟁하는 괴를리츠(Görlitz)로 가서 신학을 공부했고, 17세기 초에 구둣방을 운영하다 신비한 종교 체험을 했다. 신비주의 철학에 관한 글을 많이 썼고, 후세의 사조에 영향을 미쳤다.
- 부닌, 이반 (Иван Бунин). 러시아의 작가(1870~1953년). 보로네즈의 귀족 가문에 태어났다. 처음에는 시를 쓰고 번역을 하다가 산문 작가가 되어 주로 농촌의 고달픈 삶을 다루었다. 좌익과는 거리를 두었고, 1920년에 망명해서 파리에서 살았다. 1933년에 노벨문학상을 받았다.
- 부를류크, 다비드 (Давид Бурлюк). 러시아 예술가(1882~1967년). 우크라이에서 태어났고 카잔과 오데사, 뮌헨의 예술 학교에 다녔다. 1912년 12월에 「대중의 취향에 올려붙이는 따귀 한 대」 선언문을 발표하며 미래주의를 주도했고, 러시아 혁명 뒤에도 전위 예술 활동을 지속했다.
- 부를류크, 블라디미르 (Владимир Бурлюк). 우크라이나 태생의 러시아 미술가(1886~1917년). 하르코프에서 태어났고 다비드 부를류크의 동생이었다. 러시아-일본 전쟁에서 싸운 뒤 키예프 미술학교에서 미술을 배웠다. 아방가르드 예술가와 삽화가로 활약했다. 제1차 세계대전 때 징집되었고 테살로니키에서 전사했다.
- 부올리요키, 헬라 (Hella Wuolijoki). 핀란드의 작가(1886~1954년). 강한 여성이 등장하는 작품을 썼으며, 좌파 이념의 소유자였다. 소련과 연계를 유지했으며, 1943년에 간첩 혐의로 종신형에 처해졌다가 이듬해에 풀려났다. 그 뒤 국회의원이 되어 좌파 정당을 이끌었다.
- 부틀레로프, 알렉산드르 (Александр Бутлеров). 러시아의 과학자(1828~1886년). 카잔 대학에서 공부하고 1857년에 모교 교수가 되었고, 1868년에 멘델레예프의 추천으로 성 페테르부르그 대학 교수가 되었다. 화학구조론에 이바지했고 이성질체의 존재를 예견했다. 1874년에 학술원 회원이 되었다.
- 부하린, 니콜라이 (Николай Бухарин). 러시아의 혁명가(1888~1938년). 모스크바에서 태어났고, 1906년에 볼셰비키 당원이 되었다. 서방으로 망명해서 마르크스주의 이론가로 활동했다. 모스크바에서 러시아 혁명을 주도했고, 소련 공산당의 총아가 되었다. 스탈린에게 협력했지만, 경제 정책에서 이견을 보여 숙청당했다.

■ 불가코프, 세르게이 (Сергей Булгаков). 러시아의 종교철학자(1871~1944년). 신학생 때 마르크스주의에 심취했지만, 러시아 종교철학자의 저서를 읽고 다시 정교 신자가 되었다. 베히 논쟁을 주도했으며, 솔로비요프와 톨스토이를 연구하고 정교 신학에 관한 저술을 많이 남겼다.

■ 브라헤, 티코 (Tycho Brahe). 덴마크의 천문학자(1546~1601년). 덴마크의 영토였던 스칸디나비아 남단에서 태어났고, 대학에서 법학을 배우다가 천문학으로 전공을 바꿨다. 덴마크 국왕의 후원을 받으며 엄청난 양의 천체 관측 자료를 축적했다. 이 자료를 바탕으로 제자 케플러가 행성 운행의 3대 법칙을 체계화할 수 있었다.

■ 브렌타노, 클레멘스 (Clemens Brentano). 독일의 문학가(1778~1842년). 예나 대학을 중퇴하고 독일 각지를 돌아녔다. 1800년대 후반에 민요집을 펴내 서정시인들에게 영감을 주었다. 동화와 소설을 써서 낭만주의를 주도했지만, 우울증으로 고생하다가 가톨릭 신비주의에 빠지기도 했다.

■ 브루벨, 미하일 (Михаил Врубель). 러시아의 화가(1856~1910년). 옴스크(Омск)에서 태어났고, 성 페테르부르크에서 미술을 배웠다. 키예프에 있는 수도원의 벽화를 복원하고 모스크바에 있는 오페라 극장의 무대미술을 담당했다. 신화와 성경과 문학에서 얻은 소재를 대담한 구도와 필치로 화폭에 담았다.

■ 브류소프, 발레리 (Валерий Брюсов). 러시아의 문학인(1873~1924년). 모스크바의 상인 가정에서 태어났고, 20대 초부터 프랑스 상징주의 시에 흥미를 느꼈다. 상징주의 시를 소개하고 창작해서 러시아 문학의 모더니즘을 주도했다. 1910년부터 상징주의와 결별한 뒤로는 번역과 소설이나 수필 쓰기에 전념했다.

■ 브률로프, 카를 (Карл Брюллов). 러시아의 화가(1799~1852년). 프랑스 위그노의 자손이었고, 성 페테르부르크 예술원에서 공부했다. 이탈리아로 유학을 가서 활동하다가 1836년에 귀국했다. 「폼페이 최후의 날」 등 역사화를 많이 그렸다.

■ 블라디미르 (Владимир) 대공. 키예프 러시아의 통치자(?~1015년). 978년에 제위에 올랐고 비잔티움과 우호 관계를 유지했다. 비잔티움에서 그리스도교 정교를 받아들여 러시아의 첫 그리스도교인 통치자가 되었다.

■ 블라바트스카야, 옐레나 (Елена Блаватская). 러시아의 신지학자(1831~1891년). 서방에는 블라바트스키(Blavatsky) 부인으로 알려져 있고, 원래 이름은 옐레나 간 (Елена П. Ган)이다. 심령술에 매료되어 세계 곳곳을 여행했으며, 인도와 티베트의 성인들에게서 비술을 배웠다고 주장했다. 신지학자로 세계의 주목을 받았고, 신지학 저술을 많이 펴냈다.

■ 블랑, 루이 (Louis Blanc). 프랑스의 사회주의자(1811~1882년). 파리에서 저널리스트로 돋보이는 활동을 했고, 빈곤 문제를 해결할 사회적 작업장을 구상했다. 1848년 2월혁명이 일어난 뒤 정부의 무임소 장관이 되어 국립 작업장 구상을 실행했지만, 6월 봉기가 일어난 뒤 영국으로 망명했다.

■ 블록, 알렉산드르 (Александр Блок). 러시아의 문학가(1880~1921년). 명문 지식인 가문에서 태어나 성 페테르부르그 대학에서 문학을 배웠다. 1904년에 첫 시집을 펴냈고, 정교의 신비주의 요소가 배어있는 시작 활동을 했고 러시아 상징주의의 대표자로 활동했다. 볼셰비키 정권에 실망하고 갈등을 빚다 병사했다.

■ 블리오흐, 이반 (Иван Блиох). 러시아의 사업가(1836~1901년). 바르샤바의 폴란드계 유대인 가정에 태어났고, 성 페테르부르그로 이주했다. 프로테스탄트가 되었고, 1860년대 말부터 철도 사업가로 성공했다. 시온주의에도 관여했고, 현대전에 관한 연구를 하고 국제 평화운동가로도 활동했다.

■ 비노그라도프, 파벨 (Павел Виноградов). 러시아 태생의 법학자(1854~1925년). 모스크바 대학에서 박사 학위를 받고 모교 교수가 되어 교육개혁을 주도했다. 대학 당국이 표현의 자유를 억누르자 영국으로 건너갔고, 1903년에 옥스퍼드 대학 법학교수가 되었다. 영국의 봉건법과 관습법의 최고 권위자였다.

■ 비르타, 니콜라이 (Николай Вирта). 소련의 작가(1906~1976년). 탐보프 지방의 사제 가정에 태어났고, 1923년부터 기자로 일했다. 1935년부터 작가로 이름을 얻었고, 1941년에 스탈린 상을 받았다. 1950년에 도큐멘터리 영화「스탈린그라드 전투」의 대본을 썼다.

■ 비스마르크 (Bismarck). 독일의 정치가(1815~1898년). 프로이센 융커 출신으로 정계에 입문해 보수당을 이끌었다. 1862년에 총리가 되어 군비확장을 강행해서 군대를 키웠다. 오스트리아와 프랑스를 전쟁으로 제압한 뒤 1871년에 통일 독일제국을 만드는 데 성공했다.

■ 비제, 조르주 (Georges Bizet). 프랑스의 작곡가(17~18년). 파리의 음악가 가정에서 태어났고, 파리 음악원에서 교육을 받았다. 유학을 마치고 귀국한 뒤 오페라 작곡에 전념했다. 외국에서도 인기가 높았으며,「카르멘」이 대표곡이다.

■ 비테, 세르게이 (Сергей Витте). 러시아의 위정자(1849~1915년). 어린 시절을 캅카즈에서 보냈고 오데사에서 학업을 쌓았다. 철도 행정에서 경력을 쌓아 1892년에 재무장관이 되었다. 금본위제를 실시하고 외국 자본을 들여오고 철도 건설에 매진해서 공업을 일으켰다. 20세기 초에 국정에서 큰 영향력을 행사했다.

■ 빌헬름, 프리드리히 (Friedrich Wilhelm). 프로이센의 국왕(1744~1797년). 프리드리히 대왕의 조카였고, 1758년에 태자가 되었다. 1786년에 즉위해서 영토를 늘리고 국제적 지위를 높였다. 프랑스 혁명에 맞서 싸웠으나 패한 뒤 단독 강화를 맺었다.

■ 사빈코프, 보리스 (Борис Савинков). 러시아의 혁명가(1879~1924년). 하르코프에서 태어났고, 학생 때 인민주의자가 되어 정부 요인을 암살하면서 전제정과 싸웠다. 1906년에 파리로 갔고 소설을 썼다. 1917년 혁명기에 임시정부 요인으로 활동했고, 내전기에는 볼셰비키와 싸웠다. 폴란드에서 러시아로 잠입하려다가 붙잡혀 처형되었다.

■ 살틔코프-쉐드린, 미하일 (Михаил Салтыков-Щедрин). 러시아의 풍자작가 (1826~1889년). 툴라의 귀족 가문에서 태어났고, 어릴 때 농노제의 야만성에 충격을 받았다. 차르스코예 셀로 전문학교를 다녔고 진보 사상을 품었다. 문예지의 평론가로 활동했고 사회 모순을 풍자하는 글을 썼다.

■ 상드, 조르주 (George Sand). 프랑스의 여성 작가(1804~1876년). 이혼한 뒤 파리에서 소설을 쓰면서 명성을 얻었다. 남자 옷을 입고 분방하게 행동하고 유명 예술가들과 연애를 하면서 주목을 받았다. 대표적인 낭만파 작가이며, 여성해방 운동의 선구자이기도 하다.

■ 샐린저, 제롬 (Jerome D. Salinger). 미국의 작가(1919~2010년). 뉴욕의 유대인 가정에 태어났다. 대학을 중퇴하고 제2차 세계대전에 참전했다. 1940년부터 소설을 발표하기 시작했고, 어른의 허위에서 벗어나려는 소년을 묘사한 『호밀밭의 파수꾼』으로 주목을 받았다. 주로 조숙한 청소년을 소설의 주인공으로 삼았다.

■ 생 마르탱, 루이-클로드 드 (Louis-Claude de Saint Martin). 프랑스의 신비주의자 (1727?~1774년). 출신이 불분명하며, 28세부터 프리메이슨 조직에서 활동했다. 생 마르탱과 절친했고, 정식 프리메이슨 지부 기능을 하는 "선택된 제사장"이라는 종단을 세웠다.

■ 생시몽, 클로드-앙리 드 (Claude-Henri de Saint-Simon). 프랑스의 사회주의자 (1760~1825년). 귀족으로 태어났고, 계몽사상의 영향을 받았다. 사회주의를 주장하면서도 계급간의 협력을 추구해서, 마르크스에게서 공상적 사회주의자라는 평을 얻었다.

■ 샤갈, 마르크 (Марк Шагал). 러시아 출신의 화가(1887~1985년). 비텝스크의 유대인 가정에 태어났고, 성 페테르부르그에서 그림을 배웠다. 1910년부터 파리 등

서방에서 활동하며 독특한 화풍으로 주목을 받았다. 볼셰비키 정부 아래서 미술 단체의 요직을 맡았지만, 사회주의 리얼리즘과 갈등을 빚고 프랑스로 이주했다.

■ 샤를마뉴 (Charlemagne). 프랑크 왕국의 군주(742~814년). 768년에 프랑크 왕국의 제위에 오른 뒤 원정을 감행해서 서로마 제국의 예전 영토를 대부분 아우를 정도로 영역을 넓혔다. 800년에 로마를 방문했을 때 교황에게서 황제의 제관을 받았다.

■ 샤파르직, 파벨 (Pavel Šafařík). 슬로바키아의 학자(1795~1861년). 세르비아 정교회 문법학교의 교장을 지냈고, 1833년에 프라하에 정착했다. 슬라브인의 역사와 언어를 연구해서 이 분야의 권위자가 되었고, 체크 민족 부흥운동의 지도자 구실을 했다.

■ 샤포프, 아파나시 (Афанасий Щапов). 러시아의 역사가(1830~1876년). 이르쿳스크에서 태어났고, 어머니는 부랴트인이었다. 1860년에 카잔 대학 교수가 되었고, 러시아사의 특징은 모스크바 중심의 중앙집권화에 맞선 각 지역의 독자성과 자율적 발전이라고 주장하고 인민의 역할을 강조했다.

■ 샨도르, 페퇴피 (Petőfi Sándor). 헝가리의 시인(1823~1849년). 단역 배우로 어렵게 살다가 1844년에 펴낸 첫 시집이 큰 인기를 끌었다. 서정시를 쓰면서도 헝가리 민족주의에 열광했고, 1848년 봉기에 참여해 싸우다가 숨졌다.

■ 샬랴핀, 표도르 (Федор Шаляпин). 러시아의 가수(1873~1938년). 카잔에서 농부의 아들로 태어나 순회 오페라단에서 무대 생활을 했다. 1892년부터 정식으로 음악 교육을 받았고, 1896년에 마몬토프 오페라단의 베이스로 이름을 떨치기 시작했다. 성량과 음색은 물론이고 연기력까지 뛰어나서 "노래하는 배우"라는 평을 얻었다.

■ 세라핌, 사로프의 (Серафим Саровский). 러시아의 성직자(1759~1833년). 속명은 프로호르 모시닌(Прохор Мошнин). 18세에 사로프 수도원에 들어갔고, 1793년에 사제 서품을 받은 뒤에 숲에서 은둔 생활을 했다. 1815년에 영적 체험을 한 뒤 평신도에게 포교했다. 1903년에 성자로 추증되었다.

■ 세라핌. 러시아의 성직자(1757~1843년). 속명은 스테판 글라골렙스키(Стефан Глаголевский). 칼루가에서 태어났고 모스크바에서 고등 교육을 받았다. 1787년에 수사가 되었고 정교회의 요직을 거쳐 수좌대주교가 되었다. 1824년에 아락체예프와 포티 대수도원장과 협력해서 알렉산드르 골리친을 권력에서 몰아냈다.

■ 세체노프, 이반 (Иван Сеченов). 러시아의 생리학자(1829~1905년). 두뇌의 실험 생리학 연구에서 큰 성과를 거두고 러시아에서 생리학을 확립했다. 체르늬솁스키의 영향을 받아 유물론적 심리학의 발전에 이바지했다.

- 셰니에, 앙드레 (André Chenier). 프랑스의 시인(1762~1794년). 외교관의 아들로 이스탄불에서 태어났다. 런던 주재 대사관에서 근무하던 중 프랑스 혁명이 일어나자 귀국해서 혁명에 가담했다. 공포정치를 비판하다가 처형당했다. 발표하지 않은 시가 나중에 발견되었고, 18세기 최고 시인이라는 평을 얻었다.
- 셰르셰네비치, 바딤 (Вадим Шершеневич). 러시아의 작가(1893~1942년). 카잔의 법률가 가정에서 태어났고, 뮌헨 대학과 모스크바 대학에서 공부했다. 학생 때부터 시를 썼고, 사상주의와 미래주의에 심취했다. 러시아 혁명 뒤에는 정부의 선전 활동을 지원했고, 사상주의와 결별했다. 나중에는 희곡 작가로 활동했다.
- 셰스토프, 레프 (Лев Шестов). 러시아의 철학자(1866~1938년). 키예프 출신의 유대인이며, 본명은 예후다 슈바르츠만이었다. 키예프와 모스크바와 베를린에서 대학을 다니며 법을 배웠지만, 문학과 철학에 심취했다. 당대의 지성인들과 교유했으며, 철학서를 썼다. 1908년에 독일로 이주했다가 1915년에 귀국해서 연구에 몰두했다.
- 셰익스피어, 윌리엄 (William Shakespeare). 영국의 작가(1564~1616년). 집안이 기운 뒤 런던에 진출해서 극작가가 되었다. 1590년과 1613년 사이에 연극 37편을 썼고 큰 인기를 끌었다. 영국을 대표하는 위대한 문호로 추앙된다.
- 셸구노프, 니콜라이 (Николай Шелгунов). 러시아의 문필가(1824~1891년). 혁명적 인민주의자로 비평 활동을 하고 사회 문제를 토론하고 과학 지식의 보급에 힘썼다. 마르크스주의에 호의적이었지만, 인민주의 이론을 고수했다.
- 셸리, 퍼시 (Percy Shelley). 영국의 시인(1792~1822년). 명문가 출신이었으며, 옥스퍼드 대학생 때 무신론을 선전하다가 퇴학당했다. 급진주의자였으며, 낭만적인 서정시를 많이 써서 영국 낭만주의 3대 시인으로 꼽힌다. 바다에서 폭풍우를 만나 익사했다.
- 셸링, 프리드리히 (Friedrich Schelling). 독일의 철학자(1775~1854년). 신학자의 아들이었고, 튀빙엔에서 신학을 배우다 철학으로 전공을 바꿨다. 예나 대학교수가 된 뒤 피히테의 철학을 비판했고, 헤겔이 숨진 뒤 베를린 대학으로 초빙되었다. 뵈메의 영향을 많이 받았고, 독일 관념론 철학의 완성자로 불린다.
- 셉첸코, 타라스 (Тарас Шевченко). 우크라이나의 시인(1814~1861년). 농노로 태어났으며, 성 페테르부르그에서 미술을 배웠고 1838년에 농노 신분에서 벗어났다. 1840년에 첫 시집을 펴냈다. 우크라이나 민족주의를 고취하다가 유배형을 받았고, 1857년에 유형을 마쳤다. 우크라이나 문화에 결정적 영향을 주었다.

■ 소렐, 조르주 (George Sorel). 프랑스의 사상가(1847~1922년). 정부 도로 기사로 일하다가 1895년부터 사회주의 활동에 나서서 생디칼리슴을 선전했다. 사회주의 혁명에 열광했지만, 만년에는 파시즘으로 기울었다.

■ 소콜로프, 니콜라이 (Николай Соколов). 러시아의 혁명가(1835~1889년). 귀족이었으며 군사학교를 졸업한 뒤 장교들의 혁명 동아리에 가입했다. 프루동의 사상을 추종했고 사회주의를 선전하는 글을 썼다. 1866년에 체포되어 유배되었고, 1872년에 탈주해서 망명했다.

■ 소포클레스(Sophocles). 고대 그리스의 시인(기원전 496~406년). 아테네에서 태어나 최고의 교육을 받았다. 28세에 비극 경연에서 우승을 차지한 이후 스무 번 가까이 우승했다. 그리스 3대 비극시인의 한 사람이다.

■ 소피야 알렉세예브나 (Софья Алексеевна). 러시아의 위정자(1657~1704년). 차르 알렉세이 미하일로비치가 첫째 아내에게서 얻은 딸이었고 표트르 대제의 이복누이였다. 1682년에 어린 표트르의 섭정이 되었지만 1689년에 실권을 빼앗기고 수도원에 갇혔다. 1698년에 스트렐츠를 사주해 복귀를 꾀하다가 발각되어 강제로 수녀가 되었다.

■ 솔로구브, 표도르 (Федор Сологуб). 러시아의 소설가(1863~1927년). 본명은 테테르니코프(Тетерников). 성 페테르부르그의 가난한 직공의 아들로 태어났고, 성 페테르부르그 사범학교를 마치고 교사로 일했다. 관능적이고 탐미적인 작품으로 20세기 초에 인기를 끌었다. 볼셰비키 정권에 반대했지만 망명은 하지 않고 번역에 전념했다.

■ 솔로비요프, 블라디미르 (Владимир Соловьев). 러시아의 철학자(1853~1900년). 세르게이 솔로비요프의 아들이었고, 모스크바 대학에서 철학을 배웠다. 성 페테르부르그 대학 교수가 되었으나, 정부와 갈등을 빚고 직위를 빼앗겼다. 합리주의에 대응해서 정교와 가톨릭을 결합한 보편적 그리스도교를 바탕으로 종교철학, 과학, 윤리학의 종합을 시도했다.

■ 솔로비요프, 세르게이 (Сергей Соловьев). 러시아의 역사가(1820~1879년). 성직자의 아들이었고, 모스크바 대학에서 그라놉스키 교수에게 역사를 배워 모교 교수가 되었다. 역사학자로 이름을 날렸고, 『고대 이후의 러시아사』가 대표 저서이다.

■ 솔로비요프, 프세볼로드 (1849~1903년). 세르게이 솔로비요프의 맏아들이자 블라디미르 솔로비요프의 형이며, 역사소설 작가였다. 1884년에 파리에서 블라바츠카야 부인을 만나 신지학에 관심을 보였지만, 1886년부터는 그와 주변 인물을 맹렬히 비난했다.

■ 솔론 (Solon). 고대 아테네의 정치가(기원전 640년경~560년경). 귀족과 평민의 갈등이 심해지자 조정자로 등장해서 평민의 경제적 몰락과 귀족의 전횡을 막는 개혁을 단행했다. 그러나 평민과 귀족, 어느 쪽의 지지도 얻지 못해 한동안 아테네를 떠나기도 했다.

■ 쇤베르크, 아르놀트 (Arnold Schönberg). 오스트리아 태생의 음악가(1874~1951년). 빈에서 태어났고 독학으로 음악을 배웠다. 12음 기법을 창안해서 인정을 받고 1925년에 베를린으로 진출했다. 유대인이라는 이유로 나치의 압박을 받자 1933년에 미국으로 이주했다.

■ 쇼스타코비치, 드미트리 (Дмитрий Шостакович). 소련의 작곡가(1906~1975년). 성 페테르부르그의 유대인 가정에 태어났고, 1925년에 페트로그라드 음악원 졸업 작품 「제5교향곡」으로 세계적 명성을 얻었다. 사회주의 리얼리즘에서 벗어났다는 비판을 1937년에 「제5교향곡」으로 이겨냈고, 1942년과 1949년에 스탈린 상을 받았다.

■ 쇼팽, 프레데릭 (Frédéric Chopin). 폴란드의 음악가(1810~1849년). 폴란드 이름은 프리데리크 쇼펜(Fryderyk Szopen). 바르샤바에서 태어났고, 10대에 차르 앞에서 피아노 연주를 한 신동이었다. 1831년부터 프랑스에서 활동하며 작곡과 피아노 연주를 병행했다. 낭만주의를 대표하는 음악가이며, 폴란드 민족주의자였다.

■ 쇼펜하우어, 아르투르 (Arthur Schopenhauer). 독일의 철학자(1788~1860년). 단치히에서 태어났고 여러 대학에서 공부했다. 칸트의 인식론에서 출발해서 피히테, 셸링, 헤겔 등의 관념론자를 논박했다. 인도 철학의 영향을 받아서 삶은 고통이며 이 고통에서 헤어나는 길은 열반밖에 없다고 주장하는 염세주의의 대표자가 되었다.

■ 숄로호프, 미하일 (Михаил Шолохов). 소련의 작가(1905~1984년). 돈 강의 카작 마을에서 태어났고, 1918년에 붉은 군대에 입대했다. 1924년에 모스크바에서 등단했고, 이듬해에 고향으로 가서 창작에 전념했다. 1941년에 스탈린 상, 1960년에 레닌 상, 1965년에 노벨 상을 받았고, 1961년에는 공산당 중앙위원회 위원에 선출되었다.

■ 수리코프, 바실리 (Василий Суриков). 러시아의 화가(1848~1916년). 시베리아에서 태어났고, 성 페테르부르그 예술원에서 공부했다. 이동전람파의 일원으로 레핀과 함께 활동했고, 사실주의 화풍의 역사화를 주로 그렸다.

■ 수슬로바, 아폴리나리야 (Аполлинария Суслова). 러시아의 작가(1839~1918년). 해방 농노인 부자 아버지 덕에 좋은 교육을 받고 성 페테르부르그 대학에 들어갔

다. 급진 운동에 몰두했고, 21세에 도스토옙스키의 연인이 되었으나 관계는 순탄하지 않았다. 40세에 로자노프와 결혼했지만, 이 결혼도 순탄하지 않았다.

■ 수슬로프, 미하일 (Михаил Суслов). 소련의 위정자(1902~1982년). 사라토프 지방에서 태어났고, 1921년에 공산당원이 되었다. 뛰어난 이론가였고, 1947년에 당 중앙위원회 간사가 되었다. 『프라브다』 편집장을 지냈고, 죽을 때까지 막후의 실권자로 남았다.

■ 슈킨, 세르게이 (Сергей Щукин). 러시아의 상인(1854~1936년). 모스크바의 구교도 상인 가정에 태어나 아버지의 사업을 물려받았다. 프랑스의 인상파와 후기 인상파 회화를 대량으로 수집해서 모스크바의 저택에 진열했다. 1918년에 독일로 탈출해서 파리에 정착했고, 수집품은 국가 소유가 되었다.

■ 슈타이너, 루돌프 (Rudolf Steiner). 오스트리아의 사상가(1861~1925년). 빈 공과대학에서 공부했고, 바이마르에서 괴테 표준전집을 만드는 작업에 참여했다. 독일의 신지학 협회 회장을 지냈고, 1912년에 인지학 협회를 창설했다. 예술과 교육과 의학 등 여러 분야에 걸친 문화 운동을 주도했다.

■ 슈투르, 루도비트 (Ľudovít Štúr, 1815~1856년). 1840년대 슬로바키아 청년당의 지도자로서 독일에서 학업을 마친 뒤 슬로바키아 민족 부흥 운동을 주도했다. 슬로바키아어의 기초가 된 새로운 문어를 창안했고, 「슬로바키아 민족 신문」을 창간하여 헝가리 정부의 탄압을 받기도 하였다.

■ 슈트라우스, 리하르트 (Richard Strauss). 독일의 작곡가(1864~1949년). 뮌헨의 음악가 가정에 태어났고, 뮌헨 대학에서 철학을 공부했다. 졸업한 뒤 본격적으로 음악 활동에 나서 지휘자로 활동하며 작곡을 했다. 후기 낭만파의 마지막 대작곡가로 이름을 날렸지만, 말년에 나치에 협력했다.

■ 슈트라우스, 요한 (Johann Strauss). 오스트리아의 음악가(1825~1899년). 이름이 같은 대작곡가의 맏아들이었으며, 아버지 몰래 음악 활동을 했다. 아버지가 죽은 뒤 유럽과 미국을 돌며 공연을 해서 인기를 모았다. 경쾌한 왈츠와 오페레타를 작곡했다.

■ 슈티르너, 막스 (Max Stirner). 독일의 철학자(1806~1856년). 바이에른에서 태어났고, 대학에서 철학을 공부하면서 헤겔과 슐라이어마허의 영향을 받았다. 개인주의적 아나키즘 사상을 펼쳤고, 실존철학에 영향을 주었다.

■ 슈펭글러, 오스발트 (Oswald Spengler). 독일의 문화철학자(1880~1936년). 고등학교 교사로 있다가 1911년부터 문필 활동을 시작했다. 1918년에 세계사를 형태학

이라는 유기체적 방법으로 개관하여 유럽 문화의 몰락을 예견하는 『서양의 몰락』을 펴냈다.

■ 슈피텔러, 카를 (Carl Spitteler). 스위스의 작가(1845~1924년). 바젤 지방 출신이었고, 핀란드와 러시아에서 가정교사로 일했다. 신화의 부활을 시도하며 서사시를 썼고 소설도 남겼다. 1919년에 노벨상을 받았다.

■ 슐레밀, 페터 (Peter Schlemihl). 프랑스 태생의 독일 작가 아델베르트 폰 샤미소 (Adelbert von Chamisso, 1781~1838년)의 1814년 작 소설 『페터 슐레밀의 놀라운 이야기』(Peter Schlemihls wunderbar Geschichte)의 주인공. 자기 그림자를 판 뒤 닥쳐온 어려움을 이겨내는 이 인물의 이형은 그 뒤 다른 여러 작가의 작품에서도 등장했다.

■ 스미스, 애덤 (Adam Smith). 스코틀랜드의 경제학자(1723~1790년). 고전파 경제학을 창시했으며, 『국부론』을 써서 이름을 알렸다. 중상주의에 입각한 보호 정책을 비판하고 자유 경쟁이 진보의 요건이라고 주장했다.

■ 스윈번, 앨저넌 (Algernon Swinburne). 영국의 작가(1837~1909년). 런던의 귀족 가문에 태어났고, 반항아 기질이 강해서 옥스퍼드 대학을 중퇴했다. 영국 사회의 속물성에 대들었고 이교적이고 관능적인 시를 쓰고 평론 활동을 했다.

■ 스카비쳅스키, 알렉산드르 (Александр Скабичевский). 러시아의 문필가(1838~1911년). 성 페테르부르그의 관리 가정에 태어났고, 성 페테르부르그 대학에서 공부했다. 교사로 일하다가 1859년부터 글을 쓰고 저널을 간행하면서 인민주의를 선전했다. 문학사 연구에 귀중한 자료가 되는 문인 평전을 많이 썼다.

■ 스크랴빈, 알렉산드르 (Александр Скря́бин). 러시아의 작곡가(1872~1915년). 모스크바에서 음악을 배운 뒤 1894년에 데뷔해서 유럽 각지에서 연주했다. 신지학에 영향을 받았으며, 70편에 가까운 피아노곡을 썼다.

■ 스타니슬랍스키, 콘스탄틴 (Константин Станиславский). 러시아의 연극인 (1863~1938년). 모스크바의 기업가 가정에 태어났고, 어릴 때부터 연극 연출에 관심을 가졌다. 연극을 혁신하고자 1898년에 모스크바 예술극단을 만들었고, 체호프의 희곡을 연출해서 성공했다. 러시아 혁명 뒤에 비판을 받았지만, 1930년대에 재평가되었다.

■ 스타소프, 블라디미르 (Владимир Стасов). 러시아의 예술비평가(1824~1906년). 건축가 바실리 스타소프의 아들이었으며, 법률학교를 졸업한 뒤 황립예술원에 들어갔다. 국민음악파와 이동전람파의 작품을 비평하며 예술비평가로 입지를 굳혔

다. 러시아 예술은 서방 예술을 흉내내지 말고 독창성을 추구해야 한다고 주장했다.

■ 스타하노프, 알렉세이 (Алексей Стаханов). 소련의 노동자(1906~1977년). 오룔 지방에서 태어나 1927년부터 탄광에서 일했다. 1935년에 엄청난 작업량을 달성해서 생산증대 운동의 본보기로 선전되었다. 1940년대 이후에는 관리자가 되었고, 1970년에 사회주의 노동영웅이 되었다.

■ 스탄케비치, 니콜라이 (Николай Станкевич). 러시아의 사상가(1813~1840년). 모스크바 대학에 다닐 때 셸링과 칸트에 심취했다. 1831년부터 여러 지성인이 참여하는 모임을 만들어 철학과 문학을 논해서 사상운동의 지도자가 되었다.

■ 스트라빈스키, 이고르 (Игорь Стравинский). 러시아 태생의 작곡가(1882~1971년). 성 페테르부르그에서 법을 전공하면서 음악을 배웠다. 댜길레프의 의뢰로 1910년에 「불새」를 써서 인정을 받았다. 러시아 혁명이 일어난 뒤 유럽에서 활동하다가, 제2차 세계대전이 일어나자 미국으로 귀화했다.

■ 스트라호프, 니콜라이 (Николай Страхов). 러시아의 문필가(1828~1896년). 벨고로드의 성직자 가정에 태어났으며, 성 페테르부르그에서 공부하고 교사로 오데사에서 근무했다. 1861년에 수도로 가서 창작과 문학 평론을 했다. 대지주의자였으며, 서방의 합리주의와 자유주의에 반대했다.

■ 스트루베, 표트르 (Петр Струве). 러시아의 학자(1870~1944년). 성 페테르부르그 대학생 때 마르크스주의자가 되었고 러시아의 자본주의를 분석했다. 사회민주당에 참여하다가 체포된 뒤 혁명 노선을 버리고 자유주의자가 되었다. 서방에서 활동하다가 1905년 혁명 때 귀국해서 입헌민주당에 가입했다. 혁명기에는 볼셰비키에 반대했다.

■ 스트루베, 프리드리히 게오르크 빌헬름 (Friedrich Georg Wilhelm Struve). 독일 출신의 천문학자(1793~1864년). 러시아 이름은 바실리 스트루베(Василий Я. Струве). 대대로 천문학을 연구하는 독일 가문에서 태어났고, 타르투 대학에서 공부했다. 쌍성 연구로 유명해졌고, 1839년부터 1862년까지 러시아에서 풀코보 천문대 소장을 지냈다.

■ 스페시뇨프, 니콜라이 (Николай Спешнев). 러시아의 혁명가(1821~1882년). 쿠르스크 지방의 지주 가문에 태어났고, 페테르솁스키와 함께 차르스코예 셀로 전문학교를 다녔다. 1846년부터 페테르솁스키 동아리에서 활동하다가 1849년에 체포되어 유배형을 받았다. 시베리아에서는 신문과 저널의 간행에 관여했다.

■ 스펜서, 허버트 (Herbert Spencer). 영국의 학자(1820~1903년). 독학으로 천문학부터 사회학까지 다방면에 걸쳐 저술을 했다. 사회진화론으로 사회 현상을 설명했으며, 철학과 과학과 종교를 융합하고자 했다.

■ 시바르츠, 예브게니 (Евгений Шварц). 소련의 작가(1896~1958년). 카잔의 유대인 의사 가정에 태어났고, 모스크바 대학에서 법을 배웠다. 1924년에 국영출판사 아동부서에서 일하면서 아동 도서를 썼다. 1929년에 아키모프와 사귀면서 희곡을 쓰기 시작해서 희곡 25편을 남겼고, 모든 형태의 전체주의를 겨냥한 정치 풍자에 능했다.

■ 시테인베르그, 아아론 (Аарон Штейнберг). 소련의 사상가(1891~1975년). 라트비아의 유대인 가정에 태어났으며, 독일에서 철학과 법학을 공부했다. 러시아 혁명 뒤에 페트로그라드 유대인 대학에서 철학을 강의하면서 도스토옙스키를 연구했다. 소련의 철학 발전에 이바지했으며, 1947년부터 1967년까지 유네스코 (UNESCO)에서 일했다.

■ 실러, 프리드리히 (Friedrich Schiller). 독일의 작가(1759~1805년). 법학과 의학을 공부하면서도 시와 희곡을 썼다. 군의관으로 근무하던 중 문단에 등장했다. 병으로 고생하면서도 대작을 잇달아 발표했고, 괴테와 더불어 독일 고전주의 문학의 양대 거인으로 추앙된다.

■ 싱클레어, 업턴 (Upton Sinclair). 미국의 작가(1878~1968년). 볼티모어에서 태어났고, 뉴욕에서 공부했다. 하층민 수탈과 사회 모순을 고발하는 소설을 썼고, 미국뿐만 아니라 혁명 러시아에서도 큰 인기를 끌었다. 사회운동가와 정치가로도 활동했다.

■ 아 켐피스, 토마스 (Thomas à Kempis). 중세의 신학자(1380~1471년). 뒤셀도르프 (Düsseldorf) 근처에서 태어났고, 12살에 네덜란드로 가서 신학을 공부했다. 28세에 수사가 된 뒤 수도원에서 필사본을 만들고 수련수사를 가르쳤다. 저서 『그리스도를 본받아』는 한동안 성경에 버금가도록 널리 읽혔다.

■ 아락체예프, 알렉세이 (Алексей Аракчеев). 러시아의 군인, 위정자(1769~1834년). 파벨 1세의 지시로 군개편을 시도했다. 알렉산드르 1세 시대에는 개혁에 반대했고, 1815~1825년 사이에 내정 전반을 지휘하면서 권력을 휘둘렀다.

■ 아르놀트, 고트프리트 (Gottfried Arnold). 독일의 신학자(1666~1714년). 작센에서 태어났고, 비텐베르크(Wittenberg) 대학에서 공부했다. 신학과 교회사에 관한 일련의 저서를 통해 이단에 관한 편견과 오해를 바로잡고자 노력했다. 루터교 신자였으며, 독일의 계몽주의에 영향을 주었다.

■ 아르만드, 이네사 (Инесса Арманд). 러시아의 혁명가(1874~1920년). 파리에서 프랑스인 아버지와 영국인 어머니 사이에 태어났고 다섯 살부터 모스크바에서 자랐다. 사업가와 결혼해서 자녀 넷을 두었지만, 1903년부터 혁명 운동에 투신했다. 러시아 혁명이 일어난 뒤 볼셰비키 정부에서 활동하다가 전염병으로 죽었다.

■ 아르칙바셰프, 미하일 (Михаил Арцыбашев). 러시아의 작가(1878~1927년). 하르코프의 소지주 가문에 태어났다. 1901년에 첫 소설을 쓴 이래 폭력과 성애를 노골적으로 묘사하는 작품으로 인기를 끌었다. 볼셰비키에 반대했고, 러시아 혁명 뒤에 퇴폐적이라는 비판을 받고 1923년에 폴란드로 이주했다.

■ 아르테미 (Артемий). 러시아의 성직자(?~1570년대 초). 볼로그다 지방에서 수사가 되었고, 1551년에 모스크바로 불려와 성 세르기 대수도원 원장이 되었다. 그러나 몇 달 뒤에 원장 자리에서 물러났고, 1553~1554년 공의회에서 삼위일체를 부정하는 이단자로 몰렸다. 나중에 리투아니아로 도주했다.

■ 아리스토텔레스 (Aristoteles). 고대 그리스의 철학자(기원전 384~322년). 플라톤의 제자로 다양한 분야의 학문을 연구했고, 마케도니아에서 알렉산드로스 대왕을 가르쳤다. 철학, 시학, 정치학, 자연과학 등 거의 모든 분야에서 위대한 업적을 쌓았고, 이상을 강조한 스승과 달리 현실을 중시했다.

■ 아리스티데스 (Aristides). 기원전 5세기 아테네의 위정자(?~?). 살라미스 해전과 플라타이아 전투에서 페르시아군을 물리치는 공을 세웠다. 페르시아의 재침을 막는 델로스 동맹을 주도했고, 가맹국에게 부과금을 공정히 매겨 신망을 얻었다.

■ 아베르바흐, 레오폴드 (Леопольд Авербах). 소련의 문학비평가(1903~1937년). 사라토프에서 태어났고, 고등학생 때부터 공산주의자청년동맹에서 활동했다. 문예지 간행을 주도하면서 프롤레타리아 문학을 주제로 논쟁을 벌였다. 숙청을 피하지 못하고 체포되어 총살당했다.

■ 아브라모비치, 라파일 (Рафаил Абрамович). 러시아의 사회주의자(1880~1963년). 리가에서 태어났고, 학생 시절부터 혁명 운동에 투신했다. 1901년에 분드와 사회민주노동당에 가입했고, 멘셰비키의 일원이 되었다. 볼셰비키 정권의 탄압을 받고 1920년에 망명했다. 독일에서 정치 활동을 계속하다가 1940년에 미국으로 이주했다.

■ 아브라모프, 표도르 (Федор Абрамов). 소련의 작가(1920~1983년). 아르한겔스크 지방의 농민 가정에 태어났다. 레닌그라드 대학을 마치고 1958년에 첫 소설을 발표했고, 곧 전업작가가 되었다. 농민의 고통을 소설로 적나라하게 묘사해서 당 노선에서 이탈했다는 비판을 받았다.

■ 아우어바흐, 베르톨트 (Berthold Auerbach). 독일의 작가(1812~1882년). 유대인이었으며, 스피노자를 공부하면서 문학에 뜻을 두었다. 시골 생활을 낭만적으로 묘사한 작품을 써서 인기를 끌었다.

■ 아이바좁스키, 이반 (Иван Айвазовский). 러시아의 화가(1817~1900년). 크림 반도의 가난한 아르메니아인 가정에 태어났다. 성 페테르부르그 예술원을 수석 졸업했다. 엄청나게 많은 작품 절반의 소재가 바다일만큼 해양화가로 이름을 떨쳤다.

■ 아이스킬로스(Aeschylos). 고대 그리스의 시인(기원전 525?~456년). 엘레시우스 출신이었으며, 페르시아 전쟁에 참전했다. 나이가 들어서 비극을 쓰기 시작해서 성공했고, 작품 수가 90편에 이른다.

■ 아인슈타인, 알베르트 (Albert Einstein). 독일 출신의 물리학자(1879~1955년). 유대인이었으며, 학생 때 수학과 물리학을 좋아했다. 1905년에 특수상대성 이론, 1916년에 일반상대성 이론을 발표해서 현대 물리학을 주도했고, 나치를 피해 미국으로 이주했다. 제2차 세계대전 때에는 원자폭탄 개발을 주도했지만, 전후에는 평화 운동을 펼쳤다.

■ 아키모프, 니콜라이 (Иван Акимов). 소련의 연극인(1901~1968년). 하르코프에서 태어났고, 1922년에 무대미술가로 연극계에 들어섰다. 1932년에 파격적인 「햄릿」 연출로 논쟁을 일으켰고, 풍자 희극에서 입지를 굳혔다. 레닌그라드 희극극장 관정을 지내고 1960년에 소연방 인민예술가가 되었다.

■ 아킴, 야콥 (Яков Аким). 소련의 시인(1923~2013년). 코스트로마 지방의 노동자 가정에 태어났고, 제2차 세계대전 때 징집되어 스탈린그라드 전투에 참여했다. 모스크바 정제화학기술 연구소 교육 과정을 마친 뒤 문학계에 발을 디뎠고, 1953년에 소연방 작가연맹 회원이 되었다.

■ 아흐마토바, 안나 (Анна Ахматова). 러시아의 시인(1889~1966년). 오데사에서 태어났다. 1910년에 구밀료프와 결혼했고, 아크메이즘 운동을 주도했다. 1918년에 구밀료프와 이혼했고, 부르주아적이라는 비판을 받았다. 스탈린이 죽은 뒤 다시 시를 썼고, 국내외의 인정을 받았다.

■ 악사코프, 이반 (Иван Аксаков). 러시아의 문필가(1823~1886년). 세르게이 악사코프의 아들이었다. 크림 전쟁에 참전했고, 러시아-튀르크 전쟁 기간에 언론에서 친슬라브주의를 설파했다. 최고의 언론인이라는 평판을 얻었다.

■ 악셀로드, 파벨 (Павел Аксельрод). 러시아의 혁명가(1850~1928년). 20대에는 인민주의자였지만, 서유럽으로 건너가 마르크스주의자가 되었다. 플레하노프와

함께 노동해방단을 만들고 마르크스주의를 선전했다. 볼셰비키에 반대했고, 1917년 이후에는 서유럽에서 지냈다.

■ 악쇼노프, 바실리 (Василий Аксенов). 소련의 작가(1932~2009년). 카잔에서 태어났고, 부모가 스탈린 시대에 탄압을 받았다. 의대를 졸업하고 의사로 일하다가 문단에 등장해서 해빙기에 젊은 세대를 대변하는 작가로 이름을 떨쳤다. 그러나 당국의 미움을 샀고, 결국 1980년에 서유럽으로 망명했다.

■ 안데르센, 한스 크리스티안 (Hans Christian Andersen). 덴마크의 작가(1805~1875년). 가난한 상인 가정에 태어났고, 어렵게 살며 코펜하겐 대학을 다녔다. 1835년에 발표한 작품이 독일에서 호평을 받아 이름을 알렸고, 뛰어난 동화를 잇달아 내놓아 가장 유명한 동화 작가가 되었다.

■ 안드레예프, 레오니드 (Леонид Андреев). 러시아의 작가(1871~1919년). 오룔에서 태어났고, 빈민촌에서 자랐다. 성 페테르부르그 대학생 때 학비를 마련하려고 글을 쓰기 시작했다. 모스크바 대학을 마치고 1897년부터 본격적으로 창작을 했고, 사회의 어두운 면을 주로 묘사했다. 10월혁명 직후에 핀란드로 이주했다.

■ 안토니오니, 미켈란젤로 (Michelangelo Antonioni). 이탈리아의 영화인(1912~2007년). 페레라 출신이며, 볼로냐 대학을 졸업했다. 제2차 세계대전 때 영화계에 발을 디뎠고 1950년부터 장편영화를 만들었다. 1960년대에 이탈리아는 물론 세계의 영화를 주도하는 영화감독이 되었다. 인간의 고독감을 다룬 영화를 주로 만들었다.

■ 알레이헴, 숄롬 (Шолом Алейхем). 유대인 작가(1859~1916년). 페레야슬라프에서 태어났고, 어려서부터 글쓰기에 재능을 보였다. 러시아어와 히브리어로 작품을 썼고 1883년부터는 이디시어로 글을 썼다. 포그롬을 피해 1905년에 뉴욕으로 이주했다.

■ 알렉산드르 1세 (Александр I). 러시아의 황제(1777~1825년). 예카테리나 대제의 손자였으며, 자유주의 교육을 받았다. 아버지 파벨 1세를 해치는 음모를 묵인하고 1801년에 즉위했다. 자유주의적 개혁을 단행하리라는 기대를 받았지만, 보수성을 보였다. 1812년에 러시아를 침공한 나폴레옹을 물리쳤다.

■ 알렉산드르 2세 (Александр II). 러시아의 황제(1818~1881년). 1855년에 제위에 올랐다. 러시아가 서유럽보다 뒤떨어졌기에 크림 전쟁에서 패했다고 보고 체제 개혁에 나섰고, 농노해방은 그 개혁의 절정이었다. 개혁이 불완전하고 더디다는 불만을 품은 "인민의 의지"가 터뜨린 폭탄에 목숨을 잃었다.

■ 알렉세이 미하일로비치 (Алексей Михайлович). 러시아의 통치자(1629~1676년). 로마노프 황가 초대 차르 미하일 로마노프의 아들로 태어나 1645년에 제위에

올랐다. 서른 해에 걸친 통치기는 교회분열이 일어나고 민중 봉기가 일어나는 등 다사다난했다. 표트르 대제의 아버지이기도 하다.

▣ 알렉시우스 (Alexius). 5세기의 성자(?~?). 비잔티움 성자전에 따르면, 로마의 귀족 이었지만 가진 것을 버리고 에데사(Edessa)의 교회 앞에서 구걸하면서 하느님을 섬기며 살았으며, 귀향해서도 신분을 감추고 거지로 지냈다. 러시아어로 Алексий человек Божий라고 하는 그의 일대기는 러시아에서 인기가 높았다.

▣ 알료신, 사무일 (Самуил Алешин). 러시아의 극작가(1913~2008년). 기술 교육을 받았지만, 1950년부터 희곡을 쓰기 시작했다. 윤리규범과 사회주의 도덕의 문제를 파고들어 현실의 삶을 철학적으로 파악하려고 시도하는 희곡을 썼고 동유럽에서 도 인기를 끌었다.

▣ 암브로시 (Амвросий) 신부. 러시아의 성직자(1812~1891년). 속명은 알렉산드르 그렌코프(Александр Гренков). 1839년에 옵티나 수도원 소속 브베덴스크 수도 원에서 들어가서 1842년에 수사가 되었고, 1860년에 수도원장 자리에 올랐다. 서른 해 동안 옵티나에서 지내면서 찾아오는 이에게 가르침을 주었다.

▣ 야드린체프, 니콜라이 (Николай Ядринцев). 러시아의 사회활동가(1842~1894 년). 옴스크의 상인 가정에 태어났고, 성 페테르부르그 대학에서 공부했다. 시베리 아의 독자성을 강조하며 시베리아 분리독립론을 펼쳐서 옥고와 유형을 치렀다. 그 뒤로는 시베리아의 문화와 역사를 연구했다.

▣ 야센스키, 브루노 (Bruno Jasieński). 폴란드의 문학가(1901~1938년). 크라쿠프 대 학생 때부터 혁명 시를 썼다. 폴란드 공산당이 탄압을 당하자 파리로 망명해서 시를 발표했고 명성을 얻었다. 프랑스 정부의 노여움을 사서 1929년에 소련으로 망명해서 희곡과 소설을 발표했다. 1937년에 트로츠키주의자로 몰려 옥사했다.

▣ 야신, 알렉산드르 (Александр Яшин). 소련의 작가(1913~1968년). 볼로그다 지방 의 빈농 가정에 태어났고, 사범학교를 마친 뒤 교사가 되었다. 지역 신문에 시를 발표하다가 1934년에 첫 시집을 펴냈다. 노동 현장과 개척지를 돌아다니면 소재를 모아 시를 썼고, 1960년대 초부터는 산문을 쓰면서 농촌 산문 운동을 이끌었다.

▣ 야즉코프, 니콜라이 (Николай Языков). 러시아의 시인(1803~1847년). 심비르스 크의 지주 가문에 태어났고 도르파트 대학에서 철학을 배웠다. 어려서부터 시를 썼고, 푸시킨에 버금가는 인기를 누렸다. 애국심에 불타는 친슬라브주의자였다.

▣ 에렌부르그, 일리야 (Илья Эренбург). 소련의 작가(1891~1967년). 키예프 태생 의 유대인이었고, 혁명 활동에 가담했다. 파리로 망명해서 소설을 쓰기 시작했다.

1917년 혁명이 일어난 뒤 귀국했지만 볼셰비키와 갈등을 빚고 재망명했다. 1924
년부터 볼셰비키 지지자가 되었고, 소련에서 독소전쟁 기간에 큰 인기를 끌었다.

■ 에이젠시테인, 세르게이 (Сергей Эйзенштейн). 소련의 영화감독(1898~1948년).
리가의 유대인 가정에 태어났고, 극단에서 일했다. 러시아 혁명 이후에 영화계에
들어가 과감한 형식을 실험했고 1925년에 몽타주 기법을 활용한「전함 포툠킨
호」로 명성을 얻었다. 형식주의자라는 비판을 받으면서도「이반 뇌제」등 대작을
잇달아 내놓았다.

■ 에카르츠하우젠, 카를 (Karl Eckartshausen). 독일의 학자(1752~1803년). 바이에른
에서 태어났고, 철학과 법학을 배웠다. 그리스도교 신비주의에 관한 책을 써서
이름을 떨쳤고, 일루미나티 운동에 참여했다.

■ 엘리엇, T. S. (Thomas Stearns Eliot). 영국의 작가(1888~1965년). 미국에서 태어
났고, 하버드 대학을 마친 뒤 유럽으로 건너갔다. 영국에 정착하고 시인과 평론가
로 명성을 얻었다. 1927년에 영국 국적을 얻었고, 1948년에 노벨상을 받았다.

■ 엘리자베스 1세 (Elizabeth I). 영국의 군주(1533~1603년). 헨리 8세의 딸이었고,
1558년에 즉위한 뒤 의회와 적절한 관계를 유지하며 국력을 키워 주변부 국가였던
영국을 유럽의 강국으로 만들었다.

■ 엥겔가르트, 알렉산드르 (Александр Энгельгардт). 러시아의 농학자(1832~1893
년). 군인 교육을 받았으며, 화학교수가 되었다. 1870년에 학생 소요와 연관되어
체포되기도 했다. 지적인 토지소유자를 양성할 학교가 있는 모범농장을 만들려고
노력했고, 화학 지식을 이용해서 비료 개발에 힘썼다.

■ 영, 로레타 (Loretta Young). 미국의 영화배우(1913~2000년). 스웨덴계 이주민의
딸이었으며, 어릴 때부터 영화에 출현했다. 1927년부터 본격적으로 영화 배우로
활동해서 대단한 인기를 누리다가 1963년에 은퇴했다.

■ 예세닌, 세르게이 (Сергей Есенин). 러시아의 시인(1895~1925년). 랴잔의 빈농
가정에 태어났고, 모스크바에서 노동하며 시를 썼다. 1916년에 시집을 냈고, 내전
기에 대표 시인이 되었다. 무용가 이사도라 덩컨(Isadora Duncan, 1877~1927년)과
결혼했고, 신경증을 앓다가 자살했다.

■ 예이츠, 윌리엄 (William Yeats). 아일랜드의 시인(1865~1939년). 더블린에서 화
가의 아들로 태어났고, 그림 공부를 하다가 시를 쓰기 시작했다. 1891년에 아일랜
드 문예협회를 창설해 아일랜드 문예부흥을 이끌고 극작가로도 활동했다. 아일랜
드 독립운동에 참여했으며, 1932년에 노벨문학상을 받았다.

- 예조프, 니콜라이 (Николай Ежов). 소련의 위정자(1895~1940년). 1917년에 볼셰비키 당원이 되었고, 내전기에 붉은 군대에서 복무했다. 스탈린의 신임을 얻어 비밀경찰의 수장으로 1930년대 중후반의 대숙청을 진두지휘했지만, 스스로가 숙청 대상이 되어 처형되었다.
- 예카테리나 대제 (Екатерина Великая). 러시아의 통치자(1729~1796년). 안할트-체롭스트(Ahnalt-Zerbst) 공국의 공주였고, 1745년에 표트르 3세와 결혼했다. 1762년에 표트르 3세 살해에 가담하고 제위에 올랐다. 귀족의 권익을 보장하면서 중앙 권력을 강화하고 러시아의 영토를 크게 넓혔다. 서방화 정책을 지속해서 국력을 크게 키웠다.
- 옐리세예프, 그리고리 (Григорий Елисеев). 러시아의 언론인(1821~1891년). 톰스크 지방에서 마을 사제의 아들로 태어났고, 모스크바 신학교를 다녔다. 카잔 신학교 교수가 되었고, 종교사를 연구했다. 1854년부터는 성 페테르부르그에서 『당대인』과 『조국수기』를 간행하고 문필가로 활동했다.
- 옙투셴코, 예브게니 (Евгений Евтушенко). 러시아의 작가(1932년~). 시베리아에서 태어났고, 모스크바의 고르키 문학 학교에서 공부했다. 1949년부터 시를 썼고, 스탈린이 죽은 뒤 스탈린 체제를 비판하는 시로 논란을 일으키며 인기를 끌었다.
- 오가료프, 니콜라이 (Николай Огарев). 러시아의 시인(1813~1877년). 모스크바 대학생 시절에 데카브리트 봉기의 영향을 받아 비밀결사를 만들었고, 1834년에 체포되어 유배형을 받았다. 1846년에 상속받은 농노를 해방하고 토지를 나눠주었다. 1856년에 영국으로 망명해서 러시아 체제를 비판했다. 시집을 많이 남겼다.
- 오스트롭스키, 알렉산드르 (Александр Островский). 러시아의 극작가(1823~1886년). 모스크바 대학에서 법을 배운 뒤 관리로 근무하다가 1847년부터 희곡을 썼다. 47편에 이르는 희곡을 썼으며, 러시아 극작가협회 초대 회장을 지냈다. 그의 작품은 소련에서도 사랑을 받았다.
- 오언, 로버트 (Robert Owen). 영국의 사회주의자(1771~1858년). 웨일즈에서 태어났고, 자수성가해서 공장주가 되었다. 노동자의 처지를 개선하고자 갖가지 시도를 하고 노동 운동을 주도했으며, 미국에서 이상 사회를 건설하는 운동을 벌이기도 했다.
- 오펜바흐, 자크 (Jacques Offenbach). 프랑스의 작곡가(1819~1880년). 독일에서 태어났고 아버지를 따라 파리로 가서 음악을 배웠다. 극장 지휘자로 활동하다가 극장주가 되었다. 오페라를 대중화한 희가극인 오페레타를 많이 만들었다.

■ 오흘롭코프, 니콜라이 (Николай Охлопков). 소련의 연극인(1900~1967년). 이르쿳스크에서 태어났고, 1923년에 메이예르홀드 극단에 들어가 본격적으로 연극을 배웠다. 여러 극장을 거치며 연출가로서 명성을 쌓았고, 소비에트 이념에 충실하고 배우와 관객의 거리감을 줄이는 실험적인 무대 연출을 시도했다. 말년에는 영화를 제작하기도 했다.

■ 올레샤, 유리 (Юрий Олеша). 소련의 작가(1899~1960년). 우크라이나에서 폴란드계 지주의 아들로 태어났다. 대학에서 전공인 법학보다는 시 쓰기에 더 몰두했다. 1919년에 붉은 군대에 입대했고, 1920년대에 창작시집이 큰 인기를 끌었다. 그러나 정권의 비판을 받아 1930년대에는 억압을 받았다. 스탈린이 죽은 뒤 재평가되었다.

■ 와일드, 오스카 (Oscar Wilde). 아일랜드의 작가(1854~1900년). 더블린의 지식인 가정에 태어났고, 옥스퍼드 대학에서 공부했다. 대학을 마친 뒤 영국에서 탐미주의적인 소설, 시, 희곡을 써서 주목을 받았다. 1895년에 동성애자로 유죄 판결을 받고 두 해 동안 감옥에서 지낸 뒤 파리에서 쓸쓸하게 살았다.

■ 와토 (Watteau). 프랑스의 화가(1684~1721년). 18세에 파리에 진출해서 귀족의 연회를 주제로 현란한 그림을 그려 인정을 받았다. 로코코 미술 양식의 대표자로 인정을 받았고, 왕립미술원 회원이 되었다.

■ 요한네스 크리소스토무스 (Johanness Chrysostomus). 초기 그리스도교의 교부(349~407년). 시리아 태생으로, 386년에 사제 서품을 받았고, 398년에 대주교가 되었다. 지배층을 비판하고 교회 쇄신에 힘쓰고 저서를 많이 남겨 그리스도교의 대표적 교부가 되었다. 러시아어로는 요안 즐라토우스트(Иоанн Златоуст)라고 한다.

■ 우바로프, 세르게이 (Сергей Уваров). 러시아의 위정자(1786~1855년). 외교관, 교육감, 교육부 차관을 지내다가 1833년에 교육부 장관이 되었다. 그의 임기 동안 교육이 확대되었지만, 교육 정책은 보수화했다. 1846년에 백작 작위를 받았다.

■ 우스펜스키, 글레브 (Глеб Успенский). 러시아의 작가(1843~1902년). 툴라에서 태어났고, 성 페테르부르크 대학과 모스크바 대학에서 법을 배웠다. 농촌을 사실적으로 묘사했고, 인민주의에 동조했지만 농민을 이상화하지는 않았다. 정신병에 시달리다가 자살했다.

■ 우스펜스키, 표트르 (Петр Успенский). 러시아의 사상가(1878~1947년). 모스크바 김나지움에 다니다가 퇴학당했다. 1914년에 아르메니아인 신비주의자 게오르기 구르지예프(Георгий Гурджиев, 1872~1949년)를 만났고, 비교 저서로 세계적

명성을 얻었다. 러시아 혁명 뒤 런던으로 이주했고, 1924년에 구르지예프와 결별하고 독자 활동을 했다.

- 울리야노프, 알렉산드르 (Александр Ульянов, 1866~1887년). 심비르스크 고등학교를 우등 졸업한 뒤 성 페테르부르크 대학에서 자연과학을 전공했다. 알렉산드르 3세 암살을 꾀하다가 붙잡혀 처형되었다.

- 윈덤 루이스, 퍼시 (Percy Wyndham Lewis). 영국의 예술가(1882~1957년). 캐나다에서 태어났고 1893년에 영국으로 이주했다. 유럽을 돌아다니며 미술을 배웠고, 제1차 세계대전 때 전쟁화가로 활동했다. 작가로도 성공했지만 파시즘을 옹호해서 물의를 빚었다.

- 윌슨, 우드로 (Woodrow Wilson). 미국의 정치가(1856~1924년). 법학과 정치학을 전공했고, 1902년에 프린스턴 대학 총장이 되었다. 민주당원으로 1911년에 뉴저지 주지사가 되었고, 이듬해에 대통령에 당선되었다. 공약과는 달리 제1차 세계대전에 참전했고, 국제연맹 창설을 주도했다. 1919년에 노벨 평화상을 받았다.

- 유르케비치, 팜필 (Памфил Юркевич). 러시아의 철학자(1826~1874년). 폴타바 지방의 성직자 가정에 태어났고, 신학교에서 공부했다. 모스크바 대학 등에서 철학을 가르쳤다. 서유럽 철학을 철저히 연구하고 영혼에 관한 철학 연구로 19세기 중후반 러시아 종교 부흥의 기반을 마련했다. 유물론에 반대하고 진보적 철학자와 논쟁을 벌였다.

- 유수포프, 펠릭스 (Феликс Юсупов). 러시아의 황족(1887~1967년). 유수포프 가문의 차남으로 태어났고, 옥스퍼드 대학을 다녔다. 라스푸틴의 전횡에 격분해서 드미트리 대공과 함께 그를 자기 집으로 꾀어 살해했다. 2월혁명 직전에 영국으로 망명했고 곧 파리로 이주했다.

- 유이, 라몬 (Ramon Llull). 카탈루냐의 신비주의자(1235~1315년). 마요르카 (Mallorca) 섬에서 태어났고, 아라곤 왕실의 교사가 되었다. 30세에 신비 체험을 한 뒤 궁정에서 나와 북아프리카 등지에서 전도했다. 카탈루냐어로 시를 썼고, 논리적 방법으로 신학 이론을 증명하려고 노력했다.

- 유트케비치, 세르게이 (Сергей Юткевич). 소련의 영화감독(1904~1985년). 성 페테르부르크에서 태어났고, 연극계에서 일하다가 1925년부터 영화를 만들었다. 전위적 형식주의 경향을 보였고 실험을 멈추지 않았다. 칸(Cannes) 영화제에서 감독상을 두 차례 받았다.

- 율리아누스 (Iulianus). 로마의 황제(331/332~363년). 그리스도교를 국교로 삼은 콘스탄티누스 대제가 죽은 뒤 361년에 황제가 되어 종교의 자유를 선언하고 그리

스도교를 억눌렀다. '배교자'란 별명을 얻었지만, 철학자로서 통치하겠다는 선언
으로 '철학자'로도 불렸다. 페르시아 원정에서 전사했다.

- 융-슈틸링, 하인리히 (Heinrich Jung-Stilling). 독일의 작가(1740~1817년). 본명은
  요한 하인리히 융(Johann Heinrich Jung). 가난해서 고생을 하다가 의사가 되었다.
  괴테의 도움으로 자전 소설을 출판했고, 신비주의적이고 경건주의적인 작품을
  남겼다.
- 이바노프, 뱌체슬라프 (Вячеслав Иванов). 러시아의 작가(1866~1949년). 모스크
  바 대학을 마치고 베를린 유학을 한 뒤 1905년에 귀국했다. 니체와 솔로비요프의
  영향을 받았고, 후기 상징주의의 대표 시인이 되었으며 희곡도 썼다. 1924년에
  이탈리아로 이주했고 가톨릭 신자가 되었다.
- 이바노프, 알렉산드르 (Александр Иванов). 러시아의 화가(1806~1858년). 성 페
  테르부르그에서 그림을 공부하다가 1830년에 이탈리아로 유학을 떠났다. 전제정
  을 비판하는 정치관을 드러내는 작품을 그려서 정부의 탄압을 받았고 주로 이탈리
  아에서 작품 활동을 했다. 1858년에 귀국한 지 두 달만에 숨을 거두었다.
- 이바노프, 프세볼로드 (Всеволод Иванов). 소련의 작가(1895~1963년). 카자흐스
  탄(Казахстан)의 교사 가정에 태어났고, 서커스 광대로 일했다. 내전기에 붉은
  군대 병사로 시베리아에서 싸웠고, 이 경험을 살려 쓴 작품으로 인기를 끌었다.
  초기 소비에트 러시아 문단을 주도하는 작가였고, 제2차 세계대전 때에는 전선
  통신원으로 활동했다.
- 이반 3세 (Иван III). 모스크바국의 통치자(1440~1505년). 22세에 단독 통치자가
  되어 모스크바국의 영토를 크게 넓혔으며, 1480년에는 몽골의 지배를 깨뜨렸다.
  군주권 강화 정책을 폈으며, 차르 칭호를 처음 사용했다.
- 이반 5세 (Иван V). 러시아의 통치자(1666~1696년). 차르 알렉세이 미하일로비치
  와 그의 첫 부인 사이에서 태어났으나 병약했다. 1682년에 이복동생 표트르와
  공동으로 제위에 올랐지만 통치에는 관여하지 않았다.
- 이반 뇌제(Иван грозный). 러시아의 통치자(1530~1584년). 정식 호칭은 이반 4
  세. 1533년에 어린 나이에 즉위했고, 1547년부터 실권을 행사했다. 밖으로는 카잔
  과 아스트라한을 정복해서 영토를 넓혔고, 안으로는 중앙 권력을 강화하고 1565
  년부터 극단적인 공포 정치를 펼쳐 귀족을 탄압했다. 만년에는 정신이상에 시달렸
  다.
- 이반친-피사레프, 알렉산드르 (Александр Иванчин-Писарев). 러시아의 인민주
  의자(1849~1916년). 야로슬라블에 영지를 가진 지주 가문에 태어났고, 성 페테르

부르그 대학을 졸업했다. 인민주의자로 국내외에서 활동했고, 1879년에 인민의 의지에 가입했다. 1881년에 체포되어 여덟 해 동안 시베리아 유형 생활을 했다.

- 이슈틴, 니콜라이 (Николай Ишутин). 러시아의 사회주의자(1840~1879년). 어려서 고아가 되어 사촌 카라코조프와 함께 자랐다. 1863년에 모스크바 대학 청강생이 되어 학생을 상대로 혁명을 선전했고, 이듬해에 비밀조직을 만들었다. 1866년에 황제 암살 음모 혐의로 체포되었고, 감옥과 유형지를 전전하다가 숨졌다.

- 일린, 니콜라이 (Николай Ильин). 러시아의 종교인(1809~1890년). 아스트라한에서 태어났고, 군인이 되었다. 정교회 교리에 회의를 품고 사랑을 최고 가치로 삼는 나름의 가르침을 선전했다. 1859년에 체포되어 솔로베츠키 수도원 등지에서 갇혀 지내면서도 계속 추종자를 모았다. 1879년에 풀려났지만, 1887년에 다시 체포되었다.

- 입센, 헨릭 (Henrik Ibsen). 노르웨이의 작가(1828~1906년). 대학에 가려고 고학을 하던 중 쓴 희곡이 성공하자 극작가의 길로 나섰다. 부조리를 고발하는 사회극을 많이 썼으며, 1879년에『인형의 집』을 발표해서 명성을 얻었다. 현대극의 제1인자라는 평을 듣는다.

- 자돈스키, 티혼 (Тихон Задонский). 러시아의 성직자(1724~1783년). 속명은 티모페이 소콜롭스키(Тимофей Соколовский). 노브고로드 부근에서 태어나 34세에 수사가 되었다. 주교로 활동하다가 자돈스크의 수도원으로 들어가 은둔했다. 금욕하며 책을 썼고 현명하기로 이름났다.

- 자먀틴, 예브게니 (Евгений Замятин). 소련의 작가(1884~1937년). 성 페테르부르그 대학생 때 볼셰비키 당원이 되었다. 1905년에 유배형을 받았지만, 몰래 돌아와 졸업한 뒤 조선 기술자로 일했다. 1911년부터 작가로 인기를 끌었다. 러시아 혁명 뒤에 체제를 비판하는 소설을 써서 탄압을 받았고, 말년에 파리로 이주했다.

- 자멘호프, 라자루스 (Lazarus Zamenhof). 유대인 의사(1859~1917년). 폴란드의 유대인 가정에 태어났고, 모스크바 대학과 바르샤바 대학에서 의학을 공부해 안과 의사가 되었다. 민족 갈등을 없앨 만국 공용어를 구상해서 1887년에 에스페란토를 만들고 보급에 힘썼다.

- 자술리치, 베라 (Вера Засулич). 러시아의 혁명가(1849~1919년). 귀족의 딸이었지만 10대 후반부터 혁명 활동을 했다. 1878년에 성 페테르부르그 지사 트레포프 장군을 저격해서 재판을 받았고, 배심원 재판에서 무죄가 되었다. 노동해방단에서 활동했고 멘셰비키를 지지했다. 볼셰비키 정권에 반대했다.

- 자이체프, 바르폴로메이 (Варфоломей Зайцев). 러시아의 문필가(1842~1882년). 코스트로마에서 태어났고, 성 페테르부르그 대학과 모스크바 대학을 다녔다. 니힐리스트였고 1866년에 체포되었다가 풀려났다. 1869년에 망명했고, 바쿠닌주의자와 가깝게 지내면서 망명 저널에 글을 쓰고 문학비평 활동을 했다.
- 자이치넵스키, 표트르 (Петр Заичневский). 러시아의 혁명가(1842~1896년). 오를로프 지방의 군인 가정에 태어났다. 모스크바 대학생 때 서방 사회주의자의 저술에 이끌렸고, 1861년에 학생 조직을 만들어 금서를 간행하다가 체포되어 징역을 선고받았다. 블랑키주의적 혁명을 꾀하는 『청년 러시아』를 1862년에 썼다. 혁명 활동과 체포를 되풀이했다.
- 잔다르크 (Jeanne d'Arc). 프랑스의 영웅(1412~1431년). 백년전쟁의 와중에 농부의 딸로 태어났고, '프랑스를 구하라'는 계시를 들었다. 오를레앙 가문을 찾아가 병력을 얻어 잉글랜드 군대에게 포위된 샤를 왕태자를 구해냈다. 연승을 거두어 샤를이 프랑스의 왕이 되었다. 1430년에 적에게 사로잡혀 마녀 판정을 받고 화형당했다.
- 잘킨드, 아론 (Арон Залкинд). 소련의 활동가(1888~1936년). 심리학과 연관된 여러 분야에서 전문가로 활동했고 아동학 운동을 주도했으며, 『아동학』(Педология) 주간이었다. 1930년대에 심리학 연구소 소장을 지내다가 숙청되었다.
- 제르진스키, 펠릭스 (Феликс Дзержинский). 러시아의 혁명가(1877~1926년). 폴란드 귀족 가문에 태어났고, 학생 때부터 혁명 활동에 투신했다. 체포와 유형을 겪다가 감옥에서 1917년 혁명을 맞이했다. 볼셰비키 정권의 비밀경찰 수장이 되어 반혁명과 싸웠다. 내전 뒤에는 정부 요직을 두루 거쳤고 스탈린을 지지했다.
- 제임스, 헨리 (Henry James). 미국의 작가(1843~1916년). 하버드 대학에서 법학을 배우다가 소설을 쓰기 시작했다. 유럽으로 건너가 투르게네프 등 유럽 작가들과 교류했고, 1876년에 영국에 정착한 뒤 작품을 발표하고 소설 이론을 연구했다.
- 젤랴보프, 안드레이 (Андрей Желябов). 러시아의 혁명가(1851~1881년). 농노의 아들이었으며, 농노해방령으로 자유를 얻었다. 1871년에 노보시비르스크 대학에서 일어난 학생 소요에 연루되어 제적되었다. 인민주의 혁명조직에서 활동하며 알렉산드르 2세 암살 음모를 주도하다가 체포되어 처형되었다.
- 조린, 레오니드 (Леонид Зорин). 소련의 작가(1924년~). 바쿠에서 태어났고, 열 살 때 쓴 작품이 고르키의 호평을 받을 만큼 글 솜씨가 뛰어났다. 아제르바이잔 대학과 모스크바의 고르키 문학 학교에서 공부했고, 1952년에 공산당에 가입했다. 희곡과 영화 대본을 주로 썼고, 소련에서 최고 인기 작가들 가운데 한 사람이었다.

■ 조쉔코, 미하일 (Михаил Зощенко). 러시아의 작가(1895~1958년). 폴타바에서 태어났고, 성 페테르부르그 대학에 다니다가 제1차 세계대전과 내전에 참여했다. 세라피온 형제단에 가입했고, 1922년에 등단해서 풍자 작가로 인기를 모았다. 제2 차 세계대전 직후에 비판을 받았지만, 대중 사이에서는 인기가 높았다.

■ 즈다노프, 안드레이 (Андрей Жданов). 소련의 위정자(1896~1948년). 우크라이 나에서 태어났고, 1915년에 볼셰비키 당원이 되었다. 1934년에 레닌그라드 공산 당 조직의 수장이 되었고, 제2차 세계대전 때 레닌그라드를 방어했다. 전후에 문 화 영역에서 당의 통제권을 강화하려고 예술가들을 옥죄었다. 심장마비로 숨졌다.

■ 지노비예프, 그리고리 (Григорий Зиновьев). 러시아의 혁명가(1883~1936년). 우 크라이나 출신 유대인이었고, 1901년에 사회민주노동당에 가입했다. 이듬해에 망 명했고, 레닌과 함께 볼셰비키를 이끌었다. 러시아 혁명 뒤에는 페트로그라드 당 조직을 지도했고, 코민테른 의장이 되었다. 스탈린과 권력 투쟁을 벌여 패한 뒤 처형되었다.

■ 차아다예프, 표트르 (Петр Чаадаев). 러시아의 사상가(1794~1856년). 모스크바 의 귀족 가문에 태어났고, 조국전쟁에 자원해서 프랑스군과 싸웠다. 유럽을 여행 한 뒤 러시아의 전통을 비판하고 서방 문화를 수용해야 한다고 주장하는 「철학 서한」을 썼다. 이 글이 파문을 일으켜서 미친 사람 취급을 받았다.

■ 차이콥스키, 니콜라이 (Николай Чайковский). 러시아의 사회주의자(1851~1926 년). 성 페테르부르그에서 인민주의 선전 조직을 이끌었고, 1873년에 미국으로 건너가 사회주의 공동체를 만들었다. 1877년부터 런던에서 혁명 활동을 재개했고, 1907년에 귀국해서 협동조합 운동을 이끌었다. 러시아 혁명기에는 볼셰비키에 반대했다.

■ 차이콥스키, 표트르 (Петр Чайковский). 러시아의 음악가(1840~1893년). 성 페 테르부르그 음악원에서 루빈시타인에게 배웠고, 1866년에 모스크바 음악원 교수 가 되었다. 교향곡, 오페라, 발레 등 다양한 분야에서 작곡했고, 서유럽 음악 형식 으로 러시아 민족의 서정성을 잘 표현해서 큰 인기를 누렸다.

■ 체르노스비토프, 라파일 (Рафаил Черносвитов). 러시아의 군인(1810~1868년). 육군 중령이었고, 페트라솁스키 사건에 연루되어 켁스골름스키 요새에 갇혔다. 1854년에 풀려난 뒤 시베리아로 이주했다.

■ 체르노프, 빅토르 (Виктор Чернов). 러시아의 정치가(1873~1952년). 스무 살에 혁명가가 되었고, 사회주의자혁명가당 창당을 주도했다. 제1차 세계대전이 일어 난 뒤 서유럽에서 반전 운동을 하다 1917년에 차르정이 무너지자 귀국해서 임시

정부 각료로 활동했다. 볼셰비키 정권에 반대하다가 1920년에 서유럽으로 이주했다.

■ 체르늬솁스키, 니콜라이 (Николай Чернышевский). 러시아의 문필가(1828~1889년). 사제의 아들로 태어나 급진주의 관점에서 사회를 비판하는 문필가로 활동했다. 과학을 찬미하고 여성해방을 부르짖었다. 정부를 비판하다 유배형을 받았다. 그가 쓴 소설『무엇을 할 것인가?』는 당시 젊은이 사이에서 성경처럼 읽히는 작품이 되었다.

■ 체르카소프, 니콜라이 (Николай Черкасов). 소련의 배우(1903~1966년). 성 페테르부르그에서 태어났고, 1919년부터 연기를 했다. 스탈린이 총애하는 배우였고, 「알렉산드르 넵스키」와 「이반 뇌제」 등 대작 영화의 주연을 맡았다. 1941년에 스탈린 상을 받았고, 1947년에 소연방 인민예술가가 되었다.

■ 체호프, 미하일 (Михаил Чехов). 러시아 태생의 배우(1891~1955년). 안톤 체호프의 조카였으며, 스타니슬랍스키를 스승 삼아 연기를 배웠다. 러시아 혁명 뒤에 이견이 생겨 그와 사이가 틀어졌다. 1920년대 말엽에 독일로 이주했고, 유럽에서 활동했다. 1938년에 미국으로 건너가서 미국의 연극과 영화에 영향을 주었다.

■ 체호프, 안톤 (Антон Чехов). 러시아의 문학가(1860~1904년). 모스크바 대학에서 의학을 전공할 때부터 소설을 썼다. 20대 중반부터 뛰어난 단편소설과 희곡을 양산했으며, 사회를 비판하는 시각을 지녔고 급진주의자와 사귀었다. 건강이 나빠져 독일에서 요양하다 숨을 거두었다.

■ 추프로프, 알렉산드르 (Александр Чупров). 러시아의 학자(1842~1908년). 칼루가 지방에서 태어났고, 신학교를 마치고 모스크바 대학을 다녔다. 철도 운영과 통계 분야에서 지식을 쌓고 사회 활동을 했다. 성 페테르부르그 학술원 회원이 되었다.

■ 추흐라이, 그리고리 (Григорий Чухрай). 소련의 영화감독(1921~2001년). 우크라이나인이었고, 모스크바에서 교육을 받았다. 대조국전쟁 참전용사였고, 1953년에 국립영화학교를 마쳤다. 공산당원이면서도 경직된 이념을 비판하는 영화를 제작해서 해빙기에 큰 인기를 끌었다. 1961년에 레닌 상을 받았고, 1981년에 소연방 인민예술가가 되었다.

■ 츄를료니스, 미칼로유스 (Mikalojus Čiurlionis). 리투아니아의 예술가(1875~1911년). 바르샤바에서 작곡과 회화를 배웠고, 1905년 혁명 뒤에 리투아니아의 예술을 이끌었다. 상징주의와 아르누보에 이바지했고, 250여 곡을 작곡하고 회화 300여 점을 남겼다. 폐렴으로 요절했다.

■ 치올콥스키, 콘스탄틴 (Константин Циолковский). 러시아의 과학자(1857~1935년). 랴잔 지방에서 태어났고, 모스크바에서 물리학과 천문학을 혼자 연구했다. 1879년에 고향에서 교사로 일하며 우주 비행을 연구했다. 1898년에 로켓의 기본 원리를 제시했다. 연구 성과를 인정받지 못했지만, 볼셰비키 정권 아래서는 지원을 받아 연구를 진행했다.

■ 치조프, 표도르 (Федор Чижов). 러시아의 학자(1811~1877년). 코스트로마에서 태어났고, 수학에 뛰어났다. 성 페테르부르그 대학을 우수한 성적으로 졸업해서 모교 교수가 되었다. 유럽 각지를 돌아다닌 뒤 돌와와서 과학기술의 효용을 선전했고 저널을 펴냈다. 철도 사업에 뛰어들어 기업가로도 활동했다.

■ 치체린, 보리스 (Борис Чичерин). 러시아의 학자(1828~1904년). 탐보프의 명문가에 태어났고, 성 페테르부르그 대학에서 법학을 배웠다. 자유주의자였고 알렉산드르 2세의 개혁을 지지했다. 1868년에 정부의 억압책에 항의해 모교 교수직에서 물러났고 저술에 열중했다. 1882년에 모스크바 시장이 된 뒤로는 보수화했다.

■ 카라코조프, 드미트리 (Дмитрий Каракозов). 러시아의 혁명가(1840~1866년). 코스트로마의 소귀족 가문에 태어났고, 카잔 대학과 모스크바 대학에서 공부했다. 사촌인 이슈틴과 함께 조직을 이끌다가 1866년 4월에 성 페테르부르그로 가서 알렉산드르 2세의 목숨을 노렸다. 암살에 실패한 뒤 붙잡혀 처형되었다.

■ 카람진, 니콜라이 (Николай Карамзин). 러시아의 문인(1766~1826년). 젊어서 유럽을 두루 돌아다녔고 감상주의를 문단에 소개했다. 1803년에 궁정 역사가에 임명되어 『러시아 국가의 역사』 등의 대작을 썼고, 러시아 문어 발전에 이바지했다.

■ 카벨린, 콘스탄틴 (Константин Кавелин). 러시아의 학자(1818~1885년). 모스크바 대학을 졸업했고, 성 페테르부르그 대학 교수가 되었다. 서구주의자로 활동했으나, 시간이 흐르면서 자유주의자가 되었고 결국은 보수주의자가 되어 전제정을 옹호했다. 국가를 중시해서 치체린과 더불어 역사학계에서 국가학파를 만들었다.

■ 카스텔, 루이 베르트랑 (Louis Bertrand Castel). 프랑스의 수학자(1688~1757년). 15세에 예수회에 들어갔고, 문학을 공부한 뒤 수학과 자연철학에 심취했다. 뉴턴의 광학 이론을 비판하는 책을 썼고, 광학 건반 악기를 만들기도 했다.

■ 카실, 레프 (Лев Кассиль). 소련의 문학가(1905~1970년). 사라토프 지방에서 태어났다. 마야콥스키의 권유로 1925년부터 작가가 되어 청소년을 다룬 작품을 내놓았다. 1949년에 제2차 세계대전기 소년 파르티잔을 소재로 작품을 펴내서 1951년에 스탈린상을 받았다.

- 카자코프, 유리 (Юрий Казаков). 소련의 작가(1927~1982년). 모스크바의 노동자 가정에 태어났고, 아버지가 강제수용소에 끌려간 뒤 어렵게 살았다. 재즈 음악을 하다가 문학으로 전향했고, 고르키 문학 학교를 마쳤다. 해빙기부터 본격적으로 글을 썼고 1970년대에 뛰어난 작품을 내놓았다.
- 카트코프, 미하일 (Михаил Катков). 러시아의 언론인(1818~1887년). 모스크바 대학을 졸업하고 베를린 대학에서 공부했다. 1840년대 후반에 모스크바 대학에서 철학을 가르쳤고, 1851년에 언론계에 들어갔다. 처음에는 진보주의자였지만, 나중에는 반동 정책과 범슬라브주의를 지지했다.
- 칸딘스키, 바실리 (Василий Кандинский). 러시아 출신의 프랑스 화가 (1866~1944년). 모스크바에서 태어났고, 모스크바 대학에서 법학과 경제학을 배웠다. 30세에 모네의 작품에 감명을 받아 유럽으로 건너가 화가가 되었다. 현대 추상미술의 선구자가 되었으며, 1933년에 프랑스 국적을 얻었다.
- 칼데론, 페드로 (Pedro Calderón). 에스파냐의 작가(1600~1681년). 마드리드에서 태어났고, 신학을 공부하다 희곡을 쓰기 시작했다. 반세기 동안 에스파냐 연극계를 지배했고, 제국기 에스파냐 황금기를 대표하는 4대 극작가의 한 사람이 되었다. 1658년에 성직자가 되어 만년을 여유롭게 지냈다.
- 칼라토조프, 미하일 (Михаил Калатозов). 소련의 영화감독(1903~1973년). 본명은 칼라토지시빌리(Калатозишвили). 트빌리시 출신의 그루지야인이었고, 1923년에 영화계에 입문해서 1928년에 영화감독이 되었다. 제2차 세계대전 때 선전영화를 제작했고, 해빙을 알리는 극작영화로 이름을 알렸다. 1969년에 소연방 인민예술가가 되었다.
- 칼뱅, 장 (Jean Calvin). 유럽의 종교개혁가(1509~1564년). 프랑스 피카르디 지방에서 태어났고 대학에서 법을 배웠다. 초기 교회의 순수함으로 돌아가고자 가톨릭과 결별했고, 제네바에서 종교개혁에 성공해서 엄혹한 신정체제를 세우고 예정설을 비롯한 프로테스탄티즘 이론을 설파했다.
- 코르네이축, 알렉산드르 (Александр Корнейчук). 소련의 작가(1905~1972년). 키예프의 노동자 가정에 태어났고, 키예프 대학을 마치고 극작가로 활동했다. 사회주의 리얼리즘의 신봉자였고, 스탈린 상을 여러 차례 받았다. 작가로뿐만 아니라 당료로도 성공해서 1952년에 소련 공산당 중앙위원회 위원이 되었고, 우크라이나 최고 소비에트 의장을 지냈다.
- 코발렙스키, 막심 (Максим Ковалевский). 러시아의 법학자(1851~1916년). 하르코프 대학을 마친 뒤 서유럽에서 유학을 했다. 귀국해서 모스크바 대학에서 법학

을 강의했지만, 진보 사상 때문에 해직되어 프랑스로 건너갔다. 1905년에 다시 귀국해서 성 페테르부르그 대학 교수가 되었다. 진보당을 만들었고 두마 의원이 되었다.

■ 코스토마로프, 니콜라이 (Николай Костомаров). 러시아의 역사가(1817~1885년). 아버지는 러시아인 지주, 어머니는 우크라이나인 농노였다. 범슬라브주의자였고, 러시아 고대사 연구를 통해 중앙집권화의 대안으로 연방주의를 옹호했다. 유형 생활을 했지만, 민주주의와 각 지역의 자율적 발전을 강조해서 대학생 사이에서 인기를 끌었다.

■ 코진체프, 그리고리 (Григорий Козинцев). 소련의 영화감독(1905~1973년). 키예프의 유대 가정에 태어났고, 성 페테르부르그 예술원에서 공부했다. 연극 연출을 하다가 1921년부터 영화를 제작했다. 1964년에 소연방 인민예술가가 되었다.

■ 콜론타이, 알렉산드라 (Александра Коллонтай). 러시아의 혁명가(1872~1952년). 귀족이었지만 볼셰비키 당원으로 전제정과 싸웠다. 1917년에 레닌을 지지했고, 혁명 정부에서 복지부와 여성부를 이끌었다. 페미니즘 소설을 쓰기도 했다. 1922년 이후에는 외교관으로 활동했다.

■ 콜초프, 알렉세이 (Алексей Кольцов). 러시아의 시인(1809~1842년). 가축 상인의 아들로 태어났고, 교육을 받지 못했지만 20대 초부터 시인으로 이름을 날렸다. 농민의 비애와 고난을 소재로 삼아 농민의 사투리와 속어를 활용한 시를 써서 벨린스키의 주목을 받았다.

■ 콩트, 오귀스트 (Auguste Comte). 프랑스의 철학자(1798~1857년). 파리에서 학교를 다니다가 거만한 교사의 사임을 요구해서 퇴학당했다. 생시몽과 함께 일하면서 영향을 받았다. 사변을 배제하고 과학적 방법으로 문제를 해결하는 실증주의의 창시자가 되었다. 말년에는 신비주의자가 되었다.

■ 쿠를로프, 파벨 (Павел Курлов). 러시아의 위정자(1860~1923년). 귀족 가문에 태어났고 군법학교를 마쳤다. 군대와 치안 기관의 요직을 거치면서 1905년 혁명을 탄압했고, 1916년에 내무부 차관이 되었다. 2월혁명 뒤에 감금되었다가 1918년 8월에 외국으로 망명했고, 군주주의 조직에서 활동하다가 베를린에서 죽었다.

■ 쿠빈, 알프레트 (Alfred Kubin). 체코 태생의 미술가(1870~1938년). 판화를 제작하고 삽화를 그렸으며, 주로 독일에서 활동했다. 상징주의와 표현주의의 대표로 평가된다. 소설에도 재능을 보여 1909년에 『다른 한 편』을 발표했다.

■ 쿠세비츠키, 세르게이 (Сергей Кусевицкий). 러시아 태생의 음악가(1874~1951년). 트베르 지방의 유대인 가정에 태어났고, 모스크바에서 기악을 배웠다. 1909년

에 모스크바에서 관현악단을 만들고 음악 전문 출판사를 세워 유명 음악가들의 악보를 간행했다. 1920년에 러시아를 떠나 1924년에 미국에 정착해 보스턴 교향악단 지휘자가 되었다.

- 쿠아레, 알렉상드르 (Alexandre Koyré). 프랑스의 학자(1892~1964년). 러시아 타간로그의 유대인 가정에서 태어났고, 독일에서 철학을 배우다가 프랑스로 이주했다. 러시아 낭만주의 철학을 연구했고, 1930년대부터는 르네상스와 근대 초기의 과학사와 과학철학을 탐구해서 큰 업적을 쌓았다.

- 쿠우시넨, 오토 (Otto Kuusinen). 핀란드의 정치가(1881~1964년). 1904년에 핀란드 사회민주당에 가입했고 1908년에는 핀란드 국회의원, 1911년에는 당 총재가 되었다. 1918년에 사회주의 혁명을 추구하다가 실패한 뒤 러시아에서 핀란드 공산당을 결성했다. 코민테른에서 국제 공산주의 운동에 투신했다.

- 쿠즈민, 미하일 (Михаил Кузмин). 러시아의 작가(1872~1936년). 야라슬라블의 귀족 가문에서 태어났고, 성 페테르부르그 음악원에서 배웠다. 시인으로 전향해서 1905년부터 작품을 발표했고, 1906년에 러시아에서는 처음으로 동성애를 다룬 소설을 써서 유명해졌다. 러시아 시문학의 백은시대를 대표하는 작가였다.

- 쿠즈민, 알렉세이 (Алексей Кузьмин). 러시아의 시인(1891~1941년). 노브고로드에서 태어났고, 14세에 철도 노동자가 되었다. 10월혁명 이후에는 페트로그라드에서 프롤레트쿨트 활동가가 되었고, 크라이스키라는 필명으로 시를 썼다.

- 쿠프린, 알렉산드르 (Александр Куприн). 러시아의 작가(1870~1938년). 펜자 지방에서 태어났고, 군사학교에서 교육을 받고 장교가 되었다. 퇴역한 뒤 직업을 전전하다가 1905년에 첫 작품을 발표했다. 비판적 사실주의 전통의 마지막 작가로 사회의 어두운 면을 드러냈다. 1919년에 파리로 망명했다가 1937년에 귀국했다.

- 쿨레쇼프, 레프 (Лев Кулешов). 소련의 영화감독(1899~1970년). 탐보프에서 태어났고 1919년에 모스크바로 가서 미술을 공부했다. 영화제작사에서 무대장치를 도안하다가 영화계에 입문했고, 1917년에 첫 영화를 제작했다. 내전기에 붉은 군대에서 뉴스영화를 만들었다. 소련 영화이론의 정립과 몽타주 기법의 창안에 이바지했다.

- 큐이, 체자르 (Цезарь Кюи). 러시아의 음악가(1835~1918년). 세자르 퀴라고도 한다. 조국전쟁에서 포로가 되어 러시아에 정착한 프랑스 군인의 아들이었으며, 성 페테르부르그에서 교육을 받고 공병 장교가 되었다. 군인인데도 작곡과 음악평론 활동을 했다. 민족주의 성향의 곡을 많이 남겼다.

■ 크라셰프스키, 유제프 (Józef Kraszewski). 폴란드의 문학가(1812~1887년). 빌뉴스 대학생일 때 러시아 정부에 반대했다는 혐의로 체포되어 두 해 뒤 풀려났다. 문학 활동을 하다가 탄압을 받고 1863년에 독일로 갔다. 주로 역사와 농노제에 관한 소설을 썼다. 1883년에 프랑스 간첩이라는 혐의로 체포되었고 제네바에서 숨졌다.

■ 크랍친스키, 세르게이 (Сергей Кравчинский, 스테프냑(Степняк)). 러시아의 혁명가(1851~1895년). 헤르손 지방에서 군의관의 아들로 태어났고, 군사학교를 마치고 군인이 되었다. 인민주의자로 활동하다가 1878년에 성 페테르부르그의 거리에서 비밀경찰 총수를 단도로 살해했고, 1880년에 외국으로 도주해서 스테프냑이라는 가명으로 저술 활동을 했다.

■ 크루초늬흐, 알렉세이 (Алексей Крученых). 소련의 시인(1886~1968년). 헤르손 지방의 농민 가정에 태어났고, 오데사 예술학교를 마치고 1907년에 모스크바로 이주했다. 러시아 미래주의의 가장 급진적인 작가 겸 이론가가 되었고, 초이성 언어를 만드는 흘레브니코프의 작업을 거들었다.

■ 크룹스카야, 나데즈다 (Надежда Крупская). 러시아의 혁명가(1869~1939년). 성 페테르부르그에서 태어났고, 학생 시절에 마르크스주의자가 되어 조직 활동을 하다가 레닌을 만났다. 레닌이 체포되자 유형지에서 그와 결혼했다. 레닌과 함께 망명 생활을 하다 1917년 4월에 귀국했다. 10월혁명 이후에는 교육 분야에서 활동했다.

■ 크세르크세스(Xerxes). 고대 페르시아 제국의 군주(기원전 519~465년). 기원전 486년에 제위에 올랐고, 이집트와 바빌로니아의 반란을 진압했다. 기원전 480년에 그리스로 쳐들어갔지만 살라미스 해전에서 패해 물러났고, 이듬해에 그리스를 다시 노렸지만 실패했다.

■ 클류예프, 니콜라이 (Николай Клюев). 러시아의 시인(1884~1937년). 전통 문화를 사랑하고 문명을 혐오하는 시를 써서 20세기 초에 농민 시인으로 상징주의 시인의 존경을 받았고, 친구였던 예세닌에게 영향을 주었다. 1933년에 반동사상의 소유자라는 이유로 체포되어 처형되었다가 1957년에 복권되었다.

■ 클류첩스키, 바실리 (Василий Ключевский). 러시아의 역사가(1841~1911년). 펜자 지방에서 태어났고, 모스크바 대학 사학과에서 공부했다. 1879년에 모교 교수가 되었고, 정치사보다는 사회경제사에 주력했다. 전제정에 반대하는 입헌자유주의자였다.

■ 키레옙스키, 이반 (Иван Киреевский). 러시아의 철학자(1806~1856년). 귀족 가문에서 태어나 독일에서 철학을 배웠다. 1837년에 정교로 개종하고 서구적 관점을 버렸고, 그 뒤로 친슬라브주의를 주도했다.

■ 키릴로스 (Cyrilus). 동로마 제국의 학자(827?~869년). 테살로니키에서 고위 관리의 아들로 태어나 콘스탄티노플에서 공부하고 사제가 되어 형 메토디오스와 함께 주변 민족에게 그리스도교를 전파했다. 특히 슬라브인의 개종에 큰 역할을 했다.

■ 키릴로프, 블라디미르 (Владимир Кириллов). 러시아의 시인(1890~1937년). 스몰렌스크 지방에서 태어났고, 상선단 견습 선원으로 일했다. 1905년부터 혁명 운동에 나섰고 1913년부터 시를 썼다. 1919년에 프롤레트쿨트에서 활동했고 네프에 실망해서 공산당을 떠났다. 1937년에 숙청되었고 1957년에 복권되었다.

■ 키발치치, 니콜라이 (Николай Кибальчич). 러시아의 혁명가(1853~1881년). 우크라이나에서 사제의 아들로 태어났고, 성 페테르부르그 기술대학에서 공부했다. 인민의 의지에 들어가 요인암살용 폭탄을 만들었다. 알렉산드르 2세 암살에 성공했지만, 붙잡혀 처형되었다. 혁명가 빅토르 세르주(Victor Serge, 1890~1947년)의 아버지였다.

■ 키에르케고르, 쇠렌 (Søren Kierkegaard). 덴마크의 철학자(1813~1855년). 엄한 그리스도교 가정에서 자랐고, 코펜하겐 대학에서 신학과 철학을 배웠다. 20대 중반에 겪은 내적 갈등이 나중에 저술의 주제가 되었다. 기성 교회와 위선적 신앙을 비판했고 절망 속에서 신을 탐구하는 종교적 실존의 존재방식을 추구했다.

■ 키츠, 존 (John Keats). 영국의 시인(1795~1821년). 런던의 빈민 가정에 태어나 10대에 고아가 되었다. 의사가 되었지만, 시를 좋아해서 20대에 요절하기 전까지 뛰어난 시를 많이 썼다. 셸리, 바이런과 더불어 18세기 영국의 낭만주의 3대 시인에 손꼽힌다.

■ 키플링, 러디어드 (Rudyard Kipling). 영국의 작가(1865~1936년). 인도에서 태어났고 영국에서 교육을 받았다. 인도에서 저널리스트로 활동하다가 1887년에 작가가 되어 세계를 돌아다니며 시와 소설을 썼다. 제국주의를 찬미했으며, 1907년에 노벨상을 받았다.

■ 타르시스, 발레리 (Валерий Тарсис). 소련의 작가(1906~1983년). 키예프에서 태어났고, 로스토프 대학에서 역사와 철학을 배웠다. 소련 체제를 비판하는 글을 외국에서 발표해서 체포되어 정신병원에 감혔다. 1966년에 외국 여행을 하던 중 소련 정부가 시민권을 박탈하자 서방에 그대로 머물렀다.

■ 타를레, 예브게니 (Евгений Тарле). 러시아의 역사가(1874~1955년). 우크라이나 태생의 유대인이었으며, 키예프 대학에서 역사와 철학을 배웠다. 성 페테르부르그 대학에서 역사를 강의하다가 혁명을 맞이했고, 스탈린 체제 아래서도 용케 숙청을 피하고 학계에서 권위를 유지했다.

■ 타틀린, 블라디미르 (Владимир Татлин). 러시아의 미술가(1885~1953년). 하르 코프에서 태어났고, 모스크바에서 미술을 배웠다. 조각에 공학을 접목하려고 노력 했고, 구성주의를 주도했다. 실험적 작품 활동으로 현대 디자인과 건축에 큰 영향 을 주었다. 볼셰비키 정부와 갈등을 빚으면서도 러시아를 떠나지 않았다.

■ 터너, 조지프 (Joseph Turner). 영국의 화가(1775~1851년). 런던에서 태어났고, 14 세부터 왕립예술원에서 그림을 배웠다. 영국과 프랑스를 오가며 풍경화와 해양화 를 그렸다. 영국 낭만주의 화풍의 정점을 보여주었고, 인상파에 영향을 주었다.

■ 톨스토이, 레프 (Лев Толстой). 러시아의 소설가(1829~1910년). 귀족 가정에 태 어나 청년 시절에는 장교로 복무했다. 자기 영지에서 집필에 몰두해 불후의 명작 을 여러 편 남겨 러시아의 문호가 되었다. 폭력과 전쟁에 반대하는 평화주의자의 전도사로 존경을 받았다.

■ 톨스토이, 알렉세이 (Алекей К. Толстой). 러시아의 극작가(1817~1875년). 레프 톨스토이의 먼 친척이었으며, 관직을 두루 거쳤다. 서정시는 물론 관료를 비꼬는 풍자시를 썼고, 러시아 역사를 소재로 희곡도 썼는데, 16~17세기를 다룬 그의 역사극은 걸작으로 꼽힌다.

■ 톨스토이, 알렉세이 (Алекей Н. Толстой). 러시아의 작가(1882~1945년). 귀족 가문에서 자랐고 대학에서 공학을 전공했다. 1919년에 서유럽으로 망명했지만, 1923년에 귀국했다. 다양한 주제를 재미있게 다루는 글솜씨로 인기를 누렸고, 역 사소설도 썼다.

■ 톱스토노고프, 게오르기 (Георгий Товстоногов). 소련의 연출가(1915~1989년). 트빌리시에서 태어났고, 모스크바 국립연기학교에서 공부했다. 배우와 연출가로 활동했고, 1956년에 레닌그라드 고르키 극장 수석연출가가 되었다. 가장 뛰어난 연출가로 손꼽혔고, 1957년에 소비에트연방 인민예술가가 되었고 스탈린 상을 세 차례 받았다.

■ 투르게네프, 니콜라이 (Николай Тургенев). 러시아의 경제학자(1789~1871년). 소설가 이반 투르게네프의 친척이었으며, 모스크바 대학과 괴팅엔 대학에서 공부 했다. 자유주의에 감화되어 전제정에 반대했고 조세 제도와 농노제에 관한 책을

썼다. 데카브리스트였지만, 1825년에 봉기가 일어났을 때 외국에 있어서 처형을 모면했다.

■ 투르게네프, 이반 (Иван Тургенев). 러시아의 작가(1818~1883년). 오룔 지방의 지주 가문에서 태어났고, 어려서부터 농노제를 혐오했다. 성 페테르부르그 대학과 베를린 대학에서 공부했고, 1841년에 귀국해서 관리로 일하며 창작을 하기 시작했다. 사회의 이념 대립을 소재로 한 대작 소설을 잇달아 발표해서 러시아의 문호가 되었다.

■ 투르차니노프, 이반 (Иван Турчанинов). 러시아 출신의 미국 군인(1821~1901년). 돈 카작 가정에 태어났고, 성 페테르부르그에서 군사 교육을 받았다. 크림 전쟁에 참전했고, 1856년에 미국으로 이주했다. 남북전쟁이 일어나자 북군에 가담해서 싸웠고, 1864년에 은퇴했다.

■ 투르코프, 안드레이 (Андрей Турков). 소련의 문학가(1924년~). 대조국 전쟁에 참전했고, 1950년에 고르키 문학 학교를 마치고 여러 저널에서 비평가로 활동했다. 트바르돕스키의 작품과 전쟁 세대 시인들을 주로 연구했다.

■ 튜체프, 표도르 (Федор Тютчев). 러시아의 시인(1803~1873년). 지주의 아들로 태어나 모스크바 대학에서 공부했고, 유럽에서 외교관으로 일하면서 유럽의 지성인들과 교류했다. 조국애가 넘치는 철학적 시를 많이 썼다. 푸시킨, 레르몬토프와 함께 19세기 러시아 3대 시인의 한 사람으로 꼽힌다.

■ 트로츠키, 레프 (Лев Троцкий). 러시아의 혁명가(1879~1940년). 유대인이었으며 젊어서부터 혁명 운동에 투신해서 1905년 혁명을 주도했다. 러시아 혁명과 내전에서 볼셰비키당을 승리로 이끌었지만, 레닌이 죽은 뒤 권력 투쟁에서 밀려 추방되었다. 스탈린 반대 활동을 벌이다 자객의 도끼에 맞아 멕시코에서 숨을 거두었다.

■ 트루베츠코이, 예브게니 (Евгений Трубецкой). 러시아의 학자(1863~1920년). 음악학자 니콜라이 트루베츠코이(1828~1900년)의 아들이었고, 종교철학자 세르게이 트루베츠코이(1862~1905년)의 아우였다. 모스크바 대학에서 법학을 배웠고 자유주의적인 학자로 활동했다. 형과 함께 블라디미르 솔로비요프의 종교 운동을 계승해서 발전시켰다.

■ 트바르돕스키, 알렉산드르 (Александр Твардовский). 소련의 시인(1910~1971년). 스몰렌스크 지방에서 태어났고, 모스크바 대학을 다녔다. 대학생일 때 농업 집산화 시대를 배경으로 삼은 서사시를 발표해서 스탈린 상을 받았다. 제2차 세계대전 시기에는 전선 통신원으로 활약했다. 문학계의 탈스탈린화 운동을 주도하기도 했다.

- 트카초프, 표트르 (Петр Ткачев). 러시아의 혁명가(1844~1886년). 성 페테르부르그 대학생 시절부터 정치 활동에 나섰고, 여러 차례 체포되었다. 인텔리겐치아가 주축을 이루는 소수 혁명가들이 권력을 잡고 독재로 사회주의를 실현해야 한다고 주장했다.
- 티크, 루트비히 (Ludwig Tieck). 독일의 문학가(1773~1853년). 20대 후반에 예나에서 초기 낭만파의 대표 작가들과 사귀면서 이른바 예나 낭만파의 한 사람이 되었다. 지성보다 감성에 호소하는 소설을 많이 남겼다.
- 티투스 (Titus). 로마의 황제(39~81년). 네로가 죽은 뒤 제위에 오른 아버지 베스파시아누스의 명으로 유대 전쟁을 지휘해서 70년에 예루살렘을 파괴했다. 79년에 황제가 되었다.
- 티호미로프, 레프 (Лев Тихомиров). 러시아의 혁명가(1852~1923년). 인민주의자로 활동하다가 1873년에 투옥되었다. 1870년대 말에 인민의 의지 단원이 되었고 알렉산드르 2세가 암살된 뒤 서방으로 도피했다. 보수주의자가 되어 귀국한 뒤에는 자유주의와 민주주의를 비판하고 군주정을 옹호했다.
- 파데예프, 로스티슬라프 (Ростислав Фадеев). 러시아의 군인(1824~1883년). 예카테리노슬라프의 귀족 가문에 태어났고, 젊어서 군인으로 캅카즈에서 근무했다. 1860~1870년대에 신문을 간행했고, 군사사를 연구했다. 자유주의와 헌법 제정에 반대하고 전제정을 옹호했다.
- 파레토, 빌프레도 (Vilfredo Pareto). 이탈리아의 학자(1848~1923년). 대학을 마친 뒤 기업에서 근무하다가 수학을 경제학에 응용하는 연구를 했다. 1893년에 로잔(Lausanne) 대학의 교수가 되었고, 경제학 이론을 개발했다. 로잔 대학에서 물러난 뒤에는 사회학 연구에 몰두해서 엘리트 순환 이론을 펼쳤다.
- 파르부스 (Парвус). 러시아의 마르크스주의자(1867~1924년). 유대인이었고 오데사에서 자랐다. 19세에 유럽으로 이주했고 마르크스주의자가 되었다. 독일에서 레닌이나 트로츠키와 사귀며 그들의 혁명 이론에 영향을 주었다. 사업으로 큰 돈을 벌었고, 1917년에 독일 정부를 설득해 레닌의 귀국을 주선했다.
- 파블로프, 세르게이 (Сергей Павлов). 소련의 위정자(1929~1993년). 르제프의 성직자 가정에 태어났고, 고향에서 기술학교를 다녔다. 1952년에 공산주의자청년동맹에 가입했고, 1959년에 수석간사가 되어 1968년까지 직위를 유지했다. 그 뒤로도 여러 기구의 요직을 두루 거쳤다.

- 파블로프, 이반 (Иван Павлов). 러시아의 생리학자(1849~1936년). 랴잔에서 태어났고, 성 페테르부르그에서 의학을 배웠다. 독일 유학을 마치고 귀국한 뒤 생리학을 연구했다. 조건반사에 관한 연구로 1904년에 노벨상을 받았다.

- 파블로프, 플라톤 (Платон Павлов). 러시아의 역사가(1823~1895년). 귀족 출신으로 성 페테르부르그에서 사범학교를 마치고 키예프 대학 역사교수가 되었다. 주일학교 운동을 주도고, 대중강연을 하면서 대중에게 다가가라고 호소했다.

- 파스테르낙, 보리스 (Борис Пастернак). 러시아의 문학가(1890~1960년). 유대인이었고, 1914년에 시집을 낸 뒤 창작에 전념했지만, 스탈린 치하에서는 외국문학 번역에 몰두했다. 1957년에 소설『의사 지바고』를 탈고했지만, 출판금지 처분을 받았다. 노벨문학상 수상자로 선정되었지만, 조국에서 추방당하지 않으려고 상을 거절했다.

- 파스퇴르, 루이 (Louis Pasteur). 프랑스의 생물학자(1822~1895년). 파리의 고등사범대학에서 과학을 공부했고, 발효와 미생물을 연구했다. 각종 병원체를 밝혀내고 백신을 이용한 예방에 이바지했다. 1886년에 파스퇴르 연구소 초대 소장이 되었다.

- 파운드, 에즈라 (Ezra Pound). 미국의 문인(1885~1972년). 펜실베이니아 출신이었고, 1909년에 영국으로 건너가 문학 운동을 주도하며 시작과 번역에서 돋보이는 활동을 했다. 미국에 반대하는 활동을 하다가 정신병원에 갇히기도 했다. 만년에는 이탈리아에서 살았다.

- 페도시 (Федосий). 러시아의 성직자(?~1671년). 페오도시라고도 한다. 세르비아에서 태어났고, 1663년에 모스크바에 왔다. 1666~1667년에 모스크바에 열린 교회 공의회에서 통역했고, 1667년에 벨고로드(Белгород)의 수좌대주교가 되었다.

- 페레베르제프, 발레리얀 (Валерьян Переверзев). 소련의 학자(1882~1968년). 보로네즈 지방에서 태어났고, 하르코프 대학생 때 혁명 활동을 하다가 유배형을 받았다. 1911년부터 문학을 연구했고 1921년에 모스크바 대학 교수가 되었다. 계급 환경이 작가의 스타일을 결정한다고 주장했다.

- 페레츠, 이츠혹-레이부시 (Ицхок-Лейбуш Перетц). 유대인 작가(1852~1915년). 폴란드의 류블린 지방에서 태어났고, 변호사가 되었다. 1890년대부터 저널을 간행하고 문필 활동에 나섰다. 러시아 혁명 이전 유대인 문학과 문화의 발전에 크게 이바지했다.

■ 페스텔, 파벨 (Павел Пестель). 러시아의 군인(1793~1826년). 나폴레옹 전쟁에 참전해서 프랑스에 다녀온 뒤 러시아의 후진성을 깨닫고 정치 개혁을 꿈꾸었다. 데카브리스트 봉기를 주도하다가 실패한 뒤 처형되었다.

■ 페트라솁스키, 미하일 (Михаил Петрашевский). 러시아의 사상가(1821~1866년). 귀족 출신 의사의 아들로 태어났다. 성 페테르부르그 대학에서 법을 배웠고, 외무부에서 번역관으로 근무했다. 1844년부터 이른바 페트라솁스키 동아리를 이끌며 토론과 연구를 했다. 1849년에 붙잡혀 사형 선고를 받았다가 시베리아에서 유형 생활을 했다.

■ 페트룬케비치, 이반 (Иван Петрункевич). 러시아의 정치가(1843~1928년). 체르니고프 지방의 귀족 가문에서 태어났다. 성 페테르부르그 대학에서 법을 전공한 뒤 고향에서 젬스트보 위원에 선출되었다. 자유주의자로 활동했고, 1906년에 두마 의원이 되었다. 1919년에 유럽으로 망명했다.

■ 페틴, 블라디미르 (Владимир Фетин). 소련의 영화감독(1981~1975년). 독일인의 아들이었고, 제2차 세계대전에 참전한 뒤 기술자로 일하다가 국립영화학교에 들어갔다. 1959년에 첫 영화를 제작했고 레닌그라드 영화제작소에서 활동했다.

■ 펜, 윌리엄 (William Penn). 영국의 종교인(1644~1718년). 제독의 아들로 태어났고 옥스퍼드 대학을 졸업했다. 1681년에 국왕에게서 오늘날의 펜실베이니아에 해당하는 북아메리카 지역의 지배권을 얻은 뒤 퀘이커 교도와 함께 그곳을 의회가 다스리고 신앙의 자유가 있는 신천지로 만들었다.

■ 펠리니, 페데리코 (Federico Fellini). 이탈리아의 영화감독(1920~1993년). 떠돌이로 지내다가 영화감독 조수로 일하면서 영화계에 발을 디뎠다. 1950년대부터 세계에 이름을 알리며 다양한 장르의 영화를 만들었다.

■ 포고딘, 미하일 (Михаил Погодин). 러시아의 문필가(1800~1875년). 농노의 아들로 태어났고, 고학으로 모스크바 대학을 마쳤다. 러시아 고대사에 관한 편견을 바로잡는 연구에 열중했고, 1830년대 말부터는 저널을 펴냈다. 차르를 중심으로 슬라브인을 통합하는 범슬라브주의를 옹호했다.

■ 포드모어, 프랭크 (Frank Podmore). 영국의 작가(1856~1910년). 옥스퍼드 대학생 때 심령술에 빠졌고, 이 관심은 평생을 갔다. 작가로 활동하다가 페이비언 협회 (Fabian Society) 창립을 주도했다. 체신부 관리로 일하다가 은퇴했다.

■ 포메란체프, 블라디미르 (Владимир Померанцев). 소련의 작가(1907~1971년). 이르쿳스크 대학을 마친 뒤 볼가 지방으로 이주했다. 제2차 세계대전에 참전했고,

전후에 독일에서 지내면서 1951년에 첫 소설을 발표했다. 1953년에 쓴 논문 「문학에서의 진정성에 관하여」는 해빙기를 대표하는 글이 되었다.

■ 포베도노스체프, 콘스탄틴 (Константин Победоносцев). 러시아의 위정자(1827 ~1907년). 법률가로서 신망을 얻어, 알렉산드르 3세가 황태자일 때 그를 가르쳤다. 신성종무원장이 되어 막후 실력자로 정치를 좌지우지했다. 민주주의를 비난하고 전제정을 옹호하면서 일체의 변화를 억압했다.

■ 포스크료븨셰프, 알렉산드르 (Александр Поскребышев). 소련의 위정자(1891~ 1965년). 뱌트카 지방의 노동자 가정에서 태어났고, 1917년에 볼셰비키 당원이 되었다. 당료로 활동했다. 1928년부터 1952년까지 소련 공산당 중앙위원회 특수부 부장으로 스탈린을 최측근에서 보좌했다.

■ 포이어바흐, 루트비히 (Ludwig Feuerbach). 독일의 철학자(1804~1872년). 신학을 공부하다가 그만 두고 베를린 대학에서 헤겔에게 철학을 배웠다. 그리스도교와 헤겔의 관념론을 비판하면서 인간 중심의 유물론을 제시했다.

■ 포크롭스키, 미하일 (Михаил Покровский). 소련의 역사가(1868~1932년). 모스크바 대학을 졸업했고, 역사를 연구했다. 1905년에 볼셰비키당에 가입했고, 1908년에 서유럽으로 갔다. 러시아 혁명이 일어난 뒤 귀국했고, 학계의 요직을 거치면서 소련 역사학계의 거두가 되었다. 말년에 스탈린의 비판을 받고 몰락한 뒤 병사했다.

■ 포킨, 미하일 (Михаил Фокин). 러시아 태생의 무용가(1880~1942년). 성 페테르부르그에서 태어났고, 1898년에 마린스키 극장에서 데뷔했다. 발레 뤼스의 안무가로 유럽 순회공연에 성공했고, 현대 발레의 이론을 정립했다. 1919년에 미국으로 이주했고, 1932년에 미국 국적을 얻었다.

■ 폴로츠키, 시메온 (Симеон Полоцкий). 러시아의 수사(1629~1680년). 폴로츠크에서 태어났고 키예프에서 교육을 받았다. 빌뉴스의 예수회 학교에서도 배웠다. 1656년에 고향으로 돌아가 수사가 되었다. 1664년에 모스크바로 갔고, 1667년에 차르 알렉세이 미하일로비치의 신임을 얻어 차르의 자녀를 가르치고 차르의 측근으로 활동했다.

■ 표도로프, 니콜라이 (Николай Федоров). 러시아의 종교사상가(1827~1903년). 탐보프 지방에서 귀족의 사생아로 태어났다. 오데사에서 교육을 받은 뒤 교사로 일하다 1878년에 루먄체프 박물관 사서가 되었다. 우스펜스키의 영향을 받아 인간과 사회가 완벽해지고 과학의 힘으로 인간이 죽지 않게 되고 죽은 자까지 되살아날 수 있다고 믿었다.

■ 표트르 대제 (Петр Великий). 러시아의 황제(1672~1725년). 1682년에 이반 5세와 공동 제위에 올랐고, 1689년에 섭정 소피야를 제거하고 실권을 쥔 뒤 서방화 정책을 강행했다. 반발을 물리치고자 성 페테르부르그를 세워 수도로 삼았으며, 군대와 함대를 키워 스웨덴과 튀르크를 제압하고 러시아를 강대국으로 끌어올렸다.

■ 푸닌, 니콜라이 (Николай Пунин). 러시아의 예술사가(1888~1953년). 헬싱키에서 태어나 성 페테르부르그 대학을 다녔다. 많은 예술가와 교류하며 예술을 연구했다. 혁명 정부 아래서 일했으며, 1922년부터 아흐마토바와 사실혼 관계에 들어갔다. 1949년에 반소 행위를 했다는 누명을 쓰고 체포되어 보르쿠타(Воркута) 수용소에서 숨졌다.

■ 푸돕킨, 프세볼로드 (Всеволод Пудовкин). 소련의 영화인(1893~1954년). 펜자(Пенза)에서 태어났고, 모스크바 대학을 다녔다. 러시아 혁명 뒤에 영화감독이 되어 1926년에 「어머니」로 이름을 얻었다. 몽타주 기법을 주도했고, 에이젠시테인과 논쟁을 벌이며 영화이론 발전에 이바지했다.

■ 푸리에, 샤를 (Charles Fourier). 프랑스의 사회주의자(1772~1837년). 자본주의의 도덕적 결함을 비판하며 이상적 사회주의 사회의 기본 단위로 구상한 팔랑주를 베르사유 부근에 실현하려 노력했지만 실패했다.

■ 푸시킨, 알렉산드르 (Александр Пушкин). 러시아의 작가(1799~1837년). 모스크바의 명문가에 태어났고, 성 페테르부르그에서 공부했다. 1820년에 첫 시를 쓴 뒤로 낡은 형식에서 벗어난 대작을 잇달아 내놓았다. 농노제에 반대하고 진보주의자와 사귀었다. 아내를 연모하는 프랑스 귀족과 결투를 벌이다 숨졌다.

■ 프랑크, 세묜 (Семен Франк). 러시아의 종교철학자(1877~1950년). 유대인 가정에 태어났으며, 베히 논쟁에 참여했다. 1912년에 정교로 개종했으며, 정교 사상가로 활약했다. 1922년에 러시아에서 추방되어 일생을 외국에서 보냈다.

■ 프랑크, 안네 (Anne Frank). 독일의 유대인 소녀(1929~1944년). 프랑크푸르트에서 살다가 나치 정권이 들어서자 유대인 탄압을 피해 가족과 함께 암스테르담으로 이주했다. 1941년에 독일군이 네덜란드를 점령하자 이듬해 7월부터 숨어 지내다가 두 해 뒤 발각되어 강제수용소에 갇혔고 병사했다. 숨어 지내는 동안 쓴 일기가 『한 소녀의 일기』라는 제목으로 출판되어 널리 알려졌다.

■ 프로이트, 지그문트 (Sigmund Freud). 오스트리아의 의학자(1856~1939년). 모라비아의 유대인 가정에 태어났고, 빈 의대에서 공부했다. 프랑스에서 의사로 일하며 정신질환을 연구하다가 무의식에 관한 착상을 얻어 정신분석학을 창시했다.

■ 프로코피예프, 세르게이 (Сергей Прокофьев). 소련의 음악가(1891~1953년). 우크라이나의 유대인 가정에서 태어났고, 어릴 때부터 피아노와 친했다. 성 페테르부르그 음악원을 마친 뒤 피아노 연주곡과 발레곡을 만들었다. 러시아 혁명이 일어나자 서방으로 망명했다가 소련 정부의 요청으로 1930년대에 가족과 함께 귀국했다.

■ 프로토포포프, 알렉산드르 (Александр Протопопов). 러시아의 정치가(1866~1918년). 지주이자 기업가였고, 1907년에 심비르스크 주 대표 두마 의원에 선출되어 10월당원으로 활동했다. 제1차 세계대전 때 의회사절단을 이끌고 각 교전국을 순방했고, 1916년 10월에 내무장관에 임명되었다. 2월혁명 뒤에 감금되었고, 이듬해에 볼셰비키에게 처형되었다.

■ 프루동, 피에르-조셉 (Pierre-Joseph Proudhon). 프랑스의 사회주의자(1809~1865년). 파리에서 고학으로 지식을 쌓은 뒤 사적소유제를 부정하고 생산자 연합 사회를 주창했다. 19세기에 마르크스와 더불어 사회주의에 큰 영향을 주었다.

■ 프루스트, 마르셀 (Marcel Proust). 프랑스의 작가(1871~1922년). 파리의 상류 가정에 태어났고, 파리 대학에서 공부했다. 1896년에 등단했고, 1913년부터 쓴 『잃어버린 시간을 찾아서』는 20세기 전반기의 최고 걸작으로 평가된다.

■ 프리조프, 이반 (Иван Прыжов). 러시아의 혁명가(1827~1885년). 모스크바 부근의 농민 가정에 태어났고, 모스크바 대학 의학부를 다녔다. 역사와 민족지학을 연구해 책을 많이 펴냈다. 1869년에 네차예프를 만나 조직에 가입했고 이바노프 살해에 가담했다. 체포되어 징역형을 받고 시베리아에서 유형 생활을 했다.

■ 플라토노프, 세르게이 (Сергей Платонов). 러시아의 역사가(1860~1933년). 체르니고프에서 태어났고, 성 페테르부르그 대학에서 역사를 공부했다. 1916년까지 모교 교수로 재직하면서 러시아사의 권위자로 활동했다. 소비에트 러시아에서도 학술 활동을 지속했지만, 1929년에 숙청되어 유형지에서 숨졌다.

■ 플라톤 (Platon). 고대 그리스의 철학자(?~기원전 347년). 아테네에서 태어났고, 소크라테스의 제자가 되었다. 스승의 죽음을 보고 정치가가 되려던 꿈을 버리고 철학 연구에 몰두했다. 형이상학의 체계를 세웠고, 아리스토텔레스를 제자로 키웠다.

■ 플레하노프, 게오르기 (Георгий Плеханов). 러시아의 사회주의자(1857~1918년). 탐보프 지방에서 태어났고, 1876년에 성 페테르부르그에서 학생으로 최초의 정치 시위를 주도한 뒤 인민주의 운동에 가담했다. 1880년에 서유럽으로 망명해

마르크스주의를 받아들이고 마르크스주의 보급에 힘썼다. 사회민주당 창립 이후에는 멘셰비키를 지지했다.

■ 픽핀, 알렉산드르 (Александр Пыпин). 러시아의 학자(1833~1904년). 사라토프에서 태어났고 체르니솁스키의 외사촌형제였다. 성 페테르부르크 대학을 졸업했고, 『당대인』과 『유럽 통보』에서 활동했다. 문학을 사회사상사와 연계하는 문화역사학파의 대표자였다. 성 페테르부르크 학술원 부원장을 역임했다.

■ 피사레프, 드미트리 (Дмитрий Писарев). 러시아의 비평가(1840~1868년). 오를로프의 귀족 가문에 태어나 성 페테르부르크 대학에서 공부했다. 졸업한 뒤 기자로 활동하다가 정부를 비판하는 글을 썼다고 감옥에 갇혔다. 감옥에서 예술에 관한 글을 썼고, 풀려난 지 두 해 뒤 리가에서 익사했다.

■ 피셈스키, 알렉세이 (Алексей Писемский). 러시아의 작가(1821~1881년). 코스트로마의 가난한 귀족 가문에서 태어났고, 고향에서 관리로 일하다가 작품을 발표해서 평단의 관심을 끌었다. 개혁 운동의 주목을 받으며 사실주의의 거장들과 대등한 지위를 차지했지만, 진보와는 거리가 먼 작품을 발표하면서 혹평을 받았다.

■ 피우수트스키, 유제프 (Józef Piłsudski). 폴란드의 정치가(1867~1935년). 러시아의 하르코프 대학에서 학생 운동에 참여해서 퇴학당했고, 알렉산드르 3세 암살 계획에 연루되어 시베리아로 유배되었다. 러시아 혁명 뒤 독립한 폴란드의 군사령관이 되었고, 쿠데타로 집권한 뒤 독재자가 되었다. 1920년에 혁명 러시아를 침공했다.

■ 필냑, 보리스 (Борис Пильняк). 소련의 작가(1894~1938년). 모스크바 상업전문학교 경제학과를 마친 뒤 내전을 다룬 『벌거벗은 해』를 써서 주목을 받았다. 문학계를 주도하는 작가가 되었지만, 1920년대 후반에 트로츠키파로 몰려 몰락하기 시작했다. 1937년에 체포되어 처형되었다.

■ 필라레트(Филарет) 수좌대주교. 러시아의 성직자(1782~1867년). 속명은 바실리 드로즈도프(Василий Дроздов). 콜롬나(Коломна) 출신이며 정교회의 요직을 거쳐 1826년에 모스크바 수좌대주교가 되었다. 거침없은 언사로 니콜라이 1세의 총애를 잃었다. 성경을 현대 러시아어로 번역하는 작업을 주도했고 신학서를 많이 남겼다.

■ 필로페이, 프스코프의 (Филофей Псковский). 러시아의 수사(1465~1542년). 옐레아자로프 수도원의 수사였고, 원장이 되었다. 바실리 3세에게 보낸 편지에서 모스크바가 "제3의 로마"라고 주장해서 유명해졌다. 콘스탄티누스 대제가 실베스테르 교황에게 준 흰 수사 두건이 모스크바에 전해졌다는 전설을 만들어내기도 했다.

■ 하이네, 하인리히 (Heinrich Heine). 독일의 시인(1797~1856년). 유대인이었으며, 대학에서 법을 배우면서도 문학에 관심이 많아서 20대 중반에 첫 시집을 냈다. 급진 저널리스트 활동을 하다가 탄압에 못이겨 1831년에 파리로 이주했고, 급진 주의자들과 사귀었다. 낭만적 서정시인이면서 혁명적 활동가였다.

■ 학스트하우젠, 아우구스트 폰 (남작) (August von Haxthausen). 독일의 학자(1792~1866년). 지주 가문에서 태어났고 괴팅엔 대학을 마쳤다. 농촌을 연구하며 정부에 개혁을 촉구했다. 니콜라이 1세의 초청으로 1843년에 러시아에서 농민 공동체를 연구한 뒤 독일에서 그 결과를 책으로 펴냈다. 이 책에 자극받아 농민 공동체가 러시아 사회사상의 주요 논제가 되었다.

■ 헉슬리, 올더스 (Aldous Huxley). 영국의 작가(1894~1963년). 지식인 가정에 태어났고, 옥스퍼드 대학에서 문학을 배웠다. 상상력 넘치는 문체로 과학 만능주의를 비판하는 문제작을 발표해서 이름을 얻었고 평론 활동도 했다.

■ 헤겔, 게오르크 (Georg Hegel). 독일의 철학자(1770~1831년). 슈투트가르트에서 태어났고, 튀빙엔 신학교에서 공부했다. 하이델베르크 대학을 거쳐 1818년에 베를린 대학 교수가 되었다. 칸트 철학을 지양해서 정신이 변증법적 과정을 거쳐 발전해가는 체계를 정리해서 독일 관념론 철학의 대표자가 되었다.

■ 헤밍웨이, 어니스트 (Earnest Hemmingway). 미국의 작가(1899~1961년). 제1차 세계대전에 지원병으로 참전한 뒤 미국과 유럽을 오가며 유럽의 지성인과 사귀었다. 1923년에 첫 작품을 펴낸 뒤 쓸데없는 수식을 뺀 간결하고 속도감 있는 문체로 쓴 소설이 잇달아 인기를 모았고, 1954년에 노벨문학상을 받았다.

■ 호먀코프, 알렉세이 (Алексей Хомяков). 러시아의 시인(1804~1860년). 모스크바의 지주 가문에서 태어나 수준 높은 교육을 받았다. 서유럽 문화를 잘 알면서도 표트르 대제 개혁 이전의 러시아와 정교회를 이상으로 여겼다. 인류를 구원할 문화를 러시아에서 찾으며 친슬라브주의자를 대표해서 서구주의자와 논쟁을 벌였다.

■ 호반스키, 이반 (Иван Хованский). 러시아의 군인(?~1682년) 지방에서 근무하다가 1682년에 모스크바에서 일어난 정변에서 스트렐츠 대장이 되어 실권을 쥐었다. 니콘의 개혁 철폐를 요구하는 등 권세를 휘두르다가 반역자로 지목되어 아들과 함께 참수되었다. 이 사건은 오페라 「호반쉬나」의 소재가 되었다.

■ 호프만, 에른스트 (Ernst Hoffmann). 독일의 소설가(1776~1822년). 쾨니히스베르크에서 태어났고 음악과 미술에도 재능을 보였다. 대학에서 법을 배운 뒤 관리로

일하면서도 예술가와 어울리며 소설을 썼다. 작품에 기지와 풍자가 넘쳤으며 당대의 다른 예술가들에게 영향을 미쳤다.

■ 홉슨, 존 (John Hobson). 영국의 학자(1858~1940년). 대학에서 고전학과 경제학을 공부했고, 사회주의자들과 교류했다. 유럽 열강의 식민지 획득 현상을 연구해서 1902년에 『제국주의』(Imperialism)을 썼다.

■ 후댜코프, 이반 (Иван Худяков). 러시아의 혁명가(1842~1876년). 모스크바 대학생 때 민담을 채록해서 책을 냈다. 1861년에 학교에서 제적되었고, 1865년에 나라를 떠나 게르첸과 접촉했다. 이듬해에 돌아와 지하 활동을 하다가 붙잡혀 유배형을 받았다. 1869년부터 정신병을 앓다가 병원에서 숨졌다.

■ 후타바테이 시메이(二葉亭四迷). 일본의 작가(1864~1909년). 도쿄 외국어학교에서 러시아어를 배웠고, 러시아 문학 작품을 일본어로 번역했다. 급격한 근대화 과정에서 무력해지는 이상주의자의 모습을 그린 소설 『뜬구름』을 발표해서 작가로도 이름을 얻었다. 1908년에 특파원으로 러시아에 파견되었고 귀로에 폐결핵으로 숨졌다.

■ 휘슬러, 제임스 (James Whistler). 미국 태생의 미술가(1834~1903년). 어릴 적에 아버지를 따라 러시아와 유럽에서 살았다. 미국으로 돌아와 웨스트 포인트 사관학교에 다니다가 중퇴하고 1855년에 파리로 건너가 미술을 배웠다. 주로 영국에서 활동하면서 프랑스 현대 회화를 영국에 소개했다. 자기 어머니 초상화가 대표작이다.

■ 휘슬러, 조지 워싱턴 (George Washington Whistler). 미국의 철도기사(1800~1849년). 웨스트포인트(West Point) 사관학교를 졸업하고 육군공병대 토목기사로 일했다. 그 뒤 철도 전문가가 되었고, 1842년부터 러시아의 철도 건설을 돕다가 콜레라로 숨졌다.

■ 흐루쇼프, 니키타 (Никита Хрущев). 러시아의 혁명가(1894~1971년). 가난한 집에서 태어나 1918년에 볼셰비키당원이 되었고 1930년대에 당 지도자로 두각을 나타냈다. 독소전쟁 시기에 정치지도위원으로 공을 세웠고, 스탈린이 죽은 뒤 권력투쟁 끝에 정권을 장악했다. 개혁정책을 펴다 1964년에 보수파에 밀려 권력을 잃었다.

■ 흘레브니코프, 벨리미르 (Велимир Хлебников). 러시아의 시인(1885~1922년). 아스트라한 지방의 학자 가정에 태어났고, 카잔 대학을 다녔다. 1912년에 마야콥스키와 함께 미래주의 운동을 주도했다. 난해한 시를 썼고, 1930년대 이후로 잊혀졌지만, 소련 시인에게 막대한 영향을 주었고 스탈린이 죽은 뒤 복권되었다.

- 히틀러, 아돌프 (Adolf Hitler). 독일의 정치가(1889~1945년). 오스트리아에서 태어났고, 제1차 세계대전에 병사로 참전했다. 전쟁 뒤에 나치 당의 지도자가 되었고, 1933년에 집권했다. 독재자가 되어 제2차 세계대전을 일으켰고, 전쟁 중에 유대인을 대량학살했다. 전쟁에서 패색이 짙어지자 자살했다.
- 힐퍼딩, 루돌프 (Rudolf Hilferding). 오스트리아 태생의 경제학자(1877~1941년). 빈에서 태어났고, 빈 대학에서 의학을 공부했다. 독일사회민주당원이 되었고, 금융자본주의를 연구하고 1910년에 『금융자본』(Das Finanzkapital)을 써서 이론가로 이름을 떨쳤다. 1930년대에 독일 정치계에서 활동했지만, 나치가 집권한 뒤에 망명했다.

I.

이 책은 James H. Billington, *The Icon and the Axe: An Interpretive History of Russian Culture* (New York: 1966), xviii+786pp.+xxxiii(index)의 한국어판이다. 러시아어판 *Икона и топор: Опыт истолкования истории русской культуры* (М.: Рудомино, 2001)를 번역에 참조했다.

II.

2008년에 개봉 상영된 이경미 감독의 영화 「미쓰 홍당무」의 도입부에 이런 장면이 나온다. 서울 어느 학교에서 교장 선생님이 이렇게 말한다. "이제 러시아어는 완전히 인기가 없습니다!" 그리고는 주인공인 고등학교 러시아어 교사 양미숙(공효진 분)에게 중학교에서 영어 과목을 가르치라고 지시한다. 졸지에 전공이 아닌 영어를 가르치는 난감한 상황에 처한 주인공은 화가 나서 수업 시간에 학생들에게 이렇게 외친다. "누가 우리 러시아어는 인기가 없대? 누가, 어? 이게 다 가난한 나라는 무시해도 된다는 천민자본주의의 속성인 거야, 이게 ……"

이렇듯 우리나라에서 러시아라는 나라는 어느 틈엔가 그저 "가난한 나라"가 되어버렸다. 한반도 남쪽 절반 땅에 대한민국이 세워진 뒤 반세기 동안 우리 사회에서 공산주의의 "수괴 국가"이며 세계적화 야욕을 불태우는 호전적인 "악의 제국"으로 취급되면서 온갖 편견에 시달렸던 러시아가 공산주의에서 자본주의로 체제 전환을 한 뒤에는 땅덩이만 클 뿐이지 빈곤에 찌든 별볼일 없는 나라 취급을 받게 되었다. 앞서 인용한 영화 「미쓰 홍당무」의 그 장면은 러시아의 비중이 위축되어가는 듯 보이는 오늘날의 현실을 잘 보여준다.

그러나 과연 러시아가 이런 푸대접을 받아야 할 나라일까? 한반도의 운명은 한반도 국가의 자체 역량만큼이나 주위 4대 강대국의 영향력에 크게 좌우되었고 앞으로도 그럴 것임이 엄연한 사실이다. 그 4대 강대국이란 중국, 일본, 미국, 러시아이며, 따라서 한반도에 위치한 우리나라에게는 러시아가 무척 중요한 나라라고 하지 않을 수 없다. 달리 말해서, 우리는 러시아라는 나라를 이해하지 않고서는 우리의 운명을 스스로 타개해 나가기 쉽지 않다고 보아야 한다.

한편으로, 우리가 러시아라는 나라를 반드시 이해해야 할 필요성이 정치와 경제의 측면 같은 실용적 목적에서만 비롯되지는 않는다. 우리 사회에 형성되어 있는 러시아의 주된 이미지는 예전부터 유라시아 대륙에 있는 여러 나라의 정치에 크나큰 영향력을 행사해온 군사 열강, 특히 1917년 러시아 혁명 이후로는 공산주의 이데올로기의 본산임을 자처하고 자부했던 이념의 제국이었다. 이런 이미지에 가려져 있는 러시아의 또 다른 측면, 사실상 더 본질적인 측면은 문화 대국으로서의 러시아이다. 러시아인은 예로부터 많은 모순에 시달리며 살아왔으며 그 모순을 해결하고자 나름대로의 방식으로 고민을 많이 해온 민족이다. 또한 그 고민의 폭은 협소하게 자기 민족에 국한되지 않고 인류 전체로 확대되어 있는 경우가 적지 않았다. 이런 경험을 통해 러시아인은 독특하면서도 보편적이기도 한 문화를 창달해서 향유해왔다. 이렇듯 러시아가 예로부터 매우 풍부하고 깊이 있는 문화의 소유자이며 문화의 측면에서 세계에 적잖이 이바지를 했다는 사실은 우리나라에 잘 알려져 있지 않다.

그러나 러시아라는 나라와 러시아인의 심성을 이해하기란 그리 쉬운 일이 아니다. 일찍이 튜체프는 그 이름난 시에서 "러시아는 이성으로는 이해하지 못한다. …… 러시아는 믿을 수 있을 뿐"이라고 읊었다. 옮긴이도 러시아는 이해하기 힘든 나라라는 이미지에 얽힌 일화를 전할 수 있는 경험을 한 적이 있다. 옮긴이는 영국 유학생 시절에 박사학위 논문을 쓰는 데 필요한 자료를 모으고자 러시아에 연구 여행을 가려고 짐을 꾸려 택시를 타고 런던의 히스로우(Heathrow) 공항으로 가다가 영국인 택시 기사와 이런저런 담소를 나누었다. 그 기사가 나의 직업을 묻길래 러시아 역사를 공부하는 학생이라고 알려주었다. 그러자 그가 대뜸 한다는 말이 "A mysterious country"(신비로운 나라)였다. 러시아에 입국해서 러시아 지인들에게 그 이야기를 해주었더니, 손바닥을 마주치며 깔깔 웃으면서 "맞아! 정말로 그렇지"라고 말하는 것이었다. 신비롭다는 것은 알기 힘들다는 것이며 알기 힘든 것은 많은 경우에 오해와 몰이해의 온상이 된다. 우리나라에서는 특히 그렇다. 주로 미국을 통해서 들어온 서유럽 문화에만 익숙한 우리 사회에 서유럽과는 사뭇 다른 발전 경로를 거치면서 독자적인 특성을 띤 러시아의 문화는 낯설고 어색한 문화였다. 낯설고 어색하다는 것은 익숙하지 않은 것은 편견과 오해의 대상이 되기 마련이다.

러시아 문화는 실제로 우리 사회에서 매우 심한 편견과 오해에 시달려왔다. 예로부터 러시아는 로마 알파벳이 아니라 키릴 문자를 써왔는데, 고대 그리스 문자에서 비롯된 이 키릴 문자의 기원에 관해서 말 그대로 말이 안 되는 이런 우스갯소리가 있다. '문화 수준이 낮았던 러시아의 군주가 문자의 필요성을 느끼고는 로마로 사절을 보내 로마 알파벳을 받아오게 했다. 로마에서 받은 로마 알파벳 문자 판을 고이 들고 오던 이 사절이 러시아 땅에서 그만 눈길에 미끄러져 넘어졌고 눈 위에 흩어진 문자들을 허둥지둥 주워담다가 몇몇 문자의 위아래나 좌우가 바뀌었고, 이것이 바로 오늘날 러시아에서 쓰이는 키릴 문자의 기원이다. ……' 그런데 옮긴이는 이런 씁쓸한 우스갯소리가 실제였다고 믿는 한국인을 여럿 보았다. 더군다나 참으로 놀랍기 그지 없는 점은 그 한국인들이 시정잡배가 아니라 우리 사회에서 최상급에 드는 지성의 소유자라는 사실이었다. 러시아 역사를 전공하는 옮긴이로서는 당혹스럽다 못해 참담하다는 느낌마저 들었다. 이 밖에도 러시아의 문화나 역사에 관한 과소평가나 근거 없는 멸시를 보여주는 사례는 매우 많다.

III.

러시아라는 나라와 러시아인이라는 민족에 관한 올바른 이해는 매우 중요한 의의를 지니는 작업이다. 이해해야 하지만 이해하기 쉽지 않은 나라의 문화의 본질과 정수에 다가서는 데 필요불가결한 연구서가 한 권 있으니, 바로 미국의 역사학자 제임스 빌링턴의 대표 저작 『이콘과 도끼: 해석 위주의 러시아 문화사』이다. 우선 이 책을 쓴 빌링턴이 어떤 인물인지를 알 필요가 있다.

빌링턴은 1929년 6월 1일에 펜실베이니아 주에서 태어났다. 그의 아버지는 보험외판원이었다. 학문과 연관이 없기는 했어도 빌링턴의 아버지는 책 읽기와 책 모으기를 좋아하는 건실한 시민이었다. 이런 아버지의 영향을 받은 빌링턴은 어려서부터 책을 통해 지식을 얻기를 즐겼다. 빌링턴은 살림살이가 그리 넉넉하지 않은 탓에 미국에서 가장 큰 중고서적상의 하나인 리어리 서점(Leary's Bookstore)에서 구입한 헌 책을 주로 읽었고, 원래의 책 주인이 책에 그어 놓았던 밑줄을 눈 여겨 보며 책의 요지를 나름대로 찾아내는 습관을 들이다가 비판적으로 독서하는 법을 혼자서 터득했다. 이렇듯 스스로 공부하기를 즐긴 덕분에 빌링턴은 비록 공립학교를 다녔고 사교육을 받지 않았는데도 미국에서 손꼽히는 명문 대학인 프린스턴 대학교의 역사학부에 당당히 합격했고 1950년에 최고 우등생으로 졸업하는 영예를 누렸다. 그리고는 영국으로 건너가 옥스퍼드 대학 산하 베일리얼 칼리지(Balliol College)에서 장학금을 받아 대학원 과정을 마쳤고, 1953년에 박사학위를 취득했다.

빌링턴이 학계에서 쌓은 이력은 화려하기 짝이 없다. 박사가 된 뒤 곧바로 미국에서 군문에 들어서서 1957년까지 복무를 했다. 1957년부터는 하버드 대학교에서 역사를 강의하기 시작했고, 1964년부터는 프린스턴 대학교로 옮겨 10년 동안 역사 교수로 재직했다. 빌링턴은 엄정한 학자로서 뛰어난 면모를 보였지만, 여러 기관과 조직의 수장이나 관료로서도 크나큰 수완을 발휘했다. 1973년부터 1987년까지 프린스턴 대학 우드로 윌슨 국제연구소(The Woodrow Wilson International Center for Scholars)의 소장을 지냈고, 이 연구소 산하에 조지 케넌 기념 러시아연구소(The Kennan Institute for Advanced Russian Studies)를 설립하는 일을 주도했다. 이런 공적으로 말미암아 그는 미국 정·관계의 주목을 받게 되었다. 1988년 6월에는 미국의 로널드 레이건(Ronald Reagan) 대통령과 함께 소비에트 연방을 방문해서 모스크바에서 열린 미소 정상회담에 배석했다.

빌링턴은 레이건 대통령의 지명을 받고 미의회 상원의 인준을 얻어 1987년 9월에 대니얼 부어스틴(Daniel J. Boorstin)의 뒤를 잇는 미국의회 도서관(Library of Congress) 제13대 관장이 되었다. 미국사가 아닌 외국사와 외국 문화를 전공한 학자가 미국 지성의 최고 보루인 의회 도서관의 관장에 임명된 것은 적잖은 파격일 수밖에 없었다. 세간에는 미의회도서관장 경력이 러시아 주재 미국대사로 건너가는 징검돌이라는 예상이 있었으나, 조지 부시 대통령이 1992년에 재선되지 못한 탓에 그 예상은 빗나가고 말았다. 빌링턴은 2013년 현재까지 미국의회 도서관 관장으로 남아있다.

빌링턴이 국제 사회에서 누린 영예도 일일이 열거하기 힘들 만큼 대단하다. 세계 곳곳에 있는 마흔 개 대학이 그에게 명예 박사학위를 수여했다. 몇몇 사례만 들자면, 그는 1999년에 그루지야의 트빌리시 국립대학에서, 2001년에 러시아의 모스크바 국립대학, 2002년에 영국의 옥스퍼드 대학 등에서 명예 박사학위를 받았다. 빌링턴은 러시아 학술원의 외국인 회원으로 선출되었다. 그리고 1999년부터는 러시아의 석학 드미트리 리하초프와 함께 「열린 세계」(Open World) 프로그램을 주도했으며, 이 프로그램 덕분에 14,000명에 이르는 러시아의 청년 지도자가 미국을 방문해서 두 나라의 상호 이해를 증진할 기회를 얻었다. 이런 공로를 인정받은 빌링턴은 러시아 연방 정부의 훈장을 받는 영예를 누렸다. 빌링턴은 러시아-미국 관계의 발전에 이바지하고 두 나라의 우호와 협력을 강화하는 데 공로를 세웠다 하여 2008년 3월 22일에 블라디미르 푸틴 (Владимир Путин) 러시아 연방 대통령이 수여하는 우호훈장을 받았다. 또한 푸틴의 후임인 드미트리 메드베데프(Дмитрий Медведев) 대통령에게서도 2009년 6월 4일에 러시아-미국 간 문화 협력의 발전과 강화에 공헌했다 하여 영예훈장을 받았다. 최근에는 다시 대통령이 된 푸틴에게서 2012년 12월 5일에 러시아와 미국의 문화·인문 협력의 발전에 크게 이바지한 공로를 인정하는 표창장을 받았다. 이밖에도 여러 나라로부터 각종 훈장을 받았는데, 그 가운데에는 대한민국 정부가 수여한 광화장(光化章)도 포함되어 있다.

학자로 출발한 빌링턴이 학계에서 벗어나 행정과 관직에서 누린 화려한 영예는 단지 행정 능력과 정치적 처세의 결과물이 아니라 그가 학자로서 쌓은 뛰어난 학술적 업적의 연장선상에 있는 부산물이었다고 해도 무방하다. 빌링턴이 물 오른 학자로서, 또는 격변하는 역사의 현장을 목

도한 지성인으로서 내놓은 굵직굵직한 주요 저서를 출판연도 별로 정리
하면 아래와 같다.

(1956년) 『미하일롭스키와 러시아 인민주의』(Mikhailovsky and Russian
　　　　 Populism)
(1966년) 『이콘과 도끼: 해석 위주의 러시아 문화사』
(1980년) 『사람 마음 속의 불: 혁명 신념의 기원』(Fire in the Minds of
　　　　 Men: Origins of the Revolutionary Faith)
(1992년) 『러시아가 변모했다: 깨고 나아가 희망으로, 1991년 8월』(Russia
　　　　 Transformed: Breakthrough to Hope, August 1991)
(1998년) 『러시아의 얼굴: 러시아 문화의 고뇌와 포부와 위업』(The Face
　　　　 of Russia: Anguish, Aspiration, and Achievement in Russian Culture)
(2004년) 『러시아의 자아 정체성 찾기』(Russia in Search of Itself)

　　그러나 이 가운데에서 빌링턴의 최고 역작은 뭐니뭐니해도 역시 『이
콘과 도끼: 해석 위주의 러시아 문화사』라고 말할 수 있다. 그가 하버드
대학에서 교수로 재직하는 동안 심혈을 기울여 써서 1966년에 빛을 본
저서인 『이콘과 도끼』는 학계의 크나큰 주목을 받았으며, 증쇄본이 여
러 차례 나왔다. 현재가 세기가 바뀌고도 10년이 훌쩍 지난 2013년이니,
『이콘과 도끼』가 세상에 나온 지도 어언 반세기 가까운 세월이 흘렀다.
또한 그 사이에 올란도 파이지스(Orlando Figes)나 브루스 링컨(Bruce Lincoln)
등을 비롯한 서방 학자들의 러시아 문화사 연구서[21]가 나오기도 했다.

---

[21] Bruce Lincoln, *Between Heaven and Hell: The Story of a Thousand Years of
Artistic Life in Russia* (New York: 1998); Orlando Figes, *Natasha's Dance: A
Cultural History of Russia* (London: 2002). Figes의 책은 우리말로 번역되어 있다.
올랜도 파이지스 (채계병 옮김), 『(러시아 문화사) 나탸샤 댄스』(이카루스미디어,
2005).

그렇지만 『이콘과 도끼』는 아직도 변함없이 러시아를 이해하려고 하는 사람, 특히 외국인이라면 반드시 책꽂이에 꽂아두고 틈틈이 빼내어 정독해야 할 책이라는 평이 사라지지 않은 학술서이기도 하다.

IV.

제임스 빌링턴이 거친 지적 여정을 추적하면, 『이콘과 도끼』가 러시아 문화사 연구에서 차지하고 있는 위상과 의의가 더 또렷하게 드러난다. 스스로를 "순혈 뉴잉글랜드인"(New England blue blood)으로 표현한 필라델피아(Philadelphia) 소년 빌링턴이 미국 바깥 세계에 관심을 품게 된 계기는 그가 10대에 접어들었을 때 일어난 제2차 세계대전이었다. 특히나 빌링턴의 호기심을 자극한 나라는 러시아였다. 이때 러시아는 20세기 전반기 세계 정치를 주도하던 양대 열강의 하나였던 프랑스를 단숨에 제압한 다음 다른 또 하나의 열강 영국의 숨통을 조이던 나치 독일을 상대로 유럽에서 거의 혼자 힘으로 맞서고 있었다. 빌링턴은 학교 교사들에게 계속해서 이렇게 물었다. "러시아인은 유럽의 나머지 지역이 국경에 독일군 전차가 나타나자마자 허물어지는 듯할 때 어째서 히틀러에 맞서 버틸 수 있나요?" 그러나 제대로 된 답변을 해주는 선생님은 없었다.

동네 잡화점에서 일하는 나이 든 외국인 노부인이 러시아 출신이라는 사실을 머릿속에 떠올린 빌링턴은 그 노부인에게 가서 같은 질문을 했다. 진지하게 물어보는 빌링턴에게 그 노부인은 이렇게 말했다. "얘야, 가서 『전쟁과 평화』를 읽어보려무나!" 이 대화를 계기로 필라델피아의 소년 빌링턴은 러시아 출신 노부인이 권한 대로 1,200쪽에 이르는 『전쟁과 평화』를 단숨에 읽었다. 훗날 그는 만약 무엇인가를 진정으로 알고 싶다면 당장 오늘 나온 신문보다 지난날의 역사나 소설을 읽는 것이 더 낫다는 점을 어린 나이에 깨달았다고 밝힌다.

프랑스의 침공으로 말미암은 크나큰 위기를 헤쳐나가는 한 가족의 일대기인 『전쟁과 평화』를 읽은 경험을 첫걸음으로 해서 제임스 빌링턴은 러시아의 역사와 문화를 연구하는 학자의 길로 접어들었다. 『전쟁과 평화』를 읽다가 러시아어 원문으로 러시아 소설을 읽고픈 마음이 생긴 빌링턴은 러시아어를 공부하기 시작했다. 그는 열네 살부터 일요일마다 제1차 세계대전 때 러시아 제국군의 장군이었던 아르타마노프(Артаманов) 장군의 미망인을 찾아갔고, 그에게서 러시아어뿐만 아니라 제정 러시아 문화를 흡수했다. 이런 경험을 통해 슬라브적 요소라고는 조금도 찾아볼 수 없는 가계에서 태어난 빌링턴은 러시아인이라는 특이하고도 매력적인 민족을 이해해 보려는 필생의 열정을 키워나갔다.

소년기를 벗어난 제임스 빌링턴이 들어간 프린스턴 대학에는 당시로서는 미국에서 최고 수준을 자랑하는 유럽사 교수진이 있었다. 신입생 빌링턴의 지도교수는 히틀러가 지배하는 독일을 등지고 미국으로 망명한 독일의 위대한 역사가 테오도르 에른스트 몸젠(Theodor Ernst Mommsen)[22]이었다. 지적 호기심과 열정이 넘친 나머지 모든 분야를 얕게라도 두루두루 공부하려는 계획을 세우던 빌링턴에게 몸젠은 이렇게 조언했다. "젊은이, 나는 자네가 모든 것을 허술하게 배우려고 들기에 앞서 어떤 것을 제대로 배우는 게 낫다고 생각하네. 러시아를 공부하고 싶다고⋯⋯ 좋네, 하지만 우선 자네 자신의 문화를 공부하게나. 자네 자신의

---

[22] 독일 출신의 역사가(1905~1958년). 역사가 테오도르 몸젠의 손자. 사회학자 막스 베버의 조카. 1905년에 베를린에서 태어났고, 1936년에 미국으로 이주했다. 예일대, 프린스턴대, 코넬대에서 가르쳤다.

서방 역사를 공부하란 말이야(Study your own Western history)."

새내기 대학생 빌링턴은 그 위대한 노학자의 조언을 받아들여 유럽사를 열심히 공부했다. 고학년이 된 빌링턴은 러시아의 사상가 니콜라이 베르댜예프를 주제로 한 논문을 쓰기 시작했고, 그 작업의 일환으로 파리로 가서 자료를 모으고 베르댜예프를 아는 이들을 만나 인터뷰를 했다. 그 가운데 한 사람이 러시아 사상사의 대가 게오르기 플로롭스키 교수였다. 이렇듯 러시아사 연구자로 자라난 빌링턴은 1950년에 프린스턴 대학을 졸업한 뒤 로즈 장학생(Rhodes scholarship)으로 영국의 옥스퍼드 대학 베일리얼 칼리지의 대학원생이 되었다. 첫 지도교수는 표트르 대제 전문가인 베네딕트 섬너(Bededict H. Sumner)였는데, 입학한 지 두 달 뒤에 숨을 거두는 바람에 새 지도교수를 배정받았다. 그가 바로 아이제이어 벌린(Isaiah Berlin)이었다. 빌링턴이 새 지도교수의 호감을 살 만하다고 생각하고 정한 박사학위 논문 주제는 러시아의 위대한 인민주의자 니콜라이 미하일롭스키였다.

빌링턴은 영국에서 지내는 세 해 동안 학위 취득에 국한된 협소한 연구에만 매달리지 않고 폭넓은 교류를 즐겼다. 그는 옥스퍼드에 있는 러시아인 동아리와 어울렸으며, 러시아의 위대한 문인 보리스 파스테르낙의 누이와 같은 집에서 하숙을 하기도 했다. 방학 기간에는 파리에서 지내며 망명 러시아계 가문과 사귀고 러시아 구교도를 연구하는 프랑스 학자들과 교류했다. 벗들과 함께 유고슬라비아를 여행했고, 이 경험을 계기로 세르비아어와 크로아티아어를 공부하기도 했다. 이런 활발한 활동은 훗날 그가 여러 나라 말로 되어 있는 자료를 능란하게 구사하는 실력의 밑바탕이 되었다. 1957년에 하버드 대학의 교수로 임용된 빌링턴은 이듬해인 1958년에 비로소 러시아 땅에 처음 발을 디뎠으며, 이 귀중한 기회를 활용해서 유럽 러시아 곳곳을 찾아 다녔다.

원래 빌링턴은 하버드 대학에서 자기가 주도해서 학부생을 대상으로 개설했던 러시아의 문화와 지성에 관한 강좌를 운영하다가 『이콘과 도끼』를 처음으로 구상했다. 그가 풀브라이트(Fulbright) 재단이 제공하는 특별연구원 장학금을 받으며 핀란드의 수도 헬싱키에서 지낸 1960~1961년은 그 구상에 뼈대가 세워지고 살이 붙는 시기였다. 그는 이 기간에 핀란드어까지 익혔고, 헬싱키의 도서관에 소장되어 있는 풍부한 러시아어 문서와 자료를 섭렵하면서 연구를 진행했다. 바로 이때 『이콘과 도끼』의 초고가 마련되었다. 또한 1964년에 하버드 대학에서 프린스턴 대학 역사학과로 옮기기 전에 프린스턴 대학은 그에게 『이콘과 도끼』를 마무리할 수 있도록 한 해 동안 특별연구원의 지위를 보장했다.

드디어 1966년에 세상에 나온 『이콘과 도끼』로 빌링턴은 러시아 문화사의 권위자로서 세계적인 위상을 굳힐 수 있었다. 그는 이 대저작을 마무리한 뒤 미국·소련 대학간 교류 프로그램에 참여해서 1966~1967년에 레닌그라드와 모스크바에서 체류하면서 강의했다. 그는 레닌그라드에서 오시프 만델시탐의 미망인인 나데즈다 만델시탐의 집에 들러 부엌 난로에 둘러앉아 소련의 여러 지성인과 사귀었다. 이 가운데에는 콜리마(Колыма) 수용소에서 열일곱 해를 보내면서도 꿋꿋이 버텨낸 전설적인 작가 바를람 샬라모프(Варлам Шаламов)도 끼어 있었다. 지금까지 살펴본 대로, 『이콘과 도끼』는 제임스 빌링턴이라는 학자를 통해 구현된 서방과 러시아의 활발한 지적 교류의 산물이라고 할 수 있다.

빌링턴이 『이콘과 도끼』를 쓰면서 활용한 자료는 다양하고도 풍부하기 이를 데 없다. 이 저작에서 참고문헌 목록만 해도 30쪽에 이르며, 후주는 자그마치 160쪽을 가뿐히 넘는다. 참으로 놀라운 사실은 빌링턴이 탈고해서 출판사에 보낸 최종 원고에서는 후주의 분량이 원래 두 배였다는 점이다. 그가 이토록 많은 자료를 섭렵하면서 규명하고자 했던 것은 과연 무엇이었을까? 그것은 러시아인이라는 한 민족의 특성과 그 특성의 기원이었다.

V.

20세기 후반기에 미국과 더불어 세계를 주도하던 소비에트 연방(러시아)의 현재와 미래는 그 체제의 과거를 통해, 특히 문화를 통해 알 수 있다는 것이 빌링턴의 기본 신념이었다. 그는 자기의 이런 신념을 다음과 같이 설명한다.

> 우리와 함께 세계의 주역인 소련을 연구하려고 (그리고 때때로 대처하려고) 내 나름대로 노력하면서 나는 심원한 러시아 문화의 인문학적 연구인 나의 진정한 열정으로 종종 도움을 받았다고 느껴왔다. 왜냐하면 그 요란하고도 막강한 국가는 세속적 혁명 이념들 가운데 가장 위협적인 이념의 통치를 받는 거대한 유라시아 세계제국들 가운데 가장 중무장된 마지막 제국을 넘어서는 국가이기 때문이다. ……
> 나는 러시아의 사상과 문화의 위대한 활동에 초점을 맞추고 연구를 하다가 그 힘 밑에 있는 러시아 인민에게 다가서게 되며, 러시아 인민의 과거 업적에 더 깊이 침잠하는 것이 그들이 지닌 미래의 가능성을 더 폭넓게 이해하는 것과 전혀 무관하지 않을지 모른다는 믿음을 가지게 된다. 예를 들어, 러시아인에게는 그들의 문화에 스며든 복원력이 강한 위대한 종교 전통이 있다. 비록 그 점이 우리 의식 속에 들어가 있지 않고 우리의 교과과정에서 거의 완전히 없기는 해도 말이다.

빌링턴이 1,000년에 걸친 러시아의 역사, 특히 문화의 발전이라는 비밀을 여는 일종의 열쇠로 본 것이 바로 이콘과 도끼였고, 그는 이 두 물품을 책 제목으로 삼았다. 그에게 이콘은 러시아 문화의 종교적·정신적 표상물인 반면에 도끼는 그 문화의 실용적 도구였다. 그에 따르면, 이콘과 도끼라는 책 제목은 "러시아 북부의 삼림 지대에 있는 농가의 벽에 전통적으로 함께 걸려있는 두 물건에서 비롯된다. 그 두 물건은 러시아 문화의 천상적 면모와 지상적 면모를 시사한다." 러시아 문화의 원형을 이루는 요소를 이콘과 도끼라는 두 가지 물품으로 파악하는 빌링턴의 시각은 일본 문화의 원형을 이루는 요소를 국화와 칼로 보았던 미국의 인류학자인 루스 베네딕트(Ruth Benedict)의 시각과 흡사하다고도 생각할 수 있다.

『이콘과 도끼』 이전에도 적지 않은 러시아 문화사 저작이 있었으나, 대개의 경우에는 문학, 음악, 미술, 영화 등 개별 영역의 기본적 사실을 그저 시대 순에 따라 나열하는 수준에 머무르는 경향이 있었다. 『이콘과 도끼』는 이런 경향을 극복하면서, 키예프 루스 시대부터 1960년대의 니키타 흐루쇼프 집권기까지 러시아인이 가꾸고 키워온 문화를 자기 나름의 독특하면서도 설득력 있는 관점으로 살펴본다는 강점을 지니고 있다는 평가를 얻었다. 달리 말해서, 빌링턴은 통시적으로는 키예프 — 모스크바 — 성 페테르부르그로 이동하는 국가권력 중심의 변화를 씨줄로 삼으면서 이콘과 도끼로 표상되는 문명과 야만, 천상과 지상, 정신과 육체라는 상징의 보편성을 날줄로 엮어 넣어 러시아 문화사를 독창적으로 해석하는 데 성공한 것이다. 이런 작업을 통해 빌링턴이 내놓은 기본 시각은 문화를 통시성과 공시성의 조화, 변동성과 불변성의 결합으로서 역동적으로 해석하는 전략의 성공적 사례라고 볼 수 있다.

물론 러시아 문화의 이중성, 즉 문명성과 원시성, 유럽성과 아시아성의 공존과 충돌을 강조하는 빌링턴의 기본 시각이 전혀 새로운 것이라고는 하기 힘들다. 러시아 문화의 이중성은 이미 19세기에는 니콜라이 베르댜예프가, 20세기에는 러시아 구조주의 계열의 타르투 학파가 제시했던 논제이다. 그러나 러시아 내부의 이른바 내재적 관점이 제임스 빌링턴이라는 외국인 학자가 쓴 『이콘과 도끼』에 들어있는 외재적 시선을 통해 더 충실해졌다는 점은 부정할 수 없는 사실이다. 러시아와 서방에서 오늘날 진행되고 있는 러시아 문화사 연구는 이러한 이원적 접근이 약점과 한계를 안고 있다는 측면을 부각하면서 이런 점을 극복하는 방향으로 나아가는 모습을 보이고 있다. 또한 동시에 이런 최근의 러시아 문화사 연구가 기본적으로는 빌링턴이 제시한 러시아 문화의 이원성에 관한 논의를 밑바탕 삼아 이루어지고 있다는 사실을 고려한다면, 『이콘과 도끼』가 향후 발전을 위한 일종의 디딤돌 역할을 하고 있다는 사실도 눈 여겨 보아야 할 것이다.

『이콘과 도끼』를 조금 더 상세히 들여다 보자! 빌링턴은 600쪽에 이르는 본문에서 러시아 문화의 형성과 발전을 규정하는 가장 기본적이고도 강력한 요인으로서 자연환경, 동방 그리스도교의 유산, 서방과의 접촉이라는 세 가지 힘을 일관되게 강조한다. 빌링턴이 당시의 주류적 통념에서 과감히 벗어나서 펼친 자기 나름의 주장은 차르 알렉세이 미하일로비치 통치기에 일어난 교회분열의 시작, 예카테리나 대제 통치기에 융성한 서방의 갖가지 영향력, 19세기 초에 성행한 반계몽의 특성에 관한 설명과 분석에서 특히 잘 드러나 있다. 그는 그때까지 러시아사 연구자들이 간과해온 프리메이슨의 영향과 그 비중도 부각한다. 또한 그가 러시아 사상에 푸시킨이 그리 큰 영향을 미치지 않았고 그리 큰 유산도 남기지 않았다고 본다는 점, 그리고 머리말의 끝부분에서, 마지막 부분 「러시아 역사의 아이러니」에서 도스토옙스키를 인용하는 데에서 드러나듯이 그가 러시아 문화사를 붙이는 아교로 활용하는 인물이 바로 도스토옙스키라는 점이 두드러진다.

『이콘과 도끼』를 통독하는 독자라면 어쩔 수 없이 느끼게 되는 점 가운데 하나가 바로 러시아 문화의 형성과 변화에서 종교, 더 정확히 말한다면 그리스도교의 위상에 빌링턴이 부여하는, 거의 강박관념에 가까운 강조이다. 그는 종교적 차원에 관한 역사학계의 관심이 모자란 탓에 러시아에 관한 이해 전체가 뒤틀린다고 느꼈고, 지금도 그렇다. 1991년에 가진 한 인터뷰에서 역사학계에 논평을 해달라는 요청에 "거의 서른 해 동안 역사학부에서 가르치거나 역사학계에 직접 참여한 적이 없다"는 단서를 달며 조심스레 말하면서도 종교적 요소를 등한시하는 경향을 비판했다. 그의 기본 시각은 다음과 같은 발언에 잘 드러나 있다.

> 분명히, 지성적 관점에서는, 만약 당신이 한 문화를, 그것도 종교가 스며 배어있는 문화를 이해하려고 시도하고 있다면, 당신은 제가 하는 것만큼 종교를 중시해야 합니다. 현대까지 러시아에서 종교적 요소가 강력하게 지속된다는 점은 종교의 중요성이 줄어들고 있다고 가정하는 경제결정론자와 심리역사학자, 그리고/또는 행동주의 사회과학자의 영향을 심하게 받은 미국의 역사가들이 제2차 세계대전 뒤로는 너무 자주 무시한 러시아 문화의 여러 차원들 가운데 하나입니다.

특히 그는 "『이콘과 도끼』에 일관되게 흐르는 것은 이 종파(구교도)에 대한 나의 매료"라고 스스럼없이 밝힐 만큼 구교도가 러시아의 역사에서 차지하는 중요성을 유난히도 강조했다. 구교도 연구에 빌링턴이 품은 애착은 그가 하버드 대학에서 교수로 재직하는 동안 17세기 러시아의 구교도에 관한 연구 초안을 써놓고도 학계를 떠나 미의회도서관 관장이라는 직무를 수행하느라 그 연구를 마무리하지는 못했다고 애석해 하면서 "미의회 도서관의 직위에서 물러난 뒤 내게 하느님이 그럴 힘을 주신다면 그 책을 완성하고 싶다"는 소회를 밝히는 데에서도 엿보인다. 역사의 전개에서 종교가 가장 중요한 요인이라는 빌링턴의 강조는 침례교 전통에 자란 아버지와 독실한 영국 성공회 신자 어머니를 둔 그의 성장 환경과 무관하지는 않은 듯하다. 빌링턴 자신도 영국 성공회의 세례를 받은 신자이며, 그의 아들 한 명은 사제가 되었다.

한편으로, 아무리 빼어난 연구라도 취약점과 허점이 없을 수는 없다. 빌링턴이 『이콘과 도끼』에서 제시한 주장과 전개한 논지에서 미진한 구석이 없지 않은 몇몇 부분, 그리고 독자가 비판적으로 읽어내야 할 몇몇 부분을 지적하고자 한다.

첫째, 빌링턴이 말하는 러시아에 대비되는 존재로서 거론하는 "West", 즉 서방의 정의가 분명하지 않다. 흔히는 영국과 프랑스가 서방이라고 일컬어지지만, 빌링턴이 말하는 서방의 범위는 훨씬 더 넓다. 독일은 물론이고 이탈리아, 폴란드, 스칸디나비아 국가까지 서방에 포함되어 논지가 전개된다. 빌링턴이 명시적으로 정의하지는 않지만, 러시아 서쪽에 위치한 유럽 국가를 통칭해서 서방이라는 용어를 쓰는 듯하다. 즉 흔히 말하는 남유럽, 중유럽, 북유럽이 서방으로 지칭되는 경향이 나타난다. 여기에 동유럽 국가로 분류되는 폴란드까지 서방으로 거론되므로 혼란이 가중된다. 이런 혼란을 막으려면 빌링턴은 먼저 서방의 지리적, 문화적 정의를 내려놓고 논지를 전개했어야 했다.

둘째, 러시아 역사의 전개와 러시아 문화의 발전에서 러시아와 서방의 접촉이라는 요인을 강조하다 보니, 러시아의 역사와 문화에 서방 못지않게 영향을 준 몽골이나 튀르크에 관한 분석이 매우 빈약하며 때로는 간과되거나 거의 무시되었다는 느낌마저 들 정도이다. 이런 점은 매우 큰 취약점이라고 하지 않을 수 없다.

　셋째, 러시아의 역사와 문화의 발전에서 서방이 준 충격과 영향을 최우선시하는 빌링턴의 기본 시각은 그가『이콘과 도끼』를 구상하고 집필하던 1960년대까지 이른바 서방의 학계에 횡행하던 유럽중심주의 (Euro-centrism), 더 정확히 말하자면 영미중심주의와 전혀 무관하지 않을 듯하다. 유럽, 즉 서유럽, 특히 영국이 걸어온 역사 경로가 올바르고도 모범적인 것이고 그 밖의 경로는 이탈이거나 변형이라는 관점이 빌링턴의 기본 시각의 밑바탕에 깔려있다고 하지 않을 수 없다. 유럽중심주의를 지양하려는 노력이 활발히 이루어지고 있는 오늘날의 독자들은『이콘과 도끼』를 더 비판적으로 독해해야 할 필요가 있다. 더더군다나 냉철한 독자라면『이콘과 도끼』가 냉전기에 러시아의 적대 국가인 미국, 또는 서방의 시각에서 씌어진 책이라는 점에도 각별히 유의해야 한다.

　넷째, 빌링턴은 러시아 역사의 연속성을 강조하고 부각하는 기본 전략을 취하고 있는데, 모든 역사에는 연속성만큼이나 불연속성도 있기 마련이다. 그는 러시아 현대사에서 두드러지는 불연속성을 상대적으로 소홀히 취급했다. 따라서『이콘과 도끼』에는 20세기의 최대 사건들 가운데 하나인 러시아 혁명과 소비에트 러시아 초기가 지나치게 소략하게 서술되어 있다. 러시아 혁명이 세계사, 특히 문화사에서 차지하는 위상을 고려할 때, 이런 측면은 적잖은 실망을 불러일으킨다.

　그러나 출간된 지 거의 반세기가 흐른 지금도 빌링턴의『이콘과 도끼』는 러시아의 역사와 문화를 제대로 이해하려면 반드시 집어 들어야 할 필독서의 지위에서 내려오지 않고 있다는 것이 부정할 수 없는 엄연한 사실이기도 하다.

VI.

마지막으로, 『이콘과 도끼』라는 역사서의 특성에서 결코 빼놓을 수 없는 것이 이 역사서가 지닌 유려한 문장과 문학적 표현력이다. 분석과 논리에 치중하는 학술서는 전문가가 아닌 독자에게는 대개 무미건조하고 딱딱하기 쉽지만, 『이콘과 도끼』 곳곳에는 마치 그림이나 사진을 보여주는 듯 선연한 서술과 묘사가 있어서 긴장감을 풀어주고 이해를 도와준다. 『이콘과 도끼』를 읽어내려 가다 보면 요한 하위징아의 『중세의 가을』처럼 저작 곳곳에서 문학 작품에 견주어도 손색이 없을 만큼 탁월한 문장과 표현에 마주치게 된다. 예를 들면, 다음과 같은 문단이 그렇다.

종교적 열정이 전례 없이 만개했다는 인상을 받을지 모른다. 그러나 그것은 사실상 싱그러운 봄보다는 지나치게 무르익은 늦가을에 더 가까웠다. 야로슬라블에서 두 해마다 한 채가 넘는 꼴로 쑥쑥 생겨난 네덜란드풍과 페르시아풍의 화려한 벽돌 교회는 오늘날에는 비잔티움 양식과 바로크 양식 사이에 존재하는 일종의 실속 없는 막간극으로, 즉 땅과 이어주는 줄기는 시들어버렸고 생명을 앗아가는 서리가 바야흐로 내릴 참임을 모른 채 10월의 나른한 온기 속에서 말라가는 묵직한 열매로 보인다. 지역의 예언자와 성자를 그린 셀 수 없이 많은 이콘이 마치 너무 익어 문드러져 수확되기를 빌고 있는 포도처럼 이코노스타시스 밑층 열에 다닥다닥 붙어 있었으며, 동시에 빠르게 읊조리는 유료 위령제 기도는 죽음을 바로 앞둔 가을 파리가 어수선하게 왱왱거리는 소리와 닮았다.

다음과 같은 문단도 못지않게 선연하다.

예술 양식이 인민주의 리얼리즘에서 백은시대의 관념론으로 바뀐 것은 음주 취향이 더 앞 시기의 선동가와 개혁가의 독한 무색의 보드카에서 새로운 귀족적 미학자 사이에서 인기를 얻은 다디단 진홍색 메시마랴로 바뀐 것에 비길 수도 있다. 메시마랴는 희귀한 이국적 음료였는데, 무척 비쌌고 푸짐하고 느긋한 한 끼 식사의 끝에 가장 알맞았다. 백은시대의 예술처럼 메시마랴는 자연스럽지 못하고 반쯤 이국적인 환경의 산물이었다. 메시마랴는 핀란드의 라플란드에서 왔다. 라플란드에서 메시마랴는 북극의 짧은 여름 동안 한밤의 해가 익힌 희귀한 나무딸기류 식물을 증류해서 만들어졌다. 20세기 초엽 러시아의 문화는 똑같이 이국적이고 최상급이었다. 그것은 불길한 조짐이 감도는 진미의 향연이었다. 메시마랴 나무딸기가 그렇듯이, 때 이르게 익으면 그만큼 빨리 썩기 마련이었다. 한 계절 한밤의 햇빛은 다음 계절 한낮의 어둠으로 이어졌다.

VII.

『이콘과 도끼』 이외에, 러시아 문화사를 이해하는 데 도움이 될 연구서와 해설서의 목록을 일부나마 소개하고자 한다. 러시아어로 된 러시아 문화사 저서는 이루 헤아릴 수 없이 많지만, 『이콘과 도끼』가 출간된 1966년 이후의 저작 위주로 선정해서 출판연도 순으로 제시해보면 다음과 같다.

Очерки русской культуры второй половины XIX века (М.: 1976)
Очерки русской культуры XIII-XV веков в 2 ч. (М.: 1969-1970)
Очерки русской культуры XVI века в 2 ч. (М.: 1977)
Очерки русской культуры XVII века в 2 ч. (М.: 1979)

Очерки русской культуры XVIII века в 4 ч. (М.: 1985-1990)

Очерки русской культуры XIV века в 3 т. (М.: 1998-2001)

А. В. Муравьев и А. М. Сахаров, *Очерки истории русской культуры IX-XVII вв.* (М.: 1984)

П. Н. Милюков, *Очерки по истории русской культуры* в 3 т. (М.: 1993)

Из истории русской культуры в 5 т. (М.: 1995-1996)

Б. Ф. Сушков, *Русская культура: Новый курс* (М.: Наука, 1996)

И. В. Кондаков, *Введение в историю русской культуры* (М.: Аспект Пресс, 1997)

Ю. С. Рябцев, *История русской культуры: Художественная жизнь и быт, XI-XVII веков: Учебное пособие* (М.: Владос, 1997)

Ю. С. Рябцев, *Путешествие в древнюю русь* (М.: 1995)

Т. С. Георгиева, *История русской культуры: Учебное пособие* (М.: Юрайт, 1998)

Л. В. Кошман и др. (ред.), *История русской культуры IX-XX вв.: Пособие для вузов* 4-ое изд. (М.: Дрофа, 1985)

Ю. С. Степанов, *Константы: Словарь русской культуры* 3-ое и доп. изд. (М.: Академический Проект, 2004)

А. Ф. Замалеев, *История русской культуры* (Издательство Ст. Петербургского Университета, 2005)

П. А. Сапронов, *Русская культура IX-XX вв: Опыт осмысления* (СПб.: Паритет, 2005)

또한 러시아 문화와 그 역사에 관한 외국의 저작이 그 동안 우리 말로 옮겨져 출간되었으며, 우리나라 학계 자체 역량으로 축적된 성과가 담긴 저서도 최근에 적잖이 배출되었다. 그 가운데 일부를 역시 출판연도 순으로 열거하면 아래와 같다.

드미뜨리 치체프스키 (최선 옮김), 『슬라브문학사』(민음사, 1984)

이인호, 『러시아 지성사 연구』(지식산업사, 1985)

설정환, 『러시아 음악의 이해』(엠북스, 1985)

R. H. 스타시 (이항재 옮김), 『러시아문학비평사』(한길사, 1987)

A. I. 조토프 (이건수 옮김), 『러시아 미술사』(동문선, 1996)

김형주, 『문화로 본 러시아』(두리, 1997)

김수희, 『러시아 문화의 이해』(신아사, 1998)

허승철, 『러시아 문화의 이해』(미래엔, 1998)

메리 메토시안 외 (장실 외 옮김), 『러시아 문화 세미나』(미크로, 1998)

Iu. S. 랴쁘체프 (정막래 옮김), 『중세 러시아 문화』(계명대학교 출판부, 2000)

러시아문화연구회 엮어옮김, 『현대 러시아 문화세미나』(미크로, 2000)

석영중, 『러시아 정교: 역사·신학·예술』(고려대학교출판부, 2000)

스몰랸스끼·그리고로프 (정막래 옮김), 『러시아 정교와 음식 문화』(명지출판사, 2000)

한국슬라브학회 엮음, 『러시아 혁명기의 사회와 문화』(민음사, 2000)

장진헌 엮음, 『러시아 문화의 이해』(학문사, 2001)

이덕형, 『러시아 문화예술의 천년』(생각의나무, 2009)

이덕형, 『(러시아 문화 예술) 천년의 울림』(성균관대학교 출판부, 2001)

음악세계 편집부 엮음, 『러시아아악파』(음악세계, 2001)

캐밀러 그레이 (전혜숙 옮김), 『위대한 실험 러시아 미술, 1863~1922』(시공아트, 2001)

슐긴·꼬쉬만·제지나 (김정훈·남석주·민경현 옮김), 『러시아 문화사』(후마니타스, 2002)

이덕형, 『빛의 도시 상트 페테르부르크: 러시아 문학·예술 기행』(책세상, 2002)

김수희, 『러시아문화론』(조선대학교출판부, 2002)

박형규 외, 『러시아 문학의 이해』(건국대학교출판부, 2002)

백준현, 『러시아 이념: 그 사유의 역사』(제이앤씨, 2004)

김성일, 『러시아 문화와 예술의 이해』(형설출판사, 2005)

올랜도 파이지스 (채계병 옮김), 『(러시아문화사) 나탸샤 댄스』(이카루스미디어, 2005)

이주헌, 『눈과 피의 나라: 러시아 미술』(학고재, 2006)

이진숙, 『러시아 미술사: 위대한 유토피아의 꿈』(민음인, 2007)

바실리 클류쳅스키 (조호연·오두영 옮김), 『러시아 신분사』(한길사, 2007)

이춘근, 『러시아 민속문화』(민속원, 2007)

니꼴라이 구드지 (정막래 옮김), 『고대 러시아 문학사』 총2권 (한길사, 2008)

드미뜨리 미르스끼 (이항재 옮김), 『러시아문학사』(써네스트, 2008)

게오르기 페도토프 (김상현 옮김),『러시아 종교사상사 1: 키예프 루시 시대의 기독교』
　　　(지만지, 2008)
리처드 스타이츠 (김남섭 옮김),『러시아의 민중문화: 20세기 러시아의 연예와 사회』
　　　(한울, 2008)
이영범 외,『러시아 문화와 예술』(보고사, 2008)
김상현,『소비에트 러시아의 민속과 사회 이야기』(민속원, 2009)
이길주 외,『러시아: 상상할 수 없었던 아름다움과 예술의 나라』(리수, 2009)
김은희,『러시아 명화 속 문학을 말하다』(아담북스, 2010)
장실,『이콘과 문학』(한국외국어대학교출판부, 2010)
이게타 사다요시 (송현아 외 옮김),『러시아의 문학과 혁명』(웅진지식하우스, 2010)
유리 로트만 (김성일·방일권 옮김),『러시아 문화에 관한 담론』총2권 (나남, 2011)
니콜라스 르제프스키 엮음 (최진석 외 옮김),『러시아 문화사 강의: 키예프 루시부터
　　　포스트소비에트까지』(그린비, 2011)
한양대 러시아·유라시아 연구사업단,『루시(Русь)로부터 러시아(Россия)로: 고대 러
　　　시아 문화와 종교』(민속원, 2013)
사바 푸를렙스키 (김상현 옮김),『러시아인의 삶, 농민의 수기로 읽다』(민속원, 2011)
김상현,『러시아의 전통혼례 문화와 민속』(성균관대 출판부, 2014)
김수환,『책에 따라 살기: 유리 로트만과 러시아 문화』(문학과지성사, 2014)
니키타 톨스토이 (김민수 옮김),『언어와 민족문화: 슬라브 신화론과 민족언어학 개관』
　　　총2권 (한국문화사, 2014)
이현우,『로쟈의 러시아 문학 강의, 19세기: 푸슈킨에서 체호프까지』(현암사, 2014)
김은희,『그림으로 읽는 러시아: 러시아 문화와 조우하다』(아담북스, 2014)

VIII.

번역 작업을 하면서 막히는 부분이 나올 때마다 일일이 열거하기 어려울 만큼 많은 학자들의 도움을 얻었다. 그분들께 고마울 따름이다. 말할 나위 없지만, 이 책에 오류가 있다면, 그것은 모두 다 이 옮긴이 탓이다. 이 책을 읽다가 틀린 데가 눈에 띄면 옮긴이에게 알려주어 잘못을 고칠 기회를 주기를 독자 여러분께 바란다.

‖ 찾아보기 ‖

일반적인 문화 범주(**미술, 음악**)는 그 매체의 광범위하고 전반적인 논의를 표시하기 위해서만 여기에 열거되어 있다. 개별 작가와 작곡가의 별도 명단이 있고, 특정 작품은 그 작가의 범주 아래 열거되며 중요한 인물의 작품일 경우에만 별도 항목으로 열거된다.

포괄적 범주(**경제, 군(軍)**)는 이 책의 주요 관심사 밖에 있는 특정 논제를 위해 만들어졌다. 이밖에, 근현대의 모든 혁명은 **혁명** 항목 아래에, 모든 전쟁은 **전쟁** 항목 아래에, 모든 성당과 교회는 **교회** 항목 아래에 열거되어 있다.

모든 도시가, 그리고 국가의 일부이면서 본문에서 그 국가와 별개로 논의된 지역의 지명(**스코틀랜드, 프로이센, 우크라이나, 펜실베이니아**)이 개별적으로 기재되어 있다.

 지은이 **제임스 빌링턴(James Hadley Billington)**

1929년 6월 1일 펜실베이니아 주에서 출생
미국 프린스턴 대학 역사학과 졸업
1953년 영국 옥스퍼드 대학 베일리얼 칼리지(Balliol College)에서 박사학위 취득
1957년 하버드 대학 교수
1964년 프린스턴 대학 교수
1973~1987년 프린스턴 대학 우드로 윌슨 국제연구소(The Woodrow Wilson International
　　Center for Scholars) 소장 역임
1987년~현재: 미국의회 도서관(Library of Congress) 제13대 관장

저서 목록

(1956년) 『미하일롭스키와 러시아 인민주의』(Mikhailovsky and Russian Populism)
(1966년) 『이콘과 도끼: 해석 위주의 러시아 문화사』
(1980년) 『사람 마음 속의 불: 혁명 신념의 기원』(Fire in the Minds of Men: Origins of
　　the Revolutionary Faith)
(1992년) 『러시아가 변모했다: 깨고 나아가 희망으로, 1991년 8월』(Russia Transformed:
　　Breakthrough to Hope, August 1991)
(1998년) 『러시아의 얼굴: 러시아 문화의 고뇌와 포부와 위업』(The Face of Russia: Anguish,
　　Aspiration, and Achievement in Russian Culture)
(2004년) 『러시아의 자아 정체성 찾기』(Russia in Search of Itself)

옮긴이 **류한수**

서울대학교 서양사학과 학사
서울대학교 서양사학과 석사
영국 에식스 대학(University of Essex) 역사학과 박사
2007년~현재: 상명대학교 역사콘텐츠학과 교수

연구논문

「1917년 뻬뜨로그라드의 노동자 생산관리 운동」, 『서양사연구』 14호 (1993년), pp. 135~
183

「공장의 러시아 혁명: 1917~1918년의 공장위원회와 노동자 생산관리」, 한국슬라브학회 엮
음, 『러시아, 새 질서의 모색』(열린책들, 1994), pp. 251~275

「20세기 전쟁의 연대기와 지리」, 『진보평론』 16호 (2003년 여름), pp. 9~34

「여성 노동자인가, 노동하는 바바(baba)인가?: 러시아 내전기(1918~1921년) 페트로그라드
지역 공장의 남성 우월주의와 여성 노동자」, 『서양사론』 제85호 (2005년 6월),
pp. 153~182

「"공산주의자여, 공장 작업대로!": 1920~1922년 페트로그라드 당활동가 공장 재배치 캠페
인과 노동자들의 반응」, 『슬라브학보』 제20집 제1호 (2005년 6월), pp. 333~352

「전쟁의 기억과 기억의 전쟁: 영화 〈한 병사의 발라드〉를 통해 본 대조국전쟁과 '해빙'기의
소련 영화」, 『러시아 연구』 제15권 제2호 (2005년 12월), pp. 97~128

「러시아 혁명과 노동의무제: 러시아 혁명·내전기(1917~1921년) 볼셰비키 정부의 노동의
무제 도입 시도와 사회의 반응」, 『슬라브학보』 제21권 제2호 (2006년 6월), pp.
275~299

「"해빙"기의 소련 영화 〈한 병사의 발라드〉에 나타난 대조국전쟁의 기억」, 『역사와 문화』
제12호 (2006년 9월), pp. 197~226

「제2차 세계대전기 여군의 역할과 위상: 미국, 영국, 독일, 러시아 비교 연구」, 『서양사연
구』 제35집 (2006년 11월), pp. 131~159

「소련 붕괴 이후 러시아 군사사 연구의 쟁점과 동향의 변화 안보문화와 미래」 (2008년 3월),
pp. 19~40

「탈계급화인가? 탈볼셰비키화인가?: 러시아 내전기 페트로그라드 노동계급 의식의 동향」,
『서양사론』 제96호 (2008년 3월), pp. 59~86

「혁명 러시아 노동자 조직의 이란성 쌍둥이: 러시아 혁명·내전기(1917~1921년) 노동조합
과 공장위원회의 관계」, 『동국사학』 제44호 (2008년 6월), pp. 135~156

「공장 작업장의 러시아 혁명: 작업반장과 노동자의 관계를 통해 본 작업장 권력 지형의 변
동」, 『슬라브학보』 제23권 제3호 (2008년 9월), pp. 329~352

「클레이오와 아테나의 만남: 영미권의 군사사 연구 동향과 국내 서양사학계의 군사사 연구
활성화를 위한 제언」, 『서양사론』 제98호 (2008년 9월), pp. 283~308

「독일 영화 〈Stalingrad〉와 미국 영화 〈Enemy at the Gates〉에 나타난 스탈린그라드 전투」, 『상명사학』 제13/14호 (2008년 12월), pp. 153~178
「제2차 세계대전 시기 소련의 전쟁 포스터에 나타난 여성의 이미지」, 『슬라브학보』 제26권 제2호 (2011년 6월), pp. 65~90
「러시아 혁명의 '펜과 망치': 내전기(1918~1921년) 페트로그라드 산업체의 사무직 노동자와 생산직 노동자의 관계」, 『역사문화연구』 제41권 (2012년 2월), pp. 119~144

저서 및 번역서

1. 공저
『러시아의 민족정책과 역사학』(동북아역사재단, 2008)
『세계화 시대의 서양현대사』(아카넷, 2009)
『세계의 대학에 홀리다: 현대 지성의 요람을 세계의 대학에 홀리다』(마음의 숲, 2011)

2. 역서
『스탈린과 히틀러의 전쟁』(지식의 풍경, 2003)
　　[원제: Richard J. Overy, *Russia's War* (London: Penguin Press, 1998)]
『투탕카멘』(문학동네, 2005)
　　[원제: D. Murdock & Ch. Forsey, *Tutankhamun: The Life and Death of a Pharaoh* (Dorling Kindersley, 1998)]
『빅토르 세르주 평전』(실천문학, 2006)
　　[원제: Susan Weissman, *Victor Serge: The Course Is Set on Hope* (London & New York: Verso, 2001)]
『2차 세계대전사』(청어람미디어, 2007)
　　[원제: John Keegan, *The Second World War* (London: Pimlico, 1997)]
『러시아 혁명: 1917년에서 네프까지』(박종철 출판사, 2007)
　　[원제: S. A. Smith, *The Russian Revolution: A Very Short Introduction* (Oxford University Press, 2002)]
『혁명의 시간: 러시아 혁명 120일 결단의 순간들』(교양인, 2008)
　　[원제: A. Rabinowitch, *The Bolsheviks Come To Power: The Revolution of 1917 in Petrograd* (Chicago: 2004)]